Christian Jäger · Examens-Repetitorium Strafrecht Allgemeiner Teil

UNIREP JURA

Herausgegeben von Prof. Dr. Mathias Habersack

Examens-Repetitorium Strafrecht Allgemeiner Teil

von

Dr. Christian Jäger
o. Professor an der Friedrich-Alexander-Universität Erlangen-Nürnberg

8., neu bearbeitete Auflage

CFM C.F. Müller

Christian Jäger, Jahrgang 1965, Studium der Rechtswissenschaften in München, Promotion (1995) und Habilitation (2002) ebendort, Assessorexamen 1993. Venia legendi für die Fächer Strafrecht, Strafprozessrecht und Jugendstrafrecht. Von August 2003 bis September 2008 Lehrstuhl für Strafrecht und Strafprozessrecht an der Universität Trier. Von Oktober 2008 bis September 2013 Lehrstuhl für Strafrecht und Strafprozessrecht, insbesondere Wirtschaftsstrafrecht und Medizinrecht an der Universität Bayreuth. Seit Oktober 2013 Inhaber des Lehrstuhls für Strafrecht, Strafprozessrecht, Wirtschafts- und Medizinstrafrecht an der Friedrich-Alexander-Universität Erlangen-Nürnberg. Ebendort seit Januar 2014 Direktor der Forschungsstelle für Wirtschafts- und Medizinstrafrecht (FoWiMed). Seit April 2012 Gastprofessor an der Université de Bordeaux.

Ausgewählte Veröffentlichungen: Der Rücktritt vom Versuch als zurechenbare Gefährdungsumkehr, 1996; Beweisverwertung und Beweisverwertungsverbote im Strafprozess, 2003; Die Abwägbarkeit menschlichen Lebens im Spannungsfeld von Strafrechtsdogmatik und Rechtsphilosophie, ZStW 115 (2003), 765 ff.; Zurechnung und Rechtfertigung als Kategorialprinzipien im Strafrecht, 2006; Die Patientenverfügung als Rechtsinstitut zwischen Autonomie und Fürsorge, Festschrift für Küper, 2007, 209 ff.; Das Verbot der Folter als Ausdruck der Würde des Staates, Festschrift für Herzberg, 2008, 539 ff.; Der Feind als Paradigmenwechsel im Recht – Zu Existenz und Tauglichkeit eines Feindstrafrechts als Mittel zur Verteidigung des Rechtsstaats, Festschrift für Claus Roxin II, 2011, 71 ff.; Willensfreiheit, Kausalität und Determination – Stirbt das moderne Schuldstrafrecht durch die moderne Gehirnforschung?, GA 2013, 3 ff.; Der Arzt im Fadenkreuz der juristischen Debatte um assistierten Suizid, JZ 2015, 875 ff.

Bibliografische Information der Deutschen Nationalbibliothek
Die Deutsche Nationalbibliothek verzeichnet diese Publikation in der Deutschen Nationalbibliografie; detaillierte bibliografische Daten sind im Internet über <http://dnb.d-nb.de> abrufbar.

ISBN 978-3-8114-4951-0

E-Mail: kundenservice@cfmueller.de
Telefon: +49 89 2183 7923
Telefax: +49 89 2183 7620

www.cfmueller.de
www.cfmueller-campus.de

Satz: Gottemeyer, Rot
Druck: Kessler Druck + Medien, Bobingen

Vorwort

Der verstärkte Zuspruch, den mein Repetitorium zum Strafrecht Allgemeiner Teil bei den Studierenden erfahren durfte, hat früher als sonst eine Neuauflage erforderlich gemacht. Die 8. Auflage zum Allgemeinen Teil erscheint wie gewohnt zeitgleich mit der Neuauflage zum Besonderen Teil. Allgemeiner und Besonderer Teil umfassen damit wieder den gesamten Examensstoff aus den gleichen Berichtszeiträumen und sind auf den Stand von Ende 2016 gebracht.

Erneut waren zahlreiche Entwicklungen aus Rechtsprechung und Literatur zu berücksichtigen. Stellvertretend genannt seien hier nur der Scheunenmord-Fall, der Pfefferspray-Fall, der Marihuana-Fall, der Herzinfarkt-Fall und der Gammabutyrolacton-Fall, die in der Neuauflage klausurmäßig gelöst sind. Zahlreiche weitere Fälle aus der jüngsten Judikatur wurden als Beispiele verarbeitet; aus der Vielzahl der Beispiele seien hier nur der Schwitzkasten-Fall und der Spaten-Fall erwähnt. Auch im Übrigen wurden alle mir examensrelevant erscheinenden neueren Entwicklungen im Bereich des Allgemeinen Teils, wie etwa die Problematik des Organspendeskandals, einbezogen.

Herzlichen Dank schulde ich meinen wissenschaftlichen Mitarbeiterinnen und Mitarbeitern (in alphabetischer Reihenfolge), Frau *Dr. Gloria Berghäuser*, Frau *Roxana Erlbeck*, Herrn *Patrick Gaschler*, Frau *Anna-Lena Nix* und Frau *Tanja Waldmann*, die mich bei der Aktualisierung der Neuauflage tatkräftig unterstützt und mir bei der Einarbeitung zur Seite gestanden haben. Dank schulde ich aber auch meiner Sekretärin, Frau *Brigitte Gräßl*, die mir bei der Neubearbeitung des Manuskripts behilflich war und die Last der Schreibarbeiten getragen hat. Gleiches gilt für meine studentischen Hilfskräfte (in alphabetischer Reihenfolge) Frau *Franziska Görlitz*, Frau *Daniela Metterlein*, Herrn *Florian Nicolai* und Herrn *Johannes Weichselbaum*, die bei der Recherche und Korrektur des Textes unterstützend tätig waren. Und ebenso richtet sich mein Dank an meine Hilfskräfte Frau *Marie Götze* und Frau *Anja Knobloch*, die noch in der Schlussphase bei der Lektüre der Druckfahnen geholfen haben.

Schließlich danke ich einmal mehr auch Frau *Alexandra Burrer* und Herrn *Michael Schmidt* vom Verlag C.F. Müller für die freundliche Betreuung während der Entstehungsphase dieser Auflage.

Meinen Lesern bin ich auch weiterhin für Hinweise auf Fehler, Lücken und Verbesserungsmöglichkeiten unter der E-Mail-Adresse christian.jaeger@fau.de dankbar.

Erlangen, im Januar 2017 *Christian Jäger*

Vorwort zur 1. Auflage

Das vorliegende Studienbuch ist aus langjährigen Examensvorbereitungskursen hervorgegangen. Es bringt dem Studenten die Rechtsmaterie nicht nur in ihren systematischen Zusammenhängen, sondern auch am klausurtypischen Fall näher. Weiterführende Aufbau- und Darstellungshinweise sollen dabei das klausurtaktische Gespür zusätzlich schärfen. Denn so sehr die vollständige Beherrschung des Rechtsstoffes von seiner systematischen Behandlung abhängt, so gewiss bedarf auch seine Umsetzung in der Fallbearbeitung der konkreten Anleitung. Das hier vorgelegte Lernbuch will beide Zielsetzungen miteinander verbinden, wobei aber stets die Idee im Vordergrund stand, dass das System der Träger für den Fall zu sein hat und nicht umgekehrt der Fall dazu benutzt werden darf, das System zu erklären. Nur so kann dem Studierenden der Blick für die Zusammenhänge eröffnet und seine Fähigkeit im Umgang mit dem unbekannten Fall voll zur Geltung gebracht werden. Gleichzeitig ist die vorliegende Darstellung von dem Anliegen geleitet, dem Studierenden die Bezüge des Allgemeinen zum Besonderen Teil des Strafrechts immer wieder vor Augen zu führen. Die Falllösungen sind daher auf eine vollständige Problembehandlung ausgerichtet und machen deshalb auch vor den Tatbeständen des Besonderen Teils keinen Halt. Es soll dem Lernenden damit deutlich gemacht werden, dass selbst der vermeintlich einfache Fall oder das scheinbare Einzelproblem stets im größeren Zusammenhang zu sehen ist und nur auf diese Weise eine überdurchschnittliche Klausurleistung erzielt werden kann.

Gleichzeitig war die räumliche Beschränkung ein Hauptziel dieses – in einem Band vorgelegten – Allgemeinen Teils. Die stoffliche Reduzierung soll dem Studierenden ermöglichen, das Wesentliche rasch zu erfassen und zu wiederholen, um auf diese Weise der verhängnisvollen Gefahr zu entgehen, den für Prüfungsarbeiten so wichtigen Überblick zu verlieren.

Für die Unterstützung bei der Erstellung dieses Werkes habe ich Vielen zu danken. Dies gilt zunächst für *Frau Dr. Sabine Bechtoldt, Frau Dorothee Krutisch, Frau Caroline Jung, Herrn Laurent Meister* und *Frau Simone Reiß,* die mich während meiner Vertretungszeit in Saarbrücken bei der Durchsicht des Textes, bei der Fußnotenerstellung und zum Teil auch bei der Fallausarbeitung unterstützt haben. Dank gebührt aber auch *Frau Elke Völker,* die mir während dieser Zeit als Sekretärin zur Verfügung stand und bei der Übertragung der Fußnoten behilflich war. Gleiches gilt für meine jetzige Sekretärin *Frau Marlies Kessler,* die mir noch in der Endphase bei der Erstellung des Sachverzeichnisses wertvolle Hilfe geleistet hat. Besondere Erwähnung verdient aber auch *Frau Alexandra Burrer* vom Verlag C. F. Müller, die die Bearbeitung in der redaktionellen Endphase nicht nur engagiert vorangetrieben, sondern auch sonst die Entstehung des Buches so unterstützt hat, wie man es sich als Autor nur wünschen kann. Nicht zuletzt schulde ich aber auch all meinen Studenten Dank, vor denen ich bislang unterrichten durfte und die mir zahlreiche weiterführende Anregungen gegeben haben, die in diesem Band verarbeitet wurden. Denn ich bin mir sehr wohl bewusst, dass ein Buch, wie es hier vorgelegt wird, ohne studentisches „Feedback“ nicht entstehen kann. Auch für seine Weiterentwicklung bin ich daher auf den Diskurs mit den Studenten in besonderem Maße angewiesen und möchte den geneigten Leser daher ausdrücklich dazu ermuntern, Kritik und Anregungen an die E-Mail-Adresse *christian.jaeger@uni-trier.de* zu richten.

Trier, im September 2003 *Christian Jäger*

Inhaltsverzeichnis

Abkürzungsverzeichnis

a. A.	anderer Ansicht
a. a. O.	am angegebenen Ort
ablehn.	ablehnend
abw.	abweichend
a. E.	am Ende
a. F.	alte Fassung
AG	Amtsgericht
ähnl.	ähnlich
AIFO	Zeitschrift für Aids-Forschung
AK	Alternativkommentar zum Strafgesetzbuch *(-Bearbeiter)*
Alt.	Alternative
Anm.	Anmerkung
Art.	Artikel
AT	Allgemeiner Teil
Aufl.	Auflage
ausführl.	ausführlich
BayObLG	Bayerisches Oberstes Landesgericht
BayObLGSt	Entscheidungen des Bayerischen Obersten Landesgerichts in Strafsachen
BayVBl.	Bayerische Verwaltungsblätter
Bd.	Band
BGB	Bürgerliches Gesetzbuch
BGBl	Bundesgesetzblatt (Teil, Seite)
BGH	Bundesgerichtshof
BGHSt	Entscheidungen des Bundesgerichtshofes in Strafsachen
BGHZ	Entscheidungen des Bundesgerichtshofes in Zivilsachen
BR-Drucks.	Bundesrats-Drucksache
Bsp.	Beispiel
Bspr.	Besprechung
BT	Besonderer Teil
BT-Drucks.	Bundestags-Drucksache
BVerfG	Bundesverfassungsgericht
BVerfGE	Entscheidungen des Bundesverfassungsgerichts
bzgl.	bezüglich
bzw.	beziehungsweise
ders.	derselbe
d. h.	das heißt
differenz.	differenzierend
DRiZ	Deutsche Richterzeitung
DStZ	Deutsche Steuer-Zeitung
EGStGB	Einführungsgesetz zum Strafgesetzbuch
etc.	et cetera
evtl.	eventuell
f./ff.	folgende/folgenden
Fn.	Fußnote
FS	Festschrift

GA	Goltdammer's Archiv für Strafrecht
gem.	gemäß
GG	Grundgesetz
ggf.	gegebenenfalls
h. A.	herrschende Auffassung
Hinw.	Hinweis/e/en
HKGS	Handkommentar Gesamtes Strafrecht *(-Bearbeiter)*
h. L.	herrschende Lehre
h. M.	herrschende Meinung
Hrsg.	Herausgeber
Hs.	Halbsatz
i. E.	im Ergebnis
InsO	Insolvenzordnung
i. S.	im Sinne
Iurratio	Iurratio, Die Zeitschrift für stud. iur.
i. V. m.	in Verbindung mit
JA	Juristische Arbeitsblätter
JGG	Jugendgerichtsgesetz
JK	Jura-Rechtsprechungskartei, Beilage der Zeitschrift Juristische Ausbildung (Jura)
JR	Juristische Rundschau
Jura	Juristische Ausbildung
JuS	Juristische Schulung
JW	Juristische Wochenschrift
JZ	Juristenzeitung
KG	Kammergericht
krit.	kritisch
KritV	Kritische Vierteljahresschrift für Gesetzgebung und Rechtswissenschaft
LG	Landgericht
Lit.	Literatur
LK	Leipziger Kommentar zum Strafgesetzbuch *(-Bearbeiter)*
LM	Entscheidungen des Bundesgerichtshofes im Nachschlagewerk von Lindenmaier, Möhring u.a.
m. Anm.	mit Anmerkung
MDR	Monatsschrift für Deutsches Recht
MedR	Medizinrecht
MüKo	Münchener Kommentar zum Strafgesetzbuch *(-Bearbeiter)*
m. w. N.	mit weiteren Nachweisen
NdsRpfl	Niedersächsische Rechtspflege
n. F.	neue Fassung
NJW	Neue Juristische Wochenschrift
NK	Nomos-Kommentar zum Strafgesetzbuch *(-Bearbeiter)*
Nr.	Nummer(n)
NStE	Neue Entscheidungssammlung für Strafrecht
NStZ	Neue Zeitschrift für Strafrecht

NStZ-RR	NStZ-Rechtsprechungsreport
NVwZ	Neue Zeitschrift für Verwaltungsrecht
öffentl.	öffentlich
OLG	Oberlandesgericht
PAG	Gesetz über die Aufgaben und Befugnisse der Bayerischen Staatlichen Polizei (Polizeiaufgabengesetz)
POG	Gesetz über die Organisation der Bayerischen Staatlichen Polizei (Polizeiorganisationsgesetz)
RegE	Regierungsentwurf
RG	Reichsgericht
RGSt	Entscheidungen des Reichsgerichts in Strafsachen
Rn.	Randnummer
Rspr.	Rechtsprechung
S.	Satz, Seite
Sch/Sch	Schönke/Schröder, Strafgesetzbuch *(/Bearbeiter)*
SK	Systematischer Kommentar zum StGB *(-Bearbeiter)*
s. o.	siehe oben
S/S/W	Satzger/Schluckebier/Widmaier *(-Bearbeiter)*
StGB	Strafgesetzbuch
StPO	Strafprozessordnung
str.	strittig
StraFo	Strafverteidiger Forum
StrRG	Strafrechtsreformgesetz
st. Rspr.	ständige Rechtsprechung
StV	Strafverteidiger
StVollzG	Gesetz über den Vollzug der Freiheitsstrafe und der freiheitsentziehenden Maßregeln der Besserung und Sicherung (Strafvollzugsgesetz)
s. u.	siehe unten
u. a.	und andere
übereinst.	übereinstimmend
unzutr.	unzutreffend
u. U.	unter Umständen
UWG	Gesetz gegen den unlauteren Wettbewerb
vgl.	vergleiche
VRS	Verkehrsrechts-Sammlung
WaffG	Waffengesetz
wistra	Zeitschrift für Wirtschafts- und Steuerstrafrecht
WStG	Wehrstrafgesetz
z. B.	zum Beispiel
ZRP	Zeitschrift für Rechtspolitik
ZStW	Zeitschrift für die gesamte Strafrechtswissenschaft (Band, Jahr und Seite)
zust.	zustimmend
zutr.	zutreffend
zw.	zweifelhaft

Literaturverzeichnis

Arzt/Weber/Heinrich/Hilgendorf, Strafrecht Besonderer Teil, 3. Auflage 2015
Baumann/Weber/Mitsch/Eisele, Strafrecht Allgemeiner Teil, 12. Auflage 2016
Beling, Lehre vom Verbrechen, 1906
Belz, Das Glücksspiel im Strafrecht, 1993
Bernsmann, „Entschuldigung“ durch Notstand, 1989
Blei, Strafrecht I, Allgemeiner Teil, 18. Auflage 1983
Bloy, Die Beteiligungsform als Zurechnungstypus im Strafrecht, 1985
Bockelmann/Volk, Strafrecht Allgemeiner Teil, 4. Auflage 1987
Bottke, Täterschaft und Gestaltungsherrschaft, 1992
Brammsen, Die Entstehungsvoraussetzungen der Garantenpflichten, 1986
Dencker, Kausalität und Gesamttat, 1996
Dencker/Struensee/Nelles/Stein, Einführung in das 6. Strafrechtsreformgesetz, 1998
Dölling/Duttge/Rössner/König, Handkommentar Gesamtes Strafrecht, 4. Auflage 2016
Duttge, Bestimmtheit des Handlungsunwerts von Fahrlässigkeitsdelikten, 2001
Ebert, Strafrecht Allgemeiner Teil, 4. Auflage 2007
Engisch, Die Kausalität als Merkmal der strafrechtlichen Tatbestände, 1931
Engisch, Beiträge zur Rechtsphilosophie, 1984
Eser/Burkhardt, Strafrecht I, Juristischer Studienkurs, 4. Auflage 1992
Fischer, Strafgesetzbuch, 63. Auflage 2016
Frank, Strafgesetzbuch, 18. Auflage 1931
Freund, Strafrecht Allgemeiner Teil, 2. Auflage 2009
Frisch, Tatbestandsmäßiges Verhalten und Zurechnung des Erfolges, 1988
Frister, Strafrecht Allgemeiner Teil, 7. Auflage 2015
Gössel/Dölling, Strafrecht Besonderer Teil 1, 2. Auflage 2004
Gropp, Strafrecht Allgemeiner Teil, 4. Auflage 2015
Haft, Strafrecht Allgemeiner Teil, 9. Auflage 2004
Hassemer, Produktverantwortung im modernen Strafrecht, 1996
Heinrich, B., Strafrecht Allgemeiner Teil, 5. Auflage 2016
Heinrich, M., Rechtsgutszugriff und Entscheidungsträgerschaft, 2002
v. Heintschel-Heinegg, Prüfungstraining Strafrecht, Band 1, 1992
v. Heintschel-Heinegg, Strafgesetzbuch, 2. Auflage 2015
v. Hippel, Strafrecht, Band 1, 1925
Hellmann, Die Anwendbarkeit der zivilrechtlichen Rechtfertigungsgründe im Strafrecht, 1987
Herzberg, Die Unterlassung im Strafrecht und das Garantenprinzip, 1972
Herzberg, Täterschaft und Teilnahme, 1977
Hilgendorf, Fallsammlung zum Strafrecht, 5. Auflage 2008
Hillenkamp, Strafrecht Allgemeiner Teil, 14. Auflage 2012
Hoyer, Strafrecht Allgemeiner Teil, 2002
Hruschka, Strafrecht nach logisch-analytischer Methode, 2. Auflage 1988
Jäger, Der Rücktritt vom Versuch als zurechenbare Gefährdungsumkehr, 1996
Jäger, Examens-Repetitorium Strafrecht Besonderer Teil, 7. Auflage 2017
Jakobs, Strafrecht Allgemeiner Teil, 2. Auflage 1991
Jescheck, Fälle und Lösungen, 3. Auflage 1996
Jescheck/Weigend, Lehrbuch des Strafrechts Allgemeiner Teil, 5. Auflage 1996
Joecks, Studienkommentar StGB, 11. Auflage 2014
Kaufmann, A., Die Dogmatik der Unterlassungsdelikte, 1988
Kindhäuser, Strafrecht Allgemeiner Teil, 7. Auflage 2015
Kindhäuser, Strafgesetzbuch. Lehr- und Praxiskommentar, 6. Auflage 2015
Köhler, Strafrecht Allgemeiner Teil, 1997

Krey/Esser, Strafrecht Allgemeiner Teil, 6. Auflage 2016
Krey/Hellmann/Heinrich, Strafrecht Besonderer Teil, Band 1, 16. Auflage 2015
Kudlich, PdW – Strafrecht Allgemeiner Teil, 5. Auflage 2016
Kudlich, Fälle zum Strafrecht Allgemeiner Teil, 2. Auflage 2014
Kuhlen, Die Unterscheidung zwischen vorsatzausschließendem und nichtvorsatzausschließendem Irrtum, 1987
Kuhlen, Fragen einer strafrechtlichen Produkthaftung, 1989
Kühl, Strafrecht Allgemeiner Teil, 7. Auflage 2012
Küper, Versuchsbeginn und Mittäterschaft, 1978
Küper/Zopfs, Strafrecht Besonderer Teil, Definitionen mit Erläuterungen, 9. Auflage 2015
Lackner/Kühl, Strafgesetzbuch, 28. Auflage 2014
Landscheidt, Zur Problematik der Garantenpflichten aus verantwortlicher Stellung in bestimmten Räumlichkeiten, 1985
Lenckner, Der rechtfertigende Notstand, 1965
Leipziger Kommentar, Strafgesetzbuch, §§ 1-31 (2007), §§ 32-55 (2006), §§ 56-79b (2008), §§ 80-109k (2007), §§ 110-145d (2009), §§ 223-263a (2005), §§ 242-262 (2010), §§ 284-305a (2008), §§ 306-323 (2008)
v. Liszt, Strafrecht, 1919
v. Liszt/Rosenfeld, Strafrechtsfälle, 1929
Lüderssen, Zum Strafgrund der Teilnahme, 1967
Matt/Renzikowski, Strafgesetzbuch, 2013
Maurach, Schuld u. Verantwortung, 1998
Maurach/Zipf/Jäger, Strafrecht Allgemeiner Teil, Teilband 1, 9. Auflage 2016
Maurach/Gössel/Zipf, Strafrecht Allgemeiner Teil, Teilband 2, 8. Auflage 2014
Mayer, H., Strafrecht Allgemeiner Teil, Studienbuch, 1967
Merz, Strafrechtlicher Ehrenschutz und Meinungsfreiheit, 1998
Mezger, Strafrecht, 3. Auflage 1949
MüKo-StGB, Münchener Kommentar zum Strafgesetzbuch, 3. Auflage 2016 ff.
Murmann, Versuchsunrecht und Rücktritt, 1999
Murmann, Grundkurs Strafrecht, 3. Auflage 2015
Niedermair, Körperverletzung mit Einwilligung und die guten Sitten, 1999
NK-StGB, Nomos-Kommentar zum Strafgesetzbuch, 4. Auflage 2013
Otto, Grundkurs Strafrecht, Allgemeine Strafrechtslehre, 7. Auflage 2004
Otto, Grundkurs Strafrecht, Die einzelnen Delikte, 7. Auflage 2005
Otto/Bosch, Übungen im Strafrecht, 7. Auflage 2010
Palandt, Bürgerliches Gesetzbuch, 75. Auflage 2016
Petersen, Examens-Repetitorium Allgemeines Schuldrecht, 8. Auflage 2017
Puppe, Strafrecht Allgemeiner Teil im Spiegel der Rechtsprechung, 2. Auflage 2011
Radbruch, Rechtsphilosophie, 1914
Radtke, Die Dogmatik der Brandstiftungsdelikte, 1998
Ranft, Strafprozessrecht, 3. Auflage 2005
Rengier, Erfolgsqualifizierte Delikte und verwandte Erscheinungsformen, 1986
Rengier, Strafrecht Allgemeiner Teil, 8. Auflage 2016
Renzikowski, Notstand und Notwehr, 1994
Renzikowski, Restriktiver Täterbegriff, 1997
Rothenfußer, Kausalität und Nachteil, 2003
Roxin, Strafrecht Allgemeiner Teil, Band 1, Grundlagen, Aufbau der Verbrechenslehre, 4. Auflage 2006; Allgemeiner Teil, Band 2, Besondere Erscheinungsformen der Straftat, 2003
Roxin, Täterschaft und Tatherrschaft, 9. Auflage 2015
Roxin, Höchstrichterliche Rechtsprechung zum Allgemeinen Teil des Strafrechts: 100 Entscheidungen für Studium und Referendariat mit Fragen und Antworten, 1998
Roxin, Kriminalpolitik und Strafrechtssystem, 1973
Rudolphi, Fälle zum Strafrecht Allgemeiner Teil, 5. Auflage 2000

Satzger/Schluckebier/Widmaier, Strafgesetzbuch, 3. Auflage 2016
Schilling, Der Verbrechensversuch des Mittäters und des mittelbaren Täters, 1975
Schlüchter, Der Irrtum über normative Tatbestandsmerkmale, 1983
Schmidhäuser, Strafrecht Allgemeiner Teil, Studienbuch, 2. Auflage 1984
Schmidhäuser, Strafrecht Besonderer Teil, 2. Auflage 1983
Schmidt, R., Strafrecht Allgemeiner Teil, 15. Auflage 2016
Schönke/Schröder, Strafgesetzbuch, 29. Auflage 2014
Schroth, Strafrecht Besonderer Teil: Strukturen, Aufbauschemata, Fälle und Definitionen, 5. Auflage 2010
Schünemann, Grund und Grenzen der unechten Unterlassungsdelikte, 1971
Schünemann, Selbsthilfe im Rechtssystem, 1985
Schünemann/Pfeiffer, Die Rechtsprobleme von Aids, 1988
Sternberg-Lieben, Die objektiven Schranken der Einwilligung, 1997
Stratenwerth/Kuhlen, Strafrecht Allgemeiner Teil I, 6. Auflage 2011
SK-StGB, Systematischer Kommentar zum Strafgesetzbuch, 9. Auflage (Stand: August 2014), von *Rudolphi*, *Horn*, *Samson* und *Günther*
Suppert, Studien zur Notwehr und „notwehrähnlichen Lage", 1973
Thiel, Die Konkurrenz von Rechtfertigungsgründen, 2000
Ulsenheimer, Grundfragen des Rücktritts vom Versuch in Theorie und Praxis, 1976
Welzel, Das deutsche Strafrecht, 11. Auflage 1969
Wessels/Beulke/Satzger, Strafrecht Allgemeiner Teil, 46. Auflage 2016
Wessels/Hettinger, Strafrecht Besonderer Teil, Band 1: Straftaten gegen Persönlichkeits- und Gemeinschaftswerte, 40. Auflage 2016
Wessels/Hillenkamp, Strafrecht Besonderer Teil, Band 2: Straftaten gegen Vermögenswerte, 39. Auflage 2016
Wohlleben, Beihilfe durch neutrale Handlungen, 1992
Zieschang, Strafrecht Allgemeiner Teil, 4. Auflage 2014

§ 1 Allgemeines

A. Klausurbearbeitung

Machen Sie sich zunächst noch einmal die Vorgehensweise bei der Klausurbearbeitung bewusst: 1
- Bearbeitervermerk lesen
- Sachverhalt lesen (Halbsatz für Halbsatz) und dabei Paragraphen und Probleme an den Rand schreiben
- Inhaltsverzeichnis des StGB lesen (es enthält die vollständige §§-Liste und gewährleistet, dass Sie einschlägige Bestimmungen nicht übersehen!)
- Sachverhalt nochmals im Hinblick auf neu hinzugekommene §§ und Probleme lesen
- Gliederung erstellen, die nur Stichpunkte umfassen sollte und bei der man die „sozialen Schwerpunkte" mit „P" (i. S. von Problemschwerpunkte) kennzeichnen sollte

Die genannten fünf Schritte sollten ein Drittel der Klausurbearbeitungszeit keinesfalls überschreiten.

B. Allgemeine Grundlagen des Strafrechts[1]

I. Geschichtlicher Überblick[2]

1. Reichsstrafgesetzbuch von 1871 2

2. Bis zum 1. Weltkrieg: Schulenstreit zwischen „Klassikern" (vor allem *Binding* und *Birkmayer*) und „Modernen" (insbesondere *Franz v. Liszt*), die eine Reform (zweispuriges System) vorschlugen.

3. Reformen in der Weimarer Republik
a) Geldstrafengesetz 1921, 1923: Stärkere Berücksichtigung wirtschaftlicher Verhältnisse und verstärkte Anordnung von Geldstrafen.
b) JGG von 1923: Strafmündigkeit wird von 12 auf 14 Jahre heraufgesetzt.
c) 24.11.1933: Die Zweispurigkeit des Sanktionensystems (Strafen einerseits und Maßregeln andererseits) wird im sog. Gewohnheitsverbrechergesetz festgeschrieben.

4. NS-Zeit
Während dieser Zeit kam es zum Versiegen des Rechtsstaats, z. B. Aufhebung des Satzes „nullum crimen, nulla poena sine lege" durch Gesetz vom 28.6.1935. Eine Tat durfte nunmehr auch bestraft werden, wenn sie „nach dem Grundgedanken eines Strafgesetzes und nach gesundem Volksempfinden Strafe verdient".

---

1 Vgl. einführend *Walter*, JA 2013, 727 ff.
2 Eine ausführl. Darstellung liefert *Roxin*, AT/I, § 4.

5. Nachkriegszeit
Durch das GG wird die Todesstrafe ausdrücklich abgeschafft. Außerdem werden die Reformarbeiten wieder aufgenommen, was schließlich zum Reformentwurf von 1962 und zum Alternativentwurf von 1964 führt.

6. Reformgesetzgebung
Neuer Allgemeiner Teil von 1969 (2. StrRG v. 4.7.1969, in Kraft getreten am 1.1.1975). Der Besondere Teil stammt dagegen in seinen Grundlagen aus dem StGB von 1871; allerdings hat das 6. StrRG v. 1.1.1998, in Kraft getreten am 1.4.1998, starke Veränderungen des Besonderen Teils mit sich gebracht.
Dieses Reformgesetz entstand nahezu ohne Beteiligung der Wissenschaft und erscheint in vielerlei Hinsicht wenig durchdacht. Ziel des 6. StrRG war vor allem eine Angleichung der Strafrahmen im Verhältnis von Körperverletzungs- und Vermögensdelikten sowie die Schließung bestimmter Strafbarkeitslücken.[3]
Intensiv diskutiert wird nach wie vor eine Reform der Tötungsdelikte (näher dazu *Jäger*, BT, Rn. 25a).

II. Das gegenwärtige Sanktionssystem

3 Nach Anstößen durch das Marburger Programm von *Franz von Liszt* (1882) und nach dem Vorbild eines schweizerischen Vorentwurfs von *Carl Stoss* (1893) wurde durch das sog. Gewohnheitsverbrechergesetz von 1933 die Zweispurigkeit des Strafrechts geltendes Recht.[4] Das deutsche Sanktionssystem ist seither gekennzeichnet durch eine Zweispurigkeit von Strafen und Maßregeln.[5] In seiner Urfassung von 1871 kannte das StGB nur Strafen. Es bestand also eine Fixierung auf die Tat unter Ausblendung des Täters; selbst wenn im Hinblick auf seine Gefährlichkeit und Behandlungsbedürftigkeit ein Sicherungs- bzw. Besserungsinteresse bestand, konnte das Strafrecht nicht angemessen reagieren. Aus diesem Grunde führte das Gewohnheitsverbrechergesetz von 1933 neben der Strafe auch Maßregeln der Sicherung und Besserung ein.

Sie sind – anders als die repressiven Strafen – präventiv an der Gefährlichkeit des Täters ausgerichtet und setzen nicht unbedingt Schuld voraus. Auch wird die Strafe durch das Maß der Schuld, die Maßregel dagegen durch den Grundsatz der Verhältnismäßigkeit (§ 62 StGB) begrenzt.

III. Strafzwecke – Sinn und Zweck der Strafe

4 Strafe ist subsidiärer Rechtsgüterschutz.[6]
- Keine Bestrafung bloßer Moralwidrigkeiten.
  Allerdings steht dem Gesetzgeber nach Auffassung des BVerfG bei der Ausgestaltung der gesetzlichen Strafbarkeitsbedingungen ein weiter Gestaltungsspielraum

---

3 Vgl. dazu *Sander/Hohmann*, NStZ 1998, 273 ff.; vgl. auch *Jäger*, JuS 2000, 31 ff., 651 ff., 1067 ff.
4 Hier und im Folgenden *Eser/Burkhardt*, Strafrecht I, Fall 1, Rn. 18.
5 Zur Zukunft der Zweispurigkeit *Kaspar*, ZStW 127 (2015), 654 ff.
6 Ausführlich zum Spannungsfeld von Rechtsgüterschutz und individueller Freiheit *Roxin*, ZStW 116 (2004), 929 ff. Näher zum Rechtsgutsbegriff *Rönnau*, JuS 2009, 209 ff.; *Martins*, ZStW 124 (2013), 234 ff.

zur Verfügung.[7] Aus diesem Grund hat das BVerfG in einer Aufsehen erregenden Entscheidung[8] die gesetzlich vorgesehene Strafbarkeit des Geschwisterinzests nach § 173 II S. 2 StGB nicht als Verletzung des allgemeinen Persönlichkeitsrechts gem. Art. 2 I i. V. m. Art. 1 I GG betrachtet. Ausdrücklich hat das BVerfG dabei festgestellt, dass das Strafrecht als ultima ratio des Rechtsgüterschutzes eingesetzt werden kann, wenn ein bestimmtes Verhalten über sein Verbotensein hinaus in besonderer Weise sozialschädlich und für das geordnete Zusammenleben der Menschen unerträglich, seine Verhinderung besonders dringlich ist. Die strafrechtliche Rechtsgutslehre lasse daher keine weitergehenden Beschränkungen des Gesetzgebers erkennen.[9] Weder eine normative noch eine naturalistische Rechtsgutslehre könne hier stärkere Bindungen des Gesetzgebers erzeugen. Denn eine normative, d. h. wertende Rechtsgutstheorie sei ohnehin nur als Ausformung der ratio legis, d. h. einer Strafzweckbestimmung zu verstehen. Aber auch eine naturalistische Rechtsgutstheorie, der zufolge die schützenswerten Güter jenseits gesetzgeberischer Festlegung vorfindlich und anerkannt sein müssten, finde in der Verfassung keine Grundlage. Denn dann müsste die Verfassung von vornherein bestimmte Zwecke eines strafrechtlichen Schutzes ausschließen, wofür jedoch im Grundgesetz keine Anhaltspunkte zu finden seien. Insofern rechtfertige sich § 173 II S. 2 StGB vor dem Hintergrund einer kulturhistorisch begründeten, nach wie vor wirkkräftigen gesellschaftlichen Überzeugung von der Strafwürdigkeit des Inzests, wie sie auch im internationalen Vergleich festzustellen sei. Darüber hinaus sei die Vorschrift geeignet, einen Schutz der Familie im Kernbereich zu gewährleisten (d. h. auch dann, wenn Randbereiche, wie etwa beischlafähnliche Handlungen oder geschlechtlicher Verkehr von Adoptivgeschwistern nicht erfasst werden). Auch sei eine Strafdrohung erforderlich, da vormundschaftsgerichtliche bzw. familiengerichtliche Maßnahmen keine gleiche Wirksamkeit aufwiesen. Schließlich sei die Strafdrohung auch angemessen, da sich das Strafmaß in Grenzen halte und auch die Möglichkeit einer Einstellung des Verfahrens nach prozessrechtlichen Grundsätzen gegeben sei.

Die Entscheidung ist in der Literatur auf Kritik gestoßen und hat auch den Senatsvorsitzenden *Hassemer* zur Abgabe eines Sondervotums bewogen. Vor allem wurde der Entscheidung entgegengehalten, dass kein Rechtsgut erkennbar sei, das eine Strafbarkeit gerechtfertigt erscheinen lasse, sodass in Wahrheit eine Moralwidrigkeit bestraft würde. Auch wurde die Verhältnismäßigkeit der Norm in Zweifel gezogen, da Fälle des Inzests in Deutschland derart selten zu verzeichnen seien, dass auf eine Strafdrohung verzichtet werden könne.

– Bestraft werden keine Ordnungswidrigkeiten, weil bei ihnen der Gegenstand des Verbotes oder Gebotes durch den Staat erst geschaffen wurde, also nicht (naturrechtlich) vorgegeben und daher kein Rechtsgut ist (str.).

---

7 Krit. dazu *Noltenius*, ZJS 2009, 15 ff.; *Shu-Perng Hwang*, ZStW 125 (2013), 209 ff.

8 Vgl. dazu BVerfG NJW 2008, 1137 m. Anm. *Kudlich*, JA 2008, 549 ff.; *Roxin*, StV 2009, 544 ff.

9 Gegen das BVerfG mit ausführlicher Diskussion der Bedeutung der Rechtsgutslehre vgl. statt vieler *Bacigalupo*, Jakobs-FS, 2007, S. 1 ff.; *Greco*, ZIS 2008, 238; *M. Heinrich*, Roxin-FS II, 2011, 131 ff.; *Kudlich*, ZStW 127 (2015), 635 ff. und vor allem *Roxin*, Hassemer-FS, 2010, S. 537 ff.; *ders.*, GA 2013, 433 ff. Vgl. aber andererseits *Engländer*, ZStW 127 (2015), 616 ff.

5 Überblick über die Strafzwecktheorien:[10]

1. Nach den sog. **absoluten Straftheorien** besteht der Zweck der Strafe vor allem in der Antwort auf die Tat; Strafe ist daher ausschließlich Reaktion auf eine Verfehlung (punitur quia peccatum est[11]). Strafe wird also als „Negation der Negation des Rechts" verstanden *(Hegel*[12]*)* bzw. ihr Sinn im Unrechtsausgleich[13] zur Durchsetzung von Gerechtigkeit gesehen *(Kant)*.
Strafe ist danach „eine an der Tatschuld ausgerichtete und damit rückwärtsgewandte Sühne oder Vergeltung".[14]
Anklänge hierfür finden sich auch in der Rspr. So heißt es etwa in BGHSt 18, 278: „Die Gerechtigkeit gebietet, Schuldige sühnender Strafe zuzuführen".

6 *Kritik an den absoluten Straftheorien:* Die Vergeltungs- bzw. Sühneidee vermag als Strafzwecktheorie schon deshalb zu wenig zu leisten, weil sie die Strafsanktion nur als einen auf die Vergangenheit bezogenen Unrechts- und Schuldausgleich begreift, ohne die täter- bzw. gesellschaftsbezogenen Auswirkungen der Strafe für die Zukunft in den Blick zu nehmen. Die Strafe ist danach also nicht auf einen sozialen Zweck gerichtet, sondern erfüllt allenfalls einen (gesellschaftlichen) Selbstzweck.

2. Im Unterschied zu den absoluten Straftheorien begreifen daher die **relativen Straftheorien** die Strafe *nicht mehr* nur als *repressives Instrument* im Sinne eines bloßen Unrechts- und Schuldausgleichs, *sondern* als *präventives Mittel* zur Erzielung konkreter sozialkonstruktiver Zwecke.[15]

a) Die **generalpräventiven Theorien** rücken dabei die Auswirkungen der Strafe auf die Gesellschaft in den Vordergrund und sehen ihren Zweck daher vor allem in der Abschreckung der Allgemeinheit bzw. sonstiger potentieller Täter oder ganz allgemein in der Bestätigung der Unverbrüchlichkeit der Rechtsordnung. Sie gehen zurück auf *Feuerbach*, der eine psychologische Zwangstheorie entwarf, wonach durch die Strafdrohung ein Übel in Aussicht gestellt wird, das sich auf den Bürger psychologisch so auswirkt, dass bei ihm der Antrieb zur Tatbegehung unterdrückt werde. Strafe ist danach also ein präventives Vorbeugungsmittel (punitur ne peccetur[16]) – also Strafe nicht wegen der Tat, sondern damit künftige Taten verhindert werden.[17]
Im Rahmen der Generalprävention werden dabei heute grundsätzlich zwei Wirkweisen der Strafe unterschieden:

---

10 Vgl. dazu auch *Momsen/Rackow*, JA 2004, 336 ff. m. erläuternden Beispielsfällen; lesenswert zu den Strafzwecken im Hinblick auf Täter und Opfer auch *Jung*, JZ 2003, 1096 ff.

11 *v. Hippel*, Strafrecht, Bd. I, § 21 III 1, der zur Herkunft dieser Formel auf *Seneca* verweist (vgl. auch *Jakobs*, AT, 1/17 m. Fn. 18).

12 Allerdings weist *Roxin*, AT/I, § 3, Rn. 4, Fn. 8 zu Recht darauf hin, dass das Schlagwort von der Negation der Negation des Rechts bei *Hegel* (Grundlinien der Philosophie des Rechts, 1821) selbst nicht zu finden ist, sondern später von seinem Schüler *Gans* dem Werk *Hegels* als Zusatz hinzugefügt wurde.

13 Vgl. *Baumann/Weber/Mitsch/Eisele*, AT, § 3, Rn. 54; näher zu Kant: *Byrd/Hruschka*, JZ 2007, 957 ff.

14 *Eser/Burkhardt*, Strafrecht I, Fall 1, Rn. 33.

15 So auch *Wessels/Beulke/Satzger*, AT, Rn. 12a.

16 *Gropp*, AT, § 1, Rn. 181.

17 So anschaulich *Eser/Burkhardt*, Strafrecht I, Fall 1, Rn. 36.

aa) Die **negative Generalprävention**[18] → Abschreckung der Allgemeinheit bzw. anderer potentieller Täter (letztlich hat nur sie ihren Ausgangspunkt bei Feuerbachs psychologischer Zwangstheorie).
bb) Die **positive Generalprävention** → Bestätigung der Unverbrüchlichkeit der Rechtsordnung, wobei sich diese auf die Allgemeinheit bezogene Strafwirkung wiederum untergliedert in den:
- Lerneffekt (Einübung der Rechtsordnung)
- Vertrauenseffekt (Bürger sieht, dass sich das Recht durchsetzt) sowie
- Befriedungseffekt (allgemeines Rechtsbewusstsein beruhigt sich und sieht den Konflikt mit dem Täter als erledigt an; *Roxin* spricht hier von Integrationsprävention[19]).

Kritik an den generalpräventiven Theorien: Wird der Zweck der Strafe allein in der Abschreckung der Allgemeinheit und der Bestätigung der Bestandskraft des Rechts gesehen, so besteht immer die Gefahr, dass der Täter zum Objekt staatlichen Strafens degradiert wird, weil der Täter bei einem solchen Konzept durch seine Bestrafung letztlich allein in den Dienst der Allgemeinheit gestellt wird. Zugleich ist damit auch eine gefährliche Tendenz zur Verhängung unangemessen harter Strafen verbunden, zumal die generalpräventiven Theorien keinen geeigneten Maßstab für eine Begrenzung der Strafdauer zu liefern vermögen.[20]

b) Die **spezialpräventiven Theorien** rücken dagegen den Täter ins Zentrum der Strafzwecküberlegungen. Dabei lassen sich auch hier wieder zwei Strafeffekte unterscheiden:[21]
aa) Die **negative Spezialprävention**, d. h. Abschreckung des Täters (Abschreckungsprinzip) bzw. Ausschaltung des Täters, soweit er weder abschreckbar noch besserungsfähig ist (Sicherungsprinzip).
bb) Die **positive Spezialprävention**, d. h. Besserung des Täters, damit er nicht mehr straffällig zu werden braucht (Resozialisierungsprinzip).
Bahnbrechend für die spezialpräventiven Theorien war in Italien die von *Enrico Ferri* begründete „scuola positiva" sowie in Deutschland *Franz von Liszt* mit seinem Marburger Programm von 1882. Dort befürwortete *Liszt* eine nach Tätertypen gestufte Behandlung von Straftätern:
- Unschädlichmachung der weder abzuschreckenden noch zu bessernden Gewohnheitsverbrecher,
- Abschreckung bloßer Gelegenheitstäter,
- Besserung der Besserungsfähigen.

Kritik an den spezialpräventiven Theorien: Trotz ihres sozialkonstruktiven Ausgangspunktes[22] besteht die Gefahr, dass die Strafe das Verhältnismäßige übersteigt, nur um den Täter in besonderer Weise abzuschrecken oder zu bessern. *Franz von Liszt*, der diese Gefahr erkannte, verlangte daher auch, dass das Strafrecht die „Magna Charta

---

18 *Baumann/Weber/Mitsch/Eisele*, AT, § 3, Rn. 27-30.
19 *Roxin*, AT/I, § 3, Rn. 27.
20 *Köhler*, AT, S. 41.
21 Vgl. *Jescheck/Weigend*, AT, § 8 IV 3.
22 Diesen betonen zu Recht auch *Eser/Burkhardt*, Strafrecht I, Fall 1, Rn. 40.

des Verbrechers“ zu sein habe, womit er nicht nur die Forderung gesetzlich eindeutig bestimmter Straftatbestände, sondern auch den Ruf nach bestimmbaren Rechtsfolgen verband.

Selbst wenn man von der Gefahr übermäßig harter Strafen absieht, laufen die spezialpräventiven Theorien jedenfalls in solchen Fällen leer, in denen der Täter zum Zeitpunkt der Verurteilung als voll sozialisiert gelten kann und wegen fehlender Wiederholungsgefahr nicht notwendig abgeschreckt, gebessert oder gesichert werden muss (Bsp.: SED-Unrecht; NS-Verbrechen etc.).

7 **3.** Aufgrund der jeweiligen Schwächen der soeben behandelten Theorien ist heute die sog. **Vereinigungstheorie** vorherrschend. In ihr sind neben dem Vergeltungsaspekt vor allem general- und spezialpräventive Elemente enthalten. Dieser Theorie geht es um die Herstellung eines ausgewogenen Verhältnisses zwischen absoluten und relativen Straftheorien. Richtig dürfte an ihr sein, dass es bei der Strafzweckfrage zumindest mittelbar stets auch um die Frage nach der Verwirklichung von Gerechtigkeit geht. Will man in diesem Sinne die Auferlegung von Strafe zweckhaft begründen, so kann dies umfassend nur unter Einbezug von Tat und Täter sowie Gesellschaft und Opfer geschehen. Wer dies anerkennt, wird einen gewissen tatbezogenen Vergeltungsaspekt der Strafe genauso wenig leugnen können wie ihren notwendigen Täter- und Gesellschaftsbezug.[23]

8 **4.** Welche Strafzwecke dem geltenden Strafrecht vorschweben, ist schwer auszumachen. Aus dem Gesamtgefüge der §§ 38 ff. StGB lässt sich jedoch entnehmen, dass das geltende Recht auf dem Boden der Vereinigungstheorie steht.[24] *Eser/Burkhardt* führen dafür unter anderem folgende Gesichtspunkte an:[25]
- Strafe ist kein Schuldausgleich um seiner selbst willen → Absage an reines Vergeltungsstrafrecht.
- Strafe erfüllt eine präventive Schutzaufgabe → Zweckstrafe.
- Innerhalb der präventiven Zielsetzung ist ein Vorrang der Spezialprävention i. S. des Resozialisierungsgedankens zu verzeichnen, vgl. §§ 46 I S. 2, 47 I, 56 I StGB.
- Dem spezialpräventiven Ziel dienen der Vorrang der Geldstrafe vor der Freiheitsstrafe sowie die Bewährungsmöglichkeiten bei der Freiheitsstrafe, vgl. §§ 47 I, 56 I StGB
- Für generalpräventive Erwägungen bleibt nur insofern Raum, als dies zur Verteidigung der Rechtsordnung notwendig ist, vgl. § 56 III StGB.
- Nach § 46 I S. 1 StGB bildet die Schuld des Täters die Grundlage für die Zumessung der Strafe. Das Schuldprinzip bedeutet in diesem Zusammenhang, dass Strafe, anders als die Maßregeln, s. o. Rn. 3, Schuld voraussetzt und das Maß der Schuld nicht überschreiten darf.

---

23 Anders *Jakobs*, AT, 1/48-52, der weder den Ausgleich von Defiziten, noch die Kumulation bei (wie hier) divergierenden Zielen für möglich hält. Er geht davon aus, dass Vergeltungs-, Sühnetheorie und Theorie der negativen Generalprävention überhaupt zu verwerfen seien.

24 *Jescheck/Weigend*, AT, § 8 V 2.

25 *Eser/Burkhardt*, Strafrecht I, Fall 1, Rn. 50 ff.

IV. Nullum crimen, nulla poena sine lege

Dieser Grundsatz ist in Art. 103 II GG mit Verfassungsrang ausgestattet und beinhaltet vier Einzelausprägungen: 9

1. Ausschluss von Gewohnheitsrecht (lex scripta) 10

Gesetzlichkeit erfordert schon nach dem Wortsinn gesetztes, d. h. geschriebenes Recht. Strafbegründendes oder strafschärfendes Gewohnheitsrecht ist daher ausgeschlossen.

2. Bestimmtheitsgebot (lex certa)[26]

a) Es gibt keinen allgemein gültigen Bestimmtheitsgrad.

b) Das Erfordernis der Tatbestandsbestimmtheit schließt nicht die Verwendung von Begriffen aus, die der wertenden Deutung durch den Richter bedürfen.

c) Einzelkriterien:
- Voraussehbarkeit der richterlichen Handhabung für den Normadressaten.
- Tatbestand muss zumindest das geschützte Rechtsgut erkennen lassen. Zu unbestimmt wäre z. B. ein Gesetz mit dem Wortlaut: „Wer sich unangemessen benimmt, wird angemessen bestraft". Entscheidend ist das sog. Konkretisierbarkeitskriterium, d. h. wenn ein Tatbestand ohne große Schwierigkeiten kasuistisch erfasst werden kann, so ist grundsätzlich hinreichende Bestimmtheit gegeben.
- Verhältnismäßigkeitsprinzip: Je schwerer die angedrohte Strafe ist, desto präziser muss das Gesetz die Strafbarkeit bestimmen. Ist dies nicht der Fall, so wird man aufgrund des ultima ratio-Prinzips den Tatbestand im Zweifel teleologisch reduzieren müssen.

  Beispiel: Da Mord mit lebenslanger Freiheitsstrafe bestraft wird, ist zu erwägen, ob man hier die Tatbestandsvoraussetzungen nicht zu lockern hat. So liest man bei *Sinn* zu § 211 StGB den denkwürdigen Hinweis: „Da die Strafe starr ist, muss der Begriff flexibel sein."[27]

3. Analogieverbot (lex stricta)[28] 11

a) Anwendungsbereich
Das Analogieverbot dient dem Schutz des Einzelnen. Daher ist gegen eine täterbegünstigende Analogie nichts einzuwenden.

b) Wesen und Bedeutung der Analogie
Die Analogie ist eine Methode richterlicher Rechtsergänzung durch Ausfüllung planwidriger Regelungslücken im Wege der Übertragung eines einem Tatbestand (Gesetzesanalogie) oder einer Mehrheit vergleichbarer Tatbestände (Rechtsanalogie) zugrunde liegenden Gedankens auf einen gesetzlich nicht geregelten ähnlichen Fall.

---

26 *Baumann/Weber/Mitsch/Eisele*, AT, § 9, Rn. 6 ff.; vgl. zum Bestimmtheitsgrundsatz im Hinblick auf die Internationalisierung des Strafrechts *Satzger*, JuS 2004, 943 ff.

27 SK-*Sinn*, § 211, Rn. 8. Auf die Frage der negativen und positiven Typenkorrektur kann an dieser Stelle nicht eingegangen werden, da sie ein Problem des Besonderen Teils darstellt. *Sinns* Mahnung läuft aber jedenfalls in bedenkenswerter Weise auf die Notwendigkeit einer solchen Typenkorrektur hinaus; zur noch weitergehenden Behauptung der Verfassungswidrigkeit des § 211 StGB vgl. *Mitsch*, JZ 2008, 336 ff.

28 Ausführlich *Gropp*, AT, § 3, Rn. 21 ff.; *Baumann/Weber/Mitsch/Eisele*, AT, § 9, Rn. 55 ff.; dazu auch *Simon*, NStZ 2009, 84 f.

c) Grenze zwischen Auslegung[29] und Analogie[30]

Die Grenze wird von der ganz h. M. beim „noch möglichen Wortsinn“ gezogen.[31] Neben der grammatischen Auslegung (Ermittlung des Wortsinns der gesetzlichen Begriffe) spielt die systematische Auslegung (der Zusammenhang, in dem sich die Vorschrift befindet), die historische Auslegung (Orientierung am Willen des historischen Gesetzgebers) sowie vor allem die teleologische Auslegung[32] (Interpretation nach Sinn und Zweck des Gesetzes) eine Rolle. Darüber hinaus ist aber auch auf eine verfassungs- und europarechtskonforme Auslegung zu achten.[33] Jedes Interpretationsergebnis, das zulasten des Täters den möglichen Wortsinn verlässt, überschreitet die Grenze von der zulässigen Auslegung hin zur verbotenen Analogie.

Beispiel: A setzt den B mit dem bloßen Hintern auf eine heiße Herdplatte (RGSt 24, 372); A schlägt den Kopf des B gegen eine Hauswand (BGHSt 22, 235).

Lösung: Hier wird von der h. M. aufgrund des Analogieverbots eine gefährliche Körperverletzung nach § 224 I Nr. 2 StGB abgelehnt, weil die Benutzung festgefügter Gegenstände wie Herdplatte oder Hauswand nach dem Sprachgebrauch nicht unter den Begriff des Werkzeugs fallen könne, da dieser Beweglichkeit voraussetze. In der Lit. wird dies zwar bestritten, jedoch wird man der h. M. deshalb Recht geben müssen, weil niemand derartige Gegenstände als Werkzeug bezeichnet, mag die Wirkung auch die gleiche sein. Der Zweck der Vorschrift kann also den Wortlaut nicht überschreiten. Freilich wird man je nach Tatbild beim Schlagen des Kopfes gegen eine Hauswand ggf. § 224 I Nr. 5 StGB (lebensgefährdende Behandlung) bejahen können und bei schweren Verbrennungen wird sogar § 226 StGB in Frage kommen, sodass sich das Problem zumindest relativiert.

Als besonders schillernder Begriff im Grenzbereich zwischen Auslegung und Analogie hat sich das Merkmal der „Gewalt“ im Rahmen des § 240 StGB erwiesen.[34] Das BVerfG[35] hat diesbezüglich mit Blick auf Art. 103 II GG klargestellt, dass ein Täter Gewalt i. S. des § 240 StGB nur anwendet, wenn er durch körperliche Kraftentfaltung Zwang auf sein Opfer ausübt und dieser Zwang nicht lediglich psychisch wirkt, sondern auch körperlich empfunden wird. Die bloße körperliche Anwesenheit und eine dadurch ausgelöste psychische Zwangswirkung auf den Genötigten genügten daher für die Annahme von Gewalt nicht. Im konkreten Fall handelte es sich um eine Sitzblockade, durch die verhindert werden sollte, dass Fahrzeuge ein Kasernentor passieren. Das BVerfG verneinte hier gerade im Hinblick auf den ersten herannahenden Fahrer die Annahme von Gewalt, da ein vergeistigter Gewaltbegriff die natürliche Wortlautgrenze überschreite. Später hat der BGH in seiner sog. Zweite-Reihe-Rspr. allerdings Gewalt gegenüber den weiteren herannahenden Kraftfahrern angenommen, da diese infolge des Anhaltens des zuerst Eintreffenden durch die jeweils vor ihnen befindlichen Fahrzeuge eine unüberwindbare und damit physische Barriere vorfänden (vgl. zum gesamten Problemkomplex ausführl. *Jäger*, BT, Rn. 107 f.).[36]

---

29 Krit. zur überkommenen Auslegungsmethodik *Herzberg*, JuS 2005, 1 ff.
30 Vgl. *Rüthers/Höpfner*, JZ 2005, 21 ff. (vor allem in Bezug auf den Normzweck).
31 Eingehend dazu *von Heintschel-Heinegg*, JA 2009, 68 ff.
32 Krit. zur rein teleologischen Auslegung *Sickor*, ZStW 125 (2013), 788 ff.
33 Näher zu den einzelnen Auslegungsmethoden SK-*Rudolphi/Jäger*, § 1, Rn. 29 ff.; zur verfassungs- und europarechtskonformen Auslegung vgl. auch *Hecker*, JuS 2014, 385 ff.
34 Vgl. zum Einstieg in die Diskussion *Swoboda*, JuS 2008, 862.
35 BVerfGE 92, 1 ff.
36 BGHSt 41, 182 ff.

Unklar war, welche Auswirkungen diese Sitzblockaden-Entscheidung des BVerfG auf andere Sachverhalte hat. Jedoch hat das BVerfG versucht, seiner Auffassung Konturen zu verleihen. Dies zeigt folgendes

Beispiel[37]**:** A fuhr der F innerhalb geschlossener Ortschaft im dichten Kolonnenverkehr nahe auf, betätigte den Blinker, gab mehrfach Licht- und Hupsignale und fuhr bei etwa 50 km/h bis auf ca. 1 m auf das Kfz der F auf. Der ganze Vorgang verlief über eine Strecke von etwa 300 m. Die F wurde dadurch in einen Angst- und Nervositätszustand versetzt, der sie zunehmend fahrunsicher machte. Dennoch gelang es ihr, sich in den dichten Kolonnenverkehr der rechten Fahrspur einzuordnen.

Lösung: Das BVerfG hat im Beispielsfall eine nötigende Gewalt i. S. des § 240 I, II StGB bejaht. Dabei machte es noch einmal deutlich, dass eine rein psychische Zwangswirkung für die Annahme von Gewalt nicht genügt. Vorliegend lasse sich zunächst die den Auffahrvorgang ausmachende dynamische Bewegung des Kraftfahrzeugs ohne Weiteres als Kraftentfaltung begreifen, die auch im Betätigen des Gaspedals als unrechtsrelevantes Verhalten gesehen werden könne. Sofern die Auswirkungen dann körperlich empfunden werden, also zu physisch merkbaren Angstreaktionen führen, liege auch auf Opferseite ein körperlicher Zwang vor, der – auch gemessen an verfassungsrechtlichen Maßstäben – Gewalt sein könne. Dabei müsse der Fahrzeugführer bei bedrängender Fahrweise grundsätzlich auch damit rechnen, dass sein Verhalten zu Furchtreaktionen anderer Verkehrsteilnehmer führen kann. Ob in einem derartigen Fall auch § 315c I Nr. 2b StGB wegen „falschen Überholens" vorliegt, ist Tatfrage (es hängt insbesondere davon ab, ob man das Verhalten als grob verkehrswidrig einstufen und von einem Beinaheunfall ausgegangen werden kann). Nicht gegeben sein dürfte regelmäßig § 315b StGB, da bei ihm im fließenden Verkehr eine Pervertierung des Straßenverkehrs vorausgesetzt wird und die Rspr. diesbezüglich sogar einen Schädigungsvorsatz verlangt (vgl. näher dazu *Jäger*, BT, Rn. 476 a. E.).

Man muss sich klar machen, dass die soeben genannte Entscheidung des BVerfG auch auf andere Konstellationen Auswirkungen haben kann. So wird man künftig auch das Bedrohen mit einer Pistole zumindest dann als Gewalt begreifen können, wenn es beim Opfer zu einer körperlichen Schreckreaktion führt. Die Problematik der verfassungsgerichtlichen Rspr. liegt freilich darin, dass eine rechtssichere Handhabung kaum mehr möglich ist, weil die Bejahung von Gewalt von der schwer überprüfbaren „Belastbarkeit" des Opfers abhängt. Das BVerfG hat dies allerdings gesehen und darauf hingewiesen, dass es jeweils auf die Umstände des Einzelfalls ankommen wird (vgl. zum Ganzen auch *Jäger*, BT, Rn. 99).

Ein schönes und klausurträchtiges Beispiel für die Problematik des Art. 103 II GG liefert auch § 265a StGB. Rechtsprechung und h.M. gehen hier davon aus, dass es auch als Erschleichen der Leistung verstanden werden kann, wenn der Täter, der keine Fahrkarte gelöst hat, nur unauffällig im Zugabteil sitzt und sich auf diese Weise mit dem Anschein der Ordnungsgemäßheit umgibt.[38] Ausführlich dazu mit Fall und Lösung *Jäger*, BT, Rn. 328 ff.

Einen weiteren Fall zur Grenzziehung zwischen verbotener Analogie und zulässiger Auslegung liefert der Streit um die Frage, ob das unvorsätzliche Entfernen vom Unfallort einem berechtigten oder entschuldigten Entfernen nach § 142 II Nr. 2 StGB

37 Nach BVerfG NStZ 2007, 397.
38 Vgl. BGH NJW 2009, 1091.

gleichgestellt werden kann. Das BVerfG[39] hat diese Frage jedoch mit der Begründung verneint, dass anderenfalls die Grenze des Wortsinns gesprengt würde.

Achtung Klausur: *Diese Entscheidung des BVerfG führt dazu, dass für den zuerst zu prüfenden § 142 I Nr. 1 StGB bedeutsamer wird, wann noch von einem unerlaubten Entfernen vom „Unfallort" gesprochen werden kann. Näher dazu mit Fall und Lösung Jäger, BT, Rn. 499.*

Zu einem weiteren Fall der Abgrenzung von zulässiger Auslegung und verbotener Analogie *Jäger*, BT, Rn. 130.

12 **4. Rückwirkungsverbot (lex praevia)**

Das Rückwirkungsverbot zielt darauf ab, dem Bürger einen Vertrauensschutz zu gewährleisten.

a) Anwendungsbereich

- Unbestritten ist die rückwirkende Neuschaffung oder Erweiterung von strafbegründenden Normen verboten. Unstreitig verboten ist auch die strafschärfende Änderung oder Neueinführung von Rechtsfolgen.
- Strittig ist dagegen, ob das Rückwirkungsverbot nur die Normen des Besonderen Teils des StGB (also §§ 80 ff. StGB) betrifft oder auch die Normen des Allgemeinen Teils. Eine Mindermeinung geht davon aus, dass nur im Besonderen Teil die einzelnen Tatbestände vertypt sind, sodass auch nur hier das Rückwirkungsverbot sinnvoll anwendbar sei. Dem ist jedoch mit der h. M. strikt zu widersprechen, da die Reichweite eines Tatbestandes letztlich erst durch die Regeln des Allgemeinen Teils näher bestimmt wird; im Übrigen sind die Regeln des Allgemeinen Teils nur aus formellen (gesetzestechnischen) Gründen „vor die Klammer" gezogen, ohne dass eine materielle Differenz bestünde.
- Streitig ist auch, ob das Rückwirkungsverbot in gleicher Weise für die prozessuale Verfolgbarkeit gilt. Bsp.: Verjährungsausschluss für Mord nach Begehung der Tat. Nach Auffassung des BVerfG[40] ist eine derartige nachträgliche Verjährungsverlängerung bzw. ein Verjährungsausschluss möglich. Bei der Verjährung fehle es nämlich an dem Vertrauensschutzelement, da diese ohnehin jederzeit unterbrochen werden kann.[41] Immerhin sei aber auch hier das Rechtsstaatsprinzip (Verhältnismäßigkeitsgrundsatz) ausschlaggebend, sodass ein Verjährungsausschluss wohl nur im Bereich schwersten Unrechts in Frage komme.
- Rückwirkende Änderung der Rspr.

  Rspr. und Lehre gehen davon aus, dass Art. 103 II GG auf den Bereich der Rechtsschöpfung beschränkt ist und daher einer rückwirkenden Änderung der Rspr. nicht entgegensteht. Daher kann ein davon überraschter Täter allenfalls unter Schuldgesichtspunkten wegen eines Verbotsirrtums Straffreiheit oder Milderung erlangen. Jedoch komme ein strafbefreiender unvermeidbarer Verbotsirrtum (§ 17 S. 1 StGB)

---

39 BVerfG NJW 2007, 1666 ff.

40 BVerfGE 25, 269; im Grundsatz zust. MüKo-*Schmitz*, § 1, Rn. 17; *Stratenwerth/Kuhlen*, AT/1, § 3, Rn. 11; NK-*Hassemer/Kargel*, § 1, Rn. 63.

41 Krit. *Jäger*, GA 2006, 615 ff.; *ders.*, J. B. Maier-FS, 2005, S. 243 ff. jeweils m. w. N.; allgemein zur strafrechtlichen Verjährung *Meyer*, JA 2014, 342 ff.

nur in Betracht, wenn das Verhalten des Täters nach der zur Tatzeit praktizierten höchstrichterlichen Rspr. als straflos gelten konnte und der Täter diese Rspr. gekannt und auf sie vertraut hat. Nach OLG Celle[42] ist dies alles Tatsachenfrage. Im Fall des OLG Celle ging es um die Herabsetzung der BAK von 1,5 auf 1,3 (heute sogar 1,1) Promille für die Annahme von absoluter Fahruntauglichkeit. Diese Rechtsprechungsänderung verstieß nicht gegen das Rückwirkungsverbot, weil nur die Rechtsschöpfung, nicht aber eine bestimmte Auslegung eines Tatbestandes von diesem Verbot erfasst wird. Denn der Einzelne kann kein Vertrauen auf eine stets gleichbleibende Rspr. haben.

b) Sonderproblem: Sicherungsverwahrung[43] **12a**

Nach einem Urteil des EGMR vom 17.12.2009[44] hat Deutschland mit der Regelung zur Sicherungsverwahrung gegen die EMRK verstoßen. Die durch § 67d III StGB bewirkte rückwirkende Aufhebung der zeitlichen Begrenzung einer erstmaligen Unterbringung in der Sicherungsverwahrung und damit nachträgliche Verlängerung der Sicherungsverwahrung verstoße gegen das Recht auf Freiheit in Art. 5 EMRK und das Rückwirkungsverbot in Art. 7 EMRK. Damit weicht diese Entscheidung ausdrücklich von einer Entscheidung des BVerfG[45] ab, in der es zu gegenteiligen Ergebnissen gekommen war. Nach Ansicht des BVerfG sei das Rückwirkungsverbot nach Art. 103 II GG auf die Sicherungsverwahrung nicht anwendbar. Hier sei die grundlegende Unterscheidung zwischen Strafen und Maßregeln der Besserung und Sicherung nach dem StGB zu beachten. Der EGMR stellte jedoch fest, dass es sich bei der Sicherungsverwahrung unabhängig von ihrer Bezeichnung und formellen Konstruktion um eine Strafe i. S. von Art. 7 I EMRK handele. In der Folge handhabten die Oberlandesgerichte diese Rechtslage sehr unterschiedlich, sodass sich der Gesetzgeber 2010 gezwungen sah, in § 121 II GVG bei Fällen, die die Sicherungsverwahrung betreffen, eine Vorlagepflicht an den BGH bei Abweichungen in der Rechtsprechung der Oberlandesgerichte einzuführen.[46] Insbesondere das OLG Nürnberg vertrat die Auffassung, dass die Entscheidung des EGMR nicht bindend und ihr auch im Übrigen nicht zu folgen sei.[47] Daraufhin entschied der 5. Strafsenat des BGH, dass das Urteil des EGMR nicht zur Folge habe, dass Verurteilte, die wegen vor dem 31.1.1998 begangener Taten seit mehr als zehn Jahren erstmals in der Sicherungsverwahrung untergebracht sind, ohne weitere Sachprüfung zu entlassen sind.[48] Um die Voraussetzungen der Sicherungsverwahrung zu harmonisieren und Schutzlücken zu schließen ist am 1.1.2011 das Gesetz zur Neuordnung des Rechts der Sicherungsverwahrung und zu begleitenden Regelungen vom 22.12.2010[49] in Kraft getreten. Hierdurch wurde die nachträgliche Sicherungsverwahrung für die Zukunft

---

42 OLG Celle NdsRpfl. 1968, 90.

43 Zur Geschichte und Legitimation der Sicherungsverwahrung vgl. *Steinberg*, StV 2013, 227 ff. und *Streng*, StV 2013, 236 ff.; *Peglau*, JR 2016, 491 ff.

44 EGMR NJW 2010, 2495; vgl. hierzu *Jung*, GA 2010, 639; *Radtke*, NStZ 2010, 537; *Frommel*, NK 2010, 82.

45 BVerfGE 109, 133.

46 BGBl. I S. 976.

47 OLG Nürnberg NStZ 2010, 574.

48 BGH NJW 2011, 240.

49 BGBl. I S. 2300.

weitgehend abgeschafft. Nach den neuen Regelungen muss die Sicherungsverwahrung im Strafurteil angeordnet oder vorbehalten sein. Mittlerweile entschied der EGMR erneut, dass die nachträgliche Verlängerung einer Sicherungsverwahrung menschenrechtswidrig sei.[50] Zudem erklärte das Bundesverfassungsgericht mit Urteil vom 4.5.2011[51] sämtliche Normen für verfassungswidrig, die die Voraussetzung für eine Anordnung von Sicherungsverwahrung regeln. Da die Vorschriften nach Ansicht des Bundesverfassungsgerichts jedoch bis zu einer Neuregelung, längstens jedoch bis zum 31.5.2013, fortgelten sollen, ist damit nicht die Konsequenz verbunden, dass alle Sicherungsverwahrten zu entlassen sind.[52] Während im Jahr 2004 vom Bundesverfassungsgericht eine über zehn Jahre hinausreichende Freiheitsentziehung noch als verhältnismäßig eingestuft wurde,[53] geht derselbe Senat nunmehr davon aus, dass es einer strikten Verhältnismäßigkeitsprüfung bedürfe. Ausgehend hiervon sei festzustellen, dass die Sicherungsverwahrung das sog. Abstandsgebot zur Strafe nicht einhalte. Denn der Vollzug der Sicherungsverwahrung sei so ausgestaltet, dass kein hinreichender Unterschied, d. h. kein ausreichender Abstand zur Strafe erkennbar sei. Mit Blick auf die Altfälle geht der 2. Senat des Bundesverfassungsgerichts davon aus, dass sich das Gewicht des Vertrauensschutzes einem absoluten Vertrauensschutz annähere.[54] Der legitime Zweck, die Allgemeinheit vor gefährlichen Straftätern zu schützen, trete weitgehend hinter den Vertrauensschutz zurück. Nachträgliche Verschärfungen der Sicherungsverwahrung dürften daher auf Altfälle nicht angewandt werden, auch wenn das Rückwirkungsverbot in diesem Bereich nicht unmittelbar gelte. Dennoch sei in Ausnahmefällen von einem Überwiegen der Sicherheitsinteressen auszugehen, falls das Abstandsgebot eingehalten werde und die „hochgradige Gefahr schwerster Gewalt- und Sexualverbrechen aus konkreten Umständen in der Person oder dem Verhalten des Untergebrachten abzuleiten ist".[55] Im Übrigen lässt das Bundesverfassungsgericht eine fortgesetzte oder nachträglich verhängte Sicherungsverwahrung zu, wenn eine psychische Störung i. S. von § 1 I Nr. 1 ThUG (Therapieunterbringungsgesetz) vorliegt.

---

50 EGMR, Urt. v. 13.1.2011 – Az. 17792/07; Urt. v. 13.1.2011 – Az. 20008/07; Urt. v. 13.1.2011 – Az. 27360/04 und 42225/07.

51 BVerfG NStZ 2011, 450.

52 *Köhne*, ZRP 2012, 89; zur weiteren Entwicklung seit Inkrafttreten des „Gesetzes zur bundesrechtlichen Umsetzung des Abstandsgebotes im Recht der Sicherungsverwahrung" am 1.6.2013 vgl. *Pollähne*, StV 2013, 249 ff., sowie *Schäferskûpper/Grote*, NStZ 2013, 447 ff.; vgl. auch die Rechtsprechungsübersicht zum Maßregelrecht bei *Detter*, NStZ 2014, 22 ff.

53 BVerfG NJW 2004, 739 f.

54 Eingehend zur Altfallproblematik: *Hörnle*, NStZ 2011, 488 (489); *Höffler/Kaspar*, ZStW 124 (2012), 87; *Drenkhahn/Morgenstern*, ZStW 124 (2012), 132.

55 BVerfG NJW 2011, 1931 (1933); *Detter*, NStZ 2012, 200 (202).

V. Geltungsbereich des deutschen Strafrechts[56]

1. Grundsatz: Territorialitätsprinzip

Grundsätzlich gilt das Territorialitätsprinzip, d. h. dem deutschen Strafrecht unterliegen alle im Inland begangenen Straftaten ohne Rücksicht auf die Nationalität des Täters oder Opfers, vgl. § 3 StGB. Bezüglich des Begehungsortes legt § 9 StGB den sog. Ubiquitätsgrundsatz fest. Die Tat ist nach dieser Vorschrift an jedem Ort begangen, an dem der Täter bzw. ein Mittäter gehandelt hat oder im Falle des Unterlassens hätte handeln müssen oder an welchem der zum Tatbestand gehörende Erfolg eingetreten ist oder nach der Vorstellung des Täters eintreten sollte. Erschießt also Täter A von österreichischem Staatsgebiet aus den B, der sich auf deutschem Staatsgebiet befindet, so ist Tatort sowohl Österreich als auch Deutschland. Interessant ist zum Begehungsort folgender vom BGH entschiedenes 13

Beispiel: Der 1944 in Deutschland geborene Täter A, der seit 1996 australischer Staatsbürger war, stellte in Australien Artikel ins Internet, die den Holocaust leugneten. Als A in Deutschland Freunde besuchte, wurde er festgenommen. Strafbarkeit des A? (**Auschwitzlüge-Fall** nach BGHSt 46, 212[57]) 13a

Lösung: A hat sich wegen Volksverhetzung nach § 130 III StGB strafbar gemacht. Der BGH hat hier eine Anwendbarkeit des deutschen Strafrechts nicht allein darauf gegründet, dass die Inhalte im Internet auch in Deutschland abrufbar sind. Vielmehr hat er darauf abgestellt, dass die Tat objektiv einen besonderen Bezug zur Bundesrepublik Deutschland aufweist, da die Äußerungen abstrakt geeignet seien, den öffentlichen Frieden in Deutschland zu stören (Hinweis: Ein vom BGH verlangter „Inlandsbezug" von Internetinhalten wäre etwa bei einfacher verbotener Pornografie sicherlich zu verneinen. Dies zeigt auch § 6 Nr. 6 StGB, der nur für Kinderpornografie das Weltrechtsprinzip für anwendbar erklärt. Letztlich ist das Bemühen des BGH um Einschränkung der Anwendbarkeit deutschen Strafrechts nur auf solche Inhalte, die einen besonderen Inlandsbezug aufweisen, verständlich. Denn ohne diese Einschränkung müssten die deutschen Strafverfolgungsbehörden alle Personen, die weltweit unerlaubte pornografische Inhalte ins Netz stellen, strafrechtlich verfolgen.). Sofern die vom Täter verwendeten Formulierungen geeignet sind, das Verfolgungsschicksal der betroffenen Juden, welches Teil ihrer persönlichen Würde ist, verächtlich zu machen (Beleidigung unter Kollektivbezeichnung, s. dazu ausführl. *Jäger*, BT, Rn. 150 ff.), liegt auch eine Beleidigung nach § 185 StGB vor. Das gilt z. B. bei Äußerungen wie „Gaskammermythos" und „astronomische Zahlen". Für § 185 StGB ist hier ausnahmsweise kein Strafantrag erforderlich, vgl. § 194 I S. 2 StGB. Der BGH nimmt schließlich auch einen postmortalen Persönlichkeitsschutz an, der sich aus Art. 1, 2 GG ergibt, sodass bei den dargestellten Formulierungen auch eine Strafbarkeit wegen Verunglimpfung des Andenkens Verstorbener nach § 189 StGB gegeben ist. Auch hier ist kein Strafantrag erforderlich, vgl. § 194 II S. 2 StGB. A ist damit strafbar nach §§ 130, 185, 189 StGB. Die Taten stehen zueinander in Tateinheit, § 52 StGB. 13b

---

56 Allgemein hierzu: *Baumann/Weber/Mitsch*, AT, § 7; *Jescheck/Weigend*, AT, § 18 VII; *Jeßberger*, Der transnationale Geltungsbereich des deutschen Strafrechts, 2011; *Wessels/Beulke/Satzger*, AT, Rn. 62 ff.; *Satzger*, Jura 2010, 108 ff., 190 ff.; *Hombrecher*, JA 2010, 637 ff.; zum Sonderproblem der Strafbarkeit von Bundeswehrangehörigen bei Auslandseinsätzen siehe auch *Safferling/Kirsch*, JA 2010, 81 ff.; zur Auslegung der Begriffe „Tat" und „Täter" im Strafanwendungsrecht *Walther*, JuS 2012, 203 ff.

57 Mit Anm. *Hörnle*, NStZ 2001, 309; *Kudlich*, StV 2001, 397; *Sieber*, ZRP 2001, 97. Vgl. auch *Schünemann*, GA 2003, 304.

2. Ausnahmen vom Grundsatz

14 Ist eine Tat nicht im Inland begangen, so kann dennoch ausnahmsweise deutsches Strafrecht eingreifen:

a) Flaggenprinzip, § 4 StGB

b) Aktives Personalitätsprinzip
Danach unterliegen dem deutschen Strafrecht unter bestimmten Umständen Straftaten Deutscher auch, wenn sie im Ausland begangen wurden, vgl. §§ 5 Nr. 3a, 5b, 8, 9, 12; 7 II Nr. 1 StGB.

c) Passives Personalitätsprinzip (Klausur!)
Nach § 7 I StGB gilt das deutsche Strafrecht auch für Taten, die zwar im Ausland begangen wurden, die sich aber **gegen** einen Deutschen richten, sofern die Tat am Tatort mit Strafe bedroht ist oder keiner Strafgewalt unterliegt.

Achtung Klausur: *Wenn überhaupt, dann spielt in der Klausur das passive Personalitätsprinzip eine Rolle. Man erkennt das Problem grundsätzlich daran, dass der Sachverhalt im Ausland spielt und im Bearbeitervermerk z. B. folgender Hinw. zu finden ist: „Es ist davon auszugehen, dass in Nepal in etwa die gleichen Strafvorschriften gelten wie in Deutschland."*

d) Schutzprinzip
Dieses gilt bei bestimmten Auslandstaten, die sich gegen inländische Interessen richten, vgl. §§ 5 Nr. 1, 2, 3b, 4, 5a, 6, 7, 10, 11, 13, 14 StGB.

e) Universal- oder Weltrechtsprinzip
Bestimmte Taten unterfallen dem inländischen Strafrecht grundsätzlich, § 6 StGB.[58]

3. Strafrecht in den neuen Bundesländern

15 Nach dem Vollzug der deutschen Einheit (3.10.1990) gilt das bundesdeutsche Strafrecht auch in den neuen Bundesländern, soweit der Einigungsvertrag nichts Abweichendes bestimmt.

Eine besondere Regelung musste für Straftaten geschaffen werden, die vor dem 3.10.1990 begangen wurden und noch nicht abgeurteilt waren. Nach Art. 315 EGStGB gelten hier die Regeln des intertemporären Strafrechts, sodass für Alttäter zunächst DDR-Strafrecht die Beurteilungsgrundlage bildet, es sei denn, das bundesdeutsche Strafrecht ist milder (§ 2 III StGB), Art. 315 I EGStGB i. V. m. § 2 I StGB. Eine Ausnahme macht Art. 315 IV EGStGB, wonach ausschließlich bundesdeutsches Strafrecht anwendbar ist, wenn die Tat auch schon vor dem Wirksamwerden des Beitritts nach bundesdeutschem Recht strafbar war.

Beispiel: Unterschlagung von Geld durch MfS-Abteilungsleiter bei der Post (in der DDR) aus Briefen von Westdeutschen an Ostdeutsche vor der Wende. Nach Art. 315 IV EGStGB ist hier

58 Eingehend zum Prinzip der Weltrechtspflege *Weißer*, GA 2012, 416 ff.

das Strafrecht der Bundesrepublik Deutschland anzuwenden, da nach § 7 I StGB dieses Recht schon vorher anwendbar war (die Straftaten richteten sich gegen Deutsche!).[59]

4. Sonderproblem: Mauerschützenprozesse[60]

Fall 1: Grenzsoldat A hatte – entsprechend dem ihm gegebenen Befehl, den er für bindend hielt – mit seinem Maschinengewehr unter Abgabe von Dauerfeuer auf den Grenzflüchtling B geschossen und dabei dessen Tod billigend in Kauf genommen. Strafbarkeit des A? (**Mauerschützen-Fall** nach BGHSt 39, 1; stark verkürzt[61]) 16

Lösung: 17

A könnte sich wegen **Totschlags nach § 212 StGB** strafbar gemacht haben.

I. Anwendbarkeit des § 212 StGB auf den vorliegenden Fall
Mit der staats- und strafrechtlichen Vereinigung Deutschlands ist für die Anwendung der internationalen Strafrechtsanwendungsregeln (§§ 3 ff. StGB) grundsätzlich kein Raum mehr. Nach § 315 IV EGStGB gilt bundesdeutsches Strafrecht für DDR-Alttaten nur dann, wenn für diese Taten auch schon vor dem Beitritt das Strafrecht der BRD anzuwenden war. Dies wäre nur dann der Fall, wenn Täter oder Opfer stets als Deutsche i. S. des § 7 II Nr. 1 bzw. § 7 I StGB zu betrachten gewesen wären, wovon aber Art. 315 I EGStGB ersichtlich nicht ausgeht.[62] Es gelten vielmehr nach Art. 315 I EGStGB i. V. m. § 2 StGB die intertemporären Strafrechtsanwendungsregeln. Danach ist grundsätzlich DDR-Strafrecht anwendbar (§ 2 I StGB), es sei denn, das bundesdeutsche Strafrecht hat die mildere Rechtsfolge (§ 2 III StGB). Bei den Tötungsdelikten ist dies wegen der in der DDR ausgeschlossenen, aber im bundesdeutschen Strafrecht vorgesehenen Milderungsmöglichkeit nach § 213 StGB der Fall. Deshalb kommt eine Anwendung des § 212 StGB in Betracht.

II. Tatbestandsmäßigkeit

1. Der Erfolg – Tod des B – wurde von A kausal und zurechenbar verwirklicht.

2. Die subjektive Tatseite ist ebenfalls erfüllt, da der Mauerschütze bei der Abgabe der Schüsse zumindest mit bedingtem Tötungsvorsatz gehandelt hat (vgl. zu seiner Prüfung später Rn. 75 ff.).

III. Rechtswidrigkeit
Fraglich ist, ob der Schießbefehl nach § 27 II DDR-GrenzG einen Rechtfertigungsgrund für die tödlichen Schüsse abgibt (auch dieser könnte als milderes Recht grds. anwendbar sein). Der BGH geht diesbezüglich jedoch davon aus, dass eine Rechtfertigung der Todesschüsse durch das Recht der DDR wegen Verstoßes gegen den Kernbereich universal anerkannter Rechtsgrundsätze keine Anerkennung verdient. Dem Einwand des Verstoßes gegen das Rückwirkungsverbot, das grundsätzlich auch auf Rechtfertigungsgründe anwendbar ist,[63] weicht der BGH dadurch aus, dass er die Frage aufwirft, ob § 27 II DDR-GrenzG mit Auslegungsmethoden, die der DDR eigentümlich waren, auch so hätte ausgelegt werden können, dass die Todesschüsse als rechtswidrig anzusehen waren („menschenrechtsfreundliche Aus-

59 BGHSt 40, 8; BGH NStZ 1995, 131.
60 *Kirchner*, Jura 1998, 46; *Ambos*, JuS 2000, 465, der einen praktischen Fall hierzu liefert. Lesenswert auch *Gössel/Dölling*, BT/1, § 2, Rn. 73 ff.
61 Vgl. dazu auch *Herrmann*, NStZ 1993, 486.
62 So auch BGHSt 39, 7.
63 Rechtfertigungsgründe dürfen also nicht rückwirkend ausgeschlossen werden (vgl. *Kratzsch*, GA 1971, 65 ff.; *Engels*, GA 1982, 114 ff.).

legung“). Der BGH bejaht dies, da er der Auffassung ist, dass die in der DDR anerkannten Rechts- und Verfassungsgrundsätze, insbesondere der Schutz der Persönlichkeit und Freiheit des Bürgers sowie der 1972 erfolgte Beitritt zum Internationalen Pakt für bürgerliche und politische Rechte eine solche menschenrechtsfreundliche Interpretation zugelassen hätten, sodass die sofortige gezielte Tötung des Flüchtlings unter Einsatz von Dauerfeuer ohne vorhergehenden Warnruf oder den Versuch eines Beinschusses auch unter Zugrundelegung des damaligen Grenzgesetzes unter keinen Umständen zu rechtfertigen war. Ob in der DDR eine solche Auslegung stattgefunden hat, spiele demgegenüber keine Rolle; maßgeblich sei allein, dass es die richtige ist.[64] Art. 103 II GG (Rückwirkungsverbot) verlange nur, dass die Strafbarkeit gesetzlich bestimmt war, bevor die Tat begangen wurde. Die Auslegung eines Gesetzes werde vom Rückwirkungsverbot dagegen nicht erfasst und der Soldat in seinem Vertrauen auf Straflosigkeit nicht geschützt.[65]

IV. Schuld

1. Nach dem für Bundeswehrsoldaten geltenden § 5 I WStG, den der BGH zugunsten der DDR-Grenzsoldaten entsprechend anwenden will, trifft den Befehlsempfänger nur dann eine Schuld, wenn er die Rechtswidrigkeit der Tat erkennt oder diese offensichtlich ist. Letzteres bejaht der BGH, da der Verstoß gegen das elementare Tötungsverbot unter den konkreten Umständen (unbewaffneter Flüchtling und Dauerfeuer) auch für einen indoktrinierten Menschen ohne Weiteres einsichtig gewesen sei.

2. Sollte der Soldat einem Verbotsirrtum (hier als Erlaubnisirrtum wegen Annahme eines nicht existierenden Rechtfertigungsgrundes) unterlegen sein, so ist dieser nach Auffassung des BGH zumindest vermeidbar gewesen, da maßgeblich nicht die Anschauung der ehemaligen DDR-Machthaber, sondern die des DDR-Volkes seien[66] und die Handlungsweise gegen universal anerkannte Rechtsgrundsätze verstieß, die jedermann hätten einleuchten müssen.

18 Bei sonstigen Taten ehemaliger DDR-Bürger hat die höchstrichterliche Rspr. jedoch die Möglichkeit einer Bestrafung teilweise eingeschränkt:

Beispiel 1: Einschränkend zur Strafbarkeit wegen Spionage **BVerfG NJW 1995, 1811**:[67]

Eine allgemeine Regel des Völkerrechts als Bestandteil des Bundesrechts (Art. 25 GG), nach der die strafrechtliche Ahndung nachrichtendienstlicher Tätigkeiten ausgeschlossen ist, die im Auftrag und vom Territorium eines Staates aus begangen wurden, der danach dem ausgespähten Staat friedlich und einverständlich beigetreten ist, kann nicht festgestellt werden. Art. 31 der Haager Landkriegsordnung ist Sonderrecht des Krieges und kann daher nicht analog angewendet werden. Jedoch ergibt sich unmittelbar von Verfassungs wegen, nämlich aus dem Verhältnismäßigkeitsgrundsatz, ein Verfolgungshindernis für diejenigen Personen, die als Staatsbürger der DDR Spionagestraftaten gegen die Bundesrepublik Deutschland allein vom Boden der DDR aus begangen haben und dort im Zeitpunkt des Wirksamwerdens der Einheit ihren Lebensmittelpunkt hatten.

Beispiel 2: Einschränkend zur Strafbarkeit wegen Rechtsbeugung ehemaliger DDR-Richter auch **BGHSt 40, 30**:[68]

---

64 Zust. *Roxin*, AT/I, § 5, Rn. 54.
65 Bestätigt durch BVerfGE 95, 112 f.
66 Krit. zu einem so strengen Maßstab *Roxin*, AT/I, § 21, Rn. 67 f.
67 Hierzu allgemein *Schlüchter/Duttge*, NStZ 1996, 457; *Volk*, NStZ 1995, 367.
68 Dazu Anm. *Stanglow*, JuS 1995, 971; allgemein hierzu *Burian*, ZStW 112 (2000), 106; *Schroeder*, NJW 1999, 89; *Spendel*, JR 1999, 221.

Rechtsbeugung ist auf Fälle zu beschränken, in denen die Rechtswidrigkeit der Entscheidung so offensichtlich war, dass sie sich als Willkürakt darstellt.

Begründung: Der Rechtsbeugungsparagraph der DDR sprach von „Gesetzwidrigkeit" der Entscheidung und für diese Frage müssen laut BGH die Auslegungsmethoden der ehemaligen DDR maßgeblich sein. In der ehemaligen DDR war aber der Einzelne immer nur Teil des Ganzen, sodass es (im entschiedenen Fall) keine Rechtsbeugung darstellte, wenn eine Richterin die Kündigung eines Arbeitnehmers bestätigt, der nicht mehr staatszielkonform war.

VI. Die verschiedenen Handlungsbegriffe

Vorbemerkung für die Klausur: *Die Bedeutung der Handlungslehren sollte hier nicht überschätzt werden. Der Bearbeiter muss sich als Folge klar machen, dass er sich mit der Ablehnung einer Handlung grundsätzlich aus der Klausurprüfung katapultiert. Im Zweifel ist daher eine strafrechtlich relevante Handlung zu bejahen.* **19**

1. Kausale Handlungslehre

Handlung ist danach Verursachung oder Nichthinderung einer Veränderung der Außenwelt durch willkürliches Verhalten.[69] **20**

Kritik: Einzuwenden ist gegen diesen Handlungsbegriff jedoch, dass sich Spontanreaktionen und Automatismen so nur schwer als strafrechtlich relevante Handlungen einstufen lassen. Auch ist auf diese Weise jedenfalls unbewusstes Unterlassen kaum als Handlung im strafrechtlichen Sinne fassbar, weil dieses grundsätzlich nicht durch einen Willensimpuls ausgelöst wird.[70]

2. Finale Handlungslehre

Handlung ist nach dieser von *Welzel* begründeten Lehre ein vom Willen gesteuertes zweckgerichtetes Geschehen[71] oder kürzer: Handlung ist *Ausübung von Zwecktätigkeit.*[72] **21**

Kritik: Dagegen wird aber zu Recht eingewandt, dass sich Delikte unbewusster Fahrlässigkeit so nicht erfassen lassen. *Roxin*[73] bringt hier das Bsp., dass sich beim Gewehrreinigen unbeabsichtigt ein Schuss löst, der einen anderen tötet. Hier liegt hinsichtlich des Todeserfolges sicherlich keine zweckgerichtete Handlung vor und was das Reinigen als solches angeht, so ist dieses zwar gewollt und zielgerichtet, bezeichnet aber nicht die strafrechtlich relevante Zielsetzung (der strafrechtlich relevante Erfolg ist nicht der Reinigungserfolg, sondern die Tötung und diese wurde gerade nicht zweckhaft bewirkt).[74]

---

69 Vgl. *v. Liszt*, StrafR, 21./22. Aufl. 1919, S. 116. Näher zur Entwicklung *Roxin*, AT/I, § 8, Rn. 10 f.

70 *Beling*, Lehre vom Verbrechen, S. 15, will hier zwar von einer Zurückhaltung der motorischen Nerven sprechen, jedoch kann eine derartige Anschauung mit *Sch/Sch/Eisele*, vor § 13, Rn. 27 nur als bloße Fiktion bezeichnet werden.

71 So zuletzt *Welzel*, Maurach-FS, 1972, S. 8.

72 *Welzel*, Strafrecht, 11. Aufl., S. 33 ff.

73 Hier und im Folgenden *Roxin*, AT/I, § 8, Rn. 21.

74 Vgl. zu Kritikpunkten im Übrigen *Wessels/Beulke/Satzger*, AT, Rn. 90 sowie zur Reaktion hierauf *Jakobs*, AT, 6/12.

Auch fehlt es beim Unterlassungsdelikt an einer konkreten Finalität, weil keine Steuerung auf ein bestimmtes Ziel hin stattfindet. Vielmehr liegt das Wesen der Unterlassung gerade in der Nicht-Steuerung.

3. Soziale Handlungslehre

22 Danach ist Handlung ein vom menschlichen Willen beherrschtes oder beherrschbares sozialerhebliches Verhalten[75] oder kurz: Handlung ist *„sozialerhebliches menschliches Verhalten“*.[76]

Kritik: Diese Definition bedarf bei genauer Betrachtung erst noch der Definition, weil Kriterien der Sozialerheblichkeit festgelegt werden müssen und sich vielfach erst aus dem (Straf-)Recht selbst ergeben werden. Die soziale Begriffsbestimmung kennzeichnet daher nicht die Handlung selbst, sondern bei Lichte besehen nur deren Folgen.

4. Personale Handlungslehre

23 Handlung ist danach jede Persönlichkeitsäußerung.[77]

Kritik: Hier wird in der Lit. eingewandt, dass diese Handlungslehre zu weit gefasst sei, da sie nur an die Persönlichkeit anknüpfe und damit auch sozial irrelevantes Verhalten in sich aufnehme.[78] Auch wird vorgetragen, dass ein fahrlässiges Unterlassen nicht als Persönlichkeitsäußerung begriffen werden könne. Freilich wird man dem aber entgegenhalten müssen, dass sich gerade im Unterlassen eine nachlässige Persönlichkeit äußern kann.

Dass die unterschiedlichen Handlungslehren letztlich vielfach zu im Wesentlichen gleichen Ergebnissen gelangen, soll abschließend noch einmal anhand eines Beispiels demonstriert werden:

24 **Beispiel:** Der A flog bei einer Autofahrt in einer leichten Kurve plötzlich eine Fliege ans Auge. A machte mit der Hand eine ruckartige Abwehrbewegung und verriss das Steuer. Sie landete mit ihrem Auto in einem Kinderspielplatz. Schreckliche Bilanz: 10 Kinder mussten sterben. (**Fliegenabwehr-Fall**, abgewandelt nach OLG Hamm NJW 1975, 657[79])

25 **Lösung:** A hat sich wegen fahrlässiger Tötung nach § 222 StGB in 10 Fällen strafbar gemacht, da eine strafrechtlich relevante Handlung vorgelegen hat. A hat zwar spontan auf das Insekt reagiert, dennoch liegt kein bloßer Reflex vor, da es sich bei ihrer Abwehrhandlung keinesfalls um eine unwillentliche Reaktion ohne Handlungsqualität handelte. Zu diesem Ergebnis gelangen sämtliche Handlungslehren, denn das Verhalten der A hat eine Veränderung in der Außenwelt verursacht und es war auch zweckgerichtet sowie sozialerheblich. Auch gelangt die personale Handlungslehre zu diesem Ergebnis, da eine so heftige Reaktion durchaus als individuelle Persönlichkeitsäußerung begriffen werden kann. Die gleichzeitig verwirklichte fahrlässige Körperverletzung in 10 Fällen gem. § 229 StGB tritt hinter § 222 StGB zurück.

---

75 *Wessels/Beulke/Satzger*, AT, Rn. 93.
76 *Jescheck*, Eb. Schmidt-FS, 1961, S. 151; *Jescheck/Weigend*, AT, § 23 VI 1.
77 *Roxin*, AT/I, § 8, Rn. 44 ff.
78 Vgl. hier und im Folgenden *Jescheck/Weigend*, AT, § 23 V.
79 Eine Lösung dieses Falles aus der Rspr. findet sich auch bei *Eser/Burkhardt*, Strafrecht I, Fall 3.

Merke für die Klausur: *Reflex ist grundsätzlich gegeben bei Verhaltensweisen, die bei jedem Menschen gleich ablaufen (z. B. Kniereflex); Reaktion ist gegeben, wenn Menschen in der konkreten Situation unterschiedlich handeln (z. B. Spontanreaktionen, da nicht jeder Mensch in gleicher Weise spontan reagiert und wohl auch Automatismen, da sie auch anders ausfallen können).*[80] *Nach allen Handlungslehren fehlt die Handlungsqualität jedenfalls bei unwiderstehlicher Gewalt (vis absoluta), etwa wenn A von B auf den C gestoßen wird, und es fehlt auch bei Bewegungen in Bewusstlosigkeit, etwa wenn A im Schlaf den C schlägt.*

80 *Kühl*, AT, § 2, Rn. 7 f.; *Roxin*, AT/I, § 8, Rn. 67; *Stratenwerth*, Welzel-FS, 1974, S. 279 f.

§ 2 Die Zurechnung eines Erfolges zur Person des Täters

26 **Vorbemerkung:** *Machen Sie sich vorab klar, dass es im Allgemeinen Teil des Strafrechts immer wieder um die Variation des einen großen Themas der Zurechnung geht. Im objektiven Tatbestand wird gefragt, ob der Erfolg dem Täter objektiv zurechenbar ist, im subjektiven Tatbestand geht die Frage dahin, ob dem Täter der Erfolg auch subjektiv zurechenbar ist. In der Schuld geht es um personale (individuelle) Zurechnung. Aber auch beim Unterlassungsdelikt und bei Täterschaft und Teilnahme handelt es sich im Rahmen der Garantenstellung und im Rahmen der subjektiven Lehren bzw. der Tatherrschaftslehre letztlich um die Frage täterschaftlicher Zurechnung.*

Was zunächst die Zurechnung im Rahmen des objektiven Tatbestands betrifft, so stellt sich bei den Erfolgsdelikten, bei denen das Gesetz die Strafe an die Herbeiführung eines von der Handlung grundsätzlich trennbaren Außenwelterfolges knüpft (z. B. §§ 212, 222, 223, 229, 303 StGB) die Frage, wann dem Täter der Erfolg (d. h. die Rechtsgutsbeeinträchtigung) als sein Werk zuzurechnen ist.[1]

I. Die Voraussetzungen der Zurechnung im Einzelnen

1. Die Ursächlichkeit der Täterhandlung für den eingetretenen Erfolg

27 Rspr.[2] und Lehre[3] bestimmen die Kausalbeziehung nach wie vor überwiegend nach der Äquivalenztheorie. Danach ist die Handlung des Täters dann für den Erfolg kausal, wenn diese Handlung nicht hinweggedacht werden kann, ohne dass der Erfolg in seiner konkreten Gestalt[4] mit an Sicherheit grenzender Wahrscheinlichkeit entfiele. Die Handlung muss also *conditio sine qua non* sein, wobei alle Bedingungen als gleichwertig angesehen werden (daher der Name Äquivalenztheorie; der Anstifter zu einem Mord ist also ebenso kausal für den Mord wie der Vater als Erzeuger des Mörders).

In der sog. Lederssprayentscheidung hat der BGH[5] für den Kausalitätsnachweis die Feststellung genügen lassen, dass für die Körperschädigung eine andere Ursache als das Lederpflegemittel nicht ersichtlich ist, sodass es also keine andere plausible Erklärung für den Erfolg gibt.[6] Nicht erforderlich ist dagegen laut BGH die genaue Bestimmung der verantwortlichen chemischen Reaktionen. Dagegen hat sich zwar ein Teil

---

1 Vgl. *Sch/Sch/Eisele*, vor § 13, Rn. 71/72; ähnl. auch die Formulierung bei *Otto*, AT, § 6, Rn. 3; siehe auch *Kudlich*, JA 2010, 681 ff.; *Frisch*, JuS 2011, 19 ff. und *Roxin*, Maiwald-FS, 2010, S. 715 ff.

2 RGSt 1, 373; BGHSt 1, 332.

3 *Wessels/Beulke/Satzger*, AT, Rn. 156; *Kühl*, AT, § 4, Rn. 9; *Jescheck/Weigend*, AT, § 28 II 1; vgl. ausführl. *B. Heinrich*, AT, Rn. 222; siehe auch *Jäger*, Maiwald-FS, 2010, S. 345 ff.

4 Zu Recht krit. gegenüber dem Kriterium des „Erfolges in seiner konkreten Gestalt" freilich *Rothenfußer*, Kausalität und Nachteil, 2003, S. 51 ff.; vgl. auch NK-*Puppe*, vor § 13, Rn. 94 ff.

5 BGHSt 37, 106; ausführl. u. Fall 60, Rn. 365.

6 Lesenswert hierzu *Kindhäuser*, AT, § 10, Rn. 13 f.

der Lit. mit dem Argument gewandt, dass ein Kausalzusammenhang ohne die Feststellung der konkreten Ursache nicht mit der notwendigen Sicherheit nachweisbar sei.[7] Diese Literaturauffassung ist aber abzulehnen, wie ein Bsp. von *Hassemer* zeigt:[8]

Beispiel: A sticht zehnmal auf sein Opfer ein. Das Opfer stirbt, aber welcher Stich genau den Tod verursacht hat, bleibt ungeklärt. Auch hier kann die Kausalität der Handlung des A bejaht werden, auch wenn die Ursache über eine Zuordnung zur Person des A hinaus nicht weiter spezifiziert werden kann.

Zu weit geht der BGH allerdings in der sog. Holzschutzmittelentscheidung,[9] in der er Kausalität sogar in einem Fall für gegeben erachtete, in dem an einem Ursachenzusammenhang Zweifel wissenschaftlicher Art bestanden (Sachverständigenstreit). Zu Recht wendet *Roxin* hiergegen ein, dass der Richter keine wissenschaftlichen Streitfragen lösen kann, die die Wissenschaft selbst noch nicht gelöst hat.[10]

Abgesehen von diesen Einzelfragen wirft die Äquivalenztheorie jedoch allgemeine **28**
Probleme auf, die sie zu einem umstrittenen Instrument der Kausalitätsfeststellung machen:

Problem 1: Die Formel vom Hinwegdenken „setzt voraus, was durch sie erst ermittelt werden soll“:[11]

Beispiel: Wenn man wissen will, ob Contergan Schäden verursacht hat, nützt es nichts, wenn man die Verabreichung des Mittels hinweg denkt, es sei denn man weiß bereits, dass es sie verursacht hat.

Problem 2: Fälle alternativer Kausalität lassen sich mit dieser Formel nicht lösen:

Beispiel: A und C mischen dem B unabhängig voneinander je eine zur selben Zeit wirkende tödliche Dosis Gift ins Essen.

Hier werden beide Handlungen im konkreten Erfolg tatsächlich wirksam, sodass jede Handlung durchaus hinweggedacht werden kann, ohne dass der Erfolg entfiele. Die Lit. greift daher hier zu einem Trick und formuliert wie folgt: Die Handlungen sind beide kausal, wenn sie zwar alternativ, aber nicht kumulativ hinweggedacht werden können, ohne dass der Erfolg entfiele.[12] Man muss sich aber darüber im Klaren sein, dass dies in Wahrheit eine Verabschiedung von der conditio sine qua non-Formel bedeutet.

Problem 3: Fälle, in denen ein hypothetischer Kausalverlauf ebenfalls zum Tode geführt hätte, sind nach der Äquivalenztheorie ebenfalls problematisch:

Beispiel: B soll hingerichtet werden. Gerade als das Erschießungskommando schießen will, tötet A den B durch einen Schuss ins Herz.

Hier wäre der Tod auch ohne die Handlung des A eingetreten und sogar möglicherweise auch durch einen Herzschuss. Diesem Problem ist nur auszuweichen, indem man den konkreten Er-

---

7 *Samson*, StV 1991, 183; *Puppe*, JR 1992, 30; *dies.*, Strafrecht AT/1, S. 45.
8 *Hassemer*, Produktverantwortung im modernen Strafrecht, 2. Aufl. 1996, S. 43; im Anschluss an ihn auch *Roxin*, AT/I, § 11, Rn. 17.
9 BGHSt 41, 206, (215).
10 *Roxin*, AT/I, § 11, Rn. 16; krit. auch *Hamm*, StV 1997, 159; *Braun*, KritV 1994, 179.
11 Hier und im folgenden Bsp. *Roxin*, AT/I, § 11, Rn. 12.
12 *Krey/Esser*, AT, Rn. 317; *Baumann/Weber/Mitsch/Eisele*, AT, § 14, Rn. 41; *Wessels/Beulke/Satzger*, AT, Rn. 157; krit. *Sch/Sch/Eisele*, vor § 13 f., Rn. 74, der darauf hinweist, dass das Grundprinzip nicht mehr gewahrt sei; *Gropp*, AT, § 4, Rn. 58; *Kühl*, AT, § 4, Rn. 19; *Köhler*, AT, S. 146.

folg noch enger fasst oder indem man, wie es die h. M. tut, darauf hinweist, dass hypothetische Kausalverläufe bei der Bestimmung der Kausalität keine Rolle spielen. Auch damit wird aber in Wahrheit nur eine Schwächung der conditio sine qua non-Formel erreicht.

Problem 4: Die Äquivalenztheorie führt zu einem *regressus ad infinitum*,[13] d. h. zu einem Rückgriff bis ins Unendliche, weil von ihr auch Bedingungen erfasst werden, die für den Erfolg rechtlich offensichtlich irrelevant sind.

29 Hingewiesen sei in diesem Zusammenhang noch darauf, dass sich gerade für bestimmte problematische Fälle allgemeine Schlagworte herausgebildet haben, die das Bestehen einer Kausalitätsbeziehung deutlich machen bzw. Schwierigkeiten bei deren Feststellung verdecken sollen. Der Student sollte diese Schlagworte daher zumindest kennen, ohne sich freilich von ihnen beirren zu lassen:

- **Hypothetische Kausalität**[14]

Beispiel: B soll hingerichtet werden. Bevor das Erschießungskommando schießen kann, tötet A den B.

Eine Berufung des A auf die hypothetische Kausalität der Schüsse des Kommandos soll hier unzulässig sein und die Ursächlichkeit des A für den Tod des B nicht berühren.

- **Überholende Kausalität**

Beispiel: B verabreicht dem C ein tödliches Gift, das diesen in einer Stunde töten wird. Zuvor kommt aber A und erschießt den C.[15]

Lösung: Hier ist die von B gesetzte Ursache (Vergiftung des C) für den Tod des C nicht kausal geworden, weil A den ersten, durch B ausgelösten Kausalverlauf überholt hat.

Anders ist es, wenn B den C, nachdem er ihn überfahren hat, auf der Straße liegen lässt und anschließend der A mit seinem Auto daherkommt und ebenfalls über den auf der Straße liegenden C fährt. Dann ist auch B selbstverständlich für den konkreten Tod des C kausal geworden, denn er hat den C durch das Anfahren derart auf die Straße geschleudert, dass dieser erst in der konkreten Weise durch den nachfolgenden A überfahren werden konnte. Im Übrigen ist dann auch die objektive Zurechnung des Erfolges zum Ersthandelnden zu bejahen, da sich die typische Gefahr des Unfalls letztlich im Erfolg verwirklicht hat (es ist die Gefahr eines Unfalls, bei dem ein Dritter auf die Straße geschleudert wird, dass dieser durch nachfolgende Autos nochmals überfahren wird; dagegen ist Kausalität, nicht aber Zurechenbarkeit zu bejahen, wenn jemand die Lage des Opfers C für einen Kopfschuss ausgenützt hätte, denn es ist nicht die Gefahr eines Unfalls, dass das Opfer in seiner Hilflosigkeit erschossen wird. B wäre in diesem Fall daher nur wegen fahrlässiger Körperverletzung zu bestrafen, da sich die von ihm geschaffene Unfallgefahr dann nicht mehr im Erfolg realisiert hätte). Vgl. zu den Fragen der objektiven Zurechnung im Einzelnen u. Rn. 32 ff.

---

13 Vgl. *Otto*, AT, § 6, Rn. 17.

14 Dazu schon soeben. Vgl. auch BGH NJW 1992, 1247; *Lackner/Kühl*, vor § 13, Rn. 10; Matt/Renzikowski/*Renzikowski*, vor § 13, Rn. 81 f.; *Seebald*, GA 1969, 198; *Fischer*, vor § 13, Rn. 18; *Rengier*, AT, § 13, Rn. 15; *v. Heintschel-Heinegg/Eschelbach*, § 212, Rn. 10.

15 *Wessels/Beulke/Satzger*, AT, Rn. 167; *Kühl*, AT, § 4, Rn. 33; *Baumann/Weber/Mitsch/Eisele*, AT, § 14, Rn. 15, 30 ff.; vgl. zur Problematik auch *Kindhäuser*, AT, § 10, Rn. 24 ff.

- **Kumulative Kausalität**

Beispiel: A und C geben dem B unabhängig voneinander[16] eine je für sich gesehen nicht tödliche Menge Gift (jeweils 0,1 g) ins Essen. Nur durch das Zusammenwirken (also durch die 0,2 g) wird der Tod herbeigeführt.[17]

Lösung: Hier ist jeder der beiden Täter für den Tod kausal geworden. Eine andere Frage ist dagegen, ob der Erfolg den Tätern jeweils auch objektiv zurechenbar ist (vgl. dazu u. Rn. 61 a. E.!).

- **Alternative Kausalität**

Beispiel: A und C mischen unabhängig voneinander dem B je eine zur selben Zeit wirkende tödliche Dosis Gift ins Essen.

Lösung: Gerade weil hier der Erfolg gleichzeitig durch beide Handlungen bewirkt wurde, passt die Formel vom Hinwegdenken nicht mehr und bildet – wie gesehen – eines der Hauptprobleme der conditio sine qua non-Formel. Das Schlagwort alternative Kausalität kann darüber nicht hinwegtäuschen und der Hinw. der h. M., dass die Handlungen zwar alternativ, aber nicht kumulativ hinweggedacht werden können, entlarvt in Wahrheit nur die Schwäche der Formel.

In der Lit. hat sich aufgrund der Schwächen der Äquivalenztheorie (vor allem im Bereich der alternativen und hypothetischen Kausalität) eine Lehre zur Kausalitätsfeststellung entwickelt, die als sog. **Lehre von der gesetzmäßigen Bedingung** mittlerweile verbreitet vertreten wird.[18] Danach soll eine Handlung dann kausal sein, wenn sich an sie zeitlich nachfolgende Veränderungen in der Außenwelt angeschlossen haben, die mit der Handlung gesetzmäßig verbunden sind und sich als tatbestandsmäßiger Erfolg darstellen. Diese von *Engisch* entwickelte Formel[19] hat den Vorteil, dass sie nicht danach fragt, was ohne die Handlung passiert wäre, sondern was durch sie passiert ist. **30**

Auch diese Lehre versagt aber etwa bei der sog. psychisch vermittelten Kausalität. Denn zumindest wenn man Willensfreiheit voraussetzt,[20] lässt sich der Vorgang der Willensbildung (etwa bei der psychischen Beihilfe), wie *Rothenfußer*[21] überzeugend nachgewiesen hat, nicht gesetzmäßig erklären. *Rothenfußer* entwickelt daher ein Kausalitätskonzept, bei dem die Ursächlichkeit durch das Kausalitätskriterium der „notwendigen Bedingung" definiert wird, wobei dafür genügt, dass eine historische Zustandsveränderung in irgendeiner Weise mit vorangegangenen Ereignissen verknüpft ist und daher als Folge dieser vorangegangenen Ereignisse betrachtet werden

---

16 Hätten A und C gemeinschaftlich nach einem gemeinsamen Tatplan gehandelt, so wäre eine Zurechnung unproblematisch über § 25 II StGB möglich. A und C wären dann wegen mittäterschaftlicher Tötung strafbar. Der Fall wird daher erst interessant, wenn A und C von der Tathandlung des jeweils anderen nichts wissen.

17 Keine Doppelkausalität liegt vor, wenn unklar ist, welche von zwei potentiellen Erfolgsursachen tatsächlich als Ursache anzusehen ist. Hier gilt der Grundsatz „in dubio pro reo", vgl. *Kindhäuser*, AT, § 10, Rn. 36.

18 Vgl. nur *Jakobs*, AT, 7/12; *Kühl*, AT, § 4, Rn. 22 ff.; *Jescheck/Weigend*, AT, § 28 II 4; *Sch/Sch/Eisele*, vor § 13, Rn. 75; *Roxin*, AT/I, § 11, Rn. 15 ff.; SK-*Rudolphi*, vor § 1, Rn. 41. Krit. *B. Heinrich*, AT, Rn. 226.

19 *Engisch*, Kausalität, 1931, S. 21.

20 Umfassend und die Willensfreiheit grds. bejahend *Jäger*, GA 2013, 1 ff.; *Hillenkamp*, ZStW 127 (2015), 10 ff. m. zahlr. w. N.; krit. gegenüber der Existenz einer Willensfreiheit *Jakobs*, ZStW 117 (2005), 247 ff. unter Zugrundelegung der modernen Hirnforschung.

21 *Rothenfußer*, Kausalität und Nachteil, 2003, S. 35 ff., 39.

kann,[22] sodass alle Ereignisse, die zu dem Erfolg geführt haben, in die Betrachtung mit einzubeziehen sind.[23] Dieses Konzept verdient nicht zuletzt deshalb Beachtung, weil es die bislang bestehenden Probleme bei der Kausalitätsbestimmung – etwa bei Gremienentscheidungen[24] – beseitigt. In der Klausur freilich sollte man einstweilen mit den herkömmlichen Lehren arbeiten.

Achtung Klausur: *Der Student sollte überhaupt die Problematik in der Fallbearbeitung nicht überstrapazieren und grundsätzlich von der Äquivalenztheorie ausgehen. Nur dort, wo sich ein Problem der alternativen oder hypothetischen Kausalität stellt, bietet es sich an, auf den Streit näher einzugehen und sich der Lehre von der gesetzmäßigen Bedingung anzuschließen. In allen anderen Fällen lässt sich dagegen Kausalität grundsätzlich mit der Äquivalenztheorie bejahen und eine etwa erforderliche Einschränkung über die Lehre von der objektiven Zurechnung erreichen (s. sogleich Rn. 31 ff.).*

2. Der rechtliche Zusammenhang zwischen Täterhandlung und Erfolg (objektive Zurechnung)

31 Die Versuche, eine Einschränkung der uferlosen Äquivalenztheorie nach Adäquanz-[25] und Relevanzgesichtspunkten[26] vorzunehmen, haben sich letztlich nicht durchsetzen können, da sie für eine strafrechtliche Begrenzung zu ungenau sind.[27] Von der Rspr. und einem Teil der Lehre wurde daher versucht, eine Einschränkung durch einzelne Fallgruppen zu erzielen.

Achtung Klausur: *Wichtig ist, dass sich der Student schon an dieser Stelle klar macht, dass die im Folgenden beschriebenen Fallgruppen Gesichtspunkte sind, die die objektive Zurechnung einschränken und lediglich von der Rspr. und einem Teil der Lit. als Gründe betrachtet wurden und teilweise noch werden, die die Kausalität beschränken bzw. unterbrechen. Aber man muss sich vor Augen halten: Kausalität ist etwas Faktisches*[28] *und kann daher nur vorliegen oder nicht vorliegen. Eine Einschränkung der Kausalität ist daher schon begrifflich ausgeschlossen. Möglich ist vielmehr nur eine Einschränkung der rechtlichen „objektiven Zurechnung". Freilich wird dies erst verständlich, wenn dieses Kapitel (§ 2) vollständig durchgearbeitet worden ist.*

Die von der Rspr. und Lit. angeführten einschränkenden Fallgruppen werden daher im Folgenden als Gründe der Zurechnungseinschränkung beschrieben, obwohl sie die Rspr. bisweilen verfehlt als Kausalitätseinschränkungen bezeichnet hat:

---

22 *Rothenfußer*, Kausalität und Nachteil, 2003, S. 17 ff.

23 Näher *Rothenfußer*, Kausalität und Nachteil, 2003, S. 16 ff.

24 Dazu *Rothenfußer*, Kausalität und Nachteil, 2003, S. 110; *Satzger*, Jura 2014, 186 ff.

25 Als Begründer der Adäquanztheorie darf *von Kries*, Prinzipien der Wahrscheinlichkeitsrechnung, 1886, S. 75 ff., gelten; *ders.*, ZStW 9 (1888), 532; vgl. zu ihm auch *Koriath*, Kausalität, Bedingungstheorie und psychische Kausalität, 1988, S. 470 ff.; lesenswert zur objektiven Zurechnung *Frisch*, JuS 2011, 19 ff., 116 ff., 205 ff.

26 Die Relevanztheorie findet sich im Strafrecht bereits frühzeitig bei *Mezger*, Strafrecht, 3. Aufl., S. 122 f.

27 Vgl. auch *B. Heinrich*, AT, Rn. 239.

28 Das wird richtig gesehen von *Otto*, AT, § 6, Rn. 13; allerdings geht er mit seinem Erfordernis der Steuerbarkeit zu weit, da sich mit diesem Merkmal das verfolgte Ziel einer Unterscheidung zwischen vorsätzlichem und fahrlässigem Zweithandeln nicht erreichen lässt. Zu Recht ablehn. daher *Rothenfußer*, Kausalität und Nachteil, 2003, S. 42 m. Fn. 164; *Roxin*, Tröndle-FS, 1989, S. 181 f.

a) Risikoverringerung

Danach ist ein Erfolg dann nicht zurechenbar, wenn ein Verhalten zu einer Abschwächung oder zeitlichen Hinausschiebung führt.[29] 32

Beispiel: A will B mit voller Wucht ins Gesicht schlagen, um ihm das Nasenbein zu brechen. C lenkt den Schlag ab, sodass B nur eine harmlose Schürfwunde an der Wange davonträgt.

Achtung Klausur: *Von einer Risikoverringerung kann nach h. M. nicht gesprochen werden, wenn der Täter zwar eine Gefahr verringert bzw. beseitigt, dabei aber eine ganz neue Gefahr schafft.*[30]

Beispiel: A, B und C sind mit ihrem Dreisitzer-Flugzeug in der Wüste Namib abgestürzt. Sie wollen in drei verschiedene Richtungen gehen. A, der den C nicht mag, vergiftet vorher das Wasser in dessen Flasche. B, der den C auch nicht mag, bohrt unabhängig davon die Wasserflasche des C an. C verdurstet nach drei Tagen, weil er keinen Tropfen mehr aus der Flasche bringt. Bei dem Gift handelte es sich um sofort tödliches Rattengift. Haben sich A und B nach deutschem Recht gem. § 212 StGB strafbar gemacht?[31]

Lösung: Hier ist A schon nicht kausal geworden (seine Vergiftungshandlung kann hinweggedacht werden, ohne dass der Erfolg – Tod durch Verdursten – entfiele) und daher nur wegen versuchter Tötung strafbar. B ist dagegen zwar kausal, aber der Erfolg könnte ihm wegen der Risikoverringerung (er hat das vergiftete (!) Wasser „entschärft") nicht zurechenbar sein, weil B keine Lebensverkürzung, sondern eine Lebensverlängerung bewirkt hat. Indessen ist hier aber zu berücksichtigen, dass B eine ganz neue Gefahr (nämlich die des Verdurstens) geschaffen hat, die sich auch im Erfolg realisiert hat. B hat daher den Tod auch zurechenbar verwirklicht (sehr str.).[32]

b) Fehlen rechtlicher Relevanz

Eine Zurechnung ist auch dann ausgeschlossen, wenn der Täter eine rechtlich irrelevante Gefahr schafft.[33] 33

Beispiel 1: A schickt den B auf eine Flugreise nach Florida in der Hoffnung, der B werde dort erschossen. Tatsächlich geschieht das.

Beispiel 2: A überredet den B zum Spazierengehen, obwohl – wie A weiß – ein Gewitter aufzieht. Wie von A erhofft, wird B tödlich von einem Blitz getroffen.

Beispiel 3: A will den B mit Rattengift töten, wobei er versehentlich zu Zuckerwasser greift. B trinkt dieses und stirbt, weil er zuckerkrank ist.[34]

Hier liegt in allen Fällen keine rechtlich relevante Gefahrschaffung vor. Dabei ist es im zweiten Fall auch unerheblich, ob es sich bei B um einen voll zurechnungsfähigen

---

29 *Jescheck/Weigend*, AT, § 28 IV 2; SK-*Rudolphi*, vor § 1, Rn. 58; *Sch/Sch/Eisele*, vor § 13 f., Rn. 94; a. A. *Schmidhäuser*, StuB AT, 5/64, der den fehlenden Handlungsunwert betont. Ausführlich *B. Heinrich*, AT, Rn. 246 ff.; *Pest/Merget*, Jura 2014, 166 ff. Vgl. aber andererseits *Kindhäuser*, GA 2008, 481 ff.

30 *Wessels/Beulke/Satzger*, AT, Rn. 195.

31 Bsp. nach *McLaughlin*, 39 Harvard Law Review (1925), S. 155 m. Fn. 25.

32 Überzeugend insoweit *Rothenfußer*, Kausalität und Nachteil, 2003, S. 109, der zu dem hier vertretenen Erg. mit der zutr. Begründung gelangt, dass ein ggf. selbst als Rechtsgutsbeeinträchtigung zu bewertendes Ereignis nicht seinerseits dazu verwendet werden darf, den Umfang des rechtlich gewährten Schutzes zu definieren. Vgl. zum Fall auch *Brunner*, Jura 1989, 401 ff. sowie *Joerden*, Dyadische Fallanalyse im Strafrecht, 1986, S. 165 ff.

33 *Jescheck/Weigend*, AT, § 28 IV I; *Kühl*, AT, § 4, Rn. 46 ff.; SK-*Rudolphi*, vor § 1, Rn. 62; vgl. auch *Köhler*, AT, S. 144; *Hoyer*, ZStW 121 (2009), 860 ff.

34 Bsp. 1 und 3 nach *Roxin*, Chengchi Law Review, 1994, S. 219 ff.

Erwachsenen oder um den 4-jährigen Sohn des A handelt. Denn wenn die Gefahr schon keine rechtliche Relevanz aufweist, dann kann es auf die Frage einer freiverantwortlichen Selbstgefährdung überhaupt nicht mehr ankommen.[35] Und im dritten Fall hat A durch die Hingabe des Zuckerwassers objektiv in Bezug auf den eingetretenen Tod keine unerlaubte Gefahr geschaffen, da es Sache des Zuckerkranken ist, sich ggf. vor dem Trinken zu vergewissern, ob das zu sich zu nehmende Getränk gesundheitsschädlichen Zucker enthält. Andernfalls müsste sich jeder, der einem anderen ein zuckerhaltiges Getränk reicht, in einem strafrechtlich relevanten Bereich bewegen, weil sein Gegenüber zuckerkrank sein könnte. A kann daher hier nur wegen Tötungsversuchs bestraft werden, weil er von Gift (also von einer rechtlich relevanten Gefahr) ausging (für den Tatentschluss genügt Vorsatz hinsichtlich der die Zurechnung begründenden Umstände und für das unmittelbare Ansetzen ist nach § 22 StGB ebenfalls die Vorstellung des Täters ausschlaggebend). In den Bsp. 1 und 2 wäre dagegen nicht einmal Versuch gegeben, da sich A dort auch keine Umstände vorstellte, die eine rechtlich relevante Gefahr begründen.

c) *Erfolge außerhalb des Schutzbereichs der Norm*

34 **Beispiel 1:** A und B fahren in der Nacht auf unbeleuchteten Fahrrädern. Der vorausfahrende A stößt mit dem C zusammen, der eine letale Hirnquetschung erleidet. Wäre das Fahrrad des hinter A fahrenden B ordnungsgemäß beleuchtet gewesen, so hätte B den A so ausgeleuchtet, dass der entgegen kommende C den A erkannt hätte. Ist der Tod des C dem B zuzurechnen?[36]

Lösung: Nach h. M. ist hier die Zurechnung zu verneinen, da die Beleuchtungspflicht nur dazu dient, auf sich selbst aufmerksam zu machen, nicht aber auf andere, sodass die Verhinderung der hier zu verzeichnenden Erfolgsbewirkung außerhalb des Schutzzwecks der Sorgfaltsnorm (Beleuchtungspflicht!) liegt.[37]

Beispiel 2: A fährt zwar ordnungsgemäß, hat aber keinen Führerschein und fährt den ihm vor den Wagen springenden Rentner R tot.

Lösung: Der Schutzbereich der Norm (Führerscheinpflicht!) erstreckt sich nicht auf die Verhinderung der hier vorliegenden Todesverursachung, da die Fahrerlaubnis lediglich sicherstellen soll, dass der Verkehrsteilnehmer sich ordnungsgemäß im Straßenverkehr bewegen kann. A ist daher nicht nach § 222 StGB strafbar, sondern nur nach § 21 I StVG (Fahren ohne Fahrerlaubnis; entgegen einer unter Laien und teilweise sogar unter Jurastudenten weit verbreiteten Auffassung handelt es sich dabei nicht um einen bloßen Bußgeldtatbestand!).

Beispiel 3: A fährt in einer Ortschaft mit überhöhter Geschwindigkeit durch die X-Straße (was später durch ein Radarphoto nachgewiesen werden kann). In der Y-Straße fährt er wieder ordnungsgemäß 50 km/h, überfährt dort aber das kleine Mädchen M, das ihm plötzlich vor den Wagen springt. In der konkreten Situation hätte mit 50 km/h niemand mehr rechtzeitig bremsen können. Kann dem A der Tod im Rahmen des § 222 StGB mit dem Argument zugerechnet werden, dass M die Straße schon längst überquert gehabt hätte, wenn A nicht in der X-Straße zu schnell gefahren wäre?[38]

---

35 A. A. zu Unrecht *Otto*, AT, § 6, Rn. 4 und 66, Fall 9 mit Lösung. Denn entweder die Gefahr hat rechtliche Relevanz oder sie hat keine. Weshalb sie aber für das Kind relevant sein soll und für den Erwachsenen nicht, ist nicht einzusehen; wie *Otto* aber *Baumann/Weber/Mitsch/Eisele*, AT, § 14, Rn. 71, wenn auch mit anderer Begründung.

36 Abgewandelt nach RGSt 63, 392 ff.

37 Ebenso *Sch/Sch/Eisele*, vor § 13 f., Rn. 95 f.; *Jescheck/Weigend*, AT, § 55 II 2b, bb.

38 Vgl. BGH VRS 5, 284; 20, 129; 26, 203; OLG Hamm VRS 10, 459; OLG Stuttgart NJW 1959, 351; unzutr. OLG Karlsruhe NJW 1958, 430.

Lösung: Hier käme zwar als Sorgfaltswidrigkeit das zu schnelle Fahren in der X-Straße durchaus in Betracht. Aber es fehlt der Pflichtwidrigkeitszusammenhang in Bezug auf den eingetretenen Erfolg, da sich dieser außerhalb des Schutzzwecks der Norm bewegt.[39] Denn die Geschwindigkeitsvorschriften wollen nicht verhindern, dass sich ein Fahrer zu einer bestimmten Zeit an einem bestimmten Ort befindet, sondern sie sollen gewährleisten, dass in einer konkret kritischen Situation rechtzeitig reagiert werden kann.

Beispiel 4:[40] A fuhr mit seinem Transporter auf eine Kreuzung mit Ampel zu, die er geradeaus überqueren wollte. Für A galt eine Höchstgeschwindigkeit von 50 km/h, er fuhr jedoch mindestens 65 km/h. Von links kommend näherte sich D, der die Kreuzung ebenfalls geradeaus überqueren wollte. Für diesen galt eine Höchstgeschwindigkeit von 50 km/h, er fuhr jedoch nur 30 km/h. Beide Fahrzeugführer überfuhren nahezu gleichzeitig die jeweils für sie geltende Haltelinie an der Kreuzung; wem ein Rotlichtverstoß zur Last fiel, ließ sich nicht klären. Als A das Fahrzeug des D wahrnahm, bremste er sofort. Der Transporter traf dennoch mit großer Wucht auf die rechte Fahrzeugseite des Fahrzeugs des D, wodurch dessen Beifahrer O zu Tode kam. Wäre A nicht schneller als 50 km/h gefahren, als D die Haltelinie überfuhr, so wäre er 0,7 Sekunden später am Unfallort gewesen. D wäre dann bereits 6 Meter weiter über die Kreuzung gefahren gewesen, sodass es zu keiner Kollision gekommen wäre.

Lösung: Das OLG Hamm hat in einer aktuellen Entscheidung zu Recht – anders als in Beispiel 3 – den Erfolg für zurechenbar gehalten, wenn D und sein Beifahrer die spätere Unfallstelle zu dem Zeitpunkt bereits passiert gehabt hätten, zu dem A bei Einhaltung der zulässigen Geschwindigkeit am Unfallort eingetroffen wäre; denn auch in einem solchen Fall verwirklichen sich die Gefahren des Fahrens mit überhöhter Geschwindigkeit, vor denen die Geschwindigkeitsregeln gerade schützen sollen. Im Unterschied zu Beispiel 3 geht es hier nämlich um ein Fehlverhalten des A in der kritischen Verkehrssituation als solcher. Und hier ist es natürlich sehr wohl auch der Sinn der Einhaltung der Geschwindigkeitsvorschriften, dass andere noch die Möglichkeit haben, einem Unfall durch Verlassen des Gefahrenbereichs gerade noch zu entgehen. Das gilt selbst dann, wenn D 30 km/h gefahren ist und bei Rot über die Haltelinie gefahren ist. Denn zwar kann jeder Verkehrsteilnehmer darauf vertrauen, dass andere Verkehrsteilnehmer ordnungsgemäß fahren (deshalb darf man bei Grün über die Ampel fahren, ohne zu schauen, dass der andere bei Rot auch wirklich hält), jedoch gilt dies nicht, wenn man sich selbst verkehrswidrig verhält, wie es A hier durch das Fahren mit überhöhter Geschwindigkeit getan hat.

Achtung Klausur: *Fährt A mit überhöhter Geschwindigkeit den B an und erleidet dieser eine Wundinfektion, durch die er aufgrund seines geschwächten Gesundheitszustands verstirbt, so ist auch dies durchaus vom Schutzzweck gedeckt, da die Geschwindigkeitsbegrenzung selbstverständlich auch dazu dient, derartige spätere Unfallfolgen zu verhindern.*[41] *Dies soll nach OLG Stuttgart selbst dann gelten, wenn sich A im Krankenhaus aufgrund seines geschwächten Zustands (das ist allerdings notwendige Voraussetzung!) bei der ersten Nahrungsaufnahme verschluckt und daran verstirbt.*[42] *Mir erscheint dies allerdings zu weitgehend, da sich im Verschlucken nicht mehr das typische Risiko der Unfallverursachung verwirklicht. Jedenfalls aber wird die Zurechnung dann unterbrochen, wenn die Aufnahme fester Nahrung grob fahrlässig von einem Arzt verfrüht angeordnet oder zugelassen wurde (vgl. zum Einfluss ärztlichen Fehlverhaltens auf die Möglichkeit einer Unterbrechung des Zurechnungszusammenhangs u. Rn. 41 ff.).*

39 NK-*Puppe*, vor § 13, Rn. 2; *Baumann/Weber/Mitsch/Eisele*, AT, § 14, Rn. 92; *Wessels/Beulke/Satzger*, AT, Rn. 182.
40 OLG Hamm NStZ-RR 2016, 27 f.
41 OLG Köln VRS 20, 278.
42 OLG Stuttgart NJW 1982, 295; dazu auch *Puppe*, AT/1, S. 108 ff.

d) Rechtmäßiges Alternativverhalten

35 **Beispiel:** Der Lastwagenfahrer A überholt den Radfahrer B mit einem Seitenabstand von 0,75 m statt der vorgeschriebenen 1,50 m. B gerät unter den Lastzug und erleidet eine letale Hirnquetschung. Auch bei ordnungsgemäßem Abstand wäre der Unfall möglicherweise nicht zu vermeiden gewesen (BGHSt 11, 1).

Bei Fahrlässigkeitsdelikten (vgl. zur Prüfung sogleich den Trunkenheitsfahrt-Fall I Rn. 38 f.) soll laut BGH nur dann der Zurechnungszusammenhang zu bejahen sein, wenn bei rechtmäßigem Alternativverhalten der Erfolg mit an Sicherheit grenzender Wahrscheinlichkeit entfallen wäre **(Vermeidbarkeitstheorie)**. Ein solcher Pflichtwidrigkeitszusammenhang sei hier jedoch nicht mit der nötigen Sicherheit festzustellen.[43]

Nach der von der Gegenauffassung vertretenen **Risikoerhöhungslehre**[44] genügt es dagegen bereits, dass der Täter die Gefahr für das Rechtsgut **unerlaubt erhöht** hat und der Erfolg bei rechtmäßigem Alternativverhalten **möglicherweise** ausgeblieben wäre.

aa) Kritik an der Risikoerhöhungslehre

36 Gegen die Risikoerhöhungslehre werden in Rspr. und Lit. vor allem zwei Einwände vorgebracht:

(1) Verstoß gegen den Grundsatz „in-dubio-pro-reo“[45]

Antikritik von *Roxin*:[46] Der „in-dubio-pro-reo“-Grundsatz sei hier nicht verletzt, da (etwa im LKW-Bsp.) feststehe, dass der Täter das Risiko erhöht hat, d. h. eine unerlaubte Gefahr geschaffen hat (indem der LKW-Fahrer den geforderten Abstand missachtet hat). Der in-dubio-pro-reo-Grundsatz, so *Roxin*, betreffe dagegen nur die Schuld- und Straffrage (d. h. die Frage, ob jemand Täter war oder nicht), nicht aber die Auslegung eines Tatbestandes (d. h. die Frage, ob man für die Zurechnung schon die Möglichkeit einer Erfolgsvermeidung im Falle eines rechtmäßigen Alternativverhaltens ausreichen lässt).

(2) Erfolgsdelikte werden zu Gefährdungsdelikten umqualifiziert[47]

Antikritik von *Roxin*:[48] Jeder Erfolg wird über eine Gefahr vermittelt und die Risikoerhöhungslehre verzichtet weder auf den Erfolg (im LKW-Bsp. muss der Radfahrer natürlich tot sein) noch auf den Zusammenhang zwischen Gefahrerhöhung und Erfolg (der im LKW-Bsp. deshalb gegeben sei, weil sich auf jeden Fall eine unerlaubte Gefahr verwirklicht habe, da sich aufgrund der Unerlaubtheit des Verhaltens tatsächlich nur etwas Unerlaubtes im Erfolg realisieren konnte); d. h.: nach *Roxin* ist eben überhaupt nichts Erlaubtes vorhanden, das sich im Erfolg realisieren könnte, wenn sich der Täter mit seinem Verhalten im unerlaubten Bereich bewegt.

43 *Gropp*, AT, § 4, Rn. 97; *Sch/Sch/Sternberg-Lieben/Schuster*, § 15, Rn. 178 ff.; SK-*Hoyer*, Anhang zu § 16, Rn. 72; a. A. *Jescheck/Weigend*, § 55 II 2b, aa, der eine Mittelmeinung vertritt und darauf abstellt, „ob die Verletzung der Sorgfaltspflicht nachweisbar eine gegenüber der Normalgefahr erheblich gesteigerte Gefährdung des Handlungsobjekts mit sich brachte“; *Jescheck/Weigend* beschreiten damit jedoch einen Weg in die Rechtsunsicherheit, weil die Frage der erheblichen Steigerung weitere Definitionsschwierigkeiten aufwirft.

44 Begründet von *Roxin*, ZStW 74 (1962), 411 ff.; *ders.*, ZStW 78 (1966), 214 ff.

45 *Baumann/Weber/Mitsch/Eisele*, AT, § 14, Rn. 86; *Jakobs*, AT, 7/100 ff.; wohl auch *Zieschang*, AT, S. 109.

46 *Roxin*, AT/I, § 11, Rn. 90.

47 *Baumann/Weber/Mitsch/Eisele*, AT, § 14, Rn. 87; *Maurach/Zipf*, AT/1, § 34, Rn. 104.

48 *Roxin*, AT/I, § 11, Rn. 93.

bb) Stellungnahme

Bei allem scholastischen Scharfsinn, mit dem die Diskussion um die Risikoerhöhungslehre seit Jahrzehnten geführt wird, wird man ihr im Ergebnis doch nicht zustimmen können. Denn wenn der Erfolg sicher, d. h. hundertprozentig oder jedenfalls mit an Sicherheit grenzender Wahrscheinlichkeit, auch bei rechtmäßigem Alternativverhalten eingetreten wäre, so verneinen selbst die Vertreter der Risikoerhöhungslehre die Zurechnung.[49] Dann aber darf die Zurechnung nicht bejaht werden, wenn der Erfolg im Falle rechtmäßigen Alternativverhaltens nur möglicherweise ausgeblieben wäre, weil dies auf eine Beweislastumkehr hinausliefe, die das Strafrecht nicht kennt. Bei der von der Risikoerhöhungslehre befürworteten Konstruktion liegt nämlich die Beweislast dafür, dass es bei rechtmäßigem Alternativverhalten *sicher* zu dem gleichen Erfolg gekommen wäre, beim Täter. Denn da sich nach der Risikoerhöhungslehre der Staat für die Begründung der Zurechnung mit der Berufung auf die Möglichkeit eines guten Ausgangs begnügen könnte, liegt es nach dieser Lehre beim Täter, den Nachweis zu erbringen, dass im Falle rechtmäßigen Alternativverhaltens der Erfolg *sicher* ebenso eingetreten wäre (der Täter müsste sich also – verkürzt gesprochen – um den Nachweis der 100 % kümmern). Dies aber widerspricht dem Grundsatz „in dubio pro reo".[50] 37

Freilich ist auch der BGH bei der Vertretung seines Standpunktes bisweilen wenig konsequent und versucht, täterfreundliche Ergebnisse, die das Schuldprinzip in diesem Bereich an sich fordert, aus diffusen Gerechtigkeitserwägungen durch Hilfskonstruktionen zu umgehen. Das zeigt folgender, in der Darstellung auf die Problemschwerpunkte begrenzter

Fall 2: Der stark angetrunkene A, der sich seiner Alkoholisierung und der Beeinträchtigung seiner Fahrtüchtigkeit bewusst war, befuhr nachts mit einer Geschwindigkeit von 40–60 km/h eine Hauptstraße. An einer unübersichtlichen Stelle betrat der dunkel gekleidete B die Fahrbahn, ohne sich zu vergewissern, dass die Straße frei war. A erfasste ihn ungebremst. B wurde schwer verletzt. B war erst eine Sekunde vor dem Aufprall überhaupt zu sehen. A hatte ihn gar nicht wahrgenommen. Er setzte seine Fahrt fort, wobei er billigend in Kauf nahm, den in Lebensgefahr befindlichen B zurückzulassen. Er berief sich darauf, dass der Unfall auch für einen nüchternen Fahrer nicht zu vermeiden gewesen wäre. Strafbarkeit des A? (**Trunkenheitsfahrt-Fall I** abgewandelt nach BGH NStZ 2013, 231[51]) 38

Lösung: 39

A. Das Geschehen bis zum Unfall

I. A hat sich jedenfalls wegen **vorsätzlicher Trunkenheit im Verkehr nach § 316 I StGB** strafbar gemacht. Da sich A von vorneherein seiner Fahruntüchtigkeit bewusst war, hat bereits während der Fahrt vor dem Unfall eine vorsätzliche Trunkenheit im Verkehr nach § 316 I StGB vorgelegen.

II. In Betracht kommt auch eine Strafbarkeit wegen **fahrlässiger Körperverletzung nach § 229 StGB**.

---

49 *Roxin*, AT/I, § 11, Rn. 74, 88; *Sch/Sch/Eisele*, vor § 13, Rn. 99; *Schünemann*, JA 1975, 644 ff.

50 So i. E. auch *Frister*, AT, 10/31; SK-*Hoyer*, Anhang zu § 16, Rn. 74 ff.; a. A. *Roxin*, AT/I, § 11, Rn. 90 m. Fn. 192 unter Hinw. auf kriminalpolitische Erwägungen.

51 Mit Anm. *Hecker*, JuS 2013, 466; *Jäger*, JA 2013, 393 ff.; *Puppe*, JR 2013, 472.

Fraglich ist jedoch, ob ein Pflichtwidrigkeitszusammenhang (Zurechnungszusammenhang) zwischen Sorgfaltspflichtverstoß und Verletzung des B zu bejahen ist.

Nach der Vermeidbarkeitslehre ist zu prüfen, ob der Erfolg bei pflichtgemäßem Alternativverhalten mit an Sicherheit grenzender Wahrscheinlichkeit vermieden worden wäre. Nur dann beruht der Verkehrsunfall auf der Pflichtwidrigkeit des Verhaltens des A. Dabei ist problematisch, welches pflichtgemäße Alternativverhalten zugrunde zu legen ist.
Dem BGH zufolge ist zu prüfen, bei welcher geringeren Geschwindigkeit A – abgesehen davon, dass er als Fahruntüchtiger überhaupt nicht am Verkehr teilnehmen durfte – noch seiner durch den Alkoholeinfluss herabgesetzten Wahrnehmungs- und Reaktionsfähigkeit bei Eintritt der kritischen Verkehrslage hätte Rechnung tragen können und ob es auch bei dieser Geschwindigkeit zu dem Unfall gekommen wäre. Es liege vorliegend daher nahe, dass A bei einer seiner alkoholbedingt herabgesetzten Wahrnehmungs- und Reaktionsfähigkeit angepassten, geringeren Geschwindigkeit selbst im Falle eines auch dann unvermeidbaren Anstoßes zumindest geringere Verletzungen des B bewirkt hätte.
Allerdings verkennt der BGH damit, dass es keine für eine Alkoholisierung angemessene Geschwindigkeit gibt, da eine Teilnahme am Straßenverkehr im Falle der Alkoholisierung gänzlich unzulässig ist. Der BGH ersetzt auf diese Weise die Rechtsfigur des rechtmäßigen Alternativverhaltens durch die Rechtsfigur des weniger rechtswidrigen Alternativverhaltens.
Im Übrigen muss beim rechtmäßigen Alternativverhalten derjenige Gesichtpunkt hinweg gedacht werden, der die Gefahr zu einer unerlaubten gemacht hat. Dies jedoch ist die Trunkenheit und nicht die Geschwindigkeit, da die Zurechnung bei einem nüchternen Fahrer mit gleicher Geschwindigkeit ausgeschlossen gewesen wäre.[52]
Darüber hinaus besteht der Schutzzweck des Verbots des Fahrens bei Trunkenheit nicht in der Gewährleistung einer Fortbewegung im Straßenverkehr mit einer bestimmten Geschwindigkeit, sondern darin, dass der Fahrer in der kritischen Situation das zu leisten vermag, was er als nüchterner Fahrer leisten könnte.
Richtigerweise wäre daher vorliegend eine Strafbarkeit nach § 229 StGB entgegen dem BGH zu verneinen gewesen, sofern Zweifel daran bleiben, dass der Erfolg in nüchternem Zustand zu vermeiden gewesen wäre.
Dagegen gelangt die Risikoerhöhungslehre vorliegend ohne Weiteres zur Strafbarkeit, weil für sie ausschlaggebend ist, dass der Erfolg im Falle rechtmäßigen Alternativverhaltens auch nur möglicherweise ausgeblieben wäre. Gegen sie spricht jedoch, dass dann dem Täter die Beweislast für den Nachweis träfe, dass der Erfolg auch bei rechtmäßigem Verhalten sicher bzw. mit an Sicherheit grenzender Wahrscheinlichkeit ebenfalls eingetreten wäre.

Ergebnis: Verlangt man mit der Vermeidbarkeitstheorie für den Zurechnungszusammenhang, dass der Erfolg bei rechtmäßigem Alternativverhalten mit an Sicherheit grenzender Wahrscheinlichkeit ausgeblieben wäre, so scheidet hier richtigerweise eine Bestrafung wegen fahrlässiger Körperverletzung aus. Zum gegenteiligen Ergebnis kann man nur gelangen, wenn man mit dem BGH – verfehlt – beim rechtmäßigen Alternativverhalten auf eine an die Alkoholisierung angepasste Geschwindigkeit abstellt oder mit einem Teil der Lit. den Ansatz der Risikoerhöhungslehre wählt.

III. Eine Strafbarkeit wegen **vorsätzlicher Straßenverkehrsgefährdung nach §§ 315c I Nr. 1a, III Nr. 1; 11 II StGB** scheitert mangels Zurechnungszusammenhang zwischen missbilligtem Verhalten und Gefahrerfolg (§ 315c StGB wird daher zutreffend als Gefahrerfolgsdelikt bezeichnet).[53] An einem derartigen Zurechnungszusammenhang fehlt es hier aber – sofern man nicht die Risikoerhöhungslehre zugrunde legt – aus den bereits bei § 222 StGB angeführten Gründen. Interessant ist dabei, dass auch die Rechtsprechung bei § 315c I Nr. 1a StGB nicht auf den Gesichtspunkt der möglichen Reduzierung der Geschwindigkeit, son-

52 Zutr. *Freund*, JuS 1990, 214; *Puppe*, ZStW 99 (1987), 602.
53 BGHSt 8, 33; SK-*Wolters*, § 315c, Rn. 19 f.

dern allein auf die unerlaubte Alkoholisierung abstellt. Grund hierfür ist wohl der eindeutige Wortlaut dieser Vorschrift, wonach gerade durch die Alkoholisierung die Gefahr für Leib und Leben entstanden sein muss (vgl. Wortlaut: „... und dadurch ..."). Die Vorschrift gibt damit klar vor, dass die Gefahr hier gerade durch die Trunkenheit eingetreten sein muss, weshalb beim rechtmäßigen Alternativverhalten diese Trunkenheit auch wegzudenken ist.

Ergebnis: Da nicht sicher ist, ob bei Nüchternheit der Unfall vermeidbar gewesen wäre, ist danach jedenfalls eine Strafbarkeit nach § 315c StGB abzulehnen und nur § 316 StGB zu bejahen.

B. Das Geschehen nach dem Unfall

I. Denkbar ist hier eine Strafbarkeit wegen **versuchten Mordes nach §§ 212, 211, 13, 22, 23 StGB**.

Die Annahme einer Verdeckungsabsicht ist hinsichtlich der Trunkenheitsfahrt nach § 316 I StGB möglich, sofern man hier nur die Verknüpfung von Unrecht mit weiterem Unrecht fordert (vgl. näher zu dieser Problematik *Jäger*, BT, Rn. 42 ff.). Allerdings lässt sich auch eine Ablehnung einer Verdeckungsabsicht gut vertreten, wenn man davon ausgeht, dass das bloße Nichtaufdecken einer Straftat mit dem aktiven Zudecken einer solchen nicht vergleichbar ist und daher die notwendige Modalitätenäquivalenz fehlt (auch dazu näher *Jäger*, BT, Rn. 42 ff.). Folgt man jedoch dem BGH, so läge hier sogar eine Verdeckungsabsicht vor.

Eine Garantenstellung aus Ingerenz ist hier dagegen nach einem Teil der Literatur unter Zugrundelegung der von A vorgestellten Umstände zu verneinen. Der BGH hat hierfür bereits in einer Entscheidung aus dem Jahre 1986[54] schlicht das Vorliegen eines pflichtwidrigen Vorverhaltens (hier die Trunkenheitsfahrt) genügen lassen und keine weitere Verknüpfung zwischen Sorgfaltspflichtwidrigkeit und Gefahr verlangt. Dagegen geht die Literatur zu Recht davon aus, dass eine Garantenstellung aus Ingerenz nur dann gegeben sein kann, wenn dem Unterlassen aufgrund seiner pflichtwidrigen Vorhandlung die abzuwendende Gefahr und damit auch die sich aus ihr entwickelnde Rechtsgutsverletzung objektiv als fahrlässig bewirkt zugerechnet werden kann.[55] (näher dazu Rn. 352 ff.). Gegen die Ansicht des BGH spricht, dass diese allein an der Gefährlichkeit des Vorverhaltens anknüpft und letztlich gegen allgemeine Zurechnungsregeln verstößt, wenn sie einerseits Pflichtwidrigkeit des Vorverhaltens verlangt, dann aber nicht für entscheidend hält, ob sich tatsächlich das rechtlich missbilligte Risiko im konkreten Taterfolg niedergeschlagen hat. Auf diese Weise wird dem Täter etwas als Unterlassungstat vorgeworfen, was ihm nicht als durch fahrlässige Aktivtat herbeigeführt angelastet werden könnte.[56]

II. Ebenso scheitert mangels Garantenstellung (zur Begründung siehe soeben) eine **versuchte Aussetzung mit Todesfolge nach § 221 I Nr. 2, III StGB** (vgl. zur Möglichkeit eines Versuchs bei § 221 I, III StGB näher *Jäger* BT, Rn. 70a).

III. Eine Strafbarkeit wegen **vorsätzlicher Trunkenheit im Verkehr nach § 316 I StGB** durch Fortsetzung der Trunkenheitsfahrt sowie wegen **unterlassener Hilfeleistung nach § 323c StGB und unerlaubten Entfernens vom Unfallort nach § 142 StGB** ist zu bejahen.

C. Gesamtergebnis: Im ersten Sachverhaltskomplex hat sich A nach BGH-Auffassung wegen fahrlässiger Tötung nach richtiger Literaturansicht dagegen nur gem. § 316 StGB strafbar gemacht. Im zweiten Sachverhaltskomplex hat sich A nach der Ansicht des BGH wegen versuchten Mordes nach §§ 212, 211, 13, 22, 23 StGB sowie wegen versuchter Aussetzung mit Todesfolge nach § 221 I Alt. 2, 3 StGB strafbar gemacht. Darüber hinaus sind auch die §§ 316 I, 323c sowie § 142 StGB verwirklicht. Nach der Literaturauffassung wären

54 BGHSt 34, 82, auf die sich der BGH vorliegend wieder beruft; vgl. auch BGH NJW 1990, 2563.
55 Vgl. dazu näher *Sch/Sch/Stree/Bosch*, § 13, Rn. 32 ff. m. w. N.
56 Vgl. dazu auch *Rudolphi*, JR 1987, 162.

dagegen im zweiten Komplex nur die §§ 316 I, 323c und 142 StGB zu bejahen. Die Delikte des ersten und zweiten Tatkomplexes stehen zueinander in Tatmehrheit, da der Unfall eine Zäsur schafft (dazu näher Rn. 393). Die jeweils im ersten und zweiten Sachverhaltskomplex verwirklichten Delikte stehen dagegen zueinander in Tateinheit.

e) Fremdverantwortung

40 Eine letzte Einschränkung, die vor allem von der Lit. entwickelt wurde, betrifft die Unterbrechung des Zurechnungszusammenhangs bei Erfolgen, die außerhalb des Verantwortungsbereichs des Täters liegen. Für eine derartige täterentlastende Verantwortungsverschiebung kommen dabei grundsätzlich zwei Möglichkeiten in Betracht:

aa) Drittverantwortung

41 Heute besteht Einigkeit darüber, dass der Täter nicht für Erfolge haften darf, deren Verhinderung in den Verantwortungsbereich eines Dritten fällt.[57] Eine derartige Verantwortungsverlagerung spielt dabei vor allem im Bereich ärztlicher Heileingriffe immer wieder eine Klausurrolle:

42 **Fall 3:** B fährt den C an, der eine Schulterluxation (Ausrenkung des Schultergelenks) erleidet. C wird ins Krankenhaus eingeliefert, wo ihm Arzt A ein Muskelrelaxanz spritzt, damit die Schulter – aufgrund der durch dieses Mittel bewirkten Muskelerschlaffung – leichter wieder eingerenkt werden kann. Leider vergisst A, den C zu beatmen, was aber bei dieser Form des Eingriffs dringend notwendig wäre, weil durch das Muskelrelaxanz auch die Atemmuskulatur „lahm gelegt" wird. C läuft blau an und stirbt den Erstickungstod. Strafbarkeit von A und B? **(Schulterluxations-Fall)**

43 **Lösung:**

A. Strafbarkeit des A

I. A könnte sich wegen **fahrlässiger Tötung gem. § 222 StGB** strafbar gemacht haben, indem er dem C das Mittel spritzte, ohne ihn zu beatmen.

1. Tun oder Unterlassen?

Die Frage stellt sich hier, weil A sowohl gehandelt hat, indem er das Mittel spritzte, als auch etwas unterlassen hat, indem er nicht für künstliche Beatmung sorgte.

Achtung Klausur: *Vergessen Sie beim Fahrlässigkeitsdelikt niemals, an das Problem der Abgrenzung von Tun und Unterlassen zu denken. Es ist dort deshalb so wichtig, weil die Fahrlässigkeit stets ein Unterlassungselement beinhaltet, nämlich die Nichtbeachtung der gebotenen Sorgfalt. Dennoch ist die Abgrenzung von Tun und Unterlassen beim Fahrlässigkeitsdelikt natürlich nicht immer zu prüfen, weil die Nichtanwendung der gebotenen Sorgfalt sich vielfach schon eindeutig und untrennbar im Tun erschöpft (Bsp.: zu schnelles Fahren bedeutet Nichtberücksichtigung der gebotenen Geschwindigkeit und ist daher vom aktiven Tun nicht trennbar). Deshalb ist das Nichtbeachten der Geschwindigkeit im Rahmen des aktiven Fahrlässigkeitsdelikts auch lediglich bei der Sorgfaltspflichtverletzung anzusprechen. Dort aber, wo das aktive Tun von einem davon trennbaren Unterlassen (das Unterlassen der Beatmung und das Spritzen des Mittels sind vorliegend nicht notwendig miteinander verbunden) begleitet wird, stellt sich die Abgrenzungsfrage in so deutlicher Weise, dass man in der Klausur die Frage vorab behandeln muss!*

57 Vgl. dazu vor allem *Roxin*, AT/I, § 11, Rn. 137 ff.

Der BGH stellt dabei auf den Schwerpunkt der strafrechtlichen Vorwerfbarkeit ab, während die Lit. zum Teil auf das Kriterium des Energieeinsatzes abhebt bzw. bei kausalem aktiven Handeln grundsätzlich das Hauptgewicht im positiven Tun erblickt (Näheres dazu später, Rn. 333).
Danach dürfte vorliegend nach allen Auffassungen der Schwerpunkt in einem aktiven Tun zu sehen sein, weil das Mittel eben nur gespritzt werden darf, wenn dessen Auswirkungen durch begleitende Beatmung aufgefangen werden. Umgekehrt entfaltet die unterlassene Beatmung ihre tödliche Wirkung nur durch die Verabreichung des Mittels, sodass alles für einen Schwerpunkt im aktiven Tun spricht.

2. Kausalität zwischen Handlung und Erfolgseintritt – dem Tod des C – ist zu bejahen.

3. Die Sorgfaltspflichtverletzung lag hier in der Nichtvornahme der notwendigen Behandlung, obwohl dem Arzt die Auswirkungen nach medizinischem Standard bekannt gewesen sein mussten.

4. Pflichtwidrigkeitszusammenhang (Zurechnungszusammenhang) zwischen Sorgfaltspflichtverletzung und Erfolg:
Dieser ist hier ebenfalls gegeben, weil sich im Erfolg gerade die von A durch die Nichtbeatmung geschaffene Gefahr verwirklicht hat.

5. Rechtfertigungsgründe sind nicht ersichtlich.

6. Schuld
Es ist davon auszugehen, dass A nach seinen persönlichen Fähigkeiten in der Lage war, die objektive Sorgfaltspflicht zu erfüllen und den Erfolg vorauszusehen.

Hinweis: *Subjektive Sorgfaltspflichtverletzung und subjektive Vorhersehbarkeit des Erfolges sind beim Fahrlässigkeitsdelikt als besondere Schuldmerkmale zu prüfen.*

Sonstige Entschuldigungsgründe sind nicht ersichtlich.

Ergebnis: A ist strafbar wegen fahrlässiger Tötung nach § 222 StGB.

II. Das gleichzeitig verwirklichte Durchgangsdelikt der **fahrlässigen Körperverletzung nach § 229 StGB** tritt hinter § 222 StGB im Wege der Gesetzeskonkurrenz zurück.

B. Strafbarkeit des B

I. B könnte sich dadurch, dass er C anfuhr und dadurch dessen medizinische Behandlung auslöste, an deren Folgen C schließlich verstarb, ebenfalls wegen **fahrlässiger Tötung nach § 222 StGB** strafbar gemacht haben.

1. Der tatbestandliche Erfolg ist eingetreten. C ist tot.

2. Zwischen der Handlung des B und dem Tod des C besteht auch ein kausaler Zusammenhang, weil das Anfahren durch B nicht hinweggedacht werden kann, ohne dass der Tod aufgrund der dadurch letztlich ausgelösten Verabreichung des Muskelrelaxanzes entfiele.

3. B handelte auch sorgfaltspflichtwidrig, da er durch die Vorfahrtsmissachtung die im Verkehr erforderliche Sorgfalt außer Acht gelassen hat.

4. Fraglich ist vorliegend allerdings, ob der Zurechnungszusammenhang zwischen Sorgfaltspflichtverletzung und eingetretenem Erfolg aufgrund des Fehlverhaltens des A unterbrochen wurde.
a) Nach h. M. ist bei tödlichen groben ärztlichen Kunstfehlern eine Zurechnung des Todes zur Person des Ausgangstäters (hier B) nicht gegeben, da bei schweren ärztlichen Verfehlungen von einer Verantwortungsverschiebung auf den Dritten (Arzt) und deshalb von einer Unterbrechung des Zurechnungszusammenhangs auszugehen sei. Dagegen bleibt nach h. M. bei leichten Kunstfehlern die Zurechnung des Erfolges zur Person des Täters bestehen, weil mit derartigen Fehlleistungen grundsätzlich zu rechnen sei.[58]

58 Vgl. dazu BGHSt 31, 100; OLG Celle NJW 1958, 271; *Burgstaller*, Jescheck-FS, 1985, S. 364 ff. m. w. N.

b) Ein Teil der Lit. will dagegen unterscheiden:[59]

- Die Zurechnung zum Ersttäter soll auf jeden Fall ausgeschlossen sein, wenn der Tod durch eine vom Arzt eröffnete neue Gefahrenquelle eintritt (z. B. Narkosefehler, falscher Schnitt oder falsches Medikament).
- Wenn der Arzt dagegen die Ausgangsgefahr (hier: Verletzung durch das Anfahren) aufgrund eines Behandlungsfehlers nicht abwendet (z. B. falsche Versorgung der Wunde), so soll die Zurechnung zum Ersttäter (jedenfalls bei bloß leichter oder mittlerer Fahrlässigkeit des Arztes) erhalten bleiben.

c) Stellungnahme: Auf den ersten Blick scheint die Lit. eine sinnfällige Differenzierung anzubieten. Jedoch fällt bei näherer Betrachtung auf, dass die Unterscheidung nur schwer zu treffen ist. Mag ein falsches Medikament noch eindeutig eine neue Gefahr eröffnen, so lässt sich dies bei einer zu hohen Dosierung schon nicht mehr sagen. In Wahrheit ist nicht zu übersehen, dass der Ersttäter die ärztlichen Gefahren grundsätzlich allesamt mit eröffnet. Insbesondere ist nicht leicht verständlich, weshalb der Ausgangstäter, obwohl er die Notwendigkeit einer Narkose mit eröffnet, mit deren Gefahren nichts zu tun haben soll. Gerade wenn man – wie allgemein bekannt – davon ausgehen darf, dass jede Narkose gefährlich ist, dann darf der Täter von der Verantwortung für die üblichen Gefahren und damit auch für die „üblichen" Fehler dieser Behandlungsmaßnahme nicht entlastet werden, wenn er es war, der die Behandlung mit ihren Konsequenzen zu verantworten hat. Richtiger ist daher wohl grundsätzlich die Verantwortung danach zu bestimmen, ob sich der Fehler noch im Rahmen des „Üblichen" bewegt. Damit ist der h. M. grundsätzlich Recht zu geben, die eine Verantwortung des Ausgangstäters grundsätzlich nur bei grobem ärztlichem Fehlverhalten ausschließt, da mit leichten und mittleren Kunstfehlern stets zu rechnen ist.
Der Streit kann vorliegend jedoch letztlich dahinstehen, weil alle Theorien hier zu einer Unterbrechung des Zurechnungszusammenhanges gelangen. Denn das Fehlverhalten des Arztes war hier nicht nur so gravierend, dass von einem groben Verschulden des A auszugehen ist, sondern es wurde von A im Sinne der Lit. auch eine ganz neue Gefahr des Erstickungstodes eröffnet.

Ergebnis: B ist nicht wegen fahrlässiger Tötung nach § 222 StGB strafbar.

II. Gegeben ist aber jedenfalls eine **fahrlässige Körperverletzung nach § 229 StGB**, da B durch das sorgfaltswidrige Anfahren des C die Schulterluxation kausal und zurechenbar durch objektiv und subjektiv sorgfaltswidriges Verhalten im Straßenverkehr bewirkt hat.

Achtung Klausur: *Vergessen Sie niemals, dass trotz Unterbrechung des Zurechnungszusammenhangs beim „großen" Delikt sehr wohl noch das „kleinere" Delikt objektiv und subjektiv zurechenbar erfüllt sein kann.*

bb) Opferverantwortung

44 Bei der Opferverantwortung[60] sind zwei Fallgruppen zu unterscheiden:

(1) Freiverantwortliche Selbstgefährdung

45 Da nach deutschem Recht die Teilnahme am Suizid, d. h. an der vorsätzlichen Selbsttötung straflos ist, kann die Mitwirkung an vorsätzlicher Selbstgefährdung ebenfalls nicht strafbar sein, sofern sich das bewusst eingegangene Risiko im Erfolg verwirklicht (Schutzzweck der Norm erfasst Selbstgefährdungen nicht mehr).

---

59 Siehe etwa *Frisch*, Tatbestandsmäßiges Verhalten und Zurechnung des Erfolgs, 1988, S. 442 f.; aber auch *Roxin*, AT/I, § 11, Rn. 142 f.; einschr. NK-*Puppe*, vor § 13, Rn. 253 f.

60 Eingehend zum freiverantwortlichen Opferverhalten *Eisele*, JuS 2012, 577 ff.; siehe auch *Grünewald*, GA 2012, 364 ff.

Beispiel 1: A und B machen im angetrunkenen, aber voll zurechnungsfähigen Zustand eine Motorradwettfahrt, bei der B tödlich verunglückt (BGHSt 7, 112). Der BGH hat hier den A nach § 222 StGB verurteilt, weil der Erfolg vorhersehbar gewesen sei. Der BGH verkennt dabei aber, dass eine Fahrlässigkeitsbestrafung beim Erfolgsdelikt nicht nur Vorhersehbarkeit, sondern auch Zurechnung verlangt.[61]

Beispiel 2: Ein Klinikseelsorger begibt sich freiwillig in eine Quarantänestation für Pest-Verseuchte, wird angesteckt und stirbt (BGHSt 17, 359).[62]

Beachten Sie aber, dass das Problem der freiverantwortlichen Selbstgefährdung beim Vorsatzdelikt schon als Täterschafts(zurechnungs)problem eine Rolle spielt, während es beim Fahrlässigkeitsdelikt nur ein allgemeines Zurechnungsproblem darstellt, weil jeder fahrlässige Beitrag im Vorfeld Täterschaft begründet (im Fahrlässigkeitsbereich herrscht also im Gegensatz zum Vorsatzdelikt der Einheitstäterbegriff vor[63]). Dies und die Tatsache, dass man bei § 222 StGB immer auch an erfolgsqualifizierte Delikte (z. B. § 227 StGB) denken sollte, veranschaulicht folgendes

Beispiel: Der auf psychotherapeutische Behandlungen spezialisierte Arzt A führte sog. psy- **46**
cholytische Sitzungen durch, bei denen die Patienten im Rahmen einer Gruppensitzung durch Drogen in ein „Wachtraum-Erlebnis der Objektumgebung" versetzt werden sollten, um unbewusste Inhalte der Psyche frei zu legen. Diese Methode ist in Deutschland wissenschaftlich nicht anerkannt. Während einer Intensivsitzung erklärten sich zwei Personen bereit, MDMA – einen in der Droge Ecstasy verwendeten Wirkstoff – einzunehmen. Aufgrund einer defekten Waage überließ A den Patienten allerdings eine viel zu hohe Dosis. Über das Volumen der abgewogenen Menge hatte A sich zwar gewundert, dennoch verließ er sich auf die Anzeige seiner Waage. Die zwei Patienten starben an einer Überdosis. Strafbarkeit des A nach dem StGB? (**Psycholyse-Fall** nach NStZ 2011, 341 ff.[64])

Lösung: Da die Patienten die Rauschmittel selbst eingenommen haben, kommt keine unmit- **47**
telbare Täterschaft, sondern allenfalls eine Bestrafung wegen vorsätzlicher Körperverletzung mit Todesfolge nach §§ 223, 224 I Nr. 1 und 5, 227 StGB in mittelbarer Täterschaft unter (entsprechender) Anwendung des § 25 I Alt. 2 StGB in Betracht. (**Hinweis:** *Die Regeln der mittelbaren Täterschaft sind hier nur entsprechend anwendbar, da es sich um einen Fall der Selbstgefährdung bzw. Selbstschädigung handelt.*[65]) Die Werkzeugqualität der Opfer scheitert nicht an einer freiverantwortlichen Selbstgefährdung, da diese dem BGH zufolge höchstens bezüglich der üblichen Drogenmenge vorgelegen hat, nicht aber im Hinblick auf eine Überdosis. Dennoch ist hier eine mittelbare Täterschaft abzulehnen, weil A keinen Tatherrschaftswillen hatte. Ein solcher hätte nur dann vorgelegen, wenn A die Fehldosierung selbst erkannt und das fehlende Risikowissen hätte ausnutzen wollen. Dafür liefert der Sachverhalt jedoch keinerlei Anhaltspunkte. Somit hat A sich lediglich wegen fahrlässiger Tötung nach § 222 StGB in zwei Fällen strafbar gemacht. Insbesondere handelte A beim Abwiegen der Drogen sorgfaltspflichtwidrig, weil die Überdosierung objektiv und subjektiv eindeutig erkennbar und der Erfolg angesichts der Gefährlichkeit des Konsums von Drogen auch vorhersehbar und vermeidbar war. Eine Unterbrechung des Zurechnungszusammenhangs aufgrund freiverantwortlicher Selbstgefährdung scheidet auch diesbezüglich aus den bereits genannten Gründen aus.

---

61 Wie hier NK-*Puppe*, vor § 13, Rn. 244; *Schaffstein*, Welzel-FS, 1974, S. 572. Differenz. MüKo-*Freund*, vor §§ 13 ff., Rn. 382 ff.

62 *Sch/Sch/Sternberg-Lieben/Schuster*, § 15, Rn. 168; *Rudolphi*, JuS 1969, 559.

63 Anschaulich dazu *Seier*, JuS 1989, L 12 mit dem instruktiven Hinw. auf den unterschiedlichen Wortlaut des § 212 StGB einerseits („Wer einen Menschen tötet") und § 222 StGB andererseits („Wer den Tod eines Menschen verursacht").

64 Mit Anm. *Jäger*, JA 2011, 474 ff.; vgl auch Anm. *Stam*, StV 2011, 536 ff.

65 Vgl. hierzu NK-*Schild*, § 25, Rn. 26, 47.

Entsprechend hat der BGH auch nur § 222 StGB in einem Fall bejaht, in dem der Verkäufer von Rauschgift versehentlich Heroin statt das vom Käufer gewünschte Kokain weiterreichte, sodass letzterer bei Einnahme der Drogen verstarb. Auch in diesem Fall wären aber (wie soeben im Psycholyse-Fall) in der Klausur zunächst §§ 223, 224 I Nr. 1 und 5, 227 StGB in mittelbarer Täterschaft zu prüfen und abzulehnen (BGH NJW 2009, 2611).

Im Falle einer freiverantwortlichen Selbstgefährdung wäre sogar der Tatbestand des § 222 StGB ausgeschieden. Dies zeigen folgende, der Rechtsprechung entstammende Beispiele:

Beispiel 1: B, der bereits Erfahrungen mit harten Drogen hatte, wollte sich Heroin spritzen. Dafür besorgte ihm A eine Spritze. B verstarb infolge der Injektion. (**Heroinspritzen-Fall** nach BGHSt 32, 262 ff.)

Lösung: A hat sich nicht nach §§ 223, 227 StGB in unmittelbarer Täterschaft strafbar gemacht, da B sich die Spritze selbst verabreichte. Auch mittelbare Täterschaft scheidet aus, da A kein fehlendes Risikowissen oder mangelnde Verantwortlichkeit des B ausgenutzt hat. Vielmehr hatte B bereits Erfahrung mit Drogen. Damit bleibt nur ein Gehilfenbeitrag des A, der mangels rechtswidriger Haupttat straflos ist. Ebenfalls scheidet eine Strafbarkeit nach § 222 StGB aus. Hier kommt es aufgrund der – freiverantwortlichen (s. o.) – Selbstgefährdung des B zu einer Unterbrechung des Zurechnungszusammenhangs. Dafür spricht hier, dass A nicht mehr als ein Gehilfenbeitrag vorzuwerfen ist. Wenn aber schon die vorsätzliche Beteiligung an einer freiverantwortlichen Selbstgefährdung und sogar Selbsttötung mangels rechtswidriger Haupttat straflos ist, dann muss dies erst recht für die fahrlässige Beteiligung an derartigen Akten gelten, sodass das Verhalten des A nicht dem Schutzbereich des § 222 StGB unterfällt.[66]

Beispiel 2: Arzt A führte seit vielen Jahren Substitutionsbehandlungen bei Heroinabhängigen durch. Als eines Tages der heroinabhängige B zu ihm kam und Schmerzpflaster auf der Basis des Opiats Fentanyl wegen Hüftgelenksschmerzen erbat, verschrieb A ihm diese, obwohl er die Suchtabhängigkeit des B erkannte und er einen Missbrauch durch Aufkochen und anschließenden Suchtgebrauch für gut möglich hielt. B kochte sich die Pflaster tatsächlich auf und verstarb durch versehentliche Eigenverabreichung einer Überdosis. (**Substitutionsarzt-Fall** nach BGH StV 2014, 601[67] und BGH NStZ-RR 2014, 147[68])

Lösung: Auch hier scheidet eine unmittelbare Täterschaft nach §§ 223, 227 StGB aus, da B sich die Drogen selbst verabreichte. Auch scheidet eine mittelbare Täterschaft durch Handlungsherrschaft kraft überlegenen Wissens des A aus, da B über eine schon sehr lange Suchtkarriere verfügte, sodass ihm die Risiken des Suchtmittelgenusses bewusst waren. Die Betäubungsmittelabhängigkeit hob die Freiverantwortlichkeit nicht auf. Wegen freiverantwortlicher Selbstgefährdung scheitert daher auch eine Strafbarkeit wegen fahrlässiger Tötung und fahrlässiger Körperverletzung nach den §§ 222, 229 StGB.

47a Überregionale Aufmerksamkeit hat der sog. **Zugspitzlauf-Fall** erregt. Auch bei ihm stand die Frage der freiverantwortlichen Selbstgefährdung im Vordergrund. Dazu das folgende

Beispiel: K ist professioneller Veranstalter von Bergläufen. Im April 2008 organisierte er zum wiederholten Male den sog. Zugspitz-Lauf. In seinen Anmeldebedingungen wies er die Läufer auf mögliche gesundheitliche Gefahren des Berglaufs hin. Zudem informierte er die Teilnehmer unmittelbar vor dem Start zutreffend über die Wetteraussichten, insbesondere über ein mög-

66 *Schünemann*, NStZ 1982, 60; BGHSt 32, 262.
67 M. Anm. *Sickor*, GesR 2014, 470 f.
68 M. Anm. *Kudlich*, JA 2014, 392 ff. und *Patzak*, NStZ 2014, 715 ff.

liches Unwetter und die Schneefallgrenze. Eine Kontrolle der Ausrüstung der Läufer erfolgte allerdings nicht. Während des Laufs begann es heftig zu schneien. Die Temperaturen sanken rapide ab. Wegen Unterkühlung und Erschöpfung erlitten zwei Teilnehmer einen tödlichen Kreislaufzusammenbruch (nach AG Garmisch-Partenkirchen v. 1.12.2009).

Lösung[69]**:** Das AG Garmisch-Partenkirchen lehnte hier eine Strafbarkeit des K nach § 222 StGB ab. Der Tod der Läufer sei K nicht zurechenbar, da der Zurechnungszusammenhang durch eine freiverantwortliche Selbstgefährdung der Teilnehmer unterbrochen wurde. Im Ergebnis ist dieser Entscheidung zuzustimmen. Die fehlende Kontrolle der Laufausrüstung durch K schließt die Freiverantwortlichkeit jedenfalls nicht aus, denn wer trotz der negativen Wetterprognose nicht auf die Teilnahme verzichtet bzw. seine Laufkleidung den Verhältnisses nicht anpasst, obwohl er Kenntnis vom Risiko hat, handelt freiverantwortlich. Dem kann auch nicht entgegengehalten werden, dass K den Zugspitz-Lauf nach dem Unwettereinbruch fortgesetzt hat. Wenn die Läufer gleichwohl weiterliefen, so waren sie sich dennoch aller Risiken und Gefahren bewusst und handelten wiederum eigenverantwortlich. Die Überlegung, ein Wettbewerb führe gewöhnlicherweise zu einer Gruppendynamik mit der Folge, dass die Teilnehmer nicht bereit seien, aus dem Lauf auszusteigen, kann ebenfalls nicht überzeugen. Übertriebener sportlicher Ehrgeiz – zumal hier von Hobby-Läufern – kann nicht so weit reichen, dass sich die Teilnehmer in einem verantwortungsausschließenden Zustand befunden haben.

Jedoch kann es an einer Freiverantwortlichkeit der Selbstgefährdung fehlen, wenn **48**
sich das Opfer in einem verantwortungsausschließenden Zustand befunden hat oder einem (rechtsgutsbezogenen) Irrtum unterlag.[70] Ob dabei mit der sog. Schuldlösung die §§ 19, 20, 35 StGB; 3 JGG oder mit der sog. Einwilligungslösung § 216 StGB entsprechend heranzuziehen sind, ist umstritten und soll erst später näher untersucht werden (vgl. dazu u. Rn. 247). Hier soll für eine Unterbrechung des Zurechnungszusammenhangs zunächst nur auf das Erfordernis der verantwortungsfreien Selbstgefährdung hingewiesen und die Bedeutung veranschaulicht werden durch folgenden, auch die Brandstiftungsdelikte erläuternden

Fall 4: A zündete das Haus der Familie H an. Als der 22-jährige Sohn M der Eheleute H **49**
mit 2,17 Promille von der Gaststätte nach Hause kam und das Feuer bemerkte, entschloss er sich in das Haus zu gehen, um dort Sachen oder Menschen – etwa den 6-jährigen Bruder B, der sich aber schon selbst gerettet hatte – in Sicherheit zu bringen. M starb im Feuer. Strafbarkeit des A? Wie, wenn der Feuerwehrmann F beim Löschen des Brandes starb? (**Retter-Fall**, abgewandelt und verkürzt nach BGHSt 39, 222[71])

Lösung: **50**

I. Erfüllt ist zunächst eine **schwere Brandstiftung nach § 306a I Nr. 1 StGB**.

II. Eine **besonders schwere Brandstiftung nach § 306b II Nr. 1 StGB** ist hier nicht verwirklicht, da der Täter einen anderen Menschen durch die Tat nicht in die Gefahr des Todes

69 Siehe dazu auch die lesenswerte Falllösung bei *Albrecht/Kaspar*, JuS 2010, 1071 ff.
70 Hierzu zählt auch der Irrtum über die Tragweite eines Risikos, vgl. *Kindhäuser*, AT, § 11, Rn. 26.
71 Mit Anm. *Alwart*, NStZ 1994, 84 ff.; *Amelung*, NStZ 1994, 338 ff.; *Bernsmann/Zieschang*, JuS 1995, 775 ff.; *Derksen*, NJW 1995, 240 f.; *Günther*, StV 1995, 78 ff.; *Meindl*, JA 1994, 100; *Sowada*, JZ 1994, 338 ff.; ausführlich zu Retterfällen MüKo-*Freund*, vor §§ 13 ff., Rn. 386 ff.; *Radtke/Hoffmann*, GA 2007, 201 ff.; siehe auch *Furukawa*, GA 2010, 169; *Roxin*, Puppe-FS, 2011, S. 909 ff.; ausführlich zur Behandlung von „Retter-Fällen“ *Satzger*, Jura 2014, 695 ff.

gebracht hat.[72] In Bezug auf B ist dies vom Sachverhalt schon objektiv nicht hinreichend festgestellt. Und in Bezug auf M steht jedenfalls ein dahingehender Vorsatz des A nicht fest. Dieser muss sich nämlich bei § 306b II Nr. 1 StGB auf die Herbeiführung der Todesgefahr beziehen, da es sich dabei nicht um eine Erfolgsqualifikation i. S. des § 18 StGB handelt.[73]

III. Gegeben ist jedoch eine **Brandstiftung mit Todesfolge gem. § 306c StGB**. Neben dem Grundtatbestand der Brandstiftung hat sich als schwere Folge auch der Tod eines Menschen verwirklicht. § 306c StGB setzt bezüglich Letzterem seit Inkrafttreten des 6. StrRG nur noch voraus, dass überhaupt durch die Brandlegung der Tod eines Menschen verursacht worden ist, nicht dagegen, dass der zu Tode gekommene Mensch sich in den Räumlichkeiten befunden haben muss. Ein qualifizierter Zurechnungszusammenhang im Sinne eines spezifischen Gefahrzusammenhangs liegt vor, da M stark alkoholisiert war, als er zur Rettung seines Bruders tätig wurde, sodass eine Freiverantwortlichkeit bei der Selbstgefährdung mit Blick auf §§ 21 und 35 StGB nicht gegeben war.[74]

Achtung Klausur: *Wenn der Feuerwehrmann F bei seinem Einsatz stirbt, soll dagegen nach der h. M. der Schutzzweckzusammenhang stets aufrecht erhalten bleiben. Denn dann realisiere sich die typische Gefahr, weil der Feuerwehrmann zum Einsatz verpflichtet sei und es daher auch unabhängig von §§ 20, 21, 35 StGB grundsätzlich an einer freiverantwortlichen Selbstgefährdung fehle (dagegen allerdings Roxin, demzufolge auch beim Feuerwehrmann die Übernahme der Berufspflichten freiverantwortlich erfolgt;[75] nach der Änderung der Gesetzesfassung des § 306c StGB ist diese Auffassung im Hinblick auf Brandgefahren freilich fraglich geworden, da der Gesetzgeber wohl gerade Feuerwehrleute angesichts der berufstypischen Gefahr, das bereits brennende Haus betreten zu müssen, unter erhöhten Schutz stellen wollte[76]). Eine wichtige Einschränkung hat jedoch das OLG Stuttgart[77] auch für Berufsretter formuliert. Danach sollen dem Verursacher eines Brandes zwar grundsätzlich auch die Schädigung oder gar Tötung von Feuerwehrmännern zuzurechnen sein, die auf überobligatorischen, d. h. über die beruflichen Pflichten hinausgehenden Rettungshandlungen beruhen; die Grenzen der Zurechnung seien allerdings dort überschritten, wo sich der Rettungsversuch als von vornherein sinnlos, mit offensichtlich unverhältnismäßigen Wagnissen verbunden und damit als erkennbar unvernünftig darstellt. Die Entscheidung betraf § 222 StGB, muss aber auch für §§ 306b I, 306c StGB gelten, da dort sogar ein spezifischer Zurechnungszusammenhang gefordert wird, der folgerichtig bei offensichtlich unvernünftigen Rettungshandlungen erst recht verneint werden müsste (vgl. auch Jäger, BT, Rn. 515). Überhaupt ist fraglich, ob man zwischen Berufsrettern (nicht freiverantwortlich) und sonstigen Rettern (freiverantwortlich) unterscheiden kann. Immerhin hat jedermann Hilfspflichten aus § 323c StGB, sodass von einer gänzlichen Freiverantwortlichkeit des Privaten nicht ausgegangen werden kann, zumal die Fehleinschätzung von Gefahren gerade bei Laienhelfern naheliegend ist. Auch bei privaten Rettern sollte der Zurechnungszusammenhang daher grundsätzlich bejaht werden und die Grenze der Verantwortungsverlagerung auf das Opfer erst bei offensichtlicher Unvernünftigkeit überschritten sein. Letztlich vertritt auch der BGH diese Auffassung, wenn er davon ausgeht, dass bei einer Brandstiftung das Eingreifen von Rettern prinzipiell vorhersehbar sei.*

72 Vgl. *Lackner/Kühl/Heger*, § 306b, Rn. 3; *Radtke*, ZStW 110 (1998), 848 (854).

73 Vgl. dazu nur *Bayer*, in: Schlüchter (Hrsg.), Bochumer Erläuterungen zum 6. StrRG, S. 108.

74 Vgl. dazu auch *Bernsmann/Zieschang*, JuS 1995, 778 f.; *Radtke*, Die Dogmatik der Brandstiftungsdelikte, 1998, S. 298 f.

75 *Roxin*, AT/I, § 11, Rn. 117; anders nunmehr auch *Roxin*, Puppe-FS, 2011, S. 909 ff.

76 Auch ist das Eingreifen von Feuerwehrleuten mit den daraus resultierenden Gefahren brandstiftungstypisch und damit zurechnungsspezifisch!

77 OLG Stuttgart NJW 2008, 1971 ff. m. Anm. *Geppert*, JK 12/08, StGB § 222/7; *Kudlich*, JA 2008, 740 ff.; *Puppe*, NStZ 2009, 331 ff.

A handelte in Bezug auf die Todesfolge in unserem Fall auch leichtfertig im Sinne gesteigerter Fahrlässigkeit, da mit unfreien Rettungshandlungen – für jedermann einsichtig – als Folge von Brandstiftungen stets zu rechnen ist.

Ergebnis: Mangels freiverantwortlicher Selbstgefährdung des M ist A daher strafbar wegen Brandstiftung mit Todesfolge.

IV. Die ebenso verwirklichte schwächere **Erfolgsqualifizierung des § 306b I StGB** (vgl. BGHSt 44, 177) tritt hinter § 306c StGB im Wege der Gesetzeskonkurrenz zurück.

V. Fahrlässige Tötung nach § 222 StGB ist ebenfalls erfüllt und steht mit § 306c StGB in Tateinheit.

VI. Erfüllt ist jedenfalls auch der Tatbestand der **Brandstiftung nach § 306 I Nr. 1 StGB**, der zu §§ 306a ff. StGB – aufgrund der unterschiedlichen Schutzgüter dieser Straftatbestände – in Tateinheit steht.

VII. Sachbeschädigung nach § 303 StGB hinsichtlich aller sonstigen beschädigten oder zerstörten fremden Gegenstände, die nicht als Bestandteil des Gebäudes zu betrachten sind, ist erfüllt und steht zu den Brandstiftungsdelikten in Tateinheit. Im Übrigen treten §§ 303, 305 StGB hinsichtlich der Gebäudebestandteile hinter dem spezielleren § 306 StGB zurück.

Ergebnis: A hat sich nach §§ 306c, 222, 306 und 303 StGB strafbar gemacht. Die Taten stehen zueinander in Tateinheit.

Hinweis: *Machen Sie sich anhand dieses Falles schon hier das Stufenverhältnis der §§ 306a I, 306a II, 306b I, 306b II und 306c StGB klar. Sie erkennen dann, dass der Gesetzgeber systematischer vorgegangen ist, als dies zunächst den Anschein hat. Behält man die Stufung im Auge, so lassen sich viele Klausuren schon durch aufmerksame Lektüre des Gesetzestextes lösen. Zumindest aber verlieren die Brandstiftungsdelikte auf diese Weise ihren Schrecken (näher zu den Brandstiftungsdeliken Jäger, BT, Rn. 502 ff.).*

Zu beachten ist, dass die Rspr. das Rechtsinstitut der „freiverantwortlichen Selbstgefährdung" bei tödlichen Arbeitsunfällen mit Blick auf § 618 BGB einschränkt. So hat das OLG Naumburg[78] einen Arbeitgeber wegen fahrlässiger Tötung durch Unterlassen nach §§ 222, 13 StGB bestraft, weil dieser seinen Arbeitnehmern für eine Tätigkeit im Bereich von ausströmendem Gas nicht die erforderliche Zahl von Atemschutzmasken zur Verfügung gestellt hatte. Obwohl ein Arbeitnehmer in Kenntnis des Risikos Arbeiten im Bereich des ausströmenden Gases vorgenommen hatte und dabei gestorben war, hat das OLG eine Zurechnung des Erfolges zur Person des Arbeitgebers bejaht, da die Pflicht aus § 618 I BGB zu einer Überlagerung der Eigenverantwortlichkeit des Arbeitnehmers durch die Fremdverantwortung des Arbeitgebers führe.[79] Zu einer solchen Überlagerung soll es jedoch nach einer Entscheidung des OLG Rostock[80] nicht kommen, wenn der Arbeitgeber den Arbeitnehmer hinsichtlich seines selbstgefährdenden Verhaltens bereits abgemahnt und damit deutlich zum Ausdruck gebracht hat, dass er mit einem solchen selbstgefährdenden Verhalten nicht ein- **50a**

78 OLG Naumburg NStZ-RR 1996, 229.
79 Danach muss der Dienstberechtigte Gerätschaften, die er zur Verrichtung der Dienste zu beschaffen hat, so einrichten und unterhalten und Dienstleistungen, die unter seiner Anordnung oder Leitung vorzunehmen sind, so regeln, dass der Dienstverpflichtete gegen Gefahren für Leben und Gesundheit so weit geschützt ist, als die Natur der Dienstleistungen es gestattet.
80 Deutschland Ost spezial 2005, Nr. 33, 7 f. (Az.: 1 Ss 80/04 I 72/04).

verstanden ist. Das OLG Rostock betont dabei, dass maßgeblich die Art der Beeinflussung der Willensbildung sei, sodass man entgegen dem OLG Naumburg auf die Verwendung des Begriffs der allgemeinen „Überlagerung" verzichten sollte. Entscheidend sei vielmehr, wie sich im konkreten Einzelfall das Fehlverhalten des Arbeitnehmers im Erfolg ausgewirkt hat. Dabei liege auf der Hand, dass es einen Unterschied macht, ob ein Arbeitgeber Sicherheitsgeräte überhaupt nicht zur Verfügung stellt (so im Fall des OLG Naumburg) oder ob er unter Bereitstellung der Sicherheitsgeräte auf eine Einhaltung der Gefahrvorschriften drängt und nur eine persönliche Kontrolle unterlässt (so im Fall des OLG Rostock).

(2) Einverständliche Fremdgefährdung

51 Hier gefährdet sich das Opfer nicht selbst, sondern lässt sich im Bewusstsein des Risikos von einem anderen gefährden.

Beispiel: Ein fahruntüchtiger Fahrer nimmt einen Party-Teilnehmer auf dessen ausdrückliche Bitte hin in seinem Auto mit. Der Party-Teilnehmer erkennt zwar eindeutig, dass der Fahrer betrunken ist, möchte aber auf die Vorzüge einer Autofahrt nicht verzichten.

Nach einer starken Literaturauffassung scheitert hier eine Einwilligung in die Rechtsgutsverletzung, weil nicht in den Erfolg (sondern nur in die Gefahr!) eingewilligt wird.[81] Dennoch geht ein ernstzunehmender Teil der Literatur davon aus, dass in solchen Fällen der Schutzzweck der Norm einzuschränken sei. Eine Gleichstellung der einverständlichen Fremdgefährdung mit der freiverantwortlichen Selbstgefährdung mit der Konsequenz, dass der Zurechnungszusammenhang unterbrochen wird, nimmt etwa *Roxin* unter drei Voraussetzungen an:[82]
- der Schaden muss die Folge des eingegangenen Risikos und nicht hinzukommender anderer Fehler sein,
- dazu muss der Gefährdete, wie schon bei der Selbstgefährdung, das Risiko im selben Maße überschauen (tatsächlich) wie der Gefährdende. Nur dann hat er die Eigenverantwortung.
- schließlich wird man eine einverständliche Fremdgefährdung (ähnl. wie eine Einwilligung) bei Allgemeingütern nicht zulassen dürfen, weshalb im Bsp. zwar ein Zurechnungsausschluss im Hinblick auf § 222 StGB, nicht aber in Bezug auf § 315c StGB in Frage kommt[83], da diese Vorschrift dem Schutz des Straßenverkehrs dient.

Die Rechtsprechung hat sich allerdings der Auffassung, wonach die einverständliche Fremdgefährdung einer freiverantwortlichen Selbstgefährdung dogmatisch gleichzustellen sei, niemals angeschlossen. Vielmehr geht sie davon aus, dass sich die einverständliche Fremdgefährdung nach den Regeln der rechtfertigenden Einwilligung zu richten habe. Dabei zeigt sich, dass die Rspr. eine einverständliche Fremdgefährdung nicht zulassen will, wenn es um die Einwilligung in konkret lebensgefährdende

---

81 *Schaffstein*, Welzel-FS, 1974, S. 567.

82 Hier und im Folgenden *Roxin*, AT/I, § 11, Rn. 123. Diese Gleichstellung von Selbst- und Fremdgefährdung bedeutet, dass der Einwilligung bereits tatbestandsausschließende Wirkung zuerkannt wird, vgl. näher *Roxin*, AT/I, § 13, Rn. 12 ff.; *Kindhäuser*, AT, § 12, Rn. 4 ff.; krit. hingegen zur Lehre von der einverständlichen Fremdgefährdung *Walter*, NStZ 2013, 673 ff.

83 Vgl. nur BGHSt 23, 261; OLG Stuttgart NJW 1976, 1904; *Schmidhäuser*, BT, 15/81. A. A. allerdings *Otto*, BT, § 80, Rn. 33; *Ranft*, Jura 1987, 614.

Handlungen geht (Rechtsgedanke des § 216 StGB). Die Rspr. prüft dies im Rahmen der rechtfertigenden Einwilligung und wendet §§ 216 und 228 StGB als Rechtfertigungsausschlüsse an (näher u. der Müllcontainer-Fall, Rn. 54b f. sowie vor allem der Autosurfer-Fall, Rn. 144 f. und der Beschleunigungstest-Fall, Rn. 145a f.).

Im Ergebnis wird man der Rechtsprechung zustimmen müssen. Denn zwar ist es richtig, dass die fahrlässige Mitwirkung an einer Selbsttötung straflos ist und daher die fahrlässige Beteiligung an einer vorsätzlichen Selbstgefährdung erst recht straflos sein muss. Jedoch kann eine Fremdgefährdung eben nicht mit einer Selbstgefährdung gleichgesetzt werden. Vielmehr weist die Selbstgefährdung eine Nähe zur Selbsttötung auf, während die Fremdgefährdung durch eine Nähe zur Fremdtötung gekennzeichnet ist. Dann aber lässt sich bei der Fremdgefährdung der Schluss von der fahrlässigen Mitwirkung an einer Selbsttötung nicht ohne Weiteres auf die Fremdgefährdung übertragen. Wollte man dies anders sehen, so würde die Unterscheidung zwischen einverständlicher Fremdgefährdung und freiverantwortlicher Selbstgefährdung letztlich obsolet, wie dies überhaupt der Fall ist, wenn man einverständliche Fremdgefährdung und Selbstgefährdung identisch behandelt.[84] Insofern erscheint es sinnvoller, die Regeln der Einwilligung prinzipiell anzuerkennen, wobei diese allerdings lediglich auf das Handlungsunrecht und nicht auch auf das Erfolgsunrecht des Fahrlässigkeitsdelikts zu beziehen sind. Gerade bei Anwendung der Einwilligungsregeln ist der Rechtsgedanke der §§ 216, 228 StGB zu berücksichtigen. Konkret lebensgefährdende Handlungen sind daher nicht einwilligungsfähig. Vielmehr wird man eine Einwilligung immer nur dann annehmen können, wenn die Eingehung des Fremdrisikos aus der ex ante-Sicht lediglich zu leichteren Körperverletzungen führen kann oder aber objektiv erkennbare Gründe vorliegen, die aus der Sicht ex ante für eine spezifische Beherrschung des Risikos (Bsp.: die Artistin, die sich im Zirkus an ein sogenanntes Teufelsrad binden und mit Messern bewerfen lässt, kann deshalb einwilligen, weil der Messerwerfer durch langjährige Übung Bedingungen geschaffen hat, die ex ante ein Vertrauen rechtfertigen, dass er die Artistin nicht tödlich treffen wird) oder allenfalls für eine abstrakte Lebensgefährdung sprechen. Das oben genannte Beispiel ist ein Grenzfall. Man wird jedoch die Einwilligung in eine Fahrt eines betrunkenen Fahrzeuglenkers nicht ohne Weiteres als sittenwidrig bezeichnen dürfen, weil § 316 StGB deutlich macht, dass die Trunkenheitsfahrt ex ante grundsätzlich nur als abstrakt gefährlich einzustufen ist. Auch wenn sich später ein tödlicher Unfall ereignet, sollte daher eine Strafbarkeit nach § 222 StGB ausscheiden, da das Opfer in das Handlungsunrecht wirksam eingewilligt hat. An der Strafbarkeit nach § 315c StGB ändert dies freilich nichts, da dieser wegen des Schutzgutes „Straßenverkehr" nicht einwilligungsfähig ist. Dagegen ist die Einwilligung eines Autosurfers, der sich von einem Fahrer auf dem Dach eines Wagens mitnehmen und in gefährlicher Weise durch eine Kurve fahren lässt wegen der schon ex ante bestehenden konkreten Lebensgefährdung als unwirksam anzusehen (vgl. dazu später Rn. 136d).

Achtung Klausur: *Es ist darauf zu achten, dass das Problem der einverständlichen* 52
Fremdgefährdung (ebenso wie das Problem der freiverantwortlichen Selbstgefährdung;

84 *Jäger*, Schünemann-FS, 2014, S. 431 ff.

vgl. o. den Gewitterfall, Rn. 33) erst dann aufzuwerfen ist, wenn zuvor festgestellt wurde, dass überhaupt eine unerlaubte Gefahr geschaffen wurde.

Das zeigt folgender

53 **Fall 5:** A, der – wie er weiß – HIV-positiv ist, schläft mit der B, ohne ihr etwas von seiner Krankheit zu sagen. Stattdessen verwendet A nur sicherheitshalber ein Kondom. Bei einem HIV-Test stellt sich heraus, dass die B HIV-positiv ist. Sie wurde von A angesteckt. Strafbarkeit des A? **(HIV-Fall)**

54 **Lösung:**

I. Versuchte Tötung gem. §§ 212, 22, 23 StGB

1. Strafbarkeit des Versuchs und Nichteintritt des Todeserfolges liegen auf der Hand.

2. Es fehlt aber jedenfalls am notwendigen Tatentschluss hinsichtlich einer Tötung, da A durch die Verwendung eines Kondoms Vorkehrungen gegen eine Ansteckung getroffen hat, sodass von einem Vermeidewillen auszugehen ist.

II. In Betracht kommt jedoch Strafbarkeit wegen **gefährlicher Körperverletzung nach §§ 223, 224 I Nr. 1 und 5 StGB**.

1. Zunächst stellt die Infizierung mit dem Aids-Virus eine Körperverletzung dar, da durch sie – selbst wenn die Krankheit noch nicht ausgebrochen ist – eine negative Abweichung vom körperlichen Normalzustand bewirkt wird. Auch erfüllt das Verhalten den Qualifikationstatbestand des § 224 I Nr. 1 und 5 StGB, da Viren „andere gesundheitsschädliche Stoffe" im Sinne der Nr. 1 darstellen und der Vollzug des Geschlechtsverkehrs von Seiten eines HIV-Infizierten auch eine lebensgefährdende Behandlung im Sinne der Nr. 5 darstellt (zu Recht lässt sich laut BGH der gefährliche Erfolg, d. h. die Ansteckung nicht von der grundsätzlich ungefährlichen Handlung, nämlich dem Geschlechtsverkehr als solchem, trennen). Auch ist festgestellt, dass A die Infizierung kausal bewirkt hat.

2. Der subjektive Tatbestand würde allerdings voraussetzen, dass A Vorsatz hinsichtlich der Körperverletzung gehabt hat. Ausreichend ist insoweit auch bedingter Vorsatz, der hier jedoch nicht gegeben ist, da A durch die Benutzung eines Kondoms Schutzvorkehrungen gegen eine Infizierung getroffen hatte. Er hat daher Vermeideaktivitäten entfaltet, die die Annahme rechtfertigen, dass er auf ein Ausbleiben einer Ansteckung vertraute.
Strafbarkeit wegen vollendeter gefährlicher Körperverletzung nach §§ 223, 224 StGB scheidet daher mangels Vorsatzes aus.

III. Nach dem Gesagten scheitert auch ein **Versuch einer gefährlichen Körperverletzung nach §§ 223, 224, 22, 23 StGB**, da es dem A hierfür – wie gesehen – jedenfalls am notwendigen Tatentschluss fehlte.
Denn zwar stellt die Infizierung mit dem Aids-Virus – wie gesehen – eine gefährliche Körperverletzung dar, jedoch hatte A angesichts der von ihm getroffenen Schutzvorkehrungen keinen Vorsatz hinsichtlich des Körperverletzungserfolges.

Achtung Klausur: *Sie sehen, dass Sie beim Versuch die objektiven Tatbestandsmerkmale einschließlich etwaiger Qualifikationsmerkmale im Rahmen des Tatentschlusses zunächst objektiv begutachten und anschließend den diesbezüglichen Tatentschluss prüfen müssen. Vergegenwärtigen Sie sich dies bitte schon hier (näher u. Rn. 284)!*

IV. In Betracht kommt daher im konkreten Fall allenfalls Strafbarkeit wegen **fahrlässiger Körperverletzung nach § 229 StGB**.

1. Der Erfolg der Körperverletzung ist eingetreten (vgl. o.).

2. A ist für diesen Erfolg laut Sachverhalt auch kausal geworden.

3. Fraglich ist allerdings, ob A sich überhaupt sorgfaltspflichtwidrig verhalten hat, was nicht der Fall wäre, wenn er sich im Rahmen des erlaubten Risikos gehalten hat.[85]

- An der Unerlaubtheit des Risikos ließe sich schon deshalb zweifeln, weil die Ansteckungsgefahr bei einmaligem heterosexuellem Kontakt lediglich 0,1–1 % beträgt[86] und dieses Risiko durch die Verwendung eines Kondoms zusätzlich reduziert wird. Insofern könnte es an der rechtlichen Relevanz des Risikos fehlen.
  Indessen ist zu berücksichtigen, dass die Ansteckung bei jedem Geschlechtskontakt allein vom Zufall abhängt. Berücksichtigt man zusätzlich, dass auch die Verwendung von Kondomen keinen absoluten Schutz gewährleistet (zumal das Virus keine Empfängniszeiten kennt), so kann man von einer Irrelevanz der Gefahrschaffung nicht mehr sprechen.
- Darüber hinaus gehen aber auch manche Autoren im Beispielsfall von einer erlaubten Risikoschaffung aus, weil die staatlichen Aufklärungskampagnen den Geschlechtsverkehr unter Verwendung von Kondomen geradezu empfehlen („Gib Aids keine Chance").[87]
  Dem ist jedoch mit der h. M. entschieden zu widersprechen, denn die Kampagnen bedeuten keinen Freibrief für HIV-Infizierte, sondern sollen nur klarstellen, dass Nichtinfizierte sich vor einer Ansteckung schützen sollen.[88] Von einem erlaubten Risiko kann daher bei geschütztem Geschlechtsverkehr durch den bereits Infizierten nicht gesprochen werden.

4. Denkbar wäre daher allenfalls, dass der Zurechnungszusammenhang durch Einverständlichkeit hinsichtlich des Geschlechtsverkehrs unterbrochen wurde. Dies ist hier jedoch gerade abzulehnen, da sich der Täter den Geschlechtsverkehr erschlichen hat und dem Opfer daher die Kenntnis hinsichtlich des Umfangs der Gefahr fehlte.

5. Rechtfertigungs- und Schuldausschließungsgründe sind im Übrigen nicht ersichtlich.

Ergebnis: A ist wegen fahrlässiger Körperverletzung nach § 229 StGB strafbar.

Hinweis: *In der Praxis ist inzwischen bereits nachweisbar, ob das Opfer gerade durch den Sexualkontakt mit dem Täter infiziert worden ist. Für ca. ein halbes Jahr trägt das Virus nämlich die genetische Information des Überträgers. Erst dann verändert sich das Virus im Körper des neuen Trägers, sodass ein Nachweis nicht mehr mit der erforderlichen Sicherheit geführt werden kann. In der theoretischen Klausur muss aber der Nachweis der Ansteckung unterstellt werden, wenn der Sachverhalt dies anordnet! Aufsehen erregt hat in diesem Zusammenhang der Fall der No Angels-Sängerin Nadja Benaissa, bei der es sogar zur Anordnung von U-Haft wegen des Vorwurfs einer vollendeten gefährlichen Körperverletzung kam.*

Zu beachten ist darüber hinaus, dass die Rspr. die Rechtsfigur der einverständlichen Fremdgefährdung bis heute nicht anerkennt und stattdessen immer wieder auf das Institut der rechtfertigenden Einwilligung zurückgreift. Das ist problematisch, weil dies die Einwilligung in den Erfolg voraussetzt und nicht nur in die Gefährdung. Näher dazu u. bei der Einwilligung, Rn. 144 ff.

Die höchstrichterliche Rspr. hatte sich zweimal mit Sachverhalten zu beschäftigen, in denen das Opfer sterben wollte und den Täter dadurch zu einem tödlichen Verhalten bewog, dass es ihn über die tödlichen Wirkungen seines Verhaltens täuschte. Das Problem zeigen folgende Beispiele **54a**

---

85 Der Fall zeigt anschaulich, dass sich Zurechnung und Sorgfaltspflichtverletzung ganz i. S. *Roxins* (AT/I, § 24, Rn. 12) nicht voneinander trennen lassen, denn Sorgfaltspflichtwidrigkeit kann nur über die Schaffung einer unerlaubten Gefahr begründet werden. Insofern lassen sich lediglich die Einschränkungen der Zurechnung durch die o. genannten Fallgruppen vom Gesichtspunkt der Sorgfaltspflichtverletzung prüfungstechnisch trennen.

86 Vgl. dazu *Scherf*, AIDS und Strafrecht, 1992, S. 139 ff.; *Roxin*, AT/I, § 12, Rn. 83 m. Fn. 169.

87 Vgl. hierzu etwa *Knauer*, AIFO 1994, 465 ff. m. w. N.

88 Daher zu Recht strikt ablehn. *Rengier*, Jura 1989, 231; überzeugend gegen die Mindermeinung auch *Schünemann*, in: Schünemann/Pfeiffer, Die Rechtsprobleme von AIDS, 1988, S. 488 jeweils m. w. N.

54b **Beispiel 1:** Der Schwerstbehinderte B, der nur noch Mund und Zunge bewegen konnte, bat den Zivildienstleistenden A, ihn unbekleidet und in Müllsäcke verpackt in einen Abfallcontainer zu legen. Dabei log B dem A, der wegen der Gefahren Zweifel äußerte, vor, dass dies für ihn ein sexuell erregendes Erlebnis sei, das er schon öfter gehabt habe und bei dem er stets von den Müllfahrern gefunden und geborgen werde. Tatsächlich sehnte B seinen Tod herbei und hoffte, auf diese Weise sterben zu können. A folgte der Aufforderung des B, wobei er darauf vertraute, dass B von den Beschäftigten der Müllabfuhr entdeckt werde. Tatsächlich starb B durch Erstickung und Kälteeinwirkung (die Temperaturen lagen – wie A wusste – um den Gefrierpunkt). Strafbarkeit des A? (**Müllcontainer-Fall** nach BGH NStZ 2003, 537).

54c **Lösung:** Eine Strafbarkeit wegen Tötung auf Verlangen nach § 216 I StGB ist zu verneinen, da es hierfür an einem ausdrücklichen Verlangen des B zur Tötung fehlt. Auch scheitert eine Bestrafung am fehlenden bedingten Vorsatz, da A den Angaben des B vertraute. Jedoch hat sich A wegen Aussetzung mit Todesfolge nach § 221 I Nr. 1 i. V. m. III StGB strafbar gemacht. Die Zurechnung scheitert nicht am Vorliegen einer freiverantwortlichen Selbstgefährdung, da die Herrschaftsmacht hinsichtlich des Versetzens in eine hilflose Lage und der Gefahrschaffung für Leib und Leben allein bei A lag. Eine einverständliche Fremdgefährdung wird man deshalb verneinen müssen, weil § 221 StGB ein Lebensgefährdungsdelikt darstellt, hinsichtlich dessen ein tatbestandsausschließendes Einverständnis bzw. nach der Rspr. eine rechtfertigende Einwilligung ausgeschlossen sind (Rechtsgedanke des § 216 StGB, vgl. schon o. Rn. 51).[89] Auch der subjektive Tatbestand ist gegeben. A wusste, dass B sich nicht aus eigener Kraft aus dem Container befreien konnte. Auch handelte A mit dem notwendigen Gefährdungsvorsatz (bzgl. Leib und Leben des B). Er nahm zwar nicht den Tod des B in Kauf, jedoch erkannte er die Umstände, aus denen sich Gefahren für dessen Leib und Leben ergeben konnten. Als Folge der Aussetzung ist B auch gestorben, sodass auch eine Aussetzung mit Todesfolge nach §§ 221 III, 18 StGB gegeben ist. Zusätzlich hat sich A wegen Körperverletzung mit Todesfolge nach §§ 223, 227 StGB strafbar gemacht. Auch hier scheitert eine Einwilligung des B, da die Körperverletzung vorliegend eine konkrete Lebensgefährdung des B mit sich brachte und der BGH für derartige Fälle eine Einwilligung wegen Sittenwidrigkeit nach § 228 StGB ausschließt. Der BGH folgert dies daraus, dass der Gesetzgeber in § 216 StGB dem Lebensschutz Priorität eingeräumt hat und daher auch eine körperliche Verfügung, die diesen Lebensschutz gefährdet, nicht akzeptabel sei (näher zu dieser Rspr. u. Fall 23, Rn. 136a, sog. **Sado-Maso-Fall**). Gleichzeitig hat A eine fahrlässige Tötung nach § 222 StGB verwirklicht, die hinter §§ 221 III, 227 StGB zurücktritt.

54d **Beispiel 2:** Ehemann E forderte seine Ehefrau F dazu auf, mit einer Schrotflinte auf ihn zu schießen. Dabei versicherte er F, wider besseren Wissens, dass die Flinte nicht geladen sei. F folgte dem Wunsch ihres Mannes, es wurde ein Schuss ausgelöst und E war sofort tot. (**Flinten-Fall** nach OLG Nürnberg JZ 2003, 745 ff.)

54e **Lösung:** Vorliegend hat das OLG Nürnberg eine fahrlässige Tötung nach § 222 StGB bejaht. Der Kritik der Lit., dass E in Wahrheit Selbstmord begehe und dabei F als unvorsätzliches Werkzeug für sein Vorhaben einsetze,[90] ist entgegenzuhalten, dass eine mittelbare Täterschaft lediglich eine Strafbarkeit der F aus §§ 212, 216 StGB beseitigen kann. Diesbezüglich hat F keinen Vorsatz, sodass E hier tatsächlich mittelbarer Täter ist. Mittelbare Täterschaft hindert aber nicht die Bestrafung aus dem Fahrlässigkeitsdelikt (so ist z.B. eine Fahrlässigkeitsbestrafung einer Krankenschwester möglich, auch wenn ein Arzt sie als unvorsätzliches Werkzeug dafür einsetzt, einem Patienten eine tödliche Spritze zu verabreichen, etwa weil ihr die ungewöhnliche Farbe in der Infusion hätte auffallen müssen). Der Fahrlässigkeitsvorwurf gegenüber F liegt vorliegend darin begründet, dass sie bereits wegen der völlig unsinnigen Aufforderung des E stutzig werden und sich vergewissern hätte müssen, ob die Flinte geladen ist.[91]

---

89 Vgl. BGH NStZ 2003, 537; dagegen *Roxin*, AT/I, § 11, Rn. 126.
90 Vgl. etwa *Engländer*, JZ 2003, 747; ihm zust. auch *Roxin*, AT/I, § 11, Rn. 129.
91 Ebenso i. E. *Herzberg*, NStZ 2004, 1 ff.; *Gössel/Dölling*, BT/1, § 2, Rn. 104.

Wie Sie gesehen haben, schränkt die Lit. die rechtliche Zuordnung von Erfolgen über die soeben unter 2. a)-e) genannten Fallgruppen ein. Aus diesen einzelnen Fallgruppen hat sich dann im Laufe der Zeit die Lehre von der objektiven Zurechnung entwickelt,[92] die nicht mehr nur danach fragt, ob der Erfolg auch ohne die Handlung eingetreten wäre (so die Äquivalenztheorie), sondern weiterfragt, ob die konkrete Handlung im Erfolg auch rechtlich wirksam geworden ist. Dabei wird nach *Stratenwerth* die Haftung für einen Erfolg immer vermittelt durch die Haftung für die Gefahr, auf der er beruht.[93] **55**

Auch wenn in neuerer Zeit wieder zunehmend Kritik an der Lehre von der objektiven Zurechnung geübt wurde (vor allem wird darauf hingewiesen, dass es sich bei den einzelnen Zurechnungseinschränkungen um ganz heterogene Kriterien handle, die vielfach auch auf Rechtswidrigkeitsebene lösbar wären),[94] sollte man in der Klausur auf die Beiziehung dieser Lehre nicht verzichten. Im Anschluss an die Bejahung der Kausalität ist daher nach der Lehre von der objektiven Zurechnung weiterzufragen, **ob der Täter eine unerlaubte Gefahr für das Rechtsgut geschaffen oder erhöht hat und ob sich diese Gefahr auch im Erfolg realisiert hat**.[95]

Achtung: Machen Sie sich klar, dass in diesem Satz alle – ggf. in der Klausur zu bringenden – Einschränkungen von oben 2. a)-e) enthalten sind, nämlich:
- Gefahr geschaffen oder erhöht
  → keine Zurechnung bei Risikoverringerung
- unerlaubt
  → keine Zurechnung bei Fehlen rechtlicher Relevanz
- unerlaubte Gefahr, die sich im Erfolg realisiert hat
  → nach h. M. Zurechnung nur, wenn Erfolg bei rechtmäßigem Alternativverhalten mit an Sicherheit grenzender Wahrscheinlichkeit ausgeblieben wäre
  → keine Zurechnung, wenn die Unerlaubtheit den konkreten Erfolgsbezug vermissen lässt, d. h. die konkrete Erfolgsbewirkung darf nicht außerhalb des Schutzbereichs der Verbotsnorm liegen. Außerhalb des Schutzbereichs der Norm liegt insbesondere auch die Teilnahme an freiverantwortlicher Selbstgefährdung, denn wenn schon die Teilnahme an freiverantwortlicher Selbsttötung straflos ist, so muss dies erst recht für die Teilnahme an freiverantwortlicher Selbstgefährdung gelten.

---

92 Ausführlich zum gegenwärtigen Stand der objektiven Zurechnungslehre *Frisch*, GA 2003, 719 ff.; vgl. i.Ü. zur Geschichte dieser Lehre *F. C. Schroeder*, Androulakis-FS, 2003, S. 650 ff.; krit. gegenüber dieser Lehre *Kindhäuser*, GA 2007, 447 ff.; *K. H. Schumann*, Jura 2008, 408 ff.

93 *Stratenwerth*, Gallas-FS, 1973, S. 238; im Anschluss an ihn auch *Otto*, AT, § 6, Rn. 45.

94 Krit. gegenüber der Lehre von der objektiven Zurechnung etwa *Gössel*, Frisch-FS, 2013, 423 ff.; *ders.*, GA 2016, 18 ff.; *Aichele*, ZStW 123 (2011), 268 ff.; *Hilgendorf*, Weber-FS, 2004, S. 33 ff.; *Kindhäuser*, GA 2007, 447 ff., *ders.*, ZStW 120 (2008), 481 ff.; *Puppe*, GA 2016, 203 ff.; krit. auch *Guanarteme Sánchez-Lázaro*, ZStW 126 (2014), 277 ff.

95 Ganz h. M., vgl. nur *Wessels/Beulke/Satzger*, AT, Rn. 179; *Kühl*, AT, Rn. 43; *Jescheck/Weigend*, AT, § 28 IV; *Fischer*, vor § 13, Rn. 17; *Sch/Sch/Eisele*, vor § 13 ff., Rn. 92.

3. Sonderproblem: Regressverbot[96]

56 Bei einem fahrlässigen Vorverhalten, teilweise aber auch bei vorsätzlichem Vorverhalten, stellt sich das Problem, ob vorsätzliches Zweitverhalten eine Unterbrechung des Zurechnungszusammenhangs bewirkt.

Diese Problematik hat im sog. Fall Winnenden eine Rolle gespielt. Dort hatte der Vater seine Waffe, für die er selbst einen Waffenbesitzschein hatte, unzulässig in seinem Schlafzimmerschrank aufbewahrt, anstatt sie – wie im Waffengesetz vorgeschrieben – in einen Tresor zu sperren.[97] Vorweggenommen sei an dieser Stelle, dass der BGH die Frage zu beurteilen hatte, ob der Vater wegen fahrlässiger Tötung bzw. fahrlässiger Körperverletzung an den Opfern strafbar ist, die sein Sohn auf dem Gewissen hat. Der BGH bejahte dies, da bereits die unzulängliche Sicherung von Waffen und Munition unter Verstoß gegen die spezifischen waffenrechtlichen Aufbewahrungspflichten den Vorwurf der Fahrlässigkeit für Straftaten begründen könne, die vorhersehbare Folge einer ungesicherten Verwahrung sind. Eine ausführliche Darstellung des Falls Winnenden soll jedoch an dieser Stelle nicht erfolgen, da bei ihm auch die Unterscheidung zwischen Tun und Unterlassen eine ausschlaggebende Rolle spielt (vgl. daher zur Falllösung erst in Rn. 334). Stattdessen soll das Problem des Regressverbots verdeutlicht werden durch

57 **Fall 6:** A und B waren Ärzte in einem brandenburgischen psychiatrischen Krankenhaus. In dieses Krankenhaus wurde der Strafgefangene S nach langer Haftstrafe aufgrund vormundschaftsgerichtlichen Beschlusses wegen der von ihm ausgehenden Gefahr für Leib und Leben anderer eingewiesen. Die Fenstergitter der Abteilung, in der S einsaß, waren nicht hinreichend fest eingemauert, sodass S zweimal die Flucht gelang. Er wurde jedoch jeweils in die Anstalt zurück verbracht. Später gewährten A und B dem S, obwohl die Stationsärztin zu besonderer Vorsicht gemahnt hatte und bei S Fluchtgefahr erkannt hatte, einen Ausgang, von dem dieser nicht zurückkehrte. S verübte in der Folge zwei Morde. Sind A und B wegen fahrlässiger Tötung in zwei Fällen strafbar, obwohl sich S wegen vorsätzlicher Tötung (hier sogar wegen Mordes) strafbar gemacht hat und ihm wegen der maroden Gitter möglicherweise ohnehin noch einmal die Flucht gelungen wäre? (**Psychiatrie-Fall** nach BGHSt 49, 1 ff.[98])

58 **Lösung:**

A und B könnten sich wegen **fahrlässiger Tötung nach § 222 StGB** in zwei Fällen strafbar gemacht haben.

1. Handlung (Gewährung des Ausgangs), Erfolg (Tod der beiden Opfer) und Kausalität sind gegeben.

2. Auch eine Sorgfaltspflichtverletzung ist nach Auffassung des BGH zu bejahen, da § 15 III des Brandenburgischen Gesetzes über Hilfen und Schutzmaßnahmen sowie über den Vollzug gerichtlich angeordneter Unterbringung für psychisch Kranke (BbgPsychKG) zwar nach Möglichkeit die gelockerte Durchführung einer Unterbringung fordert, dies aber

96 Allgemein hierzu *Puppe*, AT/1, S. 141 ff.

97 Vgl. BGH StraFo 2012, 173 ff. mit Anm. *Jäger*, JA 2012, 634; vgl. dazu auch Anm. *Krawczyk*, StRR 2012, 305 ff.

98 Mit Anm. *Ogorek*, JA 2004, 356 ff.; *Roxin*, StV 2004, 485 ff.; *Saliger*, JZ 2004, 977 ff.; *Pollähne*, JR 2004, 429 ff.; vgl. auch *Schatz*, NStZ 2003, 581 ff.

nicht zulasse, wenn signifikante Risiken durch einen Ausgang begründet werden. Letzteres war im gegebenen Fall naheliegend, da eine narzisstische Persönlichkeitsstörung des Täters gegeben war und auch die Klinikärztin vor einem Ausgang gewarnt hatte.

3. Angesichts der konkreten Umstände war das Verhalten (Tötung anderer) des S auch vorhersehbar.

4. Fraglich ist jedoch, ob darüber hinaus der notwendige objektive Pflichtwidrigkeitszusammenhang (Zurechnungszusammenhang) zwischen der Sorgfaltspflichtverletzung und dem Erfolg besteht. Dies ist vorliegend in zweifacher Hinsicht fraglich:

a) Denkbar wäre die Verneinung eines Pflichtwidrigkeitszusammenhangs unter Hinweis darauf, dass S die Klinik möglicherweise ohne die Ausgangsgenehmigung wegen der unzureichend gesicherten Fenster hätte verlassen und in der Folge die Tötungen hätte begehen können. Dies hatte die Ausgangsinstanz tatsächlich so angenommen. Zu Recht wendet sich jedoch der BGH gegen diese Auffassung, da das pflichtgemäße Verhalten der Angeklagten, d. h. die Untersagung des Ausgangs, nur mit solchen hypothetischen Geschehensverläufen in Verbindung gesetzt werden dürfe, die der konkreten Tatsituation zuzurechnen sind. Der Ausbruch sei ein völlig anderer Kausalverlauf, der eines außerhalb des Tatgeschehens liegenden autonomen Willensentschlusses bedurft hätte. Es darf also nur das rechtswidrige Verhalten durch ein rechtmäßiges Verhalten ersetzt werden, nicht aber ein völlig neuer Kausalverlauf an dessen Stelle hinzugedacht werden.
Die Zurechenbarkeit scheitert also nicht am Gesichtspunkt des rechtmäßigen Alternativverhaltens.[99]

b) Darüber hinaus würde ein Pflichtwidrigkeitszusammenhang zu verneinen sein, wenn die vorsätzliche Tat des S eine fahrlässige Täterschaft von A und B von vornherein ausschließt.

aa) Nach der früheren Regressverbotslehre[100] soll die aus freiem Entschluss vollzogene Handlung ihrerseits keine Ursache haben können, da sie sonst nicht frei wäre. Somit beginne der Kausalverlauf immer mit dem letzten freien Akt, sodass es unzulässig sei, über den vorsätzlichen (Zweit-)Handelnden hinaus auf den fahrlässigen (Erst-)Handelnden Rückgriff zu nehmen. Die Haftungssperre bezieht sich nach dieser Ansicht allein auf den Kausalverlauf.[101]

bb) Anderer Ansicht ist die heute h. M., derzufolge keine Unterbrechung eintritt, wenn die fahrlässig gesetzte Gefahr die vorsätzliche Handlung erst ermöglicht und die Zweithandlung sich noch im Rahmen des Vorhersehbaren hält.[102]

cc) Nach einer von *Roxin* begründeten und auf dem Vertrauensgrundsatz basierenden vermittelnden Auffassung[103] bleibt der Zurechnungszusammenhang für den Ersttäter dagegen nur dann bestehen, wenn der Erstveranlasser die Tatgeneigtheit des Zweithandelnden erkennen konnte. Vorliegend wäre auch nach dieser Auffassung eine Zurechnung des Todes der Opfer zur Person von A und B anzunehmen, weil die Tatgeneigtheit des S im gegebenen Fall erkennbar war (die Ärztin hatte gewarnt!).

dd) Stellungnahme: Der h. M. ist Recht zu geben. Die Regressverbotslehre, aber auch die vermittelnde Auffassung schränken die strafrechtliche Haftung für den Erfolg zu sehr ein. Entscheidend muss nämlich sein, ob die vom Ersthandelnden geschaffene Gefahr noch im

99 Zum Ganzen BGHSt 49, 4 f.

100 *Frank*, StGB, 18. Aufl. 1931, § 1 III 2a.

101 Vgl. auch die Darstellung bei *Kindhäuser*, AT, § 11, Rn. 37.

102 *Fischer*, vor § 13, Rn. 18a; *Sch/Sch/Eisele*, vor § 13 f., Rn. 77; *Wessels/Beulke/Satzger*, AT, Rn. 164; *Lackner/Kühl*, vor § 13, Rn. 11; *Krey/Esser*, AT, Rn. 353 f.; *Kühl*, AT, § 4, Rn. 31 ff.; *Zieschang*, AT, S. 111. *Kindhäuser* hingegen steht der Idee eines zurechnungsausschließenden Regressverbots wohl generell ablehn. gegenüber, da es den Opferschutz konterkariere, wenn sich jemand zur Entlastung eigenen schädigenden Verhaltens auf das von anderen begangene Unrecht berufen könnte, vgl. *Kindhäuser*, AT, § 11, Rn 44 f.

103 *Roxin*, AT/I, § 24, Rn. 28.

Erfolg weiterwirkt und zur Beantwortung dieser Frage darf nicht nur auf (mögliche) Kenntnisse des Ersthandelnden abgestellt werden, sondern es muss primär der Schutzzweck der Sorgfaltsnorm berücksichtigt werden.[104] Die Lehre von der Tatgeneigtheit kommt vorliegend deshalb zum richtigen Ergebnis, weil es gerade der Schutzzweck des BbgPsychKG ist, dass erkennbar tatgeneigte Personen nicht in die Gemeinschaft entlassen werden. Dies muss aber nicht immer so sein (so ist etwa auch der Bauherr, der Brandschutzvorschriften nicht einhält, wegen § 222 StGB strafbar, wenn ein vorsätzlicher Brandstifter einen Brand legt und Hausbewohner u. a. wegen der Missachtung der Brandschutzvorschriften zu Tode kommen; der Grund hierfür liegt darin, dass Brandschutzvorschriften unabhängig von einer erkennbaren Brandstiftungsneigung Dritter eingehalten werden müssen!). Jedenfalls dient vorliegend das BbgPsychKG dazu, signifikanten und erkennbaren Risiken für die Bevölkerung vorzubeugen und verfolgt dabei auch und gerade den Schutzzweck, vorsätzliche Taten gefährlicher Straftäter zu verhindern. Es kann insofern kein Vertrauen auf die Nichtrealisierung von Gefahren geben, deren Schaffung das Gesetz gerade verbietet und die sich innerhalb des Schutzzwecks der Norm bewegen.[105]

Zwischenergebnis: A und B ist der Tod der beiden Opfer daher zurechenbar.

5. Rechtfertigungs- und Schuldausschließungsgründe sind nicht ersichtlich, insbesondere waren A und B nach ihren persönlichen Fähigkeiten in der Lage, der Gefahrenwarnung der Klinikärztin weiter nachzugehen.

Ergebnis: A und B sind nach § 222 StGB strafbar wegen fahrlässiger Tötung in zwei Fällen.

Hinweis: *Roxins vermittelnde Auffassung birgt jedenfalls die zutreffende und wichtige Erkenntnis, dass eine erlaubte Gefahr durch tatsächliche bzw. mögliche Kenntnisse zu einer unerlaubten werden kann.*

Beispiel: A schickt B zum Spazierengehen (erlaubt). Zur unerlaubten Gefahrschaffung wird diese Aufforderung aber, wenn A weiß, dass auf dem Spazierweg der Mörder für B lauert.

II. Klausurprüfungsreihenfolge

Merke: *Zurechnungsprobleme sind immer im objektiven Tatbestand abzuhandeln und zwar nach der Feststellung, dass der Erfolg eingetreten ist. Im Einzelnen ist dabei wie folgt vorzugehen:*

59 Objektiver Tatbestand

a) Eintritt des tatbestandlichen Erfolges

b) Fraglich ist, ob der Täter für den Erfolg kausal geworden ist → Äquivalenztheorie und Subsumtion. Hier: Begriffe wie hypothetische Kausalverläufe, alternative Kausalität, kumulative Kausalität, überholende Kausalität bringen.

c) Problematisch ist, ob über diese zu einem regressus ad infinitum führende Kausalität im faktischen Sinne hinaus auch eine rechtliche Zurechnung gegeben ist. Eine derartige rechtliche Zuordnung ist nur dann zu bejahen, wenn die Handlung

104 Krit. gegenüber meiner am Schutzzweck orientierten Auffassung aber *Roxin*, AT/I, § 24, Rn. 28 m. Fn. 50.

105 I. E. auch *B. Heinrich*, AT, Rn. 254.

des Täters im konkreten Erfolg auch rechtlich wirksam geworden ist. Dabei wird die Haftung für einen Erfolg immer vermittelt durch die Haftung für die Gefahr, auf der er beruht, sodass zu fragen ist, ob der Täter eine unerlaubte Gefahr für das Rechtsgut geschaffen oder erhöht hat, die sich im (typischen) Erfolg realisiert hat. (Gegebenenfalls ist hier bei der Schaffung und Erhöhung der Gefahr das Stichwort Risikoverringerung, bei der Frage der Unerlaubtheit im Hinblick auf den Erfolg das Stichwort der rechtlich irrelevanten Gefahr bzw. des Schutzzwecks der Norm, einschließlich freiverantwortlicher Selbstgefährdung, und im Rahmen der Realisierung der konkreten Gefahr die Stichworte des rechtmäßigen Alternativverhaltens und der Verantwortungsverschiebung auf Dritte unterzubringen).

Auf diese Weise lassen sich grundsätzlich alle Fälle zumindest sauber und vertretbar lösen, wenngleich man selbstverständlich stets auf Besonderheiten im Einzelfall zu achten hat. Das zeigt nochmals folgender abschließender

Fall 7: A schlägt ihrem Ehemann B in Tötungsabsicht dreimal mit einer gusseisernen Bratpfanne auf den Kopf und entfernt sich anschließend. Danach schlägt ihre Tochter T mindestens noch einmal auf den Kopf des B ein. Später kommt die A zurück und schlägt noch einmal mit der Pfanne auf Bs Kopf ein. Welcher der Schläge zum Tod führte, lässt sich nicht mehr feststellen. Strafbarkeit von A und T nach § 212 StGB, wenn diese völlig unabhängig voneinander handelten? (**Bratpfannen-Fall**, abgewandelt nach BGH NJW 1966, 1823) 60

Lösung: 61

A. Strafbarkeit der A

I. In Betracht kommt eine Strafbarkeit wegen **vorsätzlicher Tötung nach § 212 StGB**.

1. Objektiver Tatbestand

a) A ist für den eingetretenen Erfolg (Tod des B) kausal im Sinne der Äquivalenztheorie geworden. Denn ihre Handlung kann nicht hinweggedacht werden, ohne dass der Erfolg in seiner konkreten Gestalt entfiele. Selbst wenn nämlich erst der Schlag der Tochter den Tod bewirkt haben sollte, so ist auch dieser konkrete Erfolg durch die A bewirkt worden, weil sie die Voraussetzungen für das Handeln der Tochter schuf.

b) Fraglich ist aber, ob der A der Erfolg über die Kausalität hinaus auch objektiv zurechenbar ist. Dabei wird die rechtliche Haftung für einen Erfolg immer vermittelt durch die Haftung für die Gefahr, auf der er beruht, sodass zu fragen ist, ob die A eine unerlaubte Gefahr für das geschützte Rechtsgut geschaffen oder erhöht hat, die sich im konkreten Erfolg realisiert hat. Gerade das lässt sich vorliegend jedoch nicht mit der notwendigen Sicherheit nachweisen, weil zu ihren Gunsten zu unterstellen ist, dass der vierte Schlag der Tochter den Erfolg bewirkt hat. Insofern ist die Gefahr von drei Schlägen nicht die, dass man durch einen vierten Schlag eines Dritten stirbt.

Hinweis: *Es lässt sich hier durchaus auch die gegenteilige Auffassung vertreten, indem man die von A geschaffene (abstrakte) Gefahr genügen lässt, dass ein Dritter (hier: die Tochter) die Situation zu weiteren Schlägen ausnützt.*[106] *Sie sehen daran, dass fast jedes Ergebnis vertretbar ist, sofern man bei der objektiven Zurechnung mit der Gefahr argumentiert. Ein schwerer*

106 Siehe dazu auch *Wessels/Beulke/Satzger*, AT, Rn. 165, 192.

Fehler wäre es allerdings, die Zurechnung mit dem Argument zu bejahen, dass der Erfolg ohne das Handeln der A nicht bewirkt worden wäre; denn damit bewegt man sich wieder in den Bahnen der Kausalität und verdeutlicht dem Korrektor, dass man den Unterschied zwischen Kausalität und objektiver Zurechnung in Wahrheit doch nicht kennt.

2. Ergebnis: Eine Strafbarkeit der A wegen vollendeter Tötung scheidet damit aus.

II. Gegeben ist aber jedenfalls **versuchte Tötung gem. §§ 212, 22, 23 StGB** (vgl. zu dessen Prüfung später, Rn. 284).

B. Strafbarkeit der T

I. Auch hier kommt eine Bestrafung wegen **vorsätzlicher Tötung nach § 212 StGB** in Betracht.
Voraussetzung wäre zunächst, dass T für den eingetretenen Erfolg (Tod des B) überhaupt kausal geworden ist. Gerade das lässt sich aber unter Zugrundelegung der Äquivalenztheorie nicht mit der nötigen Sicherheit nachweisen. Denn zu ihren Gunsten ist davon auszugehen, dass bereits die ersten Schläge den Tod herbeigeführt haben, sodass der Erfolg auch bei Hinwegdenken der Handlung der T nicht entfiele.

Ergebnis: Mangels nachweisbarer Kausalität scheitert eine Bestrafung wegen vollendeter Tötung nach § 212 StGB auch bei T.

II. Auch T ist aber wegen **versuchter Tötung nach §§ 212, 22, 23 StGB** zu bestrafen, denn sie handelte im Zeitpunkt des Schlages hinsichtlich der Tötung mit Tatentschluss und setzte nach ihrer Vorstellung auch unmittelbar zur Tat an, da sie – wovon auszugehen ist – nicht wusste, dass B zu diesem Zeitpunkt bereits tot war.

Hinweis: *Im Originalfall handelte es sich hier bei dem Getöteten um einen sog. Haustyrannen, der die Familie immer wieder geschlagen hatte, sodass die A am Ende keinen anderen Ausweg sah, als ihrem am Frühstückstisch sitzenden Ehemann B von hinten mit einer Bratpfanne auf den Kopf zu schlagen. In solchen Fällen kommt dann nicht nur eine Bestrafung wegen Mordes (Heimtücke!) in Frage, sondern es stellen sich auch schwierige Fragen einer möglichen Rechtfertigung oder Entschuldigung (vgl. dazu ausführl. u. Rn. 113 f.).*

Achtung Klausur: *Das Ergebnis – ein Toter, aber nur zwei Versuche – überrascht Studenten häufig und wird von ihnen als ungerecht empfunden. Aber das zu Unrecht, weil die Lösung eine Folge des Grundsatzes in dubio pro reo ist. Es lässt sich vielfach in der Rechtswirklichkeit die Täterschaft mangels Beweisen nicht zuordnen. Dann lautet das Ergebnis sogar: Ein Toter und überhaupt keine Strafbarkeit. Vorliegend reichen die Beweise wenigstens für eine Versuchsstrafbarkeit, aber eben nicht für eine Verurteilung aus dem vollendeten Delikt! Deshalb sind auch in Fällen der sog. kumulativen Kausalität nur zwei Versuche anzunehmen. Wenn also A und B dem C in Tötungsabsicht unabhängig voneinander 0,1 g Gift geben und C nur durch das Zusammenwirken des Gifts getötet wird, so ist zwar Kausalität gegeben (s. o. Rn. 29), nicht aber ist die objektive Zurechnung zu bejahen, denn es ist nicht die typische Gefahr von 0,1 g Gift, dass das Opfer durch 0,2 g stirbt.*[107] *Anders ist es bei der alternativen Kausalität (s. o. Rn. 29), denn dort ist nicht nur jede Giftmenge für sich gesehen ursächlich, sondern es realisiert sich im Tode auch die Gefahr bereits einer Dosis (die 0,1 g realisieren sich im Tode, unabhängig davon, dass sich auch die weiteren 0,1 g darin ausgewirkt haben).*

---

107 Wie hier *Sch/Sch/Eisele*, vor § 13, Rn. 83; a. A. *Freund*, AT, S. 261.

§ 3 Die subjektive Zurechnung (Vorsatz)

Vorsatz[1] wird in der Kurzformel beschrieben als **Wissen und Wollen der Tatbestandsverwirklichung**. In der Klausur kann sich der Student allerdings auf diese Kurzformel allenfalls in ganz unproblematischen Fällen beschränken.[2] 62

I. Die Wissensseite im Vorsatz (kognitives Element)

1. Kenntnis der Tatumstände und ihres Bedeutungsgehaltes

Sie liegt vor, wenn der Täter sich derjenigen Umstände bewusst ist, die zum gesetzlichen Tatbestand gehören. 63

Beispiel: Jäger J vergisst, dass im Gebüsch sein Jagdkollege K sitzt. Er schießt, weil er den furchtbar hässlichen K für einen Keiler hält, und trifft ihn tödlich.

Lösung: Im Moment des Schusses ist dem J die von § 212 StGB vorausgesetzte „Menschqualität" des anvisierten Objektes nicht bewusst. D. h. er kann allenfalls nach § 222 StGB bestraft werden.

Bei deskriptiven Begriffen, d. h. solchen Begriffen, die im Allgemeinen der sinnlichen Wahrnehmung zugänglich sind (z. B. Mensch, Sache, Tier), genügt es, wenn der Täter diese Gegenstände auch tatsächlich sinnlich wahrgenommen hat.

Bei normativen Begriffen, d. h. bei solchen Begriffen, deren Feststellung lediglich durch Wertung erfolgen kann (z. B. fremd, Urkunde, Sachbeschädigung), muss der Täter den Bedeutungsgehalt geistig verstanden haben.[3]

2. Parallelwertung in der Laiensphäre

„Kenntnis der Tatumstände und ihres Bedeutungsgehalts erfordert nicht die richtige Subsumtion unter ein Tatbestandsmerkmal, sondern nur die Kenntnis des vom Gesetzgeber unter Strafe gestellten Sachverhalts und seines Bedeutungsgehalts"[4] (= Parallelwertung in der Laiensphäre). Andernfalls könnte nur der Jurist bestimmte Straftaten begehen.[5] 64

Beispiel 1: Student A lässt am Porsche des Professors P die Luft aus den Reifen heraus. In der Hauptverhandlung wegen Sachbeschädigung lässt er sich dahingehend ein, dass so etwas doch keine Sachbeschädigung sein könne. Er habe geglaubt, dass Sachbeschädigung ein „Kaputtmachen im Sinne eines Reifenaufstechens" voraussetze, und außerdem müssten in Deutschland derartige Späße erlaubt sein. Strafbarkeit des A? 65

---

1 Näher dazu *Satzger*, Jura 2009, 112 ff.; *Rönnau*, JuS 2010, 675 ff.; Matt/Renzikowski/*Gaede*, § 15, Rn. 4 ff.

2 Zu grundsätzlich notwendigen Konkretisierungen *Lackner/Kühl*, § 15, Rn. 23 ff. m. w. N.

3 Vgl. zur Unterscheidung von deskriptiven und normativen Begriffen statt aller *Jescheck/Weigend*, § 26 IV 2, § 29 II 3a; *Roxin*, AT/I, § 10, Rn. 57 ff.; *Wessels/Beulke/Satzger*, AT, Rn. 132; *Fischer*, § 16, Rn. 4; *Baumann/Weber/Mitsch/Eisele*, AT, § 20, Rn. 20; lesenswert zum Tatbestandsirrtum *Sternberg-Lieben/Sternberg-Lieben*, JuS 2012, 289 ff.

4 *Otto*, AT, § 7, Rn. 14; vgl. auch Matt/Renzikowski/*Gaede*, § 16, Rn. 20.

5 *Frank*, StGB, 18. Aufl. 1931, § 59 Anm. II.

66 **Lösung:** Sachbeschädigung nach § 303 I StGB ist jeder nicht ganz unerhebliche Eingriff in eine Sache, der zu einer nicht nur unerheblichen Substanz- oder Gebrauchsbeeinträchtigung führt.[6] Voraussetzung des Vorsatzes ist nicht, dass der Täter unter eine Strafvorschrift genau subsumieren kann. Entscheidend ist vielmehr bei normativen Begriffen, dass er den Bedeutungsgehalt des jeweiligen Merkmals erfasst hat. Dies ist hier der Fall, weil er wusste, dass er durch das Herauslassen der Luft die Brauchbarkeit des PKW aufhob. Dass A sich eine andere Vorstellung vom Sachbeschädigungsbegriff machte, ändert daher nichts daran, dass er sich der Bedeutung des Verhaltens, das der Gesetzgeber unter Strafe stellt, bewusst war (hinreichende Parallelwertung in der Laiensphäre). Der Subsumtionsirrtum des A schließt daher seinen Vorsatz nicht aus. Die Tatsache, dass A geglaubt hat, derartige Späße müssten erlaubt sein, kann allenfalls einen – bei gehöriger Gewissensanspannung vermeidbaren – Verbotsirrtum begründen, bei dem die Strafe nach § 17 S. 2 StGB gemildert werden kann (fakultative Strafmilderung).

Achtung Klausur: *Wenn Sie sich klar machen, dass dem Täter, um eine hinreichende Parallelwertung in der Laiensphäre zu haben, nur dasjenige bewusst gewesen sein muss, „was der Richter definiert", dann laufen alle Fälle grundsätzlich nach demselben Schema und setzen nur eine genügende Definitionskenntnis im Besonderen Teil voraus. Das zeigt auch folgendes bekanntes*

67 **Beispiel 2:** A streicht auf seinem Bierdeckel einen Strich der Kellnerin weg. In der Hauptverhandlung wegen Urkundenfälschung erklärt er, er habe nicht gewusst, dass ein Bierdeckel eine Urkunde sei.[7]

Lösung: Eine Urkunde ist jede menschliche verkörperte Gedankenerklärung (Perpetuierungsfunktion), die ihren Aussteller – zumindest im Wege der Auslegung – erkennen lässt (Garantiefunktion) und zum Beweis im Rechtsverkehr geeignet und bestimmt ist (Beweisfunktion).[8]

Diesen Bedeutungsgehalt hat A erkannt, da er wusste, dass er die zum Beweis bestimmten Zeichen der Kellnerin in ihrem Beweiswert verändert hat. Selbst A wird zugeben müssen, dass ihm dieser Bedeutungsgehalt seines Verhaltens bewusst war, da es ihm ja gerade darum ging, den Sinngehalt zu verändern, um Geld zu sparen.

3. Sachgedankliches Mitbewusstsein

68 Der Täter braucht im Tatzeitpunkt nicht über die einzelnen Tatumstände aktuell nachzudenken. Es genügt, dass er die Tatumstände „mitweiß".[9]

69 **Beispiel:** Der Polizeibeamte P entwendet im Supermarkt eine Banane, wobei er die Dienstwaffe bei sich führt, aber nicht konkret daran denkt. Strafbarkeit des P, wenn gegen ihn kein Strafantrag gestellt wurde?

70 **Lösung:** § 242 I StGB ist tatbestandlich, rechtswidrig und schuldhaft erfüllt. Der Qualifikationstatbestand des § 244 I Nr. 1 StGB setzt objektiv voraus, dass der Täter eine Waffe bei sich führt. Umstritten ist diesbezüglich, ob Berufswaffenträger aus dem Qualifikationsbereich auszunehmen sind. Dagegen spricht jedoch, dass die von § 244 StGB vorausgesetzte erhöhte Gefährlichkeit des Waffenträgers gerade bei einem Diebstahl durch einen Polizisten erfüllt ist, da dieser im Falle der Ergreifung mit dienstrechtlichen Konsequenzen (einschließlich einer Entlassung)

---

6 BGHSt 13, 207; *Lackner/Kühl/Heger*, § 303, Rn. 3; *Sch/Sch/Stree/Hecker*, § 303, Rn. 8; *Fischer*, § 303, Rn. 5.

7 RG DStZ 1916, 17.

8 BGHSt 18, 66; *Fischer*, § 267, Rn. 2; Matt/Renzikowski/*Maier*, § 267, Rn. 5 f.; *Sch/Sch/Heine/Schuster*, § 267, Rn. 2; *Lackner/Kühl/Heger*, § 267, Rn. 2.

9 *Baumann/Weber/Mitsch/Eisele*, AT, § 20, Rn. 10; *Jakobs*, AT, 8/10 ff.; *Kühl*, AT, § 5, Rn. 98 ff.; *Köhler*, AT, S. 166; *Krey/Esser*, AT, Rn. 407; *Roxin*, AT/I, § 12, Rn. 123 ff.; *Otto*, AT, § 7, Rn. 11; *Joecks*, § 16, Rn. 20; *Fischer*, § 15, Rn. 4; *Sch/Sch/Sternberg-Lieben*, § 15, Rn. 51; *Lackner/Kühl*, § 15, Rn. 9.

zu rechnen hat und daher ggf. eher zur Waffe greifen wird. Eine tatbestandliche Reduktion kommt daher nicht in Frage. Auch scheidet eine in der Lit. diskutierte entsprechende Anwendung des § 243 II StGB auf § 244 StGB aus, da die systematische Stellung des § 243 II StGB gegen eine derartige Analogie spricht. Für den Vorsatz hinsichtlich des Beisichführens der Waffe genügt es, dass der P den Besitz der Waffe „mitwusste". Nicht erforderlich ist, dass P aktuell an das Beisichführen der Waffe gedacht hat. P ist strafbar wegen Diebstahls mit Waffen nach §§ 242 I, 244 I Nr. 1 StGB. Der fehlende Strafantrag hindert eine Strafverfolgung nicht, denn § 248a StGB bezieht sich nach seinem Wortlaut ausdrücklich nur auf Fälle der §§ 242 bzw. 246 StGB und findet daher auf qualifizierte Diebstähle nach § 244 StGB keine Anwendung.[10] Der gleichzeitig verwirklichte § 246 StGB tritt dahinter im Wege der formellen[11] Subsidiarität zurück (vgl. § 246 I a. E. StGB).

Hinweis: *In einer neueren Entscheidung hat das OLG Hamm[12] allerdings darauf hingewiesen, dass das Bewusstsein des Beisichführens nur im Regelfall allein aus dem objektiven Umstand des Tragens einer Waffe im technischen Sinne geschlossen werden kann. Zweifel an einem aktuellen Bewusstsein, eine Waffe zu tragen, können sich nach Ansicht des OLG Hamm gerade aus dem berufsmäßigen Tragen ergeben und seien insbesondere dann anzunehmen, wenn der Beamte etwa für das „Vergessen von Gegenständen" bekannt ist oder wenn der Diebstahlsentschluss spontan gefasst wird (im konkreten Fall nach einer unmittelbar vorausgehenden telefonischen Auseinandersetzung mit der Ehefrau). Das OLG Hamm ging sogar noch einen Schritt weiter und forderte für das Vorliegen eines Bewusstseins des Beisichführens sogar eine Konstellation, in der eine entsprechende Vorstellung des Angeklagten gleichsam „auf der Hand liegt".*[13]

Bemerkenswert ist, dass der BGH das sachgedankliche Mitbewusstsein auch auf Op- **70a**
ferseite im Rahmen des Betrugs ins Spiel gebracht hat. So hat der BGH im Schiedsrichterskandal-Fall Hoyzer einen Irrtum kraft sachgedanklichen Mitbewusstseins bejaht. Der Fall lag so, dass A den Schiedsrichter H dazu gebracht hatte, dass dieser Spiele falsch pfeift. Nachdem sich H hierzu bereit erklärt hatte, setzte A im Wettbüro auf die entsprechende „Siegermannschaft". Der BGH hat hier eine Täuschung des A gegenüber dem Angestellten im Wettbüro (Lotto/Toto) angenommen und den Vermögensschaden des Wettanbieters auf einen „Quotenschaden" gestützt. Den Irrtum des Angestellten im Wettbüro gründete der BGH dabei auf ein „sachgedankliches Mitbewusstsein" des Angestellten im Hinblick darauf, dass die wesentlichen Vertragsgrundlagen (Manipulationsfreiheit der gewetteten Spiele) vorliegen. Dem liegt die Vorstellung zugrunde, dass das Opfer bei den essentialia negotii stets davon ausgehe, „alles sei in Ordnung". Mit den tatsächlichen Vorgängen in einem Lotto/Toto-Geschäft lässt sich dies freilich kaum vereinbaren, da wohl nicht davon auszugehen ist, dass sich ein dortiger Angestellter überhaupt Vorstellungen über die Frage der Manipulationsfreiheit macht. Der BGH fingiert hier daher wohl eher eine Fehlvorstellung bzgl. der wesentlichen Vertragsgrundlagen und lässt für eine ignorantia facti, die anerkanntermaßen keinen Irrtum auslöst, wohl nur dort Raum, wo es an einem geschäftlichen Kontakt überhaupt fehlt (näher zum konkreten Fall ausführl. *Jäger*, BT, Rn. 321a ff. sowie zum Irrtum *Jäger*, BT, Rn. 330).

10 *Lackner/Kühl*, § 248a, Rn. 4; *Sch/Sch/Eser/Bosch*, § 248a, Rn. 4; *Fischer*, § 248a, Rn. 2.
11 D. h. gesetzlich geregelte Subsidiarität.
12 OLG Hamm NStZ 2007, 473.
13 Siehe dazu auch BGH StV 2003, 27.

4. Keine Notwendigkeit einer objekts- und handlungsbezogenen Konkretisierung des Vorsatzes

71 Geht es dem Täter nicht um die Schädigung eines bestimmten Objekts, sondern nur um die Schädigung irgendeines Objekts bzw. einer unbestimmten Vielzahl von Objekten oder weiß der Täter, dass eine von mehreren Handlungen den Erfolg herbeiführt, so ist dies als **dolus generalis** für die kognitive Seite des Vorsatzes **ausreichend**.

Beispiel: A schießt auf der Autobahn auf Autofahrer in der Hoffnung, dass es zu einem unüberschaubaren Massenunfall kommen könnte. Tatsächlich sterben 24 Personen. A hat §§ 212, 211 StGB in Bezug auf alle Personen verwirklicht.

Vom dolus generalis zu unterscheiden ist der sog. **dolus alternativus**. Mit dieser Bezeichnung sind Fälle gemeint, in denen der Täter nach seiner Vorstellung von zwei in Betracht kommenden Straftatbeständen bzw. -erfolgen nur den einen oder anderen verwirklichen kann, wobei er wenigstens damit rechnet, dass sich die eine oder aber auch die andere Erfolgsverwirklichung einstellt.

Beispiel 1: A schießt auf B. Er rechnet damit, dass er entweder den B oder das daneben stehende Pferd des B trifft. Tatsächlich trifft er das Pferd.

Beispiel 2:[14] Als A nachts erwacht, sieht er, wie seine Ehefrau E und sein bester Freund F halbnackt auf dem Sofa im Wohnzimmer liegen. In der Überzeugung, dass diese einvernehmlichen Geschlechtsverkehr ausüben, holt er ein Beil, mit dem er in einem spontanen Wutausbruch in Richtung des Kopfes des auf der E liegenden F schlägt. Dabei ist er sich bewusst, dass er statt des F die unter diesem liegende E am Kopf treffen und dass ein wuchtiger Schlag mit dem Beil lebensgefährliche Verletzungen verursachen kann. Tatsächlich verfehlt der Schlag den F und trifft die E, die in Verkennung der Schwere der Verletzungen keinen Arzt aufsucht und daher am nächsten Morgen in Folge der Verletzung verstirbt. F kann dagegen unverletzt fliehen.

Die Lösung dieser Fälle (Bsp. 2 betrifft einen BGH-Fall) ist hoch umstritten:

Eine erste Auffassung bestraft nur wegen eines Delikts und stellt diesbezüglich auf die schwerste Tat ab. Im ersten Beispielfall ist A danach gem. §§ 212, 22, 23 I StGB wegen Tötungsversuchs an B strafbar, nicht aber wegen der Sachbeschädigung am Pferd. Gegen diese Auffassung spricht freilich, dass sie das Vollendungsunrecht überhaupt nicht erfasst.

Eine zweite Auffassung geht davon aus, dass alle Delikte erfasst werden müssen. Danach wäre A im ersten Bsp. wegen versuchten Totschlags und wegen vollendeter Sachbeschädigungen zu bestrafen und im zweiten Bsp. läge ein versuchter Totschlag sowohl hinsichtlich des F als auch ein vollendeter Totschlag (zur Zurechnung siehe sogleich) bzgl. der E vor.

Eine dritte Auffassung will dagegen bei vergleichbarem Unrechtsgehalt nur aus einem vollendeten Delikt bestrafen (im zweiten Bsp. läge daher nur eine vollendete Tötung an der E vor), anderenfalls wegen Vollendung und Versuchs (im ersten Bsp. läge danach eine vollendete Sachbeschädigung und ein versuchter Totschlag vor).

Die besten Gründe dürften für die letztgenannte Ansicht sprechen, da allein sie dem Unrechtsgehalt derartiger alternativer Tatentschlüsse gerecht wird und eine Verdoppelung des Vorsatzes bei vergleichbarem Unrechtsgehalt vermieden wird (vgl. aber auch u. Rn. 89, Fn. 74).

14 Nach BGH NStZ 2009, 210.

Das aus der Rechtsprechung stammende Beispiel 2 ist daher wie folgt zu lösen:

A hat hier einen Totschlag, § 212 StGB, an der E begangen. Die Zurechnung wurde nicht etwa dadurch unterbrochen, dass diese keinen Arzt aufsuchte, da von einer freiverantwortlichen Selbstgefährdung mangels Kenntnis von der Schwere der Verletzungen nicht ausgegangen werden kann. Auch hatte A Vorsatz hinsichtlich der Tötung der E, da es sich nicht um einen echten Fall einer aberratio ictus handelte, sodass es auf die Unterschiede zwischen Gleichwertigkeits- und Konkretisierungstheorie nicht ankommt. Vielmehr wusste A, dass der Schlag sein primäres Ziel (F) verfehlen konnte und nahm ein Fehlgehen des Schlages in Bezug auf die E billigend in Kauf. Infolgedessen hat A bezüglich der E vorsätzlich, rechtswidrig und schuldhaft einen Totschlag verwirklicht. Dagegen scheidet die Annahme eines Mordes nach § 211 StGB wegen Heimtücke aus, weil A aus einer affektiv-spontanen Motivation heraus gehandelt hat (vgl. *Jäger*, BT, Rn. 32, 43 f.). Die im Durchgangsstadium verwirklichten §§ 223 I, 224 I Nr. 2, 5 StGB treten hinter § 212 I StGB als subsidiär zurück. Strukturell liegt auch ein versuchter Totschlag an F nach §§ 212 I, 22, 23 I StGB vor. Diesbezüglich hatte A auch einen Tatentschluss i. S. eines dolus alternativus und A hat zu dieser Tat auch unmittelbar durch den Schlag angesetzt. Da auch Rechtfertigungs- sowie Schuldausschließungsgründe nicht ersichtlich sind und auch ein strafbefreiender Rücktritt nach § 24 I S. 1 Alt. 1 StGB ausscheidet, weil durch die Flucht des F ein Fehlschlag des Versuchs anzunehmen ist, stellt sich die Frage, wie dieser versuchte Totschlag an F im Verhältnis zum vollendeten Totschlag an E zu beurteilen ist. Nur nach der zweiten Auffassung lägen hier eine tateinheitliche vollendete Tötung und ein versuchter Totschlag vor. Folgt man dagegen der ersten oder der dritten Auffassung, so wird der Unrechtsgehalt durch die vollendete Tötung bereits vollständig erfasst, sodass der Tötungsversuch dahinter zurücktritt.

5. Notwendigkeit einer zeitlichen Koinzidenz des Vorsatzes (sog. Simultaneitätsprinzip)[15]

Der Vorsatz muss bei Vornahme der Tathandlung vorliegen.[16] Hieraus folgt im Wesentlichen zweierlei: **72**

a) Nicht ausreichend ist ein sog. **dolus subsequens.**[17] Verdeutlicht wird dies durch folgendes

Beispiel: A geht auf den Hof des B und entwendet dessen BMW Coupé in der Absicht, eine Spritztour zu unternehmen und den Wagen dann zurückzustellen. Während der Fahrt gewinnt er Spaß an dem Wagen und behält ihn.

Lösung: § 242 I StGB ist hier nicht erfüllt, da es an der Zueignungsabsicht im Zeitpunkt der Wegnahmehandlung fehlt. Der nachträglich gefasste Entschluss reicht als bloßer dolus subsequens nicht aus. Gegeben sind jedoch § 248b I StGB sowie § 246 I StGB, wobei § 248b StGB nach dessen Abs. 1 gegenüber § 246 StGB formell subsidiär ist (dies gilt auch dann, wenn sich der Täter das KFZ während des Gebrauchs zueignet;[18] § 246 StGB droht nämlich zumindest abstrakt in Abs. 2 eine höhere Strafe an als § 248b StGB und hat daher Vorrang).

15 *Hruschka*, Strafrecht, S. 4 f., der darauf hinweist, dass der Begriff der Straftat voraussetzt, dass *sämtliche* verbrechenskonstutiven Merkmale *zeitgleich* erfüllt sein müssen.

16 *Sch/Sch/Sternberg-Lieben/Schuster*, § 15, Rn. 48; *Fischer*, § 15, Rn. 4; *Lackner/Kühl*, § 15, Rn. 9; *Kühl*, AT, § 5, Rn. 20; Matt/Renzikowski/*Gaede*, § 15, Rn. 4; *Baumann/Weber/Mitsch/Eisele*, AT, § 20, Rn. 15; *Krey/Esser*, AT, Rn. 405 f.; *Wessels/Beulke/Satzger*, AT, Rn. 206; *Jakobs*, AT, 8/1 ff.

17 *Fischer*, § 15, Rn. 4; *Lackner/Kühl*, § 15, Rn. 9; *Otto*, AT, § 7, Rn. 20; *Roxin*, AT/I, § 12, Rn. 91; *Kühl*, AT, § 5, Rn. 21, 23; *Baumann/Weber/Mitsch/Eisele*, AT, § 20, Rn. 18, 62; *Wessels/Beulke/Satzger*, AT, Rn. 206; *Jakobs*, AT, 8/1 ff.

18 So zu Recht *Sch/Sch/Eser/Bosch*, § 248b, Rn. 13.

b) Nicht ausreichend ist auch ein sog. **dolus antecedens.**[19] Dies veranschaulicht folgender

73 **Fall 8:** A will seine Ex-Frau F töten, die in Trennung von ihm lebt. Zu diesem Zweck bestellt er sie für 19.30 Uhr unter dem Vorwand, mit ihr noch einmal über das Sorgerecht für die Kinder sprechen zu müssen, in seine Wohnung. Sodann bereitet er einen Gifttrunk für sie, den er ihr später reichen möchte. Um 19 Uhr geht er nach oben, um seine Sachen für die spätere Flucht zu packen. Als er wieder nach unten kommt, liegt die F tot am Boden. Sie war mit ihrem noch in ihrem Besitz befindlichen Zweitschlüssel, an den A überhaupt nicht mehr gedacht hatte, in die Wohnung gelangt und hatte von dem im Kühlschrank stehenden Getränk genascht. Strafbarkeit des A? **(Gifttrunk-Fall)**

74 **Lösung:**

I. A könnte sich dadurch, dass er den vergifteten Trank bereitstellte, wegen **vollendeter Tötung nach § 212 StGB** strafbar gemacht haben.

1. Durch das Bereitstellen des Tranks hat A eine zurechenbare Ursache für den späteren Tod der F gesetzt.

2. Fraglich ist jedoch, ob A auch hinreichenden Tatvorsatz gehabt hat.

Als A das Getränk mischte und in den Kühlschrank stellte, hatte er den Vorsatz, die F zu töten. Andererseits trat der Tod der F früher als erwartet ein, sodass man an einer Vorsatzzurechnung zweifeln könnte.

a) Zu prüfen ist daher, zu welchem Zeitpunkt der Tatvorsatz gegeben sein muss.
Anerkannt ist insoweit, dass der Vorsatz zum Zeitpunkt der Ausführungshandlung, d. h. zur Zeit ihrer Begehung i. S. d. § 8 StGB vorliegen muss.[20] Des Weiteren besteht Einigkeit darüber, dass der Vorsatz nicht während der gesamten Ausführungshandlung gegeben sein muss, sondern ausreichend ist, dass er in dem Augenblick vorhanden ist, in dem der Täter zur Erfolgsherbeiführung i. S. des § 22 StGB unmittelbar ansetzt.[21] Da nämlich denknotwendig vor jeder Vollendung das Stadium des Versuchs durchlaufen sein muss, kann mit dem in § 8 StGB genannten Zeitpunkt nur der Zeitpunkt der „strafbaren Handlung" gemeint sein, sodass ein bloß im Vorbereitungsstadium wirkender Vorsatz als solcher nicht strafbar ist.[22] Würde man dies leugnen, so liefe dies im Ergebnis auf die Anerkennung einer Vollendungsbestrafung ohne vorausgehenden Versuch hinaus.
Da also eine Vorsatzhaftung für eine vollendete Tat vor Versuchsbeginn nicht möglich ist, stellt sich in aller Schärfe die Frage, ob A vorliegend bereits zur Tatbestandsverwirklichung unmittelbar angesetzt hatte, als er das tödliche Getränk mit Tötungsvorsatz in den Kühlschrank stellte.
Dabei ist davon auszugehen, dass sich die vorliegende Tat allenfalls im Stadium des unbeendeten Versuchs befand, da A den Trank der F nach deren Ankunft erst noch servieren wollte. Wann bei einem unbeendeten Versuch ein unmittelbares Ansetzen und damit eine Versuchsstrafbarkeit gegeben ist, ist umstritten.[23] Die Zwischenaktstheorie stellt darauf ab, ob nach der Vorstellung des Täters zwischen seinem Verhalten und der Tatbestandsver-

19 Vgl. dazu nur *Kühl*, AT, § 5, Rn. 21 f., der treffend von „Vorhaben" spricht.

20 *Roxin*, AT/I, § 12, Rn. 89; *ders.*, GA 2003, 257 ff.; vgl. zum Ganzen auch besonders anschaulich *Hettinger*, JuS 1989, L 19; siehe im Übrigen auch BGH JZ 1983, 864; NStZ 1984, 214.

21 *Roxin*, AT/I, § 12, Rn. 90.

22 *Roxin*, AT/I, § 12, Rn. 89.

23 Ausführlich dazu *Sch/Sch/Eser/Bosch*, § 22, Rn. 36 ff.; *Kratzsch*, JA 1983, 420, 578; LK-*Hillenkamp*, § 22, Rn. 86 ff.

wirklichung noch ein weiterer wesentlicher Zwischenakt liegt.[24] Nach anderer Auffassung beginnt der Versuch dann, wenn der Täter für sich bereits die Feuerprobe der krit. Situation bestanden bzw. die Schwelle zum „jetzt geht's los“ überschritten hat.[25] Dagegen geht die heute wohl herrschende Sphärentheorie davon aus, dass der Versuch dann beginnt, wenn der Täter in die Schutzsphäre des Opfers eingedrungen ist und nach seiner Vorstellung zwischen Handlung und erwartetem Erfolgseintritt ein enger zeitlich-räumlicher Zusammenhang besteht.[26] Nach allen genannten Auffassungen ist vorliegend ein Versuchsbeginn zu verneinen, weil A davon ausging, dass er der F das Getränk noch servieren musste, sodass nach seiner Vorstellung noch wesentliche Zwischenakte sowie die Herstellung einer Täter-Opfer-Beziehung notwendig waren, um die Tatbestandsverwirklichung zu ermöglichen. Die Tat befand sich daher noch im Vorbereitungsstadium.

b) Denkbar wäre jedoch, eine Vorsatzzurechnung unter dem Aspekt einer unwesentlichen Abweichung vom Kausalverlauf zu bejahen,[27] indem man davon ausgeht, dass die geringfügig frühere Ankunft der F sowie deren Möglichkeit, sich als Ex-Frau mit Hilfe eines Zweitschlüssels Zugang zum Haus zu verschaffen, nicht außerhalb des nach allgemeiner Lebenserfahrung Vorhersehbaren lagen und keine andere Bewertung der Tat rechtfertigen, zumal sich der Plan des A, was den äußeren Tatablauf betrifft, mit dem Vergiftungstod der F letztlich verwirklicht hat.

Indessen ist die Rechtsfigur der Kausalabweichung nicht geeignet, aus einer straflosen Vorbereitungshandlung ein strafbares Vollendungsdelikt ohne das Zwischenstadium des Versuchs zu machen. Vielmehr greift dieses Institut erst dann, wenn eine mindestens als Versuch strafbare Handlung mit dem eingetretenen Erfolg in Beziehung zu setzen ist.[28]

Hinweis für die Klausurbearbeitung: *Hier erreicht der Fall seinen höchsten Schwierigkeitsgrad! Die Inzidentprüfung eines Versuchsbeginns im Rahmen einer Vollendung kann nicht ohne Weiteres zum Standardrepertoire eines Studenten gezählt werden. Denkbar wäre etwa auch, getrennt zu untersuchen, welche Lösungen sich bei der Annahme eines Versuchs und einer Vollendung ergeben. Jedoch stellt sich eine Inzidentprüfung deshalb als sinnvoll dar, weil das Problem des Versuchs bereits bei der Möglichkeit der Vollendungsbestrafung relevant ist.*

II. Nach dem Gesagten scheidet auch ein **versuchter Mord gem. §§ 211, 212, 22, 23 I StGB** aus.

Zwar hatte A Tatentschluss zu einer heimtückischen Tötung aus niedrigen Beweggründen (er wollte bei der Vergiftung Fs auf Arglosigkeit beruhende Wehrlosigkeit ausnutzen und handelte allein, um der F Böses zu tun)[29]. Jedoch hatte er – wie oben unter I. ausführl. dargestellt – nach seiner Vorstellung noch nicht unmittelbar zu Tatbestandsverwirklichung i. S. von § 22 StGB angesetzt.

III. Gegeben ist jedoch eine **fahrlässige Tötung nach § 222 StGB**.

Es war objektiv und subjektiv sorgfaltswidrig, das vergiftete Getränk in den Kühlschrank zu stellen und es war vorhersehbar, dass der Tod der F vorzeitig eintreten konnte, wenn sie von ihrem Zweitschlüssel Gebrauch machen sollte. Der dem A zu machende persönliche Vorwurf besteht dabei hier gerade darin, dass er diese Möglichkeit in seine Überlegungen nicht einbezogen hat.

---

24 BGHSt 26, 204.

25 BGH in st. Rspr., vgl. nur BGH NStZ 1997, 93.

26 BGHSt 31, 178; 43, 177; *Jakobs*, AT, 25/68; *Roxin*, JuS 1979, 5.

27 Vgl. zur Problematik der Abweichung vom Kausalverlauf *Sch/Sch/Sternberg-Lieben/Schuster*, § 15, Rn. 55 ff.; *Fischer*, § 16, Rn. 7.

28 Allg. Ansicht, vgl. etwa *Sch/Sch/Sternberg-Lieben/Schuster*, § 15, Rn. 55 m. w. N.

29 Dagegen wird man Mordlust des A nicht ohne Weiteres bejahen können. Diese hätte nur dann vorgelegen, wenn A etwa aus Langeweile getötet hätte.

IV. Gleichzeitig verwirklicht ist als Durchgangsstadium eine **fahrlässige Körperverletzung nach § 229 StGB**. Diese tritt aber hinter § 222 StGB zurück.

Ergebnis: A ist wegen fahrlässiger Tötung an F strafbar.

Hinweis: *Einen der Sache nach vergleichbaren Fall hatte der BGH*[30] *zu beurteilen. Dort hatte A die B betäubt und geknebelt und sie sodann in den Kofferraum gelegt, um sie in ein Waldstück zu fahren, dort eine Unterschrift unter eine Generalvollmacht von B zu erpressen und diese sodann zu erstechen. Als er jedoch nach mehrstündiger Fahrt in das Waldstück kam und den Kofferraum öffnete, musste A feststellen, dass die B bereits erstickt war.*

Auch hier scheidet aus den soeben genannten Gründen eine Strafbarkeit wegen vollendeter Tötung nach § 212 StGB sowie eine Strafbarkeit wegen versuchten Mordes nach §§ 211, 212, 22, 23 StGB aus. Gegeben sein könnte hier jedoch eine Körperverletzung mit Todesfolge sowie eine hierzu in Tateinheit stehende Freiheitsberaubung mit Todesfolge nach §§ 227, 239 IV StGB. Die gleichzeitig verwirklichte fahrlässige Tötung nach § 222 StGB tritt dahinter im Wege der Gesetzeskonkurrenz zurück.[31]

II. Die Willensseite im Vorsatz (voluntatives Element)

Dieses setzt eine bewusste Steuerung des Geschehens auf die Verletzung hin voraus. Bedeutsam ist in diesem Zusammenhang die Abgrenzung des **dolus eventualis** von der **bewussten Fahrlässigkeit**.[32]

1. Frank'sche Formel[33]

75 Diese geht davon aus, dass der Täter vorsätzlich handelt, wenn er auch so gehandelt hätte für den Fall, dass er den Erfolgseintritt mit Sicherheit vorausgesehen hätte.

Kritik: Nach dieser Theorie wäre Vorsatz nur in den seltensten Fällen gegeben, da der Täter grds. von der für ihn günstigsten Alternative ausgeht. Außerdem ist nicht einzusehen, weshalb ein außertatbestandliches Ziel (hier: Wettgewinn) über den Tatbestandsvorsatz entscheiden können soll.

2. Wahrscheinlichkeitstheorie[34]

76 Diese nimmt bedingten Vorsatz an, wenn sich der Täter den Erfolgseintritt als wahrscheinlich vorstellt.

Kritik: Die Frage der Wahrscheinlichkeitsvorstellung lässt sich kaum je sicher beantworten. Außerdem: Kommt es dem Täter auf die Rechtsgutsverletzung an (Bsp.: A ist HIV-positiv und schläft mit der B, um sie zu infizieren), so wird Vorsatz auch dann bejaht, wenn der Täter sein Ziel mit Mitteln anstrebt, deren Wirksamkeit unwahrscheinlich ist. Daher kann für den bedingten Vorsatz nichts anderes gelten.

30 BGH NStZ 2002, 309 f. m. Anm. *Jäger*, JR 2002, 381 ff.
31 Vgl. dazu auch *Fad*, JA 2002, 745 ff.; *Gaede*, JuS 2002, 1058 ff.; *Otto*, JK 2002, StGB, § 22/22; *Roxin*, GA 2003, 257 ff.; *Sowada*, Jura 2004, 814 ff.
32 Eine gute und knappe Übersicht hierzu liefert *Joecks*, § 15, Rn. 11 ff. Zur Bearbeitung des Problems in der Klausur auch *Kindhäuser*, AT, § 14, Rn. 14 ff.
33 Zuletzt in *Frank*, StGB, 1931, § 59, Anm. V.
34 *H. Mayer*, StuB, S. 121; nahestehend wieder *Pérez-Barberá*, GA 2013, 454 ff.

3. Möglichkeitstheorie[35]

Danach genügt es, wenn sich der Täter den Erfolg als möglich vorstellt. **77**

Kritik: Eine Abgrenzung zur bewussten Fahrlässigkeit ist hier kaum noch möglich. Außerdem verzichtet diese Theorie völlig auf das voluntative Element.

4. Gleichgültigkeitstheorie[36]

Vorsatz ist danach gegeben, wenn dem Täter der Eintritt des Erfolges gleichgültig ist. **78**

Kritik: Auch diese Theorie lässt keinen Platz für Fahrlässigkeitsdelikte und ist extrem unbestimmt.

5. Theorie von der unabgeschirmten Gefahr[37] *(Herzberg)*

Vorsatz ist danach gegeben, wenn der Täter eine unabgeschirmte Gefahr gesetzt und **79**
diese auch gekannt hat.

Bei einer unkontrollierten Gefahr genügt also schon die bloße Kenntnis.

Kritik: Hier verzichtet *Herzberg* ebenfalls zumindest partiell auf das voluntative Element.

6. Billigungstheorie[38]

Danach ist Vorsatz gegeben, wenn der Täter den Erfolg billigend in Kauf nimmt. Wer **80**
dagegen den Erfolg innerlich ablehnt und auf sein Ausbleiben hofft, handelt ohne Vorsatz.

Kritik: Siehe sogleich bei der Ernstnahmetheorie.

7. Ernstnahmetheorie (h. L.)[39]

Danach ist Vorsatz gegeben, wenn der Täter die Möglichkeit des Erfolgseintritts ernst **81**
nimmt und sich mit ihr abfindet. Wer dagegen auf das Ausbleiben der Rechtsgutsverletzung vertraut, handelt fahrlässig.

Argument: Das Strafrecht ist auf Rechtsgüterschutz gerichtet. Daraus folgt: Es kommt nicht auf Gefühle, Hoffnungen etc. an (wie es die Billigungstheorie annimmt), sondern darauf, ob sich der Täter für die mögliche Tatbestandsverwirklichung entschieden hat.

---

35 *Schmidhäuser*, JuS 1980, 241; *Jakobs*, AT, 8/21.
36 *Sch/Sch/Sternberg-Lieben/Schuster*, § 15, Rn. 84; *Engisch*, NJW 1955, 1688.
37 *Herzberg*, JuS 1986, 249; *ders.*, JZ 1988, 573, 635; ähnl. *Schlehofer*, NJW 1989, 2017.
38 St. Rspr., vgl. nur BGH NStZ 1992, 587; siehe aber auch *Baumann/Weber/Mitsch/Eisele*, AT, § 20, Rn. 53 f.
39 *Jescheck/Weigend*, AT, § 29 III 3a; *Kühl*, AT, § 5, Rn. 84 ff.; *Roxin*, AT/I, § 12, Rn. 39; SK-*Rudolphi/Stein*, § 16, Rn. 25.

8. Gefährdungstheorie[40]

82 Danach liegt Vorsatz vor, wenn der Täter die konkrete Gefahr der Rechtsgutsverletzung erkennt und sich trotz des Bewusstseins dieser Gefahr nicht von seinem Verhalten abhalten lässt.

Hinweis: *Der BGH folgt heute der Sache nach der Ernstnahmetheorie,*[41] *verwendet jedoch dabei grundsätzlich die Billigungsformel. Nach ihm ist also bedingter Vorsatz gegeben, wenn der Täter den Erfolgseintritt ernsthaft für möglich hält und ihn billigend in Kauf nimmt. Dabei erkennt der BGH, dass „billigen" seinem Wortsinne nach „gutheißen" bedeutet. Dies hätte zur Folge, dass bedingter Vorsatz nicht angenommen werden könnte, wenn der Täter den Erfolg für möglich hält und trotzdem handelt, obwohl ihm der Eintritt dieses Erfolges innerlich unlieb ist (so etwa im berühmten Lederriemen-Fall, s. sogleich Rn. 83 f.). Um diese Konsequenz zu vermeiden, fordert der BGH nur ein sog. „Billigen im Rechtssinne"; dieses könne auch dann gegeben sein, wenn dem Täter der Eintritt des Erfolges unangenehm ist. Damit steht der BGH der Sache nach aber doch auf dem Standpunkt der herrschenden Ernstnahmetheorie.*[42]

82a Wichtig ist auch, dass der BGH im Bereich der Tötungsdelikte eine sog. Hemmschwellentheorie entwickelt hat.[43] Danach sei die Hemmschwelle gegenüber Tötungen grundsätzlich höher, sodass das voluntative Element bei Tötungsdelikten durch konkrete Umstände gestützt sein müsse. Beispielsweise sei beim Zufahren auf eine Polizeisperre aufgrund der höheren Hemmschwelle kein bedingter Tötungsvorsatz anzunehmen, weil der Täter erfahrungsgemäß davon ausgehe, dass der Polizist noch beiseite springen könne. Ein Tötungsversuch ist in solchen Fällen daher abzulehnen und es verbleibt allenfalls eine Strafbarkeit nach §§ 315b, 113 StGB. Ebenso kann nach Auffassung des BGH nicht ohne Weiteres bedingter Tötungsvorsatz angenommen werden, wenn der Täter „zur Bestrafung" des Opfers an dessen Wagen den Bremsschlauch durchtrennt[44] (s. zur Lösung eines solchen Falles *Jäger*, BT, Rn. 478 f.). Auch hat der BGH einen Tötungsvorsatz in Fällen verneint, in denen ein HIV-Infizierter mit seinem Sexualpartner in Kenntnis seiner Erkrankung ungeschützten Geschlechtsverkehr ausübte. Der BGH[45] ist hier davon ausgegangen, dass die Hemmschwelle gegenüber einer Tötung höher sei und der Täter daher grundsätzlich auf einen guten Ausgang vertraue. Die Entscheidung ist deshalb fraglich, weil der Täter gerade in derartigen Fällen das Risiko in keiner Weise in der Hand hat, sodass er allenfalls auf ein Ausbleiben des Erfolges hoffen kann, was grundsätzlich die Annahme eines dolus eventualis nahe legt. Dem kann nicht entgegengehalten werden, dass der Täter prinzipiell darauf vertraue, es werde in naher Zukunft ein Impfstoff gegen das HI-Virus gefunden. Eine solche Annahme widerspricht nämlich dem derzeitigen wissenschaftlichen Kenntnis-

40 So wohl *Joerden*, Strukturen des strafrechtlichen Verantwortlichkeitsbegriffes, 1988, S. 151; auch *Canestrari*, GA 2004, 210 ff. verlangt ein unerlaubtes Risiko als „normativen Sockel" des bedingten Vorsatzes.

41 Krit. und lesenswert zu dieser Hemmschwellentheorie *Verrel*, NStZ 2004, 309 ff.

42 Vgl. zur Wertlosigkeit der Billigungsformel auch *Otto*, AT, 6. Aufl., § 7, Rn. 38 ff. Detailliert und lesenswert zur Rspr. des BGH *Puppe*, NStZ 2016, 575; *Trück*, NStZ 2005, 233 ff.

43 Dazu auch *Artkämper/Dannhorn*, NStZ 2015, 241 ff.

44 Vgl. BGH NStZ 2006, 446.

45 BGHSt 36, 1 ff.

stand, dem zufolge ein Ausbruch der Krankheit grundsätzlich zum Tode führt und die Entwicklung eines Impfstoffs in absehbarer Zeit nicht in Sicht ist. Folgt man jedoch dem BGH, so scheidet eine Strafbarkeit wegen versuchter Tötung aus und es bleibt lediglich die Möglichkeit einer Bestrafung wegen versuchter gefährlicher Körperverletzung (selbst bei Ansteckung kann vielfach nur ein Versuch angenommen werden, da oftmals nicht nachweisbar ist, dass gerade dieser Täter die Ansteckung bewirkt hat, vgl. näher zur Lösung der AIDS-Fälle o. Rn. 53 f.). Ein Anzeichen für die Überwindung der Hemmschwelle kann aber nach Ansicht des BGH die besondere Gefährlichkeit der Tathandlung sein, so z. B. beim Einstechen auf den Oberkörper des Opfers mit einem Messer, dessen Klingenlänge 30 cm beträgt[46] oder beim brutalen Einschlagen auf den Kopf des Opfers mit einem Eisenrechen[47] oder mit einem Handfäustel[48] oder beim Schuss mit einer Waffe auf den Oberkörper des Opfers[49]. Trotz eines Stichs in den Oberkörper kann der Tötungsvorsatz fehlen, wenn der Täter nicht *gezielt* auf die Brust des Opfers einwirkt, um lebenswichtige Organe zu verletzen.[50]

Ein Indiz für die Überwindung der Tötungs-Hemmschwelle sieht der BGH auch darin, dass dem Opfer wiederholt in lebensbedrohender Weise hemmungslos und gleichwohl systematisch Misshandlungen zugefügt werden (so im Fall Karolina).[51]

Beachte: *Der BGH[52] hat in einem bedeutsamen Urteil ausdrücklich klargestellt, dass ein pauschales und schlagwortartiges Abstellen auf die Hemmschwellentheorie unzulässig ist. Die Hemmschwellentheorie besage lediglich, dass der Tatrichter alle Umstände in die Beweiserwägungen einzubeziehen hat, welche bedingtem Tötungsvorsatz entgegenstehen könnten. Hierdurch erschöpfe sich die Hemmschwellentheorie in einem Hinweis auf § 261 StPO. Die Wertung hoher und offensichtlicher Lebensgefährlichkeit von Gewalthandlungen als gewichtiges, auf Vorsatz hindeutendes Beweisanzeichen soll nicht in Frage stehen, vielmehr bedürfe es in jedem Einzelfall tragfähiger Anhaltspunkte dafür, dass der Täter ernsthaft auf ein Ausbleiben der Rechtsgutsverletzung vertraut habe. Im Ergebnis tritt der BGH somit einer als zu pauschal empfundenen Argumentation der Instanzgerichte mit der Hemmschwellentheorie entgegen und fordert eine explizite Abwägung aller Umstände. Zur Verdeutlichung dient folgendes (BGH NJW 2012, 1524 nachgebildetes)* **82b**

Beispiel: Der trinkgewohnte A lief, nachdem eine vorhergehende Schlägerei mit B seit ca. 15 Minuten beendet war, mit einer BAK von 1,5 Promille unmittelbar auf den mit dem Rücken zu ihm stehenden B zu und rammte diesem von hinten ein 22 cm langes doppelklingiges Messer (Klinge = 11 cm) mit den Worten „Verreck', du Hurensohn" in den Rücken, wodurch eine Rippe des B durchtrennt und dessen Lunge verletzt wurde. B sank zu Boden, A wurde von Dritten niedergerungen.

---

46 Vgl. auch BGH NStZ 2006, 169.
47 BGH, Urt. v. 19.7.2001 – 4 StR 144/01.
48 Vgl. BGH NStZ 2007, 150.
49 Vgl. dazu BGH StraFo 2009, 162.
50 BGH NStZ 2010, 571 f.
51 BGH NStZ 2006, 444.
52 BGH NJW 2012, 1524 m. Anm. *v. Heintschel-Heinegg*, JA 2012, 632; *Jahn*, JuS 2012, 757; *Sinn/Bohnhorst*, StV 2012, 661 ff.; *Lederer*, StV 2014, 338 ff.; lesenswert m. w. N. auch *Fahl*, JuS 2013, 499 ff.; *C. Müller*, JA 2013, 584 ff.; *Puppe*, NStZ 2014, 183 ff.

Lösung: Das LG Saarbrücken als Vorinstanz wertete zwar die erhebliche Wucht des Messerstichs und den Ausspruch „Verreck', du Hurensohn" als nicht unerhebliche Gesichtspunkte für die Annahme von Vorsatz. Der Umstand, dass A nur einen Stich ausgeführt hat (A wurde nach dem ersten Stich aber niedergerungen), und die nicht unerhebliche Alkoholisierung (bei § 64 StGB ging das LG aber von geringer Beeinträchtigung durch Alkohol aus, zudem war A trinkgewohnt) sprächen indessen für Fahrlässigkeit, da „...unter Berücksichtigung der Hemmschwellentheorie ... Tötungsvorsatz nicht mit letzter Sicherheit als erwiesen ..." anzusehen sei. Dieser pauschale Verweis auf die Hemmschwellentheorie genügte dem BGH nicht.

Achtung Klausur: *Die Anforderungen des BGH an die Begründung von Vorsatz oder Fahrlässigkeit sollte auch der Klausurbearbeiter beachten. Daher sollte die Hemmschwellentheorie zwar benannt werden, allerdings nur noch unter Beachtung der soeben dargestellten, relativierenden BGH-Rechtsprechung. Die Hemmschwellentheorie ersetzt daher nicht die ausführliche Argumentation unter Ausschöpfung aller relevanten Sachverhaltsangaben. Das Erfordernis einer einzelfallorientierten Prüfung, bei der alle subjektiven und objektiven Tatumstände anhand einer individuellen Gesamtschau bewertet werden müssen, bestätigt auch folgendes*

Beispiel: Im Laufe eines zunächst nur verbal ausgetragenen Disputs zwischen den fußballerisch erfahrenen, erheblich alkoholisierten Tätern A und B mit dem O, versetzte A dem O mehrere Faustschläge ins Gesicht, die diesen zu Boden brachten. Während A den O weiterhin mit Schlägen gegen Kopf und Oberkörper traktierte, entschloss sich auch B, der Auseinandersetzung nunmehr ebenfalls tätlich beizuwohnen. Mit der Innenseite des mit Straßenschuhen beschuhten Fußes traten zunächst B, sodann A mehrfach gegen den Kopf des am Boden Liegenden. O überlebte, erlitt aber zahlreiche Gesichtsschädelfrakturen.[53]

Lösung: Die Angeklagten wurden lediglich wegen gefährlicher Körperverletzung gem. §§ 223 I, 224 I Nr. 2, Nr. 4 und 5 StGB verurteilt. Einen darüber hinausgehenden Tötungsvorsatz, der eine Verurteilung wegen versuchten Totschlags tragen könnte, vermochten weder das LG noch der BGH zu erkennen. Dabei wurde das Wissenselement des bedingten Vorsatzes nicht in Frage gestellt. Anlass zu Zweifeln gab die voluntative Seite. Zwar haben Tritte gegen den Kopf einen Indizwert, der jedoch nicht stets und automatisch den Schluss auf das Vorliegen eines (bedingten) Tötungsvorsatzes begründe. Eine erhebliche Alkoholisierung und die Tatsache, dass Handlungen, die in affektiver Erregung ausgeführt werden, oft spontan und unüberlegt erfolgen, stünden einem zwingenden Schluss auf ein voluntatives Element entgegen. Als weiteres vorsatzausschließendes Indiz zog das LG – als tatrichterliche Beweiswürdigung[54] vom BGH unbeanstandet – auch die fußballerische Fähigkeit der beiden Täter heran. Trotz der Heftigkeit der Tritte könne nicht ausgeschlossen werden, dass die fußballerisch erfahrenen Angeklagten (noch) nicht mit der ihnen möglichen Wucht auf den Kopf des Opfers eintraten.

Der Fall zeigt: Ein Schluss von der Gefährlichkeit der Gewalthandlung auf das voluntative Element ist nicht automatisch möglich. Selbst im Falle eines Messerangriffs auf Kopf, Hals und Oberkörper, bei denen der Täter dem Opfer mehrere tiefe Schnittwunden zufügte und die Halsschlagader nur knapp verfehlte, hat der BGH daher eine ausreichende Darlegung des voluntativen Vorsatzelements verlangt.[55]

---

53 BGH NStZ 2013, 581.

54 Zu der Frage des Beweisens und Bewertens im Zusammenhang mit dem Tötungsvorsatz *Puppe*, NStZ 2014, 183; *dies.*, ZIS 2014, 66; BGH NStZ 2014, 35 m. Anm. *Schiemann*; sehr krit. dagegen aber *Fischer*, ZIS 2014, 97.

55 BGH NStZ 2015, 266 m. Anm. *Lohmann*, NStZ 2015, 580 ff.

9. Zusatz: Der dolus eventualis in der Klausurbearbeitung

In der Klausur sollte man sich für die Ernstnahmetheorie entscheiden und sie ggf. mit der Gefährdungstheorie absichern. Dies veranschaulicht folgender

Fall 9: A ist in die Wohnung des B eingedrungen, um diesen auszurauben. Plötzlich steht B vor ihm und schreit um Hilfe. Um B zum Schweigen zu bringen, würgt A ihn mit einem Lederriemen. Dem A ist der Tod des B höchst unlieb, ja sogar unangenehm und er hofft deshalb, dass dieser überleben werde. Allerdings erkennt er, dass B auch sterben kann, was er allerdings akzeptiert, um ungestört „weiterarbeiten" zu können. B stirbt. Hat sich A nach § 212 StGB strafbar gemacht? (**Lederriemen-Fall** nach BGHSt 7, 369; hier verkürzt wiedergegeben) **83**

Lösung: **84**

A könnte sich wegen **vorsätzlicher Tötung gem. § 212 StGB** strafbar gemacht haben.

I. Tatbestandsmäßigkeit

1. Objektiver Tatbestand

A hat den Tod des B kausal und objektiv zurechenbar verwirklicht.

2. Subjektiver Tatbestand

Dieser setzt bei § 212 StGB Vorsatz voraus, wobei dolus eventualis genügt. Problematisch ist vorliegend allerdings, ob A bedingt vorsätzlich oder nur bewusst fahrlässig im Hinblick auf den Todeserfolg gehandelt hat. Dieses Problem stellt sich vor allem deshalb, weil A der Tod des B unangenehm war.

a) Nach der sog. Wahrscheinlichkeitstheorie ist Vorsatz gegeben, wenn sich der Täter den Erfolg als wahrscheinlich vorstellt. Gegen sie ist allerdings einzuwenden, dass sich Wahrscheinlichkeitsvorstellungen des Täters kaum feststellen lassen und die Willensseite im subjektiven Tatbestand vernachlässigt wird.

b) Gleiches gilt für die Möglichkeitstheorie, für die entscheidend ist, dass der Täter den Erfolg für möglich hält. Denn auch sie beschreitet einen Weg der Rechtsunsicherheit und bedeutet im Übrigen einen Verzicht auf das voluntative Element im Vorsatz.

c) Den Gegenpol zu den eben genannten objektivierenden Theorien bildet die von der Rspr. vielfach verwendete Billigungstheorie, derzufolge Vorsatz zu bejahen ist, wenn der Täter den Erfolgseintritt billigend in Kauf nimmt, nicht dagegen, wenn er ihn innerlich ablehnt und auf sein Ausbleiben hofft. Danach wäre hier bedingter Vorsatz zu verneinen. Auch gegen diese Theorie spricht aber, dass sie zu wenig am Rechtsgüterschutz ausgerichtet ist.

d) Maßgeblich können nämlich keine Gefühle und Hoffnungen sein, sondern die Frage, ob sich der Täter für die mögliche Tatbestandsverwirklichung entschieden hat. Entscheidend muss daher sein, ob der Täter die Möglichkeit des Erfolgseintritts ernst nimmt und sich mit ihr abfindet. Nach einer so verstandenen Ernstnahmetheorie bzw. Einwilligungstheorie kann es nicht ausreichen, dass der Täter nur ins Blaue hinein auf einen günstigen Ausgang hofft. Entscheidend ist vielmehr, ob der Täter den Erfolg ernsthaft für möglich gehalten hat und dennoch in dessen Eintritt einwilligt, indem er ihn hinnimmt. So lag es aber im vorliegenden Fall, weil sich A mit dem tödlichen Ausgang abgefunden hatte. Er erkannte nämlich die konkrete Gefahr der Rechtsgutsverletzung und ließ sich dennoch nicht von seinem Verhalten abhalten.

A handelte daher mit bedingtem Tötungsvorsatz.

II. Rechtfertigungs- und Entschuldigungsgründe sind nicht ersichtlich.

Ergebnis: A ist strafbar wegen vorsätzlicher Tötung nach § 212 StGB.

Hinweis für die Klausurbearbeitung: *Eine ausführlichere Problembehandlung, als sie hier vorgetragen wurde, wird in der Klausur kaum jemals erforderlich, geschweige denn zeitlich möglich sein. Insbesondere wird man regelmäßig auf die Darstellung der (veralteten) Frank'schen Formel und der (doch sehr speziellen) Herzberg'schen Theorie von der unabgeschirmten Gefahr (vgl. Rn. 75 und 79) verzichten können, so wie dies auch hier in der Falllösung geschehen ist. Überhaupt sind eingehendere Ausführungen nur dann veranlasst, wenn der Sachverhalt schildert, dass dem Täter der Erfolg unangenehm, unlieb etc. ist. Wenn der Sachverhalt dagegen erwähnt, dass der Täter den Erfolg „billigend in Kauf genommen" hat oder „auf einen guten Ausgang gehofft hat", dürfte regelmäßig genügen, wenn in der Klausur auf die Billigungs- und Ernstnahmetheorie eingegangen wird.*

Achten Sie vor allem auf den Klausurtext: „Auf einen guten Ausgang hoffen", weist grundsätzlich auf dolus eventualis hin. „Auf einen guten Ausgang vertrauen" spricht dagegen für bewusste Fahrlässigkeit.

Beispiel 1: Überholt etwa A vor einer Bergkuppe, weil er auf seine Fahrkünste vertraut, und kommt es zu einem Zusammenstoß, bei der ein entgegenkommender Fahrer getötet wird, so spricht dies für bloße Fahrlässigkeit.

Beispiel 2: A versucht sich der Festnahme zu entziehen, indem er auf eine Polizeisperre zufährt. Polizist P kann im letzten Moment zur Seite springen. A war davon auch ausgegangen, weil er darauf vertraute, dass Polizisten auf das Beiseitespringen geschult werden.

Auch hier kann wohl keine versuchte Tötung angenommen werden, weil A angesichts der von ihm angenommenen besonderen Fähigkeiten der Polizisten auf einen guten Ausgang vertraute. Gegeben sind aber in einem solchen Fall regelmäßig § 315b StGB (Stichwort: Pervertierung des Straßenverkehrs durch Benutzung des Fahrzeugs als Angriffsmittel) und § 113 StGB!

III. Irrtumsprobleme im Rahmen des subjektiven Tatbestandes

Hier sind vor allem die folgenden Problembereiche klausurrelevant:

1. Wesentliche und unwesentliche Abweichungen vom Kausalverlauf

85 Nach der Rspr. schließen Abweichungen des tatsächlichen Tatgeschehens gegenüber dem vorgestellten Verlauf den Vorsatz dann nicht aus, wenn sich die Abweichung noch innerhalb der Grenzen des nach allgemeiner Lebenserfahrung Vorhersehbaren hält und keine andere Bewertung der Tat rechtfertigt (so **BGHSt 7, 329**).[56]

Beispiel: A will B durch mehrere Messerstiche töten. Nach Beginn des Zustechens wird A wegen eines Blutrausches unzurechnungsfähig. Er sticht insgesamt 50-mal auf B ein, woran er bei Tatbeginn nicht gedacht hatte (Blutrausch-Fall).[57]

BGH: Der Angeklagte wollte B töten, ihr also die erforderliche Anzahl von Messerstichen beibringen, damit sie stirbt. Der wirkliche Tatverlauf entsprach dem und der Eintritt der Unzurechnungsfähigkeit ist daher eine für den Vorsatz bedeutungslose unwesentliche Abweichung vom vorgestellten Kausalverlauf.

Besondere Probleme werfen Kausalverlaufsabweichungen im Rahmen sog. mehraktiger Geschehen auf. Das zeigt folgender

56 Krit. zu dieser Definition *Köhler*, AT, S. 153 f.
57 BGHSt 23, 133; dazu auch *Puppe*, AT/1, S. 357.

Fall 10: A würgte den B, bis dieser regungslos dalag. Danach wollte er die Spuren der Tat beseitigen und warf den B in eine Jauchegrube. Tatsächlich lebte B noch und ertrank in der Jauche. Strafbarkeit des A? (**Jauchegruben-Fall** nach BGHSt 14, 193, hier leicht verändert und verkürzt wiedergegeben)[58] **86**

Lösung: **87**

Vorüberlegung zum Aufbau, die aber der Klausurlösung keinesfalls vorangestellt werden darf, da der Aufbau stets für sich zu sprechen hat (!): Hier muss man sich von vornherein über die Möglichkeit im Klaren sein, dass eine unwesentliche Abweichung vom Kausalverlauf (Sterben durch Ertrinken statt durch Würgen) gegeben sein könnte. Wenn dies der Fall ist, liegt nur eine einzige Tötung vor, die dann durch das Würgen ins Werk gesetzt und durch das Hineinwerfen in die Jauchegrube abgeschlossen worden wäre. Will man dieses Ergebnis vertreten, so muss man auch den Aufbau im Sinne einer Einheit gestalten. Der Kopfsatz lautet dann also:

I. In Betracht kommt eine Strafbarkeit wegen **vorsätzlicher Tötung nach § 212 StGB** durch das Würgen des B.

1. Tatbestandsmäßigkeit

a) Objektiver Tatbestand

(1) Erfolg und Kausalität sind zu bejahen, da das Würgen nicht hinweggedacht werden kann, ohne dass das Opfer schließlich als vermeintliche Leiche in der Jauchegrube versenkt worden wäre.

(2) Zweifel bestehen allerdings hinsichtlich der objektiven Zurechnung, da es nicht die (typische) Gefahr des Würgens ist, dass man ertrinkt. Dementsprechend wäre es durchaus denkbar, im Würgen nur den Versuch einer Tötung und im späteren Versenken des B in der Jauchegrube eine in Tatmehrheit zu diesem Tötungsversuch stehende fahrlässige Tötung zu erblicken.[59]

Indessen bejaht die h. M. die objektive Zurechnung, weil der Täter die Gefahr einer irrtümlichen Annahme des Todes und der daraus resultierenden tatsächlich tödlichen Verdeckungshandlung schon durch das Würgen mitgeschaffen hat[60], zumal nicht nur die Verwechslung von Bewusstlosigkeit und Tod, sondern auch die einer Tötung nachfolgende Beseitigung der (vermeintlichen) Leiche durchaus noch als typisch bezeichnet werden kann.

b) Subjektiver Tatbestand

Fraglich ist hier, ob eine für den Vorsatz beachtliche wesentliche Abweichung vom Kausalverlauf vorlag, da A zwar die causa vorsätzlich gesetzt, den konkreten Todesverlauf aber nicht in sein Bewusstsein aufgenommen hatte.

Hier wurde früher die Rechtsfigur des dolus generalis auch auf zweiaktige Geschehen der vorliegenden Art übertragen und auf diese Weise Vorsatz für das Gesamtgeschehen angenommen. Dies ist jedoch abzulehnen, da von einem dolus generalis nur dann gesprochen werden kann, wenn auch die Zweithandlung noch vom Vorsatz umspannt wird.

Dennoch hat der BGH vorliegend eine unwesentliche Abweichung angenommen, weil sich die irrtümliche Annahme einer bereits erfolgten Tötung und die sich daran anschließende

58 Zusammenfassend zu diesem Fall *Jäger*, Schroeder-FS, 2006, S. 252 ff.; *Valerius*, JA 2006, 261 ff.

59 So im Erg. etwa *Hruschka*, JuS 1982, 319 f.; *Kühl*, AT, § 13, Rn. 48; *Maiwald*, ZStW 78 (1966), 30 ff.; *Maurach/Zipf*, AT/1, 8. Aufl., 23/33 ff.; *Schmidhäuser*, StuB AT, 10/46; *Otto*, AT, § 7, Rn. 91. Vgl. auch *Jäger*, Schroeder-FS, 2006, S. 241 ff.

60 Vgl. dazu etwa NK-*Puppe*, § 16, Rn. 81 ff.; *Roxin*, AT/I, § 12, Rn. 177; SK-*Rudolphi/Stein*, § 16, Rn. 38; *Stratenwerth/Kuhlen*, AT/1, § 8, Rn. 93; *Wolter*, ZStW 89 (1977), 687; allerdings z.T. nur im Rahmen des Vorsatzes problematisiert und z. T. nur für den Fall, dass die Beseitigungshandlung von Anfang an geplant war.

Beseitigungshandlung noch im Rahmen des nach allgemeiner Lebenserfahrung Vorhersehbaren bewegten und keine andere Bewertung der Tat rechtfertigten.[61]
Nach anderer Auffassung soll dagegen gerade deshalb, weil die Zweithandlung vom Vorsatz nicht mehr umfasst war, eine wesentliche Abweichung anzunehmen sein, da dem Täter anderenfalls „ein schon erloschener Vorsatz unterstellt“[62] werde. Wenn nicht mangels objektiver Zurechenbarkeit (s. o.), so soll daher in Fällen der vorliegenden Art wenigstens wegen fehlenden Vorsatzes ein Tötungsversuch durch Würgen mit nachfolgender realkonkurrierender fahrlässiger Tötung durch das Versenken in der Jauchegrube anzunehmen sein.[63]
Eine vermittelnde Auffassung, die zwischen diesen Extremstandpunkten hindurchsteuert, hat *Roxin* entwickelt. Danach ist entscheidend, ob der Täter bei der Ersthandlung mit direktem Vorsatz oder nur mit dolus eventualis gehandelt hat.[64] Im ersten Fall bedeutet der Tod durch Ertrinken eine Planverwirklichung, weil der Täter das erreicht, was er wollte, sodass eine für den Vorsatz unwesentliche Abweichung anzunehmen ist. Im zweiten Fall dagegen ist die Abweichung wesentlich, weil schließlich ein Erfolg bewirkt wird, den der Täter nicht „geplant“ hat, sondern „nur wohl oder übel in Kauf nahm“.[65]
Gegen diese Auffassung spricht jedoch, dass sich die Frage der Wesentlichkeit der Abweichung wohl nicht nach der Vorsatzart richten kann.[66] Folgt man daher dem BGH, so ist § 212 StGB tatbestandlich erfüllt.

Hinweis für die Klausurbearbeitung: *Selbstverständlich sind hier alle genannten Auffassungen vertretbar; für die Annahme von Tötungsversuch einerseits und fahrlässiger Tötung andererseits dürfte sogar sprechen, dass die Zweithandlung in den geschilderten Fällen tatsächlich nicht mehr von einem Vorsatz getragen ist und die Vorsatzzurechnung aus der Ersthandlung eher gekünstelt wirkt. Für die Anwendung der BGH-Auffassung in der Klausur kann daher möglicherweise nur die Tatsache sprechen, dass es sich hierbei um die (noch) h. M. handelt.*

2. Rechtfertigungs- und Schuldausschließungsgründe sind nicht ersichtlich.
A ist daher strafbar wegen vorsätzlicher Tötung nach § 212 StGB.

II. Eine Strafbarkeit wegen **Mordes nach § 211 StGB** kommt darüber hinaus mangels entsprechender Sachverhaltsangaben nicht in Betracht.

III. Die durch das Würgen mitverwirklichte **gefährliche Körperverletzung nach §§ 223, 224 I Nr. 5 StGB** tritt hinter der vollendeten Tötung als subsidiär zurück.

Eine Sonderkonstellation des mehraktigen Geschehens bildet folgender aktueller

87a **Fall 11:** A und sein Freund, das spätere Tatopfer L. M., waren am Abend des Tattags mit dem Fahrzeug des A unterwegs. Im Laufe der Fahrt hielten sie an einer Scheune an. Möglich ist, dass sich zwischen beiden eine kurze verbale Auseinandersetzung entwickelte, in deren Verlauf L. M. u. a. äußerte, dass A „kein Mädchen an den Start bekomme“. Zu darüber hinaus gehenden Aggressivitäten oder gar einer körperlichen Auseinandersetzung kam es aber nicht. L. M. nahm daraufhin sein Klappmesser und begann, sich damit im Bereich eines in dem Scheunentor wenige Zentimeter über dem Erdboden vorhandenen Lochs zu schaffen zu machen. Dabei kniete oder hockte er sich hin und drehte dem A den Rücken zu. A entschloss sich spätestens jetzt, L. M. zu töten, wobei ihm die Arg- und

61 Zust. *B. Heinrich*, AT, Rn. 1098.
62 *Maurach/Zipf*, AT/1, 8. Aufl., 23/25.
63 *Freund*, AT, § 7, Rn. 143; *Gropp*, AT, § 4, Rn. 132; *Kühl*, AT, § 13, Rn. 48; *Hruschka*, JuS 1982, 317, 319.
64 *Roxin*, AT/I, § 12, Rn. 177.
65 Näher dazu *Roxin*, AT/I, § 12, Rn. 177.
66 So jedenfalls BGHSt 14, 193; dagegen *Roxin*, AT/I, § 12, Rn. 178.

Wehrlosigkeit des Opfers bewusst war. A stellte sich hinter L. M., holte mit einer mitgebrachten, schweren Metallstange aus und schlug dem Opfer in Tötungsabsicht mit voller Wucht drei Mal auf den Kopf, wobei L. M. bereits durch den ersten Schlag bewusstlos wurde. Durch die Schläge auf den Kopf erlitt das Opfer Verletzungen, die mit Sicherheit nach einiger Zeit zu dessen Tod geführt hätten. In der Annahme, L. M. sei durch die Schläge bereits getötet worden oder werde in kurzer Zeit versterben, verließ A den Tatort. Da A den Verdacht, L. M. erschlagen zu haben, von sich weisen wollte, fasste er aber den Entschluss, zurück zur Scheune zu fahren, die Polizei zu informieren und wahrheitswidrig anzugeben, er habe L. M. auf dessen Bitte allein an der Feldscheune absetzen sollen und ihn dann dort tot aufgefunden, als er ihn wieder habe abholen wollen. Als A wieder zu dem unverändert am Boden liegenden Tatopfer kam, stellte er aber fest, dass L. M. wider Erwarten noch nicht verstorben war. Er beschloss nunmehr, ihn endgültig zu töten. Mit einem aus seinem Fahrzeug herbeigeholten Messer schnitt er dem nach wie vor bewusstlosen Opfer den Hals über eine Länge von 11.5 cm bis zur Wirbelsäule durch. L. M. verstarb schließlich infolge der Halsschnitte an einem zentralen Hirnversagen in Kombination mit Verbluten. Später ließ sich A unwiderlegt dahingehend ein, dass er bei der Vornahme der Schnitte davon ausgegangen war, dass das Opfer auch bereits angesichts der Schläge nicht mehr ins Bewusstsein hätte zurückgeholt werden können (**Scheunenmord-Fall** nach BGH NStZ 2016, 721[67])

Lösung: **87b**

Vorüberlegung zum Aufbau, die hier ebenfalls in der Klausur keinesfalls vorangestellt werden dürfte: Da es hier – anders als im Jauchegruben-Fall – nicht ohne Weiteres möglich ist, alle Probleme inzident in einer Gesamtprüfung des vorsätzlichen Mordes unterzubringen, dürfte es sich anbieten, zunächst einen Mord durch die unmittelbar zum Tode führenden Messerschnitte zu prüfen und erst im Anschluss auf den möglichen Mord durch die Schläge auf den Kopf einzugehen. Dies hat den Vorteil, dass man herausarbeiten kann, weshalb es mit Bezug auf die Messerschnitte schwierig ist, einen Mord zu bejahen, und daher zu prüfen ist, ob ein einheitlicher Mord durch die Schläge auf den Kopf zu bejahen ist. Die Prüfungsreihenfolge wäre hier also wie folgt:

I. In Betracht kommt eine Strafbarkeit des A wegen *Mordes nach §§ 211, 212 StGB* durch die unmittelbar zum Tode führenden Halsschnitte.

1. Tatbestandsmäßigkeit

a) Hier kann zunächst kein Zweifel daran bestehen, dass A den Tod des B kausal und zurechenbar sowie vorsätzlich bewirkt hat.

b) Fraglich ist jedoch, ob dem A mit Bezug auf die Halsschnitte auch ein Mord vorgeworfen werden kann.

aa) Denkbar wäre zunächst die Annahme von Heimtücke. Diese scheidet jedoch aus, da das Opfer zum Zeitpunkt der Halsschnitte bereits bewusstlos war und der BGH Heimtücke bei einem ohnmächtigen Opfer in ständiger Rechtsprechung verneint.[68]

bb) Denkbar wäre jedoch die Annahme des subjektiven Mordmerkmals der Verdeckungsabsicht. Jedoch muss auch diese verneint werden, da aus Sicht des A nicht zu befürchten war (vgl. seine Einlassung), dass das Tatopfer wieder zu Bewusstsein kommen werde und von den Schlägen des A würde berichten können. Darüber hinaus verlangt Verdeckungsabsicht, dass der Täter mit dem Ziel handelt, eine „andere“ Straftat zu verdecken. Sofern ein enger zeitlich-räumlicher Zusammenhang besteht, wäre dies vorliegend zweifelhaft, da der Täter nur die bereits begonnene Tötungstat in Verdeckungsabsicht fortgeführt hätte. Dies

67 M. Anm. *Eisele*, JuS 2016, 368 f.; *Jäger*, JA 2016, 548 ff.
68 BGHSt 23, 119 f.; BGHSt 32, 382 ff.; BGH StV 1998, 545; NStZ 1997, 491 m. w. N.

wäre dann aber die gleiche und keine „andere“ Tat. Eine in der Literatur vorfindliche Auffassung lässt zwar bei einer Tatverschleierung mit gleicher Angriffsrichtung die Annahme eines niedrigen Beweggrunds (gewissermaßen als Auffangtatbestand) zu. Allerdings spricht hiergegen, dass der Gesetzgeber die Verdeckungsabsicht gerade in Bezug auf eine „andere“ Straftat ausdrücklich geregelt hat und daher ein Rückgriff auf das allgemeine Mordmerkmal des niedrigen Beweggrundes zumindest fraglich erscheint. Verneint man daher das Vorliegen von Mordmerkmalen mit Blick auf den unmittelbar tödlichen Akt der Halsschnitte, so scheidet ein Mord durch die Zufügung der Halsschnitte aus und es ist diesbezüglich allein ein Totschlag nach § 212 StGB zu bejahen.

II. In Betracht kommt jedoch eine Strafbarkeit wegen **Mordes nach §§ 211, 212 StGB** durch die Schläge auf den Kopf, an die sich die späteren, unmittelbar tödlichen Halsschnitte anschlossen.

1. Tatbestandsmäßigkeit

a) Objektiver Tatbestand

aa) Erfolg und Kausalität sind zu bejahen, da die Schläge nicht hinweggedacht werden können, ohne dass A dem bereits bewusstlos am Boden liegenden Opfer schließlich die konkret tödlichen Halsschnitte zugefügt hätte. Insoweit sind die Schläge als Verursachungshandlung für die späteren Halsschnitte zu begreifen.

bb) Hinsichtlich der objektiven Zurechnung kann man ähnlich wie im Jauchegrubenfall davon ausgehen, dass es die typische mit den Kopfschlägen verbundene Gefahr bildet, dass der Täter – sofern die Ersthandlung nicht bereits zum Tode geführt hat – an dieses vorausgegangene Geschehen anknüpft, um sein Opfer endgültig zu töten.[69]

cc) Auch liegt mit Blick auf die Schläge als objektives Mordmerkmal Heimtücke vor, da der Täter bei den die späteren Halsschnitte verursachenden Schlägen ersichtlich die auf Arglosigkeit beruhende Wehrlosigkeit des Opfers in feindlicher Willensrichtung ausgenutzt hat.

b) Subjektiver Tatbestand

Fraglich ist allerdings, ob eine für den Vorsatz beachtliche wesentliche Abweichung vom Kausalverlauf gegeben ist. Denkbar erscheint dies, weil A zum Zeitpunkt der Verursachungshandlung (Schläge auf den Hinterkopf) den konkreten Todesverlauf (spätere Zufügung der Halsschnitte) nicht in sein Bewusstsein aufgenommen hatte.

aa) Der BGH hat eine solche wesentliche Abweichung vom vorgestellten Kausalverlauf jedoch abgelehnt, indem er das Zweitgeschehen (endgültige Tötung des Opfers) als nach allgemeiner Lebenserfahrung vorhersehbar betrachtete.

bb) *Dencker* hat deshalb für Konstellationen der vorliegenden Art den Vorschlag unterbreitet, nur auf die Ersthandlung abzustellen und den Todesbegriff neu zu definieren als das endgültige Abschneiden einer Chance zu leben.[70] Danach wäre der Tod hier schon nach den ersten heimtückisch gesetzten Schlägen eingetreten, da das Opfer durch diese bereits dem Tode geweiht war. Auf das Durchschneiden des Halses käme es daher auch nach dieser Auffassung nicht mehr an.

cc) Stellungnahme: Weder die Auffassung des BGH noch die Lösung von *Dencker* können überzeugen. Kritisch ist gegenüber der Auffassung des BGH einzuwenden, dass man einen Zweitakt nicht als vom Vorsatz umfasst betrachten kann, für dessen Verwirklichung der Täter später selbst noch einen weiteren Tötungsentschluss fassen muss. Hierin unterscheidet sich die vorliegende Konstellation vom Jauchegruben-Fall, in dem der Täter beim Zweitakt gerade keinen neuerlichen Tötungsvorsatz mehr gefasst hat. Aber auch die Lösung von *Dencker* ist abzulehnen, weil sie dazu führen müsste, einen Menschen, bei dem noch Vitalfunktionen feststellbar sind, als tot zu bezeichnen. Dies hätte zur Konsequenz, dass die Organentnahme von im Sterben befindlichen Spendern straflos möglich wäre. Richtiger

69 So im Ergebnis auch BGH NStZ 2016, 721 ff.
70 Vgl. *Dencker*, NStZ 1992, 311 ff.

dürfte es sein, im vorliegenden Fall Erst- und Zweitakt als Einheit zu betrachten. Insoweit wäre die mit Heimtücke begonnene Tötung (durch die Schläge) nur als mit anderen Mitteln (durch die Halsschnitte) zu Ende geführt zu betrachten. Denn in Wahrheit handelt es sich vorliegend um eine einheitliche Tat, sodass der Fall anders liegt als der Jauchegruben-Fall. Vorliegend ist nicht die Verursachung einer weiteren (anderen) Tat, sondern das eigenhändige Zuendeführen der ursprünglichen (gleichen) Tat zu bejahen. Dies ist auch der Grund, weshalb es an einer Verdeckungsabsicht fehlt; denn eine Zäsur führt nicht ohne Weiteres zu einer Bewertung der Ersthandlung als andere Tat.[71] Gerade die Einheitlichkeit muss zur Bejahung einer einheitlichen Heimtücketötung Anlass geben. Der Angeklagte führte daher mit den Halsschnitten nur die durch die Schläge begonnene identische heimtückische Tötung zu Ende.

Ergebnis: A hat sich wegen vollendeten Mordes nach §§ 211, 212 StGB strafbar gemacht. Nach Auffassung des BGH liegt der Grund dafür darin, dass A durch die heimtückischen Schläge den späteren Tod durch die Halsschnitte verursacht hat. Nach hier vertretener Auffassung liegt dagegen eine einheitliche heimtückische Tötung vor, die mit den Schlägen begann und durch die Halsschnitte nur zu Ende geführt wurde. Die kurzfristige Zäsur durch das Wegfahren ändert hieran nichts. Da beide Akte dieser einheitlichen Tötung vom Vorsatz getragen waren, kommt es danach auf die Frage der unwesentlichen Abweichung nicht an.

III. Die **gleichzeitig verwirklichten §§ 223, 224 StGB** treten hinter §§ 211, 212 StGB im Wege der Subsidiarität zurück.

2. Aberratio ictus und error in persona vel obiecto

Ein weiteres im Rahmen des Vorsatzes immer wieder auftauchendes Problem stellt die Abgrenzung der aberratio ictus vom error in persona vel obiecto dar.[72] Veranschaulicht wird dieser Unterschied besonders eindringlich durch die beiden folgenden berühmten Fälle: 88

Fall 12: Die A will ihren Ehemann B umbringen, indem sie ihm ein vergiftetes Enzianfläschchen mit zur Arbeit gibt, auf das sie schreibt: „Schön selber trinken." Der Kollege C fragt den B, ob er einen Schluck nehmen dürfe, was ihm B gestattet. Seine Aufdringlichkeit bezahlt C mit dem Leben. Strafbarkeit der A? **(Enzianfläschchen-Fall[73])** 89

Lösung: 90

I. In Betracht kommt eine Strafbarkeit der A nach **§ 212 StGB wegen vorsätzlicher Tötung** des C.

1. Der tatbestandliche Erfolg – Tod des C – ist kausal und zurechenbar eingetreten.

2. Subjektiv setzt § 212 StGB aber auch Vorsatz hinsichtlich der Tötung voraus.

a) Dieser wäre hier jedenfalls dann zu bejahen, wenn die A bedingten Vorsatz auch hinsichtlich des Todes eines Kollegen gehabt hätte. Dies dürfte vorliegend aber deshalb zu verneinen sein, weil sie durch die Aufforderung „Schön selber trinken" sogar Vorkehrungen

71 So bereits BGH NStZ 2015, 458 m. Anm. *Eisele*, JuS 2015, 754; *Jäger*, JA 2015, 711.

72 Lehrreich *El-Ghazi*, JuS 2016, 303 ff.; vgl. auch *Kindhäuser*, AT, § 27, Rn. 40 ff.; *Lubig*, Jura 2006, 655 ff.; v. Heintschel-Heinegg/*Kudlich*, § 16, Rn. 8 f.

73 Der Fall findet sich in zahlreichen Lehrbüchern: Vgl. nur *Jescheck/Weigend*, AT, 5. Aufl., § 29 V 6c (*Jescheck* darf wohl – soweit ersichtlich – als Erfinder dieses Falles gelten); zu lesen ist er aber auch bei *Otto*, AT, 6. Aufl., § 7, Rn. 92.

dagegen getroffen hatte, dass ein anderer von dem Schnaps trinkt. Es ist daher zu ihren Gunsten davon auszugehen, dass sie darauf vertraute, ihr Mann werde ihrem Hinweis folgen, weshalb nicht von einem bedingten (generellen) Vorsatz hinsichtlich der Tötung von Kollegen auszugehen ist.[74]

b) Fraglich ist allerdings, ob die Tötung deshalb als vorsätzlich betrachtet werden kann, weil A immerhin einen Menschen töten wollte und dies letztlich auch getan hat, auch wenn sie nicht den C, sondern ihren Mann B als Opfer vorgesehen hatte.
Was die tatsächliche Einordnung dieses Irrtums anbelangt, so lag insoweit nicht eine Objektsverwechselung (error in persona vel obiecto) vor, bei dem der Täter lediglich über die Identität des Angriffsziels irrt, sondern das Fehlgehen der Tat beruhte im vorliegenden Fall vielmehr darauf, dass die A zwar das korrekte Ziel ins Auge gefasst hatte, der Angriff aber nicht nach ihrer Vorstellung verlief und dadurch ein anderes Objekt als das ins Visier genommene getroffen wurde (aberratio ictus).

Hinweis für die Klausurbearbeitung: *Zwar könnte man auch lediglich darauf hinweisen, dass es sich um eine aberratio ictus handelt; jedoch empfiehlt es sich durchaus an dieser Stelle, zu zeigen, dass man zu einer konsequenten Einordnung der Irrtumsfälle und zu einer Abgrenzung zwischen error in persona und aberratio ictus in der Lage ist.*

Fraglich ist, welche rechtlichen Konsequenzen aus dieser aberratio ictus für den Vorsatz zu ziehen sind.
Denkbar wäre, die Abweichung für unbeachtlich zu erklären, indem man davon ausgeht, dass derjenige, der einen (bestimmten) Menschen töten will und – infolge der Abirrung – einen (anderen) Menschen tötet, den objektiven und subjektiven Tatbestand des Totschlages erfüllt hat, weil er ein gleichwertiges – dem Tatbestandsmerkmal Mensch unterfallendes – Subjekt getötet hat (sog. Gleichwertigkeitstheorie).[75]
Eine derartige Sicht wird jedoch dem Wesen des Vorsatzes nicht gerecht. Vorsatz ist bei den Erfolgsdelikten als „Kausalverläufe steuernder Verwirklichungswille“[76] zu verstehen. Im Enzianfläschchenfall bezog sich dieser allein auf die Person des B. „Wer demjenigen, der ein bestimmtes Tatobjekt verletzen will, unterstellt, er habe damit auch den Willen, überhaupt ein (beliebiges) Objekt dieser Objektsgattung zu verletzen, arbeitet mit einer dem Schuldprinzip widerstreitenden Fiktion, hinter der das Bild eines nicht vorhandenen dolus generalis aufscheint. Man darf nicht aus einem Versuch eine Vollendung machen, indem man den Versuch durch den Erfolg einer Fahrlässigkeitstat komplettiert.“[77] Die Person des C hatte die A nämlich im Sinne einer konkreten Gefährdung nicht in ihr Bewusstsein aufgenommen.

---

74 In einem Fall, in dem ein solcher bedingter Vorsatz hinsichtlich der Tötung des C angenommen werden könnte, würde sich freilich die weitere Frage stellen, ob dann auch noch eine versuchte Tötung des B zu bejahen wäre (grds. bejahend *Roxin*, AT/I, § 12, Rn. 164). Ich meine jedoch, dass dies davon abhängt, ob ein Tatmittel eingesetzt wird, das beide treffen kann oder nur einen von beiden. Bei einem Schuss auf B etwa darf man A keinen doppelten Vorsatz unterstellen, wenn sie bedingt vorsätzlich in Kauf nimmt, den daneben stehenden C zu treffen (ihr Vorsatz verwirklicht sich dann in der Tötung des tatsächlichen Opfers und wird dadurch auch aufgebraucht; a. A. *Roxin* vom Standpunkt der Planverwirklichungslehre – aber fraglich, denn der Täter rechnet ja gerade damit, dass sich sein Plan nicht verwirklicht). Im hier vorliegenden Giftfall dagegen ist bei einem langsam wirkenden Gift durchaus denkbar, dass neben der bedingt vorsätzlichen Tötung auch noch ein Versuch hinsichtlich der Tötung des B angenommen werden kann, weil B dann mangels Erkennbarkeit der tödlichen Wirkung noch im Anschluss an C ebenfalls aus der Flasche trinken könnte. Ginge As Vorstellung auf einen derartigen Verlauf, so wäre die Annahme eines zusätzlichen Versuchs durchaus konsequent. Vgl. zum dolus alternativus im Übrigen näher oben Rn. 71.

75 *Daleman/Heuchemer*, JA 2004, 461 ff.; *Heuchemer*, JA 2005, 275; in diesem Sinne *Noll*, ZStW 77 (1965), 132 f.; *Kuhlen*, Irrtum, 1987, 479 ff.; *Löwenheim*, JuS 1966, 310; *Puppe*, GA 1981, 1, 20; *dies.*, JZ 1989, 730 ff.; *dies.*, NK, § 16, Rn. 115 ff.; *Welzel*, Strafrecht, § 13 I 3 d.

76 *Otto*, AT, § 7, Rn. 94.

77 *Hillenkamp*, 32 Probleme aus dem Strafrecht AT, 9. Problem IV, 2. und 3. Argument.

Zwar wird in der Lit. teilweise auch angenommen, dass die Rechtsfigur der aberratio ictus in sog. Fernwirkungsfällen ausscheide.[78] Jedoch ist dies in dieser Allgemeingültigkeit und jedenfalls dann abzulehnen, wenn das Geschehen – wie hier – auf ein konkretes Opfer hin gesteuert wird. Deshalb liegt eine rechtlich bedeutsame Abirrung vor (aberratio ictus), die den Vorsatz entfallen lässt.[79]

Ergebnis: A ist nicht wegen vorsätzlicher Tötung an C strafbar, sodass auf Mordmerkmale an dieser Stelle nicht mehr eingegangen werden muss.

Hinweis: *Zu beachten ist allerdings, dass der BGH*[80] *in Fernwirkungsfällen jedenfalls bei gegenständlich vermittelter Individualisierung des Tatopfers eine aberratio ictus ablehnt. Im konkreten Fall wollte A den B durch Anbringung einer Bombe an dessen Wagen töten. Er verwechselte jedoch den Wagen des C mit dem des B und heftete die Bombe daher an Cs Wagen. Der BGH hat hier in Bezug auf die Tötung des C einen unbeachtlichen error in persona angenommen, weil (über den Wagen) eine gegenständlich vermittelte Individualisierung stattgefunden habe. Die Entscheidung wirft allerdings so viele Täterschafts- und Teilnahmeprobleme auf, dass sie erst später als Abschlussfall zu Täterschaft und Teilnahme ausführl. behandelt werden soll (vgl. den Sprengfallen-Fall, Rn. 274 f.).*

II. Zu prüfen ist aber Strafbarkeit der A wegen **fahrlässiger Tötung nach § 222 StGB** an C.

1. Der Erfolg ist kausal durch die Handlung der A (Mitgabe des Giftes an B) eingetreten, weil erst dadurch ermöglicht wurde, dass der Kollege C an das Gift gelangen konnte.

2. A handelte durch das Aushändigen des Gifts objektiv sorgfaltspflichtwidrig. Dabei war die Vergiftung des C auch objektiv vorhersehbar, da eine Weitergabe des Schnapses an Kollegen zum Probieren nicht außerhalb der Lebenserfahrung liegt. Der Hinweis auf der Flasche „Schön selber trinken“ ändert hieran nichts, sondern kann allenfalls einen bedingten Vorsatz beseitigen (s. o.).

3. Die Sorgfaltspflichtverletzung hat sich im Erfolg objektiv zurechenbar verwirklicht.

4. Rechtfertigungsgründe sind nicht ersichtlich.

5. Schließlich ist auch die Fahrlässigkeitsschuld der A zu bejahen, da davon auszugehen ist, dass sie subjektiv sorgfaltspflichtwidrig handelte und nach ihren persönlichen Fähigkeiten in der Lage war, den Erfolg vorherzusehen.

Ergebnis: A hat sich wegen fahrlässiger Tötung des C strafbar gemacht.

III. Verwirklicht sein könnte ferner ein **versuchter Mord nach §§ 211, 212, 22, 23 I StGB** an B.

1. Nichtvollendung und Strafbarkeit des Versuchs (vgl. §§ 12 II, 23 I StGB) sind unproblematisch gegeben.

2. Die A hatte den Tatentschluss, ihren Ehemann B zu töten. Dabei hatte sie auch Vorsatz hinsichtlich des Mordmerkmals „Heimtücke“, da sie die auf Arglosigkeit beruhende Wehrlosigkeit des B in feindlicher Willensrichtung ausnutzen wollte. Dies gilt unabhängig davon, ob man mit einem Teil der Lit. zusätzlich einen verwerflichen Vertrauensbruch fordert, der im Verhältnis von Ehegatten jedenfalls zu bejahen wäre.

3. Fraglich ist allerdings, ob die B auch unmittelbar zur Verwirklichung des Tatbestandes angesetzt hat.
Vorliegend hat A dadurch, dass sie dem B das vergiftete Fläschchen mit auf den Weg gab, aus ihrer Sicht alles Erforderliche getan, um den Erfolg zu bewirken. Wann in einem solchen Fall der Versuch beginnt, ist umstritten.

---

78 Vgl. zum Ganzen *Wessels/Beulke/Satzger*, AT, Rn. 255; *Geppert*, Jura 1982, 163; *Toepel*, JA 1996, 886; *ders.*, JA 1997, 556, 948; vgl. auch *Kühl*, AT, § 13, Rn. 27.

79 Wie hier i. E. auch *Rath*, JA 2005, 709 ff.

80 BGH NStZ 1998, 295.

Nach einer Auffassung beginnt dieser bereits dann, wenn der Täter aus seiner Sicht alles Erforderliche getan hat, damit der Erfolg bei ungehindertem Verlauf einzutreten vermag.[81] Dies wäre hier schon bei Übergabe des Getränks an B der Fall gewesen.
Nach anderer Meinung beginnt der Versuch erst, wenn das Opfer (nach der Vorstellung des Täters) unmittelbar in den Wirkungskreis des Tatmittels tritt, sodass es in engem zeitlich-räumlichem Zusammenhang zu einem Schadenseintritt kommen kann.[82] Vorliegend wäre dieser Zeitpunkt schwer zu bestimmen, da B sich selbst überhaupt nicht zum Trinken anschickte und A keine Kenntnis davon haben konnte, wann er dies konkret tun würde.
Die h. M. versagt daher zu Recht beiden Ansichten die Gefolgschaft. Die erste Auffassung bestimmt den Zeitpunkt des Versuchsbeginns zu früh, weil von einer Gefährdung im Sinne eines unmittelbaren Ansetzens bei der Übergabe noch nicht gesprochen werden kann. Und die zweite Auffassung führt zu unüberwindbaren Abgrenzungsschwierigkeiten, weil sich der Täter vielfach vom Zeitpunkt des Eintretens des Opfers in den Wirkungskreis des Tatmittels keine Vorstellungen machen kann oder will. Die überwiegende differenzierende Ansicht geht daher zutreffend davon aus, dass der Versuch jedenfalls dann beginnt, wenn der Täter die Herrschaft über das Geschehen aus der Hand gibt bzw. bei In-Händen-Halten des Geschehens mit dem Eintritt der unmittelbaren Opfergefährdung.[83]
Vorliegend hat der Versuch daher begonnen, als B sich mit dem Giftfläschchen den weiteren Einwirkungsmöglichkeiten der A für diese erkennbar entzog.

4. Rechtfertigungs- und Schuldausschließungsgründe sind nicht ersichtlich.

5. Auch liefert der Sachverhalt für einen strafbefreienden Rücktritt als persönlichen Strafaufhebungsgrund keinerlei Grundlage.

Ergebnis: A ist strafbar wegen versuchten Mordes gem. §§ 211, 212, 22, 23 I StGB an B. Er steht zur fahrlässigen Tötung des C in Tateinheit, § 52 StGB.

Die Konstellation des error in persona vel obiecto verdeutlicht dagegen folgender berühmte und historische

91 **Fall 13:** Der Dienstherr Rosahl trug dem Knecht Rose auf, den Schliebe, der ein unliebsamer Gläubiger des Rosahl war, zu erschießen. Rose legte sich mit einem Gewehr auf die Lauer, hielt in der Dämmerung den Harnisch für Schliebe und erschoss deshalb Harnisch. Strafbarkeit des Rose? (**Rose-Rosahl-Fall I** nach Preußisches Obertribunal, GA 1859, 7 ff., ganz ähnl. BGHSt 37, 214)

92 **Lösung:**

I. In Betracht kommt eine Strafbarkeit wegen **Totschlags nach § 212 StGB** an Harnisch.

1. Der **objektive Tatbestand** ist erfüllt, da Rose den Tod des Harnisch kausal und zurechenbar durch den auf ihn abgegebenen Schuss bewirkt hat.

2. Problematisch ist allerdings die **subjektive Tatseite**, da Rose den Harnisch in der Dämmerung mit Schliebe verwechselt hat, sodass es an der Vorsätzlichkeit der Tötung fehlen könnte.

---

81 Vgl. zu deren Vertretern *Hillenkamp*, 32 Probleme aus dem Strafrecht AT, 15. Problem, S. 96 ff.

82 Vgl. dazu *Kühl*, AT, § 20, Rn. 91; *Rath*, JuS 1999, 143; *Krack*, ZStW 110 (1998), 611, 625; *Küpper*, GA 1998, 519, 521.

83 Vgl. *Wessels/Beulke/Satzger*, AT, Rn. 613 f.; BGH NStZ 86, 547; siehe im Übrigen auch zu w. Nachw. *Hillenkamp*, 32 Probleme aus dem Strafrecht AT, 15. Problem, S. 94 ff.

Indessen bezog sich der „Kausalverläufe steuernde Verwirklichungswille“[84] des Rose vorliegend genau auf die ins Auge gefasste Person des Harnisch. § 16 StGB setzt nicht voraus, dass der Täter die Identität des Opfers erkennt. Vielmehr genügt, dass er die Umstände, die den Tatbestand verwirklichen, in sein Bewusstsein aufgenommen hat. Dies aber ist hier der Fall, da sich die Vorstellung des Rose auf die konkret ins Auge gefasste und tatsächlich getötete Person des Harnisch bezog. Die bloße Identitätsabweichung stellt demgegenüber lediglich einen unbeachtlichen Motivirrtum dar, solange das ins Auge gefasste Objekt und das Objekt der ursprünglichen Tatplanung rechtlich gleichwertig sind. Da sich Rose der von § 212 StGB vorausgesetzten „Menschqualität“ des ins Ziel genommenen Objekts bewusst war, ist ihm dessen Tötung daher zum Vorsatz zuzurechnen (unbeachtlicher error in persona).

Hinweis: *Anders läge der Fall, wenn Rose den Schliebe in einem Gebüsch vermutet und geschossen hätte, während sich dort tatsächlich ein Keiler verborgen gehalten hätte, der tödlich getroffen worden wäre. Wegen der rechtlichen Ungleichwertigkeit wäre dieser error in persona vel obiecto ausnahmsweise bedeutsam, sodass dann ein versuchter Totschlag an Schliebe und fahrlässige – straflose – Sachbeschädigung am Keiler anzunehmen wäre, sofern dieser als Wild nicht ohnehin herrenlos war.*

3. Rechtfertigungs- und Entschuldigungsgründe sind nicht ersichtlich.
Rose ist daher strafbar wegen vorsätzlicher Tötung an Harnisch.

II. Zu prüfen ist, ob sogar **Mord nach § 211 StGB** an Harnisch zu bejahen ist.
In Betracht kommt dabei vorliegend nur das objektive Mordmerkmal der Heimtücke nach § 211 II Fallgruppe 2 StGB. Heimtückisch handelt dabei nach der Rspr. und einem Teil der Lehre,[85] wer bei der Tötung die auf Arglosigkeit beruhende Wehrlosigkeit des Opfers in feindlicher Willensrichtung ausnutzt. Bei Harnisch war dies der Fall, da er sich keines Angriffs versah und darauf beruhend auch keine Abwehrbereitschaft aufwies.
Ein anderer Teil der Lehre verlangt dagegen darüber hinaus auch das Vorliegen eines verwerflichen Vertrauensbruchs,[86] da nur dann von einer besonderen Verwerflichkeit der Tötung auszugehen sei, die eine lebenslange Freiheitsstrafe rechtfertigen könne.
Jedoch spricht gegen die Literaturauffassung, dass sich eine derartige zusätzliche Voraussetzung aus dem Wortsinn der Heimtücke nur schwer ableiten lässt.
Folgt man daher der Rspr., so ist Rose wegen Mordes zu bestrafen.

III. Fraglich ist, ob zugleich auch ein **versuchter Mord an Schliebe gem. §§ 211, 22, 23 I StGB** anzunehmen ist.
Dann müsste der Tatentschluss des Rose auf die Tötung des Schliebe gerichtet gewesen sein. Dies jedoch ist nach dem oben Gesagten nicht der Fall, da sich der Vorsatz des Rose im Tatzeitpunkt ausschließlich auf die konkrete Person des Harnisch bezog. Dies ist gerade der maßgebliche Gesichtspunkt für die Annahme eines unbeachtlichen Motivirrtums. Die Tat am falschen begründet daher gerade keinen gleichzeitigen Versuch am richtigen Opfer, sofern man dem Täter nicht doppelten Tatvorsatz unterstellen will.

Ergebnis: Rose hat sich daher wegen Mordes an Harnisch strafbar gemacht.

Besondere Beachtung verdienen jedoch folgende Fälle, die in der Klausur spezielle Probleme aufwerfen und deren Lösung daher kurz gesondert skizziert werden soll:

---

84 Vgl. zu dieser bei *Otto*, AT, § 7, Rn. 94 vorfindlichen Wendung bereits o. Fn. 76.

85 Vgl. nur BGH GA 1987, 129; BGHSt 32, 382; *Rengier*, MDR 1980, 4; zum Streitstand auch *Sch/Sch/Eser/Sternberg-Lieben*, § 211, Rn. 26.

86 Vgl. statt vieler *Krey/Hellmann/Heinrich*, BT/1, Rn. 65; *Otto*, BT, § 4, Rn. 25 ff.

93 **Beispiel 1:** A will den B töten und legt sich mit einem Gewehr auf die Lauer. Als B und C daherkommen, hält er den C für den B. Er zielt auf C, verfehlt diesen jedoch und trifft den direkt daneben laufenden B, sodass er letztlich doch erreicht hatte, was er wollte. Strafbarkeit des A (auf § 211 StGB ist nicht einzugehen)?[87]

94 **Lösung:** In Betracht kommt eine vorsätzliche Tötung an B nach § 212 StGB. Problematisch ist hier wiederum der Vorsatz. Hier war der Kausalverläufe steuernde Verwirklichungswille auf die konkrete Person des C gerichtet. Die spezifische Gefährdung des B hatte A mangels entsprechender Sachverhaltsangaben nicht in sein Bewusstsein aufgenommen (aberratio ictus).

Vorsätzliche Tötung scheidet daher aus (zu diesem Ergebnis würde wohl auch *Roxin* nach der von ihm entwickelten Planverwirklichungstheorie gelangen; denn entscheidend dürfte auch für ihn der Plan zur Zeit der Tat sein und dieser bestand darin, die konkrete Person C zu töten, sei es auch, weil er ihn verwechselte).

Achtung Klausur: *Anders ist es in Fällen, in denen der Klausursachverhalt sagt, dass der Täter auch mit der Möglichkeit gerechnet hat, den anderen zu treffen. Wenn der Sachverhalt dazu aber keinen Anlass gibt, ist im Zweifel Fahrlässigkeit anzunehmen. Hat der Täter aber bedingten Vorsatz auch hinsichtlich der anderen Person, so ist er wegen vorsätzlicher Tötung an der anderen Person strafbar. Denn es handelt sich dann eigentlich gar nicht um eine aberratio ictus, sondern um einen ictus.*[88]

Gegeben ist aber fahrlässige Tötung des B, § 222 StGB.

In Betracht kommt auch versuchter Totschlag gegenüber C, §§ 212, 22, 23 I StGB.

Problem: Tatentschluss. Die Tatsache, dass A eigentlich den B töten wollte, ändert nichts am Vorsatz in Bezug auf die Person des C, weil er die von § 212 StGB vorausgesetzten Tatumstände (Tötung eines Menschen) vollständig und nach § 16 StGB hinreichend in seine Vorstellung aufgenommen hatte. Die Identitätsabweichung begründet demgegenüber lediglich einen für den Vorsatz unbeachtlichen Motivirrtum, da rechtliche Gleichwertigkeit von vorgestelltem und tatsächlichem Angriffsobjekt gegeben ist (unbeachtlicher error in persona). Da die Voraussetzungen des Versuchs im Übrigen erfüllt sind, A insbesondere durch den Schuss unmittelbar zur Tat angesetzt hat, ist eine Strafbarkeit nach §§ 212, 22, 23 I StGB zu bejahen. §§ 212, 22, 23 I StGB stehen zu § 222 StGB in Tateinheit (§ 52 StGB).

95 **Beispiel 2:** Sekretärin S möchte, dass ihr Chef C des Diebstahls verdächtigt wird. Deshalb schmuggelt sie einen belastenden Gegenstand in dessen Büro. Unerwartet wird aber nicht ihr Chef C, sondern ihre Kollegin K verdächtigt. Hatte S hier einen hinreichenden Vorsatz?

BGH[89]: Der Tatbestand der falschen Verdächtigung (§ 164 StGB) schützt die ordnungsgemäße Strafverfolgung als Allgemeingut, sodass gleichgültig ist, wer letztlich falsch verdächtigt wird. Insofern hat sich der gewollte Erfolg, die Gefährdung der Rechtspflege, realisiert, weshalb der Vorsatz unabhängig davon, dass die falsche Person verdächtigt wurde, zu bejahen ist.

A. A. Teil der Lit.[90]: Aus dem Wortlaut des § 164 StGB „einen anderen" ergibt sich zumindest auch ein Individualschutz, sodass eine aberratio ictus anzunehmen ist. Es liegt daher konstruktiv nur eine versuchte Falschverdächtigung gegenüber C und eine fahrlässige Falschverdächtigung gegenüber K vor. Beide sind aber nicht strafbar (vgl. §§ 164, 15; §§ 164, 12 II, 23 I StGB).

3. Abschlusshinweis zum Vorsatz

96 Wer bei Begehung einer Tat irrig Umstände annimmt, welche den Tatbestand eines milderen Gesetzes verwirklichen würden, kann wegen vorsätzlicher Begehung nur

87 Abgewandelt nach *Seier*, JuS 1986, L 13 ff.
88 Näher dazu *Roxin*, AT/I, § 12, Rn. 164 sowie o. Fn. 74.
89 BGHSt 9, 240.
90 *Herzberg*, ZStW 85 (1973), 891 f.; *Roxin*, Höchstrichterliche Rechtsprechung zum AT, S. 161.

nach dem milderen Gesetz bestraft werden, § 16 II StGB.[91] Die Darstellung in der Klausur ist nicht ganz selbstverständlich und soll daher anhand des § 216 StGB gezeigt werden, der nach *Sternberg-Lieben/Schuster*[92] seit dem 6. StrRG der wohl einzig verbleibende Anwendungsfall für § 16 II StGB ist[93]:

Beispiel: Arzt A wird von dem Patienten B inständig um Tötung gebeten, weil er nicht mehr mit den Qualen seiner Erkrankung leben wolle. A gibt B die gewünschte tödliche Spritze und merkt überhaupt nicht, dass B sinnlos betrunken und sein Tötungsverlangen daher unwirksam ist. **97**

Lösung: A hat sich nicht wegen vorsätzlicher Tötung nach § 212 StGB an B strafbar gemacht. Subjektiv ging A nämlich von einem ausdrücklichen und wirksamen Tötungsverlangen des B aus. Für Fälle der fälschlichen Annahme von Privilegierungsgründen bestimmt § 16 II StGB insoweit, dass der Täter nur aus dem milderen Tatbestand bestraft werden darf. Da Rechtfertigungs- und Entschuldigungsgründe nicht ersichtlich sind, ist A daher nur strafbar wegen Tötung auf Verlangen gem. §§ 216 I, 16 II StGB. **98**

Hinweis: *Der Gesetzgeber hat § 16 II StGB geschaffen, um klarzustellen, dass in derartigen Fällen nicht zusätzlich eine Bestrafung aus dem nicht privilegierten Tatbestand erfolgen darf (denn dies wäre ohne § 16 II StGB strukturell möglich, da der Täter im Beispielsfall vorsätzlich tötet, sodass § 212 StGB objektiv und subjektiv erfüllt ist). Gäbe es § 16 II StGB daher nicht, so müsste man neben § 216 StGB*[94] *auch § 212 StGB in Vollendung bejahen. Das aber wollte der Gesetzgeber nicht.*

IV. Tatbestandsannex: Objektive Bedingungen der Strafbarkeit

Nach h. M. sind dies von Unrecht und Schuld unabhängige Deliktsmerkmale, die vom Vorsatz nicht umfasst sind.[95] **99**

In der Klausur sind diese nach dem subjektiven Tatbestand unter einem eigenen Gesichtspunkt als Tatbestandsannex zu prüfen.[96]

Beispiele für objektive Bedingungen der Strafbarkeit:
- § 231 StGB (Tod oder schwere Körperverletzung)
- § 323a StGB (rechtswidrige Tat)
- § 186 StGB (Nichterweislichkeit der Wahrheit)
- § 283 VI StGB (Zahlungen eingestellt oder Insolvenz)

---

91 Umfassend dazu *Küper*, Jura 2007, 260 ff.

92 *Sch/Sch/Sternberg-Lieben/Schuster*, § 16, Rn. 26.

93 Allerdings ist dies nicht unumstritten, vgl. *Roxin*, AT/I, § 12, Rn. 139.

94 Übrigens nicht nur ein Versuch des § 216 StGB, da es sich bei dem Verlangen um ein objektiviertes Schuldmerkmal handelt, sodass der Täter nur entsprechend motiviert sein muss, um § 216 StGB zu erfüllen. § 16 II StGB ist aber dennoch notwendig, um die zusätzliche Einbeziehung des § 212 StGB auszuschließen (str., vgl. zur Bewertung vor Einführung des § 16 II *Küper*, GA 1968, 330 f.; LK-*Schroeder*, 9. Aufl., § 16, Rn. 18). SK-*Horn*, 50. Lfg. (April 2000), § 216, Rn. 3 stellte bei ausdrücklichem und ernsthaftem Verlangen ohnehin nur auf die subjektive Vorstellung ab; danach bedarf es § 16 II StGB letztlich auch in diesem Fall nicht.

95 Umfassend dazu neuerdings *Satzger*, Jura 2006, 108 ff.; siehe auch *Rönnau*, JuS 2011, 697 ff.

96 Wie hier *Satzger*, Jura 2006, 112 f.

§ 4 Rechtswidrigkeit

A. Notwehr (Nothilfe), § 32 StGB

I. Allgemeines

100 Das Notwehrrecht beruht kumulativ auf zwei Prinzipien, nämlich einerseits auf dem Individualschutz und andererseits auf der Rechtsbewährung.[1]

II. Die notwehrfähigen Güter

101 **Notwehrfähig** sind prinzipiell alle Individualrechtsgüter (Leben, Gesundheit, Freiheit, Eigentum, Gewahrsam, Ehre, Hausrecht usw.). Sie brauchen nicht strafrechtlich geschützt zu sein (z. B. genügt auch der Besitz[2] oder das Recht am eigenen Bild[3], das schon durch das nicht gestattete Fotografieren verletzt sein kann). Allerdings sind nicht alle Individualrechte gegen jede Form der Beeinträchtigung geschützt (Bsp.: kein Notwehrrecht gegen Ehebrecher, RGSt 48, 215).

Problem: Notwehrrecht gegenüber Tierquälerei.

Kann also etwa A, wenn er sieht, dass B seinem Boxerhund, dessen Ohren kupiert (abgeschnitten) sind, die wunden Ohren immer wieder unter schrecklichen Schmerzen für das Tier massiert[4], gegen diese Tierquälerei ggf. gewaltsam einschreiten?

Lösung: Nach wohl h. M. kann ein solches Einschreiten durch Notwehr gerechtfertigt sein, da das menschliche Mitgefühl mit der gepeinigten Kreatur verteidigt werden könne.[5]

Nach a. A. kann „anderer" i. S. v. § 32 StGB dagegen auch ein Tier sein, sodass sich A dann auf Nothilfe stützen könnte.[6] Ob diese Auslegung vom Wortsinn „anderer" noch getragen wird, ist freilich fraglich.

102 **Nicht notwehrfähig** sind jedenfalls relative Rechte (Forderungen oder sonstige vertragliche Ansprüche).[7] Dies ergibt sich aus § 229 BGB.

---

1 Vgl. dazu auch *Jäger*, GA 2016, 258 ff.; *Kühl*, AT, § 7, Rn. 6 ff. (vgl. bei ihm auch zu monistischen Notwehrlehren, a. a. O., Rn. 14 ff.); siehe zum Ganzen auch die Rechtsprechungsübersicht bei *Erb*, NStZ 2012, 194 ff.; einen guten Überblick zur Notwehr bietet auch *Kudlich*, JA 2014, 587 ff.

2 Dabei ist nach einer Auffassung nur der berechtigte Besitz (so *Jakobs*, AT, 12/3) und nach anderer Auffassung auch der unberechtigte Besitz (so *Hellmann*, 1987, 136 ff. m. w. N.; RGSt 60, 278) notwehrfähig. Das Problem relativiert sich allerdings, da man § 859 BGB bei unberechtigtem Besitz wohl als lex specialis betrachten muss, da er dem Schutz des Rechtsfriedens dient (vgl. dazu auch *Thiel*, Konkurrenz, 2000, S. 260 ff.).

3 Dazu OLG Düsseldorf NJW 1994, 1971; *Paeffgen*, JZ 1978, 739.

4 Tatsächlich gibt es in der Praxis derartige Fälle, da Hundebesitzer damit erreichen wollen, dass die Ohren auf diese Weise einen besseren „Stand" erhalten.

5 Vgl. *Sch/Sch/Perron*, § 32, Rn. 8; so auch noch LK-*Spendel*, 11. Aufl., § 32, Rn. 189.

6 So etwa *Roxin*, AT/I, § 15, Rn. 34. Er führt allerdings das beachtliche Argument an, dass auch juristische Personen und Embryos „andere" i. S. d. § 32 StGB sein könnten, sodass nichts dagegen spreche, auch Tiere hier zu verorten. Immerhin unterscheidet sich das Tier aber von der juristischen Person und dem Embryo dadurch, dass bei ihm eine (sei es auch nur abgeleitete) Rechtsfähigkeit vollständig fehlt. Ebenso jetzt LK-*Rönnau/Hohn*, § 32, Rn. 82.

7 *Kühl*, AT, § 7, Rn. 36; *Thiel*, Konkurrenz, 2000, S. 154 ff.

Nicht notwehrfähig sind auch Rechtsgüter der Allgemeinheit.[8]

Beispiel: Gegen eine bevorstehende Trunkenheit am Steuer (§ 316 StGB) oder Fahren ohne Fahrerlaubnis (§ 21 StVG) ist Notwehr daher nur dann zulässig, wenn ein Einzelner dadurch gefährdet wird.[9] Zu beachten ist aber, dass ggf. § 34 StGB in Betracht kommt, da ein Notstand auch zum Schutz von Allgemeingütern (hier: die Sicherheit des Straßenverkehrs) in Frage kommt.

In diesem Zusammenhang stellt sich auch die Frage, ob es sich um eine notwehrfähige Rechtsgutsbeeinträchtigung handelt, wenn ein Fußgänger eine Parklücke gegenüber einem herannahenden Kfz „besetzt". Die Problematik veranschaulicht folgendes

Beispiel: Verzweifelt ist P auf der Suche nach einem Parkplatz im Innenstadtbereich. Glücklich, die letzte Parklücke in der Innenstadt gefunden zu haben, beginnt P einzuparken. Plötzlich springt die Fußgängerin F in die Parklücke und verstellt ihm den Weg mit der Begründung, sie würde den Parkplatz für ihren Mann freihalten. P, der endlich auf Schnäppchenjagd gehen möchte, zeigt sich völlig unbeeindruckt und fährt langsam in die Parklücke hinein. F will hartnäckig bleiben und räumt den Platz vorerst nicht, weicht jedoch Stück für Stück zurück, da P mit seiner Stoßstange immer wieder ihre Beine berührt. Nach wenigen Augenblicken steht der Wagen in der Parklücke, P verabschiedet sich höflich von F und freut sich auf den bevorstehenden Einkauf. Strafbarkeit von P und F? **(Parklücken-Fall)** 103

Lösung: F hat sich nicht gem. § 240 I StGB strafbar gemacht, da F keine Gewalt i.S.d. § 240 I StGB angewendet hat. Nach neuerer, die Sitzblockadeentscheidung des BVerfG[10] berücksichtigender Rspr. ist Gewalt das aktive Setzen einer Ursache dafür, dass der wirkliche oder erwartete Widerstand des Angegriffenen durch ein auf dessen Körper wirkendes Mittel gebrochen wird. Rein psychische Beeinträchtigungen, wie hier von F angewendet, ohne körperlich wirkenden Zwang genügen dagegen nicht. P hat sich jedoch wegen Nötigung gem. § 240 I StGB strafbar gemacht, indem er F aus der Parklücke drängte. Das Herausschieben der F aus der Parklücke stellt unzweifelhaft eine körperliche Zwangswirkung und damit Gewalt i. S. d. § 240 I StGB dar. Eine Rechtfertigung durch Notwehr ist abzulehnen, da eine Vorfahrtsregelung aus der StVO (§ 12 StVO) kein notwehrfähiges Individualrechtsgut darstellt. Vielmehr dient diese Regelung nur einem reibungslosen und sicheren Straßenverkehr. Auch ist die Verwerflichkeit zu bejahen, weil das Zufahren auf einen Fußgänger angesichts des Kräfteverhältnisses stets eine Überschreitung der Zweck-Mittel-Relation darstellt. 104

Sonderproblem: Staatsnotwehr

Individualrechtsgüter (z. B. Eigentum), die dem Fiskus zustehen, dürfen allgemein verteidigt werden. Die Rspr. hat darüber hinaus auch Notwehr bei Angriffen gegen den Staat als Hoheitsträger (z. B. Erschießung eines Spions) zugelassen[11], was jedoch deshalb zweifelhaft ist, weil der Staat als solcher (einschließlich seiner Funktionsfähigkeit) kein Individualrechtsgut darstellt.[12] Richtiger ist es wohl, diese Fälle über § 34 StGB zu lösen, da dort jedes Rechtsgut geschützt ist und außerdem eine Abwägung der kollidierenden Rechtsgüter möglich ist. 105

---

8 Differenz. dagegen *Schroeder*, Maurach-FS, 1972, S. 141. Dagegen *Roxin*, AT/I, § 15, Rn. 39.
9 Vgl. *Jescheck/Weigend*, AT, § 32 II 1b; *Kühl*, AT, § 7, Rn. 38; *Roxin*, AT/I, § 15, Rn. 37; ebenso BGH VRS 40, 104.
10 BVerfGE 92, 1 ff.
11 RGSt 63, 215.
12 In diesem Sinne *Blei*, AT, § 39 II 4; *Jescheck/Weigend*, AT, § 32 II 1b; *Roxin*, AT/I, § 15, Rn. 41; SK-*Günther*, § 32, Rn. 18.

III. Die Voraussetzungen des Notwehrrechts

1. Angriff

106 Ein Angriff ist die Bedrohung eines Rechtsguts (Individualrechtsguts, s. soeben) durch **menschliches** Verhalten. Tierangriffe richten sich daher ausschließlich nach § 228 BGB. Anders ist es nur, wenn sich ein Mensch eines Tieres zum Angriff bedient, denn dann handelt es sich bei dem Tier nur um die zum menschlichen Angriff verwendete Waffe.[13] Juristische Personen scheiden dagegen aus, sodass allenfalls die für sie handelnden Organe als Angreifer in Betracht kommen.[14]

Auch **fahrlässiges Verhalten** kann nach h. M. einen Notwehr auslösenden Angriff i. S. d. § 32 StGB begründen.

Beispiel: Fährt der unachtsame B mit seinem Fahrrad auf den gelähmten, auf der Parkbank sitzenden A zu, so kann sich dieser, sofern keine anderen Möglichkeiten mehr bestehen, mit seinem Stockschirm gegen den B zur Wehr setzen, um einen Zusammenstoß zu verhindern.

Ein **sorgfaltsgerechtes bzw. verkehrsgerechtes Verhalten** löst dagegen nach h. A. kein Notwehrrecht aus. Dem wird man deshalb zustimmen müssen, weil ein Angriff über das drohende Erfolgsunrecht hinaus auch ein Handlungsunrecht voraussetzt. Sofern ein solches fehlt, genügt das weniger schneidende Notstandsrecht nach § 34 StGB.[15]

Ein Angriff kann **auch durch Unterlassen** erfolgen. Der Unterlassungsangriff ist aber auf Garanten zu begrenzen, was sich aus § 13 StGB ergibt, der zeigt, wann ein Unterlassungsangriff einem Angriff durch aktives Tun gleichzusetzen ist.[16]

Beispiel: Nichtschwimmer A sieht, wie Vater V seinem im Ertrinken begriffenen Sohn S nicht hilft, sondern nur gespannt den Überlebenskampf seines Sohnes verfolgt. Hier kann A den V – wenn nötig durch Gewalt – gerechtfertigt zur Rettung des S zwingen, da die Verwirklichung der §§ 223, 240 StGB gegenüber V durch Notwehr (Nothilfe) gedeckt wäre (vgl. zur Prüfung eines Unterlassungsangriffs in der Klausur auch u. den Zeugen-Jehovas-Fall, Rn. 202 f.).

107 An einem Angriff fehlt es allerdings, wenn das Verhalten keine Handlungsqualität aufweist (z. B. Umsichschlagen im Schlaf[17]). Die Abwehr derartiger Nicht-Handlungen kann daher nur nach § 34 StGB gerechtfertigt sein.

Ein Angriff scheidet auch beim untauglichen Versuch aus, wobei umstritten ist, ob dies nur für den erkennbar untauglichen Versuch gilt.

Beispiel: Das Niederschießen eines Täters, der mit einer ungeladenen Pistole droht, ist nicht gerechtfertigt, sofern der „Verteidiger" weiß, dass die Pistole ungeladen ist.[18]

Wird dagegen der A von B im Park durch Vorhalten einer Scheinwaffe zur Herausgabe seiner Barschaft aufgefordert, so liegt zumindest ein Angriff auf die Willensentschließungsfreiheit des A und damit ein Angriff vor. Richtiger ist es aber wohl in derartigen Fällen auch einen Angriff auf das Leben des A anzunehmen, da die objektiv erkennbaren Umstände den Ausschlag geben

---

13 Vgl. nur *Krey/Esser*, AT, Rn. 473 f.; *Otto*, AT, § 8, Rn. 29 f.; S/S/W-*Rosenau*, § 32, Rn. 4; Matt/Renzikowski/*Engländer*, § 32 Rn. 9.

14 *Sch/Sch/Perron*, § 32, Rn. 3.

15 Vgl. dazu ausführl. *Sinn*, GA 2003, 96 m. zahlr. w. N.

16 Näher dazu *Wessels/Beulke/Satzger*, AT, Rn. 326; *Eschenbach*, Jura 1999, 88; *Lagodny*, GA 1991, 300.

17 Bsp. nach *Roxin*, AT/I, § 15, Rn. 8.

18 So *Roxin*, AT/I, § 15, Rn. 9.

müssen.[19] Denn anderenfalls läge zwar ein Angriff auf das Opfer vor, wenn der Täter mit einer Scheinwaffe Geld fordert, nicht aber, wenn er mit der Scheinwaffe lediglich mit der unmittelbar bevorstehenden Tötung droht (so tatsächlich die wohl h. L.).[20] Dagegen spricht aber – was bislang, soweit ersichtlich, nicht gesehen wurde –, dass die Drohung mit einer Scheinwaffe ein nach § 241 StGB strafbares Unrecht darstellt, sodass durchaus eine Situation der Rechtsbewährung und auch ein Auslöser notwendigen Individualschutzes angenommen werden können, zumal § 241 StGB ein abstraktes Gefährdungsdelikt zum Schutze der individuellen (!) Handlungsfreiheit darstellt. Zwar könnte man im letztgenannten Fall mit der h. L. auch eine bloße Putativnotwehr annehmen und in der Folge eine Fahrlässigkeitsbestrafung wegen fehlender Erkennbarkeit der Scheinwaffe ausscheiden lassen.[21] Jedoch bleibt dann der schwer aufklärbare Widerspruch bestehen, dass die Scheindrohung mit bevorstehender Tötung nicht notwehrfähig ist, solange der Scheinangreifer mit ihr keinen weitergehenden Nötigungserfolg verbindet (die scheinbar gefährlichere Situation – dass es dem Täter nämlich nur um Tötung geht – löst also kein Notwehrrecht aus!).

2. Rechtswidrigkeit des Angriffs

a) Fehlen der Rechtswidrigkeit bei Rechtfertigung des Angreifers

Die Frage der Rechtswidrigkeit richtet sich nach der allgemeinen Verbrechenslehre. **108**
Sie fehlt also, wenn sich der Angreifer auf einen Rechtfertigungsgrund berufen kann.[22] In Klausuren kommt es hier häufig zu sog. Inzidentprüfungen, da untersucht werden muss, ob sich der Angreifer seinerseits auf Rechtfertigungsgründe berufen kann. Das zeigt

Fall 14: B beobachtet, wie A seine 16-jährige Freundin F, die laut um Hilfe ruft, misshan- **109**
delt. B greift A an, um der F zu helfen, wird von A aber zu Boden geschlagen. Als B wieder aufsteht, sieht er mit Erstaunen, dass A und F Arm in Arm weggehen. Wütend greift B den A erneut an. A weicht nun zurück und wehrt sich dabei, indem er schützend die Hände vor sein Gesicht hält. Plötzlich zieht B aber ein Messer. A, der sich nunmehr in Lebensgefahr sieht, hat keine andere Möglichkeit, als einem Zustechen des B mit einem gezielten Fausthieb in dessen Gesicht zuvorzukommen. B geht bewusstlos zu Boden. Strafbarkeit des A? **(Helfer-Fall)**

Lösung: **110**

I. A hat dadurch, dass er die F misshandelte, unproblematisch den Tatbestand der **vorsätzlichen Körperverletzung nach § 223 StGB** verwirklicht (wenn schon der Sachverhalt den Gesetzestext „misshandelt" verwendet, sind komplizierte Subsumtionen grundsätzlich nicht mehr veranlasst). Rechtfertigungs- oder Schuldausschließungsgründe sind nicht ersichtlich.

19 So i. E. auch *Amelung*, Jura 2003, 91 ff., der eine Objektivierung des Erforderlichkeitsbegriffs aus der Perspektive eines Durchschnittsmenschen in der Position eines Angriffsopfers verlangt.

20 Im Erg. wie hier *Bloy*, JuS 1990, L 13; *Jakobs*, AT, 11/9; *Otto*, Jura, 1988, 330; *ders.*, AT, § 8, Rn. 212; vgl. auch *Wessels/Beulke/Satzger*, AT, Rn. 338; insgesamt krit. *Graul*, JuS 1995, 1056.

21 So *Hirsch*, Dreher-FS, 1977, S. 228; *Sch/Sch/Perron*, § 32, Rn. 27 f.; *Roxin*, AT/I, § 15, Rn. 9; *Schmidhäuser*, GA 1991, 130 f.

22 Vgl. *Hoyer*, JuS 1988, 89; *Jakobs*, AT, 12/16; *Otto*, AT, § 8, Rn. 21; Matt/Renzikowski/*Engländer*, § 32, Rn. 18.

II. A könnte sich auch dadurch, dass er den B das **erste Mal** zu Boden schlug, wegen **Körperverletzung nach § 223 StGB** strafbar gemacht haben.

1. Tatbestandsmäßigkeit

a) Das Niederschlagen des B stellt eine üble, unangemessene Behandlung dar, die zu einer nicht nur unerheblichen Beeinträchtigung des körperlichen Wohlbefindens führt.

b) Dabei handelte A auch vorsätzlich, da es ihm um die Abwehr des B ging.

2. Rechtswidrigkeit

A könnte durch Notwehr nach § 32 StGB gerechtfertigt sein.

Voraussetzung ist dafür zunächst das Vorliegen einer Notwehrlage in Form eines gegenwärtigen rechtswidrigen Angriffs des B.

Laut Sachverhalt hat B den A zwar angegriffen. Jedoch könnte es an der Rechtswidrigkeit dieses Angriffs fehlen, wenn B gerechtfertigt war. Dies wäre dann der Fall, wenn B bei seinem Angriff seinerseits ein Rechtfertigungsgrund zur Seite stand. In Betracht kommt für B diesbezüglich der Rechtfertigungsgrund der Nothilfe zugunsten der F nach § 32 II i. V. m. I StGB.

a) Da A die F misshandelte, lag ein gegenwärtiger rechtswidriger Angriff vor.

b) Die Verteidigungshandlung gegen A war auch erforderlich, um die Misshandlung sofort zu beenden.

c) Auch hatte B den notwendigen Verteidigungswillen. Insbesondere ist auch nichts dafür ersichtlich, dass die F nicht verteidigt werden wollte (doppelter Verteidigungswille). Das spätere Weggehen Arm in Arm wirkt insofern nicht zurück. B war daher gerechtfertigt, als er den A angriff.

A war demzufolge mangels rechtswidrigen Angriffs des B nicht gerechtfertigt, als er den B zum ersten Mal niederschlug.
As Verhalten war daher rechtswidrig.

3. Auch liegt kein **Entschuldigungsgrund** vor. Insbesondere greift § 35 StGB nicht, da A die von B ausgehende Gefahr durch die vorausgehende Misshandlung der F selbst verschuldet hat.

Ergebnis: A ist bzgl. des ersten Schlages strafbar wegen Körperverletzung nach § 223 StGB.

III. A könnte sich auch dadurch, dass er B das **zweite Mal** niederschlug, wegen **Körperverletzung nach § 223 StGB** strafbar gemacht haben.

1. Die **Tatbestandsmäßigkeit** ist zu bejahen, da A den B bewusstlos geschlagen hat. Dies stellt nicht nur eine körperliche Misshandlung (s. o.), sondern auch eine Gesundheitsschädigung i. S. v. § 223 StGB dar, weil die Bewusstlosigkeit einen pathologischen Zustand begründet.

2. Rechtswidrigkeit
Auch hier könnte A durch Notwehr gerechtfertigt sein, sofern deren Voraussetzungen erfüllt waren:

a) Notwehrlage
Anders als beim ersten Zuschlagen könnte hier ein gegenwärtiger rechtswidriger Angriff des B vorliegen. Das Eindringen des B auf A sowie das spätere Zücken des Messers stellten zumindest eine versuchte Körperverletzung nach §§ 223 II, 22, 23 StGB dar. Allerdings war dieser Angriff nicht rechtswidrig, wenn B seinerseits nach wie vor durch Notwehr gerechtfertigt war.
Dies wäre aber nur dann zu bejahen, wenn für B noch eine Nothilfelage zugunsten der F oder eine Notwehrlage zu seinen eigenen Gunsten bestand. Da der rechtswidrige Angriff des A sowohl auf die F als auch auf den B bereits abgeschlossen war, ist dies jedoch zu verneinen. Bs erneuter Angriff war daher gegenwärtig und rechtswidrig i. S. d. § 32 StGB.

b) Erforderlichkeit
Was die mit Verteidigungswillen vorgenommene Verteidigungshandlung des A betraf, so war diese sowohl hinsichtlich der Schutzwehr als auch hinsichtlich des späteren Zuschlagens erforderlich, um den Angriff abzuwehren.

c) Fraglich ist allerdings, ob das Zuschlagen auch angemessen war. Insofern könnte sich eine Notwehreinschränkung unter dem Gesichtspunkt der Provokation ergeben, weil A den nochmaligen Angriff des B vorwerfbar durch seine vorausgehende rechtswidrige Körperverletzung hervorgerufen hat. In solchen Fällen ist nach der sog. Dreistufentheorie davon auszugehen, dass der Provozierende zunächst ausweichen und Schutzwehr üben muss, bevor er zu möglichst schonender Trutzwehr übergehen darf. Allerdings ist auch anerkannt, dass der Notwehrübende keine Lebensgefahren oder schwere körperliche Misshandlungen hinnehmen muss.
Vorliegend hatte A zunächst auszuweichen und sich zu schützen versucht. Der gegen B geführte Schlag erfolgte dagegen erst in einer lebensgefährlichen Situation, sodass er nicht das Gebotene überschritt.
A war daher durch Notwehr gerechtfertigt, als er B niederschlug.

Ergebnis: A ist wegen des zweiten Schlages nicht nach § 223 StGB strafbar.

Hinweis für die Klausurbearbeitung: *Mit der Wendung „An der Rechtswidrigkeit des Angriffs könnte es fehlen, wenn dem Angreifer seinerseits ein Rechtfertigungsgrund zur Seite stand" kann stereotyp in die Inzidentprüfung eingestiegen werden.*

Beim Handeln von Hoheitsträgern gilt nach h. M. ein strafrechtlicher Rechtmäßigkeitsbegriff. Dazu folgendes aus der jüngsten Rechtsprechung stammendes

Beispiel:[23] Polizeibeamte sollten den Iraker I ausweisen, dem zum Zeitpunkt der Maßnahme allerdings noch eine andauernde, befristete Duldung gewährt war. Um nicht abgeschoben zu werden, ging I mit einem Messer auf einen der Polizeibeamten los.

Lösung: Nach Ansicht des BGH bestimmt sich die Rechtmäßigkeit des Handelns von staatlichen Hoheitsträgern bei der Ausübung von Hoheitsgewalt weder streng akzessorisch nach der materiellen Rechtmäßigkeit des dem Handeln zugrundeliegenden Rechtsgebiets noch nach der Rechtmäßigkeit entsprechend dem maßgeblichen Vollstreckungsrecht. Die Rechtmäßigkeit des hoheitlichen Handelns in einem strafrechtlichen Sinne hängt vielmehr lediglich davon ab, dass die äußeren Voraussetzungen zum Eingreifen des Beamten gegeben sind, er also örtlich und sachlich zuständig ist, er die vorgeschriebenen wesentlichen Förmlichkeiten einhält und der Hoheitsträger sein – ihm ggf. eingeräumtes – Ermessen pflichtgemäß ausübt. Befindet sich allerdings der Hoheitsträger in einem schuldhaften Irrtum über die Erforderlichkeit der Amtsausübung, handelt er willkürlich oder unter Missbrauch seines Amtes, so ist sein Handeln rechtswidrig. Hier kannten die Polizisten nur den Ausweisungsbefehl nicht aber die Duldung. Sie handelten daher rechtmäßig. J ist strafbar nach §§ 212, 22, 23 StGB.

b) Fehlen der Rechtswidrigkeit bei sorgfaltsgemäßem Verhalten des Angreifers

Die Möglichkeit einer Notwehr scheidet auch gegenüber pflichtgemäßem Verhalten **111**
aus (d. h. gegen eine nicht sorgfaltswidrige Handlung ist grundsätzlich keine Notwehr zulässig). Bei *Roxin*[24] findet sich hierzu folgendes

Beispiel: Gegen einen Autofahrer, der sich verkehrsgerecht verhält, darf ein Passant, der durch eigenes Verschulden in Gefahr gerät, keine Notwehr üben; vielmehr kommt in einem derarti-

23 Nach BGH NStZ 2015, 547 ff. m. Anm. *Bosch*, Jura 2015, 1392; *Engländer*, NStZ 2015, 577; *Erb*, JR 2016, 29 ff. und Bspr. *Rönnau/Hohn*, StV 2016, 313 ff.

24 *Roxin*, AT/I, § 15, Rn. 14.

gen Fall allenfalls eine Rechtfertigung aufgrund Notstands nach § 34 StGB in Betracht, sofern die Abwägung der Interessen (insbesondere die Güterabwägung) eine Abwehr verhältnismäßig erscheinen lässt. Ist dies nicht der Fall, kann der Passant nur nach § 35 StGB entschuldigt sein (Problem: § 35 I S. 2 StGB).

3. Gegenwärtigkeit des rechtswidrigen Angriffs

112 Gegenwärtig ist der Angriff, der unmittelbar bevorsteht, gerade stattfindet oder noch andauert.[25]

a) Unmittelbar bevor steht der Angriff, wenn es ohne weitere Zwischenschritte zu einer Verletzung kommen kann.

Beispiel: A erkennt, dass B eine Pistole gegen ihn richten will und erschießt ihn deshalb.

b) Der noch fortdauernde, d. h. tatbestandsmäßig vollendete, aber noch nicht beendete Angriff[26], wird in der Klausur meist in Diebstahlsfällen akut:

Beispiel: Solange der Dieb mit dem Diebesgut davonläuft und dabei von einem Verfolger gewaltsam gestellt wird, kann dies noch durch Notwehr/Nothilfe (je nachdem, ob der Eigentümer selbst oder ein Dritter für den Eigentümer tätig wird) gerechtfertigt sein, nicht dagegen, wenn der Dieb zunächst bereits gesicherten Gewahrsam erlangt hat, was regelmäßig der Fall ist, wenn der unmittelbare Verfolgungsvorgang bereits abgeschlossen war und der Dieb vom Opfer später nur zufällig wieder angetroffen wird.

Der Angriff dauert auch dann fort, wenn eine Wiederholung einer Verletzungs- oder Angriffshandlung unmittelbar zu befürchten ist.[27] Beleidigungen sind nach Ausspruch der ehrverletzenden Äußerung abgeschlossen und damit auch beendet, sodass grundsätzlich keine Notwehr mehr in Betracht kommt[28], es sei denn es drohen unmittelbar weitere Ehrangriffe.[29]

c) **Sonderproblem:** Dauergefahr

Beispiel 1: A droht dem B ihn zu ermorden, falls er nicht eine Million bis zum nächsten Morgen bezahlt.[30]

Lösung: Der gegenwärtige rechtswidrige Angriff auf das Leben beginnt jedenfalls erst, wenn es am nächsten Tag zur Tötung kommen soll. Der Angriff auf die Willensentschließungsfreiheit und auf das Vermögen (A hat sich eines Erpressungsversuchs schuldig gemacht!) soll dagegen nach weit verbreiteter Auffassung mit Ausspruch der Drohung bereits abgeschlossen und beendet sein.[31]

---

25 BGHSt 27, 339; *Jescheck/Weigend*, AT, § 32, II 1 d; *Hoyer*, Strafrecht AT, S. 72; *Rengier*, AT, § 18, Rn. 19; Matt/Renzikowski/*Engländer*, § 32, Rn. 14.

26 Allgemeine Ansicht, vgl. nur *Otto*, AT, § 8, Rn. 34 m. w. N.

27 OLG Koblenz JuS 2011, 655 m. Anm. *Jahn*.

28 Zu weit geht es hier, wenn der BGH (NStE Nr. 15 zu § 32) davon ausgeht, die Beleidigung könne noch weiter im Raum stehen. Zutr. insoweit *Krey/Esser*, AT, Rn. 494.

29 Vgl. hierzu *Beulke*, Jura 1988, 641 f. (teilweise noch weitergehend); *Mitsch*, NStZ 1989, 26; *Puppe*, NStZ 1989, 728.

30 Ein ähnl. Fall wurde vom BayObLG JR 2003, 477 m. Anm. *Jäger* entschieden, wobei das BayObLG im Falle einer sechs Millionen-Forderung die Ernsthaftigkeit der Drohung und der Bereicherungsabsicht bezweifelte (zw.). Die Entscheidung verdient freilich wegen der in ihr enthaltenen (unzutr.) Ausführungen zum Konkurrenzverhältnis von § 253 StGB und § 241 StGB wesentlich mehr Beachtung.

31 Vgl. KG JR 1981, 254; *Arzt*, MDR 1965, 344; *Baumann*, MDR 1965, 344; *Müller*, NStZ 1993, 366.

Dagegen wird aber zu Recht eingewandt, dass die Drohung und damit die Beeinträchtigung der Willensentschließung wie ein Damoklesschwert über dem Haupt des Bedrohten schwebe, sodass der Angriff nicht als beendet angesehen werden könne.[32]

In der Klausur sollte man die Notwehrsituation grundsätzlich bejahen und über die Erforderlichkeit oder Gebotenheit lösen, um sich keine Probleme abzuschneiden (s. u.).

Eine wesentlich größere Rolle spielt die Frage der Dauergefahr allerdings bei Tötungen von Familientyrannen, die veranschaulicht wird durch

Fall 15: Der Familientyrann A hat seine Frau F und die Kinder – wie schon monatelang – den ganzen Tag über geschlagen. In der Nacht erschlägt die F den A im Schlaf, weil sie keinen anderen Ausweg mehr aus ihrer von Gewalt geprägten unerträglichen Situation sieht. Strafbarkeit der F? **(Familientyrannen-Fall)**[33] 113

Lösung: 114

I. Die F könnte sich wegen **Mordes nach §§ 212, 211 StGB** strafbar gemacht haben.

1. Tatbestandlich ist hier eine vorsätzliche Tötung gegeben.
Auch kommt das Mordmerkmal der Heimtücke in Frage. Heimtückisch handelt, wer die auf Arglosigkeit beruhende Wehrlosigkeit des Opfers für seine Tat ausnutzt. Arglos ist dabei derjenige, der sich keines Angriffs versieht, wobei Schlafende nach allgemeiner Auffassung die Arglosigkeit mit in den Schlaf nehmen. Wehrlosigkeit bedeutet Minderung der Abwehrbereitschaft und Abwehrfähigkeit, die hier gerade auf der Arglosigkeit beruhte. Die F handelte daher auch heimtückisch.
(Freilich wird man all dies vorliegend auch mit guten Gründen verneinen können, da A aufgrund seiner dauerhaften Attacken gegenüber seiner Ehefrau nicht arglos im Hinblick auf die Anwendung von Gegengewalt sein konnte, sodass auch fraglich ist, ob er eine bestehende Arglosigkeit mit in den Schlaf nehmen konnte. Auch kommt eine Anwendung der vom BGH in ständiger Rspr. vertretenen Strafzumessungslösung aufgrund außergewöhnlicher Umstände, die das heimtückische Vorgehen nachvollziehbar machen, in Betracht. Jedoch ist dies nur der Fall, wenn keine anderen gesetzlichen Milderungsgründe eingreifen.)

2. Rechtswidrigkeit

a) In Betracht kommt Notwehr gem. § 32 StGB.
Hier liegt im Zeitpunkt der Tat kein gegenwärtiger Angriff vor, da die Rechtsgutsverletzung nur künftig einzutreten droht, sodass Notwehr ausscheidet.[34] Nach einer von *Suppert* begründeten Mindermeinung soll jedoch in einem solchen Fall eine Rechtfertigung nach § 32 StGB aufgrund „notwehrähnlicher Lage" angenommen werden können.[35] Damit überdehnt man aber das Merkmal der Gegenwärtigkeit[36], weil es im Bsp. an dem für die Notwehr typischen „Kampf um das Recht" gerade fehlt. Die von *Suppert* für derartige Fälle befürwortete sog. Präventiv-Notwehr ist daher abzulehnen.[37]

Achtung Klausur: *Es ist stets daran zu denken, bei noch künftigen Angriffen nicht nur die Notwehr, sondern auch die Präventivnotwehr zu diskutieren und abzulehnen.*

---

32 *Lackner/Kühl*, § 32, Rn. 4; *Roxin*, AT/I, § 15, Rn. 29. Für Gegenwärtigkeit auch LK-*Rönnau/Hohn*, § 32, Rn. 151, 133; NK-*Herzog*, § 32, Rn. 33; *Wessels/Beulke/Satzger*, AT, Rn. 328.

33 Bsp. nach *Otto*, AT, § 8, Rn. 40; vgl. auch *Roxin*, AT/I, § 22, Rn. 19; vgl. auch *Schramm*, JA 2013, 886.

34 *Otto*, AT, § 8, Rn. 40; *Sch/Sch/Perron*, § 32, Rn. 17.

35 *Suppert*, Studien zur Notwehr und „notwehrähnlichen Lage", 1973, S. 356 ff.; ihm grundsätzlich folgend *Jakobs*, AT, 12/27; *Krey*, ZStW 90 (1978), 188; *R. Schmitt*, JuS 1967, 24.

36 So auch *Otto*, AT, § 8, Rn. 40.

37 Gegen das Institut einer Präventivnotwehr zu Recht auch *Kühl*, AT, § 7, Rn. 42; *Otto*, AT, § 8, Rn. 37/170; *ders.*, Jura 1999, 552; *Wölfl*, Jura 2000, 233.

b) Denkbar wäre auch eine Rechtfertigung über § 34 StGB.
Voraussetzung hierfür wäre aber ein wesentliches Interessenübergewicht auf Seiten der F, das aufgrund des Höchstwertes des menschlichen Lebens verneint werden muss.
Denkbar wäre es freilich, die Schutzwürdigkeit der Rechtsgüter des A über den Rechtsgedanken des § 228 BGB (Defensivnotstand!) geringer zu veranschlagen, weil A die Gefahr durch seine Gewalthandlungen gegenüber F selbst verursacht hat. Indessen rechtfertigt auch § 228 BGB nur solche Eingriffe in fremde Rechtsgüter, bei denen der Schaden nicht außer Verhältnis zur Gefahr steht. Wenn das Leben aber einen unvergleichlichen Höchstwert darstellt, wie es die h. M. selbst grundsätzlich einräumt, verbietet es sich von vornherein, diesen Wert ins Verhältnis zu setzen.[38] Der Gedanke des Selbstverschuldens kann daher den Grundsatz der Unabwägbarkeit menschlichen Lebens auch nicht ohne Weiteres durch Rückgriff auf § 228 BGB relativieren. Denn ein Recht zur Tötung gibt es nur im Rahmen der Notwehr oder im Rahmen bestimmter Lebenskonfliktslagen (etwa wenn Bergsteiger A seinen Kameraden vom Seil schneidet, um nicht selbst mit in die Tiefe gerissen zu werden; hier soll ein Fall des Defensivnotstandes vorliegen, der nach dem Rechtsgedanken des § 228 BGB eine Rechtfertigung gem. § 34 StGB ermöglicht; näher dazu u. Rn. 158 ff.). In den Haustyrannenfällen jedoch gibt § 34 StGB mangels Vorliegens eines akuten Lebenskonflikts keinen Rechtfertigungsgrund ab.[39]

3. Schuld

a) Ein entschuldigender Notwehrexzess scheidet aus, sofern man ihn mit der h. M. auf den intensiven Notwehrexzess beschränkt und nicht auf zeitliche Überschreitungen (sog. extensiver Notwehrexzess) ausdehnt (näher dazu u. Rn. 196). Vorliegend spricht dafür vor allem, dass der letzte Angriff des A längst abgeschlossen war und erst nach seinem Erwachen weitere Misshandlungen zu befürchten waren. In dieser Situation ist der Exzess mit der psychologischen Lage eines intensiven Exzesses nicht vergleichbar.

b) In Betracht kommt allenfalls eine Entschuldigung gem. § 35 StGB. Tatsächlich hat der BGH[40] in einem Fall, in dem eine Frau ihren trunksüchtigen Familientyrannen getötet hatte, eine Entschuldigung nach § 35 StGB zugebilligt, weil für sie keine anderen Abwendungsmöglichkeiten i. S. v. § 35 StGB gegenüber den von ihrem Mann ausgehenden Gefahren bestanden hätten. Insbesondere sei es ihr nicht zuzumuten gewesen, bis zum etwaigen Erfolg einer möglichen Ehescheidung oder Anstaltsunterbringung die unmenschliche Behandlung durch den Mann weiter zu erdulden, weshalb § 35 StGB im Ergebnis durchgreife.
Der BGH hat diese Auffassung relativiert und vor allem angesichts der Bedeutung des Rechtsguts Leben dahin entschieden, dass an die anderweitige Abwendbarkeit keine allzu hohen Anforderungen gestellt werden dürften.[41] Deshalb sei grundsätzlich davon auszugehen, dass seitens der Polizei oder sonstiger staatlicher Stellen ein Schutz gegenüber dem Haustyrannen hergestellt werden könne.
Folgt man dieser Auffassung, so scheidet jedenfalls eine Entschuldigung nach § 35 I StGB wegen der anderweitigen Abwendungsmöglichkeit aus.

c) In Betracht kommt jedoch ein Irrtum über die tatsächlichen Voraussetzungen des § 35 I StGB. Laut Sachverhalt sah sich die F in einer ausweglosen Situation, sodass sie möglicherweise von einem Ausschluss einer anderweitigen Abwendbarkeit ausgegangen ist. Im Falle der Unvermeidbarkeit dieses Irrtums kommt daher jedenfalls eine Entschuldigung nach § 35 II S. 1 StGB in Betracht. Dafür könnte vorliegend sprechen, dass die F angesichts der

---

38 Ausführlich dazu *Jäger*, ZStW 115 (2003) 768 m. Fn. 8: „Vernichtung von Leben steht so gesehen immer außer Verhältnis. Die Gefahr allein kann die Verhältnismäßigkeit nicht begründen. Denn auch § 228 BGB schließt nicht von der Gefahrenurheberschaft automatisch auf ein Unterliegen des Rechtsguts."

39 Anders im Falle der Unentrinnbarkeit MüKo-*Erb*, § 34, Rn. 162.

40 BGH NJW 1966, 1823.

41 Hier und im Folgenden BGH NStZ 2003, 483 f; *Beckemper*, JA 2004, 99 ff.; m. Anm. *Otto*, NStZ 2004, 142 sowie Bspr. *Rengier*, NStZ 2004, 233 ff.; krit. *Kargl*, Jura 2004, 189 ff.

monatelangen Misshandlungen mit der sorgfältigen Abwägung der bestehenden Abwendungsmöglichkeiten möglicherweise überfordert war[42] (im Falle der Vermeidbarkeit wäre die Strafe dagegen lediglich nach § 35 II S. 2 StGB zu mildern, sodass angesichts dieses gesetzlichen Milderungsgrundes auch ein Rückgriff auf die Strafzumessungslösung im Rahmen des § 211 StGB ausgeschlossen wäre[43]).

II. Tatbestandlich und rechtswidrig verwirklicht ist als Durchgangsdelikt auch eine **gefährliche Körperverletzung nach §§ 223 I, 224 I Nr. 2, 5 StGB**. Diese ist aber bei Unvermeidbarkeit des Irrtums ebenfalls nach § 35 II StGB entschuldigt.

Ergebnis: Die F ist straflos.

4. Verteidigungshandlung

Die Abwehr muss sich gegen den Angreifer richten[44], d. h. sie darf nicht Rechtsgüter Dritter (Nicht-Angreifer) verletzen. Dazu folgendes **115**

Beispiel: A schießt mit einer Schrotflinte auf den lebensgefährlich angreifenden B. Durch die Streuwirkung wird nicht nur B, sondern auch der neben ihm stehende unbeteiligte D – wie von A für möglich gehalten – tödlich getroffen. Strafbarkeit des A nach § 212 StGB? **116**

Lösung: Die Tötung des B nach § 212 StGB ist durch Notwehr nach § 32 StGB gerechtfertigt, da der Schuss auf B eine erforderliche und gebotene Verteidigungshandlung darstellt. **117**

Die Tötung des D nach § 212 StGB ist dagegen nicht durch Notwehr gerechtfertigt, weil von D kein Angriff ausging.

Eine Rechtfertigung der Tötung des D kommt auch über § 34 StGB nicht in Betracht, da sich das Leben des A und dasjenige des D gleichrangig gegenüberstehen. Für A kommt hier nur eine Entschuldigung nach § 35 StGB in Betracht.

Nicht anders zu beurteilen ist der in der Lit. diskutierte Fall der Notwehr gegen Schwangere. Es handelt sich dabei um eine Konstellation, die veranschaulicht werden soll durch folgendes

Beispiel: A schießt mit der Pistole in letzter Not auf die lebensgefährlich angreifende, ersichtlich schwangere B. Durch den Schuss wird nicht nur die B, sondern auch das ungeborene Kind K in ihrem Bauch getötet. **(Doppeltötungs-Fall)** **117a**

Lösung: A hat sich bzgl. der B nicht nach § 212 StGB strafbar gemacht, da diese Tötung nach § 32 StGB durch Notwehr gerechtfertigt war. Dasselbe gilt bzgl. der als Durchgangsstadium verwirklichten Körperverletzung gem. §§ 223 I, 224 I Nr. 2, 5 StGB. **117b**

Hinsichtlich des ungeborenen Kindes hat A sich nicht gem. § 218 I StGB strafbar gemacht. Zwar kommt Notwehr bzgl. der Leibesfrucht nicht in Frage, da der nasciturus nicht der Angreifer war. Diesbezüglich kann auch nicht von einer Einheit von Mutter und Kind ausgegangen werden, da Mutter und nasciturus selbstständige Rechtsgutsträger sind.[45] Dies ergibt sich schon aus der Existenz der §§ 218 ff. StGB. Und eine Rechtfertigung gem. § 34 StGB (Notstand) kommt ebenfalls wegen des Rechtsgedankens der §§ 218 ff. StGB nicht in Betracht; darüber hinaus hat das BVerfG auch das ungeborene Leben ausdrücklich unter den Schutz der Art. 1 I und 2 II S. 1 GG gestellt.[46] Allerdings greift im vorliegenden Fall der Entschuldigungsgrund des § 35 StGB, da die Tötung des nasciturus zur Abwehr einer gegenwärtigen Gefahr für das eigene Leben erfolgte.

---

42 Eine solche Möglichkeit zieht jedenfalls BGH NStZ 2003, 484 in Erwägung.
43 So jedenfalls BGH NStZ 2003, 484.
44 Vgl. zur Aussetzung eines Kopfgeldes als Notwehrhandlung *Fahl*, JA 2014, 808 ff.
45 Vgl. *Mitsch*, JR 2006, 452.
46 So zu Recht *Ladiges*, JR 2007, 105 unter Hinw. auf BVerfGE 88, 251.

5. Erforderlichkeit

118 Erforderlich ist die Verteidigung, wenn sie nach einer objektiven ex ante-Betrachtung zur sofortigen Beendigung oder Abschwächung des Angriffs geeignet ist und bei Wahlmöglichkeit das schonendste Mittel der Verteidigung darstellt.[47] Schusswaffengebrauch muss grds. zuvor angedroht werden bzw. es ist ein Warnschuss abzugeben, es sei denn, es ist bei Androhung eine unkalkulierbare Gefährdungseskalation zu befürchten (BGH NStZ 2012, 272; näher zu dieser Entscheidung Rn. 217 f.). Auch ein lebensgefährlicher Messereinsatz ist grundsätzlich erst anzudrohen, es sei denn es würde dadurch die spätere Verteidigung möglicherweise beeinträchtigt. Umgekehrt kann ein sofortiger tödlicher Messereinsatz gerechtfertigt sein, wenn ein schonenderes Vorgehen den Erfolg der Verteidigung nicht sicher genug gewährleistet. Dazu folgendes

Beispiel: A, der von B in den Schwitzkasten genommen worden war und bereits unter akuter Atemnot litt, versetzte dem B vier Messerstiche in Oberkörper- und Halsgegend. Nachdem B die Umklammerung aufgrund der Stiche, von denen zwei tödlich wirkten, gelöst hatte, konnte sich A befreien. Er versetzte B dennoch abermals mit bedingtem Tötungsvorsatz einen weiteren Stich, der den Kopf traf und nicht todesursächlich war (**Schwitzkasten-Fall I** nach BGH JR 2016, 598[48]).

Lösung: Der BGH hält die ersten vier Stiche zutreffend für durch Notwehr gerechtfertigt. Stiche in ungefährlichere Körpergegenden, etwa die Beine, hätten nicht zwingend dazu geführt, dass B den Griff um den Hals des A gelockert hätte. Weiter sei unklar, ob in der konkreten Position überhaupt andere koordinierte Stiche möglich gewesen wären. Und schließlich hätte A auch nicht die Wirkung eines ersten lebensgefährlichen Stiches abwarten müssen, bevor er mit dem Messer weiter gegen den Angreifer vorgehen durfte; denn unter Berücksichtigung der situativen Hektik und seine durch akute Atemnot gekennzeichnete Lage, durfte A mehrfach auf seinen aggressiven Kontrahenten in Oberkörper- und Halsbereich einstechen, und zwar so lange, bis dieser den Griff um den Hals lockerte. Gerade in zugespitzten Situationen, so der BGH, ist eine schnelle Wiederholung der Abwehrmaßnahmen zur Verteidigung vielfach erforderlich. Lediglich der fünfte Stich des A gegen den Kopf war nicht mehr durch Notwehr gerechtfertigt, weil hierzu keine Erforderlichkeit mehr bestand. Diesbezüglich kommt daher eine Strafbarkeit zwar nicht wegen vollendeter (der Stich war für den Tod nicht kausal), jedoch wegen versuchten Totschlags nach §§ 212, 22, 23 StGB in Tateinheit mit gefährlicher Körperverletzung nach §§ 224 I Nr. 2 Alt. 2 und 5 StGB in Betracht. Eine Entschuldigung nach § 33 StGB käme hinsichtlich dieses Stiches nach h. M. nicht in Frage, weil es sich nicht um einen intensiven, sondern um einen extensiven Notwehrexzess handelt. Denkbar wäre aber unter Umständen eine Anwendung des § 213 StGB angesichts der affektiven Erregung, in der sich der Verteidiger befunden hat.[49]

a) Die Erforderlichkeit der Abwehr ist nicht deshalb ausgeschlossen, weil für den Angegriffenen eine Möglichkeit zum Ausweichen bestand. Denn das Recht braucht dem Unrecht nicht zu weichen. Aber: Zur Durchsetzung zivilrechtlicher Ansprüche (Bsp.: Mieter räumt Wohnung nicht) darf kein Faustrecht geübt werden (Bsp.: Im Winter Fenster aushängen: § 240 StGB!). An der Erforderlichkeit fehlt es nämlich dort, wo

---

47 *Kindhäuser*, AT, § 16, Rn. 28 hebt dabei hervor, dass die Erforderlichkeit sich grundsätzlich nur auf die Verteidigungshandlung, nicht auf den Verteidigungserfolg bezieht, sodass es im eigentlichen Sinne nicht um die Abwägung von Rechtsgütern geht.

48 Mit Anm. *Erb*, JR 2016, 600.

49 Vgl. *Erb*, JR 2016, 603, der diese Vorschrift auch für den Fall anwendet, dass A aus Wut noch einmal zugestochen hat.

der Gesetzgeber andere Möglichkeiten ausdrücklich eröffnet hat (Ausnahme: §§ 229, 230 BGB).[50]

b) Der BGH stellt bei der Prüfung der Erforderlichkeit im Wesentlichen auf Art und Maß des Angriffs, insbesondere auf die Gefährlichkeit des Angriffs und die Möglichkeiten der Verteidigung ab.

Beispiel: Aus Angst vor Angriffen rüsteten sich A und B vor einem McDonald's-Besuch mit Verteidigungsinstrumenten aus. A nahm zwei Bajonette mit und B trug vier Wurfmesser bei sich. Sie wollten jedoch keine Auseinandersetzung suchen. In der McDonald's-Filiale trafen sie auf C und D, die im Gegensatz zu A und B Streit suchten und daher vor dem Lokal auf diese warteten. Beim Herauskommen aus dem Lokal konnten A und B eine unmittelbare Auseinandersetzung dadurch verhindern, dass sie ihre Messer aus den Taschen zogen, woraufhin C und D den Rückzug antraten. D entfernte sich endgültig, während C weiter Streit suchte und zur Verfolgung von A und B den in der Nähe stehenden befreundeten E gewinnen konnte. E bewaffnete sich mit einer Holzlatte und C mit einer wesentlich kürzeren Eisenstange. So ausgestattet, rannten sie hinter A und B her und forderten diese auf, die Messer beiseite zu legen. A und B holten die Messer erneut hervor und hielten diese drohend in Richtung von C und E. Während C nun mit der Eisenstange auf B einschlug, wurde A von E hinter einen Lkw verfolgt, sodass kein unmittelbarer Sichtkontakt mehr zwischen den Freunden A und B bestand. Bei dem Versuch, dem A mit der Holzlatte die Bajonette aus den Händen zu schlagen, verlor E das Gleichgewicht, sodass er zu Boden fiel und die Holzlatte verlor. Gerade als er versuchte, sich wieder aufzurichten, um die Holzlatte erneut zu greifen, stieß A dem E mit bedingtem Tötungsvorsatz das Bajonett zur Abwehr in den linken oberen Brustbereich. E konnte nur noch durch eine Notoperation gerettet werden.[51]

Lösung: Der BGH hat hier eine Rechtfertigung des A durch Notwehr bzgl. der versuchten Tötung und der vollendeten gefährlichen Körperverletzung bejaht. Eine Notwehrlage in Form eines gegenwärtigen rechtswidrigen Angriffs habe vorgelegen, weil ein Angriff so lange fortdauere, wie eine Wiederholung unmittelbar zu befürchten ist. Da E vorliegend im Begriff war, die Holzlatte erneut vom Boden aufzunehmen, sei dies hier der Fall gewesen. Auch sei von einer Erforderlichkeit der Verteidigungshandlung auszugehen, weil die Kampflage hier durch das Vortatgeschehen, die andauernde Intensität, mit der die tätliche Auseinandersetzung gesucht wurde, sowie durch das Nebentatgeschehen (nämlich durch den Kampf zwischen C und B und das mögliche jederzeitige Eintreffen von Verstärkung für E durch den möglicherweise auf der anderen Seite des Lkws siegreichen C) gekennzeichnet war. Angesichts dieser verdichteten Kampflage sei der Einsatz des Bajonetts, zumal da dieser vorher angedroht wurde, auch wenn er in lebensgefährlicher Weise erfolgte, gerechtfertigt. Schließlich lag auch keine Notwehreinschränkung unter dem Gesichtspunkt der schuldhaften Provokation vor, da A den Streit zu keinem Zeitpunkt gesucht hatte.[52]

c) **Sonderproblem 1:** Ungewollte Auswirkungen der Abwehrhandlung

Hier ist zu unterscheiden, ob sich der Verteidigende im Rahmen der erlaubten Risikoschaffung bewegt hat oder nicht. Ist die konkrete Verteidigungshandlung erforderlich, so ist es auch der durch sie beim Angreifer eingetretene Erfolg, z. B. die schwere Schussverletzung des Angreifers durch den auch hinsichtlich seiner Ausführung erforderlichen Schlag mit der Pistole, aus der sich ein Schuss löst.[53] Bei der Bejahung der

50 So zu Recht *Otto*, AT, § 8, Rn. 49 mit vergleichbarem Bsp.
51 Siehe BGH NStZ 2006, 152 m. Anm. *Vahle*, Kriminalistik 2006, 115; *Satzger*, JK 1/06, StGB § 32/29; zur Erforderlichkeit einer Abwehrhandlung bei einem unbewaffneten Angreifer s. BGH NStZ-RR 2013, 139 m. Bspr. *v. Heintschel-Heinegg*, JA 2013, 69 ff.
52 So zu Recht *Satzger*, JK 1/06, StGB § 32/29.
53 BGHSt 27, 45.

Erforderlichkeit ist die typische Gefahr des eingesetzten Verteidigungsmittels bereits (mit-)berücksichtigt, sodass es sich um eine erlaubte Risikoschaffung handelt.[54] Ist also ein Faustschlag ins Gesicht die erforderliche Verteidigungshandlung, so ist auch der Verlust der Zähne des Angreifers gerechtfertigt, selbst wenn dies nicht gewollt war.

Anders ist es dagegen, wenn sich der Angegriffene nicht im erlaubten Risiko bewegt, sondern sich bei der Ausführung der Verteidigungshandlung fahrlässig verhält, z. B. indem er durch unvorsichtigen Umgang mit der für einen Warnschuss eingesetzten Pistole den Angreifer tödlich verletzt.[55] Diese mangelnde Sorgfalt ist tatbestandsmäßig nach § 222 StGB, kann aber noch durch Notwehr gedeckt sein, wenn der Angegriffene den Angreifer auch vorsätzlich so schwer hätte verletzen dürfen, d. h. im Beispielsfall statt des Warnschusses nach Erforderlichkeitskriterien ohnehin gleich auf den Angreifer hätte schießen dürfen (§ 222 StGB ist dann also durch § 32 StGB gerechtfertigt, was sich aus einem Erst-Recht-Schluss ergibt).[56] War dagegen im genannten Bsp. nur ein Warnschuss zur Beendigung des Angriffs erforderlich, so kommt eine fahrlässige Tötung wegen fahrlässiger Notwehrüberschreitung in Betracht.[57]

d) **Sonderproblem 2:** Selbstschutzanlagen (scharfe Hunde, Selbstschüsse, etc.)
Sie können zwar im Falle einer tatsächlichen Notwehrlage eine erforderliche Abwehr gegen den Angreifer sein; jedoch wird es auch vielfach an der Erforderlichkeit fehlen. *Roxin*[58] bringt hier Bsp. von Selbstschüssen oder explodierenden Minen, wo eine Warnanlage, leichte elektrische Schläge oder u. U. ein Hund zur Abwehr genügt hätten.[59]

Wird im Übrigen ein Nichtangreifer durch eine derartige Anlage verletzt oder gar getötet, so kommt für denjenigen, der sie installiert hat, eine Bestrafung wegen fahrlässiger Körperverletzung oder fahrlässiger Tötung in Betracht.

Machen Sie sich klar, dass die Problematik der Selbstschussanlagen und die Bejahung einer Fahrlässigkeitsbestrafung gegenüber Nichtangreifern in den Erlaubnistatbestandsirrtum hineinführen können. Das zeigt folgender

119 **Fall 16:** Da in letzter Zeit in der Nachbarschaft trotz des Vorhandenseins von Alarmanlagen des Öfteren eingebrochen worden ist, hat A zum Schutze seiner Luxusvilla eine Selbstschussanlage installiert, die im Falle des Eindringens von Dieben Schüsse auf die Beine abgeben soll. Zur Abschreckung potentieller Einbrecher, hatte er zusätzlich große Schilder mit der Aufschrift „Achtung, Selbstschussanlage, Lebensgefahr!" an allen Seiten der Villa aufgestellt. Dem A war dabei bewusst, dass der Warnhinweis den Einbrecher möglicherweise nicht vom Eindringen auf das Grundstück abhalten könnte, entweder weil dieser das Schild nicht liest, oder weil er es nicht ernst nimmt. Auf dem Grundstück lässt

54 Hier und im folgenden Bsp. *Roxin*, AT/I, § 15, Rn. 45.
55 BGHSt 25, 229.
56 BGHSt 25, 45.
57 Der Mindermeinung (vertreten etwa von *Geilen*, Jura 1981, 315 und *Schmidhäuser*, StuB AT, 6/22), die alle unbeabsichtigten Wirkungen erforderlicher Verteidigungshandlungen und damit auch den letztgenannten Fall rechtfertigen will, hält *Roxin*, AT/I, § 15, Rn. 45, Fn. 101 zu Recht entgegen, dass die fahrlässige Notwehrüberschreitung nicht anders beurteilt werden kann als übliche Fahrlässigkeitshandlungen.
58 *Roxin*, AT/I, § 15, Rn. 51.
59 Ausführlich zur Verwendung von Selbstschussanlagen *Heinrich*, ZIS 2010, 183 ff.

A seinen Dackel frei herumlaufen, der durch die Selbstschussanlage nicht getroffen werden kann, da diese nur durch bewegliche Ziele von mehr als einem Meter Höhe ausgelöst wird. Als der Wanderer W vorbeikommt, hört er den Dackel laut jaulen. Er sieht, dass sich der Hund an einem auf dem Grundstück angebrachten defekten Drahtzaun die Pfote eingeklemmt hat und sich selbst nicht mehr befreien kann. Da die Gefahr besteht, dass sich der Hund ernsthafte Verletzungen an dem defekten Zaun zuzieht, klingelt W mehrmals am Tor des Anwesens. Als ihm niemand öffnet, springt er über die Mauer des Grundstücks, um den Hund zu befreien. Die mit Schnee bedeckten Warnschilder auf dem Grundstück des A bemerkt W nicht. Als er sich dem Haus nähert, wird die Selbstschussanlage ausgelöst und W wird an den Beinen verletzt. Strafbarkeit des A? Hinweis: Andere Abwehrmöglichkeiten, um potentielle Einbrüche zu verhindern, bestanden für A nicht. Ein evtl. erforderlicher Strafantrag ist gestellt. Tatbestände des WaffG sind nicht zu prüfen. **(Selbstschussanlagen-Fall)**

Lösung: 120

I. Eine Strafbarkeit des A wegen **versuchten Totschlags nach §§ 212 I, 22, 23 I StGB** scheidet aus, da A keinen Tatentschluss im Hinblick auf die Tötung eines Menschen hatte. Dies ergibt sich bereits daraus, dass die Selbstschussanlage so installiert war, dass diese lediglich Schüsse auf die Beine eines Eindringlings abgeben sollte.

II. Es könnte hier aber eine Strafbarkeit des A wegen **gefährlicher Köperverletzung nach §§ 223 I, 224 I Nr. 2 StGB** zu bejahen sein.

1. Tatbestandsmäßigkeit

a) Die Schussverletzung an den Beinen des W stellt sowohl eine körperliche Misshandlung als auch eine Gesundheitsschädigung dar. Die Selbstschussanlage diente als Schusswaffe und ist damit als Waffe i. S. d. § 224 I Nr. 2 StGB einzustufen. Der objektive Tatbestand setzt des Weiteren voraus, dass eine Handlung des A für den Eintritt des tatbestandlichen Erfolges kausal und der Körperverletzungserfolg dem A zurechenbar war.[60] Zwar lag hier im Zeitpunkt der Abgabe des Schusses keine Handlung seitens des A vor. Eine für die Schussverletzung kausale Handlung des A ist jedoch darin zu sehen, dass dieser die Selbstschussanlage auf seinem Anwesen installiert hat. Die Zurechnung ist auch nicht durch eine eigenverantwortliche Selbstgefährdung ausgeschlossen. Wegen des Schnees auf dem Warnschild konnte W die darin enthaltene Botschaft nicht wahrnehmen, so dass es an einer freiverantwortlichen Selbstgefährdung fehlt. Der objektive Tatbestand einer gefährlichen Körperverletzung ist somit zu bejahen.

b) Zudem müsste der subjektive Tatbestand erfüllt sein.

aa) Fraglich ist, ob A die Verletzung des W wenigstens billigend in Kauf genommen hat. Möglicherweise könnte dem entgegenstehen, dass A eine Warntafel aufgestellt hat. Diese sollte jedoch Eindringlinge nur auf das Risiko hinweisen, das sie erwartet, wenn sie entgegen der Warnung das Haus betreten wollten. Dass A trotz dieser Warnung die Selbstschussanlage scharf gemacht hat, zeigt, dass er es für möglich hielt, dass sich Einbrecher über die Warnung hinwegsetzen und sie dann auch von der Kugel getroffen werden sollten, wobei ihm die mögliche verletzende Wirkung eines Treffers klar war und er dies billigend in Kauf nahm. A handelte daher mit dolus eventualis.
Der Vorsatz des A war auch nicht durch eine eigenverantwortliche Selbstgefährdung ausgeschlossen. A zog durchaus in Betracht, dass ein möglicher Dieb den Warnhinweis (versehentlich) überlas oder nicht ernst nahm. Damit bezog sich der Vorsatz des A nicht nur auf die bewusste Übergehung der Warnung eines sich eigenverantwortlich Selbstgefährdenden.

60 Vgl. aber auch *Schlüchter*, Lenckner-FS, 1998, S. 314 ff., die bestimmte sozialtypische Verteidigungsmittel schon als zurechnungsausschließend betrachtet.

bb) Nach dem Willen des A sollte der Schuss allerdings nur einen einbrechenden Eindringling, nicht aber einen „Hunderetter" treffen. Bei dem Irrtum des A handelte es sich jedoch um einen unbeachtlichen „error in persona", der seinen Vorsatz unberührt lässt. Denn gem. § 16 I StGB muss der Täter nur diejenigen Umstände in sein Bewusstsein aufgenommen haben, die zum gesetzlichen Tatbestand gehören. Vorliegend sollte die Kugel (von A bedingt vorsätzlich gewollt) denjenigen treffen, der in das Grundstück eindringt. Dass es sich hierbei nicht um einen Dieb, sondern um einen Hundehelfer handelte, ist daher wegen rechtlicher Gleichwertigkeit der Handlungsobjekte bloßes unbeachtliches Motiv. A hat auch zumindest mit bedingtem Vorsatz hinsichtlich der gefährlichen Körperverletzung gehandelt, als er die Selbstschussanlage installiert hat.

2. Rechtswidrigkeit

a) Eine Rechtswidrigkeit des Handelns des A wäre zu verneinen, wenn er sich auf ein Notwehrrecht nach § 32 StGB berufen könnte. Fraglich ist, ob hier eine Notwehrlage gegeben war. Eine solche setzt das Vorliegen eines gegenwärtigen rechtswidrigen Angriffs des W auf ein Rechtsgut des A voraus. Durch Überspringen der Mauer des Anwesens ist W in das befriedete Besitztum des A eingedrungen und hat damit den Tatbestand des Hausfriedensbruchs (§ 123 StGB) verwirklicht. Es lag demzufolge ein gegenwärtiger Angriff seitens des W auf das Hausrecht des A vor, was im Rahmen der Notwehr ausreichend ist. Unmaßgeblich ist demgegenüber, dass die Selbstschussanlage schon vor dem Angriff installiert wurde (sog. antizipierte Notwehr[61], bzgl. derer auch ein antizipierter Verteidigungswille ausreichend ist[62]).

Es stellt sich allerdings weiter die Frage, ob dieser Angriff rechtswidrig war. Die Rechtswidrigkeit könnte hier aufgrund einer mutmaßlichen Einwilligung des A entfallen. Der Rechtfertigungsgrund der mutmaßlichen Einwilligung greift ein, wenn die Vornahme der Handlung im Interesse des Betroffenen liegt und dieser vermutlich einwilligen würde, jedoch nicht rechtzeitig befragt werden kann.[63] Die zuvor genannten Voraussetzungen sind hier erfüllt. Da die Gefahr bestand, dass sich der Hund ernsthafte Verletzungen zuziehen würde, lag die Befreiung des Tieres durch W im Interesse des A. Da dieser nicht anwesend war, konnte er nicht rechtzeitig um Erlaubnis zum Betreten des Grundstücks gefragt werden. W durfte jedoch hier davon ausgehen, dass A mit dem Betreten des Grundstücks unter diesen Voraussetzungen einverstanden war. Somit liegt hier der Rechtfertigungsgrund der mutmaßlichen Einwilligung vor, was dazu führt, dass kein rechtswidriger Angriff des W gegeben war. Eine Rechtfertigung des A nach § 32 StGB scheidet somit aus.

b) Die Rechtswidrigkeit der Selbstschutzmaßnahme könnte aber aufgrund eines rechtfertigenden Notstandes gem. § 34 StGB zu verneinen sein. Hierfür müsste eine Notstandslage zu bejahen sein. Diese setzt eine gegenwärtige Gefahr für ein Rechtsgut des A voraus, die nicht anders als durch den Einsatz der Selbstschussanlage abgewendet werden konnte. Aufgrund der Tatsache, dass sich in letzter Zeit in der Nachbarschaft mehrere Einbrüche ereignet haben, bestand eine gegenwärtige Gefahr für das Eigentum des A. Die Selbstschussanlage war geeignet, diese Gefahr abzuwehren. Da das Vorhandensein von Alarmanlagen in der Nachbarschaft die Einbrüche nicht verhindert hat, waren keine gleich wirksamen Maßnahmen zur Abwehr der Gefahr ersichtlich. Demzufolge kann hier eine Notstandslage bejaht werden.

Damit der rechtfertigende Notstand eingreifen kann, muss aber – anders als im Rahmen des § 32 StGB – eine Güterabwägung ergeben, dass das geschützte Interesse das beeinträchtigte wesentlich überwiegt. Diese Voraussetzung ist im vorliegenden Fall nicht erfüllt, da die

61 *Sch/Sch/Perron*, § 32, Rn. 18a; vgl. auch *Ebert*, AT, S. 68; *Kunz*, GA 1984, 541; *Lackner/Kühl*, § 32, Rn. 8; Matt/Renzikowski/*Engländer*, § 32, Rn. 17; NK-*Herzog*, § 32, Rn. 73; *Kühl*, § 7, Rn. 43; *Müssig*, ZStW 115 (2003), 224 ff.; *Roxin*, AT/I, § 15, Rn. 29; SK-*Günther*, § 32, Rn. 73; abweichend *Baumann/Weber/Mitsch*, AT, § 17, Rn. 15.

62 Vgl. *Kunz*, GA 1984, 541 ff.

63 *Fischer*, vor § 32, Rn. 4; näher zur rechtfertigenden mutmaßlichen Einwilligung u. Rn. 146.

körperliche Unversehrtheit ein höherrangiges Rechtsgut ist als das Eigentum, das der A durch die Selbstschussanlage schützen wollte. Demzufolge ist A auch nicht nach § 34 StGB gerechtfertigt.

3. Problematisch ist vorliegend aber, dass A den W nicht für einen Helfer, sondern für einen vermeintlichen Einbrecher hielt. Fraglich ist, wie diese Fehlvorstellung zu bewerten ist. Nimmt der Täter irrig Umstände an, bei deren Vorliegen er gerechtfertigt wäre, läge ein Erlaubnistatbestandsirrtum (ETBI) vor. Fraglich ist demnach, ob tatsächlich im Vorstellungsbild des A alle Umstände erfüllt waren, die eine Rechtfertigung begründen würden. Vorliegend ging A von einem gegenwärtigen rechtswidrigen Angriff, also von einer Notwehrlage, durch den vermeintlichen Einbrecher W aus. Die Notwehrhandlung des A müsste zudem erforderlich und geboten sein. Die Errichtung der Selbstschussanlage zur Abwehr des potentiellen Diebes müsste zunächst eine erforderliche Verteidigungshandlung gewesen sein. Dies wäre der Fall, wenn sie geeignet gewesen wäre den vermeintlichen Angriff zu beenden und zugleich das relativ mildeste Mittel dargestellt hätte. Maßgeblicher Zeitpunkt zur Beurteilung, ob dem Angegriffenen andere Möglichkeiten der Verteidigung eröffnet sind, ist nach den Sachverhaltsangaben der Moment des Errichtens der Anlage. Zu beurteilen ist hier also, ob A zum Zeitpunkt der Errichtung der Anlage auch andere, mildere Abwehrmöglichkeiten zur Verfügung standen. Zu beachten ist dabei, dass laut Sachverhalt tatsächlich keine andere Möglichkeit bestand, das Haus gegen Einbrüche von innen zu schützen. Die für den Gebrauch einer Schusswaffe immer erforderliche Vorwarnung hat A durch Aufstellen der Hinweisschilder abgegeben (a.A. vertretbar, wenn man zusätzlich die Abgabe eines Warnschusses verlangt; allerdings lässt sich eine solche bei einer Selbstschussanlage nur schwer verwirklichen). Angesichts dieser Sachlage wäre die Notwehrhandlung bei einem tatsächlichen Angriff erforderlich gewesen. Eine Einschränkung des Notwehrrechts aus sozialethischen Gründen in der Gebotenheit kommt nicht in Betracht. A hätte auch mit dem erforderlichen Verteidigungswillen gehandelt. Bei Vorliegen des vorgestellten Sachverhalts (drohender Einbruch) wäre die Installation durch A gerechtfertigt gewesen. Es liegt hier folglich ein **Erlaubnistatbestandsirrtum** vor, dessen strafrechtliche Behandlung umstritten ist:

a) Nach den Vorsatztheorien, die das Bewusstsein der Rechtswidrigkeit als Bestandteil des Vorsatzes ansehen, entfällt in Fällen wie dem vorliegenden der Vorsatz.[64]

b) Die strenge Schuldtheorie kommt hier zu dem Ergebnis, dass ein Verbotsirrtum gem. § 17 StGB vorliegt. Dieser Irrtum war vermeidbar, da A hätte erkennen können, dass durch die Installation der Selbstschussanlage die Gefahr bestand, dass auch andere Personen als Einbrecher verletzt werden. Hiernach hätte sich A nach §§ 223, 224 I Nr. 2 StGB strafbar gemacht, wobei nach §§ 17 S. 2, 49 I StGB die Strafe gemildert werden kann.

c) Die von der h. M. vertretenen eingeschränkten Schuldtheorien wenden in den Fällen des Erlaubnistatbestandsirrtums § 16 I StGB direkt, analog bzw. hinsichtlich der Rechtsfolgen dieser Vorschrift an, wobei die Begründung im Einzelnen umstritten ist. Hiernach lässt der Irrtum des A den Vorsatz entfallen und es kommt nach § 16 I S. 2 StGB nur eine Bestrafung wegen fahrlässiger Tatbegehung in Betracht. Die Lehre von den negativen Tatbestandsmerkmalen gelangt zu einer direkten Anwendung des § 16 I StGB, da sie das Nichtvorliegen von Rechtfertigungsgründen zu den Umständen des gesetzlichen Tatbestandes rechnet. Demgegenüber ist nach anderer Auffassung § 16 I StGB in Fällen des Erlaubnistatbestandsirrtums nur analog anzuwenden, da diese Vorschrift bzgl. eines Irrtums über die tatsächlichen Voraussetzungen eines Rechtfertigungsgrundes keine ausdrückliche Regelung enthält. Nach der rechtsfolgenverweisenden eingeschränkten Schuldtheorie berührt der Irrtum über die tatsächlichen Voraussetzungen eines Rechtfertigungsgrundes nicht den Tatbestandsvorsatz, sondern lediglich die Vorsatzschuld. Dies führt dann dazu, dass der Er-

64 Letztlich für eine Wiederbelebung der Vorsatztheorie *Herzberg*, JuS 2008, 385 ff.

laubnistatbestandsirrtum nur hinsichtlich der Rechtsfolgen einem Tatbestandsirrtum nach § 16 I S. 1 StGB gleichgestellt wird.
Folgt man den unter 3 c) beschriebenen Auffassungen, so scheidet eine Strafbarkeit des A nach §§ 223, 224 I Nr. 2 StGB aus.

III. A könnte sich aber wegen **fahrlässiger Körperverletzung gem. § 229 StGB** strafbar gemacht haben. Der tatbestandliche Erfolg ist eingetreten. Hierfür war eine Handlung des A kausal. Dadurch, dass A die Selbstschussanlage installiert hat, ohne ausschließen zu können, dass Dritte verletzt werden, hat er objektiv sorgfaltswidrig gehandelt. Insbesondere hätte er auch erkennen können, dass in der Winterzeit bloße Warnschilder nicht ausreichend sind, da diese zuschneien können. A hat auch rechtswidrig gehandelt. Die Schuld ist ebenfalls zu bejahen; insbesondere hat A subjektiv sorgfaltswidrig gehandelt, als er die Selbstschussanlage installiert hat.

Ergebnis: A hat sich wegen fahrlässiger Körperverletzung gem. § 229 StGB strafbar gemacht.

Abschlusshinweis *zur Erforderlichkeit der Verteidigungshandlung: Bei Überschreitung des Erforderlichen kommt § 33 StGB als Entschuldigungsgrund in Betracht!*

6. Gebotenheit (= sozialethisch bedingte Einschränkungen der Notwehr)[65]

Anders als das Merkmal der Erforderlichkeit, das sich auf die faktische Abwehrmöglichkeit des Angriffs bezieht, betrifft die Gebotenheit die *normative* Angemessenheit der Reaktion.[66]

a) Der Angriff von Schuldlosen oder gemindert Schuldfähigen

121 Bei Angriffen von Kindern, Geisteskranken, Betrunkenen, (un)vermeidbar Irrenden etc. ist das Rechtsbewährungsinteresse wesentlich gemindert, sodass der Verteidiger bei Möglichkeit ausweichen, fremde Hilfe herbeiholen oder zumindest Rücksichtnahme bei der Verteidigung üben muss.[67]

Beispiel: A, der zunächst eine verbale Auseinandersetzung mit B hatte, zückte im Verlauf des Wortgefechts ein Teppichmesser mit herausgezogener Klinge und fuchtelte damit in Richtung des B herum, ohne dass er jedoch eine Angriffsabsicht hatte. B, der um seine körperliche Unversehrtheit fürchtete und daher von einem Angriff ausging, packte die Hand des A, die das Messer führte und drehte die Hand auf den Rücken. Dabei drückte er den A an die Wand. A konnte in der Folge seine messerführende Hand aus der Umklammerung freibekommen und führte nachfolgend mit dem Teppichmesser mit Verletzungsvorsatz getragene Stiche in Richtung der Beine des B aus, denen dieser jedoch ausweichen konnte (Bsp. nach OLG Hamm JuS 2006, 466 ff.).

Lösung: Das OLG Hamm ist hier davon ausgegangen, dass die von A begangene versuchte gefährliche Körperverletzung nach §§ 223, 224 I Nr. 2, II, 22, 23 StGB nicht durch Notwehr gem. § 32 StGB gerechtfertigt war. Zum einen hatte A seine Notwehrlage durch sein vorangegangenes Verhalten (Fuchteln mit dem Teppichmesser in Richtung des B) selbst schuldhaft herbeigeführt und den Angriff des B damit leichtfertig provoziert (vgl. zur Provokation sogleich Rn. 122). Zum anderen geht das OLG Hamm jedoch auch davon aus, dass B offenkundig in Putativnot-

65 Vgl. zur folgenden Aufzählung *Roxin*, AT/I, § 15, Rn. 61 ff.; lesenswert dazu *Rönnau*, JuS 2012, 404 ff.
66 Vgl. statt vieler *Kindhäuser*, AT, § 16, Rn. 36.
67 BGHSt 3, 217; MüKo-*Erb*, § 32, Rn. 184, der für solche Fälle zu Recht auch auf ein beschränktes individuelles Interesse an der Verteidigung der eigenen Handlungsfreiheit hinweist; vgl. im Übrigen auch *Kühl*, AT, § 7, Rn. 192 ff.

wehr und damit nach den Grundsätzen zum sog. Erlaubnistatbestandsirrtum zumindest schuldlos gehandelt habe, als er den Angeklagten zu Beginn der körperlichen Auseinandersetzung zur Abwehr des vermeintlich unmittelbar bevorstehenden Messerangriffs ergriff und festhielt. Auch unter diesem Gesichtspunkt hätte A daher nicht uneingeschränkt und bedenkenlos von seinem grundsätzlich bestehenden Notwehrrecht, das durch den Erlaubnistatbestandsirrtum nicht ausgeschlossen wurde, Gebrauch machen dürfen. Vielmehr hätte er die Möglichkeiten der sog. Schutzwehr ausnutzen, insbesondere zunächst den Versuch unternehmen müssen, die Umklammerung durch Fallenlassen des Teppichmessers und verbale Aufklärung des Irrtums des B zu beenden. Für einen Schuldausschluss nach § 33 StGB (Notwehrüberschreitung aus Verwirrung, Furcht oder Schrecken) hat das OLG Hamm hier keine Anhaltspunkte gesehen.

Hinweis: *Der Erlaubnistatbestandsirrtum führt freilich nur dann zur Annahme eines schuldlosen Handelns, wenn man der rechtsfolgenverweisenden eingeschränkten Schuldtheorie folgt, die einen Wegfall der Vorsatzschuld annimmt (vgl. dazu u. Rn. 215). Nach der wohl herrschenden eingeschränkten Schuldtheorie entfällt dagegen in analoger Anwendung des § 16 StGB der Vorsatz. Entscheidend für eine Gebotenheitseinschränkung dürfte jedoch nicht die Frage sein, ob der Vorsatz oder die Schuld entfällt, sondern allein die Tatsache, dass sich der Angreifer in einem Irrtum befunden hat.*

b) Der provozierte Angriff

Dass derjenige, der einen Angriff rechtswidrig provoziert hat, in seinen Verteidigungsrechten zumindest beschränkt ist, wird heute ganz überwiegend anerkannt.[68] Versucht wurde in diesem Zusammenhang, diese Beschränkung mit der Rechtsfigur der actio illicita in causa zu begründen. Danach soll der Provokateur zwar bei seiner Verteidigungshandlung durch Notwehr gerechtfertigt sein, jedoch soll er für die vorsätzliche oder fahrlässige Verursachung der Notwehrsituation aus dem Vorsatzdelikt oder Fahrlässigkeitsdelikt strafrechtlich zur Verantwortung gezogen werden können. Von der h. M. wird diese Rechtsfigur jedoch zu Recht abgelehnt, da ein rechtmäßiger Erfolg nicht angesichts einer nur rechtswidrigen Ursache strafbar sein kann.[69] **122**

Insgesamt wird man daher mit der h. M. den Rechtsmissbrauchsgedanken zugrunde legen und unterscheiden müssen:

- Bei einer Absichtsprovokation, d. h. der Angriff wird provoziert, um den Angreifenden unter dem Schutz der Notwehr schädigen zu können, ist die Berufung auf § 32 StGB mit der h. M. wegen Rechtsmissbrauchs gänzlich abzulehnen, sofern es sich um eine rechtswidrige Provokation handelt.[70] Dies kann dazu führen, dass beide Kontrahenten – der Provokateur sowie der Provozierte – rechtswidrig handeln und für ihre Tatbestandsverwirklichung bestraft werden.

---

68 A. A. etwa *Bockelmann/Volk*, AT, S. 92 f.; siehe auch *Grünewald*, ZStW 22 (2010), 51 ff.

69 Vgl. zur Ablehnung der actio illicita in causa auch *Jäger*, JR 2002, 513 f.; *Roxin*, JZ 2001, 667; *ders.*, ZStW 75 (1963), 545 ff; *Engländer*, Jura 2001, 534. Im Erg. auch *Puppe*, AT/1, S. 458. Unzutr. dagegen BGH JR 2002, 510 ff.; tendenziell auch *Lindemann/Reichling*, JuS 2009, 496 ff.; *Kudlich*, JuS 2003, 33; *Mitsch*, JuS 2001, 754.

70 BGH NStZ 1983, 452; *Joecks*, § 32, Rn. 24; *Krey/Esser*, AT, Rn. 555 f.; *Lackner/Kühl*, § 32, Rn. 14; *Roxin*, AT/I, § 15, Rn. 65; *Wessels/Beulke/Satzger*, AT, Rn. 346; *Zieschang*, AT, S. 59 jeweils m. w. N. Allerdings wird auch vertreten, dass u. U., etwa bei auswegloser Situation, das Notwehrrecht erhalten bleibt, vgl. MüKo-*Erb*, § 32, Rn. 201; *Jescheck/Weigend*, AT, § 32 III 3a; *Sch/Sch/Perron*, § 32, Rn. 55 f. Gegen eine Einschränkung des Notwehrrechts im Falle der Provokation *Baumann/Weber/Mitsch*, AT, § 17, Rn. 38; *Renzikowski*, Notstand und Notwehr, 1994, S. 112, 302.

Allerdings kann das Notwehrrecht trotz absichtlicher Provokation erhalten bleiben, wenn der Angriff des Provozierten über das vom Provokateur beabsichtigte Maß hinausgeht (etwa wenn A den B zu einem tätlichen Angriff reizen will und B nicht nur tätlich wird, sondern mit einem Revolver einen Angriff auf das Leben des A startet).[71]

- In der Klausur spielen Provokationen, die nicht auf einen Angriff des Provokateurs zielen, sog. schuldhafte (oder fahrlässige) Provokationen, die weitaus größere Rolle. Es handelt sich um Konstellationen, in denen der Provokateur zwar nicht absichtlich, aber sonst vorwerfbar eine Notwehrsituation herbeigeführt hat. Hier hat der BGH für den Verteidiger, der den Angriff verschuldet hat, leitlinienartig folgende Dreistufentheorie entwickelt:[72]

  1. Stufe: Der Provokateur muss ausweichen oder um Hilfe rufen, auch wenn das wie Flucht oder Feigheit erscheint.

  2. Stufe: Wenn Flucht und Hilfeerlangung ausgeschlossen sind, muss er sich zunächst auf hinhaltende Schutzwehr beschränken, selbst wenn damit geringe Beeinträchtigungen und Verletzungen verbunden sind.

  3. Stufe: Er darf zu „Trutzwehr", d. h. zu verletzenden Gegenangriffen übergehen, wenn auch die Schutzwehr versagt. Einer schweren Verprügelung oder gar Todesgefahr braucht sich jedenfalls auch derjenige nicht auszusetzen, der den Angriff mitverschuldet hat.

  Umstritten ist dabei, ob das notwehreinschränkende Provokationsverhalten rechtswidrig sein muss (so die h. L.)[73] oder ein sozialethisch wertwidriges Verhalten genügt.[74] Der BGH hat auch ein nur sozialethisch wertwidriges Verhalten als ggf. notwehreinschränkend erachtet;[75] vgl. dazu den Hinw. a. E. des Schutzschild-Falles, Rn. 133 f. Die Ansicht des BGH ist jedoch deshalb fragwürdig, weil die Einschränkung des Notwehrrechts im Falle der Provokation auf einem Zurücktreten des Rechtsbewährungsinteresses beruht, sodass rein moralwidriges Verhalten keine Verkürzung des Verteidigungsrechts sollte auslösen können.

- Zur dazwischen liegenden (bedingt) vorsätzlichen Provokation hat der BGH zweimal Stellung[76] genommen und das Notwehrrecht in diesem Fall noch weiter verkürzt. Dort, so der BGH, muss der Provokateur jede Gelegenheit zur Schutzwehr wahrnehmen, selbst wenn dies für ihn mit gewissen Lebensgefahren verbunden ist. Vgl. zur klausurmäßigen Lösung dieses BGH-Falles, der sehr schön die bei der Notwehr häufig notwendige Inzidentprüfung veranschaulicht, u. a. E. der Notwehrdarstellung (Fall 22, Rn. 133 f.).

---

71 NK-*Herzog*, § 32, Rn. 116; *Krey/Esser*, AT, Rn. 557.

72 Vgl. BGHSt 24, 356; 26, 143; BGH NStZ 88, 269. Nicht erkannt von BayObLG JuS 1993, 427, daher zu Recht abl. *Heinrich*, JuS 1994, 17 ff.; vgl. auch jüngst BGH NStZ 2014, 451 m. Bspr. *Hecker*, JuS 2014, 946 ff.

73 MüKo-*Erb*, § 32, Rn. 208; *Freund*, AT, § 3, Rn. 117; *Köhler*, AT, S. 273; *Kühl*, AT, § 7, Rn. 249; *Roxin*, Höchstrichterliche Rspr. zum AT, Fall 20; SK-*Günther*, § 32, Rn. 123; *Sch/Sch/Perron*, § 32, Rn. 59; *Vassilaki/Hüthig*, Jura 1997, 268.

74 *Schünemann*, JuS 1979, 279; *Wessels/Beulke/Satzger*, AT, Rn. 348.

75 BGH NStZ-RR 1997, 65 f.; BGHSt 42, 101 (wenn auch noch etwas unklar).

76 BGHSt 39, 374; BGH NStZ 2002, 205 f.

Alle genannten Einschränkungen beruhen – wie gesagt – nach h. M. auf dem Rechtsmissbrauchsgedanken und nicht auf der Rechtsfigur der actio illicita in causa. Beachtenswert ist jedoch, dass der BGH in einer viel beachteten Entscheidung die actio illicita in causa doch wieder neu belebt hat, indem er diese zwar nicht für eine Vorsatzbestrafung, wohl aber für eine Fahrlässigkeitsstrafbarkeit herangezogen hat. Zugrunde lag der Entscheidung folgender leicht abgewandelter

Fall 17: A lauerte dem B nachts auf, schlich sich auf leisen Sohlen an ihn heran, um ihn mit einem Baseballschläger bewusstlos zu schlagen und ihm anschließend mit einem Messer die Kniesehnen zu durchtrennen, damit dieser seine Beine nicht mehr gebrauchen könne. Gerade als A zuschlagen wollte, drehte sich jedoch der stets wachsame B blitzschnell um, entriss A den Knüppel und schmetterte ihn mit einem Fausthieb zu Boden. Obwohl A sichtlich benommen am Boden lag, stürzte sich B mit den Worten: „Jetzt stirbst du" auf A und würgte diesen, indem er den Baseballschläger mit beiden Händen auf dessen Hals drückte. A hatte gegen den übermächtigen und brutalen B keinerlei Chance; insbesondere gelang es ihm nicht, den B von sich wegzuschieben. Als der Druck, den B mit dem Baseballschläger auf den Kehlkopf des A ausübte, immer stärker wurde, erinnerte sich A schließlich an sein mitgeführtes Messer. Er stach dem B damit in den Oberkörper, wobei ihm bewusst war, dass B sterben werde, was dann tatsächlich auch der Fall war. Zu Beginn seiner Handlungen hatte A nicht an einen so schlimmen Ausgang gedacht. Strafbarkeit des A? § 211 StGB ist nicht zu prüfen! (**Kniesehnen-Fall** nach BGH NStZ 2001, 143)[77] **122a**

Lösung: **122b**

A. Erster Sachverhaltskomplex: Das beabsichtigte Niederschlagen und Zerschneiden der Kniesehnen

I. A könnte sich dadurch, dass er zum Schlag mit dem Baseballschläger auf den B ausholte, wegen **versuchter gefährlicher Köperverletzung nach §§ 223 I, II, 224 I Nr. 2, 22, 23 StGB** strafbar gemacht haben.

1. Die Vollendung ist nicht eingetreten, da B dem Schlag des A zuvor kam.

2. Die Strafbarkeit des Versuchs ergibt sich aus § 223 II StGB.

3. Voraussetzung ist darüber hinaus ein entsprechender Tatentschluss des Täters. Vorliegend ging der Entschluss des Täters A jedenfalls auf eine körperliche Misshandlung, da das Niederschlagen eine üble, unangemessene Behandlung dargestellt hätte, durch die das körperliche Wohlbefinden des B nicht nur unerheblich beeinträchtigt worden wäre. Auch hätte darin eine Gesundheitsschädigung im Sinne eines Hervorrufens oder Steigerns eines pathologischen Zustandes gelegen.
Ein Tatentschluss nach § 223 StGB ist daher zu bejahen.
Auch war der Tatentschluss auf die Verwirklichung der Körperverletzung mittels eines gefährlichen Werkzeugs (Baseballschläger) gerichtet. Ob darüber hinaus auch ein Tatentschluss hinsichtlich einer das Leben gefährdenden Behandlung gegeben war, lässt sich nach dem Sachverhalt nicht beurteilen und ist Tatfrage.

4. Auch ist ein unmittelbares Ansetzen anzunehmen, da das Ausholen mit dem Knüppel nach der Vorstellung des Täters unmittelbar in die Tatbestandsverwirklichung einmünden sollte.

77 Mit abl. Anm. *Eisele*, NStZ 2001, 416; *Jäger*, JR 2001, 512; *Roxin*, JZ 2001, 667 sowie tendenziell zust. Bespr. von *Mitsch*, JuS 2001, 751. Vgl. auch die klausurmäßige Lösung bei *Kudlich*, JuS 2003, 32 ff.

II. Indem A zum Schlag auf den B ausholte, um diesem unmittelbar anschließend die Kniesehnen zu durchtrennen, könnte er sich auch einer **versuchten schweren Körperverletzung nach §§ 226 I Nr. 2, II, 22, 23 StGB** schuldig gemacht haben.
Zu Beginn des Schlages war As Vorstellung darauf gerichtet, den B zu Fall zu bringen und ihn sogleich danach durch Zerschneiden der Kniesehnen so zu verletzen, dass B seine Beine, d.h. wichtige Glieder des Körpers, nicht mehr würde gebrauchen können. Er hatte damit Absicht i. S. eines dolus directus ersten Grades (zielgerichtetes Wollen) hinsichtlich der Verwirklichung der in § 226 I Nr. 2 StGB genannten Folgen und er hat durch das Ausholen zum Schlag auch zu dieser Tatbestandsverwirklichung unmittelbar angesetzt, sodass auch ein Versuch des § 226 I, II StGB zu bejahen ist.

Hinweis: *Denkbar wäre aber auch eine Ablehnung des Versuchsbeginns im Hinblick auf § 226 StGB, indem man ein unmittelbares Ansetzen verneint, weil die Verursachung der schweren Folge erst nach dem Schlag, also doch noch mit einem ganz erheblichen zeitlichen Zwischenraum erfolgen sollte.*[78]

III. Denkbar wäre auch die Annahme einer **versuchten Körperverletzung mit Todesfolge nach §§ 227, 22, 23 StGB.**
Selbst wenn man die Existenz einer versuchten Körperverletzung mit Todesfolge grundsätzlich akzeptiert (s. dazu u. Rn. 381), so fehlt es vorliegend jedenfalls am tatbestandsspezifischen Gefahrzusammenhang, weil die Todesfolge nicht durch das Ansetzen zum Schlag mit dem Baseballschläger bewirkt wurde, sondern durch weitere Geschehnisse, die sich später noch daran anschlossen.

Ergebnis: Eine Strafbarkeit nach §§ 227, 22, 23 StGB scheidet daher aus.

B. Zweiter Sachverhaltskomplex: Der Stich mit dem Messer

I. In Betracht kommt hier eine Bestrafung des A wegen **Totschlags nach § 212 StGB.**

1. Tatbestandsmäßigkeit

a) Objektiver Tatbestand
Der Erfolg, Tod des B, ist von A kausal und zurechenbar verursacht worden.

b) Subjektiver Tatbestand
A hatte beim Zustechen auch Tatvorsatz, da ihm bewusst war, dass B sterben wird; er handelte damit jedenfalls mit dolus directus 2. Grades.

2. Rechtswidrigkeit
Fraglich ist, ob A sich auf den Rechtfertigungsgrund der Notwehr nach § 32 StGB berufen kann.
Der Stich des A war durch Notwehr nach § 32 StGB gerechtfertigt, wenn er die für A erforderliche und gebotene Verteidigung darstellte, um einen gegenwärtigen und rechtswidrigen Angriff des B abzuwehren.

a) Fraglich ist bereits, ob ein gegenwärtiger rechtswidriger Angriff des B gegeben war. An einer Rechtwidrigkeit des Angriffs des B würde es fehlen, wenn dieser bei seinem Vorgehen gegen A seinerseits durch Notwehr nach § 32 StGB gerechtfertigt wäre.
Voraussetzung hierfür ist zunächst das Vorliegen eines gegenwärtigen rechtswidrigen Angriffs von Seiten des A.
In dem Ansetzen zum Schlag mit dem Baseballschläger lag zweifelsfrei ein rechtswidriger Angriff des A (nämlich in Form eines Körperverletzungsversuchs, s. o.). Fraglich ist jedoch, ob dieser Angriff noch gegenwärtig war.
Gegenwärtig ist nur derjenige Angriff, der unmittelbar bevorsteht, gerade stattfindet oder noch andauert. Anknüpfungspunkt für das Notwehrrecht des B ist dabei der Augenblick, in

78 So tatsächlich *Eisele*, NStZ 2001, 417 f.; dagegen aber zu Recht BGH JR 2001, 510; ebenso *Jäger*, JR 2001, 513 m. Fn. 7; *Mitsch*, JuS 2001, 751 ff.; *Roxin*, JZ 2001, 667 ff.

dem B mit den Worten „Jetzt stirbst du“ auf den benommen am Boden liegenden A stürzte. Dieser Angriff erfolgte, nachdem B seine rechtmäßige Notwehrhandlung (Abwehr des Schlagversuchs von A) abgeschlossen hatte und B nun seinerseits aufgrund eines neuen Tatentschlusses nicht mehr in Verteidigungs-, sondern ausschließlich in Angriffsabsicht gegen den A vorging.[79] Der Angriff des A war daher bereits beendet, sodass nicht mehr von einer Gegenwärtigkeit ausgegangen werden kann.
B war daher beim erneuten Eindringen auf A nicht mehr durch ein Notwehrrecht gedeckt, sodass ein gegenwärtiger rechtswidriger Angriff des B und damit eine Notwehrlage zugunsten des A angenommen werden müssen.

b) In dieser Notwehrlage war dem A als erforderliche Verteidigung diejenige Handlung gestattet, die geeignet war, den Angriff des B endgültig und ohne eigenes Risiko zu beenden. Da der B übermächtig war und der Druck mit dem Baseballschläger auf den Kehlkopf des A ständig zunahm, blieb diesem als einzige Abwehrmaßnahme nur noch das schnelle Zustechen. Dass ein Stich in eine andere Körpergegend den Abwehrerfolg genauso sichergestellt hätte, kann nicht angenommen werden, zumal der Sachverhalt hierzu keinerlei Angaben macht und B wesentlich stärker war.

c) Fraglich ist allerdings, ob der lebensgefährliche Einsatz der Stichwaffe angesichts der von A vorausgehenden Provokation auch i. S. v. § 32 I StGB „geboten“ war. Denkbar ist insoweit eine sozialethische Einschränkung des Notwehrrechts.
Ein Fall der Absichtsprovokation, der sogar zum Ausschluss des Notwehrrechts führen kann, lag nicht vor. Denn hierfür ist Voraussetzung, dass die Provokation ausschließlich zu dem Zweck erfolgt, den Angreifer unter dem Deckmantel der Notwehr, d. h. unter Ausnutzung der entstehenden Notwehrlage, verletzen zu können. Der A wollte jedoch den B „nur“ mit einem Schnitt in die Kniesehnen verletzen, ohne dabei in eine Notwehrlage und damit selbst in Gefahr zu geraten.
Allerdings lag die Situation einer sonstigen verschuldeten Notwehrlage vor. Bei einem solchen vorwerfbaren Vorverhalten geht die h. M. davon aus, dass dem Verteidiger in Form eines dreifachen Stufenverhältnisses nur ein eingeschränktes Verteidigungsrecht zusteht. Grundsätzlich ist dem Provokateur danach ein Ausweichen zuzumuten. Falls dies nicht mehr möglich sein sollte, muss er sich auf Schutzwehr zurückziehen. Versprechen weder Ausweichen noch Schutzwehr Erfolg, darf der Täter zur Trutzwehr übergehen, wobei dann auch tödliche Abwehrmittel als ultima ratio gestattet sein können.
Nach den Sachverhaltsangaben standen vorliegend dem A keine milderen Mittel zur Verfügung, da ein Abschütteln des übermächtigen B zuvor bereits gescheitert war und deshalb mit einer Tötung durch B zu rechnen war.
Es ist daher davon auszugehen, dass A das Maß des Gebotenen beim Stich mit dem Messer nicht überschritten hat.

d) Da A auch mit dem erforderlichen Verteidigungswillen gehandelt hat, ist daher eine Rechtfertigung durch Notwehr nach § 32 StGB zu bejahen.

Ergebnis: A ist nicht nach § 212 StGB strafbar.

II. Auch eine Strafbarkeit wegen **Körperverletzung mit Todesfolge nach § 227 StGB** scheidet damit automatisch aus, weil die als Durchgangsstadium zur Tötung gleichzeitig mitverwirklichte vorsätzliche Körperverletzung ebenfalls nach § 32 StGB gerechtfertigt ist, sodass es am für § 227 StGB erforderlichen Grunddelikt fehlt.

III. Fraglich ist jedoch, ob sich A wegen **fahrlässiger Tötung nach § 222 StGB** strafbar gemacht hat.

---

79 Im Originalfall konnte man darüber freilich streiten, weil A eine Schrotflinte bei sich führte, vgl. *Jäger*, JR 2001, 513.

Zwar kann das zulässige Verteidigungsmittel als solches keinen Fahrlässigkeitsvorwurf begründen, weil ein und dieselbe Handlung nicht sowohl rechtmäßig als auch rechtswidrig sein kann. Denkbar wäre jedoch für den Fahrlässigkeitsvorwurf auf das vor dieser Handlung liegende rechtswidrige Provokationsverhalten abzustellen, was auf die Anerkennung der Rechtsfigur der actio illicita in causa (d. h. die in ihrem Ursprung unerlaubte Handlung) hinausliefe.
Der BGH hat im konkreten Fall[80] tatsächlich die Strafbarkeit aus dem Fahrlässigkeitsdelikt bejaht, weil der Verteidiger durch sein rechtswidriges Vorverhalten die Gefahr einer tätlichen Auseinandersetzung mit tödlichem Ausgang sorgfaltswidrig und vorhersehbar herbeigeführt habe. Der Angegriffene könne daher nach § 222 StGB bestraft werden, obgleich die Verteidigungshandlung in rechtfertigender Notwehr vorgenommen worden sei.
Die Annahme einer derartigen actio illicita in causa und der daraus folgenden Fahrlässigkeitsbestrafung ist jedoch abzulehnen.[81] Die rechtswidrige Verursachung eines rechtmäßigen Erfolges bewirkt nämlich keinerlei Erfolgsunwert. Der bloße Handlungsunwert, den die vorausgehende Provokation erfüllt, kann daher für die Bestrafung aus dem Erfolgsdelikt des § 222 StGB nicht genügen.
Insgesamt scheidet daher auch eine Bestrafung wegen fahrlässiger Tötung nach § 222 StGB aus.

Ergebnis: A ist strafbar wegen versuchter schwerer Körperverletzung nach § 226 I Nr. 2, II StGB. § 224 I Nr. 2 StGB steht dazu aus Klarstellungsgründen in Tateinheit.[82]

Der provozierte Angriff ist immer wieder Gegenstand der höchstrichterlichen Rspr. des BGH gewesen.[83] Besonders interessant erscheinen hier zwei Entscheidungen des 2. Strafsenats, die an folgenden Beispielen verdeutlicht werden sollen:

Beispiel 1: Zwischen A auf der einen Seite sowie B, C und D auf der anderen Seite, kam es zu einer aggressiven verbalen Auseinandersetzung. Schließlich stellte sich A dem B zu einem Zweikampf, den A für sich entscheiden konnte. Nachdem sich A und B wieder vom Boden erhoben hatten, trat C auf den A ein, sodass dieser erneut zu Boden ging. Nachdem A abermals aufgestanden war, zogen C und D sowie ihnen folgend auch B ihre Gürtel aus den Hosen. In dem anschließenden Schlagabtausch erlitt A zahlreiche oberflächliche Verletzungen. A geriet zunehmend in Bedrängnis und hatte Angst, dass ihm seine Gegner nahekommen und ihn zusammenschlagen würden. Während C und D mit ihren Gürteln weiter auf ihn einschlugen, stach er mit einem Messer, das er zuvor unbemerkt von allen Beteiligten aus seiner Tasche gezogen hatte, mit Wucht in die Brust des in diesem Moment herannahenden D, um sich seiner zu erwehren. Der Stich durchtrennte eine nahe des Herzens verlaufende Arterie sowie den Herzbeutel des D. Trotz der schweren Verletzungen konnte D gerettet werden (nach BGH StV 2011, 223).[84]

Lösung: Der BGH verneinte hier eine rechtswidrige oder sonst sozialethisch zu missbilligende Notwehrprovokation. Die verbale Auseinandersetzung scheide als Anknüpfungspunkt aus, weil ein Anhalt fehle, dass der Angeklagte die Auseinandersetzung als solche gezielt gesucht oder besonders gefördert hätte. Auch auf den sich anschließenden Zweikampf könne nicht abgestellt werden. Dieses Duell sei zum einen für alle erkennbar abgeschlossen gewesen. Es fehle also an einem engen zeitlichen und räumlichen Ursachenzusammenhang zwischen Provokation und

80 BGH JR 2001, 510 ff.
81 Vgl. auch *Eisele*, NStZ 2001, 416; *Jäger*, JR 2001, 512; *Roxin*, JZ 2001, 667; gegen die Rechtsfigur der actio illicita in causa auch MüKo-*Erb*, § 32, Rn. 203; *Satzger*, Jura 2006, 520.
82 Vgl. NK-*Paeffgen*, § 226, Rn. 61.
83 Siehe nur BGH NStZ 2011, 82 f. m. Anm. *Hecker*, JuS 2011, 272 ff. und BGH StV 2011, 223 m. Anm. *Kudlich*, JA 2011, 233; lesenswert zum Ganzen *Kretschmer*, Jura 2012, 189 ff.
84 M. Anm. *Kudlich*, JA 2011, 233; siehe auch *Kretschmer*, Jura 2012, 194 ff.

dem rechtswidrigen Angriff (zw.). Zum anderen könne ein für sich genommen erlaubtes Tun im einverständlichen Zweikampf nicht allein deshalb zur Einschränkung des Notwehrrechts führen, weil A hätte wissen können, dass die anderen durch sein Verhalten zu einem rechtswidrigen Angriff veranlasst werden könnten.[85]

Beispiel 2: Zwischen dem 16-jährigen Sohn M des Angeklagten und dem gleichaltrigen A war es wiederholt zu handgreiflichen Auseinandersetzungen gekommen. A drohte nun seinen als gewaltbereit bekannten Bruder H einzuschalten. Am Abend des 22.3.2008 rief A den M an und forderte ihn zu einem Treffen bei einer Gaststätte auf. Da M Angst vor einer körperlichen Auseinandersetzung mit H hatte, informierte er nun seinen Vater, den Angeklagten. Dieser wollte die Sache endgültig klären und H zum Einlenken bewegen. Wie des Öfteren trug der Angeklagte ein Butterflymesser mit sich. Bei der Gaststätte angekommen, forderte der Angeklagte den Türsteher auf, den H herauszuschicken. Nach einer Weile erschien H mit einem schweren Holzknüppel bewaffnet und in Begleitung von mindestens acht Personen. Nach einem kurzen heftigen Wortwechsel schlug H mit dem Holzknüppel wuchtig gegen den Arm des Angeklagten. Als er erneut zu einem Schlag gegen den Oberkörper-/Kopfbereich ausholte, stach der Angeklagte auf dessen Oberkörper ein. Der Stich traf die Lunge des H und war akut lebensgefährlich (nach BGH JuS 2011, 272 m. Anm. *Hecker*).

Lösung: Auch in dieser Entscheidung lehnte der 2. Strafsenat eine vorwerfbare Provokation der Notwehrlage ab. Zunächst könne nicht bereits das bloße Mitsichführen des Messers zu einer Einschränkung der Gebotenheit führen. Wenngleich der Angeklagte die Waffe unberechtigt bei sich getragen habe (vgl. § 52 III Nr. 1 WaffG) und ihm die Reizbarkeit und Gewalttätigkeit des H bekannt gewesen sei, sei er nicht verpflichtet gewesen, dem H aus dem Weg zu gehen oder sich dessen Aggressionen schutzlos auszuliefern. Auch das Aufsuchen des H vor der Gaststätte stelle keine in vorwerfbarer Weise sozialethisch zu missbilligende Notwehrprovokation dar. Allein der Umstand, dass er den Türsteher aufforderte, den H herauszuschicken, gebe hierfür keinen Anlass, zumal es der Bruder des H war, der zuvor dem Sohn des Angeklagten Schläge angekündigt hatte. Das Verhalten des Angeklagten liefe zwar in gewissem Maße den Geboten der Vorsicht und Lebensklugheit zuwider; eine vorwerfbare Provokation eines rechtswidrigen Angriffs, die zu einer Einschränkung der Notwehr führe, sei darin aber nicht zu sehen.

c) Der geringfügige Angriff

Es besteht eine proportionale Einschränkung insofern, als unerhebliche Angriffe nicht durch Tötung oder schwere Körperverletzung des anderen abgewehrt werden dürfen, wobei der Grund in einem Zurücktreten des Rechtsbewährungsinteresses gesehen wird.[86] **123**

Beispiel 1: Schutz vor Obstdiebstahl durch tödlich wirkenden Gewehrschuss des gelähmten Bauern. Mag der Schuss hier auch erforderlich sein, weil B angesichts seiner Lähmung nicht zu den Dieben eilen kann, so steht die Verteidigung angesichts des zu schützenden Wertes völlig außer Verhältnis.

Hinweis: *Ein Minimalschaden wird bei Beträgen bis 50,– € gegeben sein, sodass bis zu dieser Grenze ein Rechtsmissbrauch zu beachten ist.*

---

85 Kritisch zu Recht *Kretschmer*, Jura 2012, 195, der auch in dem einverständlichen Zweikampf ein sozialwidriges zu missbilligendes Verhalten sieht und die Verneinung des raum-zeitlichen Zusammenhangs als realitätsfremd rügt.

86 Sehr ausführl. *Krey/Esser*, AT, Rn. 543 ff.; *Krey*, JZ 1979, 702 ff.; *B. Heinrich*, AT, Rn. 363 ff. sieht diese Fallgruppe zu Recht als eine Ausnahme vom Verbot der Güterabwägung im Rahmen von § 32 StGB an und erörtert bereits in diesem Zusammenhang die Frage, ob Art. 2 EMRK die Tötung von Menschen zum Schutz von Sachwerten verbietet.

Beispiel 2: A will den B, der auf seiner Motorhaube liegt, in der Weise abschütteln, dass er seine Geschwindigkeit auf 120 bis 130 km/h erhöht. Auch hier steht die Maßnahme außer Verhältnis zu der abzuwehrenden Rechtsgutsbeeinträchtigung und überschreitet daher nach Auffassung des BGH das Maß des Gebotenen.[87]

d) Der Angriff innerhalb von Garantenbeziehungen

124 Das Notwehrrecht ist nach der Rspr. auch innerhalb enger persönlicher Verbindungen (insbesondere unter Ehegatten sowie im Verhältnis zwischen Eltern und Kind) eingeschränkt[88], da sich das Rechtsbewährungsprinzip hier aufgrund der Verpflichtung zu gegenseitiger Rücksichtnahme und Solidarität nicht voll entfalten könne. Dem hat die Lit. überwiegend zugestimmt und eine Abschwächung des Notwehrrechts auf Garantenbeziehungen nach § 13 I StGB beschränkt.[89]

Ob eheliche Zerrüttung die Beschränkung des Notwehrrechts wieder aufheben kann, ist hier noch wenig geklärt. Jedoch sollte dies nur bei vollständiger Zerrüttung möglich sein, da anderenfalls eine gesetzlich fundierte Vermutung für ein fortbestehendes Vertrauen existiert.[90]

e) Der Erpressungsangriff (sog. Chantage)[91]

125 **Beispiel:** B droht dem A ihn wegen Kinderschändung anzuzeigen, falls er nicht eine Million bis zum nächsten Morgen bezahlt. A erschießt den B daraufhin, weil er keinen Ausweg sieht, sich gegen die (auf Beweistatsachen gegründete) Drohung zu wehren. Ist die Tötung des B durch Notwehr gerechtfertigt?

126 **Lösung:** An der Gegenwärtigkeit des Angriffs fehlt es nicht, da dieser mit Ausspruch der Drohung (§ 240 StGB) noch nicht beendet ist. Der Angriff auf die Willensentschließungsfreiheit besteht auch noch fort, weil die Beeinträchtigung des individuellen Rechtsfriedens, solange die Drohung im Raum steht, weiter andauert.[92] Die Verwirklichung der Drohung kann auch nur wirksam unterbunden werden, indem A den B endgültig ausschaltet. Ein milderes Mittel ist jedenfalls ohne gleichzeitige Aufdeckung seiner eigenen Tat und ohne Zahlung (Nötigungserfolg, den es abzuwehren gilt) nicht ersichtlich. Bei derartigen Drohungen wird ein Notwehrrecht jedoch als unangemessen erachtet, weil die Tat „unter Umständen“ vollzogen würde, „die das Licht scheuen müssten“.[93] Das Gefühl der Rechtssicherheit würde beeinträchtigt, weil etwa ein Tötungsdelikt häufig als die Tat eines anonymen Täters erscheinen würde. Deshalb will *Amelung* auch nur sog. kommunikative Gegenwehr zulassen (z. B. Täuschungen und Drohungen zum Zweck der Herausgabe belastender Unterlagen oder heimlicher Tonbandaufnahmen des Erpressers).[94] Eine a. A. will jedenfalls eine Tötung allein schon deshalb als gänzlich unzulässig erachten, weil sich dies aus Art. 2 IIa EMRK ergebe (vgl. dazu auch u. Rn. 128).

---

87 BGHSt 26, 51 ff.

88 S. dazu auch *Schramm*, JA 2013, 886 f.

89 *Blei*, Strafrecht AT, § 39 III 2 d; *Roxin*, AT/I, § 15, Rn. 93; einschr. und unter anderer Herleitung *Otto*, § 8, Rn. 92; MüKo-*Erb*, § 32, Rn. 194 ff. unter Beschränkung auf grundsätzlich intakte Beziehungen; krit. gegenüber einer Einschränkung des Notwehrrechts bei engen persönlichen Beziehungen *Zieschang*, Jura 2003, 527 ff.

90 Siehe dazu auch *Ebert*, AT, S. 79.

91 Speziell dazu *Amelung*, NStZ 1998, 70; *Novoselec*, NStZ 1997, 218 m. zahlr. Nachw.

92 Näher hierzu o. Rn. 112.

93 Hier und im Folgenden *Roxin*, AT/I, § 15, Rn. 100.

94 *Amelung*, GA 1982, 389 ff., 398 ff. (dokumentiert bei *Roxin*, AT/I, § 15, Rn. 102); krit. dazu *Jakobs*, AT, 12/27 m. Fn. 49; vgl. auch *Sch/Sch/Perron*, § 32, Rn. 16, der den Weg über § 34 StGB befürwortet, um eine Abwägung vornehmen zu können. Diese würde freilich vorliegend ebenfalls zu einem Rechtfertigungsausschluss führen, da auf Seiten des B das Höchstgut Leben betroffen ist.

f) Der von Polizisten abzuwehrende Angriff

Nach Art. 67 I Nr. 2 BayPAG ist Schusswaffengebrauch der Polizei nur zur Abwehr von Verbrechen und bewaffneten Vergehen zulässig. Die zivil- und strafrechtlichen Wirkungen der Notwehr und des Notstands sollen aber nach Art. 60 II BayPAG unberührt bleiben.[95] Dies scheint einen Widerspruch zu begründen.[96] **127**

Nach einer vor allem im öffentlichen Recht verbreiteten und im Strafrecht teilweise übernommenen Auffassung sind die in den Polizeigesetzen vorgesehenen Notwehrrechtsbestimmungen (Art. 60 II BayPAG) gegenstandslos, sodass sich Verteidigungsrechte auf den im PAG vorgesehenen Umfang (Schusswaffengebrauch nur zur Abwehr von Verbrechen und bewaffneten Vergehen) beschränken.[97]

Die strafrechtliche Auffassung geht demgegenüber jedoch überwiegend davon aus, dass der Polizist neben seinen Befugnissen nach den Polizeigesetzen grundsätzlich auch ein Recht zur Notwehr und Nothilfe hat. Die polizeigesetzlichen Sonderregeln begründen insofern keine Einschränkung des Notwehr- und Nothilferechts, sondern liefern nur eine Konkretisierung des bei der Notwehr Erforderlichen und Gebotenen.[98]

Beispiel: Wenn der Polizist P einen Dieb D verfolgt, so darf P nicht sofort zur Schusswaffe greifen, auch wenn dies die erforderliche (weil sicherste sofortige) Möglichkeit zur Beendigung des Angriffs darstellt. Vielmehr muss er etwa erst über Funk Kollegen zu Hilfe rufen. Ein Schuss (keinesfalls aber ein gezielter Todesschuss) wäre erst dann geboten, wenn endgültiger Verlust droht, etwa wenn der Dieb im Begriff ist, eine U-Bahn zu erreichen oder in einer Menschenmenge unterzutauchen.

In diesen Zusammenhang gehört auch die **Problematik der Existenz eines staatlichen Folterverbots**, die ins Zentrum der rechtswissenschaftlichen Diskussion geraten ist. Ausgangspunkt dafür war folgender

Fall 18: B hatte den 11-jährigen Jungen J entführt und umgebracht, um von den Eltern, die glauben sollten, das Kind lebe noch, ein Lösegeld zu erpressen. Bei Übergabe des Lösegeldes wurde B von der Polizei gefasst. Da auch die Polizei davon ausging, dass J noch lebe, befragte sie den B nach dessen Aufenthaltsort. Nachdem B die Polizei mehrfach fehlgeleitet hatte und auch alle sonstigen Ermittlungsmöglichkeiten ausgereizt waren, drohte der Einsatzleiter dem B bei der erneuten Befragung die Zufügung von Schmerzen an. Dabei ging es dem Einsatzleiter A ausschließlich um die Rettung des vermeintlich noch am Leben befindlichen Kindes. B räumte daraufhin ein, dass er das Kind bereits getötet habe und führte die Polizei zu dem Ort, an dem er die Leiche verborgen hatte. Strafbarkeit des A? Die Vorschrift des § 343 StGB ist nicht zu prüfen. (**Daschner-Fall** nach LG Frankfurt a. M. NJW 2005, 692) **127a**

Lösung: **127b**

A könnte sich strafbar gemacht haben wegen Nötigung in einem **besonders schweren Fall nach § 240 I i. V. m. IV StGB**.

95 In den anderen Bundesländern finden sich entsprechende Regelungen.
96 Allgemein zur Notwehrbefugnis von Polizeibeamten *Béguelin*, GA 2013, 473.
97 Vgl. *Blei*, JZ 1955, 625 ff.; *Jakobs*, AT, 12/43; SK-*Günther*, § 32, Rn. 15 ff.
98 Näher hierzu und zu weiteren vermittelnden Auffassungen zutr. und lesenswert *Roxin*, AT/I, § 15, Rn. 109 ff.; ähnl. auch *Schaffstein*, Schröder-GS, 1978, 109.

I. Tatbestandsmäßigkeit
Die Ankündigung der Zufügung von Schmerzen stellt jedenfalls eine Drohung mit einem empfindlichen Übel nach § 240 I StGB dar.
Diese erfolgte auch vorsätzlich zur Erzielung eines bestimmten Opferverhaltens, das vorliegend in der Offenbarung des Fundorts bestand.

II. Rechtswidrigkeit
Rechtswidrig ist die Nötigung nach § 240 II StGB, wenn die Androhung des Übels zu dem angestrebten Zweck als verwerflich anzusehen ist.
Eine Verwerflichkeit scheidet von vornherein aus, wenn das Verhalten des A durch Rechtfertigungsgründe gedeckt war.

1. Die polizeilichen Vorschriften des hessischen Gesetzes für Sicherheit und Ordnung (HessSOG) bieten keine Ermächtigungsgrundlage für die zwangsweise Durchsetzung einer Aussage. Vielmehr verweist § 12 IV HessSOG auf § 136a StPO und verbietet damit die Anwendung von Gewalt. Auch erklärt § 52 II HessSOG unmittelbaren Zwang zur Abgabe einer Erklärung für ausgeschlossen.

2. In Frage kommt danach allenfalls ein Rückgriff auf die allgemeinen Rechtfertigungsgründe der Nothilfe bzw. des Notstandes nach §§ 32, 34 StGB; ein solcher Rückgriff ist nach § 54 II HessSOG grundsätzlich möglich, da nach dieser Vorschrift die zivil- und strafrechtlichen Wirkungen nach den Vorschriften über Notwehr und Notstand von den polizeirechtlichen Vorschriften unberührt bleiben.

a) Voraussetzung für das Vorliegen einer Nothilfe wäre vorliegend zunächst das Gegebensein einer Nothilfelage, die einen gegenwärtigen rechtswidrigen Angriff auf ein Rechtsgut des Opfers voraussetzt. Schon hieran fehlte es jedoch, da das Kind bereits tot war, sodass von einem *gegenwärtigen* Angriff nicht ausgegangen werden kann. A ging demzufolge nur irrtümlich davon aus, dass ein Angriff auf das Leben des J noch gegenwärtig sei.

b) Auch für einen rechtfertigenden Notstand fehlt es an der Gegenwärtigkeit einer Gefahr für Rechtsgüter des J, da eine Notstandslage angesichts des bereits eingetretenen Todes nicht mehr bestand und A eine solche lediglich irrtümlich für gegeben hielt.

III. Fraglich ist, wie sich der Irrtum über das Vorliegen einer Notwehr- bzw. Notstandslage auf Seiten des A auswirkt. Entscheidend dafür ist die rechtliche Einordnung des Irrtums. Vorliegend ist A davon ausgegangen, dass tatsächlich ein Angriff von Seiten des B auf J drohe bzw. eine Gefahr für dessen Leben bestehe. Es kommt daher die Annahme eines Erlaubnistatbestandsirrtums in Betracht, der nach h. M. entsprechend § 16 StGB allenfalls zur Fahrlässigkeitsbestrafung führen kann, sofern A von Umständen ausgegangen ist, die ihn tatsächlich rechtfertigen würden.

1. Irrtümliche Annahme der tatsächlichen Voraussetzungen eines Nothilferechts nach § 32 StGB:

a) Nach der Vorstellung des A bestand eine Nothilfelage, da A von einem gegenwärtigen rechtswidrigen Angriff auf das Leben des J ausging. A nahm nämlich an, dass J von B versteckt gehalten werde und ggf. ohne fremde Hilfe verhungern könnte. Damit nahm A eine Situation an, die einen gegenwärtigen Angriff auf das Leben des J begründen würde.

b) Da alle Versuche zur Ermittlung des Fundorts durch Befragung des B und durch sonstige Bemühungen bislang gescheitert waren, durfte A die Androhung der Zufügung von Schmerzen auch für erforderlich halten, um den Ort des Opfers zu ermitteln und das Leben des J noch zu retten.[99]

99 Im Originalfall des LG Frankfurt war die Erforderlichkeit allerdings fraglich, vgl. *Roxin*, AT/I, § 15, Rn. 105.

c) Fraglich ist jedoch, ob das Verhalten des A unter den gegebenen Umständen auch i. S. v. § 32 StGB geboten war. Dies ist nicht der Fall, wenn das Nothilferecht des § 32 StGB bei der Androhung von Zwangsmaßnahmen sozialethischen Einschränkungen unterliegt.

- Denkbar ist dies vorliegend mit Blick auf den Menschenwürdegrundsatz des Art. 1 I GG. Danach ist die Menschenwürde unantastbar, sodass keine Person durch die staatliche Gewalt zum Objekt und zu einem Ausbund von Angst vor Schmerzen gemacht werden darf. Dieser Fundamentalsatz der Verfassung findet sich auch in Art. 104 I S. 2 GG. Die Achtung der Menschenwürde ist dabei unveräußerlicher Kern der Grundrechte, der verfassungsrechtlich unveränderlich (vgl. Art. 79 III GG) und daher auch einer Abwägung mit dem Lebensschutz Dritter nicht zugänglich ist.[100]
- Allerdings ist diese Auffassung nicht unumstritten. In der Lit. gewinnt zunehmend eine Auffassung an Einfluss, die eine sozialethische Einschränkung des Notwehrrechts unter Hinw. darauf verneint, dass ein Konflikt zwischen der Menschenwürde des Täters einerseits und der Menschenwürde des Opfers (sprich: des Entführten) andererseits bestehe. Dieser Konflikt müsse dadurch aufgelöst werden, dass man den Dingen ihren Lauf lasse und die Folter zwar nicht öffentlich-rechtlich legitimiere, sodass das Folterverbot den Staat also weiterhin binde, die von seinen Handlungsträgern verübte Folter jedoch nicht mehr als „staatliches" Handeln einzustufen sei. Der Folternde sei dann als Privater nicht zu bestrafen.[101] Zur Begründung der Straflosigkeit wird u. a. auf die Güterabwägung zwischen der Menschenwürde des Täters und der Menschenwürde des Opfers verwiesen: Die körperliche Unversehrtheit des Entführers wiege weniger als das Leben und die Menschenwürde des oder der Opfer, zumal der Täter sich sehenden Auges ins Unrecht gesetzt habe.[102] Da der rechtswidrige Angreifer in Notsituationen sogar mittels eines finalen Rettungsschusses getötet werden dürfe, müsse es erst Recht möglich sein, ihn unter eng begrenzten Voraussetzungen zum Zwecke der Opferrettung zu foltern.[103] Dies sei als „Staatsfolter" zwar unzulässig, berühre aber das private Notwehrrecht nicht, das jedermann – auch dem Amtsträger – zustehe.[104] Allerdings plädiert *Fahl* einschränkend dafür,

---

100 LG Frankfurt a. M. NJW 2005, 693; vgl. *Beulke*, Strafprozessrecht, Rn. 134a; *Düx*, ZRP 2003, 180; *Ellbogen*, Jura 2005, 339, 342; *Haurand/Vahle*, NVwZ 2003, 518; *Jäger*, Herzberg-FS, 2008, S. 500; *ders.*, JA 2008, 680; *Jeßberger*, Jura 2003, 711, 713; *Lüderssen*, Rudolphi-FS, 2004, S. 691; *Merten*, JR 2003, 404, 407; *Norouzi*, JA 2005, 306; *Roxin*, AT/I, § 15, Rn. 103 ff.; *ders.*, Eser-FS, 2005, S. 469 f.; *Schaefer*, NJW 2003, 947; *Schild*, in: Gehl (Hrsg.), Folter – zulässiges Instrument im Strafrecht?, 2005, S. 59; *Welsch*, BayVBl. 2003, 481, 487, die sich für ein absolutes Folterverbot aussprechen. So auch *F.-C. Schroeder*, ZRP 2003, 180; *ders.*, JZ 2004, 165; *ders.*, Spinellis-FS, 2001, S. 983, der als Lösung vorschlägt, dem Verdächtigen ernsthaft die strafrechtlichen Konsequenzen seines Handelns (etwa mehrjährigen Freiheitsentzug) vor Augen zu führen, um ihn dazu zu bewegen, in eigenem Interesse an der Rettung des Opfers mitzuwirken. I. E. wohl auch *Kudlich*, JuS 2005, 376, 379, der allerdings die Abwägung nicht schlechthin ausschließt, sondern dazu tendiert, die Interessen des Entführers aus rechtspolitischen Gründen höher einzustufen als die des Opfers.

101 Vgl. dazu *Erb*, NStZ 2005, 593 ff.; *ders.*, Jura 2005, 24; *ders.*, MüKo, § 32, Rn. 173 ff.; gegen einen gänzlichen Ausschluss der Möglichkeit von Gewaltanwendung auch *Kühl*, AT, § 7, Rn. 156a; *Otto*, JZ 2005, 480 f.; *ders.*, AT, § 8, Rn. 59.

102 Vgl. zur Diskussion dieses Arguments *Hilgendorf*, JZ 2004, 331, 335, der sich freilich i. E. gegen die Zulässigkeit der Folter ausspricht.

103 So etwa *Götz*, NJW 2005, 953, 956. *Brugger*, JZ 2000, 165, 167 benennt als Voraussetzung u. a., dass der Betreffende der Störer sein muss. *Ellbogen*, Jura 2005, 339, 341 m. Fn. 40 wendet hiergegen zutr. ein, dass sich dies in der Regel nur mutmaßen lasse, sodass an dieser Voraussetzung der Einsatz der Folter regelmäßig scheitern müsse.

104 *Fahl*, JR 2004, 182, 190. Ähnl. auch *Jerouschek/Kölbel*, JZ 2003, 613, 619 f., die zwar am Folterverbot festhalten, die Täter jedoch ebenfalls straffrei sehen. Die fehlende Amtsbefugnis und die polizeirechtliche Unstatthaftigkeit des Vorgangs versperre nicht den Rückgriff auf §§ 32, 34 StGB hinsichtlich der *individuellen* Rechtfertigung. Vielmehr zeige sich hier der fragmentarische Charakter des Strafrechts, das außerstrafrechtliche Verbote nicht vollständig mit Strafe bewehre. Auch *Lackner/Kühl*, StGB, § 32, Rn. 17a möchten eine Rechtfertigung nach §§ 32, 34 StGB nicht kategorisch ausschließen; eingehend zum fragmentarischen Charakter *Hefendehl*, JA 2011, 401 ff.; siehe auch *Beck/Valerius*, RW 2011, 472 ff.

dass nur solche Mittel zulässig sein sollen, die nicht zu einer Misshandlung der festgehaltenen Person führen, so z. B. die Verabreichung eines Wahrheitsserums, die Hypnose oder Täuschung.[105]

- Eine noch restriktivere Auffassung in der Lit. will zwar die Drohung mit Gewalt zulassen, nicht aber deren tatsächliche Anwendung.[106]
- Stellungnahme: Im Ergebnis wird man der h. M. folgen müssen, die sowohl die Anwendung als auch die Androhung von Gewalt für nicht geboten i. S. v. § 32 StGB erachtet. Denn die Verteidigung der Rechtsordnung muss dort enden, wo das Recht, insbesondere die Verfassung, absolute Grenzen setzt. Dabei lässt sich auch nicht, wie *Erb* dies versucht, zwischen Staat einerseits und fungierenden Beamten andererseits unterscheiden.[107] Denn der Beamte ist, worauf *Norouzi* hingewiesen hat, Statthalter des Staates und daher an dessen Selbstschutzprinzipien gebunden.[108] Auch der Vergleich mit dem finalen Todesschuss vermag nicht zu überzeugen: Zum einen ist die Menschenwürde – anders als das Recht auf Leben nach Art. 2 II GG – angesichts der Erfahrungen mit dem Nationalsozialismus vom Gesetzgeber bewusst als schrankenlose Gewährleistung gestaltet worden, sodass die Tötung eines Menschen notfalls zulässig ist.[109] Zum anderen besteht beim finalen Rettungsschuss keine Ungewissheit über die Täterschaft, während in den Entführungsfällen lediglich ein Tatverdacht besteht, der trotz erdrückender Beweise, selbst bei einem (Teil-)Geständnis falsch sein kann.[110] Im Übrigen darf nicht übersehen werden, dass der Aspekt der Staatswürde die Würdepositionen von Täter und Opfer umspannt und am Ende den Ausschlag für eine Ächtung der Folter geben sollte.[111] Die Einschränkung des Folterverbots mit der Folge einer Rechtfertigung über § 32 StGB ist daher abzulehnen.

Auch unter Zugrundelegung des Vorstellungsbildes des A lagen daher keine tatsächlichen Umstände vor, die ihn gerechtfertigt hätten. A unterlag daher keinem Erlaubnistatbestandsirrtum, sondern einem sog. Erlaubnisgrenzirrtum bzw. einem nach gleichen Regeln zu behandelnden Doppelirrtum (vgl. Rn. 219).

2. Auch waren nach dem Vorstellungsbild des A nicht die tatsächlichen Voraussetzungen eines rechtfertigenden Notstands nach § 34 StGB gegeben, denn selbst wenn A von einer gegenwärtigen Gefahr für das Leben des J ausgehen durfte, so handelte es sich bei der Androhung der Schmerzzufügung nicht um ein angemessenes Mittel i. S. d. § 34 StGB, da die Kollision von Opfer- und Tätergrundrechten, wie gezeigt, nicht durch eine Einschränkung des Folterverbots aufgelöst werden darf.

3. Schließlich stellte sich A auch keine Umstände vor, die einen Ausschluss der Verwerflichkeit i. S. d. allgemeinen Zweck-Mittel-Relation nach § 240 II StGB begründen könnten. Denn die unumstößliche Wertigkeit des Art. 1 I S. 1 GG strahlt auch auf die Generalklausel des § 240 II StGB aus, sodass die Androhung von Folter als verwerflich i. S. d. Vorschrift zu betrachten ist.

4. Denkbar wäre allenfalls ein Schuldausschluss nach § 17 StGB (Erlaubnisgrenzirrtum). Jedoch ist das LG Frankfurt im vorliegenden Fall davon ausgegangen, dass der ggf. vorliegende Verbotsirrtum durch Rückfrage bei der Staatsanwaltschaft nach § 17 S. 2 StGB vermeidbar gewesen wäre.[112]

---

105 *Fahl*, JR 2004, 182, 190, der einräumt, dass die Verabreichung eines Wahrheitsserums zwar gegen § 136a StPO verstoße, dass aber nicht alles Folter sei, was diese Norm verbiete.

106 So etwa *Herzberg*, JZ 2005, 321. I. E. auch *Fahl*, Jura 2007, 749 f. wegen fehlender Verwerflichkeit der Nötigung; ebenso *Prittwitz*, Herzberg-FS, 2008, S. 515 ff.

107 So i. E. auch *Saliger*, ZStW 116 (2004), 35, 49.

108 Vgl. *Norouzi*, JA 2005, 306.

109 *Saliger*, ZStW 116 (2004), 35, 47; ähnl. auch *Hilgendorf*, JZ 2004, 331, 336.

110 *Ellbogen*, Jura 2005, 339, 342.

111 Näher zum Argument der Staatswürde *Jäger*, Herzberg-FS, 2008, S. 544 f.; *ders.*, JA 2008, 680 f. Deshalb lässt sich auch bei der Folterdrohung die Verwerflichkeit der Nötigung nach § 240 II StGB in Wahrheit nicht verneinen (vgl. Fn. 108).

112 LG Frankfurt NJW 2005, 695.

5. Mangels Vorliegens der Voraussetzung eines entschuldigenden Notstands nach § 35 I S. 1 bzw. II S. 1 StGB käme allenfalls noch ein übergesetzlicher entschuldigender Notstand in Frage.[113] Ein solcher scheidet jedoch deshalb aus, weil der Beamte gerade nicht in einer mit § 35 StGB vergleichbaren Konfliktlage stand. Denn gerade von staatlichen Erfüllungsgehilfen darf erwartet werden, dass sie nicht in unveräußerliche Rechtspositionen des Bürgers eingreifen, wenn es um Fundamentalprinzipien der staatlich zu wahrenden Wertordnung geht. Eine Ausnahme kann nur dort gemacht werden, wo mehrere Personen sich in einer Gefahrengemeinschaft befinden und nur eine bestimmte Anzahl unter Aufopferung der anderen aus der gemeinsamen Gefahr gerettet werden kann (vgl. Rn. 204 ff.).

6. Strafschärfend könnte zu Lasten des A ins Gewicht fallen, dass dieser bei der Nötigungshandlung seine Befugnisse und seine Stellung als Amtsträger nach § 240 IV S. 2 Nr. 3 StGB missbraucht hat. Andererseits wird man allerdings zu seinen Gunsten ins Feld führen müssen, dass sein Verhalten von einer zumindest auch rechtsguterhaltenden Tendenz getragen war, sodass das Vorliegen dieses Regelbeispiels mit guten Gründen verneint werden kann.

Ergebnis: A ist wegen einfacher Nötigung nach § 240 StGB strafbar.

Hinweis: *Die hier laut Fallangabe nicht zu untersuchende Aussageerpressung nach § 343 StGB scheidet nach wohl h. M. im Falle der sog. „Gefahrenabwendungsfolter" aus, da die Aussageerpressung subjektiv neben dem Vorsatz auch eine Absicht i. S. eines zielgerichteten Wollens („um … zu") voraussetzt; diese Absicht fehle aber, wenn es dem Täter nicht um die Aussage, sondern um die Rettung des Opfers geht (zw.).*[114]

g) Der Angriff ohne körperliche Gewalt (Art. 2 IIa i. V. m. I S. 2 EMRK)

Zunehmend wird diskutiert, ob Art. 2 IIa EMRK nicht immer mit in Betracht zu ziehen ist, wenn es um die Tötung eines Menschen in Notwehr geht. Gemäß Art. 2 IIa i. V. m. I S. 2 EMRK (zwingend nachlesen!) ist nämlich die *absichtliche* Tötung eines Menschen nur zur Verteidigung gegen Gewaltanwendung zulässig. D. h. also nicht, dass eine Tötung zur Verteidigung von Sachgütern und Vermögen gänzlich ausgeschlossen ist. Zulässig bleibt vielmehr eine bedingt vorsätzliche Tötung zur Verteidigung solcher Rechtsgüter. **128**

In der Lit. wird zwar überwiegend bestritten, dass sich aus Art. 2 IIa i. V. m. I S. 2 EMRK eine Einschränkung des Notwehrrechts ergeben könne, weil sich die EMRK nur an Hoheitsträger wende und daher nur im Verhältnis zwischen Staat und Bürger, nicht aber zwischen den Bürgern selbst Anwendung finden könne.[115] Indessen wird man aber davon ausgehen dürfen, dass die EMRK einen internationalen „Grundrechtskatalog" enthält,[116] der im Rahmen der Auslegung des unbestimmten Rechts-

---

113 Vgl. aber näher zur Möglichkeit eines übergesetzlichen entschuldigenden Notstands im Falle der Folter *Roxin*, Eser-FS, 2005, S. 468 f.

114 Vgl. *Ebel*, Kriminalistik 1995, 825; *Jerouschek/Kölbel*, JZ 2003, 619; a. A. *Kinzig*, ZStW 115 (2003), 793.

115 Vgl. statt vieler MüKo-*Erb*, § 32, Rn. 13 ff. m. w. N. zu dieser h. M. Auch *Erb* will allerdings Verteidigungsmaßnahmen, die den sicheren Tod des Flüchtenden zur Folge haben, grundsätzlich ausschließen (näher *Erb*, a. a. O., Rn. 193).

116 Der Einwand, dass die EMRK nur den Rang eines Bundesgesetzes und keinen Verfassungsrang hat (vgl. etwa *Krey/Esser*, AT, Rn. 549 ff.), ist demgegenüber zumindest zweifelhaft, da es für die Möglichkeit der mittelbaren Drittwirkung nicht auf den formellen Rang einer Norm, sondern auf deren materiellen Gehalt ankommen sollte. Danach kann kein Zweifel bestehen, dass es sich bei den Vorschriften der EMRK um einen Grundrechtskatalog im materiellen Sinne handelt.

begriffs des „Gebotenen“ in § 32 StGB zumindest mittelbare Drittwirkung entfalten kann.[117]

7. Verteidigungswille

129 Als subjektives Merkmal verlangt die Notwehr als Mindestvoraussetzung Kenntnis der Notwehrsituation sowie nach der Rspr. zusätzlich das Motiv, sich zu verteidigen. Es muss sich dabei nicht um das einzige Motiv handeln, aber der Wille zur Verteidigung darf auch nicht völlig in den Hintergrund treten.[118] Fraglich ist freilich, ob man nicht mit einem großen Teil der Literatur den subjektiven Notwehrtatbestand ohnehin auf das Wissensmerkmal und damit auf die Kenntnis von der notwehrauslösenden Situation beschränken sollte. Dafür spricht, dass der Täter bei Kenntnis der Notwehrsituation bereits alle Umstände in sein Vorstellungsbild aufgenommen hat, die ihn objektiv rechtfertigen.[119]

Veranschaulicht wird die Frage um das Erfordernis eines Verteidigungszwecks durch folgenden aktuellen

129a **Fall 19:** Der Rechtsradikale A erklärte im Rahmen eines Internetchats gegenüber einem Gesinnungsgenossen, dass er nur darauf warten würde, dass er von einem Linksradikalen angegriffen werde und er ihn dann „die Klinge fressen lassen“ könne. Er schrieb weiter: „Das Schöne daran, es wäre sogar Notwehr! Man stelle sich das mal bildlich vor! So ne Zecke greift an und du ziehst n Messer ...“. Etwa einen Monat später sollte eine „Soli-Party“ der rechten Szene stattfinden. Eine Gruppe Linksradikaler, zu der auch P, S und K gehörten, fuhren in Richtung eines Pendlerparkplatzes, da sie verhindern wollten, dass Besucher von dort durch eine Kontaktperson zum Veranstaltungsort weitergeleitet werden. Nachdem sie A, der dort telefonierend in seinem Pkw saß, bemerkt und als Kontaktperson identifiziert hatten, machte sich die dunkel gekleidete, vermummte und mit Reizgas bewaffnete Gruppe zu Fuß auf den Weg, um A nötigenfalls unter Einsatz von Gewalt zu vertreiben. Als A die Gruppe und deren Vorhaben, ihn zu attackieren, erkannte, geriet er in Panik und beschloss zu flüchten. Er teilte daher seinem Gesprächspartner mit, dass er von „Zecken“ angegriffen werde, warf sein Mobiltelefon auf den Beifahrersitz und fuhr mit Vollgas über eine von zwei Parkplatzausfahrten auf P, S und K zu. A war sich dabei bewusst, dass er diese dadurch in erhebliche Gefahr brachte. Eine Verletzung, jedenfalls im Rahmen einer Ausweichbewegung, nahm er aber billigend in Kauf. A rechnete jedoch nicht damit, dass er jemanden überfahren und ggf. sogar töten könnte. P und S konnten sich vor dem mit ca. 25–30 km/h herannahenden Fahrzeug noch durch einen Sprung zur Seite retten; K dagegen sprang aus ungeklärtem Grund auf die Motorhaube des auf ihn zukommenden Wagens, prallte mit dem Kopf gegen die Windschutzscheibe, schlug mit dem Hinterkopf auf dem Boden auf und blieb schwer verletzt liegen. Obwohl A dies erkannt hatte, fuhr er davon, weil er zu Recht Vergeltungsmaßnahmen der anderen befürchtete. Kurz darauf traf er auf ein Polizeifahrzeug, hielt dieses an und offenbarte sich den Beamten. A hätte eine Gefährdung seiner Person auch dadurch vermeiden können, dass er den Pendlerparkplatz über die zweite Ausfahrt verlassen hätte oder von der ersten

117 I. E. wie hier *Roxin*, AT/I, § 15, Rn. 87 f. m. w. N.

118 BGHSt 48, 207; BGH NStZ 2007, 325 m. Anm. *Satzger*, JK 10/07, StGB § 32/31; siehe auch *Rönnau*, JuS 2009, 594 ff.

119 So etwa *Roxin*, AT/I, § 15, Rn. 111; *Wessels/Beulke/Satzger*, AT, Rn. 350a m. w. N.

Ausfahrt nicht nach links, sondern nach rechts abgebogen wäre. Strafbarkeit des A? Auf das Verhalten gegenüber P und S ist nicht einzugehen (**Zecken-Fall** nach BGH NJW 2013, 708 ff.[120]).

Lösung: 129b

A. Das Geschehen bis zum Anfahren des K

I. Eine Strafbarkeit wegen **versuchten Totschlags nach §§ 212, 22, 23 StGB** scheidet mangels nachweisbaren Vorsatzes aus.

II. In Betracht kommt jedoch eine Strafbarkeit wegen **gefährlicher Körperverletzung nach §§ 223, 224 I Nr. 2 und Nr. 5 StGB** durch Anfahren des K.

1. Tatbestandsmäßigkeit

a) Die durch das Anfahren verursachte schwere Kopfverletzung des K stellt zweifelsfrei eine körperliche Misshandlung sowie eine Gesundheitschädigung dar. Fraglich ist jedoch, ob dem A der Verletzungserfolg auch zugerechnet werden kann. Denkbar wäre hier eine Unterbrechung des Zurechnungszusammenhangs durch freiverantwortliche Selbstgefährdung des K, da dieser auf die Motorhaube des A gesprungen ist. Indessen gibt der Sachverhalt für eine derartige Annahme zu wenig her. Es liegt viel näher, dass das Opfer für sich keine andere Ausweichmöglichkeit gesehen hat, als auf die Motorhaube zu springen. Da A jedenfalls Verletzungen durch Beiseitespringen für möglich gehalten hat, ist auch bedingter Vorsatz gegeben. Das tatsächliche Verletzungsgeschehen weicht von dem vorgestellten nicht so weit ab, dass von einer für den Vorsatz wesentlichen Abweichung des Kausalverlaufs gesprochen werden könnte.

b) Fraglich ist darüber hinaus, ob A den Qualifikationstatbestand des § 224 I Nr. 2 StGB verwirklicht hat. Voraussetzung hierfür wäre, dass A den Verletzungserfolg mittels eines gefährlichen Werkzeugs bewirkt hat. Als solches kommt das von ihm benutzte Fahrzeug in Frage. Allerdings sieht der BGH in mittlerweile ständiger Rechtsprechung den Tatbestand des § 224 I Nr. 2 StGB nur dann als erfüllt an, wenn der Täter dabei billigend in Kauf nimmt, dass die betroffene Person angefahren und unmittelbar durch den Anstoß mit dem fahrenden PKW eine Körperverletzung erleiden kann. Rechnet der Täter dagegen nur mit Verletzungen in Folge von Ausweichbewegungen oder bei Stürzen, so scheidet die Annahme einer (versuchten) gefährlichen Körperverletzung nach § 224 I Nr. 2 StGB aus. A wollte hier den K nicht mittels des Fahrzeugs verletzen. Dies ist immerhin deshalb gut vertretbar, weil die Verletzungen in einem solchen Fall nicht durch die Bewegungskräfte des Fahrzeugs als solche, sondern durch das dazwischengeschaltete Wegspringen des Opfers bewirkt werden sollen. Hier ist die Abweichung im Gegensatz zum Grundtatbestand wesentlich, weil A sich zwar Verletzungen des Opfers vorgestellt hat (die dann – wenn auch in anderer Weise – eingetreten sind), nicht aber ein Anfahren in sein Bewusstsein aufgenommen hat.

Hinweis: *Der Sachverhalt liegt auch anders als BGH StV 2013, 438[121] (näher dazu Jäger BT, Rn. 78), da der Täter dort die von ihm gesteuerten Bewegungskräfte des Fahrzeugs durch gewolltes und tatsächlich erfolgtes Anfahren ausgenutzt hat, um das Opfer auf die Straße zu schleudern, damit es dort Verletzungen erleidet.*

c) Darüber hinaus bezweifelt der BGH auch subjektiv das Vorliegen einer gefährlichen Körperverletzung nach § 224 I Nr. 5 StGB, da der Angeklagte möglicherweise nicht billigend in Kauf genommen habe, dass das Opfer K auf die Motorhaube seines Fahrzeugs springen würde. Dies freilich ist fragwürdig, da das ungebremste Zufahren mit einem PKW auf eine Person zumindest abstrakt gefährlich ist und daher zumindest nach Auffassung des BGH zu einer Anwendung des § 224 I Nr. 5 StGB hätte führen müssen.

---

120 M. Anm. *Jäger*, JA 2013, 708 ff.; vgl. auch *Mitsch*, JuS 2014, 593 ff.

121 M. Anm. *Jäger*, JA 2013, 472 ff.

2. Rechtswidrigkeit
Gegeben sein könnte hier jedoch der Rechtfertigungsgrund der Notwehr.

a) Von Seiten des K lag ein gegenwärtiger rechtswidriger Angriff auf A vor.

b) Problematisch ist vorliegend allerdings die Erforderlichkeit der Verteidigung. Diese scheitert jedoch nicht deshalb, weil der Angeklagte einen anderen Fluchtweg hätte wählen können. Denn da das Recht dem Unrecht nicht zu weichen hat, kann als Verteidigung prinzipiell keine schimpfliche Flucht verlangt werden. Jedoch hat es der BGH im vorliegenden Fall für denkbar gehalten, dass die Erforderlichkeit deshalb zu verneinen war, weil A möglicherweise nicht mit ungebremster Geschwindigkeit auf K hätte zufahren müssen.

c) Fraglich ist jedoch auch das Vorliegen eines Verteidigungswillens. Hier geht der BGH davon aus, dass der Verteidigungswille nicht nur die Kenntnis der Notwehrlage voraussetzt, sondern auch einen zusätzlichen Verteidigungszweck erfordert und dass diese Voraussetzung sowohl für die Zubilligung einer Rechtfertigung nach § 32 StGB als auch für das Zugeständnis einer Entschuldigung nach § 33 StGB vorliegen müssen. Nach Ansicht des BGH sind die subjektiven Voraussetzungen der Notwehr erst dann erfüllt, wenn der Gegenangriff zumindest auch zu dem Zweck geführt wurde, den vorangegangenen Angriff abzuwehren. Allerdings ist ein Verteidigungswille danach auch dann noch als relevantes Handlungsmotiv anzuerkennen, wenn andere Beweggründe (Vergeltung für frühere Angriffe, Feindschaft etc.) hinzutreten. Erst wenn diese anderen Beweggründe so dominant seien, dass hinter ihnen der Wille das Recht zu wahren ganz in den Hintergrund tritt (worauf die Chatunterhaltung hinweisen könnte), könne von einem Abwehrverhalten keine Rede mehr sein und daher auch die Zubilligung des § 33 StGB entfallen.
Selbst wenn man aber mit dem BGH einen Verteidigungszweck für § 32 StGB fordert, so ist hier nicht ausgeschlossen, dass A zumindest auch zum Zwecke der Verteidigung gehandelt hat (immerhin sah er sich gefährlichen Angreifern gegenüber), auch wenn Motive wie Feindseligkeit und Hass mitgeschwungen haben.

Ergebnis: A wäre danach vorliegend nach § 32 StGB gerechtfertigt.

Hinweis: *Diese für § 32 StGB vertretene Auffassung überträgt der BGH mit der vorliegenden Entscheidung sogar auf § 33 StGB, für den Fall, dass die Verteidigung nicht erforderlich gewesen wäre, also A etwa langsamer auf K hätte zufahren können. Dies ist nicht unproblematisch und wird von der wohl herrschenden Lehre bereits für § 32 StGB verneint, da es genügen müsse, dass der Täter Kenntnis von der Notwehrlage hat (vgl. näher oben Rn. 129). Der BGH hat jedoch stets für § 32 StGB einen Verteidigungszweck zur Unrechtskompensation verlangt. Auf § 33 StGB lässt sich der Gesichtspunkt der Unrechtskompensation jedoch nur schwer übertragen, da es dort allein um einen affektbasierten Schuldausschluss geht. Man wird daher dort nicht mehr verlangen dürfen, als dass der Täter über das erforderliche Maß der Verteidigung hinausgeht, weil er in der Kenntnis der Angriffsumstände in einen asthenischen Affekt verfällt.*

III. Eine Strafbarkeit wegen **vollendeter Nötigung nach § 240 StGB** entfällt bereits tatbestandlich, da die Handlung (Anfahren) nicht zugleich Nötigungserfolg sein kann.

IV. In Betracht kommt daher nur eine **versuchte Nötigung nach §§ 240, 22, 23 StGB**, wenn es A darauf angekommen ist, den K zum Beiseitespringen zu bewegen. Auch diesbezüglich wäre aber eine Rechtfertigung nach § 32 StGB anzunehmen.

V. Denkbar ist aber eine Strafbarkeit wegen **gefährlichen Eingriffs in den Straßenverkehr nach §§ 315b I Nr. 3, III, 315 III Nr. 2 StGB**.

1. Tatbestandsmäßigkeit
Der Tatbestand kann grundsätzlich auch innerhalb des fließenden Verkehrs verwirklicht werden, wenn sich der Vorgang als Pervertierung des Straßenverkehrs darstellt und der Täter auch zumindest bedingten Schädigungsvorsatz hatte. Da A vorliegend davon ausging, dass es zumindest beim Beiseitespringen zu Verletzungen kommen konnte, wird man dies

bejahen können. Dabei ist es zu einer konkreten Gefährdung für Leib und Leben des K gekommen.

2. Rechtswidrigkeit

a) In Betracht kommt auch hier eine Rechtfertigung durch Notwehr. Problematisch ist jedoch das Vorliegen eines Angriffs, da sich die Notwehr nur auf die Verteidigung von Individualrechtsgütern richten darf (vgl. oben Rn. 101).

aa) Jedoch geht der BGH davon aus, dass auch der universalrechtsgutsschützende § 315b StGB durch Notwehr gerechtfertigt sei, da die Verwirklichung dieses Tatbestands untrennbar mit der Begehung der Körperverletzungsdelikte verbunden sei.

bb) In der Literatur wird eine derartige Rechtfertigung über das Notwehrrecht bei Delikten zum Schutze der Allgemeinheit verneint, da das Notwehrrecht nur dem Schutze von Individualrechtsgütern diene.[122]

cc) Da die unterschiedlichen Auffassungen zu unterschiedlichen Ergebnissen führen, ist vorliegend ein Streitentscheid erforderlich. Richtiger dürfte dabei diejenige Auffassung sein, die ein Notwehrrecht im Wege der Verwirklichung des § 315b StGB grundsätzlich ausschließt, da sich die Notwehr nur gegen Rechtsgüter des Angreifers, nicht aber gegen Rechtsgüter Dritter und insbesondere der Allgemeinheit richten darf. Dritteingriffe dieser Art können vielmehr nur nach § 34 StGB gerechtfertigt werden.

b) Zu prüfen wäre danach eine Rechtfertigung über § 34 StGB. Diese wäre vorliegend nur dann zu bejahen, wenn das geschützte Interesse des A das Interesse des K wesentlich überwogen hätte. Dies wird man annehmen können, da A um sein Leben fürchten musste und der Angriff von K und seiner Gruppe ausging, sodass zusätzlich der Gedanke des § 228 BGB herangezogen werden kann, um ein Überwiegen der Interessen des A zu begründen.

Ergebnis: Folgt man dem BGH, so ist auch die Verwirklichung des § 315b StGB über § 32 StGB gerechtfertigt. Folgt man dagegen der Lit., so kommt nur eine Rechtfertigung nach § 34 StGB in Frage.

B. Das Geschehen nach dem Anfahren

I. Durch die Fortsetzung der Fahrt könnte sich A wegen **unerlaubten Entfernens vom Unfallort nach § 142 I Nr. 1 StGB** strafbar gemacht haben. Wegen der Bedrohungslage war A jedoch bzgl. des Verlassens des Unfallortes gerechtfertigt.

II. Eine danach alleine noch in Frage kommende Strafbarkeit nach **§ 142 II Nr. 2 StGB** scheidet aus, da A die entgegenkommende Polizei unverzüglich nach dem berechtigten Entfernen informiert hat. Die Frage, ob ein vorsätzlich herbeigeführter Unfall unter § 142 StGB fällt, kann daher offen bleiben.

III. Darüber hinaus ist auch eine Strafbarkeit wegen **unterlassener Hilfeleistung nach § 323c StGB** abzulehnen, da dieser bereits tatbestandlich ausscheidet, weil dem A eine Hilfeleistung angesichts der Gefährlichkeit der Gegner nicht zuzumuten war.

Der soeben behandelte Fall betraf einen Sachverhalt, in dem der Täter die Notwehrlage kannte und nur möglicherweise nicht zu ausschließlichen Verteidigungszwecken handelte (vgl. zu einem weiteren spektakulären Fall, in dem diese Problematik eine Rolle gespielt hat *Jäger*, BT, Rn. 33 f. – zwingend an dieser Stelle zu lesen!).

Ebenso umstritten ist aber die Rechtsfolge für den Fall, in dem der Täter schon das Vorliegen der Notwehrsituation nicht kennt, also nichts von der tatsächlich vorliegenden Notwehrlage weiß. **129c**

122 Vgl. dazu LK-*Rönnau/Hohn*, § 32 Rn. 160; MüKo-*Erb*, § 32 Rn. 123 jeweils m. w. N.

Beispiel: A erschießt den B. Erst als B zu Boden fällt, sieht A in dessen Hand eine Pistole. Offensichtlich war A dem B in letzter Sekunde zuvorgekommen. Anderenfalls wäre er selbst von B erschossen worden.

Lösung:

a) Nur eine mittlerweile zu vernachlässigende Mindermeinung in der Literatur[123] verzichtet auf die Kenntnis der Notwehrlage und nimmt daher im vorliegenden Fall Straflosigkeit an, weil ausreichen müsse, dass tatsächlich eine Rechtsbewährung stattfinde.
Dagegen stellt nach ganz überwiegender Auffassung die Kenntnis der Notwehrlage eine Mindestbedingung dar, die vorliegen muss, um ein Notwehrrecht begründen zu können. Strittig sind danach nur die Rechtsfolgen, die an das Fehlen einer solchen Kenntnis zu knüpfen sind:

b) Der BGH und ein großer Teil der Lit. nehmen hier aufgrund fehlender Kenntnis von der Notwehrlage eine Strafbarkeit des A wegen vollendeter Tötung des B an. Dahinter steht die Vorstellung, dass sich das Recht nur dort bewähren kann, wo es vom Verteidiger auch erkannt wird.

c) Nach überwiegender Literaturauffassung ist der Täter dagegen wegen Versuchs zu bestrafen.[124] Umstritten ist innerhalb dieser Ansicht nur, ob die Versuchsregeln direkt oder nur analog herangezogen werden sollen.[125] Unabhängig von diesem für das Ergebnis nicht ausschlaggebenden Streit wird man dieser Versuchslösung folgen müssen, weil in der Person des Täters wie auch sonst beim Versuch der vollständige Handlungsunwert zu bejahen ist, während der Erfolgsunwert der Tat fehlt.

Diese Lösung lässt sich vor allem mit der logisch nicht angreifbaren Lehre von den negativen Tatbestandsmerkmalen stützen, da in solchen Fällen das Tatbestandsmerkmal der „Nicht-Rechtfertigung“ fehlt und daher die nicht-gerechtfertigte Tötung nicht vollendet werden kann.

Man muss sich in diesem Zusammenhang klar machen, dass sich das Problem der Rechtsfolge des fehlenden Verteidigungswillens – zumindest aus der Sicht der h. L. – nur bei der Prüfung des Vollendungsunrechts in vollem Umfang stellt. Daher kann es erforderlich sein, die Stellungnahme zu diesem Streit zunächst offen zu lassen. Das zeigt folgender

130 **Fall 20:** Frau F hatte ihren Ehemann A verlassen und war mit dem aus der Ehe hervorgegangenen Kind K zu ihrem Geliebten G gezogen. A schlich seither häufiger um das Haus von G. Eines Abends sah er durch das geöffnete Fenster, wie sich G über das Bettchen des kleinen K beugte. Er ging davon aus, dass G nun endgültig an seine Stelle getreten sei und im Begriff war, K einen Gutenachtkuss zu geben. Da A derartige Liebkosungen des K durch G nicht ertragen konnte, schoss er dem G durchs Fenster aus einer Entfernung von mehr als 50 m von hinten in den Rücken. Erst beim näheren Herantreten erkannte A, dass auf dem Gesicht des K ein Kissen lag. G hatte den K damit zu ersticken versucht, sodass der Schuss des A – wie ein Sachverständiger später feststellte – für K in allerletzter Sekunde kam. G seinerseits wurde ins Krankenhaus gebracht und ohne bleibende Schäden gerettet. Strafbarkeit des A? § 211 StGB ist hier nicht zu prüfen! **(Eifersuchts-Fall)**

123 *Spendel*, Bockelmann-FS, 1979, 251 f.

124 Vgl. *Jescheck/Weigend*, AT, § 31 IV 2; *Wessels/Beulke/Satzger*, AT, Rn. 279; krit. *M.-K. Meyer*, GA 2003, 818 f.; zur Diskussion insgesamt *B. Heinrich*, AT, Rn. 390 ff.

125 Für eine Analogie etwa *Geppert*, Jura 2007, 34; für eine direkte Anwendung dagegen *Roxin*, § 14, Rn. 104.

Lösung: 131

I. In Betracht kommt hier ein **versuchter Totschlag gem. §§ 212, 22, 23 StGB** durch den Schuss auf G.

1. Der Schuss hat nicht zum Tod des G geführt, sodass eine Vollendungsstrafbarkeit ausscheidet.

2. Die Strafbarkeit des Versuchs ergibt sich aus § 212 i. V. m. §§ 23, 12 StGB.

3. A hatte auch Tatentschluss hinsichtlich eines Totschlags. Er hatte zumindest bedingten Tötungsvorsatz, der nach h. M. für eine Versuchsbestrafung ausreicht.[126]

4. Durch die Abgabe des Schusses hat A auch unproblematisch nach seiner Vorstellung zur Tatbestandsverwirklichung angesetzt.

5. A könnte jedoch nach § 32 I i. V. m. II StGB durch Nothilfe gerechtfertigt sein, weil sein Schuss eine unmittelbare Lebensgefahr für seinen Sohn K beseitigte.

a) In dem Bemühen des G, den K mit Hilfe des Kissens zu ersticken, lag ein gegenwärtiger rechtswidriger Angriff.

b) Es war schnelles Handeln geboten, sodass die Abgabe des Schusses auf G auch das mildeste der zur Verfügung stehenden Rettungsmittel darstellte. Insbesondere hätte ein vorausgehendes Rufen schon angesichts der Entfernung von 50 m keinen sicheren Erfolg versprochen. Die Verteidigungshandlung, die sich gegen den Angreifer richtete, war daher auch erforderlich.

c) Gebotenheitseinschränkungen sind nicht ersichtlich.

d) Problematisch ist jedoch, dass A die Nothilfelage zum Zeitpunkt seiner Abwehrhandlung überhaupt nicht erkannt hatte. Wie sich ein solches Handeln ohne Verteidigungswillen auf die rechtliche Beurteilung auswirkt, ist in der Lit. nach wie vor umstritten.
Spendel[127] verzichtet etwa gänzlich auf ein subjektives Rechtfertigungselement und lässt bereits das objektive Vorliegen einer Nothilfelage für eine Rechtfertigung nach § 32 StGB ausreichen.[128] Dem widerspricht jedoch die allgemein konsentierte Auffassung, dass das Notwehrrecht neben dem Individualschutz auf dem Prinzip der Rechtsbewährung beruht. Ein Täter aber, der sein Recht als solches nicht einmal wahrnimmt, kann auch nicht zu seiner Bewährung tätig werden.
Aber auch unter denjenigen Auffassungen, die das subjektive Rechtfertigungselement zu Recht einfordern, sind die Folgen seines Fehlens nach wie vor umstritten:
Nach der wohl h. M. führt die Unkenntnis der rechtfertigenden Lage dazu, dass eine Rechtfertigung gänzlich entfällt.
Die in der Lit. vertretene Gegenauffassung geht demgegenüber davon aus, dass bei fehlendem Verteidigungswillen ein vollständiger Handlungsunwert gegeben ist, während der Erfolgsunwert aufgrund der tatsächlich vorliegenden Nothilfelage fehlt.[129]
Welcher dieser beiden Auffassungen zu folgen ist, kann an dieser Stelle jedoch noch offen bleiben, da sowohl nach der h. M. als auch nach der Mindermeinung in der Lit. im gegebenen Fall nur eine Versuchsstrafbarkeit in Frage kommt. Da nämlich der Tod des G durch den Schuss überhaupt nicht eingetreten ist, kommt in jedem Fall nur eine Versuchsbestrafung in Betracht. Nach h. M. deshalb, weil der tatbestandliche Erfolg nicht eingetreten ist und nach der M. M., weil sowohl auf Tatbestands- als auch auf Rechtfertigungsebene lediglich Versuchsunrecht zu verzeichnen ist, sodass nach ihr die seltsame Konstellation

126 Ganz h. M.; vgl. dazu *Sch/Sch/Eser/Bosch*, § 22, Rn. 17 m. w. N.
127 LK-*Spendel*, 11. Aufl., § 32, Rn. 138 ff.
128 So etwa LK-*Spendel*, 11. Aufl., vor § 32, Rn. 13; krit. gegenüber einem voluntativen Rechtfertigungselement auch MüKo-*Schlehofer*, vor §§ 32 ff., Rn. 87 f.
129 Vgl. etwa *Kindhäuser*, AT, § 29, Rn. 10.

doppelten Versuchsunrechts zu verzeichnen ist, was aber selbstverständlich ebenfalls nur zur einfachen Versuchsstrafbarkeit führt.

Ergebnis: A ist wegen versuchten Totschlags nach §§ 212, 22, 23 StGB strafbar.

II. Gegeben sein könnte darüber hinaus eine **vollendete gefährliche Körperverletzung nach §§ 223, 224 I Nr. 2 u. 5 StGB**.

1. Der objektive Tatbestand der gefährlichen Körperverletzung ist vorliegend zweifellos erfüllt. Die Abgabe des Schusses auf G bedeutete eine üble unangemessene Behandlung, die das körperliche Wohlbefinden bzw. die körperliche Unversehrtheit des G nicht nur unerheblich beeinträchtigte sowie eine Herbeiführung eines krankhaften Zustandes bei G. Sie erfüllt damit sowohl das Merkmal der körperlichen Misshandlung als auch das der Gesundheitsschädigung i. S. d. § 223 I StGB. Dabei stellt die von A benutzte Pistole auch ein gefährliches Werkzeug i. S. v. § 224 I Nr. 2 StGB dar, da sie nach ihrer Beschaffenheit und der konkreten Art ihrer Verwendung geeignet war, erhebliche Verletzungen herbeizuführen. Gegeben ist darüber hinaus eine lebensgefährdende Behandlung nach § 224 I Nr. 5 StGB, da die Verletzungshandlung nach den konkreten Umständen objektiv geeignet war, das Leben des G in Gefahr zu bringen. Nicht erfüllt ist hingegen die Begehungsweise des hinterlistigen Überfalls nach § 224 I Nr. 3 StGB, da sie voraussetzt, dass der Täter planmäßig in einer auf Verdeckung seiner wahren Absicht gerichteten Weise zu Werke geht. Die bloße Ausnutzung eines Überraschungseffekts genügt dafür nicht.
A handelte auch mit Tatbestandsvorsatz hinsichtlich Grundtatbestand und Qualifikation.

2. Zu prüfen ist jedoch auch hier eine mögliche Rechtfertigung des A durch Nothilfe gem. § 32 I, II StGB.

a) Zur Notwehrlage sowie zur Erforderlichkeit und Gebotenheit der Nothilfehandlung gilt das oben unter I. 5 a–d Gesagte.

b) Problematisch ist auch hier wiederum die Auswirkung des fehlenden Verteidigungswillens auf die Möglichkeit einer Rechtfertigung.

Wie bereits oben dargestellt, herrscht unter denjenigen Literaturvertretern, die das Vorliegen des subjektiven Rechtfertigungselements einfordern, Streit über die Folgen eines fehlenden Verteidigungswillens, wobei die klassische Vollendungslösung mit der modernen Versuchslösung wetteifert.[130]
Der oben noch offen gelassene Streit bedarf nun hier aber einer Klärung, da die unterschiedlichen Auffassungen für den Tatbestand der Körperverletzung bei der Vollendungsfrage zu unterschiedlichen Ergebnissen gelangen.
Vorzugswürdig erscheint dabei die Versuchslösung, derzufolge die Regeln des Versuchs zumindest entsprechend heranzuziehen sind. Denn objektiv war das Handeln des A gerechtfertigt. Lediglich seine subjektive Fehleinschätzung verleiht seiner Handlung einen Unwertgehalt. Damit entspricht die Situation aber der Konstellation des Versuchs. Denn *wie* dem Versuchstäter kann A nur ein Handlungsunwert angelastet werden; wie dieser hat A nur Versuchsunrecht nach § 22 StGB verwirklicht.[131] Unterstützt wird dieses Ergebnis auch durch die logisch nicht angreifbare Lehre von den negativen Tatbestandsmerkmalen, derzufolge die Nicht-Rechtfertigung Teil des objektiven Tatbestands ist, sodass sie sogar zur direkten Anwendung der Versuchsregeln gelangt.
Aufgrund des fehlenden Erfolgsunwerts ist daher das Vollendungsunrecht der §§ 223, 224 StGB zu verneinen. A hat lediglich eine versuchte gefährliche Körperverletzung begangen.

Ergebnis: A ist nicht wegen gefährlicher Körperverletzung strafbar.

III. In Betracht kommt aber eine Strafbarkeit des A wegen **versuchter gefährlicher Körperverletzung nach §§ 223, 224 I Nr. 2 und Nr. 5, 22, 23 StGB**.

130 So *Seier*, JuS 1989, L 88.
131 So auch *Seier*, a. a. O.

1. Die Nichtvollendung der Tat folgt daraus, dass A objektiv keine rechtswidrige Tötung verwirklicht hat

2. Die Strafbarkeit des Versuchs ergibt sich aus §§ 223 II, 224 II i. V. m. § 12 StGB.

3. A hatte auch Tatentschluss hinsichtlich einer rechtswidrigen gefährlichen Körperverletzung, da ihm das Bestehen der objektiven Rechtfertigungslage nicht bewusst war (vgl. soeben II.).

4. Durch die Abgabe des Schusses hat A nach seiner Vorstellung von der Tat zur Verwirklichung des Tatbestandes unmittelbar angesetzt.

5. Eine Rechtfertigung nach § 32 I i. V. m. II StGB durch Nothilfe scheidet nun aus, da das Fehlen des subjektiven Rechtfertigungselements dazu geführt hat, dass A nicht wegen vollendeter gefährlicher Körperverletzung, sondern lediglich wegen Versuchs strafbar ist. Denklogisch muss nun bei der Versuchsprüfung eine Rechtfertigung ausscheiden, weil das Fehlen des subjektiven Rechtfertigungselements gerade die Versuchsstrafbarkeit begründet.

6. Schuldausschließungsgründe sind nicht ersichtlich. Insbesondere greift § 35 StGB nicht, da auch hierfür Voraussetzung wäre, dass der Täter mit dem Willen zur Gefahrenabwehr tätig wird. Der Entschuldigung ist insgesamt die Grundlage entzogen, wenn der Täter nicht unter dem Eindruck der Not, sondern aus anderen Beweggründen (hier Wut) gehandelt hat.[132]

Hinweis für die Klausurbearbeitung: *Es ist nicht falsch, dem Versuch keinen eigenen Prüfungspunkt zu geben, da es sich hier im Kern nur um ein Wertungsproblem handelt und der Tatentschluss und das unmittelbare Ansetzen daher keine eigenständigen Probleme aufwerfen können. Besser ist es aber, der Versuchsprüfung doch noch einmal eine eigene römische Ziffer zuzuorden und kurz auf Tatentschluss und unmittelbares Ansetzen einzugehen, wie dies hier soeben veranschaulicht wurde. Denn dann kann man noch einmal deutlich machen, dass sich der Tatentschluss auf eine nicht gerechtfertigte Tat bezog, weil der Täter die Rechtfertigungslage nicht erkannt hat.*

Achtung Klausur: *Wenn ein Tatbestand verwirklicht wird, bei dem der Versuch nicht strafbar ist (Bsp. § 123 StGB), dann muss es freilich bei der Straflosigkeit bleiben, weil nicht der Rechtsgedanke von etwas angewandt werden kann, das es gar nicht gibt!*

8. Nothilfe, § 32 II Alt. 2 StGB

Notwehr für einen Dritten wird Nothilfe genannt (§ 32 II Alt. 2 StGB).[133] Nothilfe ist **132**
jedoch nicht gegen den ausdrücklichen oder konkludent zum Ausdruck gebrachten Willen des Angegriffenen möglich.[134]

Beispiel: A sieht, wie B seine Freundin F mit Schimpftiraden übergießt. Als A gegen B einschreiten will, gibt ihm die F zu verstehen, dass er sich da raushalten solle.

Hier ist schon keine Nothilfesituation gegeben, da die F eine Hilfe ersichtlich ablehnt. Es gibt also keine aufgedrängte Nothilfe.[135]

---

132 Näher dazu *Sch/Sch/Perron*, § 35, Rn. 16.

133 Zu Einschränkungen des Nothilferechts *Kuhlen*, GA 2008, 282 ff.; *Engländer*, Grund und Grenzen der Nothilfe, 2008; *Jäger*, Rechtswissenschaft 2010, 86 ff.; beim Einsatz lebensgefährlicher Mittel hat jüngst das OLG Hamm JuS 2014, 80 m. Bspr. *Jahn*, JuS 2014, 80 ff. die Rechtfertigung durch Nothilfe bejaht.

134 Umfassend *Kasiske*, Jura 2004, 832 ff.; vgl. auch Matt/Renzikowski/*Engländer*, § 32, Rn. 35.

135 Vgl. *Wessels/Beulke/Satzger*, AT, Rn. 334; *Otto*, AT, § 8, Rn. 56; ausführlich dazu auch *Kaspar*, JuS 2014, 769 ff.

Der Umstand, dass die Nothilfe nicht gegen den Willen des Angegriffenen erfolgen darf, hat in der Lit. das „missverständliche Schlagwort“ (*Otto*, a. a. O.) vom sog. doppelten Verteidigungswillen geprägt. In Wahrheit liegt aber im Falle einer Ablehnung des Opfers schon überhaupt keine – weil aufgedrängt nicht mögliche – Nothilfelage vor.

IV. Abschlussfälle

Eine bemerkenswerte Entscheidung des AG Erfurt betrifft die „Notwehr gegen Anrauchen“. Sie wirft Probleme auf allen Ebenen des Notwehrrechts auf. Die Entscheidung soll daher hier kurz nachgezeichnet werden anhand von

132a **Fall 21:** Die A befand sich in der Diskothek „Cosmopolar“ in Erfurt. Als Studentin jobbte sie dort gelegentlich, jedoch war sie in der betreffenden Nacht lediglich als Gast vor Ort. Als sie sah, dass B mehrfach gegen das in der Diskothek bestehende Rauchverbot verstieß, forderte sie ihn auf, das Rauchen einzustellen oder draußen weiter zu rauchen. B ignorierte jedoch diese Aufforderung. Nachdem A die Security informiert hatte, diese jedoch in dem Moment nicht einschreiten konnte oder wollte, begab sie sich zurück auf die Tanzfläche. Kurze Zeit später erschien dort auch B. Nachdem sie ihn erneut aufgefordert hatte, das Rauchen einzustellen, kam dieser aggressiv auf A zu, blies ihr aus einer Entfernung von unter einem Meter den Zigarettenqualm mit spürbar feuchter, d. h. mit Spuckepartikeln versetzter Atemluft ins Gesicht und fragte sie, was sie denn jetzt machen wolle. Durch dieses Anpusten wurden die Schleimhäute der A merkbar gereizt. Zur Verhinderung weiterer „Rauchangriffe“ und um auch nicht weiter mit Spuckepartikeln „angepustet“ zu werden, warf A ein Glas, welches sie während der gesamten Zeit in der Hand gehalten hatte, in Richtung des B. Das Glas traf B oberhalb der rechten Augenbraue und verursachte bei ihm eine Prellung sowie eine Beule, die ca. zwei Tage sichtbar war. Strafbarkeit der A? (**Anrauch-Fall** nach AG Erfurt NStZ 2014, 160[136])

132b **Lösung:**

I. In Betracht kommt eine Strafbarkeit wegen **gefährlicher Körperverletzung nach §§ 223, 224 StGB** durch den Wurf des Glases an den Kopf des B.

1. Objektiver Tatbestand

a) Der Wurf mit dem Glas gegen den Kopf des B stellt eine üble und unangemessene Behandlung dar, die seine körperliche Unversehrtheit nicht nur unerheblich beeinträchtigte. Da durch das Auftreffen des Glases eine Prellung und eine zwei Tage sichtbare Beule entstand, ist diese Tatalternative unproblematisch erfüllt. Darüber hinaus ist auch eine Gesundheitsschädigung zu bejahen, da Beule und Prellung als anormale körperliche Erscheinungen im Sinne eines pathologischen Zustands zu begreifen sind.

b) Darüber hinaus ist auch der Qualifikationstatbestand des § 224 I Nr. 2 StGB erfüllt. Das geworfene Glas stellt nach seiner konkreten Beschaffenheit und nach seiner konkreten Art der Anwendung einen Gegenstand dar, der geeignet ist, erhebliche Verletzungen herbeizuführen. Denn der Wurf eines Glases gegen den Kopf eines Menschen birgt nicht nur eine abstrakte, sondern stets auch eine konkrete Gefahr der Herbeiführung erheblicher Verletzungen.

136 Vgl. dazu auch die krit. Anm. von *Jäger*, JA 2014, 472 und *Jahn*, JuS 2014, 176; eher zust. *Lilie/Hutz*, FD-StrafR 2013, 352027.

Dagegen wird man das Vorliegen des § 224 I Nr. 5 StGB verneinen müssen, da keine Anhaltspunkte dafür ersichtlich sind, dass der Glaswurf auch eine Lebensgefährdung hätte herbeiführen können, selbst wenn man mit der Rechtsprechung nur eine abstrakte Gefährdung fordert.
Erfüllt ist daher nur der Qualifikationstatbestand des § 224 I Nr. 2 Alt. 2 StGB.

2. Subjektiver Tatbestand
Auf subjektiver Seite ist der notwendige Vorsatz gegeben. Zum einen ist davon auszugehen, dass die A um die verletzende Wirkung des an den Kopf geworfenen Glases wusste und diese auch wollte. Und zum anderen kannte die A jedenfalls die Umstände, aus denen sich die Gefährlichkeit dieses Werkzeugs ergab. Dies genügt für einen entsprechenden Tatvorsatz.

3. Rechtswidrigkeit
Sie scheidet aus, wenn A durch Notwehr nach § 32 StGB gerechtfertigt war.

a) Voraussetzung dafür wäre zunächst das Vorliegen einer Notwehrlage in Form eines gegenwärtigen Angriffs des B.

aa) Unter Angriff versteht man jede Bedrohung rechtlich geschützter Individualinteressen durch menschliches Verhalten. Fraglich ist daher, ob das Anpusten mit Zigarettenqualm und Spuckepartikeln als ein solcher Angriff verstanden werden kann.
Denkbar wäre insoweit das Vorliegen eines Angriffs auf die körperliche Unversehrtheit der A. Tatsächlich hat das AG Erfurt angenommen, dass das Anblasen mit Zigarettenrauch und Spuckeanteilen gegen das Gesicht – über die Grenzen hinzunehmender Bagatellen hinaus – geeignet sei, das körperliche Wohlbefinden und die Gesundheit zu beeinträchtigen. Die Gesundheitsbeeinträchtigung resultiere dabei sowohl aus den karzinogenen Anteilen des Zigarettenrauchs als auch aus den potentiellen Viren und Bakterien der Körperflüssigkeit „Spucke". Dem ist jedoch zu widersprechen. Der Hinweis auf Schleimhautreizungen und die kanzerogenen Effekte von Zigarettenrauch sowie auf die Möglichkeit des Kontakts mit Viren und Bakterien wirkt angesichts der Tatsache, dass man im täglichen Leben vielfach kurzzeitig mit Zigarettenrauch und Speichelnebel in Berührung kommen kann, mehr als gekünstelt. Auch genügt das kurzzeitige Auslösen eines Ekelgefühls grundsätzlich nicht für die Annahme einer Körperverletzung.[137]
Denkbar wäre jedoch auch die Annahme eines Angriffs auf die Ehre. Insoweit könnte das Anrauchen Ausdruck einer Missachtung des sozialen Geltungsanspruchs sein. Das AG Erfurt hat auch dies bejaht und knapp darauf verwiesen, dass das Anpusten beleidigenden Charakter habe. Tatsächlich dürfte dem zuzustimmen sein. Denn mit der Tätlichkeit des Anpustens kann tatsächlich die Aussage verbunden sein, dass man den Geltungsanspruch des Gegenübers nicht anerkennt. Im Gesamtkontext bedeutete das Anrauchen eine Erniedrigung der A, durch die die Kundgabe der Missachtung ihrer Person zum Ausdruck gebracht wurde. Das Anrauchen mit Zigarettenqualm und Spuckepartikeln kann insoweit mit einem Anspucken verglichen werden, auch wenn der Beleidigungscharakter beim Anspucken noch stärker zum Ausdruck gebracht wird.

bb) Dieser Angriff auf die Ehre war auch rechtswidrig, da seinerseits bestehende Rechtfertigungsgründe nicht erkennbar sind.

cc) Fraglich ist jedoch die Gegenwärtigkeit des Angriffs.
Das AG Erfurt hat eine solche Gegenwärtigkeit bejaht, da das Anrauchen noch andauerte, als die A zum Glaswurf ansetzte. Darüber hinaus sei jederzeit mit einem zweiten Anpusten zu rechnen gewesen.
Auch diese Ausführungen überzeugen nicht. Wenn das AG Erfurt davon ausgeht, dass das Anrauchen noch nicht abgeschlossen gewesen sei, so könnte damit allenfalls gemeint sein, dass sich der Zigarettenrauch noch in der Luft befunden habe und die Beleidigung mit dem Zigarettenqualm praktisch noch im Raum stand. Tatsächlich ist der BGH[138] in einer Einzel-

137 Näher *Sch/Sch/Eser*, § 223, Rn. 4 m. w. N.
138 BGH NStE Nr. 15 zu § 32.

entscheidung davon ausgegangen, dass Beleidigungen nach ihrem Ausspruch noch weiter im Raum stehen und daher Notwehr gegen sie geübt werden könne. In der Literatur ist dies jedoch zu Recht auf Ablehnung gestoßen, da eine Beleidigung nach ihrem Ausspruch abgeschlossen und damit beendet ist.
Dies scheint auch das AG Erfurt erkannt zu haben, wenn es zusätzlich darauf hinweist, dass jederzeit mit einem zweiten Anpusten zu rechnen war und ein weiterer Angriff daher unmittelbar bevorstand und damit ebenfalls gegenwärtig war. Jedoch liefert der Sachverhalt auch hierfür keinerlei Anhaltspunkte, da B die A nach seinem Rauchangriff angesprochen hat, was sie jetzt machen wolle. Gerade durch diese Aussage war für ein unmittelbares Bevorstehen eines zweiten Anrauchens nichts ersichtlich, solange B die Zigarette nicht wieder zum Mund führte.

b) Selbst wenn man aber davon ausginge, dass die Beleidigung durch den Zigarettenqualm noch im Raum stand, so fehlt es jedenfalls entgegen der Annahme des AG Erfurt an der Erforderlichkeit der Verteidigung. Denn es ist nicht ersichtlich, wie der Glaswurf gegen den Kopf den in der Luft stehenden Rauch hätte beseitigen oder vermindern können. Es fehlt daher auch an der Erforderlichkeit der Abwehr.

c) Schließlich ist aber auch die Frage einer sozialethischen Einschränkung des Notwehrrechts im vorliegenden Fall zu prüfen.
Das AG Erfurt hat insoweit eine Einschränkung ausgeschlossen und die Gebotenheit bejaht, weil der Glaswurf bei einer objektiven ex ante-Beurteilung das relativ mildeste Mittel dargestellt habe und objektiv keine anderen Möglichkeiten zur Verfügung gestanden hätten, welche genauso effektiv und ebenso wirksam den Angriff hätten beenden und die Gefahr beseitigen können. Damit verwechselt das AG Erfurt jedoch das Merkmal der Gebotenheit mit demjenigen der Erforderlichkeit. Entscheidend wäre vielmehr gewesen, ob hier eine sozialethische Einschränkung des Notwehrrechts bestand, weil das Anrauchen möglicherweise einen bagatellarischen Charakter aufwies. Jedenfalls wird in der Literatur überzeugend davon ausgegangen, dass die Beeinträchtigung der körperlichen Unversehrtheit durch Tabakqualm als Verhaltensweise im absoluten Bagatellbereich bereits kein notwehrfähiger Angriff sein könne.[139]

Zwischenergebnis: Nach allem sprechen die besseren Gründe vorliegend jedenfalls dafür, ein Notwehrrecht der A zu verneinen, da es sowohl an der Gegenwärtigkeit des Angriffs im Zeitpunkt des Glaswurfs als auch an der Erforderlichkeit der geübten Verteidigung fehlte und im Übrigen auch eine Einschränkung des Notwehrrechts wegen eines Bagatellangriffs gegeben gewesen wäre.

4. Schuld
Auch Entschuldigungsgründe kommen für die A nicht in Betracht.

Ergebnis: A hat sich nach §§ 223, 224 I Nr. 2 StGB wegen gefährlicher Körperverletzung an B strafbar gemacht (a.A. zu Unrecht das AG Erfurt).

II. Gegeben sein könnte darüber hinaus auch noch eine **Nötigung nach § 240 StGB**.

Dies würde jedoch bereits im objektiven Tatbestand einen von der Nötigungshandlung zu trennenden Nötigungserfolg auf Opferseite voraussetzen. Dafür ist jedoch notwendig, dass die Nötigungshandlung vom Nötigungserfolg abschichtbar ist und die vom Opfer erstrebte Verhaltensweise über die mit der Ausübung des Zwangs verbundene Beeinträchtigung hinausgeht. Der mit einer Körperverletzung verbundene Zwang, diese zu dulden, genügt daher nicht.[140]

---

139 Vgl. dazu MüKo-*Erb*, § 32 Rn. 87 einerseits und LK-*Rönnau/Hohn*, § 32 Rn. 83 andererseits sowie insgesamt auch SSW/*Rosenau*, § 32 Rn. 7.

140 Vgl. BGH NStZ-RR 2006, 77; *Sch/Sch/Eser/Eisele*, § 240 Rn. 12 m. w. N.

Machen Sie sich zum Schluss noch einmal klar, dass es bei der Notwehr im Rahmen der Prüfung der Rechtswidrigkeit des Angriffs zu schwierigen Inzidentdarstellungen kommen kann. Dies veranschaulicht zum Abschluss noch einmal folgender schon oben bei der Vorsatzprovokation angesprochener

Fall 22: Der als gefährlich geltende P besiegte T bei einer Prügelei in einer Gaststätte, nahm ihm die gesamte Oberbekleidung ab und stahl 8000 € aus der Jacke des T. T kam zwei Stunden später mit einer abgesägten Schrotflinte, die er auf die Beine des am Tresen stehenden P richtete, in das Lokal zurück. P zog daraufhin sofort den unbeteiligten und sich wehrenden O als Schutzschild vor sich und schoss aus einem Revolver zwei Mal auf T, ohne ihn zu treffen. T riss daraufhin seinerseits das Schrotgewehr hoch und schoss zwei Mal auf die Gruppe P/O. O starb, P wurde im Gesicht oberflächlich verletzt. T sagte später aus, er habe das Geld zurück haben und P demütigen wollen. Auch rechnete T damit, dass es mit dem – gefährlichen und stets bewaffneten – P zu einem Schusswechsel kommen könnte, nahm das aber billigend in Kauf. Im Falle von Gegenwehr sei er bereit gewesen, rücksichtslos von der Schusswaffe Gebrauch zu machen und eine Gefährdung der anderen Gäste im Lokal hinzunehmen. Er sei durch das Verhalten von P in Panik geraten und sah es bei Abgabe der Schrotschüsse als unvermeidlich an, dass O getroffen werde und hielt es sogar für wahrscheinlich, dass er sterben würde. Letzteres nahm er zumindest billigend in Kauf. Strafbarkeit von T und P? (**Schutzschild-Fall** nach BGHSt 39, 374) 133

Lösung: 134

A. Strafbarkeit des P

I. In Betracht kommt Strafbarkeit wegen **versuchten Totschlags gem. §§ 212, 22, 23 I StGB an T**.

1. Die Tat ist nicht vollendet, da T überlebt hat.

2. Die Strafbarkeit des Versuchs ergibt sich aus §§ 212, 12 I, 23 I Alt. 1 StGB.

3. Auch ist ein hinreichender Tatentschluss zu bejahen, da P zumindest mit dolus eventualis hinsichtlich des Todes des T handelte.

4. Auch liegt in dem Schuss ein unmittelbares Ansetzen zum Versuch.

5. Rechtswidrigkeit
Sie scheidet aus, wenn P durch Notwehr nach § 32 StGB gerechtfertigt war.

a) Voraussetzung dafür wäre zunächst das Vorliegen einer Notwehrlage in Form eines gegenwärtigen rechtswidrigen Angriffs.

aa) Die Frage der Gegenwärtigkeit des Angriffs von Seiten des T hat der BGH offen gelassen, indem er das Vorliegen einer unmittelbaren Bedrohung nicht näher untersuchte. Jedoch wird man sie mit *Spendel*[141] bejahen müssen, da T eine geladene Waffe und noch dazu eine Schrotflinte mit Streuwirkung mit dem Finger am Abzug auf P (wenn auch „nur" auf die Beine) richtete. Gerade angesichts der Vorgeschichte (Schlägerei, Diebstahl einer hohen Geldsumme) war daher von einer akuten Bedrohung für das Leben des P auszugehen und der Angriff als gegenwärtig einzustufen.

bb) Auch ist die Rechtswidrigkeit des Angriffs zu bejahen, da T in seinem Handeln nicht gerechtfertigt war, weil die möglicherweise vorher bestehende Notwehrlage bei der Schlägerei in der Gaststätte nicht mehr gegenwärtig war.

141 *Spendel*, NStZ 1994, 279.

b) Die Verteidigungshandlung des P müsste auch erforderlich gewesen sein, d. h. er muss das zur sofortigen Abwehr des Angriffs geeignete und bei Wahlmöglichkeit mildeste Mittel angewandt haben.
Angesichts der Bedrohungslage wird man vorliegend nicht davon ausgehen können, dass ein geeignetes milderes Mittel zur Verfügung stand. Insbesondere hätte ein Schuss auf die Beine des T die Gefahr eines Fehlschusses in sich geborgen bzw. ermöglicht, dass T trotz eines Treffers den Abzug betätigen würde. Auch war der Erfolg von Verhandlungen unsicher[142] und die Möglichkeit einer Flucht fraglich, zumal das Recht dem Unrecht im Rahmen des Erforderlichen nicht zu weichen hat.
Die Notwehrhandlung war daher hier grundsätzlich erforderlich.

c) Fraglich ist jedoch, ob die Notwehrhandlung auch geboten war. Denkbar ist insoweit, dass das Notwehrrecht des P aufgrund seines Vorverhaltens sozialethisch bedingten Einschränkungen unterlag.

aa) In Betracht kommt hier als Vorverhalten zunächst die Stunden vorher stattgefundene Schlägerei zwischen P und T, wobei jedoch unklar ist, von wem diese ausging und ob P dort ggf. von seinem Notwehrrecht Gebrauch gemacht hat.

bb) Jedoch ist jedenfalls die Wegnahme des Geldes, die sich tatbestandsmäßig sogar als Diebstahl und Unterschlagung darstellte, als rechtswidriges Vorverhalten im Sinne einer vorwerfbaren Provokation anzusehen.
Daraus ergibt sich eine Einschränkung des Notwehrrechts auf der Grundlage der sog. Drei-Stufen-Theorie, sodass der Täter das Risiko eingehen muss, ein evtl. nicht so aussichtsreiches Verteidigungsmittel zu wählen und die Erfolgsaussichten seiner Verteidigung durch nicht sofortiges Schießen etwas zu beeinträchtigen. Dabei gilt: Je gravierender die vorhergegangene Provokation war, desto größere Einbußen sind bei eigenen Rechtsgütern hinzunehmen.[143]
Da T die Waffe auf die Beine von P gerichtet hatte, war hier nach Auffassung des BGH davon auszugehen, dass er keine „Hinrichtung" des P geplant hatte, sondern nur sein Geld zurückerlangen wollte. P hätte daher in Verhandlungen über das Geld eintreten müssen, da diese Form der Schutzwehr nicht aussichtslos war. Dadurch, dass P stattdessen durch das sofortige Schießen unmittelbar zur Trutzwehr überging, hat er demnach die Grenzen der Gebotenheit überschritten.
Eine Rechtfertigung des P durch Notwehr scheidet daher aus.

6. Schuld
Als Entschuldigungsgrund wäre für P vorliegend allenfalls § 35 StGB in Betracht zu ziehen, da jedenfalls eine unmittelbare Gefahr für sein leibliches Wohl bestand. Jedoch hat P die Gefahr durch sein vorangehendes Verhalten selbst verschuldet, sodass eine Entschuldigung nach § 35 I S. 2 StGB ausscheidet.

Ergebnis: P hat sich gem. §§ 212, 22, 23 I StGB wegen versuchten Totschlags an T strafbar gemacht.

II. Gegeben ist auch eine **versuchte gefährliche Körperverletzung** nach **§§ 223, 224 I Nr. 2, 5, 22, 23 I StGB** gegenüber T. Diese tritt jedoch hinter dem Versuch der Tötung zurück.

III. Zudem könnte bzgl. O eine Strafbarkeit gem. § 222 StGB gegeben sein.

1. Der tatbestandliche Erfolg ist eingetreten. O ist tot.

2. Das Hinzuziehen des O als Schutzschild kann nicht hinweggedacht werden, ohne dass der Erfolg entfiele. Damit liegt Kausalität zwischen Handlung und Erfolg vor.

142 A. A. wohl *Spendel*, NStZ 1994, 279; er spricht sich auch allgemein gegen die Einschränkung des Notwehrrechts im Rahmen der Notwehrprovokation aus.
143 BGHSt 39, 374, 379.

3. Das Hinzuziehen eines Menschen als Schutzschild ist als sorgfaltswidrig (wenn man nicht sogar bedingten Vorsatz bejahen will) anzusehen und es ist objektiv vorhersehbar, dass O getroffen werden konnte.

4. Auch ist ein Pflichtwidrigkeitszusammenhang zwischen Sorgfaltspflichtverstoß und Erfolg gegeben.

5. Rechtfertigungsgründe sind nicht ersichtlich.

6. Schließlich ist auch die Fahrlässigkeitsschuld des P zu bejahen, da davon auszugehen ist, dass er subjektiv sorgfaltspflichtwidrig handelte und nach seiner persönlichen Fähigkeiten in der Lage war, den Erfolg vorherzusehen. Schuld ist gegeben. Eine subjektive Sorgfaltspflichtverletzung bei subjektiver Vorhersehbarkeit ist zu bejahen.

7. Ergebnis: P hat sich auch gem. § 222 StGB an O strafbar gemacht.

B. Strafbarkeit des T

1. Sachverhaltsabschnitt: Das Betreten des Lokals mit der Schrotflinte

I. §§ 240 III, 22, 23 I StGB bezüglich P

1. Der Versuch ist gem. § 240 III StGB strafbar.

2. Da P die von T ins Auge gefasste Handlung, nämlich die Herausgabe des Geldes, nicht vorgenommen hat, ist der tatbestandliche Erfolg nicht eingetreten.

3. Tatentschluss bezüglich

a) Nötigungsmittel
Hier in Form der Gewalt (vgl. Rn. 11) bzw. jedenfalls durch Drohung mit einem empfindlichen Übel, da T eine geladene Schrotflinte auf die Beine des P gerichtet hatte.

b) Nötigungserfolg
Hier wollte T den P jedenfalls auch zur Herausgabe des Geldes bewegen. Die gleichzeitig gewünschte Demütigung des P bildet dagegen keinen geeigneten Nötigungserfolg, da sie als solche kein Handeln, Dulden oder Unterlassen darstellt.

4. Unmittelbares Ansetzen
Auch dieses ist zu bejahen, da das Richten der Schrotflinte auf P unmittelbar in die Forderung nach dem Geld einmünden sollte und T seinem Begehren durch das Zielen auf die Beine auch bereits Nachdruck verleihen wollte.

5. Die Tat müsste auch **verwerflich** i. S. d. § 240 II StGB gewesen sein.

a) Dies wäre nicht der Fall, wenn dem T ein Rechtfertigungsgrund zur Seite gestanden hätte. Eine danach allein denkbare Notwehr gem. § 32 StGB scheidet jedoch aus, weil kein gegenwärtiger Angriff des P vorlag, insbesondere war der Angriff auf das Vermögen des T längst abgeschlossen.

b) Die Drohung mit Totschlag, einem Verbrechen, war auch verwerflich im Sinne der Zweck-Mittel-Relation nach § 240 II StGB, da T sein Geld durch Selbstjustiz zurückerlangen wollte, was dem Gewaltmonopol des Staates widerspricht.

6. Entschuldigungsgründe sind im Übrigen nicht ersichtlich.

Ergebnis: T hat sich gem. §§ 240 I, II, III, 22, 23 I StGB wegen versuchter Nötigung strafbar gemacht.

II. Auch liegt in dem Verhalten des T eine **Bedrohung nach § 241 StGB gegenüber P**. Diese tritt jedoch als subsidiär hinter §§ 240 I, II, III, 22, 23 I StGB zurück.[144]

2. Sachverhaltsabschnitt: Das Abfeuern der Schüsse auf die Gruppe P/O

I. In Betracht kommt Strafbarkeit wegen versuchter **Tötung** des P **gem. §§ 212, 22, 23 I StGB**.

144 A. A. zu Unrecht BayObLG, JR 2003, 477 m. abl. Anm. *Jäger*.

1. Vgl. zur Nichtvollendung und Strafbarkeit des Versuches oben.

2. T hatte auch hinsichtlich der Tötung des P Tatentschluss, da er jedenfalls mit bedingtem Tötungsvorsatz handelte.

3. Ein **unmittelbares Ansetzen** ist auch bei T durch Abgabe des Schusses anzunehmen.

4. Rechtswidrigkeit
Fraglich ist, ob nicht wenigstens T eine Rechtfertigung durch Notwehr gegenüber P gem. § 32 StGB zugute zu halten ist.

a) Eine Notwehrlage in Form eines gegenwärtigen rechtswidrigen Angriffs durch P ist zu bejahen, da P seinerseits – wie oben gesehen – bei der Abgabe der Schüsse aus dem Revolver mangels Gebotenheit nicht gerechtfertigt war.

b) Die Notwehrhandlung des T gegenüber P war auch erforderlich. Zwar verneint *Spendel* die Geeignetheit, da O als „Kugelfang" vor P stand[145], jedoch zu Unrecht, weil nicht ausgeschlossen war, dass T den P zumindest verletzt und dadurch eine Beendigung des Angriffs erreicht.
Auch gab es kein milderes, gleich erfolgversprechendes Mittel. T hätte zwar zur Durchsetzung seiner Forderung die Polizei rufen können. Jedoch stand ihm, nachdem P die Waffe gegen ihn gezogen hatte, in der akuten Angriffslage kein schonenderes Mittel mehr zur Verfügung (die Erforderlichkeitsbetrachtung darf also nicht vor Betreten des Gasthauses ansetzen, sondern es muss der Zeitpunkt der konkreten Notwehrlage den Ausschlag geben).

c) Gebotenheit der Notwehr
Auch auf Seiten des T ist hier aufgrund der Nötigung und Bedrohung (s. o.) gegenüber P ein provozierendes rechtswidriges Vorverhalten zu verzeichnen, sodass auch hier eine Einschränkung des Notwehrrechts nach der Drei-Stufen-Theorie anzunehmen ist, die der BGH allerdings noch zusätzlich verschärft, da T die Auseinandersetzung nicht nur fahrlässig, sondern sogar bedingt vorsätzlich provoziert habe.
T, so der BGH,[146] hätte wie bei der fahrlässigen Provokation nicht sofort zur Trutzwehr übergehen dürfen, sondern sich mit P erst über den Verbleib des Geldes unterhalten, wenn das nicht mehr möglich war, hinter dem Tresen Deckung nehmen, zur Flucht ansetzen oder die Schrotflinte hinwerfen müssen, selbst wenn dies für ihn mit gewissen Lebensgefahren verbunden war (hier geht der BGH also weiter als bei der fahrlässigen Provokation, wenngleich er die von dort bekannten Einschränkungen anführt; man muss sich darüber im Klaren sein, dass der BGH das Notwehrrecht im Falle bedingt vorsätzlicher Provokation (sog. Vorsatzprovokation) praktisch ausschließt. (Dies ist vor dem Hintergrund einer Verhinderung von Selbstjustiz immerhin verständlich.)[147]
Wenn man der Ansicht des BGH folgt, war daher auch T nicht gem. § 32 StGB durch Notwehr gerechtfertigt.

5. Schuld
In Betracht kommt hier ein entschuldigender Notwehrexzess nach § 33 StGB.

a) Intensiver Notwehrexzess: T verteidigte sich mit lebensgefährlicher Trutzwehr statt sich zunächst auf Schutzwehr zu beschränken. Bei einem derartigen Überschreiten der erforderlichen Verteidigung im Rahmen einer tatsächlich existierenden Notwehrlage ist § 33 StGB ohne Weiteres anwendbar.

b) Asthenische Affekte: Nach h. M. ist ausreichend, wenn sie mitursächlich waren. T macht vorliegend geltend, in Panik geraten zu sein. Dies könnte freilich, da P dem T als gefährlich bekannt war, eine Schutzbehauptung darstellen. Schenkt man der Einlassung des T dagegen Glauben, so gilt nach h. M. nur bei der Absichtsprovokation, dass dem Täter keine Beru-

---

145 *Spendel*, NStZ 1994, 279 f.
146 BGHSt 39, 374, 379 f.
147 Dies ist freilich fraglich, da P als gefährlich galt und sich augenscheinlich bedroht fühlte (ähnl. *Arzt*, JZ 1994, 314, 315).

fung auf § 33 StGB zuzugestehen ist, während bei einer sonst vorwerfbaren Provokation § 33 StGB grundsätzlich Anwendung findet. Eine fragwürdige Ausnahme soll nach Auffassung des BGH allerdings dann gelten, wenn sich der Täter – wie hier – planmäßig auf eine tätliche Auseinandersetzung eingelassen hat.[148] Nach Ansicht des BGH wäre im gegebenen Fall daher auch eine Entschuldigung gem. § 33 StGB zu verneinen. Dagegen spricht jedoch, dass der Gesetzgeber bei § 33 StGB auf eine dem § 35 I 2 StGB entsprechende Regelung gerade verzichtet hat.[149]
Richtiger wird man daher dem T bzgl. seiner plötzlich aufkommenden Panik keinen Glauben schenken können, sodass schon deshalb eine Anwendung des § 33 StGB ausscheidet (der BGH etwa hat § 33 StGB überhaupt nicht angesprochen).

Ergebnis: T hat sich gem. §§ 212, 211, 22, 23 I StGB strafbar gemacht.

II. Strafbarkeit des T gem. **§§ 223, 224 I Nr. 2 Alt. 1, Nr. 5 StGB**[150] **an P**
Der objektive und subjektive Tatbestand der gefährlichen Körperverletzung sind erfüllt, da T dem P wenigstens bedingt vorsätzlich mittels einer Waffe (§ 224 I Nr. 2 Alt. 1 StGB), nämlich der Schrotflinte, im Gesicht oberflächliche Wunden zugefügt und ihn dadurch jedenfalls körperlich misshandelt hat. Auch waren die Schüsse sowohl nach abstrakter als auch nach konkreter Betrachtungsweise lebensgefährlich i. S. v. § 224 I Nr. 5 StGB.
Im Hinblick auf diese Körperverletzung des P scheitert Notwehr in gleicher Weise mangels Gebotenheit der Verteidigung und ein Schuldausschluss nach § 33 StGB erscheint – wie gezeigt – nicht glaubhaft.

Ergebnis: T hat sich auch gem. §§ 223, 224 I Nr. 2 Alt. 1, Nr. 5 StGB strafbar gemacht.

III. Strafbarkeit nach **§§ 212, 211 StGB bzgl. O**

1. Tatbestandsmäßigkeit
T hat den O durch den Gewehrschuss getötet.
Fraglich ist, ob auch das objektive Mordmerkmal der Verwendung eines gemeingefährlichen Mittels (§ 211 StGB angesichts des Schusses mit der Schrotflinte) in Betracht kommt. Dies ist jedoch zu verneinen, da es Nichtkontrollierbarkeit der konkreten Anwendung des Tatmittels in der Weise voraussetzt,[151] dass unbeteiligte Dritte unabsehbar einer Lebensgefahr ausgesetzt werden.[152] Bei typischerweise in seinen Wirkungen beherrschbaren Tötungsmitteln wird daher ein gezielter Schuss nicht schon deshalb gemeingefährlich, weil der Täter eine Tötung anderer Personen billigend in Kauf nimmt.[153] Dies muss auch für eine abgesägte Schrotflinte mit größerem Streuwinkel jedenfalls dann gelten, wenn bei deren Verwendung der Kreis der Betroffenen überschaubar bleibt.[154]

2. Rechtswidrigkeit

a) Notwehr nach § 32 StGB scheidet gegenüber O aus, da § 32 StGB eine Verteidigungshandlung gegenüber dem Angreifer voraussetzt. O war aber nur unbeteiligter Dritter.

b) Auch scheitert eine Rechtfertigung nach § 34 StGB, weil sich bei der Interessenabwägung das Leben des T und dasjenige des O gegenüber standen, sodass ein wesentliches

---

148 BGHSt 39, 133.

149 Eine § 35 I 2 StGB vergleichbare Regelung fehlt, siehe hierzu *Wessels/Beulke/Satzger*, AT, Rn. 446; *Roxin*, NStZ 1993, 333; *Haft/Eisele*, Jura 2000, 313.

150 Zwar könnte man angesichts der Verletzungen im Gesicht auch an § 226 I Nr. 3 StGB denken, jedoch enthält der Sachverhalt nicht genügend Angaben, um beurteilen zu können, ob P erheblich entstellt worden ist. Da die Verletzungen nur oberflächlich waren, ist dies aber eher abzulehnen.

151 BGH NJW 1985, 1477, 1478; *Sch/Sch/Eser/Sternberg-Lieben*, § 211 Rn. 29.

152 *Sch/Sch/Eser/Sternberg-Lieben*, § 211, Rn. 29; *Rengier*, StV 86, 406 f.

153 BGHSt 38, 353 m. Anm. *Rengier*, JZ 1993, 364.

154 Vgl. aber auch OLG Dresden NJW 1948, 274 für die Verwendung einer Maschinenpistole auf offener Straße.

Überwiegen des Erhaltungsguts nicht zu verzeichnen war (das Leben ist einer Abwägung grundsätzlich entzogen).

3. Schuld
In Betracht kommt nur eine Entschuldigung aufgrund Notstands nach § 35 StGB.
Eine Notstandslage in Form einer gegenwärtigen Gefahr und eine erforderliche Abwehrhandlung sind grundsätzlich zu bejahen.
Eine Entschuldigung kommt jedoch nach § 35 I 2 StGB nicht in Betracht, wenn die Hinnahme der Gefahr für T zumutbar war. Dies gilt nach § 35 I 2 StGB namentlich, wenn der Notstandstäter die Notstandslage schuldhaft herbeigeführt hat. Gerade dies ist aber vorliegend der Fall, weil T sich der Auseinandersetzung mit dem als besonders gefährlich bekannten P selbst stellte. Eine Entschuldigung nach § 35 StGB scheidet daher aus.

Ergebnis: T hat sich gem. § 212 StGB wegen Totschlags an O strafbar gemacht. Seine Strafe kann allenfalls nach § 35 I 2 Hs. 2 i. V. m. § 49 I StGB gemildert werden.

IV. Die gleichzeitig verwirklichten §§ **223, 224 I Nr. 2, 5 StGB gegenüber O** treten im Wege der Gesetzeskonkurrenz zurück.

V. Gesamtergebnis und Konkurrenzen: Sowohl P als auch T haben sich der gegenseitigen versuchten Tötung schuldig gemacht. Die von T gegenüber P zusätzlich verwirklichte gefährliche Körperverletzung sowie die versuchte Nötigung treten zur versuchten Tötung in Idealkonkurrenz, weil das Vollendungsunrecht der Körperverletzung und der Angriff auf die Willensentschließungsfreiheit im Schuldspruch zum Ausdruck gebracht werden müssen.[155] Darüber hinaus ist auch eine Strafbarkeit wegen vollendeter Tötung des O zu bejahen, die zu den anderen Taten in Tateinheit steht.

Hinweis: *Ganz ähnlich liegt ein bereits vor längerer Zeit vom BGH entschiedener Fall.*[156] *Dort hatte sich A zu der Wohnung seiner Ex-Freundin E und deren jetzigem Freund F begeben, wo ihm von einer Mitbewohnerin Einlass gewährt wurde. E und F forderten den A jedoch mehrfach in ruhigem Ton auf, die Wohnung zu verlassen. A folgte dieser Aufforderung jedoch nicht, sondern schrie den F an, woraufhin F drohend einen Teleskop-Schlagstock zog und A eine Ohrfeige gab. Danach verließen E und F die Wohnung, um die Lage nicht eskalieren zu lassen. A ging nun in die Küche, holte ein Messer und verfolgte E und F, wobei er zwar keine Absicht hatte, das Messer einzusetzen, zumindest aber damit rechnete, dass F seinen Schlagstock einsetzen werde. A nahm eine Zigarette in den Mund und rief E und F nach: „Habt ihr mal Feuer?“ F drehte sich daraufhin um, zückte den Schlagstock und ging auf A zu. Bei der anschließenden verbalen Auseinandersetzung schlug F dem A leicht auf den Rücken. A zog nun das im Hosenbund versteckte Messer und stach dieses – auch um weitere Schläge mit dem Stock durch F zu verhindern – 16 cm tief in Fs rechte Brustseite unterhalb des Schlüsselbeins. F verstarb. Damit hatte A nicht gerechnet.*

Der BGH hat hier eine Strafbarkeit des A wegen Körperverletzung mit Todesfolge nach § 227 StGB bejaht und in diesem Zusammenhang eine Rechtfertigung des A durch Notwehr mangels Gebotenheit verneint, da das Recht zur Notwehr bei rechtswidriger oder jedenfalls sozialethisch zu missbilligender Provokation eingeschränkt sei (hier durch die ersichtlich provozierende Bitte um Feuer; auf das vorausgehende rechtswidrige Verweilen in der Wohnung – § 123 StGB – hat der BGH möglicherweise deshalb nicht abgestellt, weil diese Provokation wohl nicht den Angriff des F ausgelöst hat! Vgl. aber zur Frage, ob sozialethisch wertwidriges Verhalten genügen kann, bereits o. Rn. 122 a. E.). Dabei sah der BGH das Ver-

155 Seit BGHSt 44, 196 ganz h. M. Vgl. zu dieser Entscheidung *Kudlich*, JA 1999, 452 ff.; *Satzger*, JR 1999, 203 ff. sowie zusammenfassend *Martin*, JuS 1999, 298 und *Geppert*, JK, § 212, 4. Zu ihren möglichen Auswirkungen auf das Verhältnis von § 240 StGB und § 241 StGB siehe *Jäger*, JR 2003, 478.

156 BGH NStZ 2006, 332 ff. m. Anm. *Roxin*, StV 2006, 236; *Satzger*, JK 5/06, StGB § 32/30; sowie Bespr. von *Kudlich*, JA 2006, 490 ff.

halten des A sogar ganz nahe an einer Absichtsprovokation und nahm daher eine erhebliche Einschränkung der Verteidigungsbefugnis an. A hätte trotz der hohen Gefährlichkeit des Schlagsstocks ausweichen oder fliehen müssen bzw. u. U. sogar den Messereinsatz zuvor androhen müssen.

B. Einwilligung

I. Vorbemerkung

1. *Die Einwilligung ist zumindest nicht ausdrücklich im Gesetz geregelt, wird aber in* **134a** *§ 228 StGB zumindest vorausgesetzt, wenngleich es sich gerade bei § 228 StGB um eine Vorschrift handelt, die nur bei Körperverletzungsdelikten zur Anwendung gelangt und nicht auf andere Tatbestände übertragbar ist. Beim ärztlichen Heileingriff existiert mit dem durch das Patientenrechtegesetz geschaffenen § 630d BGB nunmehr auch eine gesetzliche Fundierung dieses Rechtfertigungsgrundes. Deshalb sollte bei medizinischen invasiven Eingriffen in der Klausur § 630d BGB immer genannt werden, da dieser Rechtfertigungsgrund nach dem Grundsatz der Einheit der Rechtsordnung selbstverständlich auch im Strafrecht Geltung hat. Die Einwilligung ist vor Durchführung des Eingriffs vom Patienten einzuholen (§ 630d I S. 1 BGB). Bei dessen fehlender Einwilligungsfähigkeit kommt es auf die Erklärung des Vertreters an, sofern keine Patientenverfügung vorliegt (§ 630d I S. 2 BGB).*

2. *Die Einwilligung greift als Rechtfertigungsgrund nach h. M. nur, wenn nicht schon* **135** *der Tatbestand ein Handeln gegen den Willen des Opfers voraussetzt. Ist letzteres nämlich der Fall, so macht das Einverständnis des Rechtsgutsträgers bereits die Erfüllung des Tatbestandes unmöglich.*[157] *So schließt etwa beim Diebstahl das Einverständnis mit dem Gewahrsamsübergang den Gewahrsamsbruch aus, weil dieser schon begrifflich gegen oder jedenfalls ohne den Willen des Opfers erfolgen muss. In Frage kommen daher im Falle eines Einverständnisses nur §§ 263, 246 StGB. Gleiches gilt für § 248b StGB, der sogar ausdrücklich ein Handeln „gegen den Willen des Berechtigten" verlangt. Weitere Beispiele für die Möglichkeit eines tatbestandsausschließenden Einverständnisses liefern §§ 177, 249 StGB, da die Anwendung von Gewalt begrifflich den Bruch eines Widerstandes voraussetzt, sodass im Falle des Einverständnisses schon der Tatbestand ausgeschlossen ist. Schließlich gilt auch für § 123 I StGB, dass ein Eindringen begrifflich nur gegen den Willen des Hausrechtsinhabers denkbar ist. Wichtig ist diese Unterscheidung auch deshalb, weil Willensmängel (etwa ein durch Täuschung erschlichener Wohnungszutritt) nach h. M. das tatbestandsausschließende Einverständnis – anders als die rechtfertigende Einwilligung (vgl. Rn. 138 f.) – grundsätzlich nicht ausschließen, da es nur auf die tatsächliche Zustimmung ankommt. Deshalb ist auch die Rechtsfigur eines mutmaßlichen Einverständnisses abzulehnen.*[158] *Fehlt also ein ausdrückliches Einverständnis, so ist der Tatbestand der jeweiligen Strafnorm erfüllt. Aller-*

---

157 Grundlegend zur Unterscheidung zwischen Einwilligung und Einverständnis *Rönnau*, JuS 2007, 18 ff.; *Beckert*, JA 2013, 507 ff.

158 Zutr. *Marlie*, JA 2007, 112 ff. m. w. N.

dings kann dann auf der Rechtfertigungsebene eine mutmaßliche Einwilligung eingreifen (vgl. zu ihr u. Rn. 146).

Hinzuweisen ist in diesem Zusammenhang darauf, dass in der Lit. eine Auffassung im Vordringen befindlich ist, die auch die von der h. M. als Rechtfertigungsgrund eingestufte Einwilligung bei Verletzungen von Individualrechtsgütern als tatbestandsausschließend erachtet.[159] *Dafür spricht tatsächlich, dass von einer Rechtsgutsverletzung im Sinne einer Verletzung der Freiheit von Rechtsgutsbeeinträchtigungen nicht die Rede sein kann, wenn der Rechtsgutsträger mit der Verletzung einverstanden ist. Dennoch sollte man in der Klausur beim gegenwärtigen Stand der Diskussion die Einwilligung nach wie vor auf Rechtswidrigkeitsebene erörtern, da sich insbesondere die Rspr. von dieser Auffassung (zu Unrecht) noch so unbeeindruckt zeigt, dass eine Darstellung der Literaturauffassung in der Klausur nicht angezeigt erscheint.*

II. Voraussetzungen der rechtfertigenden Einwilligung (zugleich Prüfungsschema)

1. Disponibilität des Rechtsguts (Verfügungsbefugnis des Einwilligenden über das Rechtsgut)

136 Der Einwilligende muss im Hinblick auf das konkrete Rechtsgut verfügungsberechtigt sein.[160] Eine Einwilligung in die eigene Tötung ist demgemäß, wie § 216 StGB zeigt, ausgeschlossen.

Bei der Körperverletzung schafft § 228 StGB eine Begrenzung der rechtfertigenden Einwilligung, sofern die Körperverletzung gegen die guten Sitten verstößt. Abzustellen ist nach h. M. vor allem auf Art und Umfang der Körperverletzung, wobei als Maßstab das Anstandsgefühl aller billig und gerecht Denkenden gilt.[161]

Während der BGH früher auch den Zweck der Körperverletzung in das Sittenwidrigkeitsurteil mit einbezogen hat, geht er heute davon aus, dass der verfolgte Zweck nur noch „die Negativbewertung der Körperverletzung kompensieren kann". Im Ergebnis bedeutet dies, dass eine negative Zwecksetzung allein nicht mehr das Sittenwidrigkeitsurteil zu begründen vermag. Vielmehr kann nur eine positive Zwecksetzung das Sittenwidrigkeitsurteil ausräumen.[162]

Beispiel 1: Körperverletzungen sind nicht allein deshalb sittenwidrig, weil sie der Vorbereitung eines Versicherungsbetrugs dienen. Vielmehr kann sich die Sittenwidrigkeit solcher Handlungen nur aus der Art und dem Umfang der Körperverletzung ergeben.

Beispiel 2: Ein gefährlicher ärztlicher Eingriff kann durch Einwilligung (§ 630d BGB) gedeckt sein, wenn er der Lebenserhaltung dient. Hier kann also die positive Zwecksetzung das Sittenwidrigkeitsurteil ausräumen.

---

159 Dabei wird die Durchführbarkeit einer Abgrenzung von Einwilligung und Einverständnis auch vielfach mit beachtlichen Gründen bestritten, vgl. nur *Roxin*, AT/I, § 13, Rn. 30; MüKo-*Schlehofer*, vor §§ 32 ff., Rn. 104.

160 Zur Disponibilität bei § 315c StGB vgl. *Jäger*, BT, Rn. 486 f.

161 Ausführlich zu dieser Vorschrift – mit extremer Beschränkung des Anwendungsbereichs – *Niedermair*, Einwilligung, 1999, 92 ff.; *Sternberg-Lieben*, Einwilligung, 1997; *Bott/Volz*, JA 2009, 421 ff.

162 BGHSt 49, 171; zust. *Hirsch*, JR 2004, 476.

Beispiel 3: Mensuren sind grundsätzlich nicht sittenwidrig. Hier fehlt es regelmäßig aufgrund von Schutzvorkehrungen bereits an einem erheblichen Umfang der Körperverletzung und aus dem bloßen Zweck der auf der Mutprobe basierenden Erzeugung einer Zugehörigkeit zur Verbindungsgemeinschaft kann keine Sittenwidrigkeit abgeleitet werden.

Einverständlich vorgenommene sadomasochistische Praktiken, die zu Körperverletzungen führen, verstoßen nicht als solche gegen die „guten Sitten" i. S. v. § 228 StGB.[163] Sittenwidrig ist die Tat jedoch nach Auffassung des BGH, wenn bei vorausschauender objektiver Betrachtung der Einwilligende durch die Körperverletzungshandlung in konkrete Todesgefahr gebracht wird. Die Problematik wird veranschaulicht durch folgenden, der Entscheidung des BGH zugrunde liegenden

Fall 23: Die B hatte ihren Lebensgefährten A zu sadomasochistischen Spielen aufgefordert. Insbesondere sollte A sie mit einem Metallrohr würgen, obwohl er Bedenken geäußert hatte und keine Neigung zu derartigen Praktiken besaß. Dabei erkannte A, dass dies gefährlich war und äußerte dies auch gegenüber der B; jedoch ließ er sich dann von ihr zur Verwendung des Metallrohrs überreden und verstärkte auf ihren Wunsch hin die Einwirkung sogar noch. Einen tödlichen Verlauf hielt A für möglich, vertraute jedoch darauf, dass die B nicht sterben werde. Tatsächlich starb die B jedoch. Strafbarkeit des A? (**Sado-Maso-Fall** nach BGHSt 49, 166)[164] **136a**

Zusatzfrage: Wie wäre der Fall zu beurteilen, wenn dem A die Gefährlichkeit der Tat überhaupt nicht bewusst gewesen wäre?

Lösung: **136b**

I. In Betracht kommt eine Strafbarkeit des A wegen **Tötung auf Verlangen nach § 216 StGB**. Der Tatbestand des § 216 StGB setzt voraus, dass das Opfer seinen Tod zum Tatzeitpunkt ernstlich begehrt und dieses Verlangen auch unmissverständlich zum Ausdruck gebracht hat. Die B wollte jedoch keineswegs sterben, sondern sadomasochistische Spiele mit B durchführen. Daher kommt eine Strafbarkeit nach § 216 StGB nicht in Betracht.

II. Denkbar wäre eine Strafbarkeit des A wegen **Totschlags nach § 212 StGB**.

1. Tatbestandsmäßigkeit

a) Objektiver Tatbestand

A hat den Tod der B verursacht. Fraglich ist jedoch, ob der Erfolg dem A auch objektiv zurechenbar ist. Hier könnte nämlich eine freiverantwortliche Selbstgefährdung der B vorliegen, welche den Zurechnungszusammenhang unterbräche. Die freiverantwortliche Selbstgefährdung setzt aber voraus, dass das Opfer die Tatherrschaft über den „point of no return" hat, also jederzeit steuernd in den Geschehensablauf eingreifen kann. Die B hat sich dem A jedoch gerade ausgesetzt, indem sie sich – wenngleich auf eigenen Wunsch – von ihm derart heftig würgen ließ, dass sie nicht mehr in der Lage war, ihm durch Worte oder Gesten bedeuten zu können, von ihr abzulassen. Daher liegt keine freiverantwortliche Selbstgefährdung, sondern eine einverständliche Fremdgefährdung vor. Nach einer in der Lit. vertretenen Auffassung soll die einverständliche Fremdgefährdung ebenso wie die freiverantwortliche Selbstgefährdung zu einem Ausschluss der tatbestandlichen Zurechnung

163 A. A. noch RG JW 1929, 1015. Aufgrund der geänderten Anschauungen wird man hier aber heute eine Sittenwidrigkeit verneinen müssen.

164 Vgl. dazu die Anm. von *Arzt*, JZ 2005, 103 f.; *ders.*, JR 2005, 100 f.; *Duttge*, NJW 2005, 260 ff.; *Hirsch*, JR 2004, 475 ff.; *Petersohn*, JA 2005, 93 ff.; *Stree*, NStZ 2005, 40 f.; *Vahle*, Kriminalistik 2005, 309. Umfassend zur Beurteilung der guten Sitten durch den BGH *Hardtung*, Jura 2005, 401 ff.

führen. Der BGH hat sich dieser Auffassung bislang nicht angeschlossen, sondern wendet seit jeher Einwilligungsgrundsätze an. Der Hintergrund besteht wohl darin, dass der BGH auf diese Weise einen Strafbarkeitsausschluss des Täters in Fällen vermeiden möchte, in denen es um das Leben des Opfers geht (denn das Rechtsgut Leben ist selbstverständlich nicht disponibel und der BGH möchte diesen Grundsatz offensichtlich auch auf die Gefährdung des Lebens übertragen).
Folgt man der Rspr., so ist der Tod der B dem A also auch objektiv zurechenbar.

b) Subjektiver Tatbestand
Problematisch ist der Tötungsvorsatz des A. Zwar hatte A die Gefährlichkeit seines Vorgehens erkannt und hielt sogar einen tödlichen Verlauf ernsthaft für möglich; er vertraute jedoch darauf, dass die B nicht sterben werde. Nach der herrschenden Ernstnahmetheorie ist der Vorsatz des A daher zu verneinen.

2. Ergebnis: A ist nicht nach § 212 StGB zu bestrafen.

III. In Betracht kommt aber eine Strafbarkeit des A wegen **gefährlicher Körperverletzung gem. §§ 223, 224 I Nr. 2, 5 StGB**.

1. Tatbestandsmäßigkeit

a) Objektiver Tatbestand
Das Würgen mit der Eisenstange stellt sowohl eine körperliche Misshandlung als auch eine Gesundheitsschädigung dar. Diese wurde „mittels eines anderen gefährlichen Werkzeugs" i. S. v. § 224 I Nr. 2 Alt. 2 StGB begangen und hat – wie der Erfolgseintritt letztlich zeigt – auch zu einer konkreten Gefährdung des Lebens i. S. v. § 224 I Nr. 5 StGB geführt. Die Frage, ob für § 224 I Nr. 5 StGB die abstrakte Gefährlichkeit der Verletzungshandlung für das Leben genügt oder ob der Eintritt einer konkreten Gefahr erforderlich ist, kann daher dahinstehen (näher dazu *Jäger*, BT, Rn. 82). Der objektive Tatbestand der §§ 223, 224 I Nr. 2 Alt. 2, 5 StGB ist erfüllt.

b) Subjektiver Tatbestand
A hatte Vorsatz sowohl hinsichtlich des Grunddelikts als auch hinsichtlich der Qualifikation. Insbesondere handelte A auch vorsätzlich hinsichtlich der das Leben gefährdenden Behandlung i. S. v. § 224 I Nr. 5 StGB. Diesbezüglich genügt es nämlich, wenn der Täter die Umstände kennt, aus denen die Lebensgefahr erwächst, und dennoch handelt.

2. Rechtswidrigkeit
Fraglich ist, ob B wirksam in die Körperverletzung eingewilligt hat. Die Einwilligung in eine Körperverletzung ist jedoch nur vorbehaltlich des § 228 StGB wirksam. Einverständlich vorgenommene sadomasochistische Praktiken, die zu Körperverletzungen führen, verstoßen nicht als solche gegen die „guten Sitten" i. S. v. § 228 StGB, da es insofern an einer allgemeinen Anschauung in der Bevölkerung und somit an einem eindeutigen Sittenwidrigkeitsurteil fehlt. Die Zwecksetzung einer Luststeigerung durch Gewaltanwendung kann als solche das Sittenwidrigkeitsurteil nicht begründen, da die Zweckverfolgung nicht negativ zur Bejahung der Sittenwidrigkeit führen, sondern nur positiv zur Ausräumung des Sittenwidrigkeitsstigmas taugt (näher dazu bereits soeben Rn. 136). Laut BGH soll jedoch für die Beurteilung der Sittenwidrigkeit der Tat i. S. v. § 228 StGB vorrangig das Gewicht des jeweiligen tatbestandlichen Rechtsgutsangriffs und damit ein objektives Kriterium ausschlaggebend sein. Die Grenze zur Sittenwidrigkeit sei daher jedenfalls dann überschritten, wenn bei vorausschauender objektiver Betrachtung aller maßgeblichen Umstände der Tat der Einwilligende durch die Körperverletzungshandlung in konkrete Todesgefahr gebracht wird.[165] Für diese Eingrenzung spreche sowohl der Normzweck des § 228 StGB als auch die aus der Vorschrift des § 216 StGB abzuleitende gesetzgeberische Wertung, da das Ge-

165 BGHSt 49, 166 ff. m. Anm. *Arzt*, JZ 2005, 103 f.; *Duttge*, NJW 2005, 260 ff.; *Hirsch*, JR 2004, 475 ff.; *Stree*, NStZ 2005, 40 f.; *Vahle*, Kriminalistik 2005, 309. Umfassend zur Beurteilung der guten Sitten durch den BGH *Hardtung*, Jura 2005, 401 ff.

setz ein soziales Interesse am Erhalt des Lebens auch gegen den Willen des Betroffenen verfolge. Die Einwilligung war daher gem. § 228 StGB unwirksam, sodass A rechtswidrig handelte.

3. Schuld
Auch das Vorliegen eines Erlaubnistatbestandsirrtums hat der BGH im vorliegenden Fall verneint. Zwar käme ein solcher hier in Betracht, wenn A sich in einem tatsächlichen Irrtum über die Lebensgefahr befunden hätte. Dies sei jedoch vorliegend nicht der Fall gewesen, weil A selbst Bedenken hinsichtlich der Vornahme der konkreten Gewalthandlungen geäußert hatte. Sollte A sich über die Sittenwidrigkeit seiner Tat geirrt haben, so stelle dies lediglich einen – im konkreten Fall vermeidbaren – Verbotsirrtum nach § 17 S. 2 StGB dar, der die Schuld nicht ausschließt.

Ergebnis: A hat sich daher gem. §§ 223, 224 I Nr. 2 Alt. 2, 5 StGB strafbar gemacht.

IV. Zu prüfen ist darüber hinaus eine Strafbarkeit des A wegen **Körperverletzung mit Todesfolge nach § 227 StGB**.

1. Tatbestandsmäßigkeit
Der Unrechtstatbestand des Grunddelikts ist – wie soeben geprüft – erfüllt. In dem Todeserfolg hat sich auch die unmittelbare, tatbestandsspezifische Gefahr des Grunddelikts verwirklicht. Der Erfolgseintritt war auch objektiv vorhersehbar.

2. Rechtswidrigkeit
Wie bereits erörtert, scheitert eine Einwilligung in den Grundtatbestand an § 228 StGB. Damit scheidet eine Rechtfertigung der Tat aus.

3. Schuld
A handelte auch schuldhaft, insbesondere war die Todesfolge für A auch subjektiv vorhersehbar.

Ergebnis: A hat sich gem. § 227 StGB strafbar gemacht.

V. In Betracht kommt auch eine Strafbarkeit des A wegen **fahrlässiger Tötung nach § 222 StGB**.

1. Tatbestandsmäßigkeit
Der Tatbestand der fahrlässigen Tötung ist erfüllt.

2. Rechtswidrigkeit
Das Verhalten des B könnte zwar gerechtfertigt sein, wenn A wirksam in die Fremdgefährdung eingewilligt hätte. Das Rechtsgut Leben ist jedoch nicht disponibel und damit nicht einwilligungsfähig, wie der Rechtsgedanke des § 216 StGB zeigt. Davon abgesehen wollte A auch gar nicht sterben; sie hat daher allenfalls in eine Gefährdung ihres Lebens eingewilligt. Eine solche Einwilligung ist – sofern man dem BGH folgt – nur in engen Grenzen wirksam.

3. Schuld
A handelte auch schuldhaft.

Ergebnis: A hat sich gem. § 222 StGB strafbar gemacht.

VI. Ergebnis und Konkurrenzen: § 227 StGB verdrängt § 222 StGB, steht jedoch aus Klarstellungsgründen des Schuldspruchs in Tateinheit zu § 224 I Nr. 2 Alt. 2 und 5 StGB, da nicht jede Körperverletzung mit Todesfolge automatisch eine qualifizierte Körperverletzung nach § 224 StGB mit umfasst (str.).

Hinweis: *Die Entscheidung führt dazu, dass lebensgefährdende Körperverletzungen grundsätzlich nicht durch Einwilligung gerechtfertigt werden können. Die rituelle Beschneidung von Frauen könnte danach mit Blick auf die hiermit verbundenen Gefahren wohl nicht durch Einwilligung der Eltern einer Rechtfertigung zugeführt werden. Dass eine Rechtfertigung der rituellen Beschneidung der weiblichen Genitalien nicht in Frage kommen kann, zeigt auch ein Gesetzgebungsvorhaben, durch das in § 226 StGB die „Genitalverstümmelung" bei Frauen* *aufgenommen werden sollte (vgl. BT-Drucks. 17/4759)*[166]*. Allerdings sind die Auswirkungen dieser Entscheidung noch nicht vollständig zu überschauen. Bezieht man § 228 StGB – wie es die Rspr. tut (vgl. u. den Autosurfer-Fall, Rn. 144 f.) – auch auf die fahrlässige Körperverletzung, so ist z. B. fraglich geworden, inwieweit ein Autofahrer nach der Rspr. noch gerechtfertigt sein kann, wenn er einen Beifahrer auf einer Trunkenheitsfahrt auf dessen ausdrücklichen Wunsch hin mitnimmt und sodann einen Unfall verursacht, bei dem der Beifahrer verletzt wird. Nimmt man die Rspr. des BGH ernst, so dürfte eine rechtfertigende Einwilligung nicht mehr in Frage kommen, wenn „bei vorausschauender objektiver Betrachtung aller maßgeblichen Umstände der Tat der Einwilligende durch die vorhersehbare Körperverletzungshandlung in konkrete Todesgefahr gebracht wird". Bislang ist man dagegen davon ausgegangen, dass fahrlässige Körperverletzungen in derartigen Fällen durch Einwilligung gerechtfertigt sein können bzw. nach der Lit. wegen einverständlicher Fremdgefährdung bereits die tatbestandliche Zurechnung entfallen kann (umstritten war lediglich, ob dies auch für § 315c StGB gelten kann; vgl. dazu ausführl. Jäger, BT, Rn. 485 ff.).*[167]

In der Lit. wird freilich die Anwendbarkeit des § 228 StGB auf fahrlässige Körperverletzungen vielfach bestritten mit der Folge, dass im Fahrlässigkeitsbereich nur die schon auf Zurechnungsebene zu berücksichtigenden Grundsätze der einverständlichen Fremdgefährdung zur Anwendung gelangen sollen.[168] *Die soeben dargestellte Entscheidung beträfe dann ausschließlich vorsätzliche Körperverletzungen, sodass sich die Probleme etwas entschärfen würden.*

Zusatzfrage: Wird der Gefährlichkeitsgrad, den der BGH für das Vorliegen einer Sittenwidrigkeit voraussetzt, nicht erreicht, so ist ein Verstoß gegen die guten Sitten grundsätzlich zu verneinen. Der Irrtum des Täters über die Gefährlichkeit der Tat ist daher als ein Irrtum über die tatsächlichen Voraussetzungen eines Rechtfertigungsgrundes und infolgedessen als Erlaubnistatbestandsirrtum analog § 16 StGB zu behandeln[169] (näher Rn. 212 ff.). Kennt der Täter dagegen die gefahrbegründenden Umstände und hält dennoch seine Tat nicht für sittenwidrig, so ist nach h. M. von einem Erlaubnisirrtum i. S. eines Verbotsirrtums nach § 17 StGB auszugehen.[170] Das in der Zusatzfrage zugrunde gelegte Vorstellungsbild führt jedoch zur Bejahung eines Erlaubnistatbestandsirrtums, sodass entsprechend § 16 StGB nur eine Bestrafung wegen fahrlässiger Körperverletzung in Frage käme. Wegen der massiven Einwirkung mit dem Metallrohr wäre jedoch die Annahme eines Irrtums über die Gefährlichkeit in der Praxis wenig glaubwürdig.

In einer neuen Entscheidung hat der BGH zur Frage der Sittenwidrigkeit von Körperverletzungshandlungen im Rahmen von einverständlich vorgenommenen Massenschlägereien Stellung genommen. Verdeutlicht werden soll dies durch folgenden

136c **Fall 24:** L1, Mitglied der L-Jugendgruppe, geriet mit einem Mitglied aus der Z-Jugendgruppe in Streit. Diese Auseinandersetzung konnte L2 so weit schlichten, dass zunächst keine weiteren Tätlichkeiten verübt wurden. Allerdings forderte der aufgebrachte Z1 erfolgreich telefonisch weitere Mitglieder seiner Gruppe auf, zum Ort des Geschehens zu kommen. Den Beteiligten beider Gruppen war bewusst, dass es aufgrund der sich durch

166 Sehr interessant zum neu eingefügten § 226a StGB, der die Verstümmelung weiblicher Genitalien unter Strafe stellt: *Rittig*, JuS 2014, 499 ff.; *Zöller/Thörnich*, JA 2014, 167 ff.

167 Vgl. zu den aus dem BGH-Urteil entstehenden Folgerungen für Delikte im Bereich des Straßenverkehrs AG Saalfeld, VRS 107 (2004), 181 m. Anm. *Otto*, JK 05, StGB § 228/5.

168 So *Roxin*, AT/I, § 13, Rn. 69.

169 *Sch/Sch/Stree/Sternberg-Lieben*, § 228, Rn. 22; *Bott/Volz*, JA 2009, 425.

170 Vgl. auch hierzu *Sch/Sch/Stree/Sternberg-Lieben*, § 228, Rn. 22 m. w. N.; *Bott/Volz*, JA 2009, 425.

wechselseitige Beleidigungen weiter aufheizenden Stimmung zu körperlichen Auseinandersetzungen kommen würde. Aufgrund einer faktischen Übereinkunft stimmten die Beteiligten zu, diese mit Faustschlägen und Fußtritten auszutragen. Den Eintritt auch erheblicher Verletzungen billigten sie. Im Zuge der sich anschließenden wechselseitigen Tätlichkeiten erwies sich die Z-Gruppe als überlegen. Als L3 ungeachtet dessen ein Mitglied aus der Z-Gruppe im Rahmen eines Faustkampfs in Bedrängnis brachte, schlug Z2 auf L3 ein, der daraufhin stürzte. Der am Boden liegende L3 erhielt anschließend einen Fußtritt. Er erlitt unter anderem eine Schädelprellung und musste stationär behandelt werden. L2 schlug Z3 so heftig mit der Faust ins Gesicht, dass dieser im Unterkiefer drei Zähne verlor, die durch Implantate ersetzt werden mussten. Zudem verursachte der Schlag eine Verschiebung der Nasenscheidewand, welche anschließend einer operativen Korrektur bedurfte. Der zur L-Gruppe gehörende, stark alkoholisierte L4 ging durch die Wirkung von Faustschlägen bereits zu Beginn der Auseinandersetzung zu Boden und blieb dort wehrlos liegen. In dieser Lage versetzten ihm Mitglieder der Z-Gruppe mehrere Tritte gegen den Kopf und den Körper. Z3 holte in dieser Situation mit dem Fuß aus und trat L4 ins Gesicht. Anschließend traten auch andere Mitglieder der Z-Gruppe erneut auf den am Boden liegenden L4 ein. Einen Tritt führte Z2 gegen den Kopf des L4, hob dann den Kopf des L4 etwas an und schlug ihn, mit allerdings geringer Kraft, auf den Asphalt. Wie haben sich die Beteiligten der Z-Gruppe strafbar gemacht? (**Massenschlägerei-Fall** nach BGH NStZ 2013, 342[171] und BGH NStZ 2015, 270[172])

Lösung: 136d

I. Zunächst ist für die Verwirklichung einer **versuchten Tötung nach §§ 212, 22, 23 StGB** nichts ersichtlich. Dafür fehlt es an dem notwendigen Vorsatznachweis. Laut Sachverhalt waren nur erhebliche Verletzungen gebilligt).

II. Nicht verwirklicht ist auch der Tatbestand der **mittäterschaftlichen Schlägerei nach §§ 231, 25 II StGB**. Es fehlt hierfür am notwendigen Eintritt des Todes bzw. einer schweren Körperverletzung eines der beteiligten Opfer.

III. Gegeben sein könnte jedoch eine Strafbarkeit wegen **mittäterschaftlicher gefährlicher Körperverletzung nach §§ 223, 224, 25 II StGB**.

1. Tatbestandsmäßigkeit

a) Die zugefügten Verletzungen erfüllen ohne weiteres die Tatmodalitäten der körperlichen Misshandlung und der Gesundheitsschädigung nach § 223 I StGB.

b) Fraglich ist ob auch Qualifikationsmerkmale des § 224 StGB erfüllt sind.

aa) Dabei erfüllen die Tritte mit dem beschuhten Fuß zunächst zweifelsfrei den Tatbestand der gefährlichen Körperverletzung nach § 224 I Nr. 2 Alt. 2 StGB, da Tritte mit dem Schuh gegen den Körper und insbesondere gegen den Kopf des Opfers geeignet sind, erhebliche Verletzungen herbeizuführen.

bb) Darüber hinaus ist auch der Tatbestand der gemeinschaftlichen Körperverletzung nach § 224 I Nr. 4 StGB verwirklicht, da die Täter gemeinschaftlich (hier sogar als Mittäter im Sinne von § 25 II StGB) vor Ort handelten.

cc) Unklar ist allerdings, ob die Tritte gegen den Kopf auch eine konkret lebensgefährdende Behandlung nach § 224 I Nr. 5 StGB darstellten. Jedoch lässt die Rechtsprechung auch eine abstrakte Eignung zur Lebensgefährdung genügen. Diese kann bei Tritten mit dem beschuhten Fuß gegen den Kopf eines Opfers bejaht werden.

---

171 Mit Anm. *Hardtung*, NStZ 2014, 267; *Gaede*, ZIS 2014, 489; *Jäger*, JA 2013, 634 ff; *Jahn*, JuS 2013, 945; *Sternberg-Lieben*, JZ 2013, 953; *Zöller/Lorenz*, ZJS 2013, 429.

172 Mit Anm. *Satzger*, Jura JK 2015, 1138.

c) Auch ist Vorsatz hinsichtlich der Erfüllung von Grund- und Qualifikationstatbestand zu bejahen.

2. Rechtswidrigkeit

Fraglich ist jedoch, ob eine Rechtfertigung sämtlicher Körperverletzungen durch Einwilligung in Frage kommt, da alle Beteiligten und daher auch die Opfer mit der gewaltsamen Auseinandersetzung einverstanden waren.

a) Grundsätzlich ist der Einzelne über seine körperliche Integrität dispositionsbefugt, sodass prinzipiell auch in Körperverletzungshandlungen eingewilligt werden kann.

b) Eine Grenze bildet jedoch der Sittenverstoß nach § 228 StGB. Danach ist die Einwilligung unwirksam, wenn die Körperverletzung sittenwidrig ist.

Dabei hat der BGH im vorliegenden Fall festgestellt, dass in zeitlicher Hinsicht eine ex ante-Perspektive der Bewertung des Gefährlichkeitsgrades der Körperverletzungshandlung maßgeblich sei. Bei durch diese verursachter konkreter Todes- bzw. Lebensgefahr kann regelmäßig ein die Grenze der Sittenwidrigkeit überschreitendes Ausmaß der Gefährlichkeit für die Rechtsgüter Leib und Leben angenommen werden. Insoweit wiederholt der BGH noch einmal die Grundsätze, die er bereits in der sogenannten Sado-Maso-Entscheidung aufgestellt hat (näher hierzu Rn. 136a f.).

Daher ließe sich vorliegend jedenfalls hinsichtlich Körperverletzungshandlungen, die eine konkrete Todesgefahr mit sich gebracht haben, von einer Sittenwidrigkeit ausgehen. Nicht jedoch wäre dies der Fall, wenn die Schläge, insbesondere gegen den Kopf der Opfer, nur abstrakt geeignet waren, das Leben zu gefährden, wie dies etwa nach der Rechtsprechung bei § 224 I Nr. 5 StGB genügt.

Jedoch lässt der BGH diese Frage offen und bewertet sämtliche vorgenommenen Körperverletzungshandlungen als sittenwidrig, sofern sie eine Eskalationsgefahr in sich bergen. Bereits mit den verabredeten zugelassenen Körperverletzungen, zumindest in Gestalt der Fußtritte, ging nach Auffassung des BGH ein nicht unerhebliches Gefährlichkeitspotential einher. Es sei insoweit nicht ausgeschlossen gewesen, dass solche Fußtritte auch gegen den Kopf des oder der Kontrahenten geführt wurden und diese generell lebensgefährlich waren. Bedeutsamer als dieser ohnehin nicht geringe Gefährlichkeitsgrad, der von der Verabredung umfassten Körperverletzungshandlungen sei jedoch für die Beurteilung der Taten anhand von § 228 StGB das Fehlen jeglicher Absprachen und Vorkehrungen, die eine Eskalation der wechselseitigen Körperverletzungshandlungen und damit einhergehend eine beträchtliche Erhöhung der aus diesen resultierenden Rechtsgutsgefährlichkeit ausschließen. Insoweit sei vorliegend nicht ersichtlich, dass die Gruppen vor Beginn der Auseinandersetzung abgesprochen hätten, Körperverletzungen gegen bereits Geschlagene und deshalb nicht mehr zu effektiver Ab- oder Gegenwehr fähige Beteiligte auszuschließen. Ebenso wenig seien Absprachen und Sicherungen erkennbar gewesen, die Situationen ausschließen konnten, in denen sich eine unterschiedliche Anzahl von Kämpfenden aus den beiden Gruppen gegenübersteht und sich wegen der Mehrzahl von Kämpfern auf einer Seite das Risiko schwerwiegender Verletzungen für den oder die in Unterzahl befindlichen deutlich erhöht. Daher schließt der BGH insbesondere auch aus dem Schutzzweck des § 231 StGB,[173] dass sämtliche Körperverletzungshandlungen innerhalb von „ungeschützten" Massenschlägereien wegen der Eskalationsgefahr sittenwidrig seien.

Die von den Beteiligten vorgenommenen Körperverletzungshandlungen waren daher sittenwidrig, sodass eine Rechtfertigung durch Einwilligung nach § 228 StGB ausscheidet. Sonstige Rechtfertigungsgründe sind nicht ersichtlich.

3. Schuld

Auch sind keinerlei Anhaltspunkte für bestehende Schuldausschließungsgründe erkennbar.

173 So jetzt auch BGH NStZ 2015, 270 im Anschluss an *Jäger*, JA 2013, 634 ff.; krit. *Mitsch*, NJW 2015, 1545.

4. Ergebnis: Die Beteiligten haben sich wegen mittäterschaftlicher gefährlicher Körperverletzung nach §§ 223, 224 I Nr. 2 Alt. 2, Nr. 4 und Nr. 5 StGB strafbar gemacht.

Hinweis: *Der BGH hätte es sich vorliegend sicherlich einfacher machen können und schlicht auf die konkrete Gefährlichkeit der Fußtritte gegen den Kopf sowie die daraus resultierende Sittenwidrigkeit der Verletzungshandlungen abstellen können. Jedoch ist anzunehmen, dass der BGH weitergehend deutlich machen wollte, dass auch nicht konkret lebensgefährliche Körperverletzungshandlungen im Rahmen von Massenschlägereien grundsätzlich der Strafbarkeit unterliegen, weil sie prinzipiell nicht durch Einwilligung zu rechtfertigen sind, solange keinerlei Vorkehrungen gegen Eskalationen getroffen werden.*

Sonderprobleme: 136e

a) Anders als bei der rituellen Verstümmelung der äußeren Genitalien einer weiblichen Person (nunmehr geregelt in § 226a StGB[174]) kann bei der **Zirkumzision**, der Beschneidung der männlichen Vorhaut, einer Einwilligung der Eltern nicht unter Verweis auf § 228 StGB die grundsätzlich rechtfertigende Wirkung abgesprochen werden, da nach dem neu geschaffenen § 1631d BGB die Personensorge auch das Recht umfasst, in eine medizinisch nicht erforderliche Beschneidung des nicht einsichts- und urteilsfähigen männlichen Kindes einzuwilligen. Allerdings urteilte das LG Köln[175] vor Einführung des § 1631d BGB in einer vielbeachteten Entscheidung, dass bei einer ausschließlich religiös motivierten, an einem einwilligungsunfähigen Jungen ohne medizinische Indikation vorgenommenen Zirkumzision die Einwilligung der Eltern nicht rechtfertigend wirke. Weder schließe der Gesichtspunkt der Sozialadäquanz die Tatbestandsmäßigkeit aus,[176] noch rechtfertige das Sorgerecht der Eltern, das Grundrecht der Religionsfreiheit sowie das elterliche Erziehungsrecht Eingriffe in die körperliche Integrität, das Recht auf Unversehrtheit und Selbstbestimmung nach Art. 2 II S. 1 GG. Durch Einführung des § 1631d BGB mit Wirkung ab dem 28.12.2012 hat der Gesetzgeber klarzustellen versucht, dass die Zirkumzision vom Personensorgerecht der Eltern umfasst ist und unter gewissen weiteren Voraussetzungen (vor allem möglichst schmerzfreie Vornahme nach den Regeln der ärztlichen Kunst) straffrei sein soll.[177] In der Lit. wird allerdings zum Teil weiterhin die Verfassungswidrigkeit dieser Vorschrift wegen Verstoßes gegen Art. 2 GG reklamiert.[178] Dabei wird vor allem auf die Erheblichkeit des Eingriffs und auf die Möglichkeit der späteren freien Entscheidung

174 Zu Anpassungserfordernissen auch hinsichtlich Genitalverstümmelungen bei männlichen Opfern *Wolters*, GA 2014, 563 ff.

175 LG Köln NJW 2012, 2128; Zum Diskussionstand siehe u. a.: *Sonnekus*, JR 2016, 1 ff.; *Krüper*, ZJS 2012, 547 ff.; *Peglau*, juris-PR-StrafR 15/2012; *Herzberg*, MedR 2012, 169 ff.; *Krug*, FD-StrafR 2012, 334654; *Dettmeyer* u. a., Archiv für Kriminologie 227, 85 ff.; *Muckel*, JA 2012, 636; *Herzberg*, JZ 2009, 332 ff.; *Exner*, Sozialadäquanz im Strafrecht – Zur Knabenbeschneidung; *Valerius*, Kultur und Strafrecht, S. 147 ff.

176 A. A. *Hauck*, AnwKommentar, vor § 32, Rn. 29.

177 BT-Drs. 17/11295. Für die Möglichkeit einer Rechtfertigung auch *Beulke/Deißner*, ZIS 2012, 338 ff.; *Fateh-Moghadam*, RW 2010, 139 ff.; *Schramm*, in: Heil/Kramer (Hrsg.), Beschneidung: Das Zeichen des Bundes in der Kritik, 2012, S. 134 ff.; *Hörnle/Huster*, JZ 2013, 328 ff.

178 Vgl. etwa neuerdings wieder *Herzberg*, in: Franz (Hrsg.), Die Beschneidung von Jungen: Ein trauriges Vermächtnis, 2014, S. 267 ff.; *Putzke*, in: Franz (Hrsg.), Die Beschneidung von Jungen: Ein trauriges Vermächtnis, Göttingen 2014, S. 319 ff.; *Scheinfeld*, HRRS 2013, 268 ff. mit dem zusätzlichen Argument, dass dann auch die Beschneidung der Frau gerechtfertigt werden müsse; mir leuchtet dieser Vergleich allerdings wenig ein, da Eingriffsintensität und Gefährdungsfolgen regelmäßig gravierender sind. Wie hier im Ergebnis auch *Hörnle/Huster*, JZ 2013, 328 ff.

des Kindes hingewiesen. Daran ist richtig, dass § 1631d BGB nicht über dem Grundgesetz stehen kann. Jedoch wird bei der Behauptung eines Verstoßes gegen Art. 2 GG der Aspekt der religiös begründeten Gemeinschaftszugehörigkeit, deren Fehlen sich durchaus negativ auf das Wohl des Kindes auswirken kann, zu wenig berücksichtigt.

136f b) Neuerdings wird auch die Problematik der sog. **Masernpartys** intensiv diskutiert. Dies veranschaulicht folgendes

Beispiel: Eltern bringen ihren vierjährigen Sohn S mit dem an Masern erkrankten Kind K zusammen, um ihn durch eine Ansteckung zu immunisieren (Masernparty).[179] Masern zählt zu den ansteckendsten Krankheiten, wobei während des Krankheitsverlaufs diverse Komplikationen auftreten können, die auch zum Tod führen können.[180] Dagegen ist eine Masernimpfung meist unbedenklich.

Lösung: Die Eltern haben sich durch das Herbeiführen der Infektion des K nach §§ 223 I, 224 I Nr. 1 Alt. 2 StGB strafbar gemacht. Da jeder Maserninfektion das Risiko von Komplikationen und gefährlichen Sekundärinfektionen immanent ist, handelt es sich bei den durch einen Virus übertragenen Masern um einen gesundheitsschädlichen Stoff. § 224 I Nr. 5 StGB liegt zwar objektiv vor, da eine Infektion mit Masern bei entsprechenden Komplikationen zum Tode führen kann. Jedoch wird zum Teil angenommen, dass § 224 I Nr. 5 StGB am Vorsatz scheitere, da die Eltern ihrem Kind vorrangig helfen und zur Immunisierung das Leben ihres Kindes weder abstrakt noch konkret gefährden wollten.[181] Angesichts der Medienberichte über schwerwiegende Komplikationen (immerhin treten in ca. 30 % der Fälle Komplikationen auf) erscheint eine Ablehnung des Vorsatzes allerdings fragwürdig. Denn für den Vorsatz bezüglich § 224 I Nr. 5 genügt bereits, dass der Täter die Umstände kennt, aus denen sich die Gefährlichkeit ergibt. Dies wird man mittlerweile angesichts der öffentlichen Warnungen ohne weiteres annehmen können. Eine rechtfertigende Einwilligung des S liegt mangels Einwilligungsfähigkeit nicht vor. Eine Einwilligung der Eltern, die im Rahmen ihres elterlichen Sorgerechts vertretungsbefugt sind (vgl. §§ 1626, 1629 I BGB),[182] ist unwirksam, da es um unvertretbare Entscheidungen existentieller Art geht.[183] Mit einer Masernerkrankung geht die Gefahr des Todes einher, während die Masernimpfung kaum Risiken birgt. Zudem kann die Tat aufgrund der mit Folgewirkungen bzw. Komplikationen verbundenen Lebensgefahr bereits als sittenwidrig i. S. d. § 228 StGB eingeordnet werden.[184] Nicht ausgeschlossen ist aber, dass ein – i. d. R. vermeidbarer – Verbotsirrtum vorliegt, wenn den Eltern die Einsicht fehlt, Unrecht zu tun. Darüber hinaus kommt im Einzelfall – je nach Krankheitsverlauf – eine schwere Körperverletzung nach § 226 StGB in Betracht.[185] Im Falle des Todes des S ist auch an § 227 StGB zu denken. Eine Strafbarkeit wegen Misshandlung von Schutzbefohlenen gem. § 225 StGB wird regelmäßig ausscheiden. Eine böswillige Vernachlässigung der Fürsorgepflicht der Eltern wird an dem Merkmal der Böswilligkeit scheitern, weil die Eltern meist davon ausgehen, die auf diesem Weg herbeigeführte Immunisierung sei die schonendere Alternative. Die Tathandlung des Quälens könnte zumindest dann einschlägig sein, wenn während einer Erkrankung trotz beständiger Symptome kein Arzt konsultiert wird, um diese zu mildern.[186]

---

179 Zur Problematik der Masernpartys auch *Esser/Beckert*, JA 2012, 590; *Roth*, Die Strafbarkeit von Masernpartys; *Wedlich*, ZJS 2013, 559.

180 Zu den Möglichkeiten des Verlaufs der Masernerkrankung *Wedlich*, ZJS 2013, 559 ff.

181 So i. E. *Roth*, Die Strafbarkeit von Masernpartys, S. 78 f.; ebenso *Ellbogen*, medstra 2016, 273 ff.

182 *Esser/Beckert*, JA 2012, 593 bevorzugen einen eigenständigen Rechtfertigungsgrund des Erziehungs- und Sorgerechts der Eltern.

183 *Esser/Becker*, JA 2012, 593 im Anschluss an *Roxin*, AT/I, § 13, Rn. 93; dagegen stuft *Ellbogen*, medstra 2016, 276, die Entscheidung der Eltern als durch das Sorgerecht gedeckt ein.

184 Vgl. hier auch *Esser/Beckert*, JA 2012, 592 m. w. N.

185 Zu den Möglichkeiten einer schweren Körperverletzung *Wedlich*, ZJS 2013, 561.

186 Vgl. hierzu *Wedlich*, ZJS 2013, 562.

2. Zeitpunkt der Einwilligung

Die Einwilligung muss vor der Tat erteilt worden sein (für den ärztlichen Heileingriff ergibt sich dies zusätzlich aus § 630d I S. 1 BGB, der in der Klausur bei medizinischen Eingriffen genannt werden sollte!) und zum Zeitpunkt des Rechtsgutseingriffs noch fortbestehen. Die Einwilligung kann dabei ausdrücklich oder konkludent erteilt werden.[187] Die nachträgliche Genehmigung genügt jedenfalls nicht.[188] **137**

3. Freiheit und Ernstlichkeit der Einwilligung

Die Einwilligung muss frei und ernstlich erklärt worden sein. Sie ist daher unwirksam, wenn sie durch Täuschung, Drohung[189] oder Gewalt erlangt worden ist oder auf einem Erklärungs- oder Inhaltsirrtum beruht. Ein Motivirrtum macht die Einwilligung nach h. M. jedoch nicht unwirksam. „Frei" bedeutet hier also: ohne Willensmängel. **138**

Die Rspr. hat keine greifbaren Kriterien zur Abgrenzung von beachtlichem Irrtum und bloßem Motivirrtum herausgearbeitet und entscheidet je nach Einzelfall.

Nach einer von *Arzt* entwickelten Lehre soll die Einwilligung nur unfrei sein, wenn der Irrtum des Täters rechtsgutsbezogenen Charakter hat, d. h. wenn der Einwilligende über Art, Ausmaß und Gefährlichkeit der Rechtsgutsbeeinträchtigung irrt. Dies dürfte der heute h. A. entsprechen und spielt vor allem auch für die Aufklärungspflichten des Arztes eine Rolle.

Der BGH geht davon aus, dass der Patient über Art, Umfang, Gefahren, Folgen und Ziele des Eingriffs aufgeklärt sein muss.[190] Dies ergibt sich nunmehr im Wesentlichen auch aus § 630e BGB. **139**

Beispiel 1: Arzt A veranlasst den B unter der Vorspiegelung einer Entgeltzahlung zu einer Blutspende.

Hier unterliegt B hinsichtlich der Körperverletzung (Stich mit der Nadel!) keinem rechtsgutsbezogenem Irrtum, sodass § 223 StGB durch die Einwilligung des B gerechtfertigt ist. In Frage kommt daher allenfalls ein Betrug nach § 263 StGB, sofern man der Blutspende einen Vermögenswert beimisst. Dafür spricht, dass die Blutspende gewöhnlich gegen Zahlung eines Entgelts erfolgt und daher durchaus einen wirtschaftlichen Wert hat.

Die Gegenauffassung, die grundsätzlich jeden Motivirrtum als freiheitsausschließend erachtet[191] und daher auch hier eine rechtfertigende Einwilligung in die Körperverletzung ablehnt, übersieht, dass die Bestimmung der Autonomie in einem funktionalen Strafrechtssystem jeweils rechtsgutsbezogen zu erfolgen hat. Anderenfalls könnte schon der unzutreffende Hinweis, dass auch der Nachbar Blut gespendet habe, zu einem Autonomieausschluss bei der Einwilligung in die Körperverletzung führen, obwohl derartige Motive nicht unmittelbar mit dem Eingriff verbunden sind.

Beispiel 2: Arzt A nimmt eine Operation bei B vor und klärt ihn nicht darüber auf, dass diese zum Verlust seines Beines führen kann (fehlende Risikoaufklärung).

Hier hat sich B über den Umfang des rechtsgutsbezogenen Eingriffs geirrt.

---

187 Vgl. dazu *Otto*, AT, § 8, Rn. 108.
188 BGHSt 17, 359.
189 *Amelung*, NStZ 2006, 317 verlangt „Freiheit von sozialen Zwängen".
190 BGHSt 12, 379.
191 *Otto*, Geerds-FS, 1995, S. 615 ff.; *M. Heinrich*, Rechtsgutszugriff, 2002, 333 f.

Der BGH bezieht darüber hinaus wohl zu Recht auch eine Aufklärung über das Ziel der Behandlung mit in die Aufklärungspflicht ein, etwa ob eine Maßnahme nur statistischen oder auch therapeutischen Charakter hat. Daher soll die Einwilligung etwa auch dann unwirksam sein, wenn bei einem Patienten unter der Vorspiegelung, bestimmte Blutwerte messen zu wollen, heimlich ein HIV-Test (etwa zu Selbstschutzzwecken) vorgenommen wird, es sei denn der Test dient der kunstgerechten Diagnose und Therapie (str.).

Beispiel 3: Arzt A bringt B dazu, dass er eine Niere für den Millionär M spendet, indem er ihm vorspiegelt, dass M ihn reichlich dafür belohnen werde. Tatsächlich weiß A aber, dass M ein Geizhals ist, der niemals zahlen würde.

Wenn B hier eine Niere spendet, um an das Geld zu kommen, so unterliegt er im Hinblick auf §§ 223, 224 StGB keinem rechtsgutsbezogenen Irrtum, sondern nur einem Irrtum über die Gegenleistung, weil er genau weiß, was er verliert. Denkbar wäre allenfalls eine Bestrafung nach § 263 StGB, sofern man der Spende einer Niere Vermögenswert beimisst (das ist freilich vorliegend deshalb problematisch, weil die geschilderte Entnahme gegen das Transplantationsgesetz verstößt, sodass zumindest nach der juristisch-ökonomischen Schadenstheorie ein Betrugsschaden verneint werden könnte).

Beispiel 4: Arzt A bringt die M dazu, eine Niere für ihre Tochter T zu spenden, indem er der M vorspiegelt, T sei nierenkrank. In Wahrheit braucht er die Niere für seinen eigenen Sohn.

Hier liegt zwar kein rechtsgutsbezogener Irrtum vor, aber die Unwirksamkeit der Einwilligung ergibt sich bereits daraus, dass der Mutter hier eine Notstandslage i. S. v. § 35 StGB vorgespiegelt wird.

Schwieriger wird die Lösung freilich, wenn Arzt A dem B vorspiegelt, er könne durch eine Nierenspende seinen (Bs) Nachbarn N retten, während A die Niere in Wahrheit für seinen Sohn S benötigt. Wenn B in diesem Fall die Niere spendet, kann § 35 StGB zur Begründung des Freiwilligkeitausschlusses nicht mehr herangezogen werden, da es sich bei N nicht um eine nahestehende Person im Sinne dieser Vorschrift handelt. Freilich erscheint es seltsam, in einem solchen Fall §§ 223, 224 StGB aufgrund der Einwilligung des B in die Operation zu rechtfertigen. *Roxin* will deshalb im Falle von altruistisch motivierten Einwilligungen – wie hier – die Wirksamkeit stets ausschließen, wenn die konkrete altruistische Zweckerreichung vorgespiegelt wurde.[192] Der BGH, der ohnehin auch die Verfehlung des rechtsgutsverletzenden Zwecks als autonomieausschließend erachtet, kann hier wohl ohne Weiteres die Wirksamkeit der Einwilligung ausschließen.

Mit der interessanten Frage, inwieweit ein Arzt dazu verpflichtet ist, bereits bei einer Erstoperation auf Komplikationen und Anwendungsmethoden einer möglicherweise notwendig werdenden Nachoperation hinzuweisen, beschäftigt sich ein aus der jüngeren Rechtsprechung des BGH stammender

139a **Fall 25:** Im Zuge einer Darmspiegelung wurden bei einer achtzigjährigen Patientin Darmpolypen festgestellt, wegen deren die behandelnden Ärzte zur Operation rieten. Nach anfänglicher Abneigung stimmte die Patientin der Operation nach ordnungsgemäßer Aufklärung über ihren Anlass und Sinn sowie über die mit der beabsichtigten Entfernung eines Teils des Dickdarms verbundenen Risiken zu. Eine Aufklärung darüber, dass der Chefarzt der Chirurgischen Abteilung, der die Operation vornahm, im Falle schwerwiegender nachträglich auftretender Wundheilungsstörungen zusätzlich zum Einsatz von Antibiotika unsteril in der Krankenhausküche gepressten Zitronensaft verwendete, erfolgte nicht. Die Erstoperation wurde kunstgerecht ausgeführt. Wenige Tage später traten

192 *Roxin*, AT/I, § 13, Rn. 104.

tatsächlich Wundheilungsstörungen auf, durch die eine Nachoperation erforderlich wurde. Im Rahmen der im Übrigen ordnungsgemäß erfolgten Aufklärung der Patientin vor der Nachoperation wurde auf die mögliche Verwendung von Zitronensaft nicht hingewiesen. Im Verlauf der sonst fachgerecht ausgeführten Nachoperation legte der Chefarzt A in die Wunde einen mit Zitronensaft getränkten Streifen ein und vernähte die Wunde. Auch beim Wechseln des Verbandes wurde in den Folgetagen Zitronensaft eingesetzt. In der Folge verschlechterte sich der Zustand und die Patientin verstarb an einem septischen Herz-Kreislauf-Versagen. Dabei konnte der Sachverständige später feststellen, dass die Einbringung des nicht steril gewonnenen Zitronensaftes sich nicht auswirkte und für den Tod der Patientin daher nicht ursächlich war. Strafbarkeit des A? (**Zitronensaft-Fall** nach BGH NStZ 2011, 343[193])

Lösung: 139b

A. Strafbarkeit bezüglich der Erstoperation

I. In Betracht kommt hier zunächst eine Strafbarkeit wegen **Körperverletzung mit Todesfolge nach §§ 223, 227 StGB**.

Hinweis: *Grundsätzlich empfiehlt sich immer eine getrennte Prüfung von Grunddelikt und Qualifikationstatbestand. Wenn jedoch, wie sich hier zeigen wird, § 227 StGB abgelehnt wird, ist eine gemeinsame Prüfung ratsam, da man nach Verneinung des § 223 StGB sinnvoll nicht mehr zu einer Erörterung des § 227 StGB kommen kann.*

1. Voraussetzung dafür wäre zunächst die Verwirklichung des Grundtatbestands der Körperverletzung nach § 223 StGB. Ob der ärztliche Heileingriff den Tatbestand der Körperverletzung erfüllt, ist dabei umstritten.

a) Die herrschende Lehre sieht den lege artis durchgeführten Heileingriff entweder grundsätzlich nicht als Körperverletzung an oder jedenfalls dann nicht, wenn der Eingriff erfolgreich verlaufen ist.[194] Lediglich kosmetische Operationen sind danach tatbestandsmäßige Körperverletzungen, da sie nicht als Heilbehandlung verstanden werden können.

b) Dagegen stellen ärztliche Heileingriffe nach Ansicht der Rechtsprechung stets eine körperliche Misshandlung nach 223 StGB dar, die nur gerechtfertigt werden kann, wobei neben der Einwilligung (§ 630d I S. 1 BGB) auch eine mutmaßliche Einwilligung (§ 630d I S. 4 BGB) oder ein rechtfertigender Notstand in Frage kommen.[195]

c) Stellungnahme: Immerhin ist der Rechtsprechung zuzugeben, dass eine Verneinung der Tatbestandsmäßigkeit des ärztlichen Heileingriffs dazu führt, dass zu Unrecht bei eigenmächtigen Heileingriffen eine Tatbestandsmäßigkeit nach § 223 StGB verneint werden müsste. Insofern ist es gerechtfertigt, den Heileingriff als solchen als tatbestandsmäßig anzusehen. Für dieses Ergebnis streitet nunmehr auch der durch das Patientenrechtegesetz eingeführte § 630d BGB, der die Erlaubnis für ärztliches Handeln an die Einwilligung des Patienten knüpft.

2. Durch die erste Operation wurden auch die Wundheilungsstörungen, in deren Folge ein Herz-Kreislauf-Versagen eintrat, verursacht, sodass das Handeln des A für den Tod der Patientin kausal geworden ist.

3. Der Fahrlässigkeitsvorwurf liegt bereits in der Verwirklichung des Grunddelikts begründet und war angesichts der Schwere der Operation auch vorhersehbar.

4. Darüber hinaus ist auch das Vorliegen eines gefahrspezifischen Zusammenhangs zwischen Grunddelikt und schwerer Folge zu bejahen, da Wundheilungsstörungen in Folge von Dickdarmoperationen einem üblichen Risiko entsprechen.

---

193 Mit Anm. *Schiemann*, NJW 2011, 1046 und *Hardtung*, NStZ 2011, 635 ff. sowie Bspr. *Widmaier*, Roxin-FS II, 2011, S. 439 ff.

194 Dazu näher *Arzt/Weber/Heinrich/Hilgendorf*, § 6, Rn. 96 ff.

195 Vgl. etwa BGHSt 11, 111; 43, 308.

5. Zu prüfen ist allerdings, ob die Erstoperation durch Einwilligung gerechtfertigt war, was zu einem Ausschluss einer Strafbarkeit nach § 227 StGB (der ja auf § 223 StGB aufbaut) führen würde.
Voraussetzung hierfür wäre, dass der Patient im Großen und Ganzen über die Chancen und Risiken der Behandlung aufgeklärt und ihm ein zutreffender Eindruck von der Schwere des Eingriffs und von der Art der Belastungen vermittelt wird, die für seine körperliche Integrität und seine Lebensführung auf ihn zukommen können (vgl. auch § 630e BGB). Grundsätzlich muss eine solche Grundaufklärung einen Hinweis auf das schwerste, möglicherweise in Betracht kommende Risiko enthalten.[196] Zu dieser Grundaufklärung gehört auch der Hinweis auf möglicherweise erforderliche Folgebehandlungen.
Nicht hierher gehört jedoch nach Auffassung des BGH die Aufklärung über die bei einer unter Umständen erforderlich werdenden Nachoperation angewendeten Außenseitermethoden (hier: Verwendung von unsterilem Zitronensaft), denn der Erstoperation haftete spezifisch ausschließlich die Gefahr des Eintritts einer Wundinfektion an. Vielmehr entsteht das weitere Risiko einer Folgebehandlung erst bei einer tatsächlich eintretenden Wundinfektion. Daher genüge eine Aufklärung der Patienten über die dann eingesetzten Behandlungsmethoden im Rahmen des Aufklärungsgesprächs zur Nachoperation.

6. Ergebnis: A hat sich nicht wegen Körperverletzung mit Todesfolge nach §§ 223, 227 StGB in Bezug auf die Erstoperation strafbar gemacht, da die Patientin wirksam in die Körperverletzung eingewilligt hat.

II. In gleicher Weise scheidet eine Strafbarkeit wegen **gefährlicher Körperverletzung nach §§ 223, 224 StGB** aus. Es fehlt hier bereits an der Rechtswidrigkeit des verwirklichten Grundtatbestandes. Die Ausführungen unter I. gelten hier entsprechend.

III. Auch eine Strafbarkeit wegen **fahrlässiger Tötung nach § 222 StGB** scheidet auf der Grundlage der Erstoperation aus. Nach den Sachverhaltsangaben erfolgte die Ausführung der Erstoperation kunstgerecht, sodass bereits eine Sorgfaltspflichtwidrigkeit des A nicht erkennbar ist.

B. Strafbarkeit in Bezug auf die Nachoperation

I. In Betracht kommt auch hier wieder eine Strafbarkeit wegen **Körperverletzung mit Todesfolge nach §§ 223, 227 StGB**, nunmehr mit Blick auf die Verwendung der Außenseitermethode (Einsatz von unsterilem Zitronensaft).

1. Zwar stellt auch die Nachoperation grundsätzlich eine tatbestandliche Körperverletzung dar (vgl. dazu bereits oben A. I.).

2. Jedoch fehlt es bereits an der notwendigen Kausalität zwischen Grunddeliktsverwirklichung und tödlichem Erfolg. Nach dem Sachverständigengutachten wirkte sich die Einbringung des nicht steril gewonnenen Zitronensafts nicht aus und war daher nicht ursächlich für den Tod der Patientin. Es ist also davon auszugehen, dass die ohnehin bakteriell entzündete Wunde durch einige zusätzliche Keime aus dem Zitronensaft nicht zusätzlich verschlimmert wurde.[197]

II. In Betracht kommt daher lediglich eine Strafbarkeit wegen **gefährlicher Körperverletzung nach §§ 223, 224 I StGB**.

1. Dass der Heileingriff den objektiven Tatbestand der Körperverletzung verwirklicht, wurde bereits oben ausführlich erörtert.

2. Fraglich ist jedoch, ob auch der Qualifikationstatbestand des § 224 StGB erfüllt ist.

a) Denkbar ist insoweit eine Anwendung des § 224 I Nr. 1 Alt. 2 StGB (Beibringen von anderen gesundheitsschädlichen Stoffen in Form von Keimen). Indessen ist zu beachten,

196 Vgl. hierzu *Widmaier*, Roxin-FS II, 2011, S. 441.
197 Dazu *Widmaier*, Roxin-FS II, 2011, S. 442.

dass das Auftragen des Zitronensafts vorliegend offenbar ungefährlich war, sodass die Körperverletzung nicht „durch" das Auftragen des Zitronensafts erfolgte.

b) Auch ist die Verwendung eines gefährlichen Werkzeugs nach § 224 I Nr. 2 Alt. 2 StGB abzulehnen. Der Zitronensaft war nach der konkreten Art der Anwendung nicht geeignet, erhebliche Verletzungen herbeizuführen, wie der Sachverständige feststellte. Auch begründet die Verwendung des Skalpells bei der Nachoperation nicht den Qualifikationstatbestand des § 224 I Nr. 2 StGB, da es sich bei dem Operationsbesteck des Arztes nicht um ein Angriffs- oder Verteidigungsmittel i. S. d. Vorschrift handelt.[198]

c) Denkbar ist jedoch das Vorliegen einer das Leben gefährdenden Behandlung nach § 224 I Nr. 5 StGB. Umstritten ist hier, ob § 224 I Nr. 5 StGB eine konkrete oder nur eine abstrakte Lebensgefahr voraussetzt. Fordert man mit einem großen Teil der Literatur eine konkrete Gefahr, so wird man hier eine das Leben gefährdende Behandlung verneinen müssen, da der Sachverständige gerade davon ausgegangen ist, dass sich das Aufbringen des Zitronensafts nicht negativ ausgewirkt hat. Lässt man dagegen mit der Rechtsprechung und einem Teil der Literatur bereits eine abstrakte Lebensgefahr genügen, so wird man das Auftragen von unsteril gewonnenem Zitronensaft auf eine bakterielle und eiternde Wunde als lebensgefährdende Behandlung in diesem Sinne betrachten können.

3. Auch der subjektive Tatbestand des § 224 StGB ist erfüllt. Hierfür genügt es, dass der Täter die Umstände kennt, aus denen sich die Lebensgefährlichkeit des verwendeten Mittels ergibt. Es reicht daher hin, dass A wusste, dass er den Zitronensaft unsteril gewonnen hat. Dagegen ist ein Bewusstsein hinsichtlich der abstrakten Lebensgefährlichkeit als solcher nicht erforderlich.

4. Dabei handelte A auch rechtswidrig, da die Einwilligung der Patientin im Hinblick auf den Einsatz von Außenseitermethoden im Zuge der Nachoperation mangels diesbezüglicher Aufklärung unwirksam war (vgl. auch § 630e BGB).

5. Auch sind Schuldausschließungsgründe nicht ersichtlich.

6. Ergebnis: A hat sich durch die Nachoperation wegen gefährlicher Körperverletzung nach §§ 223, 224 I Nr. 5 StGB strafbar gemacht.

4. Einsichtsfähigkeit des Einwilligenden

Der Einwilligende muss einsichtsfähig sein, d. h. er muss nach seiner geistigen und sittlichen Reife im Stande sein, die Tragweite seiner Entscheidung zu erkennen und zu beurteilen. Berühmt geworden ist hier folgendes 140

Beispiel: Die B litt an ständigen intensiven Kopfschmerzen. Sie bestand auf die Entfernung ihrer Zähne, obwohl die ärztliche Untersuchung keinen Zusammenhang ergeben und Zahnarzt A ihr deshalb mehrmals abgeraten hatte. A zog der B schließlich auf deren wiederholtes Drängen hin insgesamt 16 Zähne, darunter auch unplombierte, ohne dass es zu einer Besserung der Kopfschmerzen kam. Die B hatte eigentlich nur die Plombierten gemeint und trug in der Folge Zahnprothesen. (**Zahnextraktions-Fall** nach BGH NJW 1978, 1206) 141

Lösung: A hat sich richtigerweise hinsichtlich der plombierten Zähne nicht wegen Körperverletzung nach § 223 I StGB strafbar gemacht. Der objektive und subjektive Tatbestand ist zwar erfüllt, jedoch ist A durch eine wirksame Einwilligung gerechtfertigt. Der BGH lehnte hier dagegen eine wirksame Einwilligung ab, da es der B an der erforderlichen Urteilskraft fehlte, weil sie trotz wiederholter Versicherungen des A „im laienhaften Unverstand beharrlich an der von ihr selbst gestellten Diagnose festhielt." In der Lit. ist diese Auffassung zu Recht auf Ablehnung gestoßen, da für eine verminderte Zurechnungsfähigkeit nichts ersichtlich war und die Unver- 142

198 Vgl. dazu bereits BGH NJW 1978, 1206.

nünftigkeit der Einwilligung allein keinen Zurechnungsausschluss bewirken kann, solange die Patientin hinreichend aufgeklärt war.[199] Die Extraktion der plombierten Zähne war daher durch eine wirksame Einwilligung der Patientin gerechtfertigt. A hat sich hinsichtlich der nicht plombierten Zähne ebenfalls nicht wegen einer vorsätzlichen Körperverletzung nach § 223 StGB strafbar gemacht. Die grundsätzlich wirksam erteilte Einwilligung (jedenfalls nach Auffassung der Lit.) der B bezog sich zwar tatsächlich jedenfalls nicht auf die unplombierten Zähne. A nahm diesbezüglich daher nur irrtümlich das Vorliegen einer wirksamen Einwilligung an. Diese Fehlvorstellung lag nicht im rechtlichen, sondern im tatsächlichen Bereich. Damit lag ein Erlaubnistatbestandsirrtum vor, der nach h. M. analog § 16 StGB zu behandeln ist (Einzelheiten hierzu und zu den an dieser Stelle erforderlichen Ausführungen im Detail u. Rn. 212 ff.). Es scheidet daher eine Bestrafung aus dem Vorsatzdelikt aus und kann allenfalls eine Strafbarkeit wegen fahrlässiger Körperverletzung gegeben sein. A ist daher strafbar wegen fahrlässiger Körperverletzung hinsichtlich der unplombierten Zähne (folgt man dem BGH, so ist eine vorsätzliche Körperverletzung hinsichtlich sämtlicher Zähne zu bejahen).

5. Subjektives Merkmal

143 Kenntnis des Täters von der Einwilligung: Fehlt die Kenntnis des Täters von der Einwilligung, so gilt für die Rechtsfolge das bei der Notwehr zum Verteidigungswillen Gesagte entsprechend.

Abschlusshinweis: *Die Einwilligung in die bloße Gefährdung wird von der Lit. v. a. im Bereich der fahrlässigen Körperverletzung und der fahrlässigen Tötung häufig schon als Zurechnungsausschließungsgrund im Rahmen sog. einverständlicher Fremdgefährdung angesehen, während die Rspr. auch hier vielfach auf die von ihr auf Rechtfertigungsebene angesiedelte Einwilligung zurückgreift (s. bereits Rn. 136b a. E.). Dies geschieht wohl häufig auch deshalb, weil die Rspr. über §§ 216, 228 StGB Grenzen setzen will. Das veranschaulicht noch einmal der folgende Fall:*

144 **Beispiel:** Die Jugendlichen A, B und C hatten sich als Freizeitspaß ausgedacht, mit dem Pkw des C nachts auf geteerten landwirtschaftlichen Feldwegen sog. Auto-Surfen zu betreiben. Sie surften, indem immer einer fuhr und die anderen beiden oben auf dem Dach lagen und sich bei geöffnetem Fenster an den Türholmen festhielten. Dabei wechselten sie sich nacheinander ab und erhöhten die Geschwindigkeit von Mal zu Mal mehr. Alle waren sich bewusst, dass sie sich großen Gefahren aussetzten. Als A wieder mit dem Fahren an der Reihe war und den Wagen nun schon mit einer Geschwindigkeit von 80 km/h durch eine leichte Rechtskurve fuhr, entwickelte sich eine so starke Fliehkraft nach links, dass B sich oben auf dem Wagen nicht mehr halten konnte und vom Wagen in einen Graben geschleudert wurde. B erlitt ein Schädel-Hirn-Trauma, das zu spastischen Lähmungen und dauerhafter schwerer geistiger Behinderung führte. Wie hat sich A strafbar gemacht? (**Autosurfer-Fall** nach OLG Düsseldorf NStZ-RR 1997, 325)[200]

145 **Lösung:** Eine vorsätzliche Gefährdung des Straßenverkehrs nach § 315c I StGB scheidet aus, da keiner der dort genannten Verstöße vorliegt. Ein vorsätzlicher gefährlicher Eingriff in den Straßenverkehr nach § 315b I Nr. 3 StGB scheitert mangels Absicht des A, durch sein Handeln in die Sicherheit des Straßenverkehrs einzugreifen. Vorliegend hat A den Pkw zwar zweckentfremdet und nicht mehr als Verkehrsmittel, sondern als Mittel der Unterhaltung missbraucht. Das geschah jedoch nach Ansicht des OLG Düsseldorf nicht, um absichtlich verkehrsfremd auf den Straßenverkehr einzuwirken, weil die Jugendlichen bewusst nachts verkehrsfreie Wege gewählt hatten. Im Übrigen fehlt es aber auch an einer konkreten Gefährdung eines „anderen", da

199 Vgl. dazu *Otto*, AT, § 8, Rn. 116; *Roxin*, Höchstrichterliche Rspr. zum AT, Fall 29, S. 172.
200 Dazu auch *Puppe*, AT/1, S. 154 ff.

§ 315b StGB nicht den Teilnehmer des gefährlichen Eingriffs schützt (B war insoweit Teilnehmer, weil das Unternehmen ja erst dadurch gefährlich wurde, dass er sich zusammen mit C auf das Dach legte!). E hat sich jedoch wegen fahrlässiger Körperverletzung gem. § 229 StGB strafbar gemacht. Eine Unterbrechung des Zurechnungszusammenhangs durch freiverantwortliche Selbstgefährdung des B liegt nicht vor, denn der Fahrzeugführer A beherrschte das Geschehen (B hatte auf den Verlauf der Fahrt keinen Einfluss). Das OLG Düsseldorf geht daher von einer einverständlichen Fremdgefährdung aus und wendet diesbezüglich die Grundsätze der rechtfertigenden Einwilligung an.[201] Zwar habe B nicht in die konkrete Verletzung eingewilligt, er sei sich aber laut Sachverhalt der Gefahren bewusst gewesen. Dem OLG zufolge genügt es aber, wenn der Verletzte in Kenntnis der besonderen Gefahr in die Vornahme der an sich sorgfaltswidrigen Handlung und damit in die Gefährdung einwilligt. (**Hinweis:** *In der Lit. wird dies mit der Begründung bestritten, dass man nur in eine Körperverletzung einwilligen könne und zu ihr gehöre nun einmal auch der Erfolg. Jedoch wird man dies mit der Rechtsprechung bestreiten müssen, weil es gerade beim Fahrlässigkeitsdelikt genügt, wenn sich die Einwilligung auf das Handlungsunrecht bezieht. Denn beim Fahrlässigkeitsdelikt ist es für Täter und Opfer typisch, dass aus der gewollten gefährlichen Handlung der nicht gewollte Erfolg resultiert;*[202] *vgl. dazu bereits näher oben Rn. 51!).* Die Tatsache, dass A 80 km/h fuhr, bedeutet laut OLG Düsseldorf keinen Einwilligungsexzess, da die Steigerung des Risikos von allen Beteiligten gewollt war. Allerdings verstößt die Einwilligung gem. § 228 StGB gegen die guten Sitten. Nach Auffassung der Rspr.[203] gilt § 228 StGB dabei trotz seiner systematischen Stellung auch für fahrlässige Körperverletzungen. Maßgeblich ist insoweit das Anstandsgefühl aller billig und gerecht Denkenden, wobei neben Art und Umfang der Körperverletzung auch ihr Zweck in die Betrachtung einzubeziehen ist. Das OLG Düsseldorf nimmt unter Abwägung von Risiko und Tatzweck – hier lediglich ein Unterhaltungszweck – im vorliegenden Fall eine Sittenwidrigkeit der Körperverletzung an. Das Verhalten des A und seiner Kameraden von einem Teil der Gleichaltrigen als zeitgemäße Form der Freizeitgestaltung angesehen wird, spiele demgegenüber keine Rolle (freilich lässt sich dies auch bestreiten, weil die Freizeitgestaltung der Jugendlichen heutzutage eine andere Qualität aufweist, als dies früher der Fall war).

Hinweis: *Die Lit. wendet sich z. T. gegen eine Anwendung des § 228 StGB im Bereich der fahrlässigen Körperverletzung und schlägt eine Verneinung der objektiven Zurechnung kraft einverständlicher Fremdgefährdung vor, was dann bereits zu einem Ausschluss der Tatbestandsmäßigkeit führen würde (vgl. bereits o. den Hinw. a. E. von Rn. 136b!).*

Besonderes Aufsehen hat auch ein vom BGH entschiedener Fall erregt, der ein tödlich verlaufenes Autorennen betraf. Dazu folgender

Fall 26: Der Fahrer A eines für Rennzwecke getunten Golfs und der Fahrer B eines Porsches wollten auf der Autobahn einen sog. Beschleunigungstest veranstalten. Im Golf des A saß Beifahrer C. Im Porsche des B saß Beifahrer D, der das Rennen filmte. Alle Beteiligten hatten bereits vielfach derartige Rennen durchgeführt. Dabei gingen A und B so vor, dass sie zunächst durch Herunterbremsen auf 80 km/h einen künstlichen Stau auslösten. Sodann zählten C und D mit den Fingern herunter und gaben auf diese Weise das Startzeichen. Schon nach kurzer Zeit erreichten A und B einen Straßenabschnitt, bei dem nur 120 km/h erlaubt waren, während der Golf bereits 213 km/h und der Porsche 210 km/h fuhren. Beide Fahrer behielten die Geschwindigkeit bei, obwohl vor ihnen der ca. 100 km/h fahrende Opel des Fahrers O auftauchte. O sah im Rückspiegel die rasch herankommenden Autos von A und B und fuhr deshalb möglichst weit rechts (ein Standstreifen war **145a**

201 Zust. jetzt auch *Walter*, NStZ 2013, 673 ff.
202 Näher *Jäger*, FS Schünemann, 2014, S. 431 ff. m. w. N. aus Rechtsprechung und Literatur.
203 BGHSt 17, 359.

nicht vorhanden). A und B, die zwischenzeitlich zueinander aufgeschlossen hatten, überholten nun bei über 240 km/h das Fahrzeug des O, wobei zwischen Golf und Porsche nur noch ein Abstand von ca. 30 cm lag. A geriet während dieses Überholvorgangs auf den Grünstreifen zwischen Asphalt und Mittelleitplanke. Bei dem Versuch, das Fahrzeug wieder auf die Fahrbahn zurückzulenken, geriet er ins Schleudern und überschlug sich. A und C, die nicht angegurtet waren, wurden aus dem Wagen geschleudert, wobei A verletzt und C getötet wurde. Wie haben sich A, B und D strafbar gemacht? (**Beschleunigungstest-Fall** nach BGH NJW 2009, 1155[204]).

145b **Lösung:**

A. Tatkomplex 1: Verursachen des Staus

I. Strafbarkeit von A und B

1. Nötigung der im Stau stehenden anderen Verkehrsteilnehmer, §§ 240 I, II, 25 II StGB

a) Anders als in den Fällen der Sitzblockade[205] ist hier unproblematisch tatbestandlich Gewalt (bereits gegenüber der ersten Staureihe) als Tatmittel zu bejahen. Ziel der Nötigung war es dabei, dass die anderen Verkehrsteilnehmer abbremsen müssen und es deshalb zu einem Stau kommt.

b) A und B hatten zudem einen gemeinsamen Tatplan und handelten auch gemeinschaftlich bei der Stauverursachung.[206]

c) Genau dies war von A und B beabsichtigt.

d) Rechtswidrigkeit (unter Berücksichtigung von Abs. 2) sowie Schuld liegen vor.

e) Ergebnis: A und B haben sich wegen Nötigung nach §§ 240 I, II, 25 II StGB strafbar gemacht.

2. Fraglich ist, ob auch eine **Strafbarkeit wegen gefährlichen Eingriffs in den Straßenverkehr nach §§ 315b I Nr. 2, 25 II StGB** in Betracht kommt. Grundsätzlich fallen darunter nur verkehrsfremde Eingriffe von außen. Allerdings könnten A und B durch das absichtliche Verursachen des Staus den Straßenverkehr zweckentfremdet und damit ein Hindernis i. S. der Nr. 2 bereitet haben (sog. Pervertierung des Straßenverkehrs).[207] Jedoch fordert der BGH in Fällen der Pervetierung des Straßenverkehrs mindestens bedingten Schädigungsvorsatz.[208] Dieser liegt jedoch offensichtlich nicht vor. Somit scheidet eine Strafbarkeit nach §§ 315b I Nr. 2, 25 II StGB aus.

II. Strafbarkeit des D

Das bloße Filmen des D stellt noch keine strafbare Beihilfehandlung zur Nötigung nach §§ 240 I, II, 27 StGB dar, da ein Einfluss auf die Haupttat nicht erkennbar ist (a. A. vertretbar).

B. Tatkomplex 2: Das Rennen

I. Strafbarkeit des A

1. In Betracht kommt eine Strafbarkeit wegen **fahrlässiger Tötung nach § 222 StGB**.

a) Durch die Fahrt mit zu hoher Geschwindigkeit hat A den Tod des C verursacht.

b) Durch die Missachtung der Geschwindigkeitsvorschrift (vgl. §§ 29 I, 41 II Nr. 7 StVO) hat A auch eine Sorgfaltspflichtverletzung bei objektiver Vorhersehbarkeit des Erfolges begangen.

---

204 Mit Bspr. *Roxin*, JZ 2009, 399 ff.; *Brüning*, ZJS 2009, 194 ff.
205 Siehe dazu *Jäger*, BT, Rn. 107 f.
206 Ausführlich zur Mittäterschaft siehe Rn. 223 ff.
207 Vgl. dazu BGHSt 21, 302.
208 Vgl. BGHSt 48, 233, 237 f.; beachte auch den Hinweis bei *Jäger*, BT, Rn. 476 a. E.

c) Fraglich ist jedoch, ob auch der Pflichtwidrigkeitszusammenhang zwischen Sorgfaltspflichtverletzung und Erfolg bejaht werden kann.

aa) Denkbar wäre eine Verneinung unter dem Gesichtspunkt einer freiverantwortlichen Selbstgefährdung. Maßgeblich dafür, ob eine Selbstgefährdung angenommen werden kann, ist dabei die Frage der Gefährdungsherrschaft über das Geschehen.[209] Angesichts der Tatsache, dass C lediglich Beifahrer war, ist von einer Beherrschung des Geschehens durch den Fahrer A auszugehen.

bb) In Betracht kommt daher nur eine Zurechnungsunterbrechung kraft einverständlicher Fremdgefährdung, die zumindest nach der Literatur einer freiverantwortlichen Selbstgefährdung gleichzustellen ist, sofern sich das vom Opfer bewusst eingegangene Risiko realisiert. Vorliegend dürfte die Anwendung dieser Rechtsfigur deshalb ausscheiden, weil die Erzeugung eines Staus gerade dazu diente, dass die Fahrbahn voraus nicht durch andere Fahrzeuge blockiert sein sollte. Von einer bewussten Eingehung der durch das vorausfahrende Fahrzeug des O entstandenen Gefahr kann daher nicht ohne weiteres ausgegangen werden. „Denn zwar trug das Opfer ... für den Beschleunigungstest als solchen dieselbe Verantwortung wie die Fahrer ... Die eigentliche Ursache des Unfalls war aber ein Risiko, das über die Gefahren des Beschleunigungstests weit hinausging: Nämlich der Entschluss der beiden Fahrer, auf einer zweispurigen Fahrbahn ohne Seitenstreifen ein drittes Fahrzeug auf gleicher Höhe mit nur 30 cm Seitenabstand zu überholen.“[210]

Insgesamt kommt daher eine Unterbrechung des Zurechnungszusammenhangs auch nach der Literatur nicht in Frage.

d) Denkbar ist daher nur eine Rechtfertigung durch Einwilligung.

aa) Fraglich ist bereits, ob eine Einwilligung in eine lebensgefährdende Behandlung überhaupt möglich ist. Während der BGH diese Frage in früheren Entscheidungen grundsätzlich abgelehnt hat,[211] spricht er sich anlässlich dieses Falles für die grundsätzliche Möglichkeit einer Einwilligung aus, wobei dies einem Standpunkt von *Lenckner*[212] entspricht, wonach sich die Wirksamkeit der Einwilligung in eine Gefährdung nicht vom Zufall abhängig machen lasse, ob sich aus der Gefährdung ein Körperverletzungs- oder ein Todeserfolg entwickle. Entscheidend ist daher auch für die Einwilligung in § 222 StGB allein, ob das Opfer in die gefährliche Handlung eingewilligt hat.

bb) Unabhängig von der Frage, ob C überhaupt in das konkrete Überholmanöver einwilligen wollte (s. dazu bereits oben bei der einverständlichen Fremdgefährdung), scheitert eine rechtfertigende Kraft der Einwilligung hier an der Schranke der §§ 216, 228 StGB. Aus § 228 StGB sowie aus § 216 StGB lässt sich nämlich die gesetzgeberische Wertung ableiten, dass eine Rechtfertigung der Tat durch Einwilligung des Opfers bei konkreter Todesgefahr ausscheidet. Diese vom BGH bereits im sog. „Sado-Maso-Fall“ (vgl. dazu oben Rn. 136a f.) entwickelten Grundsätze wendet er auch im vorliegenden Fall an. Damit scheitert eine Rechtfertigung der Tat durch Einwilligung.

e) Da sich A auch subjektiv sorgfaltspflichtwidrig verhalten hat und die Folgen auch subjektiv für ihn vorhersehbar waren, scheitert ein Schuldausschluss.

f) Ergebnis: A hat sich wegen fahrlässiger Tötung des C nach § 222 StGB strafbar gemacht.

2. Darüber hinaus ist auch eine **vorsätzliche Straßenverkehrsgefährdung nach § 315c I Nr. 2b StGB** gegeben, da A vorsätzlich grob verkehrswidrig und rücksichtslos falsch über-

209 Vgl. BGH NStZ 2003, 537 f. (= Müllcontainer-Fall, vgl. dazu Rn. 54b f.); vgl. auch OLG Celle StV 2013, 27 m. Anm. *Rengier*, StV 2013, 30 ff.; zur Erfolgszurechnung bei ähnlichen Fällen tödlicher Wettrennen im Straßenverkehr *Mitsch*, JuS 2013, 20 ff.

210 So zu Recht *Roxin*, JZ 2009, 402; ebenso i. E. *Rengier*, Iurratio, 2008, Heft 2, S. 9.

211 Vgl. etwa BGH VRS 17, 279.

212 Begründet wurde diese Auffassung von *Lenckner*; übernommen hat sie nunmehr auch *Sternberg-Lieben*: vgl. *Sch/Sch/Lenckner/Sternberg-Lieben*, vor § 32, Rn. 102 ff.

holt hat und dadurch Leib und Leben des O konkret gefährdet hat. Bei einem Abstand von nur 30 cm ist sogar von einer zumindest bedingt vorsätzlichen Gefährdung auszugehen, sodass nicht § 315c III Nr. 1, sondern nur § 315c I einschlägig ist. Rechtfertigungs- und Schuldausschließungsgründe sind auch hier nicht ersichtlich.

Ergebnis: A ist nach § 315c I Nr. 2b StGB strafbar.

II. Strafbarkeit des B

1. In Betracht kommt auch hier eine Strafbarkeit wegen **fahrlässiger Tötung** des C nach **§ 222 StGB**.

a) Auch B hat den Tod des C verursacht, da er durch Aufrechterhaltung des Wettrennens zu dem gefährlichen Überholmanöver des A beitrug.

b) Auch handelte er – ebenso wie A – objektiv sorgfaltspflichtwidrig bei objektiver Vorhersehbarkeit des Erfolges.

c) Schließlich sind auch bei ihm – wie schon bei A – keine Gründe erkennbar, die die objektive Zurechnung ausschließen würden. Hier kann vollständig auf die Prüfung des A verwiesen werden.

2. Darüber hinaus kommt auch eine Strafbarkeit wegen **fahrlässiger Körperverletzung nach § 229 StGB** an A in Betracht.

a) Auch diesbezüglich hat B die Rechtsgutsverletzung durch seine Fahrweise mit verursacht (s. soeben).

b) Fraglich ist allerdings, ob hier ein Zurechnungsausschluss in Frage kommt.

aa) Denkbar wäre hier die Annahme einer freiverantwortlichen Selbstgefährdung durch A. Jedoch hatte B die Herrschaft über seinen Teil der Risikosetzung (Fortsetzung der Fahrt, s. soeben) inne, sodass zumindest auch von einer fremdherrschaftlichen Handlung ausgegangen werden kann.

bb) Deshalb kommt nur eine mögliche Zurechnungsunterbrechung wegen der einverständlichen Fremdgefährdung in Betracht. Da der konkrete Überholvorgang jedoch nicht in seinen Einzelheiten abgesprochen werden konnte, kann nicht angenommen werden, dass hier tatsächlich ein Einverständnis bezüglich der eingegangenen Gefahren gegeben war.

c) Schließlich scheitert eine Rechtfertigung durch Einwilligung des A. Auch hier müssen wieder die bereits oben genannten Erwägungen gelten, wonach eine Einwilligung in lebensgefährdende Handlungen ausgeschlossen ist.

d) Auch kommt ein Schuldausschluss nicht in Frage, da sich B auch subjektiv sorgfaltspflichtwidrig verhalten hat und die Folgen der Tat darüber hinaus subjektiv für ihn vorhersehbar waren.

e) Ergebnis: B ist strafbar wegen fahrlässiger Körperverletzung des A nach § 229 StGB.

3. Schließlich ist auch bei B der **Tatbestand des § 315c I Nr. 2b StGB** vorsätzlich, rechtswidrig und schuldhaft verwirklicht.

III. Strafbarkeit des D

Entgegen der Auffassung des BGH hat D sich nicht wegen **Beihilfe zur Straßenverkehrsgefährdung nach §§ 315c I Nr. 2b, 27 StGB** strafbar gemacht. Das bloße Filmen des Rennens und das Herunterzählen waren zum Gelingen der Tat an sich nicht erforderlich und sind auch nach Art der Tatausführung ohne Bedeutung (a. A. vertretbar).

Hinweis: *Sollte man der Ansicht des BGH folgen und eine strafbare Beihilfe des D bejahen, so müsste man in der Konsequenz auch eine fahrlässige Tötung, § 222 StGB, des D zulasten des C annehmen. Eine Beteiligung an den Fahrlässigkeitstaten des A und des B kommt daneben selbstverständlich nicht in Betracht, da die Teilnahmevorschriften der §§ 26, 27 StGB eine vorsätzliche, rechtswidrige Haupttat verlangen!*

C. Mutmaßliche Einwilligung

Auf sie ist ggf. zurückzugreifen, wenn eine Einwilligung des Betroffenen nicht rechtzeitig eingeholt werden kann oder wenn die Einwilligung zwar zu erlangen ist, aber davon ausgegangen werden kann, dass der Betroffene hierauf keinen Wert legt. Dies ist anhand des hypothetischen Willens des Betroffenen unter Berücksichtigung aller Umstände zu ermitteln.[213] Davon ist auszugehen, wenn das Handeln im Interesse des Verletzten liegt. **146**

Mit *Roxin*[214] kann dabei in der Klausur folgende Faustformel zugrunde gelegt werden:

- Bei sachgebundenen Entscheidungen (d. h. im Falle von Handlungen, die ausschließlich oder überwiegend Sachinteressen des Rechtsgutsträgers berühren) ist eine Berufung auf eine mutmaßliche Einwilligung grundsätzlich möglich, sofern die Handlung zugunsten des eindeutig höherrangigen Interesses erfolgt und dem Handelnden ein Gegeninteresse nicht bekannt ist (Bsp.: A betritt das Grundstück des abwesenden B, um dort das Dach des dem B gehörenden Cabrios zu schließen und auf diese Weise die wertvollen Ledersitze vor dem schon einsetzenden Regen zu schützen; hier ist das Betreten des Grundstücks – § 123 StGB – aufgrund mutmaßlicher Einwilligung gerechtfertigt).
- Bei persönlichkeitsgebundenen Entscheidungen (d. h. im Falle von Handlungen, die die Persönlichkeit des Betroffenen in besonderer Weise berühren) gilt umgekehrt, dass grundsätzlich nicht von einer mutmaßlichen Einwilligung ausgegangen werden darf, sofern nicht besondere Umstände einen derartigen hypothetischen Willen des Rechtsgutsträgers nahe legen (Bsp.: Ein Arzt darf die im Verhältnis zu seiner Patientin bestehende Schweigepflicht auch gegenüber dem Ehegatten nicht einmal dann brechen, wenn diese ihm bei anderer Gelegenheit einmal erklärt hat, dass sie vor ihrem Ehemann keinerlei Geheimnisse habe; dies gilt umso mehr, als der Arzt hier jederzeit durch Nachfrage klären kann, ob ihr Ehemann etwas von der Krankheit erfahren darf).
- Bei existentiellen Entscheidungen (Entscheidungen über Leben und Tod) ist grundsätzlich von einer mutmaßlichen Einwilligung im Hinblick auf lebensrettende Maßnahmen auszugehen, sofern die Einholung einer ausdrücklichen Einwilligung nicht möglich ist (Bsp.: Lebensrettende Operation am komatösen Patienten, nunmehr auch in § 630d I S. 4 BGB geregelt!). Deshalb kann auch bei einem nicht mehr heilbaren Patienten die vorzeitige Beendigung lebenserhaltender Maßnahmen nicht ohne weiteres auf eine mutmaßliche Einwilligung gestützt werden (vgl. dazu aber ausführl. *Jäger*, BT, Rn. 63).

---

213 Vgl. BGHSt 35, 246 m. Anm. *Weitzel*, JZ 1988, 1022; *Geppert*, JZ 1988, 1024; *Giesen*, JZ 1988, 1032; *Fuchs*, StV 1988, 524; *Hoyer*, StV 1989, 245; BayObLG JZ 1983, 268; *Baumann/Weber/Mitsch*, AT, § 17, Rn. 119 ff.; LK-*Hirsch*, vor § 32, Rn. 132; *Jescheck/Weigend*, AT, § 34, VII, 3; *Kühl*, AT, § 9, Rn. 47; *Roxin*, AT/I, § 18, Rn. 5; MüKo-*Schlehofer*, vor §§ 32 ff., Rn. 136 ff. (unter Rückführung auf das Prinzip des überwiegenden Interesses); *Sternberg-Lieben*, Einwilligung, 1997, S. 129.

214 Hier und im Folgenden *Roxin*, AT/I, § 18, Rn. 19 ff. (wenn auch teilweise mit anderen Beispielsfällen).

Bisweilen ergibt sich eine mutmaßliche Einwilligung aber auch aus früheren Äußerungen des Rechtsgutsträgers, die – auch wenn sie exzentrisch anmuten – mit zu berücksichtigen sind.[215]

Beispiel: A hat einen Mischlingshund und einen Rassehund. Dem B erklärt er, dass ihm der Mischling viel lieber ist. Eines Tages sieht B, wie sich der Mischling und der Rassehund ineinander verkeilt haben und sich gegenseitig zu töten drohen. Er muss einen von beiden töten, denkt kurz nach und erschießt den Rassehund.

Lösung: Wegen der früheren Äußerung des A ist hier eine mutmaßliche Einwilligung anzunehmen, die B rechtfertigt.

Hinweis: *§ 34 StGB begründet hier keine Rechtfertigung, da dieser nach h. M. nur eine objektive Abwägung zulässt und diese würde zugunsten des Rassehundes ausfallen.*

D. Hypothetische Einwilligung[216]

146a Die Rechtsfigur der hypothetischen Einwilligung ist ein vergleichsweise neuartiges Produkt der jüngsten Rechtsentwicklung, das zum Teil bereits in die Rspr. Eingang gefunden hat.[217] Es dient vor allem dazu, die strafrechtliche Haftung des Arztes im Fall von Aufklärungsmängeln zu reduzieren. Dabei darf das Rechtsinstitut der hypothetischen Einwilligung nicht mit der mutmaßlichen Einwilligung verwechselt werden. Denn bei der mutmaßlichen Einwilligung geht die Frage dahin, ob der Betroffene eingewilligt hätte, wenn man ihn – was nicht möglich war – vor dem Eingriff hätte fragen können (s. soeben Rn. 146). Bei der hypothetischen Einwilligung wird der Patient dagegen nachträglich gefragt, ob er eingewilligt hätte, wenn man ihn – wie dies auch möglich war – vor dem Eingriff gefragt hätte. Das Problem wird veranschaulicht durch folgenden

146b **Fall 27:** Arzt A nahm nach ordnungsgemäßer Aufklärung an der Schulter des B eine Operation vor, bei der er Löcher in das Schulterblatt bohren musste. Dabei brach ihm die Bohrerspitze ab und blieb im Knochen stecken. Nachdem der Versuch, die Bohrerspitze zu bergen, gescheitert war, beendete A die Operation und beließ das abgebrochene Bohrerteil im Körper des Patienten. Die mitoperierende Ärztin wies er dazu an, den Bohrerabbruch nicht im Operationsprotokoll zu erwähnen, was diese auch tat. Wenige Tage später erklärte A dem B, dass noch eine zweite Operation notwendig sei, um einen hundertprozentigen Erfolg zu erzielen. In Wahrheit ging es dem A bei der zweiten Operation, zu der sich B enttäuscht bereit erklärte, nur darum, die Bohrerspitze zu bergen, was ihm dann auch gelang. Später erklärte B, dass er die Operation ohnehin in jedem Fall hätte durchführen lassen. Strafbarkeit des A? (**Bohrerspitzen-Fall** nach BGH NStZ 2004, 442)[218]

215 *Baumann/Weber/Mitsch/Eisele*, AT, § 17, Rn. 121.

216 Grundsätzlich zur hypothetischen Einwilligung *Tag*, ZStW 127 (2015), 523 ff.; einführend *Rönnau*, JuS 2014, 882 ff.

217 Siehe dazu *Sowada*, NStZ 2012, 1 ff.; vgl. auch *G. Merkel*, JZ 2013, 975 ff.

218 Mit Bspr. *Puppe*, JR 2004, 469; *Otto*, JK 2/05, StGB § 228/4; siehe auch *Otto/Albrecht*, Jura 2010, 264 ff.

Lösung: 146c

A. Sachverhaltskomplex 1: Die erste Operation

I. A könnte sich wegen **vorsätzlicher Körperverletzung nach § 223 I StGB** strafbar gemacht haben, indem er am Schulterblatt operierte.
Nach Rspr. und h. L. ist jeder ärztliche Eingriff, der die körperliche Integrität beeinträchtigt, tatbestandlich – unabhängig davon, ob er kunstgerecht bzw. erfolgreich verläuft – eine Körperverletzung nach § 223 I StGB, die allenfalls durch Einwilligung gerechtfertigt sein kann. Dafür spricht nunmehr auch der durch das Patientenrechtegesetz eingeführte § 630d BGB (näher dazu schon bei Rn. 139b).
Nach einer starken Literaturmeinung stellt der ärztliche Heileingriff dagegen tatbestandlich bereits keine Körperverletzung dar, wobei teilweise zwischen geglücktem und missglücktem Eingriff unterschieden wird.
Gleichgültig, welcher Auffassung man folgt, ist vorliegend hinsichtlich der Operation als solcher keine Strafbarkeit anzunehmen, da die erste Operation nach ordnungsgemäßer Aufklärung erfolgte und damit jedenfalls durch die vorab erklärte Einwilligung des B gerechtfertigt war.

II. Eine Strafbarkeit **wegen Körperverletzung nach § 223 I StGB** könnte sich jedoch daraus ergeben, dass A während der Operation die Bohrerspitze abbrach.
Selbst wenn man den Operationsvorgang und das dabei erfolgte Abbrechen der Bohrerspitze nicht als Einheit auffasst und sich die Einwilligung des B hierauf nicht bezieht, weil es sich hierbei um ein untypisches Operationsrisiko handelt, so würde es jedenfalls an einem Körperverletzungsvorsatz des A fehlen.

III. Denkbar wäre jedoch eine **fahrlässige Körperverletzung nach § 229 StGB** durch Abbrechen der Bohrerspitze.
Jedoch gibt der Sachverhalt hinsichtlich einer Sorgfaltspflichtverletzung von Seiten des A nichts her. So kann der Abbruch der Spitze auch auf einer für A nicht erkennbaren Materialermüdung beruht haben, sodass zu seinen Gunsten von einem Ausscheiden eines Fahrlässigkeitsvorwurfs auszugehen ist.

IV. Denkbar wäre allenfalls noch eine **Körperverletzung durch Unterlassen nach §§ 223 I, 13 StGB** wegen Zurücklassens der Bohrerspitze im Körper des B.
Auch hierfür liefert jedoch der Sachverhalt nicht genügend Anhaltspunkte. Zugunsten des A ist vielmehr davon auszugehen, dass eine Bergung der Bohrerspitze angesichts des Schnittverlaufs bei der ersten Operation nicht ohne Weiteres möglich war und er daher die Schulter noch einmal von einer anderen Seite öffnen musste, um eine Bergung der Spitze ermöglichen zu können.

B. Sachverhaltskomplex 2: Die zweite Operation
A könnte sich hier wegen **vorsätzlicher Körperverletzung nach § 223 I StGB** strafbar gemacht haben.

I. Tatbestandsmäßigkeit
Das Aufschneiden der Schulter stellt eine üble unangemessene Behandlung dar, die zu einer nicht nur unerheblichen Beeinträchtigung des körperlichen Wohlbefindens führt. Zumindest wenn man der Rspr. und h. L. folgt, erfüllte dieser ärztliche Heileingriff auch den Tatbestand der Körperverletzung, wofür spricht, dass eigenmächtige Heilbehandlungen des Arztes anderenfalls lediglich über § 240 StGB erfassbar wären, der aber gerade in Fällen der Täuschung – wie vorliegend – keinen Schutz verleiht.
Der Tatbestand des § 223 StGB ist daher vorliegend objektiv und subjektiv erfüllt.
Nicht gegeben ist dagegen die Qualifikation nach § 224 I Nr. 2 Alt. 2 StGB. Das Operationsbesteck des Arztes stellt nämlich grundsätzlich kein gefährliches Werkzeug dar, da es nicht als Angriffs- oder Verteidigungsmittel verwendet wird (vgl. *Jäger*, BT, Rn. 78).

II. Rechtswidrigkeit

1. Eingreifen von Rechtfertigungsgründen

a) Denkbar wäre eine Rechtfertigung der Körperverletzung durch Einwilligung des B in den ärztlichen Heileingriff (vgl. den Rechtfertigungsgrund des § 630d BGB, der auch im Strafrecht Gültigkeit hat).
B hat vor der Operation der nochmaligen Öffnung der Schulter zugestimmt. Fraglich ist jedoch, ob die Einwilligung auch auf einem freien und ernstlichen Entschluss beruhte. Dies wäre nicht der Fall, wenn sie aufgrund einer rechtlich erheblichen Täuschung erlangt wurde. Dabei geht der BGH davon aus, dass eine rechtserhebliche Täuschung dann vorliegt, wenn der Patient über Art, Umfang, Gefahren, Folgen oder Ziele des Eingriffs unzutreffend unterrichtet wird. Die Lit. nimmt dagegen überwiegend dann eine rechtserhebliche Täuschung an, wenn der vom Täter erzeugte Irrtum rechtsgutsbezogenen Charakter hat, was nur zu bejahen ist, wenn der Einwilligende über Art, Ausmaß und Gefährlichkeit der Rechtsgutsbeeinträchtigung getäuscht wird. Vorliegend wird man nach beiden Auffassungen eine Unwirksamkeit der Einwilligung annehmen müssen, weil die verheimlichten Ziele der Operation vorliegend auch die Art des Eingriffs (nämlich Bergen der Bohrerspitze) betreffen. Die Einwilligung des Patienten ist daher rechtlich unbeachtlich, weil sie auf einer maßgeblichen Täuschung basierte (vgl. im Einzelnen zur Unwirksamkeit der Einwilligung o. Rn. 138 f.).

b) Auch eine mutmaßliche Einwilligung scheitert vorliegend, da eine ausdrückliche Einwilligung nach ordnungsgemäßer Aufklärung zu erlangen gewesen wäre.

2. Wegfall des Erfolgsunrechts trotz Fehlens von Rechtfertigungsgründen

Fraglich ist jedoch, ob nicht dennoch das Erfolgsunrecht im Rahmen der Rechtswidrigkeit im Wege der sog. hypothetischen Einwilligung entfällt.
Von einem Teil der Lit. und auch vom BGH wird eine solche Möglichkeit in Betracht gezogen und das Erfolgsunrecht einer rechtswidrigen Körperverletzung verneint, sofern der Patient den Eingriff auch im Falle ordnungsgemäßer Aufklärung hätte vornehmen lassen.[219] Denn dann werde die fehlende Aufklärung des Arztes im Erfolg der rechtswidrigen Körperverletzung nicht wirksam, weil die OP auch bei rechtmäßigem Alternativverhalten vorgenommen worden wäre.
In der Lit. ist diese Übertragung der Konzeption der objektiven Zurechnung des Erfolges auf die Stufe der Rechtswidrigkeit zum Teil auf Ablehnung gestoßen.[220]
Tatsächlich sprechen die besseren Gründe gegen eine Übertragung der Zurechnungsgrundsätze des rechtmäßigen Alternativverhaltens auf die Ebene der Einwilligung. Wenn nämlich die Einwilligung im Vorfeld der Operation Ausdruck des Selbstbestimmungsrechts des Patienten ist, so begründet der Eingriff ohne wirksame Einwilligung als solcher die „rechtspflichtwidrige Rechtsgutsbeeinträchtigung".[221] Eine nachträgliche Relativierung durch hypothetische Gedankenverläufe ist daher hier gerade nicht möglich. Zwar will *Kuhlen* das Institut der hypothetischen Einwilligung zulassen und den Arzt für den Fall, dass der Patient auch bei ordnungsgemäßer Aufklärung eingewilligt hätte, wegen versuchter Körperverletzung bestrafen,[222] weil der Arzt vor der Operation wenigstens bedingt vorsätzlich davon ausgehen musste, dass der Patient nicht in jedem Falle einwilligen würde. Jedoch ist auch die Annahme einer Versuchsstrafbarkeit fragwürdig, da der Arzt wohl darauf vertrauen wird, dass der Patient in jedem Fall einwilligen würde. Es dürfte daher für einen Versuch regelmäßig am notwendigen nachweisbaren bedingten Körperverletzungsvorsatz fehlen.

219 Vgl. zu einem ähnl. Fall BGH NStZ-RR 2004, 16 m. Bspr. *Eisele*, JA 2005, 252; *Kuhlen*, JR 2004, 227 ff.; *ders.*, JZ 2005, 713 ff.; *Rönnau*, JZ 2004, 801; *Geppert*, JK 04, StGB § 223/3.

220 Vgl. *Duttge*, F.-C. Schroeder-FS, 2006, S. 185 ff.; *Gropp*, F.-C. Schroeder-FS, 2006, S. 199 ff.; *Jäger*, Jung-FS, 2007, S. 345 ff.; *Puppe*, GA 2003, 764, 770; *Mitsch*, JZ 2005, 279, 283. Siehe auch *Eisele*, JA 2005, 252 ff.

221 Vgl. näher *Jäger*, Jung-FS, 2007, S. 349 ff. mit weiteren Argumenten. Siehe im Übrigen auch *Otto*, AT, § 8, Rn. 135; *ders.*, Jura 2004, 682 f.; *ders.*, JK 05, StGB § 228/4.

222 *Stratenwerth/Kuhlen*, AT/1, § 9, Rn. 28.

Richtiger ist es daher wohl, das Rechtsinstitut der hypothetischen Einwilligung überhaupt abzulehnen und eine Strafbarkeit wegen vollendeter Körperverletzung anzunehmen, wenn die Operation ohne vorherige rechtswirksame Einwilligung des Patienten erfolgt. Daran ändert auch die durch das Patientenrechtegesetz eingeführte Vorschrift des § 630h II S. 2 BGB nichts. Zwar wird durch sie die hypothetische Einwilligung anerkannt, jedoch handelt es sich dabei, wie schon die Überschrift zeigt, nur um eine zivilrechtliche Beweislastregel, die nicht geeignet ist, im Strafrecht als Rechtfertigungsgrund oder als Zurechnungsausschluss auf Rechtfertigungsebene zu wirken.[223] Gerade die Kennzeichnung als Beweislastregel zeigt vielmehr, dass es sich um eine zivilrechtliche Sonderregel handelt, die eine Übertragung ins Strafrecht grundsätzlich nicht zulässt.

Ergebnis: Da auch Schuldausschließungsgründe nicht ersichtlich sind, ist A strafbar wegen vollendeter Körperverletzung nach § 223 I StGB.

Auch in der jüngeren Zeit hatte sich der BGH immer wieder mit der Rechtsfigur der hypothetischen Einwilligung zu befassen. Die examensrelevanten Entscheidungen sollen an den nachstehenden Beispielen verdeutlicht werden.

Beispiel 1: Ein Arzt nahm bei einem Patienten eine Fettabsaugung (Liposuktion) im Bauchbereich unter lokaler Betäubung vor. Er hatte den Patienten dabei nicht darüber aufgeklärt, dass medizinisch geschultes Personal – insbesondere für die Narkose – nicht zur Verfügung stand. Aufgrund einer Überdosierung der Narkosemedikamente erlitt der Patient eine Atemdepression, an deren Folgen er verstarb (nach BGH NStZ-RR 2007, 340).[224]

Lösung: Hier ist zunächst nach allen Auffassungen der Grundtatbestand des § 223 I StGB erfüllt, da es sich bei der kosmetischen Operation nicht um einen Heileingriff handelt; näher dazu schon oben Rn. 139b. Die Einwilligung war mangels Risikoaufklärung unwirksam. Und darüber hinaus lehnte der BGH auch die Anwendung der Rechtsfigur der hypothetischen Einwilligung ab, weil sich eine Einwilligung und damit auch eine hypothetische Einwilligung nur auf einen nach den Regeln der ärztlichen Kunst ausgeführten Eingriff beziehen könne. In der Klausur ist also genau darauf zu achten, ob der Arzt lege artis vorgegangen ist oder ob dies nicht der Fall war. Nur im erstgenannten Fall will die Rspr. eine hypothetische Einwilligung zulassen.

Beispiel 2: Arzt A führte beim Patienten P eine Darmspiegelung durch. Nachdem die Untersuchung einen normalen Befund ergeben hatte, entschied A, im unmittelbaren Anschluss an die Darmspiegelung unter Ausnutzung der anhaltenden – die Wirksamkeit der Einwilligung ausschließenden – Sedierung noch eine Magenspiegelung vorzunehmen, um den Grund für die Beschwerden des P zu finden. Die ersten beiden Versuche, das Endoskop einzuführen, scheiterten an Schluckbeschwerden des P. Nach einer längeren Pause wurden nach Auffrischung der Sedierung mindestens zwei weitere erfolglose Versuche zur Einführung des Endoskops unternommen, wobei einer dieser Versuche zu einer Perforation der Speiseröhre führte. Unmittelbar nach der sodann erforderlichen Operation an der Speiseröhre, kam es zu Komplikationen bei P, an deren Folgen er verstarb (nach BGH NStZ 2012, 205[225]).

Lösung: Der BGH hob hier das freisprechende Urteil des LG Bayreuth insbesondere wegen Fehlern bei der Beweisführung auf. Im Ergebnis hielt aber der 1. Strafsenat auch in dieser Entscheidung grundsätzlich an der Rechtsfigur der hypothetischen Einwilligung fest. Die Rechtswidrigkeit und damit eine Strafbarkeit nach § 227 StGB entfalle, wenn der Patient bei wahrheitsgemäßer Aufklärung in die tatsächlich durchgeführte Operation eingewilligt hätte. Dass bei ordnungsgemäßer Aufklärung die Einwilligung unterblieben wäre, sei dem Arzt nachzuweisen. Verblieben Zweifel, so sei nach dem Grundsatz „in dubio pro reo" zugunsten des A davon

223 Vgl. dazu auch *Conrad/Koranyi*, JuS 2013, 979 ff.
224 M. Anm. *Geppert*, JK 4/08, StGB § 223/4; *Jahn*, JuS 2007, 1145 f.
225 M. Anm. *Jäger*, JA 2012, 70.

auszugehen, dass die Einwilligung auch bei ordnungsgemäßer Aufklärung erfolgt wäre. Hier zeigt sich, dass gerade der Tod des Patienten nach dem Zweifelsgrundsatz zur Anwendung der Rechtsfigur der hypothetischen Einwilligung führt. Wenn A dagegen irrig angenommen habe, P hätte bei vorheriger Befragung der Erweiterung des Eingriffs zugestimmt, so liege ein Erlaubnistatbestandsirrtum vor.

Beispiel 3: Arzt A sollte bei Patientin P im Rahmen einer ambulanten Operation, in die P auch wirksam einwilligte, eine „Bartholinische Pseudozyste links" entfernen. Als sich P bereits in Narkose befand, konnte Arzt A die noch am Vortag im Bereich der linken Labie festgestellte Bartholinische Zyste nicht mehr ertasten. Stattdessen fühlte er im Bereich der rechten großen Labie eine 2×2 cm große solide Resistenz, deren Entfernung und histologische Untersuchung er (zutreffend) für medizinisch indiziert hielt. A, der sich bewusst war, dass eine Absprache mit P betreffend die Entfernung des (rechtsseitigen) Befunds zur histologischen Abklärung nicht erfolgt und die Entnahme nicht eilbedürftig war, entschloss sich – „das Einverständnis der Patientin voraussetzend" – zur Vermeidung einer weiteren Operation gleichwohl zur sofortigen Entfernung der Resistenz. Der weitere Heilungsverlauf nach der Operation, in deren Vornahme P nicht eingewilligt hätte, verlief – trotz Durchführung lege artis – nicht komplikationslos und war für mehrere Monate mit nicht unerheblichen körperlichen Schmerzen für P verbunden (AG Moers medstra 2016, 123 ff.[226]).

Lösung: Das AG Moers bejaht eine durch den operativen Eingriff verwirklichte vorsätzliche Körperverletzung nach § 223 I StGB. Dabei geht das AG zunächst von der ständigen Rechtsprechung des BGH aus, wonach der ärztliche Eingriff grundsätzlich eine Körperverletzung darstellt, deren Unrecht nur durch einen Rechtfertigungsgrund aufgehoben werden kann. Das Vorliegen eines solchen Rechtfertigungsgrundes verneint das AG Moers jedoch, da es die hypothetische Einwilligung als solche ablehnt. Deren Anerkennung würde aufgrund des im Strafrecht geltenden in dubio-Grundsatzes den Arzt dort weit mehr entlasten, als dies im Zivilrecht der Fall ist. Dort sei die Rechtsfigur in ein sorgfältig austariertes Geflecht von Darlegungs- und Beweislastregeln eingebettet, nach denen dem Arzt der (kaum zu erbringende) Nachweis für eine hypothetische Einwilligung zufällt, wenn der Patient plausibel darlegen kann, dass er sich bei ordnungsgemäßer Aufklärung in einem Entscheidungskonflikt befunden hätte. Anders als die mutmaßliche Einwilligung, setzt die Rechtsfigur der hypothetischen Einwilligung gerade nicht voraus, dass eine Einwilligung nicht bzw. nicht ohne erhebliche Risiken für Leib oder Leben des Patienten eingeholt werden kann. Vor allem aber tauge die hypothetische Einwilligung nicht als Rechtfertigungsgrund, weil der Arzt dann nicht einmal im Wege der Nothilfe von der Durchführung der Operation abgehalten werden dürfte. Aber auch als Ausprägung des rechtmäßigen Alternativverhaltens sei die hypothetischen Einwilligung nicht erklärbar. Denn diese Rechtsfigur beruht auf der Erwägung, dass der Erfolg einer Handlung in konkreten Kontext ohnehin unvermeidbar gewesen wäre. Dies aber lässt sich auf den ärztlichen Eingriff, der ohne hinreichende Aufklärung vorgenommen wurde, gerade nicht übertragen, da eine Vermeidung des Erfolges durch Unterlassen der Operation ohne Weiteres möglich gewesen wäre.[227] Das AG Moers wendet sich damit ausdrücklich gegen den BGH. Es wird daher interessant sein zu sehen, wie die höchstrichterliche Rechtsprechung mit dieser Entscheidung umgeht.

226 M. Anm. *Jäger*, JA 2016, 472 ff.

227 Vgl. zu diesem Argument bereits *Jäger*, FS Jung, 2007, S. 345 ff.

E. Rechtfertigender Notstand, §§ 228, 904 BGB, § 34 StGB

I. Prinzip des überwiegenden Interesses

Das Notstandsrecht beruht auf dem Prinzip des überwiegenden Interesses. Das eine Interesse muss das andere wesentlich überwiegen. **147**

II. Notstände nach bürgerlichem Recht gem. §§ 228, 904 BGB

Achtung Klausur: *Diese sind vor § 34 StGB zu prüfen, da sie spezieller sind!*

1. Defensiver Notstand, § 228 BGB[228]

Er dient der Abwehr einer Gefahr durch Einwirkung auf die gefahrschaffende Sache. Hauptanwendungsfall ist der Tierangriff (aber Achtung: wird das Tier vom Eigentümer zum Angriff aufgehetzt, so ist schon § 32 StGB einschlägig![229]). **148**

Voraussetzungen sind hier:

a) **Notstandslage** in Form einer Gefahr der Verletzung eines Rechtsguts, die durch eine fremde Sache droht.

aa) Notstandsfähig sind Rechtsgüter aller Art, auch reine Vermögensinteressen.

bb) Die Gefahr muss von der fremden Sache (z. B. einem Hund) ausgehen, wobei nach h. M. herrenlose Sachen, an denen ein Aneignungsrecht besteht, gleich zu behandeln sind.

cc) Ausreichend ist, dass die Gefahr droht, sodass keine Gegenwärtigkeit i. S. v. § 32 StGB vorliegen muss, sondern nur erforderlich ist, dass die Wahrscheinlichkeit eines alsbald erfolgenden Schadenseintritts besteht.

dd) Die Gefahr muss von der Sache ausgehen, auf die die Notstandshandlung einwirkt.

b) **Notstandshandlung** in Form der Beschädigung oder Zerstörung der Sache, von der die Gefahr ausgeht, mit drei weiteren Voraussetzungen:

aa) Erforderlichkeit
Sie ist objektiv zu bestimmen, wobei die Möglichkeit der Flucht, anders als bei § 32 StGB, die Erforderlichkeit ausschließt.

bb) Verhältnismäßigkeit

Beispiel: Keine Tötung eines Rassehundes zur Rettung eines Huhns, das dieser gerade davonschleppt.

Der durch die Handlung angerichtete Schaden darf nicht außer Verhältnis zur abgewendeten Gefahr stehen (Grundsatz: Leben und Gesundheit stehen höher als Vermögenswerte).

---

228 Ausführlich zum Defensivnotstand im System der Notrechte *Pawlik*, GA 2003, 12 ff.
229 Vgl. o. Rn. 106.

Bei Gefahr für Sachgüter ist grundsätzlich der Wert entscheidend, jedoch müssen nach h. M. auch ideelle Aspekte berücksichtigt werden, weshalb etwa zur Rettung des eigenen Mischlingshundes ein um ein Vielfaches wertvollerer fremder Rassehund ggf. nach § 228 BGB gerechtfertigt getötet werden darf.

c) **Abwehrwille** als subjektives Rechtfertigungselement.

2. Aggressiver Notstand, § 904 BGB

149 Er erlaubt die zur Abwehr einer dem Einwirkenden (Notstand) oder einem Dritten (Notstandshilfe) drohenden Gefahr vorgenommene Einwirkung auf fremde Sachen, von denen nicht die Gefahr ausgeht. § 904 BGB ist damit Ausdruck des allgemeinen Aufopferungsgedankens.

Beispiel 1: A fährt den Zaun des D nieder, weil er nur so dem betrunkenen B, der ihm auf der falschen Straßenseite entgegenkommt, ausweichen kann.

Beispiel 2: A schlägt im Appartementhaus die Tür des Vermieters V ein, um der Mieterin M, die in ihrer Wohnung gerade vergewaltigt wird, zu Hilfe zu kommen.

Voraussetzungen sind hier:

a) **Notstandslage** in Form einer Gefahr der Verletzung eines Rechtsguts, die nicht von der Sache droht, auf die eingewirkt wird.

aa) Notstandsfähig sind eigene und fremde Rechtsgüter aller Art.

bb) Die Gefahr muss gegenwärtig sein, was auch hier anzunehmen ist, wenn die Wahrscheinlichkeit eines alsbald erfolgenden Schadenseintritts besteht, wobei eine Dauergefahr grundsätzlich genügt.[230]

b) **Notstandshandlung** in Form einer unmittelbaren oder mittelbaren Einwirkung auf eine fremde Sache mit zwei weiteren Voraussetzungen:

aa) Die Einwirkung muss gezielt und nicht nur zufällig erfolgen, anderenfalls kommt nur eine Rechtfertigung über § 34 StGB in Betracht (vgl. BGHZ NJW 1985, 490).

bb) Der drohende Schaden muss gegenüber dem aus der Einwirkung resultierenden unverhältnismäßig groß sein. Auch hier gilt: Leben und Gesundheit sind grundsätzlich höher zu bewerten als Sachwerte; bei Sachwerten ist durch Schätzung des Geldwertes abzuwägen.

III. Notstand nach § 34 StGB

150 Wenn §§ 228, 904 BGB keine Rechtfertigung der Tat ermöglichen, kann sich eine solche aus dem allgemeinen Notstandsrecht nach § 34 StGB ergeben:[231]

---

230 BGH LM, § 904, Nr. 3; OLG Hamm NJW 1972, 1374.
231 Vgl. auch den Überblick bei *Zieschang*, JA 2007, 681 ff.; eingehend zum rechtfertigenden Notstand *Erb*, JuS 2010, 17 ff., 108 ff.

1. Notstandslage

Die Notstandslage besteht in einer gegenwärtigen Gefahr für ein Rechtsgut. **151**

a) Rechtsgut

Etwa die in § 34 S. 1 StGB beispielhaft genannten (Leben, Leib, etc.), darüber hinaus sämtliche weiteren Individualrechtsgüter und Güter der Allgemeinheit (Unterschied zur Notwehr!).

Träger des durch die Notstandshandlung geschützten Rechtsguts kann der Täter selbst (Notstand im engeren Sinne) oder ein Dritter (Notstandshilfe) sein.

b) Gefahr

Gefahr ist ein Zustand, in dem nach den konkreten Umständen der Eintritt eines **152**
Schadens ernstlich zu erwarten ist.[232] Der Grad der Wahrscheinlichkeit spielt erst bei der Interessenabwägung eine Rolle.[233]

Weitgehend Einigkeit besteht in diesem Zusammenhang darin, dass das Gefahrenurteil objektiv ex ante zu bestimmen ist.[234] Umstritten ist dagegen, ob bei diesem ex ante-Urteil auf die Vorstellung eines verständigen Beobachters abzustellen ist,[235] oder ob die Umstände, die der Gefahrprognose zugrunde liegen, tatsächlich gegeben sein müssen.[236] Für die erste Auffassung könnte man ins Feld führen, dass der Gefahrbegriff im Rahmen des § 34 StGB eine Wahrscheinlichkeitsbeurteilung beinhaltet, sodass die objektive Lage nicht ausschlaggebend sein kann. Andererseits ist aber zu berücksichtigen, dass Prognosefehlbeurteilungen über den Erlaubnistatbestandsirrtum gelöst werden können, sodass die besseren Gründe wohl für eine Objektivierung des Notstandsmaßstabs sprechen.[237]

c) Gegenwärtigkeit

Gegenwärtig ist die Gefahr, wenn sie in nächster Zeit zu einem Schaden führen kann **153**
und ein Abwarten zu einer Verringerung der Abwehrchancen führt. Die Gefahr ist daher auch schon dann gegenwärtig, wenn der Schadenseintritt zwar noch nicht unmittelbar bevorsteht, eine Abwehr aber später nicht mehr oder nur noch unter sehr viel größeren Risiken möglich wäre.

Auch die Dauergefahr, die das Notwehrrecht grundsätzlich nicht auslösen kann (s. o. Rn. 112) fällt hierunter. Die häufigsten Bsp. in Klausuren sind Haustyrannen-Fälle (s. o. Rn. 113) sowie Voyeur-Fälle (s. sogleich Rn. 158).

---

232 Vgl. dazu nur RGSt 66, 222; BGH NStZ 1988, 554; *Otto*, Jura 1999, 552; *Fischer*, § 34, Rn. 3; *Wessels/Beulke/Satzger*, AT, Rn. 303.

233 Vgl. *Ebert*, AT, S. 81.

234 Vgl. nur BayObLG NJW 2000, 888; *Dornseifer*, JuS 1982, 763; *Kretschmer*, Jura 2005, 663; *Kühl*, AT, § 18, Rn. 45; *Roxin*, AT/I, § 16, Rn. 15; *Wessels/Beulke/Satzger*, AT, Rn. 304; Matt/Renzikowski/*Engländer*, § 34, Rn. 12.

235 Vgl. dazu etwa LK-*Zieschang*, § 34, Rn. 29; *Maurach/Zipf*, AT/1, § 27, Rn. 15, *Schaffstein*, Bruns-FS, 1978, S. 89 ff.

236 So etwa *Sch/Sch/Perron*, § 34, Rn. 13 f.; SK-*Günther*, § 34, Rn. 21 m. w. N.

237 So tendenziell auch *Kühl*, AT, § 8, Rn. 52; umfassend zu diesen Fragen *Kretschmer*, Jura 2005, 662 ff.

2. Erforderlichkeit der Notstandshandlung

154 Die Gefahr darf nicht anders abwendbar sein, § 34 S. 1 StGB, d. h. die Notstandshandlung muss erforderlich sein. Wie bei der Notwehr gilt daher:

a) Geeignetheit

155 Die Handlung muss zur Gefahrenabwehr geeignet sein (Größe der Rettungschance).

b) Mildestes Mittel

156 Die Handlung muss das zur sicheren Erfolgsabwendung mildeste Mittel darstellen. *Ebert* liefert hierfür zwei Bsp.:[238]

Beispiel 1: Der Arzt A wird im volltrunkenen Zustand zu einem lebensgefährlich Verletzten gerufen. Hier kommt eine Rechtfertigung der Trunkenheitsfahrt nach § 316 StGB über § 34 StGB nicht in Betracht, wenn A sich genauso schnell mit dem Taxi hätte bringen lassen können.

Beispiel 2: Wie zuvor, aber ein Taxi ist nicht erreichbar und es ist höchste Eile geboten. Hier kann § 34 StGB die Trunkenheitsfahrt ausnahmsweise rechtfertigen, wobei man allerdings den Grad der Trunkenheit und die Verkehrslage einbeziehen muss. Bietet nämlich ein weniger einschneidendes Mittel nur geringere Erfolgschancen, so darf das einschneidendere Mittel gewählt werden, wenn nur durch dieses die Gefahrenabwehr sicher gewährleistet werden kann.

3. Abwägung der widerstreitenden Interessen

157 Dabei muss das geschützte Interesse das benachteiligte Interesse wesentlich überwiegen, § 34 S. 1 StGB. Von einer starken Literaturmeinung wird eine „spezifische Kollisionsbeziehung" verlangt, derart, dass das eine Rechtsgut von vornherein als verfügbares Rettungsmittel für das andere erscheint.

Für die Interessenabwägung kommen folgende Gesichtspunkte in Betracht:[239]

a) Rang der kollidierenden Rechtsgüter: Das menschliche Leben genießt den höchsten Rang, daraus folgt: Keine Relativierung (z. B. Tötung Todgeweihter zur Rettung Gesünderer) und keine Quantifizierung (Tötung weniger Menschen zur Rettung vieler).[240] Persönliche Rechtsgüter stehen grundsätzlich höher als wirtschaftliche.

b) Ausmaß der den Rechtsgütern drohenden Verletzungen

c) Grad der Wahrscheinlichkeit des Schadenseintritts

d) Größe der Rettungschance

Beispiel zu c) und d): A rettet ein Kind durch Wurf aus dem Fenster vor dem sicheren Flammentod, wobei A sich darüber bewusst ist, dass sich das Kind schwere Verletzungen zuziehen wird; hier kommt eine Rechtfertigung nach §§ 223, 34 StGB in Betracht. Nicht dagegen lässt sich nach h. M. die Zurechnung wegen Risikoverminderung ausschließen, weil A eine ganz neue Gefahr für das Kind schafft und nicht nur eine bestehende herabmindert (vgl. o. Rn. 32).

238 *Ebert*, AT, S. 82 f.

239 Vgl. zu dieser Aufzählung *Ebert*, AT, S. 83 f. *B. Heinrich*, AT, Rn. 423 nennt darüber hinaus noch besondere Gefahrtragungs- oder Schutzpflichten, die mit der Tat verfolgten Motive sowie die Ersetzbarkeit des Schadens.

240 Zur grundsätzlichen Unabwägbarkeit und zu Ausnahmefällen in tragischen Situationen *Wilenmann*, ZStW 127 (2015), 888 ff.

e) Schutzwürdigkeit kollidierender Rechtsgüter: Bei selbstverschuldeter Beeinträchtigung des Rechtsguts durch das Opfer kann die Schutzwürdigkeit fehlen. Berühmtheit erlangt hat in diesem Zusammenhang folgendes hier kurz skizziertes

Beispiel: Spanner S war wiederholt in die Wohnung der Eheleute A eingedrungen. Diese waren von den Vorkommnissen so beunruhigt, dass sie nicht mehr schlafen konnten und am öffentlichen Leben aus Angst kaum noch teilnahmen. Nachdem auch die Polizei nur zu einer Anschaffung eines Waffenscheins und einer Pistole riet, besorgte sich Herr A schließlich eine Waffe. Eines Nachts stand S am Fußbett der Eheleute. Herr A, der von einem Geräusch wach wurde, sprang auf, lud die Pistole durch und lief dem wieder flüchtenden S nach. Nachdem Herr A den S erfolglos unter Androhung des Schusswaffeneinsatzes zum Stehenbleiben aufgefordert und einen Warnschuss abgegeben hatte, schoss er diesem in die linke Gesäßhälfte, um ihn dingfest zu machen und den unerträglichen nächtlichen Besuchen ein Ende zu bereiten. Strafbarkeit des A? Die Strafbarkeit nach dem WaffG ist nicht zu prüfen. (**Spanner-Fall** nach BGH NJW 1979, 2053)[241] **158**

Lösung: Eine Strafbarkeit des A wegen gefährlicher Körperverletzung nach §§ 223, 224 I Nr. 2 StGB scheitert aufgrund der Rechtfertigung gem. § 34 StGB. Die vorläufige Festnahme nach § 127 I StPO rechtfertigt nach h. M. nicht den Gebrauch von Schusswaffen. Bei einer Rechtfertigung durch Notwehr gem. § 32 StGB ist bereits zweifelhaft, ob der Angriff des S noch gegenwärtig war, da sich dieser zum Zeitpunkt des Schusses bereits auf der Flucht befand. Jedenfalls fehlte es aber an der Erforderlichkeit der Verteidigung, denn die unmittelbare Rechtsgutsverletzung war durch die Flucht bereits in Begriff, sich von selbst und damit schonender zu erledigen. Beim Notstand nach § 34 StGB ist problematisch, ob bei Abwägung der widerstreitenden Interessen ein wesentliches Überwiegen zugunsten der A zu verzeichnen ist. Bei schlichter Gegenüberstellung der zu schützenden Interessen steht auf der einen Seite das Persönlichkeitsrecht und die Gesundheit der Eheleute und auf der anderen das körperliche Wohl des S. Von einem eindeutigen Überwiegen kann angesichts dieser widerstreitenden Belange nicht die Rede sein. An dieser Stelle ist nun aber auch der Tatsache Rechnung zu tragen, dass S den Konflikt verschuldet hat und sich A daher nicht in einer Aggressiv-, sondern in einer Defensiv-Notstandslage befunden hat. Nach dem Rechtsgedanken des § 228 BGB ist deshalb nur zu fordern, dass der durch die Abwehrhandlung angerichtete Schaden nicht außer Verhältnis zum Interesse an der Erhaltung des Rechtsguts steht. Insoweit handelt es sich vorliegend bei der körperlichen Integrität des S sicherlich um ein hochrangiges Rechtsgut. Andererseits galt die Abwehr des A der Erhaltung des allgemeinen Persönlichkeitsrechts und der Gesundheit der Familie, sodass die Beeinträchtigung nicht als unverhältnismäßig angesehen werden kann. Auch die durch den Schuss bewirkte Freiheitsberaubung nach § 239 StGB (A handelte, um S dingfest zu machen!) und Nötigung nach § 240 StGB (Verhinderung der Flucht) sind zwar nicht nach § 127 I StPO (dieser rechtfertigt keinen Waffeneinsatz, vgl. Rn. 166), wohl aber nach § 34 StGB gerechtfertigt. **159**

Dem Problembereich der Abwägbarkeit menschlichen Lebens ist auch der Fall der Perforation zuzuordnen, der von einer starken Literaturansicht jedenfalls unter dem Gesichtspunkt der Schutzwürdigkeit der kollidierenden Rechtsgüter betrachtet wird. Es handelt sich dabei um folgenden – hier in der Lösung nur überblicksartig – dargestellten[242] **159a**

241 Vgl. hierzu auch *Koch*, JA 2006, 806 ff.

242 Näher und ausführl. hierzu *Jäger*, Jura 2004, Sonderheft Zwischenprüfung S. 34 ff.; *ders.*, ZStW 115 (2003), 772 ff.

159b **Fall 28:** Wegen einer Geburtsunmöglichkeit (im konkreten Fall wegen Wasserköpfigkeit des Kindes) kann Frau F ihr Kind nicht auf natürlichem Weg gebären. Da bei ihr wegen einer besonderen Konstitution auch die Alternative eines Kaiserschnitts nicht in Frage kommt und aufgrund Zeitablaufs (die Eröffnungswehen haben bereits begonnen) Lebensgefahr droht, entscheidet sich der Arzt mit Einwilligung der Mutter, eine zum Tode des Kindes führende Perforation vorzunehmen (Eröffnung des kindlichen Kopfes zur Verkleinerung des Umfangs mit nachfolgender Totgeburt). Strafbarkeit des A?
(Perforations-Fall)

159c **Lösung:**

I. In Betracht kommt eine Strafbarkeit wegen **vorsätzlicher Tötung nach § 212 I StGB** an dem Kind.

1. Tatbestandsmäßigkeit

a) Objektiver Tatbestand
Nach h. M. wird das Entstehen menschlichen Lebens i. S. d. Tötungstatbestände nach §§ 211 ff. StGB durch den Beginn der Geburt, d. h. durch das Einsetzen der Eröffnungswehen gekennzeichnet (näher *Jäger*, BT, Rn. 3). Folgt man dem, so begründet die tödliche Perforation eine kausale und zurechenbare Tötung des Kindes.
Die Auffassung, dass Konfliktfälle der vorliegenden Art einem rechtsfreien Raum zuzuordnen sind und daher schon keine tatbestandliche Tötung vorliege, hat sich nicht durchsetzen können.

b) Subjektiver Tatbestand
Auch der Vorsatz des A ist zu bejahen, da er wusste, dass die Perforation tödlich endet.

2. Rechtswidrigkeit
Zu prüfen ist, ob Rechtfertigungsgründe zugunsten des A eingreifen:

a) Nothilfe nach § 32 II Alt. 2 i. V. m. I StGB zugunsten der Mutter und zu Lasten des Kindes.
Hierfür fehlt es jedoch nach richtiger Auffassung bereits an einem gegenwärtigen Angriff des Kindes, da dieser ein (aggressives) menschliches „Verhalten" voraussetzen würde. Der hier für die Mutter gefährliche Geburtsvorgang wird jedoch nicht willensgesteuert ausgelöst, sondern beruht auf einer hormonell gesteuerten biologischen Grundlage, sodass von einem Angriffsverhalten des Kindes nicht ausgegangen werden kann.

b) Auch scheidet eine Einwilligung der Mutter als Rechtfertigungsgrund aus. Zwar hat die F dem Eingriff zugestimmt, jedoch ist eine wirksame Einwilligung in die Tötung eines „Dritten" ausgeschlossen. Dies ergibt sich bereits aus dem Rechtsgedanken des § 216 StGB, wonach sogar das Einverständnis in die eigene Tötung vor dem Recht keine Anerkennung findet.

Hinweis: *Im Falle der Bewusstlosigkeit der Mutter käme auch eine mutmaßliche Einwilligung nicht in Betracht, da die mutmaßliche Einwilligung nur eine nicht einholbare, aber sonst zulässige tatsächliche Einwilligung ersetzen kann, nicht jedoch eine unwirksame Einwilligung!*

c) Rechtfertigende Pflichtenkollision
Teilweise wird im Schrifttum auch eine Rechtfertigung des Arztes nach den Regeln der rechtfertigenden Pflichtenkollision vorgeschlagen.[243] Jedoch wird man eine Rechtfertigung nach diesen Grundsätzen verneinen müssen, weil im konkreten Fall keine gleichrangigen Handlungspflichten kollidieren, sondern eine Handlungspflicht (Rettung der Mutter) mit einer Unterlassungspflicht (Nichttötung des Kindes).[244] Auch würde die Annahme einer

243 Vgl. hierzu etwa *Krey/Hellmann/Heinrich*, BT/1, Rn. 171 f.
244 Vgl. *Roxin*, AT/I, § 16, Rn. 103.

Pflichtenkollision dazu führen, dass der Arzt ein Wahlrecht hätte und auch das Leben der Mutter dem des Kindes opfern dürfte.

d) Denkbar ist daher nur eine Rechtfertigung aufgrund Notstands nach § 34 StGB. Tatsächlich wird im Schrifttum die Zulässigkeit der Perforation ganz überwiegend auf eine Rechtfertigung durch Notstand nach § 34 StGB gestützt.
Nach einer Auffassung soll die Tötung aus dem Gesichtspunkt des Defensivnotstandes analog § 228 BGB gerechtfertigt sein, weil die Gefährdung der Mutter von der besonderen Konstitution des Kindes (hier seiner Wasserköpfigkeit) ausgehe.[245] Jedoch ist diese Argumentation fraglich, da die Gefahr ebenso gut auf die Geburtsunfähigkeit der Mutter zurückgeführt werden kann und auch die Wasserköpfigkeit des Kindes ihren Grund bspw. in einer genetischen Fehlveranlagung der Eltern haben kann.[246]
Eine andere Auffassung in der Lit. zieht daher den Rechtsgedanken der §§ 218 ff. StGB heran und leitet hieraus ab, dass ein Vorrang des Lebens der Mutter vor dem werdenden Leben des Kindes bestehe. Auch diese Argumentation ist jedoch fraglich, wenn man den Lebensbeginn durch den Zeitpunkt der Eröffnungswehen festlegt. Denn dann gelten §§ 212 ff. StGB und gerade nicht §§ 218 ff. StGB.
Ausschlaggebend für eine Rechtfertigung nach § 34 StGB kann daher nur der Gesichtspunkt sein, dass die Mutter dem Kind das Leben schenkt und ein Abbruch dieses Schenkungsprozesses für sie möglich sein muss, wenn er mit einer eigenen Lebensgefahr verbunden ist. Denn niemand hat die Pflicht, sein eigenes Leben zur Rettung anderer einzusetzen.

Ergebnis: A ist nicht strafbar nach § 212 StGB, da zu seinen Gunsten der Rechtfertigungsgrund des § 34 StGB eingreift.

Hinweis: *Lehnt man eine Rechtfertigung ab, so ist auch eine Entschuldigung nach § 35 StGB ausgeschlossen, da der Arzt zu F nicht in einem Angehörigenverhältnis steht. Denkbar wäre dann allenfalls noch an einen übergesetzlichen entschuldigenden Notstand zu denken*[247] *(näher zu dieser Rechtsfigur u. Rn. 204 ff.). Der Nachteil einer solchen Lösung besteht jedoch darin, dass eine Hinderung des Arztes an der Perforation (etwa durch den Vater des Kindes) seinerseits wieder durch Nothilfe gerechtfertigt wäre.*

4. Subjektives Rechtfertigungselement

Das subjektive Rechtfertigungselement setzt Kenntnis vom Vorliegen der objektiven **160**
Notstandsvoraussetzungen und einen entsprechenden Rettungswillen voraus.

5. Angemessenheit der Tat

Nach § 34 S. 2 StGB ist die Tat nur dann gerechtfertigt, wenn sie ein angemessenes **161**
Mittel ist, die Gefahr abzuwenden (entscheidend sind die anerkannten Wertvorstellungen der Gesellschaft).

Hauptfälle der Unangemessenheit:

(1) Täter stellt sich auf die Seite des Unrechts

Beispiel: A nötigt den B einen Meineid zu schwören, andernfalls würde er ihn töten.

245 Vgl. etwa *Sch/Sch/Eser*, vor § 218, Rn. 41; LK-*Zieschang*, § 34, Rn. 74; *Jescheck/Weigend*, AT, § 33 IV 5; *Maurach/Schroeder/Maiwald*, BT/I, § 6, Rn. 24; *Sch/Sch/Perron*, § 34, Rn. 30; *Renzikowski*, Notstand und Notwehr, 1994, S. 267 f.; *F.-C. Schroeder*, JuS 1980, 340.

246 Vgl. auch *Jakobs*, AT, 13/47.

247 Vgl. hierzu *Krey/Hellmann/Heinrich*, BT 1, Rn 172.

Lösung: Hier scheitert eine Rechtfertigung nach § 34 StGB nicht im Hinblick auf die Erforderlichkeit, etwa mit dem Argument, dass B auch die Möglichkeit der ordnungsgeldbewehrten Nichtaussage gehabt hätte. Denn A forderte ja nicht die Verweigerung einer Aussage, sondern eine Falschaussage.

Auch die Interessenabwägung schlägt angesichts des Höchstwertes des menschlichen Lebens bei einem Wertvergleich zugunsten des B aus.

Jedoch scheidet hier nach h. M. dennoch eine Rechtfertigung über § 34 StGB aus, weil sich der Täter auf die Seite des Unrechts stellt und die Tat daher nicht als angemessenes Mittel angesehen werden kann.

Hinweis: *Mit „Seite des Unrechts" ist dabei nicht gemeint, dass der Täter einen Straftatbestand erfüllt, denn dies tut der nach § 34 StGB Gerechtfertigte immer! Gemeint ist vielmehr, dass sich der Täter zum Werkzeug eines Unrechtstäters (hier des Nötigers A) machen lässt. Vielfach wird dieser Aspekt auch schon bei der Abwägung berücksichtigt,[248] was v. a. für diejenigen gilt, die dem Angemessenheitsmerkmal keine eigenständige Bedeutung einräumen.[249] Aber es lässt sich m. E. nur schwer plausibel machen, dass die Drittbeeinflussung (Nötigung) das Interessengefälle beeinflussen soll. Vorzugswürdig scheint es hier die Lösung über das Angemessenheitskriterium als einen Verweis auf die Gesamtrechtsordnung zu suchen. So gesehen kann der einem Unrechtstäter geleistete Dienst im Hinblick auf die Einheit der Rechtsordnung nicht zugleich gerechtfertigt sein, weil das Recht nicht dem Unrecht dienen darf.*

(2) Eingriff in unantastbare Freiheitsrechte (Kern der Grundrechte)

Nach h. M. ist die zwangsweise Blutentnahme zur Rettung eines Schwerverletzten nicht über § 34 StGB gerechtfertigt, da dies einen Verstoß gegen Art. 1, 2 GG begründen würde.[250]

Als beachtliches Gegenargument wird angeführt, dass § 81b StPO zum Zwecke der Strafverfolgung eine Blutentnahme erlaube und daher für die nicht wesentlich einschneidendere Blutentnahme zum Zwecke der lebenserhaltenden Transfusion nichts anderes gelten dürfe.[251]

Hinweis: *Nach einer starken Literaturauffassung wäre auch diese Fallgruppe schon im Rahmen der Interessenabwägung zu würdigen. Aber hier zeigt sich doch, dass die besseren Gründe dafür sprechen, dem § 34 S. 2 StGB eine eigenständige Funktion zuzuweisen, nämlich festzustellen, dass die Menschenwürde – unterstellt, man folgt im Beispielsfall der h. M. – einer Abwägung von vornherein entzogen ist.[252] Folgt man frei-*

248 So etwa *Lenckner*, Der rechtfertigende Notstand, 1965, 117; *Roxin*, AT/I, § 16, Rn. 67 ff. Vgl. auch *F. Meyer*, GA 2004, 356 ff.; *Brand/Lenk*, JuS 2013, 883 ff.

249 Etwa *Baumann/Weber/Mitsch/Eisele*, AT, § 17, Rn. 83; *Krey*, ZRP 1975, 98; *Küper*, JZ 1980, 755 ff.; *Otto*, AT, § 8, Rn. 178; jeweils m. w. N. Dagegen MüKo-*Erb*, § 34, Rn. 169. Vermittelnd *Roxin*, AT/I, § 16, Rn. 95, 100, der in § 34 S. 2 StGB einen bindenden Interpretationshinweis für § 34 S. 1 StGB sieht, indem die Menschenwürde jeder Relativierung entzogen wird.

250 Vgl. *Fischer*, § 34, Rn. 16; *Maurach/Zipf*, AT/I, § 27, Rn. 43; *Wessels/Beulke/Satzger*, AT, Rn. 318 ff.; MüKo-*Erb*, § 34, Rn. 184 mit der Begründung fehlender hoheitlicher Erzwingbarkeit.

251 *Roxin*, AT/I, § 16, Rn. 49.

252 Vgl. dazu auch *Roxin*, AT/I, § 16, Rn. 95.

lich dieser Auffassung, so liegt es in ihrer Konsequenz, dass die Blutspende auch nicht Gegenstand einer „allgemeinen Hilfspflicht" nach § 323c StGB sein kann.[253]

(3) Erhöhte Opferpflicht durch besondere Gefahrtragungspflichten bei bestimmten Berufen oder bei engen persönlichen Beziehungen

Beispiel: Keine Rechtfertigung nach § 34 StGB, wenn ein Polizist im Hinblick auf die eigene Leibesgefahr der schweren Verprügelung des B durch A tatenlos zusieht (§ 340 StGB wegen Begehenlassens einer Körperverletzung durch einen Amtsträger).

Argument: § 35 I S. 2 StGB, wo für diese Fälle sogar die Entschuldigung versagt wird; dann muss dies erst recht für die Rechtfertigung gelten!

F. Weitere wichtige Rechtfertigungsgründe außerhalb des StGB-AT

I. Erlaubte Selbsthilfe nach §§ 229, 230 BGB[254]

Selbsthilfe bedeutet Durchsetzung bzw. Sicherung eines Anspruchs vermittels privater **162**
Gewalt.[255]

Voraussetzungen des allgemeinen Selbsthilferechts nach §§ 229, 230 BGB sind:

1. Selbsthilfelage

a) Dem Handelnden muss selbst (und nicht einem Dritten[256]) ein Anspruch tatsächlich zustehen; bloßer guter Glaube genügt nicht. Auch dürfen etwa nicht einklagbare, verjährte oder rechtskräftig abgewiesene Ansprüche nicht durch Selbsthilfe gesichert werden.

b) Obrigkeitliche Hilfe (etwa durch Arrest und einstweilige Verfügung) darf nicht rechtzeitig zu erlangen sein, was auch der Fall ist, wenn die staatliche Hilfe zu Unrecht abgelehnt wurde.

c) Gefährdung des Anspruchs, wobei nicht erforderlich ist, dass endgültiger Verlust droht; vielmehr genügt eine wesentliche Erschwerung der Anspruchsdurchsetzung.

2. Selbsthilfehandlung

a) Wegnahme, Zerstörung oder Beschädigung einer Sache, die dem Schuldner gehört und vollstreckungs- und arrestfähig sein muss (vgl. § 230 II BGB) oder Festnahme des Schuldners bei Fluchtverdacht, wobei die Voraussetzungen des persönlichen Sicherheitsarrestes nach § 918 ZPO vorliegen müssen (vgl. § 230 III BGB). Von §§ 229, 230 BGB ist auch die Wegnahme einer dem fluchtverdächtigen Schuldner gehörenden Sache erfasst, um ihn so zur Angabe seines Namens und der ladungsfähigen Anschrift zu veranlassen.[257]

---

253 So tatsächlich *Wessels/Beulke/Satzger*, AT, Rn. 320 unter Hinw. auf die eigene sittliche Entscheidung; dagegen wohl *Roxin*, AT/I, § 16, Rn. 49. Vgl. auch *Jakobs*, AT, 13/25.
254 Näher dazu *Duchstein*, JuS 2015, 105 ff.
255 Vgl. nur *Palandt/Ellenberger*, § 229, Rn. 1.
256 So die h. M.; a. A. aber *Schünemann*, Selbsthilfe, 1985, S. 57 ff.
257 BGH JuS 2011, 940 m. Anm. *Hecker*.

b) Erforderlichkeit der Selbsthilfehandlung (vgl. § 230 I BGB), wobei auch Widerstand gebrochen werden darf. Niemals besteht allerdings ein Recht zur Tötung.

Im Übrigen begründet § 229 BGB nur ein Substitut hoheitlichen Handelns, d. h. die Selbsthilfe räumt keinen weiteren Handlungsspielraum ein, als ein zuständiges staatliches Organ in vergleichbarer Situation hätte.[258] Der BGH leitet dies aus § 230 II BGB ab und folgert daraus, dass im Falle der Wegnahme von Sachen deren dingliche Arrestierung zu beantragen ist, nicht aber eine eigenmächtige Zueignung von Gattungssachen (einschließlich Geld) gerechtfertigt werden kann.[259] Sind im Übrigen die Personalien feststellbar, so muss eine Wegnahme sogar ganz ausscheiden.[260]

3. Selbsthilfewille als subjektives Rechtfertigungselement.

II. Spezielle Selbsthilfevorschriften nach §§ 562b, 859, 860, 704 S. 2 BGB

Besondere Selbsthilfevorschriften stellen §§ 562b, 859, 860, 704 S. 2 BGB dar. Auch diese Rechtfertigungsgründe sind vom Grundsatz der Verhältnismäßigkeit geprägt, sodass etwa eine Tötung zur Rückerlangung des Besitzes (§ 859 II BGB) oder zur Sicherung eines Pfandrechts (etwa nach § 704 S. 2 BGB) über diese Vorschriften nicht gerechtfertigt werden kann. Vgl. zur interessanten Frage der Zulässigkeit einer Besitzkehr nach § 859 II BGB bezüglich entwendeter Drogen unten Rn. 322a f.

III. § 241a BGB als strafrechtlicher Rechtfertigungsgrund

163 Nach dem durch das Schuldrechtsmodernisierungsgesetz eingefügten § 241a I BGB werden gegenüber dem Verbraucher durch die Lieferung unbestellter Sachen Ansprüche nicht begründet.

Nach herrschender zivilrechtlicher Auffassung setzt sich der Verbraucher, obwohl durch § 241a BGB kein Eigentum verschafft wird, selbst dann keinerlei Ansprüchen aus, wenn er die Sache vernichtet oder veräußert.[261]

Folgt man dem, so muss sich dies nach dem Grundsatz der Einheit der Rechtsordnung auch auf das Strafrecht entsprechend auswirken. Der Verbraucher, der die unbestellt zugesandte Ware vernichtet, ist daher straflos, weil seine Sachbeschädigung jedenfalls nach § 241a BGB gerechtfertigt ist.[262] Und was eine durch die Veräußerung der Ware begründete Unterschlagung nach § 246 StGB betrifft, so wird man die Zueignung schon nicht als rechtswidrig (objektives Tatbestandsmerkmal) bezeichnen können, da

258 BGHSt 17, 87; OLG Düsseldorf NJW 1991, 2717; *Kühl*, AT, § 9, Rn. 5; *Otto*, AT, § 8, Rn. 136; *Roxin*, AT/I, § 17, Rn. 29.
259 So BGHSt 17, 89 f. im sog. Moos-raus-Fall, der aber vor allem Probleme der Tatbestandsmäßigkeit (Rechtswidrigkeit der Zueignung) aufwirft und daher im Besonderen Teil zu behandeln ist.
260 BayObLG NJW 1991, 934 m. Anm. *Joerden*, JuS 1992, 23 ff.
261 Vgl. *Palandt/Grüneberg*, § 241a, Rn. 7; *Riehm*, Jura 2000, 512 (str.). Insgesamt zu dieser Vorschrift auch *Petersen*, Allgemeines Schuldrecht, Rn. 104.
262 So etwa *Wessels/Beulke/Satzger*, AT, Rn. 283a. Für eine Rechtfertigung auch *Reichling*, JuS 2009, 111 ff., der allerdings Einwilligungsgrundsätze heranzieht und § 241a StGB nicht als eigenständigen Rechtfertigungsgrund auffasst. Gegen eine Rechtfertigung *Lamberz*, JA 2008, 426 ff., der stattdessen mit einem eigenen Fremdheitsbegriff im Strafrecht arbeiten will.

das Gesetz in § 241a BGB den freien Umgang mit dem fremden Eigentum gerade zulässt.[263]

IV. Wahrnehmung berechtigter Interessen bei Ehrverletzungen, § 193 StGB

Sie ist, soweit Gesichtspunkte der Meinungsbildung eine Rolle spielen, Ausfluss der Meinungsäußerungsfreiheit gem. Art. 5 I, II GG[264] und nach h. M. außerhalb der Beleidigungsdelikte nicht anwendbar, wofür schon die systematische Stellung des § 193 StGB spricht. **164**

Voraussetzungen sind hier:

1. Berechtigtes Interesse des Täters

a) In Betracht kommt jedes öffentliche, private, materielle oder ideelle Interesse, soweit es von der Rechtsordnung als schutzwürdig anerkannt wird und nicht dem Sittengesetz widerspricht[265] (z. B. auch berufsmäßig, etwa die Äußerung eines Anwalts im Plädoyer).

b) Es muss sich um ein unmittelbares oder mittelbares Interesse des Täters handeln, wofür der Maßstab vernünftigen Ermessens anzulegen ist;[266] das Interesse berührt den Täter daher auch dann, wenn er als dessen Verfechter gelten darf (z. B. kraft Auftrags im Falle des Rechtsanwalts[267] oder kraft gesetzlicher Stellung im Falle des Gemeinderatsmitglieds[268]). Zu berücksichtigen ist dabei, dass Interessen der Allgemeinheit zugleich Interessen des Einzelnen sind (Zeugenaussagen und Strafanzeigen sind daher grundsätzlich durch § 193 StGB gedeckt). Auch die Presse hat im Übrigen kraft ihrer demokratischen Funktion im Rechtsstaat die Aufgabe, in Angelegenheiten von öffentlichem Interesse Informationen zu beschaffen und zu verbreiten.[269]

2. Die Abwägung der widerstreitenden Interessen muss zu dem Ergebnis führen, dass das Interesse des Beleidigers gleich- oder höherwertig gegenüber dem Interesse des in seiner Ehre Betroffenen ist. Deshalb besteht nach h. M. eine Erkundigungspflicht des Beleidigers hinsichtlich der Erforderlichkeit und ggf. auch hinsichtlich des Wahrheitsgehalts der Äußerung, sofern der Angriff auf die Ehre eine Tatsachenäußerung enthält.[270]

3. Subjektiv muss es dem Täter auf die Interessenwahrnehmung ankommen (subjektives Rechtfertigungselement).

---

263 Näher dazu mit detailreichen Überlegungen *Haft/Eisele*, Meurer-GS, 2002, S. 245 ff.

264 BVerfGE 42, 143, 152; *Meurer*, Hirsch-FS, 1999, S. 651, 655; a. A. *Merz*, Strafrechtlicher Ehrenschutz und Meinungsfreiheit, 1998, S. 93; *Zaczyk*, Hirsch-FS, 1999, S. 819; *ders.*, NK, § 193, Rn. 6.

265 RGSt 34, 222.

266 RGSt 63, 231.

267 OLG Köln NJW 1979, 1723.

268 BayObLG NJW 1956, 354.

269 BVerfGE 12, 113, 126; BGHZ 31, 308.

270 BGHSt 14, 48, 51; *Gropp*, AT, § 5, Rn. 415; *Jescheck/Weigend*, AT, S. 403; *Köhler*, AT, S. 323; *Lackner/Kühl*, § 193, Rn. 11; a. A. *Roxin*, AT/I, § 18, Rn. 47.

V. Züchtigungsrecht

165 Das Züchtigungsrecht hatte bis zum durch KindRG und am 8.11.2000 nochmals durch Art. 1 Nr. 3 des Gesetzes zur Ächtung der Gewalt in der Erziehung geänderten § 1631 II BGB seine Grundlage im elterlichen Erziehungsrecht (§§ 1626, 1631, 1705, 1800 BGB). Nach § 1631 II S. 2 BGB sind aber nunmehr „körperliche Bestrafungen … und andere entwürdigende Maßnahmen unzulässig." Damit ist gleichzeitig festgestellt, dass körperliche Bestrafungen grundsätzlich entwürdigende Bestrafungen darstellen (vgl. Wortlaut „und *andere* entwürdigende Maßnahmen"). *Beulke* hat zwar mit beachtlichen Gründen nachzuweisen versucht, dass man den Gesetzestext auch so verstehen könne, dass hierunter nur entwürdigende körperliche Bestrafungen fallen. Jedoch spricht hiergegen nicht nur der Gesetzeswortlaut, sondern auch der historische Gesetzgebungswille, der grundsätzlich alle körperlichen Strafen ächten wollte.[271]

Richtiger dürfte es daher wohl sein, in bestimmten Ausnahmefällen auf der Ebene der Schuld einen Ausschluss der Strafbarkeit anzunehmen.[272] Zu beachten ist, dass sich in der Strafrechtswissenschaft eine von *Maurach* begründete[273] und von *Roxin* fortentwickelte[274] Lehre von der „Tatverantwortung" herausgebildet hat, die zwischen der Schuld im engeren Sinne und der Schuld im weiteren Sinne (nämlich im Sinne von Tatverantwortung bzw. Verantwortlichkeit) unterscheidet. Von einem Fehlen der Schuld im engeren Sinne ist danach nur dann auszugehen, wenn die normative Ansprechbarkeit des Täters zum Tatzeitpunkt nicht vorhanden war. Fälle dieser Art regeln etwa § 17 StGB und § 20 StGB, die Situationen erfassen, in denen der Täter kraft allgemeiner Rechtsunkenntnis oder aufgrund bestimmter seelischer Erkrankungen nicht zur Einsicht in das Unrecht der Tat fähig ist. Demgegenüber beruhen etwa §§ 19, 33 und 35 StGB nach der Grundlegung dieser Lehre nicht auf dem Gedanken fehlender normativer Ansprechbarkeit, sondern auf der Überlegung, dass es Fallgestaltungen gibt, in denen die Bestrafungsnotwendigkeit ausgeschlossen ist, weil die Gesellschaft in bestimmten Situationen für den Täter Verständnis zeigt und ihn daher von der Verantwortung für die Tat befreit.[275] Zu überlegen ist daher, ob nicht auf der Grundlage des Art. 6 GG ein Verantwortungsausschluss für solche Fälle angenommen werden muss, in denen die „leichte" Ohrfeige einem entsprechenden Anlass durch das Verhalten des Kindes entspringt und als Spontanreaktion im Hinblick auf die allgemeine menschliche Natur verzeihlich erscheint. Darunter könnten dann gerade solche Fälle gefasst werden, die einer momentanen Überforderung der Mutter oder des Vaters entspringen und die als moderate Züchtigung auch in der Gesellschaft noch auf Verständnis stoßen.

Der Vorteil einer solchen Lösung bestünde darin, dass das Strafrecht das Rechtswidrigkeitsurteil des Zivilrechts auch für solche Fälle der Züchtigung übernehmen und

271 Vgl. BT-Prot. vom 6.7.2000, wo von einem „Appell" die Rede ist und die körperliche Bestrafung als Erziehungsmethode grundsätzlich abgelehnt wird.

272 Eingehend dazu *Jäger*, Spellenberg-FS, 2010, S. 687 ff.; siehe auch LG Berlin JuS 2010, 458; *Schramm*, JA 2013, 886 f.

273 Vgl. *Maurach*, Schuld und Verantwortung, 1948; *Maurach/Zipf*, AT/ I, §§ 31 ff.

274 Vgl. *Roxin*, AT/I, § 19, Rn. 1 ff.; neuerdings auch wieder *ders.*, GA 2015, 489 ff.

275 Vgl. zur näheren Begründung bei § 19 StGB *Jäger*, GA 2003, 471 ff.

man dennoch auf Schuldebene zu einem strafrechtlichen Verantwortungsausschluss gelangen würde, der dem ultima-ratio-Prinzip in bestimmten Konstellationen allein gerecht würde. So wird man einen Verantwortungsausschluss in der konkreten Situation aber nur annehmen können, wenn ein „erheblicher Züchtigungsanlass", d. h. eine grobe kindliche Unartigkeit vorliegt und sich die Reaktion des Elternteils als spontane und moderate Antwort in einem Moment der Überforderung[276] interpretieren lässt. Vor allem in Fällen, in denen eine Mutter oder ein Vater in einer Situation unmittelbarer Gefahr für das Kind (etwa wenn dieses trotz Verbots im Begriff steht, auf die Straße zu laufen) zu einer solchen – wenn auch falschen – Erziehungsmaßnahme greift, wird man Verständnis für das elterliche Verhalten aufbringen müssen.

VI. Vorläufige Festnahme, § 127 I StPO

Voraussetzungen sind:

1. Der Festgenommene ist auf frischer Tat betroffen oder verfolgt, wobei die Tat frisch ist, solange ein unmittelbarer zeitlicher Zusammenhang mit der Festnahme bzw. Verfolgung besteht.[277] **166**

Achtung Klausur: *Die Tat muss mindestens im Versuchsstadium stecken (Vorbereitungshandlungen genügen also nicht; das wäre unzulässige Präventivfestnahme) und darf noch nicht beendet sein. Notwendig ist im Übrigen nur eine rechtswidrige Tat. Schuld wird grundsätzlich nicht vorausgesetzt, da § 127 StPO der Sicherung des Strafverfahrens dient und ein solches auch bei Schuldunfähigen in Betracht kommt (z. B. wegen der Verhängung von Maßregeln). Dagegen soll gegenüber Kindern nach h. M. kein Festnahmerecht bestehen, da bei ihnen nur außerstrafrechtliche Reaktionen möglich sind.*[278]

Hauptproblem ist hier vor allem, ob das Festnahmerecht nur gegenüber dem tatsächlichen Täter besteht oder auch bei der Festnahme eines Verdächtigen.

Beispiel: A sieht, wie X eine Uhr stiehlt und versucht ihn im Einkaufsgewühl zu stellen. Bei der Hektik greift er sich versehentlich den identisch gekleideten Y.

Die Rspr. lässt teilweise Tatverdacht ohne vernünftige Zweifel genügen.[279] Eine verbreitete Ansicht in der Lit. hat sich dem im Ergebnis angeschlossen, wobei teils dringender Tatverdacht, teils feste Überzeugung und teils Annahme der Täterschaft ohne Fahrlässigkeit verlangt wird. Begründet wird diese Ansicht vor allem damit, dass der Staat dem Privaten, wenn er ihm schon derartige strafprozessuale Zwangsbefugnisse einräumt, nicht mehr als die gebotene Sorgfalt abverlangen könne (strafprozessuale Auffassung).

---

276 Gegen die Berufung auf Überforderung jedoch *Kargl*, Neue Justiz 2003, 62, der darunter allerdings wohl eher den Aspekt dauerhafter Überforderung versteht. Dieser ist hier jedoch gerade nicht gemeint.

277 Vgl. *Otto*, AT, § 8, Rn. 153.

278 Näher dazu *Satzger*, Jura 2009, 108.

279 Vgl. etwa BayObLG JR 1987, 344.

Ein anderer Teil der Rspr. und Lit. verlangt dagegen mit guten Gründen unter Hinweis auf den Wortlaut und die Historie des § 127 StPO tatsächliche Täterschaft und löst den Fall nach strafrechtlichen Irrtumsgrundsätzen (strafrechtliche Auffassung).[280]

In der Klausur sollte man dennoch wohl der weiter verbreiteten strafprozessualen Auffassung folgen, die sich immerhin damit begründen lässt, dass es sich beim Festnahmerecht um ein Handeln pro magistratu handelt. Der Einzelne wird hier also für den Staat tätig. Der Polizeibeamte handelt aber bei der Festnahme nach § 127 II StPO schon dann rechtmäßig, wenn er nach pflichtgemäßer Prüfung von einem Festnahmerecht ausgehen durfte. Dann darf für den Privaten im Rahmen der Übertragung dieser Befugnis nichts anderes gelten.[281]

Im obigen **Beispielsfall** wäre A daher nach § 127 I StPO gerechtfertigt.

Hinweis: *Zu beachten ist aber immerhin eine aktuelle Entscheidung des OLG Celle.*[282] *In ihr spricht sich das OLG entgegen der h. M. grundsätzlich für die materiell-rechtliche Theorie aus, wonach für ein Festnahmerecht nach § 127 I StPO eine tatsächlich vom Festgehaltenen begangene Tat erforderlich ist. Die Entscheidung ist sehr gut begründet. Für die materiell-rechtliche Theorie wird in ihr neben dem Wortlautargument des § 127 I StPO auch ein Umkehrschluss zu § 127 II StPO gezogen, nach dem ein dringender Tatverdacht genügt, allerdings nur, wenn die Festnahme eben nicht durch Private, sondern durch den Staat erfolgt. Darüber hinaus sei der Festnehmende ausreichend über den Erlaubnistatbestandsirrtum geschützt. Am Ende hat das OLG Celle die Frage aber offengelassen und auch unter Zugrundelegung der strafprozessualen Theorie ein Festnahmerecht verneint, da im konkreten Fall die für einen dringenden Tatverdacht notwendige hohe Wahrscheinlichkeit in Bezug auf die Täterrolle, welche sich auf tatsächliche, belastende Anhaltspunkte zu stützen hat, nicht gegeben gewesen sei (konkret war der Verdacht der Mittäterschaft hier von Geschäftsangestellten daraus geschöpft worden, dass sich der Betroffene auf und ab gehend vor dem Eingang eines Ladens aufgehalten hatte, aus dem von einer anderen Person gestohlen wurde. Ob diese Entscheidung eine Rechtsprechungswende herbeiführen wird, erscheint allerdings fraglich.*

2. Fluchtverdacht oder Unmöglichkeit sofortiger Identitätsfeststellung.

3. Die vom Festnehmenden eingesetzten Mittel müssen auf Festnahme zielen, wobei nach h. M. der Gebrauch von Schusswaffen nicht gerechtfertigt sein kann. Eine a. A. will einen Schusswaffengebrauch immerhin zulassen, wenn die Abwägung dies erlaubt (z. B. Dingbarmachung eines gefährlichen Mörders). Dem ist jedoch nicht zuzustimmen, weil es zu weit geht, einem Privatmann derart schwere Eingriffe zu gestatten, zumal auch Unschuldige das Opfer sein können (vgl. o. 1.).

Jedenfalls rechtfertigt § 127 I StPO nicht nur den Eingriff in die Freiheitsrechte des Festgenommenen, sondern auch damit etwa notwendig verbundene Körperverletzungen.

4. Subjektiv muss der Festnehmende zum Zwecke der Festnahme handeln.

---

280 *Baumann/Weber/Mitsch/Eisele*, AT, § 17, Rn. 145; *Jescheck/Weigend*, AT, § 35 IV; *Kühl*, AT, § 9, Rn. 86; *Otto*, AT, § 8, Rn. 155; *Ranft*, StPO, Rn. 759; *Satzger*, Jura 2009, 110; *Schmidhäuser*, StuB AT, 9/60.

281 Näher zu diesem Gedanken auch *Roxin*, AT/I, § 17, Rn. 24.

282 BeckRS 2015, 00003 mit Anm. *Jahn*, JuS 2015, 565 ff. und *Satzger*, Jura 2015, 1261.

§ 5 Schuld

A. Allgemeines

167 Zur objektiven und subjektiven Zurechnung tritt als dritte Komponente die personale (individuelle) Zurechnung, d. h. das Unrecht der Tat wird dem Täter auf der Stufe der Schuld persönlich vorgeworfen. Deshalb beschreibt die h. M. Schuld als persönliche Vorwerfbarkeit.[1]

Nach *Roxin* bedeutet Schuld wohl zu Recht normative Ansprechbarkeit und als Verantwortungselement präventive Bestrafungsnotwendigkeit[2] (s. dazu u. Rn. 168, 190).

B. Schuldfähigkeit

168 Schuldfähigkeit ist die Fähigkeit, das Unrecht der Tat einzusehen (Einsichtsfähigkeit) und nach dieser Einsicht zu handeln (Steuerungsfähigkeit), vgl. etwa §§ 17, 20 StGB.[3] So gesehen bedeutet Schuldfähigkeit nach *Roxin* normative Ansprechbarkeit (in der Klausur kann man diesen Begriff zumindest bei §§ 17, 20 StGB bringen).

Ein Ausschluss der Schuldfähigkeit ist denkbar wegen fehlender Reife (I.) oder wegen seelischer Störungen (II.).

I. Schuldunfähigkeit wegen fehlender Reife

1. Kinder

169 Sie sind kraft unwiderleglicher gesetzlicher Anordnung schuldunfähig, § 19 StGB.[4]

2. Jugendliche

170 Jugendliche (zwischen 14 und 17 Jahren), vgl. § 1 II JGG, sind schuldfähig, sofern festgestellt wird, dass sie zur Zeit der Tat reif genug waren, das Unrecht einzusehen und nach dieser Einsicht zu handeln, vgl. § 3 S. 1 JGG (widerlegbare Schuldfähigkeit).

Beachten Sie aber: Das Jugendstrafrecht gilt bis zum Alter von 21 Jahren (Vollendung des 20. Lebensjahres!), sofern der Täter nach seiner sittlichen und geistigen Entwicklung noch einem Jugendlichen gleichsteht oder es sich um ein jugendtypisches Straftatverhalten handelt, wie regelmäßig angenommen wird, § 105 I JGG.

---

1 Eingehend zur Entwicklung des heutigen strafrechtsdogmatischen Schuldbegriffs *Frister*, JuS 2013, 1057 ff.
2 *Roxin*, AT/I, § 19, Rn. 3.
3 *Kühl*, AT, § 11, Rn. 1.
4 Allerdings können sie als Tatopfer oder als Mitwirkende an der Tatbegehung Dritter Bedeutung gewinnen, dazu ausführlich *Exner*, Jura 2013, 103 ff.; lesenswert auch zum strafrechtlichen Minderjährigenschutz *Ceffinato/Kalb*, JA 2014, 887 ff.

II. Schuldunfähigkeit wegen seelischer Störungen, § 20 StGB[5]

1. Krankhaft seelische Störungen

Dazu gehören:

171 a) endogene Psychosen,[6]
d. h. Psychosen, die nur eine vermutete organische Grundlage haben, z. B. Schizophrenie (= Bewusstseinsspaltung), Manien (= Besessenheit).

172 b) exogene Psychosen u. a. krankhafte Zustände,[7]
d. h. solche, die eine nachweisbare organische Grundlage haben, z. B. Creutzfeldt-Jakob-Krankheit, Epilepsie, Hirnverletzungen, etc.

Hierzu können auch Trunkenheit und Drogenrausch gehören;[8] jedoch wird man bei ihnen besser eine tiefgreifende Bewusstseinsstörung (s. sogleich) annehmen, sofern keine krankhafte Alkohol- oder Drogensucht vorliegt.[9]

2. Tiefgreifende Bewusstseinsstörungen[10]

173 Dazu gehören auch nicht krankhafte Zustände wie Übermüdung (allerdings wird eine zur Schuldunfähigkeit führende Übermüdung selten anzunehmen sein).

Alkoholbedingte Trunkenheit[11] und Drogenrausch – v. a. vorübergehender Art – lassen sich hier zuordnen.

Hinweis: *Für alkoholbedingte Trunkenheit besagt eine Faustformel, dass bei einer BAK ab 3,0 ‰ Schuldunfähigkeit nahe liegt (bei Tötungsdelikten wegen der höheren Hemmschwelle ab BAK 3,3 ‰). Diese Aussage hat aber keinen Anspruch auf Allgemeingültigkeit. So hat der BGH kürzlich bei einem alkoholgewohnten Täter trotz eines Promillegrads von 3,03 ‰ Schuldfähigkeit bejaht.*[12] *Ab 2,0 ‰ liegt verminderte Schuldfähigkeit nahe, § 21 StGB (bei Tötungsdelikten 2,2 ‰).*[13]

Davon strikt zu unterscheiden ist der Begriff der Fahruntauglichkeit, der in §§ 315c, 316 StGB Tatbestandsvoraussetzung ist und daher nichts mit der Schuld zu tun hat!

Absolut fahruntauglich ist der Täter bei 1,1 ‰[14] (bei Radfahrern und Fahrern von elektrischen Rollstühlen ab 1,6 ‰[15]). Sogenannte relative Fahruntauglichkeit liegt

5 Ausführlich und lesenswert hierzu MüKo-*Streng*, § 20, Rn. 31 ff.
6 *Fischer*, § 20, Rn. 9.
7 *Sch/Sch/Perron/Weißer*, § 20, Rn. 10.
8 *Sch/Sch/Perron/Weißer*, § 20, Rn. 10, 13, 16 ff.; *Fischer*, § 20, Rn. 11 ff.
9 So im Erg. auch MüKo-*Streng* unter Hinw. darauf, dass Alkohol und Drogen körperliche Veränderungen bewirken.
10 *Sch/Sch/Perron/Weißer*, § 20, Rn. 12 ff.; Matt/Renzikowski/*Safferling*, § 32 Rn. 30 ff.
11 Sehr ausführlich zu den verschiedenen BAK-Grenzwerten im Strafrecht *Satzger*, Jura 2013, 345 ff.
12 BGH NJW 2012, 2672.
13 Vgl. zur Frage des Ausschlusses des § 21 StGB bei eigenverantwortlicher Berauschung BGH NJW 2003, 2394; *Baier*, JA 2004, 103 ff.; *Foth*, NStZ 2003, 597 ff.; *Frister*, JZ 2003, 1019 ff.; *Geppert*, JK 03, StGB § 21/1; *Neumann*, StV 2003, 527 ff.; *Streng*, NJW 2003, 2963.
14 Dieser Grenzwert gilt für alle Kraftfahrzeuge; näher dazu *Sch/Sch/Sternberg-Lieben/Hecker*, § 316, Rn. 8 f. m. zahlr. w. N. aus Rspr. und Lit.
15 Näher hierzu wiederum *Sch/Sch/Sternberg-Lieben/Hecker*, § 316, Rn. 11; AG Löbau NJW 2008, 530 m. Anm. *Jahn*, JuS 2008, 80 ff.

ab 0,3 ‰ bis 1,09 ‰ vor, d. h. um Fahruntauglichkeit anzunehmen und nach §§ 315c, 316 StGB zu bestrafen, müssen hier zum Promillegrad zusätzliche Umstände – wie Ausfallerscheinungen – hinzutreten, so z. B. Schlangenlinienfahren, Geradeausfahren in der Kurve, etc. Ein Auffahrunfall genügt dagegen laut BGH nicht, wenn ein solcher auch einem normalen Fahrer passiert wäre. Hier müssen dann also noch weitere Anhaltspunkte hinzutreten.

3. Schwachsinn[16]

Er ist eine angeborene oder erworbene Intelligenzschwäche, z. B. Idiotie (= *med.* hochgradiger Schwachsinn, angeboren), Debilität (= *med.* leichter Grad der Schwachsinnigkeit). **174**

4. Seelische Abartigkeiten[17]

Dazu zählen vor allem Psychopathien (= Abweichen des geistig-seelischen Verhaltens von der Norm), Neurosen und Triebstörungen ohne körperliche Grundlage. **175**

III. Maßgeblicher Zeitpunkt

1. Zur Tatzeit

Ist der Täter *bei* Begehung der Tat schuldunfähig (§§ 19, 20 StGB), so kann er mangels Schuld wegen dieser Tat nicht bestraft werden (möglich ist aber die Verhängung einer Maßregel der Besserung und Sicherung). Die Möglichkeit der Bestrafung ergibt sich nur ausnahmsweise bei einer unwesentlichen Verlaufsabweichung, wobei dann aber bzgl. Vorsatz und Schuldfähigkeit früher angesetzt werden muss (vgl. dazu beim Vorsatz den Blutrausch-Fall, Rn. 85). **176**

2. Actio libera in causa

Setzt der Täter in schuldfähigem Zustand eine Ursache für eine Tat, die er danach in schuldunfähigem Zustand verwirklicht, so ist seine Strafbarkeit wegen dieser Tat nicht grundsätzlich ausgeschlossen. Denn in solchen Fällen ist die Tat zwar in ihrem Vollzug (in actu) unfrei, aber in ihrer Ursache (in causa) frei.[18] Daher der Begriff „actio libera in causa" (a.l.i.c.). **177**

Den Anhaltspunkt für die Strafbarkeit bildet also bereits bei dieser Herleitung die Verursachungshandlung im schuldfähigen Zustand. Allerdings ist die Begründung für diese Rechtsfigur umstritten.[19]

---

16 *Sch/Sch/Perron*, § 20, Rn. 18.
17 *Fischer*, § 20, Rn. 10.
18 *Ebert*, AT, S. 99.
19 Umfassend zu den verschiedenen Lösungsmodellen *Satzger*, Jura 2006, 514 ff.; *Rönnau*, JuS 2010, 300 ff.

Begründungsversuche:

(1) Ausnahmemodell[20]

Danach ist die a.l.i.c. eine Ausnahme vom Schuldgrundsatz.

- *Kritik:* Mit Art. 103 II GG, der auch den Grundsatz „Keine Strafe ohne Schuld!" beinhaltet, ist das Ausnahmemodell nicht zu vereinbaren, da § 20 StGB vom Koinzidenzprinzip geprägt ist.[21] Nach diesem Prinzip hat die Definition der Straftat als tatbestandsmäßige, rechtswidrige und schuldhafte Vornahme oder Unterlassung einer Handlung zwingend zur Folge, dass von einer Straftat nur dann die Rede sein kann, wenn sämtliche verbrechenskonstitutiven Merkmale zeitgleich erfüllt sind.

(2) Tatbestandsmodelle (= Vorverlegungstheorien)[22]

(a) H. M.[23]: Die Tat ist in ihrer Ursache (Betrinken) bereits der Beginn der Tat bzw. des Versuchs = Ursächlichkeit der actio praecedens für die spätere Tat.

(b) Rechtsgedanke der mittelbaren Täterschaft[24]: Der Täter benutzt sich selbst als Werkzeug.

- *Kritik am Tatbestandsmodell der h. M.:* Nicht jede Ursache einer Tatbestandsverwirklichung ist Begehung der Tat oder gar Versuchsbeginn.[25]
- *Kritik am Rechtsgedanken der mittelbaren Täterschaft:* Typisch für die mittelbare Täterschaft ist, dass man das Werkzeug in der Hand hat, d. h. es steuert. Hier dagegen verliert der Täter die Steuerung über sich selbst gerade.[26] Außerdem verlangt § 25 I Alt. 2 StGB, dass ein „anderer" als Werkzeug benutzt wird, sodass diese Figur nicht ohne Verstoß gegen das Analogieverbot herangezogen werden kann.

(3) Stellungnahme

Insgesamt lässt sich die Richtigkeit des herrschenden Tatbestandsmodells mit dem Rechtsgedanken der mittelbaren Täterschaft durchaus stützen.[27] Allerdings muss man sich darüber im Klaren sein, dass es sich dabei nicht um einen echten Fall mittelbarer Täterschaft handelt, sondern dass der Versuchsbeginn lediglich *wie* bei der mittelbaren Täterschaft schon mit der Versetzung in den unzurechnungsfähigen Zustand als Beginn der Ausführung angesehen werden kann, weil der Täter damit das Geschehen

---

20 *Kühl*, AT, § 11, Rn. 9 ff.; *Lackner/Kühl*, § 20, Rn. 25; *Otto*, AT, § 11, Rn. 9 ff.; *Streng*, JZ 2000, 20; *Wessels/Beulke/Satzger*, AT, Rn. 415 m. w. N.

21 So jetzt auch BGHSt 42, 241; vgl. aber auch schon vorher *Hettinger*, Geerds-FS, 1995, S. 632 ff.; *Hruschka*, JZ 1996, 67; *Puppe*, JuS 1980, 347. Siehe aber auch *Krey/Esser*, AT, Rn. 709 f., der davon ausgeht, dass die a.l.i.c. von § 20 StGB überhaupt nicht erfasst wird. *Kindhäuser*, AT, § 23, Rn. 20 f. sieht diesen Einwand und verlangt daher de lege ferenda eine Ergänzung des § 20 StGB i. S. d. in § 35 I 2 StGB getroffenen Regelung.

22 Näher dazu und zu den Folgen dieses Modells *Schweinberger*, JuS 2006, 507 ff.

23 BGHSt 42, 235, 239; *Jakobs*, AT, 17/64 ff.; *Puppe*, JuS 1980, 347; SK-*Wolters*, § 323a, Rn. 28 f.; SK-*Rudolphi*, § 22, Rn. 21.

24 Dieser Gedanke findet sich teilweise auch zusätzlich zur Begründung des Tatbestandsmodells der h. M., so etwa bei *Jakobs*, AT, 17/64 ff.; *Roxin*, AT/I, § 20, Rn. 61; *ders.*, Maurach-FS, 1972, S. 213 ff.; *ders.*, JuS 1979, 11; LK-*Schöch*, § 20, Rn. 198. Dazu auch *Dold*, GA 2008, 282 ff.

25 Vgl. zur Kritik *Kühl*, AT, § 11, Rn. 14 ff. m. zahlr. w. N.

26 So etwa gegen diesen Gedanken *Otto*, AT, § 13, Rn. 23.

27 So auch *Roxin*, AT/I, § 20, Rn. 61.

aus der Hand gibt. Mittelbare Täterschaft setzt im Übrigen nicht stets Steuerung voraus (so fällt etwa bei der Benutzung Schuldunfähiger zur Tatausführung die Steuerung nach Entlassung des Werkzeugs aus dem Herrschaftsbereich ebenfalls fort), sodass die Kritik hier einem Missverständnis unterliegt. Eine verbotene Analogie ist mit diesem Rechtsgedanken jedenfalls nicht verbunden, solange mit ihm nur die Vergleichbarkeit und die damit verbundene Rechtfertigung des frühen Versuchsbeginns begründet werden. Die a.l.i.c. wird dann nämlich nicht als eine Form der mittelbaren Täterschaft begriffen, sondern nur als eine Fallgruppe, in der der Versuch früher beginnen kann, *wie* dies auch bei der Fallgruppe der mittelbaren Täterschaft der Fall ist. So formuliert, entfällt also der Einwand des Verstoßes gegen das Analogieverbot.[28]

a) Vorsätzliche actio libera in causa bei Erfolgsdelikten

Diese liegt vor, wenn der Täter bei Ingangsetzen der Ursachenreihe den bedingten oder unbedingten Vorsatz hat, nach Wegfall der Schuldfähigkeit die ins Auge gefasste Tat zu begehen. **178**

Dabei muss sich sein Vorsatz auch auf die Herbeiführung der Schuldunfähigkeit erstrecken (Vorsatz-Vorsatz-Kombination).

Beispiel: A trinkt sich für einen Raubüberfall Mut an, weil er weiß, dass er nur in schuldunfähigem Zustand dazu fähig ist. Tatsächlich raubt er in schuldunfähigem Zustand den B aus.

Lösung: A ist strafbar nach § 249 I StGB in Form der vorsätzlichen actio libera in causa.

Für die Übereinstimmung des Vorsatzes mit der letztlich begangenen Tat gelten die beim subjektiven Tatbestand entwickelten Grundsätze:[29]

aa) Der Vorsatz muss konkret auf die Verwirklichung eines bestimmten, wenn auch nicht notwendig schon in allen Einzelheiten konkretisierten, Tatbestands gerichtet sein. **179**

Daher liegt keine vorsätzliche actio libera in causa vor, wenn A im schuldfähigen Zustand den Vorsatz fasst, im Zustand der Schuldunfähigkeit den B zu verprügeln, ihn dann aber ersticht. Hier ist nur fahrlässige Tötung möglich (sofern etwa der Täter an diese Möglichkeit der Eskalation hätte denken müssen, weil er ein Messer bei sich trug und im Rausch stets extrem gewalttätig wird) sowie versuchte Körperverletzung in Form der actio libera in causa (hinsichtlich des beabsichtigten Verprügelns), die seit dem 6. StrRG nach § 223 II StGB strafbar ist.

Daneben tritt § 323a StGB in Tateinheit (rechtswidrige Tat im Sinne dieser Vorschrift ist die vorsätzliche Tötung, da A selbstverständlich mit natürlichem Vorsatz, wenn auch ohne Schuld, getötet hat). Daraus folgt: § 323a StGB tritt neben die Fahrlässigkeitstat, wenn der Täter etwas anderes gewollt hat (was den Tatbestand anbetrifft).

bb) Im Rahmen desselben Tatbestands genügt ein genereller Vorsatz. **180**

Beispiel: Wer in noch nüchternem Zustand den Entschluss fasst, nach Eintritt der Volltrunkenheit irgendeine Person zu töten und dies dann auch tut, ist gem. § 212 StGB in Form der actio libera in causa strafbar (dolus generalis).

---

28 Dies hat auch BGHSt 42, 230, 240 übersehen, wenn er sich zwar dem Tatbestandsmodell anschließt, sich dabei aber dem Rechtsgedanken der mittelbaren Täterschaft verschließt.

29 Dazu und zu den folgenden Beispielen auch *Ebert*, AT, S. 102.

181 cc) Umstritten ist allerdings die Behandlung von Vorsatzabweichungen.

Beispiel: A hat in nüchternem Zustand den Plan zur Vergewaltigung einer bestimmten Frau gefasst, in seiner Trunkenheit dann aber eine andere Frau vergewaltigt.

Hier soll nach BGH ein unbeachtlicher error in persona vorliegen, sodass A nach § 177 I StGB in Form der actio libera in causa strafbar ist.[30]

Dem ist in dieser Allgemeingültigkeit zu widersprechen.[31] Der Kausalverläufe steuernde Verwirklichungswille[32] war bei A in schuldfähigem Zustand – und auf diesen kommt es an – nur auf die bestimmte Frau gerichtet. Die andere Frau hatte er zu diesem Zeitpunkt noch nicht in sein Bewusstsein aufgenommen. Wendet man den Rechtsgedanken der mittelbaren Täterschaft an, so schickt sich hier der Täter quasi auf die ins Auge gefasste Person los, trifft aber eine andere.

Ergebnis: A ist strafbar gem. § 323a StGB bzgl. der tatsächlich vergewaltigten Frau sowie u. U. wegen Versuchs an der nicht vergewaltigten Frau, mit dem Problem des unmittelbaren Ansetzens (nach h. L. beginnt der Versuch aber mit dem Aus-der-Hand-Geben des Geschehens).

Bezweifelt wird dies, wenn der Täter davon ausgegangen ist, dass er im Defektzustand das Opfer noch identifizieren muss. Denn dann ist die spätere Identifizierung vom Vorsatz mit abgedeckt und die fehlerhafte Identifizierung nicht aberratio ictus, sondern error in persona.[33]

b) Fahrlässige actio libera in causa bei Erfolgsdelikten und vorsätzliche actio libera in causa bei eigenhändigen Delikten – Aufgabe durch BGHSt 42, 235 –

182 Die Idee der vorsätzlichen actio libera in causa besteht – wie gesehen – nach den herrschenden Vorverlegungstheorien gerade darin, dass der Täter bereits durch das Sich-Betrinken die Ursache für die spätere Tat setzt, sodass darin schon der Beginn der Tat zu sehen ist. Vergegenwärtigt man sich dies, so ist diese Rechtsfigur im Fahrlässigkeitsbereich unnötig und bei den eigenhändigen Delikten sogar unbrauchbar.

Denn **im Fahrlässigkeitsbereich** genügt ohnehin schon jeder Fahrlässigkeitsbeitrag im Vorfeld, sodass das Sich-Betrinken bis zur Schuldunfähigkeit als Anknüpfungspunkt für die Zurechnung des späteren Erfolges ohne Weiteres herangezogen werden kann, ohne dass es dazu einer eigenen Rechtsfigur der a.l.i.c. bedürfte.[34] Freilich ist stets

---

30 Vgl. BGHSt 21, 381, 384; ebenso *Blei*, AT, S. 193; *Cramer*, JZ 1968, 275; *Hecker*, JuS 1991, L 85, 88.

31 Vgl. *Lackner/Kühl*, § 20, Rn. 26; *Roxin*, AT/I, § 20, Rn. 74; *Sch/Sch/Perron/Weißer*, § 20, Rn. 37; SK-*Rudolphi*, § 20, Rn. 31; *Otto*, Jura 1986, 432; *Wessels/Beulke/Satzger*, AT, Rn. 418. Siehe auch den Übungsfall bei *Mitsch*, Jura 1989, 485 f.

32 Vgl. zu diesem Begriff bereits o. Rn. 90 m. Fn. 76.

33 So z. B. *Kühl*, AT, § 11, Rn. 23.

34 Bis zur Entscheidung BGHSt 42, 235 wurde jedoch eine fahrlässige a.l.i.c. angenommen, wenn der schuldfähige Täter bei Ingangsetzen der Ursachenreihe fahrlässig nicht bedenkt (unbewusste Fahrlässigkeit) oder im Vertrauen darauf, dass nichts passieren werde, sich über die Möglichkeit hinweggesetzt (bewusste Fahrlässigkeit), dass er nach Wegfall der Schuldfähigkeit die betreffende Tat ausführen wird. Dabei musste der Täter hinsichtlich der Herbeiführung der Schuldunfähigkeit entweder fahrlässig oder vorsätzlich handeln (Fahrlässigkeits-Fahrlässigkeits-Kombination oder Fahrlässigkeits-Vorsatz-Kombination).

Voraussetzung, dass die spätere Tatbegehung auch vorhersehbar war, was immer zusätzlich zu prüfen ist (gibt etwa A seinen Fahrzeugschlüssel in der Gaststätte beim Wirt ab, weil er sich mal richtig betrinken möchte und verliert der Wirt später den Schlüssel und wird zufällig von dem inzwischen tatsächlich volltrunkenen A gefunden, der dann doch nach Hause fährt und dabei wegen seiner Trunkenheit den Fußgänger F tödlich überrollt, so ist dieser atypische Geschehensablauf nicht vorhersehbar, sodass eine Bestrafung des A wegen fahrlässiger Tötung angesichts der getroffenen Vorkehrungen mangels Vorhersehbarkeit nicht in Frage kommt; es bleibt daher nur eine Bestrafung nach § 323a StGB). Dies ändert aber nichts daran, dass das Sich-Betrinken grundsätzlich schon den Fahrlässigkeitsvorwurf begründen kann (etwa wenn A die Schlüssel nicht vorher abgibt). Im Vorsatzbereich genügt dagegen nicht schon jeder Verursachungsbeitrag, da der Erfolg dort ja bewusst verwirklicht werden muss, sodass schon bei der Vorhandlung zusätzlich eine geistige Beziehung zum Erfolg hergestellt sein muss, die es notwendig macht, dafür die Rechtsfigur der a.l.i.c. einzuführen.

Und **bei den eigenhändigen Delikten**[35] besteht der Unrechtsgehalt – anders als bei Erfolgsdelikten – nicht nur in der bloßen Verursachung eines Erfolges, sondern in der persönlichen Verwirklichung einer gesetzlich vertypten Tathandlung (so setzt die Trunkenheitsfahrt nach § 316 StGB ein Führen eines Fahrzeugs voraus und der Meineid nach § 154 StGB ein falsches Schwören etc.). Hier passt daher das bloße Erfolgsverursachungsprinzip nicht, sodass die Rechtfigur der a.l.i.c. bei diesen Delikten keine Anwendung finden kann.

Der BGH hat daher im Fahrlässigkeitsbereich und im Bereich der eigenhändigen Delikte die Rechtsfigur der a.l.i.c. zu Recht aufgegeben. Zugrunde liegt dem folgender

Fall 29: Der A, der mit seinem Auto unterwegs war, trank in einer Gaststätte, die auf seinem Weg lag, etwa fünf Liter Bier sowie mehrere Schnäpse und machte sich dann an die Weiterfahrt. Gegen 21.30 Uhr fuhr er mit einer BAK von 3,2 Promille in Schlangenlinien auf einer Bundesstraße und überfuhr dabei von hinten kommend zwei vorschriftsmäßig am rechten Straßenrand fahrende Radfahrer. Diese erlitten tödliche Verletzungen und verstarben noch an der Unfallstelle. Strafbarkeit des A? (**Trunkenheitsfahrt-Fall II**, verkürzt und abgewandelt nach BGHSt 42, 235)[36] 183

Lösung: 184

I. Fahrlässige Tötung an den beiden Radfahrern, § 222 StGB

1. Da A beim Zufahren auf die Radfahrer eine BAK von über 3 Promille aufwies, war er zur Zeit der unmittelbar todbringenden Handlung infolge einer tiefgreifenden Bewusstseinsstörung i. S. d. § 20 StGB nicht schuldfähig.
Eine Fahrlässigkeitsbestrafung wegen der tödlichen Trunkenheitsfahrt selbst scheidet daher aus.

35 Ausführlich zu den eigenhändigen Delikten *Satzger*, Jura 2011, 103 ff.

36 Vgl. dazu auch die Anm. von Ambos, NJW 1997, 2296; *Fahnenschmidt/Klumpe*, DRiZ 1997, 77; *Geppert*, JK 2 a/b; *Hardtung*, NZV 1997, 230; *Hirsch*, NStZ 1997, 230; *Horn*, StV 1997, 264; *Hruschka*, JZ 1997, 22; *Neumann*, StV 1997, 23; *Spendel*, JR 1997, 133; *Wolff*, NJW 1997, 2032.

2. Denkbar wäre jedoch eine Bestrafung gem. **§ 222 StGB** ggf. in Verbindung mit den Grundsätzen der fahrlässigen a.l.i.c. Durch diese Rechtsfigur wird der strafrechtliche Vorwurf auf die im Rausch begangene Tat erstreckt, weil der Täter in noch verantwortlichem Zustand bereits eine vorwerfbare innere Beziehung zur späteren Tat hergestellt hat, indem er sich von dem übermäßigen Alkoholgenuss schuldhaft nicht durch die Vorstellung abhalten ließ, er werde im Rausch möglicherweise eine bestimmte Straftat begehen.
Eines Rückgriffs auf die von der Rspr. bisher herangezogene Rechtsfigur der a.l.i.c. bedarf es jedoch im Bereich der Fahrlässigkeitsdelikte nicht, weil dort jedes in Bezug auf den tatbestandsmäßigen Erfolg sorgfaltswidrige Verhalten des Täters genügt, das diesen ursächlich herbeiführt. Aus diesem Grund bestehen, wenn mehrere Handlungen als sorgfaltswidrige in Betracht kommen (wie hier das Sich-Betrinken trotz erkennbarer Gefahr einer Trunkenheitsfahrt und die Fahrt selbst), keine Bedenken, den Fahrlässigkeitsvorwurf an das zeitlich frühere Verhalten anzuknüpfen, das dem Täter – anders als das spätere – auch als schuldhaft vorgeworfen werden kann.
Da A vorliegend sich zu betrinken begann, obwohl er hätte erkennen können, dass er sein Auto noch weiter benutzen und trunkenheitsbedingt dabei Menschen töten könnte, war er mit Blick auf diese Vorfeldhandlung uneingeschränkt schuldfähig.
A ist daher wegen fahrlässiger Tötung an den beiden Radfahrern strafbar.

II. Vorsätzliche Gefährdung des Straßenverkehrs, §§ 315c I Nr. 1a, III Nr. 1, 11 II StGB

1. A hat vorsätzlich im Straßenverkehr ein Fahrzeug geführt, obwohl er angesichts einer BAK von über 1,1 Promille absolut fahruntauglich war, und er hat dadurch fahrlässig die Radfahrer in konkrete Lebensgefahr gebracht, § 315c I Nr. 1a, III Nr. 1 StGB. Obwohl die Kritikfähigkeit hinsichtlich der eigenen Fahrtauglichkeit bei Betrunkenen gewöhnlich herabgesetzt sein kann, dürfte hier deshalb Vorsatz in Bezug auf die Tathandlung (Fahren im fahruntauglichen Zustand) zu bejahen sein, da A Schlangenlinien fuhr und er daher seine Fahruntauglichkeit erkennen musste.
Allerdings kann ihm diese Tat nicht als schuldhaft begangen vorgeworfen werden, da A zur Zeit der Trunkenheitsfahrt schuldunfähig war (s. o.).

2. Zu erwägen ist insoweit, ob der Schuldvorwurf im Wege der a.l.i.c. in ungeschriebener Ausnahme von dem in § 20 StGB zugrunde gelegten Koinzidenzprinzip vorverlagert und dem Täter das Sich-Berauschen als schuldhaftes Vorverhalten vorgeworfen werden kann. Ein so verstandenes Ausnahmemodell stellt also auf die Tat in betrunkenem Zustand ab und holt lediglich die Schuld für diese Tat aus dem Vorfeld.
Das Ausnahmemodell ist aber mit dem eindeutigen Wortlaut des § 20 StGB, nach dem Schuldfähigkeit „bei Begehung der Tat" vorliegen muss, nicht in Einklang zu bringen. Aus diesem Grunde kann die a.l.i.c. auch nicht als richterrechtliche Ausnahme vom Koinzidenzprinzip oder als Gewohnheitsrecht anerkannt werden. Beides wäre mit Art. 103 II GG, der strafbarkeitsbegründendes Gewohnheitsrecht verbietet, unvereinbar.

III. Denkbar wäre jedoch eine Bestrafung wegen **vorsätzlicher Gefährdung des Straßenverkehrs gem. §§ 315c I Nr. 1a, III Nr. 1, 11 II StGB i. V. m. den Grundsätzen der a.l.i.c.**, indem man allein auf die Vorfeldhandlung abstellt.
A hat nämlich in Kauf genommen, dass er anschließend noch in einem fahruntauglichen Zustand mit seinem Fahrzeug am Straßenverkehr teilnehmen werde und es war dabei für ihn vorhersehbar, dass er dadurch andere Personen in konkrete Lebensgefahr bringen kann.

1. Geht man mit den Vertretern der sog. Tatbestandslösung davon aus, dass bereits das Sich-Betrinken vor der Tat den maßgeblichen Teil der Tatbestandsverwirklichung darstellt, so wäre die Koinzidenz von Tat und Schuld gewahrt.
Indessen kann mit dieser Erwägung die Anwendung der a.l.i.c. auf die Straßenverkehrsgefährdung nicht begründet werden. Die Tatbestandslösung, der die Vorstellung zugrunde liegt, dass bereits das Trinken ein Anfang der Ausführung der geplanten Tat ist, mag bei Erfolgsdelikten eine tragfähige Grundlage für die Rechtsfigur der a.l.i.c. darstellen. Bei Tat-

beständen aber, die wie die §§ 315c, 316 StGB ein Verhalten verbieten, das nicht als Herbeiführung eines dadurch verursachten, von ihm trennbaren Erfolges begriffen werden kann, kann sie die Annahme schuldhafter Taten trotz schuldausschließenden Vollrausches bei der eigentlichen Tathandlung nicht rechtfertigen. Denn die Verkehrsstraftaten nach §§ 315c, 316 StGB, 21 StVG setzen voraus, dass der Täter das Fahrzeug „führt". Das Führen ist dabei kein Verursachen der Bewegung, sondern beginnt erst mit dem Bewegungsvorgang des Anfahrens selbst. Wenn für ein Anfahren schon nicht genügt, dass der Täter den Motor seines Fahrzeugs anlässt,[37] so kann erst recht im Sich-Berauschen in Fahrbereitschaft noch nicht der Beginn der Trunkenheitsfahrt liegen.

2. Auch wenn man die Rechtsfigur der a.l.i.c. als einen der mittelbaren Täterschaft i. S. v. § 25 I Alt. 2 StGB vergleichbaren Fall auffasst, ergibt sich keine andere Lösung. Denn eine solche Sicht verstößt zwar nicht gegen das Analogieverbot, da nur der Gedanke der mittelbaren Täterschaft herangezogen wird, wonach der Versuchsbeginn bei einem Aus-der-Hand-Geben des Geschehens bereits früher einsetzen kann. Jedoch gilt dies für die Verkehrsstraftaten nach §§ 315c, 316 StGB gerade nicht, da sie eigenhändige Delikte darstellen, die nicht in mittelbarer Täterschaft begangen werden können, sodass dieser Gedanke dementsprechend auch nicht übertragbar erscheint. Indem der Täter sich betrinkt, führt er also nicht mittelbar einen Wagen.

Zwischenergebnis: A kann daher mangels Schuldfähigkeit nicht wegen vorsätzlicher Gefährdung des Straßenverkehrs bestraft werden.

IV. In gleicher Weise scheidet eine Bestrafung wegen **vorsätzlicher Trunkenheit im Verkehr nach § 316 I StGB** aus.

V. Da A sich aber vorsätzlich in einen Rausch versetzt und in diesem Zustand eine rechtswidrige Tat (Gefährdung des Straßenverkehrs) begangen hat, deretwegen er wegen Schuldunfähigkeit nicht bestraft werden kann, hat er den Tatbestand des **vorsätzlichen Vollrausches nach § 323a StGB** verwirklicht.

VI. Konkurrenzen: Dadurch, dass A zwei Radfahrer tötete, ist er wegen fahrlässiger Tötung in zwei tateinheitlich zusammentreffenden Fällen strafbar, § 52 I Alt. 2 StGB. Der vorsätzlich verwirklichte Vollrausch steht dazu ebenfalls in Tateinheit, § 52 I Alt. 1 StGB.

c) *Prüfungsschema zur actio libera in causa*

Sofern man sich dem Tatbestandsmodell anschließt, sollte die actio libera in causa im Prüfungsaufbau als eigener „Tatbestand" auftauchen. **185**

1. Die Rechtsfigur der fahrlässigen a.l.i.c. ist aus den oben genannten Gründen in der Klausur nur noch kurz abzulehnen, wobei dies am besten innerhalb der üblichen Fahrlässigkeitsprüfung geschieht (siehe nochmals soeben die klausurmäßige Darstellung von BGHSt 42, 235!).

2. Wichtig für die Klausur ist nur noch die vorsätzliche a.l.i.c., wobei man sich darüber im Klaren sein muss, dass der BGH in der genannten Entscheidung auch die vorsätzliche a.l.i.c. in Teilbereichen abgeschafft hat; und zwar bei Tätigkeitsdelikten, bei denen es nicht auf den Erfolg eines Verhaltens, sondern nur auf das Verhalten selbst ankommt. Dort genügt nämlich laut BGH ein bloßer Verursachungsbeitrag im Vorfeld nicht. Der BGH beschränkt den Anwendungsbereich

37 BGHSt 35, 394.

der vorsätzlichen a.l.i.c. damit auf die reinen Erfolgsdelikte wie §§ 223, 212, 177 StGB etc. Die Auswirkungen der genannten Entscheidung sind allerdings noch nicht absehbar und die literarische Diskussion ist noch im Fluss.

Wichtig ist aber zu merken, dass der BGH jedenfalls im Bereich der §§ 315c, 316 StGB eine vorsätzliche a.l.i.c. ablehnt. Der entscheidende Begründungssatz lautet nochmals: „Das Führen eines Fahrzeugs ist kein bloßes Verursachen der Bewegung, sondern beginnt erst mit dem Bewegungsvorgang des Anfahrens selbst; wenn für ein Anfahren schon nicht genügt, dass der Täter den Motor nur anlässt, so kann erst recht im Sich-Berauschen noch nicht der Beginn der Trunkenheitsfahrt liegen."

3. Bei reinen Erfolgsdelikten verbleibt es jedoch für die vorsätzliche a.l.i.c. beim altbewährten Prüfungsschema, das hier anhand des § 212 StGB dargestellt werden soll:

a) § 212 StGB

aa) Tatbestandsmäßigkeit

(1) Objektiver Tatbestand

(2) Subjektiver Tatbestand
Dieser erfordert Vorsatz, der grundsätzlich auch bei Volltrunkenheit zu bejahen ist, da ein natürlicher Vorsatz genügt!
Achtung Klausur: Die Verneinung des Vorsatzes wegen Volltrunkenheit wäre ein schwerer Fehler, da die fehlende Schuld nach richtiger Auffassung mit dem Vorsatz nichts zu tun hat

bb) Rechtswidrigkeit → Fehlen von Rechtfertigungsgründen

cc) Schuld
- (–)
- Vorverlegung der Schuld mit sog. Ausnahmemodell auf das Sich-Versetzen in Rausch, d. h. das Ausnahmemodell stellt auf die Tat in der Volltrunkenheit ab und holt sich nur ausnahmsweise (!) die Schuld aus dem Vorfeld
- eine so begründete a.l.i.c. scheitert aber an § 20 StGB i. V. m. Art. 103 II GG

Sodann auf Tatbestandsmodelle übergehen, wobei die a.l.i.c. als eigenständiger Prüfungspunkt fungiert:

b) § 212 StGB in Form der a.l.i.c.

aa) Zunächst Diskussion, ob Defektbegründung bereits tatbestandsmäßige Handlung im Sinne einer actio praecedens (Vorverlegungstheorien)
- Diskussion des Tatbestandsmodells und des Gedankens der mittelbaren Täterschaft
- bei Erfolgsdelikten Vorverlagerung über Verursachungsprinzip möglich
- nicht dagegen bei Tätigkeitsdelikten bzw. eigenhändigen Delikten wie §§ 315c, 316, 153, 154 StGB, hier vielmehr nur § 323a StGB

bb) Bei Erfolgsdelikten weiterprüfen, ob der Tatbestand der vorsätzlichen a.l.i.c. erfüllt ist:

(1) Tatbestandsmäßigkeit
- Objektiver Tatbestand, d. h. der Täter muss durch die Herbeiführung des § 20 StGB eine Ursache für die spätere Tötung gesetzt haben
- Subjektiver Tatbestand, d. h. Doppelvorsatz bezüglich
  - Herbeiführung des § 20 StGB (keine zu strengen Anforderungen in der Klausur stellen)
  - Tötung eines anderen im Zustand des § 20 StGB

(2) Rechtswidrigkeit hinsichtlich des Sich-Betrinkens (nur theoretisch zu prüfen, in der Klausur aber grundsätzlich unproblematisch und daher wegzulassen)

(3) Schuld hinsichtlich des Sich-Betrinkens (nur theoretisch zu prüfen, in der Klausur aber grundsätzlich unproblematisch und daher wegzulassen)

d) Insbesondere: § 323a StGB

§ 323a StGB wird üblicherweise erst im Besonderen Teil des Strafrechts dargestellt.[38] **186**
Da er jedoch eng mit der a.l.i.c.-Problematik verbunden ist, soll seine Behandlung hier bereits in diesem Zusammenhang erfolgen:

Voraussetzungen:

1. Objektive Tathandlung: Sich-in-Rausch-Versetzen (bis zur Schuldunfähigkeit, § 20 StGB, oder zumindest verminderten Schuldfähigkeit, § 21 StGB, d. h. es muss zumindest der „sichere" Bereich des § 21 StGB gegeben sein).

2. Subjektiv: vorsätzliches oder fahrlässiges Sich-Versetzen in Rausch

3. Rauschtat = objektive Bedingung der Strafbarkeit, *aber*:
- Handlungsfähigkeit muss gegeben sein (nicht, wenn jemand in absolutem Drogendelirium vom Sofa fällt und dadurch ein Baby erstickt).
- nach einhelliger Auffassung muss auch ein subjektiver Tatbestand festgestellt werden, d. h. ein Tatbestandsirrtum im Rausch schließt eine vorsätzliche Rauschtat aus. Bei Fahrlässigkeitstaten muss sich der Täter objektiv sorgfaltswidrig verhalten haben.

  Beispiel: A hält die Gäste des gesamten Lokals im Suff frei. Er kann nicht mehr überblicken, dass die Bestellung seine Barschaft übersteigt.[39]

  Lösung: Kein Betrug als Rauschtat, da ihm der Täuschungswille fehlt.

- Schließlich muss für den Täter nach der Rspr. zumindest vorhersehbar gewesen sein, dass er im Rausch Straftaten der begangenen[40] oder vergleichbarer Art verüben wird.[41]

  Beispiel: A widersetzt sich dem Polizeibeamten B, als dieser ihn durch einen Griff an den Oberarm wegen Störungen vom Bahnhofsgelände verweisen will. A schlägt deshalb mit den

38 Vgl. zu dieser Vorschrift auch ausf. *Geppert*, Jura 2009, 40 ff.; zum subjektiven Tatbestand siehe auch *Geisler*, NStZ 2009, 40 ff.
39 BGHSt 18, 235.
40 Vgl. *Roxin*, AT/I, § 23, Rn. 8.
41 Zutreffend HKGS-*Verrel*, § 323a, Rn. 5. Näher zur subjektiven Beziehung des Rauschtäters zur Rauschtat *Kraatz*, ZStW 125 (2013), 819 ff.

Armen um sich. Nachdem B den A auf die Polizeiwache verbracht hatte, riss sich A noch einmal los und ballte gegenüber B die Fäuste. Dieser konnte A jedoch problemlos erneut festnehmen. Zum Tatzeitpunkt hatte A eine Blutalkoholkonzentration von 3,5 Promille. Außerdem wurde festgestellt, dass A bislang im alkoholisierten Zustand „nur" im Zusammenhang mit Betäubungsmitteldelikten, Diebstählen und Straßenverkehrsverstößen auffällig geworden ist. Strafbarkeit des A?[42]

Lösung: Weder in dem Um-sich-Schlagen noch in dem späteren Ballen der Fäuste wird man eine versuchte Körperverletzung sehen können, da es A wohl mehr um eine Flucht bzw. Drohung ging. Denkbar ist daher nur eine Strafbarkeit des A nach § 113 I Alt. 1 StGB wegen Widerstands gegen Vollstreckungsbeamte (dieser geht § 240 StGB vor). Jedoch scheitert eine Strafbarkeit mangels Schuld, da A zum Tatzeitpunkt mit 3,5 Promille alkoholbedingt schuldunfähig war. Auch kommt eine Strafbarkeit nach § 113 I Alt. 1 StGB i. V. m. den Grundsätzen der vorsätzlichen a.l.i.c. nicht in Frage, da ein Vorsatz zum Zeitpunkt des Sich-Berauschens im Hinblick auf die spätere Tatbegehung nicht erkennbar ist. Denkbar ist daher nur eine Strafbarkeit nach § 323a StGB. Insoweit hat sich A vorsätzlich in den Rausch versetzt. Als objektive Bedingung der Strafbarkeit liegt mit § 113 I Alt. 1 StGB auch eine Rauschtat vor. Jedoch verneint das OLG Hamm eine Strafbarkeit auch nach dieser Vorschrift, da für A nicht ohne Weiteres vorhersehbar gewesen sei, dass er im Rausch irgendwelche „Ausschreitungen" strafbarer Art begehen werde. Begründet wurde dies damit, dass A in der Vergangenheit im Wesentlichen nur im Bereich der Betäubungsmitteldelikte bzw. bei Diebstählen und Straßenverkehrsdelikten im alkoholisierten Zustand auffällig geworden sei. Das OLG Hamm hat daher eine Straflosigkeit des A angenommen.

§ 323a StGB ist nach weitverbreiteter Meinung ein abstraktes Gefährdungsdelikt und bedeutet letztlich eine Durchbrechung des Grundsatzes „Keine Strafe ohne Schuld!", Art. 103 II GG (weshalb teilweise die Abschaffung des § 323a StGB gefordert wird).[43]

Sonderproblem 1: Konkurrenzen zu § 323a StGB[44]

Auch nach der Bejahung der actio libera in causa ist zu § 323a StGB noch kurz Stellung zu nehmen:

- Gegenüber der *vorsätzlichen* actio libera in causa tritt § 323a StGB als subsidiär zurück.
- Ist die Rauschtat ein anderes – auch geringeres – Delikt als ursprünglich vorgestellt, so können versuchte (vorsätzliche) actio libera in causa und § 323a StGB in Idealkonkurrenz stehen.
- Zwischen § 323a StGB und *fahrlässiger* Tatbestandsverwirklichung (Vorfeld!) kann Idealkonkurrenz bestehen. Begründung: Sonst würde der Unrechtsgehalt einer im Rausch begangenen Vorsatztat u. U. nicht erfasst.

Sonderproblem 2: Wahlfeststellung

Grundsatz: Keine Wahlfeststellung (= Verurteilung „entweder – oder"; vgl. allerdings zur Frage der grundsätzlichen Berechtigung der Wahlfeststellung nunmehr Rn. 396)

---

42 Nach OLG Hamm NStZ 2009, 40 m. Anm. *Geisler*.

43 Insgesamt ist die Vorschrift auch in ihrer Einordnung extrem umstritten, vgl. dazu die Nachw. bei *Sch/Sch/Sternberg-Lieben/Hecker*, § 323a, Rn. 1, die die Vorschrift selbst als konkretes Gefährdungsdelikt begreifen.

44 Vgl. dazu *Sch/Sch/Sternberg-Lieben/Hecker*, § 323a, Rn. 31 f.; Matt/Renzikowski/*Safferling*, § 323a, Rn. 21.

zwischen Rauschtat und dem Vollrausch, d. h. zwischen rechtswidriger Tat im Vollrausch und § 323a StGB, da zwischen der im Rausch begangenen Tat und einer verantwortlich verwirklichten Rechtsgutsverletzung ein normatives Stufenverhältnis besteht.[45]

Ist nicht feststellbar, ob der Täter schuldunfähig, vermindert schuldfähig oder – trotz Berauschung – voll schuldfähig war, so ist er bei erwiesener Berauschung nach wohl h. M. nach § 323a StGB zu bestrafen, da er – in dubio pro reo – zugunsten § 323a StGB nicht schlechter steht.[46] Eine Strafbarkeitslücke bleibt für die Fälle, in denen nicht mehr nachweisbar ist, ob der Täter überhaupt berauscht war; dann kann weder aus Vollrausch noch aus der Tat im angeblichen Rausch bestraft werden, da der Täter dann ja möglicherweise völlig nüchtern war (str.).

C. Unrechtsbewusstsein

I. Definition

Unrechtsbewusstsein ist die Kenntnis der rechtlichen Verbotenheit der Tat. **187**

II. Ausschlussgründe

Das Fehlen des Unrechtsbewusstseins heißt (im Gesetz) **Verbotsirrtum**, § 17 StGB. **188**
Dieser kann verschiedene Gründe haben:[47]

1. Unkenntnis der einschlägigen Verbotsnorm (= schlichter Verbotsirrtum)

Beispiel: Jäger J schießt einen Auerhahn. Er wusste nicht, dass der Auerhahn in Deutschland eine ganzjährige Schonzeit hat.[48]

2. Irrige Annahme der Rechtsungültigkeit einer Verbotsnorm (= Gültigkeitsirrtum)

Beispiel: Schwangerschaftsabbruch in der Meinung, § 218 StGB sei ungültig.

3. Die zu enge Auslegung einer Verbotsnorm (= Subsumtionsirrtum)

Dieser ist für den Vorsatz unbeachtlich, auf Schuldebene aber evtl. bedeutsam. (Siehe zu Beispielen näher beim Vorsatz!)

4. Irrige Annahme eines nicht existierenden Rechtfertigungsgrundes (= Erlaubnisirrtum)

Beispiel: Lehrer L glaubt, er hätte ein Züchtigungsrecht, er nimmt also einen Rechtfertigungsgrund an, den es für ihn gar nicht gibt.

---

45 BGHSt 1, 277, 327; LK-*Spendel*, 11. Aufl., § 323a, Rn. 333.; a. A. v. *Weber*, MDR 1952, 641.

46 Vgl. insgesamt zum Streitstand dazu *Sch/Sch/Sternberg-Lieben/Hecker*, § 323a, Rn. 7. Siehe auch BGH NJW 1992, 1520 m. Anm. *Streng*, JR 1993, 35; *Paeffgen*, NStZ 1993, 66; eingehend zur Wahlfeststellung siehe unten Rn. 394.

47 Vgl. auch *Ebert*, AT, S. 105 f.; zur Abgrenzung von Verbots- und Tatumstandsirrtum Hinderer, JA 2009, 864 ff.; vertiefend zu (Verbots-)Irrtümern im Wirtschaftsstrafrecht *Bülte*, NStZ 2013, 65 ff.

48 Bsp. nach *Roxin*, AT/I, § 12, Rn. 111.

5. Zu weite Auslegung eines existierenden Rechtfertigungsgrundes (= Erlaubnisgrenzirrtum)

Beispiel: A erschießt B, weil dieser ihn beleidigt hat. A glaubt, dass er so etwas bei solchen Anlässen dürfe, weil er gehört hat, dass bei der Notwehr das Recht dem Unrecht nicht zu weichen braucht.

189 Der Verbotsirrtum schließt die Schuld nur unter der weiteren Voraussetzung aus, dass der Irrtum unvermeidbar war, § 17 S. 1 StGB. Andernfalls ist eine fakultative Strafmilderung gegeben, § 17 S. 2 StGB.

Der BGH ist bei der Handhabung des Merkmals „unvermeidbar" sehr streng.[49] Er nimmt Vermeidbarkeit immer dann an, wenn der Täter die Möglichkeit zur Einholung von Rechtsrat hatte[50] oder wenn er bei gehöriger Gewissensanspannung unter der Berücksichtigung des Verkehrskreises, aus dem er stammt, sein Unrecht hätte erkennen können.[51]

Ein unvermeidbarer Verbotsirrtum liegt allerdings vor, wenn eine höchstrichterliche Rspr. existiert, von der plötzlich abgewichen wird.[52] Gleiches gilt bei widersprüchlichen höchstrichterlichen Entscheidungen.[53]

D. Entschuldigungsgründe

190 Schuld kann nach h. M. entfallen, wenn normgemäßes Verhalten nicht zumutbar war.[54] Richtiger dürfte es freilich hier sein, mit *Roxin* davon auszugehen, dass in diesen Fällen keine präventive Bestrafungsnotwendigkeit gegeben ist, weshalb die Verantwortlichkeit als Teil der Schuld (Schuld im weiteren Sinne) entfällt.[55]

Hierher gehören nach *Ebert*:[56]
- Entschuldigender Notstand (I.)
- Überschreitung der Notwehr = Notwehrexzess (II.)
- einige weitere, eng begrenzte Fälle (III.)

I. Entschuldigender Notstand, § 35 I StGB

191 Die Vorschrift trägt nach h. M. dem Motivationsdruck des Täters und der daraus folgenden Unzumutbarkeit normgemäßen Verhaltens Rechnung.[57] Nach *Roxin* fehlt im

---

49 Näher zum Maßstab – insbesondere im Verhältnis zur Tatfahrlässigkeit – *Nestler*, Jura 2015, 562 ff.
50 BGH NStZ 1993, 594 m. Anm. *Puppe*; interessant zur Vermeidbarkeit eines Verbotsirrtums nach anwaltlicher Auskunft BGH StV 2014, 13 m. Anm. *Dahs*.
51 BGHSt (GrS) 2, 201; 3, 366.
52 BGHSt 37, 55 m. Anm. *Maiwald*, JZ 1990, 1134.
53 Einzelheiten sind hier str., vgl. *Sch/Sch/Sternberg-Lieben/Schuster*, § 17, Rn. 21: Unvermeidbarkeit soll jedenfalls gegeben sein, wenn sich der Täter auf die Entscheidung des jüngeren Datums bzw. des höheren Gerichts verlässt.
54 Ausführlich hierzu *Moos*, ZStW 115 (2003), 891 ff.
55 Zur Bedeutung dieser Schuld- und Verantwortungskonzeption für das Jugendstrafrecht *Jäger*, GA 2003, 469 ff.
56 *Ebert*, AT, S. 106.
57 Vgl. *Jescheck/Weigend*, AT, § 43 III; *Sch/Sch/Perron*, § 35, Rn. 2 ff.; Matt/Renzikowski/*Engländer*, § 35, Rn. 2 jeweils m. w. N.; siehe auch *Hörnle*, JuS 2009, 873 ff.

Falle des § 35 I S. 1 StGB nur die Bestrafungsnotwendigkeit. Dem wird man zustimmen müssen, weil sich § 35 I S. 2 StGB anders nicht erklären lässt: Die Gesellschaft verzichtet nämlich im Falle des § 35 I S. 2 StGB – trotz des gleichen Motivationsdrucks, wie bei § 35 I S. 1 StGB – nicht auf Strafe, weil der Täter die Gefahr selbst verursacht hat.[58]

Voraussetzungen des entschuldigenden Notstands sind:[59]

1. Notstandslage

In Form einer gegenwärtigen Gefahr für Leben, Leib oder Freiheit (abschließende Aufzählung!) des Täters oder einer ihm nahestehenden Person. **192**

Nahestehende Personen können neben Angehörigen, § 11 I Nr. 1 StGB, auch sonstige, z. B. in Hausgemeinschaft lebende Personen, sein (Lebensgemeinschaft, nicht dagegen bloße WG).[60]

Zur Gefahr vgl. bei § 34 StGB, ebenso zur Gegenwärtigkeit. Auch hier gilt: Dauergefahr genügt.

2. Rettungshandlung

Diese muss objektiv erforderlich und subjektiv vom Rettungswillen bestimmt sein. **193**

3. Ausnahmen

Ausnahmsweise ist der Täter nach § 35 I S. 2 StGB nicht entschuldigt, wenn ihm nach den Umständen zugemutet werden konnte, die Gefahr hinzunehmen. Nach dem Gesetz gilt das insbesondere, wenn der Täter die Gefahr selbst verursacht hat oder wenn er in einem besonderen Rechtsverhältnis steht. Die Verursachung der Gefahr führt für sich alleine nicht dazu, dass dem Täter deren Hinnahme zugemutet werden kann. Zu fordern ist nach h. M. vielmehr, dass der Täter die Notstandslage pflichtwidrig herbeigeführt hat (bloße Kausalität genügt nicht!).[61] **194**

Beispiel: A hat als Zeuge den X wahrheitsgemäß belastet und unter dessen Todesandrohung die ursprüngliche Aussage durch eine Falschaussage widerrufen.[62]

Lösung: Hier ist die Entschuldigung nicht ausgeschlossen, weil die ursprüngliche wahre Aussage pflichtgemäß war.

Achtung Klausur: *Bei der Notstandshilfe (z. B. Notstand des Vaters für seinen Sohn) ist in der Klausur darauf zu achten, wer die Gefahr verursacht hat. Hat der Dritte, im Bsp. der Sohn, die Gefahr verursacht, so wird dem Vater unter Hinweis auf den Wortlaut eine Entschuldigung zugebilligt, weil er die Gefahr nicht „selbst" verursacht hat.*[63] *Die in*

---

58 *Roxin*, AT/I, § 22, Rn. 8.
59 Vgl. zu ihnen auch *Zieschang*, JA 2007, 684 f.
60 BVerfG NJW 1995, 2776; LK-*Zieschang*, § 35, Rn. 33.
61 Vgl. *Wessels/Beulke/Satzger*, AT, Rn. 441 m. w. N., der darauf hinweist, dass Pflichtwidrigkeit genügt und zusätzliche schuldhafte Herbeiführung nicht erforderlich ist (str.; a. A. *Sch/Sch/Lenckner*, 25. Aufl., § 35, Rn. 20).
62 Nach *Ebert*, AT, S. 108.
63 So etwa *Jescheck/Weigend*, AT, § 44 III 2a; *Roxin*, JA 1990, 140; *Sch/Sch/Perron*, § 35, Rn. 20a.

solchen Fällen von der Gegenauffassung[64] *ins Feld geführte geringere Schutzwürdigkeit des Dritten und der daraus gefolgerte Ausschluss des § 35 StGB läuft der Sache nach auf eine Straferweiterung contra legem hinaus.*

Im umgekehrten Fall, d. h. im Beispielsfall, wenn der Vater die Gefahr selbst geschaffen hat und den Sohn aus dieser Gefahr errettet, spricht der Wortlaut gegen seine Entschuldigung.[65] *Jedoch wollen hier viele zu Recht entgegen dem Wortlaut des § 35 I S. 2 StGB eine Entschuldigung eintreten lassen, weil sich der Vater sogar in besonderer Weise zur Rettung verpflichtet sehen muss.*[66] *Auch wenn die Gesetzesfassung dem widerspricht, ist diese Auffassung wegen der strafbeschränkenden Wirkung unproblematisch.*

Neben der Selbstverschuldung nennt § 35 I S. 2 StGB auch ein besonderes Rechtsverhältnis. Gemeint ist damit etwa die Berufspflicht der Polizei oder Feuerwehr. Eine erhöhte Gefahrtragungspflicht kann sich auch aus bestimmten Garantenstellungen (= besondere Rechtspflicht) ergeben. So kann z. B. eine Entschuldigung des Vaters ausgeschlossen sein, wenn er sich durch eine Tat gegenüber seinem Kind aus der Gefahr rettet. Den *sicheren* Tod muss aber nach h. M. niemand in Kauf nehmen,[67] auch nicht der Vater. Letztlich ist die Entscheidung eine Frage der Abwägung![68]

II. Überschreitung der Notwehr

195 Auch hierin sieht die h. M. einen Fall der Unzumutbarkeit, während *Roxin* ihn als Verantwortungsausschluss (Schuld im weiteren Sinne) begreift. Grund: Die Gesellschaft verzichtet auf Strafe, weil sich die Allgemeinheit nicht an einem Schwächling und Feigling orientiert, weshalb ein Absehen von Strafe ausnahmsweise angemessen erscheint. Nur so ist es erklärbar, dass lediglich asthenische (aus der Schwäche kommende) Affekte den Täter entlasten.

Wer die Grenze der Notwehr überschreitet, handelt rechtswidrig. Beruht diese Überschreitung auf Verwirrung, Furcht oder Schrecken (= asthenische Affekte, d. h. „aus der Schwäche kommende" Affekte), so greift § 33 StGB als Entschuldigungsgrund ein. § 33 StGB setzt voraus:

1. Überschreitung der Grenzen der Notwehr = Notwehrexzess

196 Nach h. M. ist damit nur der Fall gemeint, dass der Täter bei gegebener Notwehrlage das Maß des Erforderlichen überschritten hat (sog. intensiver Notwehrexzess).[69]

Beispiel: Verteidiger schlägt härter zu, als er gemusst hätte.

64 Vgl. *Jakobs*, AT, 17/75; *Otto*, AT, § 14, Rn. 14.
65 So *Jakobs*, AT, 17/75; MüKo-*Müssig*, § 35, Rn. 57; *Sch/Sch/Perron*, § 35, Rn. 20a.
66 Vgl. LK-*Zieschang*, § 35, Rn. 51; *Roxin*, JA 1990, 140; *Wessels/Beulke/Satzger*, AT, Rn. 441. Vgl. auch *Zieschang*, AT, S. 96.
67 Vgl. hierzu *Fahl*, JA 2013, 274 ff.
68 Vgl. dazu *Kühl*, AT, § 12, Rn. 65; *Jescheck/Weigend*, § 44 III 2a; LK-*Zieschang*, § 35, Rn. 52; *Sch/Sch/Perron*, § 35, Rn. 18, 20. Bsp. nach *Ebert*, AT, S. 108.
69 RGSt 54, 36; 61, 216; *Jescheck/Weigend*, AT, § 45 II 4; *Lackner/Kühl*, § 33, Rn. 2; *Gropp*, AT, § 6, Rn. 158; *Maurach/Zipf*, AT/I, § 34, Rn. 27; *Fischer*, § 33, Rn. 85 ff.; vgl. *Rengier*, AT, § 27, Rn. 6 ff.

Nach a. A. betrifft § 33 StGB dagegen auch Überschreitungen der Notwehrlagenvoraussetzungen, also Abwehrhandlungen, wenn ein Angriff noch nicht oder nicht mehr vorliegt (sog. extensiver Notwehrexzess).[70]

Eine vermittelnde Ansicht möchte § 33 StGB nur auf den unmittelbar nachträglichen Notwehrexzess anwenden, da der Verteidiger in diesem Fall noch unter dem Eindruck des tatsächlich erfolgten Angriffs stehe.[71]

Beispiel: A hat den Angreifer bewusstlos geschlagen und schlägt nun in seiner Verwirrung noch weiter auf den Bewusstlosen ein.

Diese Mindermeinungen werden damit begründet, dass bei extensivem und intensivem Notwehrexzess die psychologische Situation die gleiche sei.

Die h. M. dürfte zu § 33 StGB besser passen: Zum einen können die „Grenzen der Notwehr" nur überschritten werden, wo eine Notwehrlage tatsächlich existiert (von etwas nicht Existentem gibt es auch keine Grenze, die überschritten werden könnte). Außerdem ist die psychologische Situation bei gegebener Notwehrlage eine andere als bei abgeschlossener (dies gilt auch dann, wenn man § 33 StGB als Grund fehlender präventiver Bestrafungsnotwendigkeit begreift, denn wenn der Verteidiger nach Abschluss des Angriffs weiter auf den schon abgewehrten Angreifer einschlägt, sollte die Gesellschaft darauf mit Ablehnung reagieren).

2. Verwirrung, Furcht oder Schrecken

Relevant sind ausschließlich diese asthenischen Affekte. Andere (sthenische) Affekte **197**
wie Zorn, Wut oder Kampfeseifer scheiden aus. Eine Analogie ist nicht möglich.

Nicht erforderlich ist, dass Todesangst vorliegt. Vielmehr meint der Oberbegriff „Furcht" eine beklemmende, das Denken und Wollen zentral beherrschende und beeinträchtigende Gefühlserregung und als Unterfall stellt die Angst ein Gefühl der Beengung gegenüber einer nur unbestimmten, doch subjektiv heftig empfundenen Bedrohung dar.[72]

Auch wenn ein Asthmaanfall ein Gefühl der Bedrohung erst vollständig auslöst, steht dies einer Anwendung des § 33 StGB nicht notwendig entgegen, weil allein entscheidend ist, dass die Tat aus asthenischen Affekten heraus begangen wird, ohne dass entscheidend ist, wie dieser Affekt entstanden ist.[73]

a) Sonderproblem 1: Bewusste Notwehrüberschreitung

Nach h. M. fallen nicht nur unbewusste, sondern auch bewusste (vorsätzliche) Not- **198**
wehrüberschreitungen unter § 33 StGB, sofern sie von einem der o. g. Affekte beein-

---

70 So etwa *Jakobs*, AT, 20/31; *Sch/Sch/Perron*, § 33, Rn. 7; *Roxin*, AT/I, § 22, Rn. 88.

71 *B. Heinrich*, AT, Rn. 584 ff. m. w. N.; *Joecks*, § 33, Rn. 3; *Kindhäuser*, AT, § 25, Rn. 13; *Kühl*, AT, § 12, Rn. 144; *Otto*, AT, § 14, Rn. 22; *Wessels/Beulke/Satzger*, AT, Rn. 447.

72 So zu Recht *Geppert*, Jura 2007, 38 m. w. N.

73 Zutr. BGH StraFo 2006, 464.

flusst sind.[74] Der h. M. dürfte hier zu folgen sein, da im Grenzbereich von Vorsatz und Fahrlässigkeit ohnehin eine Aussage über die Täterpsychologie nur schwer möglich ist.

b) Sonderproblem 2: Notwehrexzess bei provozierter Notwehrhandlung

199 Der BGH vertrat lange Zeit den Standpunkt, dass im Falle einer Provokation eine Berufung auf § 33 StGB ausscheide (Rechtsmissbrauchsgedanke).[75]

Beispiel: Die zerstrittenen Nachbarn A und N arbeiteten in ihren Gärten. Alsbald entwickelte sich eine über den Zaun hinweg geführte verbale Auseinandersetzung, in deren Rahmen wechselseitig Beleidigungen ausgetauscht wurden. Im weiteren Verlauf rief A in Richtung des N, er solle herüberkommen, er schlage ihn tot. N ergriff nunmehr einen 95 cm langen Axtstiel und betrat das Grundstück des A. N ging auf A zu, der zurückwich und ihn dabei aufforderte: „Komm, komm, komm!" Als N mit dem Axtstiel seitlich ausholend in Richtung des A schlug, holte dieser mit seinem eigenen Spaten, den er in beiden Händen hielt, über seinen Kopf hinweg aus und schlug ihn mit voller Wucht mit dem nach unten geneigten Spatenblatt senkrecht auf den Kopf des N, der dadurch irreversible Hirn-Verletzungen erlitt **(Spaten-Fall[76])**.

Lösung: Der BGH bejaht einen Rückgriff auf § 33 StGB auch für die Fälle, in denen der Täter den Angriff aus rechtlichen Gründen provoziert hat oder wenn er sich dem Angriff hätte entziehen können, soweit er im späteren Verlauf die Grenzen seines nur eingeschränkten Notwehrrechts nach § 32 StGB aus Verwirrung, Furcht oder Schrecken überschreitet. Eine Anwendung von § 33 StGB soll demnach nur in den Fällen der Absichtsprovokation ausgeschlossen sein. Hier hat der BGH dagegen eine fahrlässige Provokation angenommen und daher eine Berufung auf § 33 StGB für möglich gehalten.

Anders soll allerdings nach Ansicht des BGH zu entscheiden sein, wenn der Täter den Angriff nicht nur vorwerfbar, sondern besonders vorwerfbar provoziert hat (der vom BGH zu entscheidende Fall spielte im Rotlichtmilieu, wo sich ein Zuhälter einer rechtsextremen Gruppe, die sein Bordell „platt" machen wollte, zum Kampf stellte, weil er „Krieg führen" wollte, s. dazu auch sogleich Rn. 200).[77] Dem ist jedoch in dieser Allgemeingültigkeit zu widersprechen. Vielmehr gilt Folgendes:

- Wenn die Verteidigung wegen der Provokation schon nicht geboten ist, d. h. wenn eine Verteidigung wegen fehlender Gebotenheit überhaupt ausscheidet (wie dies bei der Absichtsprovokation der Fall ist), so scheidet eine Berufung auf § 33 StGB notwendig aus. Denn wo kein Notwehrrecht existiert, kann dieses auch nicht überschritten werden.[78]
- Dagegen ist bei der fahrlässigen Provokation (gleichgültig, ob vorwerfbar oder besonders vorwerfbar) eine Berufung auf Notwehr u. U. noch möglich (nämlich dann, wenn schwerwiegende Gefahren für Leib und Leben bestehen, die niemand hinnehmen muss). Soweit eine solche Berufung auf Notwehr möglich ist, muss dann aber auch eine Berufung auf § 33 StGB zugelassen werden. Andernfalls müsste der Wortlaut des § 33 StGB lauten: „Überschreitet der Täter die Grenze der unver-

74 BGHSt 39, 139 m. Bspr. *Müller-Christmann*, JuS 1994, 649 und Anm. *Arzt*, JZ 1994, 310; LK-*Zieschang*, § 33, Rn. 67 ff.; *Theile*, JuS 2006, 965 ff.; NK-*Herzog*, § 33, Rn. 24; *Timpe*, JuS 1985, 117; a. A. *Sch/Sch/Perron*, § 33, Rn. 6 unter Hinw. darauf, dass bei bewusster Überschreitung asthenische Affekte unglaubwürdig seien.

75 BGH NJW 1962, 308; OLG Hamm NJW 1965, 1928.

76 BGH NStZ 2016, 84 ff.

77 BGHSt 39, 133.

78 *Wessels/Beulke/Satzger*, AT, Rn. 446; *Kühl*, Jura 1991, 178, 181.

schuldeten Notwehr, ...“; von einem solchen Verschulden spricht der Gesetzgeber aber nur in § 35 I S. 2 StGB.[79]

Die Problematik veranschaulicht folgender

Fall 30: B, Anführer einer Rockerbande, beschließt das Bordell des A mit seinen Anhängern um Schlag Mitternacht zu stürmen und „plattzumachen“. Gegen 23 Uhr bemerkt A etwa 150 m von seinem Bordell entfernt eine Ansammlung von 30-50 mit Zaunlatten und Baseballschlägern bewaffneten jungen Leuten. Zwar wäre jetzt noch genug Zeit, um die Polizei herbeizuholen, jedoch beschließt A die Sache selbst in die Hand zu nehmen. Um ihnen klarzumachen, dass sie keine Chance haben, das Bordell zu stürmen, fährt A auf den Platz. Aus dem heruntergelassenen Fenster fordert er die Teilnehmer zum Verschwinden auf. Dabei richtet er eine mitgeführte geladene Flinte, im Halbkreis schwenkend, auf die jungen Leute. Erschrocken laufen diese auseinander und verstecken sich hinter Autos und Bäumen. Zufrieden setzt A zum Rückzug an, doch da merkt er, dass B Messer schwenkend neben der Fahrertür auftaucht. Dabei brüllt er A an: „Schieß doch, du traust dich eh nicht, du Kanacke!“ und versucht die Tür zu öffnen. Erschrocken über die plötzliche Wendung des Geschehens schießt A aus einer Entfernung von 50 cm B ohne jegliche Vorwarnung in den Kopf. B wird zwischen dem linken Ohr und dem Hinterkopf tödlich getroffen, womit A gerechnet hat. Strafbarkeit des A? (**Bordell-Fall** verkürzt nach BGHSt 39, 133) 200

Lösung: 201

A. Erster Sachverhaltsabschnitt: Das Schwenken der Waffe

A könnte sich wegen **Nötigung nach § 240 StGB** strafbar gemacht haben, indem er mit der Flinte schwenkend die jungen Leute dazu brachte, auseinanderzulaufen und Schutz zu suchen.

I. Tatbestandsmäßigkeit

Nötigung mit Gewalt, indem A seiner Aufforderung, zu verschwinden, dadurch Nachdruck verlieh, dass er vor den Augen der Rocker mit der Flinte schwenkte und sie aus nächster Entfernung auf die Gruppe richtete. Er hat sie dadurch mit Gewalt[80] i. S. d. § 240 I StGB zur Flucht und damit zu einer Handlung genötigt.

Auch die subjektive Tatseite ist erfüllt, da A in der Absicht handelte, die Jugendlichen zu vertreiben.

II. Rechtswidrigkeit

Die Nötigung ist nach § 240 II StGB verwerflich, wenn die Anwendung der Gewalt zu dem angestrebten Zweck als verwerflich anzusehen ist.

1. Daran fehlt es von vornherein, wenn **Rechtfertigungsgründe** eingreifen:

a) Denkbar wäre hier die Annahme einer Rechtfertigung durch Notwehr nach § 32 StGB.

– Diese setzt eine Notwehrlage voraus. Vorliegend drohte zwar ein Angriff auf das Eigentum des A. Jedoch war dieser nicht gegenwärtig, da der Abmarsch der Angreifer zu dem etwa 150 m entfernten Bordell weder begonnen hatte noch unmittelbar bevorstand.

– In Frage käme daher allenfalls die Annahme einer Präventivnotwehr, die etwa *Suppert*[81] immer dann zulassen will, wenn ein Zuwarten die Effektivität der Verteidigung vermindern könnte. Indessen beruht das Recht auf Notwehr auf dem Prinzip des Individualschutzes

79 Ausführlich und lesenswert hierzu *Roxin*, NStZ 1993, 336, der u. a. dieses schlagende Argument anführt; vgl. auch *Haft/Eisele*, Jura 2002, 313.

80 Vgl. BGHSt 23, 126, 127.

81 *Suppert*, Studien zur Notwehr und „notwehrähnlichen Lage“, 1973, S. 399.

und der Rechtsbewährung im Kampf um das Recht, sodass das Effizienzprinzip hier keinen Raum hat. Die von *Suppert* vorgeschlagene Ausdehnung würde daher das „Gegenwärtigkeitskriterium" entgegen dem gesetzgeberischen Willen unzulässig entgrenzen.

b) In Betracht kommt daher nur ein rechtfertigender Notstand nach § 34 StGB.

– Für die im Rahmen des § 34 StGB vorausgesetzte Notstandslage genügt für die Gegenwärtigkeit der Gefahr bereits, dass die Situation alsbald in eine Rechtsgutsverletzung umschlagen kann und ein Zuwarten die Abwehrmöglichkeiten verringern könnte (Effizienzprinzip). Dies kann hier angenommen werden, da die Vorbereitungen für den Angriff bereits bis zur Angriffsbereitschaft gediehen waren.[82]

– Fraglich ist jedoch, ob das Schwenken der Waffe als Notstandshandlung auch erforderlich war. Dies ist nur dann der Fall, wenn sich die Handlung des A als am besten geeignetes und mildestes Mittel darstellt. Anders als bei der Notwehr ist dabei ein Ausweichen oder die Inanspruchnahme staatlicher Hilfe ohne Weiteres vorrangig.[83] Da vorliegend die Gefahr, die von der Ansammlung der Anhänger des B für das Bordell des A ausging, noch rechtzeitig durch Herbeiholen der Polizei hätte abgewandt werden können, ist die Erforderlichkeit daher abzulehnen.

2. Verwerflichkeit der Nötigung erfordert aber über das Fehlen von Rechtfertigungsgründen hinaus auch eine allgemeine Unverhältnismäßigkeit der Zweck-Mittel-Relation nach § 240 II StGB.

Der angestrebte Zweck der Nötigung war hier die Vertreibung der Bande, um sie von dem geplanten Überfall auf das Bordell abzubringen. Dieser Zweck darf nur im Rahmen der Rechtsordnung durchgesetzt werden. Der Einzelne, der sich anmaßt, den Staat dabei mit Nötigungsmitteln zu vertreten, handelt verwerflich, wenn er vorsätzlich den Vorrang staatlicher Zwangsmittel außer Acht lässt, um durch von ihm selbst ausgeübte Gewalt und ohne speziellen Rechtfertigungsgrund die Gesetzestreue anderer zu erzwingen.[84] Das gilt insbesondere, wenn der Zwang mit besonders gefährlichen und verbotenen Mitteln, etwa unter Verstoß gegen das Waffengesetz, ausgeübt wird. Der Rechtsfrieden wäre empfindlich gestört und der Eskalation der Gewalt Tür und Tor geöffnet, wenn es sich befehdenden Gruppen gestattet wäre, ihre Auseinandersetzungen unter Verzicht auf die Einschaltung der Polizei und unter Bedrohung mit Schusswaffen selbst auszutragen. Die Nötigung der Rockerbande durch A unter Einsatz der geladenen Schrotflinte war daher auch verwerflich im Sinne der von § 240 II StGB gemeinten Zweck-Mittel-Relation.

III. Schuld

Entschuldigungsgründe sind für A nicht ersichtlich.

Ergebnis: A ist strafbar nach § 240 StGB.[85]

B. Zweiter Sachverhaltsabschnitt: Der Schuss mit der Waffe

In Betracht kommt diesbezüglich eine Strafbarkeit des A wegen **Totschlags nach § 212 StGB**.

I. Tatbestandsmäßigkeit

Der objektive und subjektive Tatbestand der Tötung ist erfüllt: A hat einen anderen Menschen (den B) zumindest bedingt vorsätzlich getötet.

II. Rechtswidrigkeit

In Betracht kommt § 32 StGB, Notwehr.

82 Vgl. *Roxin*, AT/I, § 15 Rn. 27 und § 16 Rn. 17.
83 *Wessels/Beulke/Satzger*, AT, Rn. 308; *Roxin*, AT/I, § 15, Rn. 27; § 16, Rn. 17.
84 Zur Verpflichtung, die Polizei herbeizuholen vgl. z. B.: BGH VRS 30, 281, 282; SK-*Horn/Wolters*, § 240, Rn. 46; *Sch/Sch/Perron*, § 32, Rn. 41; *Rudolphi*, A. Kaufmann-GS, 1989, S. 371, 391.
85 A. A. *Hillenkamp*, JuS 1994, 769.

1. Notwehrlage
B war mit einem Messer bewaffnet, im Begriff, die Fahrertür zu öffnen, um auf A loszugehen. Eine Notwehrlage in Form eines gegenwärtigen rechtswidrigen Angriffs war damit gegeben. Insbesondere gab die Nötigung des A keinen Rechtfertigungsgrund für das Eindringen des B auf A ab, da die Nötigung zu diesem Zeitpunkt bereits abgeschlossen war.

2. Fraglich ist allerdings die **Erforderlichkeit** der von A geübten **Verteidigungshandlung**. Zwar war der Schuss geeignet, den Angriff sofort und sicher abzuwehren. Jedoch handelte es sich bei der von A geübten Abwehr nicht um das mildeste Mittel, da etwa auch ein Schuss auf Arme oder Beine ausgereicht hätte, um den Messerangriff abzubrechen.
A war daher nicht durch Notwehr gerechtfertigt.[86]

III. Schuld
In Betracht kommt ein Schuldausschluss nach § 33 StGB wegen Notwehrexzesses.
Danach bleibt A straflos, wenn er die Grenzen der Notwehr aus Verwirrung, Furcht oder Schrecken überschritten hat.

1. Indem A bei objektiv vorliegender Verteidigungslage über das Maß des Erforderlichen hinausging, hat er die „Grenzen der Notwehr" überschritten (intensiver Notwehrexzess, auf den § 33 StGB im Gegensatz zum extensiven Notwehrexzess unstreitig anwendbar ist).

2. Für ein Handeln des A „aus Schrecken" muss dieser Affekt mindestens mitursächlich und nicht ganz nebensächlich, also nicht notwendig motivationsdominant gewesen sein. Selbst wenn der über die plötzliche Wendung des Geschehens „erschrockene" A[87] bewusst die Grenzen der Notwehr überschritten hat, kann er nach § 33 StGB straffrei bleiben. Da A jedoch schon vor Eintritt der Notwehrlage beabsichtigt hatte, gegen B „Krieg zu führen" und er daher die Auseinandersetzung besonders vorwerfbar provoziert hat, ist eine Strafverschonung nach Auffassung des BGH nicht gerechtfertigt.
Richtiger dürfte es jedoch sein, eine Entschuldigung nach § 33 StGB zuzulassen, solange ein Notwehrrecht wegen absichtlicher Provokation nicht gänzlich ausgeschlossen ist. Denn dort, wo das Notwehrrecht Raum hat, gilt dies grundsätzlich auch für die Möglichkeit des Exzesses nach § 33 StGB.
A ist durch § 33 StGB entschuldigt, sofern man ihm Furcht zugutehält.

Ergebnis: A ist nicht strafbar nach § 212 StGB (a. A. BGH).

c) Sonderproblem 3: Notwehrexzess bei fehlendem Verteidigungswillen

In einer neuen Entscheidung (sog. Zecken-Fall) ist der BGH davon ausgegangen, dass **201a**
eine Zuerkennung einer Entschuldigung wegen Notwehrexzesses nach § 33 StGB nur dann in Frage komme, wenn ein Verteidigungswille als relevantes Handlungsmotiv gegeben sei. Der BGH überträgt damit die von ihm bei § 32 StGB gestellten Anforderungen auch auf § 33 StGB[88] (vgl. zu diesem **Zecken-Fall** näher schon oben Rn. 129a f.).

---

86 A. A. *Hillenkamp*, JuS 1994, 769.

87 Zweifelnd insoweit *Roxin*, NStZ 1993, 336, der ein asthenisches Motiv bei dem Zuhälter A für wenig glaubwürdig hält.

88 So jetzt auch wieder BGH NStZ 2016, 333 f. m. abl. Anm. *Bosch*, JK 2016, 702, § 33 StGB. Kritisch zum Ausschluss des § 33 StGB auch schon im Zecken-Fall *Jäger*, JA 2013, 708 ff.

III. Sonstige streng begrenzte Fälle

1. Gewissenstat

Ob die Gewissenstat nach Art. 4 GG entschuldigt sein kann, ist nach wie vor heftig umstritten. Das Problem wird verdeutlicht durch folgenden

202 **Fall 31:** Der 6-jährige Junge J wird bewusstlos mit schweren Verletzungen ins Krankenhaus eingeliefert. Nur eine Bluttransfusion kann ihn noch retten. Die herbeigeeilten Eltern verweigern jedoch die Einwilligung zu einer derartigen Maßnahme, da ihr Glaube eine Transfusion nicht zulasse. Arzt A setzt sich über den Willen der Eltern hinweg und gibt die Transfusion dennoch. Strafbarkeit der Beteiligten? **(Zeugen Jehovas-Fall)**[89]

203 **Lösung:**

A. Strafbarkeit des Arztes
A könnte sich wegen **Körperverletzung nach § 223 I StGB** strafbar gemacht haben, indem er J die Transfusion verabreichte.

I. Tatbestandsmäßigkeit
Zwar ist auch der für die Transfusion erforderliche Nadelstich grundsätzlich eine körperliche Misshandlung, jedoch ist beim ärztlichen Heileingriff die Tatbestandsmäßigkeit im Hinblick auf § 223 StGB umstritten.
Während ein Teil der Lit. eine Körperverletzung verneint, soweit sie lege artis durchgeführt wurde und zum Erfolg führte,[90] gehen die wohl h. L. sowie der BGH in gefestigter Rspr. davon aus, dass auch der Heilzwecken dienende Eingriff des Arztes sich tatbestandlich als Körperverletzung darstellt und nur auf Rechtswidrigkeitsebene (etwa durch Einwilligung) gerechtfertigt sein kann.[91]
Zuzustimmen ist der letztgenannten h. A., da nur sie dem Selbstbestimmungsrecht des Patienten und dem Umstand hinreichend Rechnung trägt, dass es keinen Tatbestand gegen eigenmächtige Heilbehandlungen gibt. Denn die bloße Erfassung einer Eigenmächtigkeit des Arztes nach § 240 StGB wird dem Unrechtsgehalt, der auch in einem Eingriff in die körperliche Integrität besteht, nicht gerecht. Gestützt wird diese h.M. nunmehr auch durch § 630d BGB (näher oben Rn. 139b).
Der objektive Tatbestand des § 223 StGB ist damit erfüllt.
Nicht dagegen ist auch der qualifizierte Tatbestand des § 224 I Nr. 2 Alt. 2 StGB (gefährliches Werkzeug) erfüllt. Ein gefährliches Werkzeug ist nämlich jeder Gegenstand, der nach seiner Beschaffenheit und nach der konkreten Art seiner Anwendung geeignet ist, erhebliche Verletzungen herbeizuführen. Dies kann bei einer Transfusionsnadel schon grundsätzlich nicht angenommen werden.[92] Hinzu kommt, dass die h. M. einen Einsatz als Angriffsobjekt voraussetzt,[93] was bei dem zu Heilzwecken eingesetzten Arztbesteck niemals der Fall ist.
Es ist daher tatbestandlich von einer einfachen Körperverletzung auszugehen.

89 Ein ganz ähnl. Fall findet sich auch bei *Jescheck*, Fälle und Lösungen, 3. Aufl., Fall 49, S. 65.
90 Umfassend zum Streitstand LK-*Lilie*, vor § 223, Rn. 3 ff.; *Sch/Sch/Eser/Sternberg-Lieben*, § 223, Rn. 32; *Wessels/Hettinger*, BT/1, Rn. 323 ff. jeweils m. w. N.; siehe auch *Roxin*, GA 2011, 1 ff.
91 BGHSt 11, 112; 35, 246; *Schroth*, BT, S. 72.
92 Anderes kann freilich bei einem Nichtarzt gelten.
93 Vgl. BGH NJW 1978, 1206; a. A. *Sch/Sch/Stree/Sternberg-Lieben*, § 224, Rn. 8, der auf die Umstände des Einzelfalles abstellt.

II. Rechtswidrigkeit
Fraglich ist, ob A für die Vornahme der Transfusion ein Rechtfertigungsgrund zur Seite stand.

1. Notwehr (Nothilfe) nach § 32 I, II StGB
Zwar wäre es denkbar, in der Verweigerung der Einwilligung durch die Eltern einen von diesen als Garanten ausgehenden Unterlassungsangriff auf das Leben des Kindes zu sehen. Jedoch scheitert eine danach in Erwägung zu ziehende Nothilfe an der Voraussetzung einer Verteidigungshandlung, die sich gegen die Eltern als Angreifer richten müsste. Hier aber handelte der Arzt im Hinblick auf § 223 StGB gegenüber dem Kind.

2. Eine **Einwilligung des Jungen** war nicht nur aus tatsächlichen Gründen (aufgrund seiner Bewusstlosigkeit), sondern auch aus rechtlichen Gründen ausgeschlossen, da es einem Kind im Alter von 6 Jahren noch an der dafür erforderlichen Einsichtsfähigkeit fehlt.

3. Eine daher notwendige **Einwilligung durch die Eltern** wurde von diesen gerade ausdrücklich verweigert.

4. Deshalb scheitert auch eine **mutmaßliche Einwilligung**, die dem hypothetischen Willen entsprechen muss und daher immer nur an die Stelle der tatsächlich nicht einholbaren Einwilligung treten, nicht aber die tatsächlich verweigerte Einwilligung ersetzen kann.

5. Betrachtet man die Verweigerung der Einwilligung durch die Eltern als Missbrauch ihres Sorgerechts, so könnte diese nach § 1666 BGB durch eine **Genehmigung des Vormundschaftsgerichts** ersetzt werden, was jedoch vorliegend nicht geschehen ist.

6. Denkbar wäre jedoch immerhin die Annahme einer **mutmaßlichen Einwilligung des Vormundschaftsgerichts**. Eine solche Möglichkeit ist jedoch abzulehnen, da es sich bei der in § 1666 BGB vorausgesetzten vormundschaftsgerichtlichen Genehmigung um einen Hoheitsakt handelt, der nicht durch eine hypothetische Entscheidung fingiert werden kann.[94]

7. Gegeben sein könnte aber eine **Rechtfertigung durch Notstand** (konkreter: Notstandshilfe) nach § 34 StGB.
Hier war eine gegenwärtige, nicht anders als durch eine Transfusion abwendbare Gefahr (für das Leben des Kindes) gegeben.
Fraglich kann nur sein, ob die Abwägung zu einem wesentlichen Überwiegen des Interesses des Kindes führt. Was den Nadeleinstich zulasten des Kindes betrifft, so wiegt dieser im Verhältnis zum auf dem Spiel stehenden Leben des J so gering, dass von einem wesentlichen Überwiegen auszugehen ist. Gleiches gilt aber auch für die Nichtberücksichtigung der elterlichen Weltanschauung, da diese nicht dem Kind aufgedrängt und auf Kosten von dessen Rechtsgütern elterlich durchgesetzt werden darf. Insoweit unterliegt Art. 4 GG zumindest der verfassungsimmanenten Schranke des Art. 2 GG. Es ist daher angesichts des Höchstgutes Leben von einem wesentlichen Überwiegen des kindlichen Interesses auszugehen.
Da der Eingriff auch angemessen war und mit Gefahrabwendungswillen vorgenommen wurde, ist As Eingriff daher gem. § 34 StGB gerechtfertigt.

Ergebnis: A hat sich nicht nach § 223 StGB strafbar gemacht.

Hinweis: *Der Fall zeigt noch einmal sehr schön, dass der Student die Rechtfertigungsgründe einschließlich deren Voraussetzungen genau im Kopf haben und Punkt für Punkt im Kopf durchgehen muss, damit ihm keine Aspekte entgehen. Nur auf diese Weise kann man etwa das Problem der Nothilfe erkennen!*

B. Strafbarkeit der Eltern

I. In Betracht kommt ein **Totschlagsversuch durch Unterlassen gem. §§ 212, 22, 23, 13 StGB** aufgrund der Verweigerung der Einwilligung.

---

94 Zutr. *Jescheck*, Fälle und Lösungen, 3. Aufl., Fall 49, S. 66.

1. Ein entsprechender Tatentschluss der Eltern kann angenommen werden, da sie bei der Verweigerung zumindest bedingten Vorsatz hinsichtlich des Eintritts des Todes gehabt haben dürften.

2. Nach *Roxin*[95] fehlt es aber bereits an einem unmittelbaren Ansetzen, da der Arzt ja nach § 34 StGB die Transfusion vornehmen kann, sodass es dann auch für die Eltern erkennbar zu keiner Gefährdung des Kindes kommt (zw.).

3. Folgt man dem nicht, so ist die Verweigerung auch rechtswidrig, da Rechtfertigungsgründe nicht einschlägig sind.

a) Insbesondere kann die Berufung auf die Gewissensfreiheit hier keine Rechtfertigung begründen, da Art. 4 GG keine „Legalisierung des eigenen Standpunkts" vermitteln kann, sondern allenfalls einen Grund zur Nachsicht zu liefern vermag.[96]

b) Auch können sich die Eltern nicht auf rechtfertigenden Notstand berufen, da die Interessenabwägung (Leben des Kindes gegenüber der Weltanschauungsfreiheit der Eltern) nicht zu einem klaren Interessenüberhang zugunsten der Eltern führt.

4. Jedenfalls ist aber an eine Entschuldigung der Eltern aufgrund der durch Art. 4 I GG geschützten Gewissensfreiheit zu denken, da ihnen eine Einwilligung aufgrund ihrer Überzeugung unzumutbar ist, zumal der Arzt von sich aus tätig werden kann. Die h. M. verneint eine solche Möglichkeit zwar und will eine Berücksichtigung nur im Rahmen der Strafzumessung zulassen,[97] jedoch erscheint es richtiger, die Strafwürdigkeit auf Verantwortungsebene und damit die Schuld im weiteren Sinne zu verneinen, wenn dies präventiv tolerabel ist, wie dies bei einem möglichen Eingreifen des Arztes angenommen werden kann.[98]

Hinweis: *Nicht entschuldigt wäre allerdings die Opferung eines Kindes zugunsten eines Regengottes, da dies bedeuten würde, dass die Eltern ihr Kind zum Werkzeug ihrer Überzeugung machen (dies gilt auch, wenn die Eltern ihr Kind überhaupt nicht ins Krankenhaus bringen). Die Herstellung praktischer Konkordanz verlangt eben lediglich, dass auf die Überzeugung der Eltern nur insoweit Rücksicht genommen wird, als dadurch das Lebensrecht des Kindes nicht unbeachtet gelassen wird.*

Hier jedenfalls war den Eltern keine Einwilligung abzuverlangen, da das Leben des Kindes auch ohne die Zustimmung gerettet werden kann.

Ergebnis: Ein Totschlagsversuch durch Unterlassen ist nicht gegeben.

II. Unterlassene Hilfeleistung nach § 323c StGB scheidet ebenfalls aus, da dieser schon auf Tatbestandsebene eine zumutbare Handlung erfordert, die aus den gleichen Gründen wie soeben im Hinblick auf Art. 4 I GG zu verneinen ist.

Ergebnis: Die Eltern sind straflos.

2. Übergesetzlicher entschuldigender Notstand (meist in Form des quantitativen Lebensnotstands)

204 In Situationen, in denen mehrere Opfer gleichzeitig einer Gefahr ausgesetzt sind (sog. Gefahrengemeinschaft) und die Notstandslage durch Tötung eines der Gefährdeten beseitigt wird, kommt nach h. M. eine Entschuldigung in Betracht. Dies ist insbesondere dann der Fall, wenn der Täter Menschen tötet, um den Tod einer noch größeren

95 *Roxin*, AT/I, § 22, Rn. 109.

96 Vgl. zum Zitat und zum hier vertretenen Standpunkt *Roxin*, AT/I, § 22, Rn. 121; ebenso MüKo-*Schlehofer*, vor §§ 32 ff., Rn. 207.

97 Vgl. *Kühl*, AT, § 12, Rn. 115 ff.; *Maurach/Zipf*, AT/I, § 35, Rn. 7.

98 Vgl. auch *Radtke*, GA 2000, 19 sowie *Roxin*, Maihofer-FS, 1988, S. 389.

Anzahl von Menschen zu verhindern (sog. quantitativer Lebensnotstand[99]). Veranschaulicht wird dies durch folgendes

Beispiel: Angeklagte Euthanasie-Ärzte[100] im Dritten Reich hatten 10 Geisteskranke in die Gaskammer geschickt, um 90 Geisteskranke zu retten (**Euthanasiearzt-Fall** nach BGH NJW 1953, 513). **205**

Lösung: Notstand nach § 34 StGB scheidet aus, da es auf Unrechtsebene wegen des absoluten Höchstwerts menschlichen Lebens keine Quantifizierbarkeit von Menschenleben gibt. Eine rechtfertigende Pflichtenkollision scheitert hier, weil nicht zwei gleichrangige Handlungspflichten, sondern eine Handlungs- und Unterlassungspflicht kollidieren (s. sogleich u. Rn. 209 f.). Der BGH hat hier einen unvermeidbaren Verbotsirrtum nach § 17 StGB angenommen. Dagegen spricht aber, dass die Ärzte das Tötungsverbot genau kannten. Dies war gerade der Grund, weshalb sie möglichst viele Geisteskranke retten wollten. Ein entschuldigender Notstand nach § 35 I StGB scheitert ebenfalls, weil die Gefahr nicht einer dem Täter nahestehenden Person drohte. Allerdings lässt sich hier ein übergesetzlicher Notstand mit der vergleichbaren Motivationslage und mit dem vergleichbaren seelischen Konflikt bejahen.[101] Alle Geisteskranken befanden sich nämlich nach den Richtlinien des Unrechtsregimes in der gleichen Lebensgefahr, die sich – wie zugunsten der Ärzte anzunehmen ist – im Falle des Austauschs der Ärzte auch realisiert hätte. Die Opfer befanden sich also in einer Gefahrengemeinschaft, sodass der Tötung angesichts des Motivs, möglichst viele Geisteskranke zu retten, auf Schuldebene zumindest Verständnis entgegengebracht werden muss. **206**

Einen aktuelleren Fall des übergesetzlichen Notstandes liefert nach umstrittener Ansicht die Problematik des Flugzeugabschusses, bei der allerdings in der Lit. wieder Stimmen laut wurden, die hier trotz Aufhebung des § 14 III LuftSiG durch das BVerfG nach wie vor eine Rechtfertigung des Abschusses für möglich halten. Veranschaulicht wird der Streit durch folgenden

Fall 32: Der Pilot P ist Kampfpilot bei der deutschen Luftwaffe. Als er sich auf einem Übungsflug mit scharfer Munition über Berlin befindet, erfährt er über Funk, dass ein ziviles Flugzeug von mehreren Terroristen entführt worden ist. Die mit 100 Passagieren besetzte Maschine habe Kurs auf die Innenstadt Berlins genommen. Die Fluglotsen erkennen zutreffend, dass die Ankündigungen der Terroristen, mittels des Flugzeuges eines der Hochhäuser zum Einsturz bringen zu wollen, ernst zu nehmen sind. Tatsächlich bleibt keine Zeit mehr, irgendwelche Rettungsaktionen einzuleiten. Der Sturz in eines der Hochhäuser hätte den sicheren Tod mehrerer tausend Menschen zur Folge. P erkennt zutreffend, dass sich die Maschine bereits der Berliner Innenstadt nähert und unmittelbar davor ist, tatsächlich in eines der Hochhäuser zu stürzen. Er schießt eine Rakete auf das entführte Flugzeug, zu welchem er mittlerweile Sichtkontakt hat. Sekunden später verteilen sich die Trümmer des explodierten Jets über ein freies Feld im Berliner Tiergarten. Es überlebt niemand. Die Innenstadt bleibt aber verschont. P hat diese Folgen seines Schusses genau vorhergesehen. Strafbarkeit des P nach §§ 211, 212 StGB? **(Flugzeugabschuss-Fall[102])** **207**

99 Näher MüKo-*Schlehofer*, vor §§ 32 ff., Rn. 213 ff.; siehe auch *Bünemann/Hömpler*, Jura 2010, 184 ff.

100 Der Begriff ist nicht nur unglücklich, sondern sogar falsch, da es sich bei den Tötungen der Geisteskranken keineswegs um Fälle der Euthanasie handelte. Er soll hier daher nur deshalb verwendet werden, weil er sich als stehende Wendung etabliert hat.

101 *Ebert*, AT, 3. Aufl., S. 110; vgl. zu dieser Auffassung auch *Jescheck/Weigend*, AT, § 47 I; *Wessels/Beulke/Satzger*, AT, Rn. 452.

102 Ausführlich dazu *Jäger*, JA 2008, 678 ff.; siehe auch *Roxin*, ZIS 2011, 552 ff.

208 **Lösung:**

P könnte sich wegen **Mordes gemäß §§ 211, 212 StGB** in über 100 Fällen strafbar gemacht haben.

1. Tatbestand

a) Tatbestandlich ist bezüglich sämtlicher Insassen des Flugzeugs eine Tötung nach § 212 StGB gegeben. Da hierunter jede auch noch so geringfügige Lebensverkürzung fällt[103] kann demgegenüber nicht eingewandt werden, dass das Leben dieser Personen bereits dadurch verwirkt war, dass das Luftfahrzeug in ein Hochhaus gesteuert werden sollte.

b) Fraglich ist, ob auch Mordmerkmale nach § 211 StGB bejaht werden können. Heimtücke scheidet vorliegend schon deshalb aus, weil die Arglosigkeit, zumindest bei Sichtkontakt mit dem Abfangjäger, wohl fehlen wird. Im Übrigen besteht heute Einigkeit darüber, dass das Merkmal der Heimtücke eng auszulegen ist.[104] Will man dem – anders als der BGH – nicht nur auf der Rechtsfolgenseite Rechnung tragen,[105] so wird man in Extremfällen schon auf der Tatbestandsseite eine Typenkorrektur vornehmen müssen.[106] Heimtücke würde danach hier ausscheiden, weil es wegen der auch rechtsgutserhaltenden Tendenz an einer besonderen Verwerflichkeit des Verhaltens gerade fehlt. Fordert man im Bereich des Mordunrechts generell eine derartige Typenkorrektur,[107] so dürfte auch die Annahme einer Tötung mit gemeingefährlichen Mitteln im konkreten Fall abzulehnen sein. Denn wie soll die Schaffung einer Gemeingefahr (hinsichtlich der Insassen des Flugzeugs) als besonders verwerflich eingestuft werden können, wenn die Gemeingefahr bei Untätigkeit (hinsichtlich der Insassen des Flugzeugs und zusätzlich der Bewohner des Hochhauses) noch verstärkt wird?

c) Im Übrigen handelte P auch vorsätzlich, da er die Folgen seines Handelns laut Sachverhalt genau vorhergesehen hat.

2. Rechtfertigung

Fraglich ist, ob der Abschuss und der damit verbundene tatbestandliche Totschlag gerechtfertigt sein könnte.

a) Passagiere und Besatzungsmitglieder

Mit Blick auf die „unschuldigen" Passagiere und Besatzungsmitglieder hat das BVerfG § 14 III LuftSiG, der in Fällen, wie dem vorliegenden, einen Abschuss erlaubte, als unvereinbar mit dem Recht auf Leben (Art. 2 II S. 1 GG) i. V. m. der Menschenwürdegarantie (Art. 1 I GG) erklärt. Deshalb – und wegen fehlender Gesetzgebungskompetenz des Bundes – hat das BVerfG § 14 III LuftSiG für nichtig erklärt.[108] Dennoch wird in der Literatur teilweise versucht, über § 34 StGB unter Rückgriff auf den Rechtsgedanken des Defensivnotstands gem. § 228 BGB einen Rechtfertigungsgrund zu konstruieren.[109] Es ist allerdings nicht ersichtlich, wie die Rechtfertigung des Flugzeugabschusses nach § 14 III LuftSiG wegen Menschenwürdeverstoßes einerseits ausgeschlossen gewesen sein soll und andererseits der Grundsatz der Menschenwürde einer Rechtfertigung nach § 34 StGB bei der Beurteilung des nach § 34 S. 2 StGB „Angemessenen" nicht im Wege stehen soll. Eine Rechtfertigung nach § 34 StGB scheidet daher nach zutreffender Ansicht aus.[110]

---

103 Näher dazu nur *Fischer*, StGB, § 212, Rn. 2 m. w. N.
104 Vgl. dazu BVerfGE 45, 262.
105 Dazu BGHSt 30, 105, 120 ff.; zust. *Rengier*, NStZ 1982, 225 ff.; MüKo-*Schneider*, § 211, Rn. 40 ff.
106 Vgl. dazu *Sch/Sch/Eser/Sternberg-Lieben*, § 211, Rn. 25; SK-*Sinn*, § 211, Rn. 8. Siehe allerdings zur Kritik hieran auch die Nachweise bei *Jäger*, BT, Rn. 40.
107 Siehe hierzu *Sch/Sch/Eser/Sternberg-Lieben*, § 211, Rn. 10 ff.
108 BVerfGE 115, 118 ff. m. Anm. *Stark*, JZ 2006, 417 ff.
109 So z. B. *Rogall*, NStZ 2008, 1 ff.; für die Möglichkeit einer Rechtfertigung – allerdings unter sorgsamer Abwägung von opfer- und täterzentrierter Sicht – wohl auch *Hörnle*, Herzberg-FS, 2008, S. 57
110 Strikt gegen die Möglichkeit einer Abwägung gerade unter dem Gesichtspunkt des § 34 StGB auch *Dreyer*, JZ 2007, 266; krit. gegenüber einer Formulierung der „Zuständigkeit" der Passagiere auch *Merkel*, JZ 2007, 376.

b) Entführer
Hinsichtlich der „schuldigen" Entführer hat das BVerfG einen Menschenwürdeverstoß durch den Abschuss dagegen verneint. Es entspreche gerade der Subjektstellung des Angreifers, wenn ihm die Folgen seines selbstbestimmten Verhaltens persönlich zugerechnet würden und er zur Verantwortung gezogen werde.[111] Folgt man dem, so findet gegenüber den Entführern § 32 StGB in Form von Nothilfe Anwendung.

3. Schuld
Bezüglich des Todes der Passagiere und der Besatzungsmitglieder ist zu fragen, ob deren Tötung einer Entschuldigung zugänglich ist, sofern dadurch zumindest ein Teil der in der Gefahrenlage schwebenden Personen gerettet werden kann.

a) § 33 StGB ist auf diese Problematik von vornherein unanwendbar. Denn eine Nothilfelage besteht im Verhältnis zu den betroffenen Passagieren und Besatzungsmitgliedern, die keinen Angreiferstatus aufweisen, gerade nicht. Dann aber gilt: Die Grenzen eines nicht bestehenden Notwehrrechts können nicht überschritten werden![112]

b) Dagegen ist vorliegend Raum für die Anwendung der Grundsätze des übergesetzlichen entschuldigenden Notstandes. Denn für den Fall, dass ein Flugzeug in ein Hochhaus gesteuert werden soll, liegt die Konstellation einer echten Gefahrengemeinschaft vor, sodass genau die Konfliktlage gegeben ist, für die diese Rechtsfigur geschaffen wurde: Sowohl Flugzeugpassagiere/Besatzungsmitglieder einerseits als auch die Insassen des Hochhauses andererseits befinden sich in einer gemeinsamen Gefahr, in der die Konfliktlage durch den P in der Weise gelöst wird, dass er zumindest einen Teil aller in Gefahr schwebenden Personen durch den Abschuss tötet (nämlich Passagiere und Besatzungsmitglieder), um den anderen Teil der in der Gefahrengemeinschaft befindlichen Personen zu retten (nämlich die Insassen des Hochhauses). Zudem handelt es sich hier um eine Ausnahmesituation, die eine Anwendung dieses ungeschriebenen Entschuldigungsgrundes erlaubt. Allerdings ist zu beachten, dass eine Entschuldigung für mögliche, bislang ungefährdetete Personen, die durch den Abschuss Schaden nehmen (z. B. Passanten auf der Straße etc.) ausscheidet (vgl. dazu sogleich Rn. 207 f.). Hier könnte allenfalls an einen Verbotsirrtum nach § 17 StGB gedacht werden.[113] Vorliegend sind jedoch keine bislang ungefährdeten Personen von dem Abschuss betroffen, da die Flugzeugteile auf ein freies Feld stürzten.

4. Ergebnis: Tatbestandlich ist § 212 StGB erfüllt. Hinsichtlich der Entführer handelte P jedoch gerechtfertigt gem. § 32 StGB. Bezüglich der Passagiere und Besatzungsmitglieder kommt dagegen über die Rechtsfigur des übergesetzlichen Notstandes allenfalls eine Entschuldigung in Betracht. Bejaht man dies, so scheidet eine Strafbarkeit des P gem. §§ 211, 212 StGB aus.

Achtung: *Nicht um eine Konstellation der Gefahrengemeinschaft handelt es sich in folgendem*

Beispiel: Bahnwärter B sieht, wie ein führerloser Zug auf eine Gruppe von zehn spielenden Kindern zufährt. In letzter Sekunde stellt er die Weiche um, sodass „nur" zwei Bahnarbeiter überfahren werden. Strafbarkeit des B nach § 212 StGB?[114]

Lösung: Eine Rechtfertigung aufgrund Notstands nach § 34 StGB scheidet hier ebenfalls aus, da sowohl eine Relativierung als auch eine Quantifizierung von Menschenleben auf Unrechtsebene aufgrund des absoluten Höchstwerts des menschlichen Lebens nicht in Frage kommt. Auf Schuldebene will aber auch hier eine starke Literaturauffassung einen übergesetzlichen

111 Vgl. BVerfGE 115, 118, 163.
112 Vgl. dazu HKGS-*Duttge*, § 33, Rn. 9 m. w. N.
113 Vgl. zu diesem Gedanken *Jäger*, ZStW 115 (2003), 780.
114 Fall nach *Welzel*, ZStW 63 (1951), 51.

entschuldigenden Notstand zulassen und begründet dies mit der ausweglosen Lage des Bahnwärters.[115] Indessen ist dies mit einer im Vordringen befindlichen Meinung abzulehnen,[116] weil der Wärter Menschen gefährdet, für die zuvor keinerlei Gefahr bestanden hat. Es gibt insofern keinen Grund zur Nachsicht, wenn Menschen zur Rettung anderer eingesetzt werden, die das Schicksal zuvor mit keinerlei Gefahren belastet hat (niemand hat das Recht, Gott zu spielen).[117] Denn hier greift der Täter in Lebensrettungschancen ein und schafft (neue) Gefahren, was nicht entschuldigt werden kann. Es scheint aber eine Entschuldigung oder Strafmilderung wegen Verbotsirrtums möglich.[118] Denn es könnte an einer normativen Ansprechbarkeit hinsichtlich des Tötungsverbotes fehlen, wenn eine gehörige Gewissensanspannung aufgrund der Sekundenbruchteile, in denen der Bahnwärter zu entscheiden hatte, möglicherweise ausgeschlossen war. Denn auch wenn es herrschender Kulturanschauung entspricht, dass Menschenleben nicht verrechenbar sind, kann dem Bahnwärter diese Einsicht durch die affektgleiche Situation verschlossen geblieben sein. Hinzu kommt, dass in solchen Fällen, die das Schicksal nur ausnahmsweise diktiert, ein generalpräventives Bestrafungsbedürfnis erheblich reduziert ist. Denn der Fall wird als außergewöhnlicher Extremkonflikt weit weniger zur gesellschaftlichen Beunruhigung beitragen, als etwa Fälle der kühl kalkulierten Organentnahme zugunsten Dritter oder der von Terroristen geforderten Tötung eines einzelnen Politikers zur Rettung zahlreicher Geiseln, bei denen die weitaus größere Gefahr bestünde, dass sie im Falle der Entschuldigung zur Regel werden (in solchen Fällen würde daher sicherlich niemand für eine Exkulpation plädieren, obwohl auch hier eine Person zugunsten vieler geopfert würde). Der Bahnwärter-Fall hat daher in diesem Sinne auch aufgrund des kurzen Entscheidungsprozesses einen ganz besonderen Einzigartigkeitscharakter, der ausnahmsweise die Anwendung des § 17 StGB rechtfertigen kann.

Achtung Klausur: *Die Auffassung, dass in solchen Fällen auch die Regeln des übergesetzlichen Notstandes eingreifen, ist freilich in der Lit. sehr verbreitet und lässt sich daher gut vertreten. Zwingend muss aber in der Klausur auch die gegensätzliche Auffassung zumindest gebracht werden, zumal viele Studierende den Unterschied zum Euthanasiearzt-Fall überhaupt nicht erkennen werden.*

3. Insbesondere: Rechtfertigende Pflichtenkollision[119]

Achtung Klausur: *Diese ist in der* ***Rechtfertigung*** *zu prüfen und wird hier nur aus systematischen Gründen behandelt, da sie praktisch immer in Fällen eine Rolle spielt, in denen eine notstandsähnliche Situation gegeben ist!*

Ein Bsp. für die rechtfertigende Pflichtenkollision liefert folgender

209 **Fall 33:** Notarzt A kommt an eine Unfallstelle, wo zwei Verletzte, B und C, liegen. Er kann nur das Leben eines Verletzten retten. Die Rettung beider ist unmöglich. A rettet B. C stirbt. Liegt hier eine Tötung durch Unterlassen an C gem. §§ 212, 13 StGB vor? **(Notarzt-Fall)**

---

115 *Gallas*, Mezger-FS, 1954, S. 331 ff.; *Kühl*, AT, § 12, Rn. 104; SK-*Rudolphi*, vor § 19, Rn. 8; *Stratenwerth/Kuhlen*, AT/1, § 10, Rn. 128.

116 *Jakobs*, AT, 20/41 f.; *Roxin*, AT/I, § 22, Rn. 157; NK-*Neumann*, § 35, Rn. 61; a. A. LK-*Rönnau*, vor § 32, Rn. 346 f.

117 Vgl. dazu in Umsetzung seiner überzeugend entwickelten Verantwortungslehre *Roxin*, AT/I, § 22, Rn. 162 ff.

118 Vgl. dazu auch *Jäger*, ZStW 115 (2003), 780; a. A. wohl *Roxin*, AT/I, § 22, Rn. 161 ff. und *Jakobs*, AT, 20/41 f., die den Gesichtspunkt des Verbotsirrtums im Rahmen des Weichenstellerfalles unangesprochen lassen.

119 Einen lesenswerten Überblick hierzu liefert *Rönnau*, JuS 2013, 113 ff.

Lösungsansätze: **210**

I. „Rechtsfreier Raum“
Danach wäre dem Strafrecht eine Entscheidung überhaupt entzogen. Dagegen spricht jedoch, dass das Recht auch in derartigen Konfliktsituationen nicht schweigen darf. Auch hat schon *Radbruch* zu Recht darauf hingewiesen, dass der angeblich „rechtsleere Raum“ in Wahrheit kein rechtsfreies, rechtlich ungeregeltes, sondern ein rechtlich im negativen Sinn durch Verneinung jeder Rechtsfolge geregeltes Tatsachengebiet darstellt.[120]

II. Tatbestand
Der Schutzzweck des § 212 StGB erfasst derartiges Verhalten nicht mehr, sodass jedenfalls schon die Tatbestandsmäßigkeit der Tötung zu verneinen ist.[121] Auch diese Lösung ist aber abzulehnen, da sie einen Weg in die Rechtsunsicherheit beschreitet und auch nur schwer plausibel zu machen ist, da A ja auch C hätte retten können, sodass das diesbezügliche Sterbenlassen nicht ohne Weiteres aus dem Tatbestand ausgenommen werden kann.

III. Rechtswidrigkeit
1. Kein rechtfertigender Notstand gem. § 34 StGB, da die Interessen von B und C gleich schutzwürdig sind und daher kein Interessenvorrang zu verzeichnen ist. Aber:
2. H. M.: Rechtfertigende Pflichtenkollision (als übergesetzlicher Rechtfertigungsgrund).[122] Wer nur eine Alternative hat (d. h. in Situationen, in denen keine echte Wahlmöglichkeit gegeben ist) und eine der ihm zur Verfügung stehenden Möglichkeiten ergreift, der kann sich nicht dem Vorwurf der Pflichtwidrigkeit aussetzen (es handelt sich nicht um Unrecht, sondern um Schicksal). Das Recht kann von dem Einzelnen nicht Menschenunmögliches verlangen, sonst würde es sich in sein Gegenteil verkehren (ultra posse nemo obligatur).[123]

IV. Schuld
Von einer Mindermeinung wird auch im Falle der Kollision gleichrangiger Handlungspflichten nur ein übergesetzlicher entschuldigender Notstand angenommen.[124] Dagegen spricht jedoch, dass man über eine Tat schon kein Unrechtsurteil aussprechen darf, wenn sie sich im Rahmen des allein Menschenmöglichen hält.

Im **Ergebnis** erscheint daher die Annahme einer rechtfertigenden Pflichtenkollision vorzugswürdig.

Achtung Klausur: *Eine rechtfertigende Pflichtenkollision kommt nach h. M. nur in Betracht, wenn zwei gleichrangige Handlungspflichten kollidieren; nicht dagegen,*

---

120 *Radbruch*, Rechtsphilosophie, 3. Aufl., S. 191. Ähnl. *Jakobs*, AT, 2. Aufl., 13/3, der davon ausgeht, dass das Unverbotene (oder Rechtsfreie) sehr wohl im Verzicht auf das Rechtswidrigkeitsurteil insoweit rechtlich geregelt ist, als die Zurechnung abgebrochen wird. Vgl. auch *Bernsmann*, „Entschuldigung“ durch Notstand, 1989, S. 329, der darüber hinausgehend darauf hinweist, dass von einer Rechtsfreiheit schon deshalb nur schwer gesprochen werden kann, weil eine vorsätzliche Tötung auch in der Gefahrengemeinschaft jedenfalls die Tatbestandsvoraussetzungen eines Tötungsdeliktes erfüllt. Umfassend zum rechtsfreien Raum *Engisch*, Beiträge zur Rechtstheorie, 1984, S. 9 ff.; vgl. zur Unbrauchbarkeit der Figur des rechtsfreien Raumes in den einzelnen Fallgruppen des Lebensnotstandes auch *Hirsch*, Bockelmann-FS, 1979, S. 103 ff. sowie *Jäger*, ZStW 115 (2003), 782 f.

121 Vgl. etwa *Hoyer*, Strafrechtsdogmatik nach Armin Kaufmann, 1997, S. 144, der schon kein tatbestandsmäßig zu missbilligendes Verhalten annehmen will. In diesem Sinne wohl auch MüKo-*Schlehofer*, vor §§ 32 ff., Rn. 164, der mit beachtlichen Gründen darauf hinweist, dass pflichtbegründende Normen hier so begrenzt werden müssen, dass nur eine Pflicht entsteht.

122 Lesenswert hierzu *B. Heinrich*, AT, Rn. 512 ff., der die einzelnen Voraussetzungen der Pflichtenkollision näher erörtert; siehe auch *Satzger*, Jura 2010, 753 ff.

123 *Joecks*, § 13, Rn. 52 f.; *Krey/Esser*, AT, Rn. 633; *Kühl*, AT, § 18, Rn. 137; *Küper*, JuS 1987, 89 f.

124 *Jescheck/Weigend*, AT, § 33 V 2; § 47 I 2.

wenn eine Handlungs- mit einer Unterlassungspflicht kollidiert.[125] *Deshalb greift dieses Rechtsinstitut nicht im „Bahnwärterfall“ oder im „Euthanasiearztfall“, denn dort standen sich eine Handlungspflicht (Rettung vieler) und eine Unterlassungspflicht (Nichttötung weniger) gegenüber.*

Nur bei der Handlungspflichten-Kollision fügt sich nämlich der Täter in das laufende Schicksal. Dagegen greift er in den anderen Fällen in das Schicksal ein.

E. Irrtumsfragen im Bereich der Schuld[126]

I. Irrtum über die Existenz oder die Grenzen eines Rechtfertigungsgrundes = Erlaubnis(grenz)irrtum

211 Dieser stellt nach einhelliger Auffassung einen Verbotsirrtum nach § 17 StGB dar und dies zu Recht, da dem Täter das Unrechtsbewusstsein fehlt, wenn er einen nicht existierenden Rechtfertigungsgrund annimmt (Erlaubnisirrtum: z. B. bei der Annahme eines körperlichen Züchtigungsrechts, das es ja seit der Neugestaltung des § 1631a II BGB überhaupt nicht mehr gibt[127]) oder einen existierenden Rechtfertigungsgrund überdehnt (Erlaubnisgrenzirrtum: z. B. bei der Annahme, dass das Notwehrrecht auch die Tötung zur Verhinderung eines kleinen Obstdiebstahls rechtfertige).

II. Irrtum über die sachlichen Voraussetzungen eines Rechtfertigungsgrundes = Erlaubnistatbestandsirrtum[128]

212 **Beispiel:** A glaubt, dass B eine Pistole aus seiner Jackentasche ziehen will, um ihn zu töten. In Wahrheit will B sich nur eine Zigarette anzünden. A erschießt B wegen des vermeintlichen Angriffs.

1. Lehre von den negativen Tatbestandsmerkmalen[129]

213 Diese Lehre, die die Rechtfertigung als negatives Tatbestandsmerkmal auffasst, gelangt beim Erlaubnistatbestandsirrtum zur direkten Anwendung des § 16 I StGB, denn der Täter kennt nach dieser Lehre einen Umstand (die Nicht-Rechtfertigung), der zum gesetzlichen Tatbestand gehört, nicht.[130] D. h. strukturell:

§ 212 StGB
1. Objektiver Tatbestand
   a) Tathandlung und Erfolg (+)
   b) Nicht-Rechtfertigung (+)

---

125 *Kühl*, AT, § 18, Rn. 134.

126 Vgl. umfassend dazu *Geppert*, Jura 2007, 34 ff.; *Bachmann*, JA 2009, 510 ff.; lesenswert zu examensrelevanten Irrtümern *Knobloch*, JuS 2010, 864 ff.

127 Dies gilt unabhängig von der Frage, ob man den Tatbestand des § 223 StGB etwa bei leichten Ohrfeigen teleologisch reduziert, indem man eine unangemessene Behandlung verneint.

128 Lesenswert zu den Theorien über die rechtliche Behandlung des Erlaubnistatbestandsirrtums *Ludes/Pannenborg*, Jura 2013, 24 ff., die sich auch mit der Sonderkonstellation des Erlaubnistatbestandsirrtums beim Fahrlässigkeitsdelikt beschäftigen.

129 Vgl. etwa *Schroth*, Arth. Kaufmann-FS, 1993, S. 595; *Schünemann*, GA 1985, 347.

130 Instruktiv *B. Heinrich*, AT, Rn. 108 f.

2. Subjektiver Tatbestand
   bzgl. 1. a): (+)
   bzgl. 1. b): (–) → § 16 StGB direkt

Kritik: Der Gesetzgeber dürfte mit „gesetzlicher Tatbestand" in § 16 StGB lediglich die Tatbeschreibungen des Besonderen Teils gemeint haben, nicht aber Rechtfertigungsgründe des Allgemeinen Teils, sodass eine direkte Anwendung des § 16 StGB zumindest fragwürdig erscheint.

2. Eingeschränkte Schuldtheorie[131]

Sie wendet § 16 I StGB nicht unmittelbar, aber analog an, weil der „gesetzliche Tatbestand" in § 16 I StGB nur Tatbeschreibungen des Besonderen Teils meint. Der Irrtum über eine rechtfertigende Situation sei aber wie ein Tatbestandsirrtum zu behandeln, weil sich der Täter – wie bei § 16 StGB – rechtstreu verhalten wolle und ihm allenfalls ein Mangel an Sorgfalt vorzuwerfen sei, sodass die Fahrlässigkeitsbestrafung eine angemessene Reaktion darstelle[132], d. h. strukturell: **214**

§ 212 StGB
1. Tatbestandsmäßigkeit
   a) Objektiver Tatbestand (+)
   b) Subjektiver Tatbestand → Tatbestandsvorsatz i. S. v. Wissen und Wollen der Tötung (+)
2. Rechtswidrigkeit objektiv (+)
3. Aber: Irrtum über Voraussetzungen eines Rechtfertigungsgrundes → § 16 StGB analog → Vorsatz entfällt

3. Rechtsfolgenverweisende eingeschränkte Schuldtheorie[133]

Nach ihr liegt vorsätzlicher Handlungsunwert vor, aber es ist wegen des herabgesetzten Schuldgehalts nur wegen Fahrlässigkeit zu bestrafen (sog. Fehlen der Vorsatzschuld). **215**

Diese Lehre lässt also den Handlungsvorsatz bestehen und nimmt nur ein Schulddefizit an, das zur Folge hat, dass nur die Rechtsfolgen (nicht die Voraussetzungen) des § 16 StGB anzuwenden sind. Strukturell heißt dies:

§ 212 StGB
1. Objektiver Tatbestand: Tathandlung und Erfolg (+)
2. Subjektiver Tatbestand: Tatbestandsvorsatz (+)
3. Rechtswidrigkeit (+)
4. Schuld: Vorsatzschuld (–), → § 16 StGB in der Rechtsfolge analog

---

131 Vgl. statt vieler *Engisch*, ZStW 70 (1958), 566; *Herzberg*, JA 1989, 294; *Hruschka*, GA 1980, 1; *Krey/Esser*, AT, Rn. 743; *Puppe*, Stree/Wessels-FS, 1993, S. 192 f.; *Roxin*, AT/I, § 14, Rn. 55 f., 62 ff.; SK-*Rudolphi/Stein*, § 15, Rn. 10, 12; grundlegend zu Schuld- und Vorsatztheorie *Gómez*, GA 2010, 259 ff.

132 So nachdrücklich und mit näherer Begründung *Roxin*, AT/I, § 14, Rn. 64 m. w. N.

133 Vgl. zu ihr *Bockelmann/Volk*, AT, § 16 C II; *Gallas*, ZStW 67 (1955), 45 f.; *Jescheck/Weigend*, AT, § 41 IV 1d; *Fischer*, § 16, Rn. 20; *Wessels/Beulke/Satzger*, AT, Rn. 478 f.

Kritik: Diese Lehre, die § 16 StGB nur in der Rechtsfolge anwendet, obgleich nach ihr die Voraussetzungen des § 16 I StGB nicht einmal analog erfüllt sind, behandelt Voraussetzungen und Rechtsfolgen einer Norm in unzulässiger Weise unterschiedlich (*Schünemann* nennt sie daher eine „dogmatische Missgeburt“[134]).

Der Vorteil dieser Lehre ist allerdings, dass sie eine Teilnehmerbestrafung ermöglicht, weil sie den Handlungsvorsatz bestehen lässt und damit eine vorsätzliche rechtswidrige Haupttat weiterhin als gegeben sieht, indem sie nur ein Schulddefizit annimmt.

Fraglich ist freilich, ob dieser Vorteil tatsächlich geeignet ist, die Vorzugswürdigkeit dieser Lehre zu belegen, denn:

– meistens wird ohnehin mittelbare Täterschaft gegeben sein. Anstiftung ist nur denkbar in Fällen, in denen der Hintermann den Irrtum des Tatmittlers (Vordermann) nicht erkennt oder in Fällen, in denen dem Hintermann eine Tätereigenschaft fehlt, sodass mittelbare Täterschaft nicht gegeben sein kann, sondern nur Anstiftung.[135]

Beispiel: A sagt zu B: „Töte den C!“ B tut dies, weil er glaubt, C lege gerade auf ihn an. Diesen Irrtum erkennt A nicht. Er glaubt vielmehr, dass B und C auch Todfeinde sind.

Lösung: Hier scheidet mittelbare Täterschaft wegen fehlenden Tatherrschaftswillens des Hintermanns aus → Anstiftung nur möglich, sofern man der rechtsfolgenverweisenden eingeschränkten Schuldtheorie folgt.

– wer dennoch eine Bestrafung des Teilnehmers erreichen will, kann das Problem bei §§ 26, 27 StGB lösen, indem man „vorsätzlich“ im Sinne dieser Vorschriften nur als Tatbestandsvorsatz im Gegensatz zum Unrechtsvorsatz auslegt,[136] d. h. strukturell:

I. Haupttäter: § 212 StGB
  1. Tatbestandsmäßigkeit
    a) Objektiver Tatbestand (+)
    b) Subjektiver Tatbestand → Tatbestandsvorsatz i. S. v. Wissen und Wollen der Tötung (+)
  2. Rechtswidrigkeit objektiv (+)
  3. Aber Irrtum über Voraussetzungen eines Rechtfertigungsgrundes → Unrechtsvorsatz (–) → § 16 StGB analog → Vorsatz entfällt

II. Teilnehmer: §§ 212, 26 StGB

Vorsätzliche rechtswidrige Haupttat (+), da § 26 StGB (ebenso wie § 27 StGB) nur Tatbestandsvorsatz verlangt.

4. Strenge Schuldtheorie[137]

216 Sie wendet § 17 StGB (Verbotsirrtum) mit der Begründung an, dass der Täter, der tatbestandsvorsätzlich einen Menschen tötet, erhöhte Aufmerksamkeit darauf verwenden muss, ob tatsächlich eine Rechtfertigung besteht und andernfalls eine Vorsatzbestrafung gerechtfertigt ist, sofern der Irrtum vermeidbar war.

---

134 *Schünemann*, GA 1985, 350.
135 Vgl. *Roxin*, AT/I, § 14, Rn. 75.
136 So der Vorschlag von *Roxin*, AT/I, § 14, Rn. 77. Ihm folgend NK-*Puppe*, § 16, Rn. 136.
137 Vgl. etwa LK-*Vogel*, § 16, Rn. 114; *Maurach/Gössel/Zipf*, AT/II, § 40, Rn. 92; *Welzel*, NJW 1952, 546.

Außerdem komme nur die strenge Schuldtheorie in den Fällen zu einer Bestrafung, in denen ein Fahrlässigkeitsdelikt fehlt.

Kritik: Gegen diese Lehre sprechen aber die oben unter 2. genannten Gründe, d. h. die Gründe, die für die eingeschränkte Schuldtheorie sprechen.

Der Klausuraufbau lässt sich sehr schön anhand einer viel besprochenen BGH-Entscheidung verdeutlichen,[138] die zeigt, dass der Erlaubnistatbestandsirrtum nicht nur von theoretischer Bedeutung ist. Zugrunde lag dem folgender

Fall 34: Der Angeklagte A war ein führendes Mitglied des umstrittenen Motorrad- und Rockerclubs „Hells Angels“. Er hatte erfahren, dass ein Mitglied des konkurrierenden Rockerclubs „Bandidos“ irgendein Mitglied der „Hells Angels“ töten wolle, um sich eine Prämie i. H. v. 25 000 € sowie einen Aufnäher mit dem Schriftzug „Expect no Mercy“ zu verdienen. Zuvor hatte ein Mitglied der „Hells Angels“ ein Mitglied der „Bandidos“ getötet. **217**

Zeitgleich lief gegen mehrere Mitglieder der „Hells Angels“ auch ein Ermittlungsverfahren der Strafverfolgungsbehörden, in dessen Rahmen das Amtsgericht Koblenz u. a. einen Durchsuchungsbeschluss für die Wohnung des A erließ. Aufgrund der Gewaltbereitschaft des A wurde für die Durchsuchungsaktion ein Spezialeinsatzkommando der Polizei (SEK) beauftragt.

Gegen 6.00 Uhr am Tattag versuchte das SEK die Tür des Wohnhauses des A aufzubrechen, um ihn im Schlaf zu überraschen. A wachte jedoch auf und bemerkte Geräusche und Stimmen an der Haustür. Er nahm seine Waffe, für die er eine behördliche Waffenbesitzerlaubnis hatte, und begab sich ins Treppenhaus, wo er das Licht einschaltete. A sah Personen vor der Haustür, konnte jedoch nicht erkennen, dass es sich dabei um Polizisten handelte. Er nahm an, dass es sich bei den Personen um Mitglieder der „Bandidos“ handelte, die gekommen waren um ihn und seine Verlobte, die sich ebenfalls im Haus befand, zu töten. Er rief laut: „Verpisst Euch!“. Sowohl auf das eingeschaltete Licht als auch auf die Ausrufe des A reagierten die SEK-Beamten nicht, sondern versuchten weiter, ohne sich als Polizisten erkennen zu geben, die Tür aufzubrechen.

Zwei der drei Verriegelungen an der Tür hatte das SEK bereits aufgebrochen, sodass A jeden Augenblick mit dem Eindringen der vermeintlichen Angreifer rechnete und sich in einer lebensbedrohlichen Situation wähnte. Um sich zu verteidigen, schoss A daher, ohne jegliche Vorwarnung, gezielt zweimal durch die Tür auf die vermeintlichen Angreifer, wobei er es billigend in Kauf nahm, dass ein Mensch tödlich getroffen werden könnte. Der erste Schuss ging fehl. Das zweite Geschoss traf einen der SEK-Beamten B seitlich, drang durch den Armausschnitt der Schutzweste ein und tötete diesen. A ließ sich in der Folge, als er merkte, dass es sich um Polizeibeamte handelte, widerstandslos festnehmen. Strafbarkeit des A? (**Hells Angels-Fall** nach BGH NStZ 2012, 272[139]).

Lösung: **218**

I. A könnte sich wegen **vorsätzlicher Tötung nach § 212 StGB** strafbar gemacht haben, indem er den SEK-Beamten niederschoss.

138 Vgl. zum Erlaubnistatbestandsirrtum in der Fallbearbeitung auch *Kelker*, Jura 2006, 591 ff.; *Momsen/Rackow*, JA 2006, 550 ff., 654 ff.; *Stiebig*, Jura 2009, 274 ff.; *Heuchemer*, JuS 2012, 795 ff.

139 Mit Anm. *Engländer*, NStZ 2012, 274 ff.; vgl. auch Anm. *Jäger*, JA 2012, 227 ff.; *Esser/Langbauer*, JA 2013, 28 ff.; ausführlich zu den Fehlern bei der Behandlung des Erlaubnistatbestandsirrtums *Kraatz*, Jura 2014, 787 ff.

1. Tatbestandsmäßigkeit

a) Der objektive Tatbestand ist unproblematisch erfüllt. Das Handeln des A ist für den Tod des B eindeutig kausal geworden. Auch lässt sich an der Zurechenbarkeit des Erfolges nicht zweifeln. Zwar könnte man die Überlegung aufwerfen, ob eine Unterbrechung des Zurechnungszusammenhangs kraft frei verantwortlicher Selbstgefährdung gegeben ist. Jedoch scheitert eine solche bereits daran, dass nicht davon auszugehen ist, dass der Polizeibeamte den Umfang des Risikos erkannt hatte. Die Tatsache, dass das Licht anging und A rief: „Verpisst Euch!“, lässt noch nicht darauf schließen, dass sich B des Gefährdungspotentials tatsächlich bewusst war. Im Übrigen ist hier richtigerweise – wenn überhaupt – von einer möglichen einverständlichen Fremdgefährdung auszugehen. Auch eine solche würde jedoch verlangen, dass sich das Opfer des eingegangenen Risikos bewusst ist. Zudem dürfte hier der Anwendung dieser Rechtsfigur entgegenstehen, dass eine Einwilligung in die eigene Tötung nach § 216 StGB ausgeschlossen ist. Dementsprechend wird man eine einverständliche Fremdgefährdung in Bezug auf einen mit bedingtem Tötungsvorsatz abgegebenen Schuss ohnehin ausschließen müssen.

b) A handelte zum Zeitpunkt der Schussabgabe mit bedingtem Tötungsvorsatz. Die Tatsache, dass A den B für ein Mitglied der verfeindeten Bandidos hielt, ändert am Tatvorsatz nichts. Nach § 16 StGB ist es hinreichend, dass A die Umstände erkannte, die den Tötungstatbestand nach § 212 StGB erfüllen. Da die Vorstellung des A auf die Tötung eines Menschen gerichtet war, ist dementsprechend hinreichender Tötungsvorsatz anzunehmen. Die Identitätsabweichung begründet daher nur einen unbeachtlichen Motivirrtum (error in persona), der für das Vorsatzurteil unbeachtlich ist (näher hierzu bereits oben Rn. 91 f.).

2. Rechtswidrigkeit

a) In Betracht kommt hier aber eine Rechtfertigung des A durch Notwehr nach § 32 StGB. Voraussetzung hierfür wäre zunächst das Vorliegen eines gegenwärtigen rechtswidrigen Angriffs von Seiten des B. Denkbar wäre hier die Annahme, dass die verdeckte Vorgehensweise bei der Durchsuchung rechtswidrig war. Zwar existierte ein richterlicher Durchsuchungsbefehl, jedoch geben die Vorschriften der §§ 102 ff. StPO für ein heimliches Vorgehen grundsätzlich nichts her. Andererseits ist aber zu berücksichtigen, dass die Polizei das verdeckte Vorgehen lediglich auf den Akt des Eindringens in die Wohnung beschränken wollte, um Gefahren bezüglich der eigenen Person angesichts der bekannten Aggressivität des A zu entgehen. Dies wird man im Rahmen des Verhältnismäßigkeitsgrundsatzes bei Gefahren für die Vollzugsbeamten als zulässig erachten müssen. Insgesamt ist daher wohl von einer Rechtmäßigkeit des Vorgehens der Polizei auszugehen (vom BGH offen gelassen).
Damit fehlte es hier an einem rechtswidrigen Angriff der Polizei, der geeignet gewesen wäre, eine Notwehrlage zu begründen.

b) Auch scheitert eine Rechtfertigung nach § 34 StGB. Zwar lässt sich eine Gefahr mit der Begründung bejahen, dass nach dem objektiven ex-ante-Urteil eines verständigen Beobachters aus dem Verkehrskreis des Handelnden (A) mit einem Angriff der Bandidos möglicherweise zu rechnen war. Jedoch fehlt es an einem wesentlichen Überwiegen der Interessen des A, da das Rechtsgut Leben einer Abwägung nicht zugänglich ist.

3. Schuld

a) Denkbar ist jedoch, dass sich A Umstände vorgestellt hat, die eine Notwehrlage begründen. Dann müsste seine Vorstellung auf einen Sachverhalt gerichtet gewesen sein, bei dessen Gegebensein ein gegenwärtiger rechtswidriger Angriff sowie eine erforderliche und gebotene Verteidigungshandlung zu bejahen sind.
Vorliegend, so der BGH, ging A aufgrund der Hinweise von einem Überfall durch ein Rollkommando der verfeindeten Bandidos aus. Er schloss einen normalen Einbruch angesichts des Vorgehens der Angreifer, die sich auch durch Einschalten der Beleuchtung am Haus und dem Ruf: „Verpisst Euch!“ nicht aufhalten ließen, aus. Die Bedrohung war aus seiner Sicht auch akut und damit gegenwärtig, da die vermeintlichen Angreifer die Haustüre be-

reits weitgehend aufgebrochen hatten und das Eindringen unmittelbar bevorstand, weil er mit einer nicht abschätzbaren Zahl von Angreifern mit unbekannter Bewaffnung und Ausrüstung und mit einem besonders aggressiven Vorgehen rechnete. Wenn diese irrtümliche Annahme des Angeklagten zutreffend gewesen wäre, wäre der sogleich auf eine Person gerichtete Schusswaffeneinsatz auch als erforderliche Notwehrhandlung gerechtfertigt gewesen. Denn in der Regel ist der Angegriffene bei einem Schusswaffeneinsatz zwar gehalten, den Gebrauch der Waffe zunächst anzudrohen oder vor einem tödlichen Schuss einen weniger gefährlichen Einsatz zu versuchen. Die Notwendigkeit eines Warnschusses kann aber nur dann angenommen werden, wenn ein solcher Schuss auch dazu geeignet gewesen wäre, den Angriff endgültig abzuwehren. Nach den von A angenommenen Umständen sei aus Sicht des Angeklagten jedoch zu erwarten gewesen, dass die Situation bei einem Warnschuss eskaliert und die vermeintlichen Angreifer bei einem Aufmerksamwerden auf A ihrerseits durch die Tür schießen würden. Da sich ein Verteidiger auf einen Kampf mit ungewissem Ausgang jedoch nicht einlassen müsse, waren beide Schüsse, die der Angeklagte durch die Tür abgegeben hat, aus seiner Sicht erforderliche Notwehrhandlungen, sodass sich A insgesamt Umstände vorstellte, die zu einer Rechtfertigung durch Notwehr Anlass geben.

b) Fraglich ist, wie sich der Irrtum über das Vorliegen einer Notwehrlage auf Seiten des A auswirkt.

Entscheidend dafür ist die rechtliche Einordnung des Irrtums. Vorliegend ist A davon ausgegangen, dass tatsächlich ein Angriff auf sein Leben von Seiten des B drohe. Seine Fehlvorstellung bewegte sich daher nicht im rechtlichen, sondern im tatsächlichen Bereich. Es ist daher nicht von einem Erlaubnisirrtum oder einem Erlaubnisgrenzirrtum, sondern von einem Erlaubnistatbestandsirrtum auszugehen, dessen rechtliche Behandlung nach wie vor umstritten ist. Denkbar wäre, unter Anwendung des § 17 StGB einen Verbotsirrtum anzunehmen. Dafür spräche, dass der Täter, der tatbestandsvorsätzlich einen Menschen tötet, erhöhte Aufmerksamkeit darauf verwenden muss, ob tatsächlich eine Rechtfertigung besteht. Eine so verstandene strenge Schuldtheorie übersieht jedoch, dass sich der Täter eigentlich rechtstreu verhalten wollte und ihm lediglich ein Mangel an Sorgfalt vorgeworfen werden kann. Diese Tatsachen sprechen im Sinne der eingeschränkten Schuldtheorie gegen eine Heranziehung des § 17 StGB und für eine analoge Anwendung des § 16 I StGB. Denn hier wie dort geht es dem Täter bei seiner Tat um die Einhaltung der vom Gesetzgeber festgeschriebenen Grenzen. Unterstützt wird dieses Ergebnis durch die Lehre von den negativen Tatbestandsmerkmalen, die sogar zur direkten Anwendung des § 16 StGB gelangt, indem sie die Rechtfertigung als negatives Tatbestandsmerkmal auffasst. Gegen diese logisch nicht angreifbare Lehre von den negativen Tatbestandsmerkmalen spricht allenfalls das Argument, dass der Gesetzgeber mit „gesetzlicher Tatbestand" in § 16 StGB lediglich die Tatbeschreibungen des Besonderen Teils gemeint haben dürfte, nicht aber Rechtfertigungsgründe des Allgemeinen Teils.

In ihren Ergebnissen vergleichbar mit der eingeschränkten Schuldtheorie ist die sog. rechtsfolgenverweisende eingeschränkte Schuldtheorie. Nach ihr liegt vorsätzlicher Handlungsunwert vor, aber es ist wegen des herabgesetzten Schuldgehalts nur wegen Fahrlässigkeit zu bestrafen (sog. Fehlen der Vorsatzschuld). Diese Lehre lässt also den Handlungsvorsatz bestehen und nimmt nur ein Schulddefizit an, was zur Folge hat, dass nur die Rechtsfolgen, nicht aber die Voraussetzungen des § 16 StGB anzuwenden sind. *Schünemann* hat diese Lehre zwar als „dogmatische Missgeburt" bezeichnet, weil die Rechtsfolgen einer Norm angewandt werden, obwohl deren Voraussetzungen nicht einmal analog erfüllt sind. Dennoch hat sich der BGH in der vorliegenden Entscheidung offenbar dieser Auffassung angeschlossen und im Falle des Erlaubnistatbestands ein Vorsatzschulddefizit angenommen. Dahinter steht wohl die Überlegung, Strafbarkeitslücken bei Anstiftungsfällen zu schließen.

Vorliegend kann der Streit zwischen eingeschränkter und rechtsfolgenverweisender eingeschränkter Schuldtheorie aber offenbleiben, da keine Teilnahmekonstellation vorliegt und beide Auffassungen zu einer analogen Anwendung des § 16 StGB gelangen mit der Folge, dass eine Vorsatzbestrafung nach § 212 StGB ausgeschlossen ist.

II. In gleicher Weise scheitert eine Strafbarkeit wegen **vorsätzlicher gefährlicher Körperverletzung nach §§ 223, 224 I Nr. 2 und 5 StGB**. Zwar sind auch diese Vorschriften tatbestandsmäßig und rechtswidrig verwirklicht. Jedoch ist dem A auch hier ein Erlaubnistatbestandsirrtum zugute zu halten, sodass, jedenfalls wegen Fehlens der Vorsatzschuld, eine Strafbarkeit aus diesen Vorsatzdelikten entfällt.

III. Denkbar wäre daher lediglich eine Bestrafung wegen **fahrlässiger Tötung nach § 222 StGB**.
Voraussetzung hierfür wäre, dass A sorgfaltspflichtwidrig gehandelt hat, weil für ihn der fehlende rechtswidrige Angriff von Seiten der Bandidos erkennbar war. Dies wäre jedoch nur der Fall, wenn er den Irrtum über die Identität und Absicht des Opfers hätte vermeiden können. Dies ist jedoch nach Ansicht des BGH ausgeschlossen, weil der Angeklagte mit plausiblen Gründen von einem lebensbedrohenden Angriff durch Bandidos ausging, ferner weil die tatsächlich angreifenden Polizeibeamten sich auch nach Einschalten der Beleuchtung im Haus nicht zu erkennen gaben und weil der Angeklagte wegen des verdeckten Vorgehens der Beamten keine Möglichkeit hatte, rechtzeitig zu erkennen, dass es sich um einen Polizeieinsatz handelte.

IV. In gleicher Weise scheitert eine Strafbarkeit wegen **fahrlässiger Körperverletzung nach § 229 StGB** mangels Vermeidbarkeit des Irrtums.

V. Auch entfällt eine Strafbarkeit wegen **Widerstands gegen Vollstreckungsbeamte nach § 113 StGB**.
Insoweit ist vorliegend wohl bereits davon auszugehen, dass B zur Vornahme der Vollstreckungshandlung, die hier in der Durchsuchung des Hauses des A bestand, überhaupt nicht berufen war.

VI. Denkbar ist jedoch eine Strafbarkeit wegen **Widerstands gegen Personen, die Vollstreckungsbeamten gleichstehen, § 114 II StGB**.

Diesbezüglich ist anzunehmen, dass es sich bei dem Beamten des Spezialeinsatzkommandos um eine Hilfsperson handelte, die von den Durchsuchungsbeamten bei ihrer Diensthandlung hinzugezogen wurden.
Jedoch fehlt es dem A diesbezüglich am Vorsatz, da dieser nicht davon ausgegangen ist, Widerstand gegen eine derartige Person zu leisten. Vielmehr wurde er in der Annahme tätig, dass es sich um einen angreifenden gegnerischen Bandido handelt.

VII. Ergebnis: A hat sich durch die tödlichen Schüsse auf den Polizeibeamten nicht strafbar gemacht.

Hinweis: *Der Fall macht sehr schön deutlich, dass der BGH geradezu schulmäßig zunächst in der Rechtswidrigkeit die objektive Rechtfertigungslage prüft, ehe er sodann untersucht, ob sich die Vorstellung des A auf Umstände richtete, die nicht nur auf das Vorliegen einer Notwehrlage, sondern auch auf die Erforderlichkeit der Verteidigungshandlung gerichtet waren. Entgegenzuhalten ist dem BGH allenfalls, dass er kein Wort darüber verliert, ob sich die Vorstellung des A auch auf Umstände gerichtet hat, die eine Gebotenheit der Verteidigungshandlung begründen. Insofern hätte man durchaus bezweifeln können, ob hier nicht von Seiten der Hells Angels ein dem A zurechenbares vorausgehendes Provokationsverhalten (hier: vorausgehender tödlicher Angriff auf einen Bandido durch ein Mitglied der eigenen Bande) gegeben war und ob sich in einem solchen Fall aus einem passiven Verhalten des A trotz Erwartung eines Gegenangriffs nicht eine sozialethische Einschränkung des Notwehrrechts hätte ableiten lassen.*[140]

140 Näher hierzu *Jäger*, JA 2012, 230; vgl. auch *Engländer*, NStZ 2012, 274 ff.

Mit einer besonders schwierigen Konstellation eines Erlaubnistatbestandsirrtums hatte sich neuerdings der BGH zu beschäftigen. Verdeutlicht wird dies durch folgenden

Fall 35: S besuchte den ihm bekannten A in dessen Wohnung. Zwischen beiden kam es zu einer Auseinandersetzung, die immer wieder von S ausging. Dabei wurde S zunehmend aggressiv und unternahm den Versuch, mit Fäusten auf A einzuschlagen. Als A deshalb dem S die Hand auf den Rücken drehte, versuchte S mehrfach, sich gewaltsam wieder zu befreien. Da A befürchtete, S könne, falls er sich befreit, erneut auf ihn losgehen und ihn schlagen, nahm A den S von hinten stehend mit seinem linken Arm in den Schwitzkasten bzw. Würgegriff und drückte zu. Als S dadurch schwächer wurde, konnte A ihn immer noch im Schwitzkasten haltend zu Boden bringen. Um den Angriff zu beenden, hielt A den S weiterhin über einen Zeitraum von mindestens einer Minute fest im Schwitzkasten, wobei er wusste, dass dies etwa durch ein Abdrücken bei der Halsschlagader zu einer tödlich verlaufenden Sauerstoffunterversorgung des Gehirns führen konnte. Obwohl S sich nicht mehr wehrte und tatsächlich bereits vollständig kampfunfähig war, hielt A ihn sodann fest im Würgegriff, da er nicht sicher war, ob S nicht lediglich simulierte. Noch während er S auf diese Weise festhielt, rief A den Notruf der Polizei an. Nachdem er diesen Anruf nach einer Minute und 19 Sekunden beendet hatte, bemerkte A, dass S nicht mehr atmete und rief dann die Rettungsleitstelle an. Der Notarzt konnte S jedoch nicht mehr reanimieren. Strafbarkeit des A? (**Schwitzkasten-Fall II** nach BGH NStZ 2014, 30[141]) 218a

Lösung: 218b

A. Das Geschehen bis zur vollständigen Kampfunfähigkeit des S.

I. Eine Strafbarkeit wegen **Totschlags nach § 212 StGB** scheitert in diesem ersten Tatkomplex bereits am mangelnden Vorsatz. Denn A erkannte zwar die Möglichkeit, dass es durch den Druck auf die Schlagadern zu einem tödlichen Ausgang kommen könnte. Jedoch ist davon auszugehen, dass er auf einen guten Ausgang vertraute.

II. Gegeben sein könnte jedoch eine **gefährliche Körperverletzung nach §§ 223, 224 I Nr. 5 StGB**.

1. Das Würgen und die Herbeiführung des Sauerstoffmangels stellen ohne Weiteres eine körperliche Misshandlung und eine Gesundheitsschädigung dar.
Dabei erfüllte A auch den Tatbestand der gefährlichen Körperverletzung nach § 224 I Nr. 5 StGB, da das starke Würgen lebensgefährdend war. Da hier sogar eine konkrete Lebensgefährdung gegeben war, braucht auf den Streit, ob § 224 I Nr. 5 StGB eine auch nur abstrakte Lebensgefährdung erfasst, nicht eingegangen zu werden.
Im Übrigen hatte A auch den Vorsatz hinsichtlich einer gefährlichen Körperverletzung, da ihm zumindest die Umstände, die die Lebensgefährdung begründeten, bekannt waren. Dies genügt für den Vorsatz nach § 224 I Nr. 5 StGB.

2. Gegeben sein könnte jedoch der Rechtfertigungsgrund der Notwehr nach § 32 StGB.

a) Eine Notwehrlage in Form eines gegenwärtigen rechtswidrigen Angriffs von Seiten des S lag vor.

b) Darüber hinaus war die Verteidigungshandlung des A gegen den Angriff des S auch erforderlich. Der BGH geht hier zu Recht davon aus, dass es für A in der konkreten Situation im Verhältnis zum – lediglich mit Körperverletzungswillen vorgenommenen – Anlegen des Würgegriffs (jedenfalls zunächst) keine mildere Handlungsalternative gegeben habe, da die mehrfache Aufforderung zu Beginn der auch von A gegenüber seinem gewaltbereiten

141 Mit Anm. *Kudlich*, JA 2014, 153 ff.; *Brüning*, ZJS 2014, 206; *Bosch*, JK 3/14, § 16/6.

Gegner mit bloßer Körperkraft ausgetragenen Auseinandersetzung, mit seinen Angriffen aufzuhören, nicht entsprochen worden war.

c) Auch Gebotenheitseinschränkungen des Notwehrrechts sind im vorliegenden Fall nicht ersichtlich.

Ergebnis: A war bei der Vornahme des Würgegriffs zumindest bis zum Eintritt der Kampfunfähigkeit des S durch Notwehr gerechtfertigt und damit straflos.

B. Das Geschehen nach Eintritt der Kampfunfähigkeit

I. Auch hier wird man zunächst eine Strafbarkeit wegen vollendeter **Tötung gem. § 212 StGB** nach wie vor wegen fehlenden Vorsatzes ablehnen müssen und unterstellen dürfen, dass A weiterhin davon ausgegangen ist, dass ein tödlicher Ausgang ausbleibt. Dies zeigt im Übrigen auch das Verhalten des A, der noch während des intensiven Würgens nach Kampfunfähigkeit den Notruf der Polizei anrief. Hieraus kann geschlossen werden, dass es dem A zunächst um eine Festnahme des S ging.

II. In Betracht kommt jedoch eine Strafbarkeit wegen **gefährlicher Körperverletzung mit Todesfolge nach §§ 223, 224 I Nr. 5, 227 StGB**.

1. Der Grundtatbestand der §§ 223, 224 I Nr. 5 StGB ist verwirklicht. Hier kann auf die Ausführungen unter A. II. verwiesen werden.

2. A ist durch sein Handeln auch kausal für den Tod des S geworden.

3. Dabei ist auch Fahrlässigkeit anzunehmen. Diese ergibt sich bereits aus der Fortsetzung der Körperverletzung und damit aus dem Grundtatbestand trotz objektiv beendeter Notwehrlage.

4. Darüber hinaus ist auch von einem spezifischen Gefahrzusammenhang auszugehen, da sich im Tod das typische Würgerisiko verwirklicht hat.

5. Fraglich ist jedoch, ob A nach wie vor durch Notwehr nach § 32 StGB gerechtfertigt war.
Zum Zeitpunkt des fortgesetzten Würgens war jedoch bereits Kampfunfähigkeit gegeben (vgl. Sachverhalt). Damit fehlte es zu diesem Zeitpunkt an der Voraussetzung einer bestehenden Notwehrlage.

6. Denkbar wäre jedoch das Vorliegen eines Erlaubnistatbestandsirrtums, wenn sich A das Fortbestehen der Notwehrvoraussetzungen vorgestellt hat.

a) Zunächst müsste sich A dann eine Notwehrlage, d.h. einen gegenwärtigen rechtswidrigen Angriff vorgestellt haben.
Insoweit ist davon auszugehen, dass A laut Sachverhalt glaubte, dass S nur simulierte und sich nur deshalb nicht mehr wehrte, um freizukommen und seine unberechtigten Angriffe gegen den Angeklagten fortzusetzen. Nach diesem Vorstellungsbild ist A von einer noch andauernden Notwehrsituation ausgegangen, auch wenn diese objektiv nicht mehr gegeben war.

b) Zudem ist davon auszugehen, dass A auch beim Fixieren des Geschädigten S im Schwitzkasten auf dem Boden davon ausging, dass seine Handlung nach wie vor erforderlich war. Auch dies ergibt sich letztlich aus dem zunächst erfolgten Anruf bei der Polizeileitstelle.

c) Schließlich ist auch nicht anzunehmen, dass A von etwaigen Gebotenheitseinschränkungen ausgegangen ist.

Zwischenergebnis: Damit lagen sämtliche Voraussetzungen für das Vorliegen eines Erlaubnistatbestandsirrtums vor.

d) Fraglich ist die rechtliche Behandlung dieses Irrtums. Denkbar wäre die Annahme eines Verbotsirrtums nach § 17 StGB. Dafür könnte sprechen, dass der Täter, der tatbestandsvorsätzlich einen Menschen tötet, erhöhte Aufmerksamkeit darauf verwenden muss, ob tatsächlich eine Rechtfertigung besteht. Eine solche strenge Schuldtheorie übersieht jedoch, dass sich der Täter eigentlich rechtstreu verhalten wollte und ihm lediglich ein Mangel an

Sorgfalt vorgeworfen werden kann. Die besseren Gründe sprechen daher für die eingeschränkte Schuldtheorie, die für eine analoge Anwendung des § 16 I StGB eintritt. Unterstützt wird dieses Ergebnis auch durch die Lehre von den negativen Tatbestandsmerkmalen (dazu bereits oben in Rn. 218). In ihren Ergebnissen vergleichbar mit der eingeschränkten Schuldtheorie ist die sog. rechtsfolgenverweisende eingeschränkte Schuldtheorie. Nach ihr liegt vorsätzlicher Handlungsunwert vor, aber es ist wegen des herabgesetzten Schuldgehalts nur wegen Fahrlässigkeit zu bestrafen (sog. Fehlen der Vorsatzschuld).
Vorliegend kann der Streit zwischen eingeschränkter und rechtsfolgenverweisender eingeschränkter Schuldtheorie offen bleiben, da keine Teilnahmefrage zu entscheiden ist und beide Ansichten zu einer analogen Anwendung des § 16 StGB führen. Damit ist jedenfalls eine Bestrafung nach §§ 223, 224, 227 StGB mangels vorsätzlicher Körperverletzung ausgeschlossen.

III. Gegeben ist jedoch eine **fahrlässige Tötung nach § 222 StGB**. A hätte vorliegend erkennen können, dass S bereits kampfunfähig war und die Fortsetzung des Würgegriffs den Tod herbeiführen kann. Er handelte daher objektiv sorgfaltspflichtwidrig. Dass ihm dies persönlich nicht erkennbar gewesen wäre, ist auszuschließen, sodass auch von einer subjektiven Sorgfaltspflichtverletzung bei subjektiver Vorhersehbarkeit des Erfolges auszugehen ist. § 33 StGB ist im Falle der Putativnotwehr nicht anwendbar (vgl. Rn. 221), sodass die Frage offenbleiben kann, ob A aus Verwirrung, Furcht oder Schrecken handelte.

IV. Das gleichzeitig verwirklichte Delikt der **fahrlässigen Körperverletzung nach § 229 StGB** tritt im Wege der Gesetzeskonkurrenz hinter der fahrlässigen Tötung nach § 222 StGB zurück.

Verneint hat der BGH einen Erlaubnistatbestandsirrtums in folgendem **218c**

Beispiel:[142] S betrat mit vier Mittätern – maskiert und mit Softair-Pistole bewaffnet – das Grundstück des Angekl. A, um diesen auszurauben. Als A das Haus verließ, wurde er überwältigt und in das Haus geschleppt. Als die Täter versehentlich die Alarmanlage auslösten, flohen sie durch eine enge Terrassentür. S, der – von A unbemerkt – dessen Geldbörse mit über 2000 € Bargeld eingesteckt hatte, zwängte sich gerade durch die Terrassentür, als A die Waffe ergriff. A glaubte nun irrig, einen Schuss gehört zu haben und gab daher ohne vorherige Androhung oder Abgabe eines Warnschusses vier Schüsse auf die fliehenden Täter in Höhe der Oberkörper ab, wobei S tödlich getroffen wurde.

Lösung: Der BGH verneint hier zunächst das Bestehen eines Notwehrrechts. Zur Verteidigung des Hausrechts waren die Schüsse nicht erforderlich, da die Täter bereits im Begriff waren, das Grundstück fluchtartig zu verlassen (der BGH hat im konkreten Fall jedenfalls die Gebotenheit verneint). Und bezüglich der Verteidigung seines Eigentums fehlte es ebenfalls an der Erforderlichkeit, da A gehalten gewesen wäre, auf die Beine der Flüchtenden zu zielen. Im Übrigen fehlte aber auch der Verteidigungswille. A war es nach Auffassung des BGH nur darum gegangen, den Angreifern zu verdeutlichen, dass sie nicht zurückkehren sollten. Selbst wenn man mit einer in der Literatur vertretenen Auffassung in Fällen, in denen das subjektive Rechtfertigungselement fehlt, eine Strafbarkeit wegen vollendeten Delikt entfallen lassen und – mit Blick auf strukturelle Ähnlichkeiten zum untauglichen Versuch – nur eine solche wegen Versuchs annehmen wollte, so spielt dies hier keine Rolle, da es wie soeben gesehen bereits an der Erforderlichkeit der Verteidigung fehlt. Hinsichtlich einer Gefährdung von Leib und Leben verneint der BGH zudem auch einen Erlaubnistatbestandsirrtum, der analog § 16 I S. 1 StGB entweder den Unrechtsvorsatz oder die Schuld entfallen lässt, da sich A gerade keinen gegenwärtigen Angriff auf sein Leben oder seine Gesundheit vorstellte. Der vermeintlich abgegebene Schuss auf A hatte ihn ersichtlich nicht verletzt; weil er erkannte, dass ein weiterer Schuss nicht

142 BGH NStZ 2016, 333 f.; lesenswert und krit. dazu *Rückert*, NStZ 2016, 334 ff.

abgegeben werden würde, dauerte der (angenommene) Angriff aus seiner Sicht auch nicht mehr fort, weil die Herbeiführung oder Vertiefung einer Rechtsgutsverletzung nicht zu erwarten war.

III. Doppelirrtum

219 Ein solcher liegt vor, wenn ein Täter sich über tatsächliche Voraussetzungen eines Rechtfertigungsgrundes und gleichzeitig über die Grenzen eines bestehenden Rechtfertigungsgrundes irrt.[143]

Hier soll nach richtiger Auffassung nur ein Fall eines Verbotsirrtums nach § 17 StGB gegeben sein. Das zeigt folgendes

Beispiel: A glaubt, dass die B in sado-masochistische Praktiken eingewilligt habe. Er nimmt deshalb lebensgefährliche Handlungen an ihr vor, was er bei Einwilligung für zulässig hält. In Wahrheit hatte er die B ganz falsch verstanden. Sie war mit der Vornahme sado-masochistischer Praktiken an sich selbst niemals einverstanden.

Lösung: Soweit A von einer Einwilligung in die Vornahme von Körperverletzungen ausging, liegt grundsätzlich ein Erlaubnistatbestandsirrtum vor, da er sich tatsächliche Umstände vorstellte, unter denen nach h. M. „adäquate Misshandlungen" zulässig sind. Zusätzlich überdehnte A aber auch die Grenzen der im Falle einer Einwilligung erlaubten Gewaltanwendung, indem er die rechtliche Grenze der Sittenwidrigkeit verkannte. Hier muss auf Schuldebene § 17 StGB durchschlagen, weil A nicht besser stehen darf als derjenige, bei dem die Voraussetzungen des Rechtfertigungsgrundes tatsächlich vorliegen. Hätte die B nämlich tatsächlich in sado-masochistische Handlungen eingewilligt, so wäre dem A die Vorstellung, er dürfe exzessivste Gewalthandlungen vornehmen, allenfalls als – freilich vermeidbarer – Verbotsirrtum zugute zu halten gewesen. Dann muss dies aber noch mehr gelten, wenn eine Einwilligung überhaupt nicht vorlag, da anderenfalls der im Tatsachenirrtum befindliche Täter bevorzugt würde.

Hinweis: *Ein vollständiger Doppelirrtum (vollständiger Erlaubnistatbestands- und gleichzeitiger Erlaubnis(grenz)irrtum) ist letztlich nicht denkbar.*[144] *Denn wenn sich der Täter alle Tatsachen vorstellt, unter denen er tatsächlich gerechtfertigt wäre, kann er nicht gleichzeitig seine Rechtfertigungsgrenzen überschreiten. Wer nämlich unter den von ihm angenommenen Umständen tatsächlich gerechtfertigt wäre, kann den Rechtfertigungsgrund nicht gleichzeitig überdehnen, da die subjektive Überdehnung ja naturgemäß voraussetzt, dass der Täter bei Zutreffen seiner Annahme tatsächlich nicht gerechtfertigt wäre, sondern sich dies nur vorstellt. Von einem Doppelirrtum kann daher nur dann und nur in dem Sinne gesprochen werden, dass der Täter einen Teil eines Erlaubnistatbestandes annehmen und gleichzeitig die Grenzen des Rechtfertigungsgrundes falsch einschätzen kann. Dann muss freilich der Erlaubnisirrtum als Verbotsirrtum durchschlagen, weil ein (vollständiger) Erlaubnistatbestandsirrtum gar nicht vorliegt (so auch im Katzenkönig-Fall unten Rn. 240 f.).*

143 Vgl. zum Doppelirrtum auch *Schuster*, JuS 2007, 617 ff.; *Rengier*, AT, § 31, Rn. 15.
144 *Krey/Esser*, AT, Rn. 746 halten die Bezeichnung als Doppelirrtum deshalb für irreführend. Immerhin wird man aber doch sagen können, dass der Begriff des Doppelirrtums insoweit seine Berechtigung hat, als bei ihm neben dem Rechtsirrtum zumindest zum Teil auch ein Tatsachenirrtum vorliegt.

IV. Irrtum über sachliche Voraussetzungen eines Entschuldigungsgrundes

Für den Irrtum über die sachlichen Voraussetzungen des § 35 StGB besteht eine Sonderregelung in § 35 II StGB. **220**

Beispiele: Jemand glaubt irrtümlich, dass ein Angehöriger bedroht wäre; jemand erkennt nicht, dass eine Gefahr auf andere Weise abwendbar ist; jemand erkennt nicht, dass eine Gefahr nicht gegenwärtig ist.

Achtung Klausur: *§ 35 II StGB liegt nicht vor, wenn der Täter über die Grenzen des § 35 I S. 1 StGB irrt.*

Beispiele: Täter glaubt, dass es auch ein Nicht-Angehöriger sein darf; Täter glaubt, es darf auch eine nicht gegenwärtige Gefahr sein; Täter glaubt, er darf auch das nicht mildeste Mittel anwenden.

Ein solcher Irrtum ist anerkanntermaßen unbeachtlich, da der Täter hier in Wirklichkeit einen Entschuldigungsgrund annimmt, den es überhaupt nicht gibt.

V. Sonderproblem: Gilt § 33 StGB beim sog. Putativnotwehrexzess?[145]

Zu unterscheiden ist hier zwischen dem Irrtum über das „Ob“ und das „Wie“ des gegenwärtigen rechtswidrigen Angriffs.[146] **221**

1. Irrtum über das „Ob“ des gegenwärtigen rechtswidrigen Angriffs

Beispiel: A glaubt sich irrtümlich von B angegriffen. Er sticht den B nieder. In seiner Angst vor B überschreitet er dabei das Maß der erforderlichen Verteidigung, das bei einem wirklichen Angriff zulässig gewesen wäre.

Lösung: Eine Strafbarkeit des A wegen vorsätzlicher gefährlicher Körperverletzung nach §§ 223, 224 I Nr. 2 und 5 StGB ist hier ausgeschlossen, da sich der Täter in einem Erlaubnistatbestandsirrtum befand, sodass § 16 StGB analog nur zu einer Fahrlässigkeitsbestrafung führen kann. Zu fragen ist jedoch, ob hinsichtlich des Fahrlässigkeitsdelikts nach § 229 StGB eine Entschuldigung gem. § 33 StGB in Frage kommt. Nach h. M. scheidet eine Anwendung des § 33 StGB wegen des Wortlauts „Grenzen der Notwehr“, wonach eine Notwehrlage bestehen müsse oder bestanden haben muss, aus.[147]

Allerdings hält *Roxin* eine Analogie für denkbar, wenn das Opfer den Irrtum selbst verschuldet hat.[148]

Beispiel: A fuchtelt mit einer Spielzeugpistole vor dem Gesicht des B herum, um sich einen Spaß zu machen.

Lösung: Geht der Betroffene jetzt in seiner Verteidigung zu weit, so soll mangels Bestrafungsnotwendigkeit über § 33 StGB analog die Strafbarkeit entfallen (hier soll also der Grundsatz „selbst schuld“ gelten, weil der Exzess keinen Unbeteiligten trifft).

---

145 Vgl. zu diesem Problemkreis auch *Albrecht*, GA 2013, 369 ff.
146 Vgl. zu dieser Unterscheidung zutreffend *Engländer*, JuS 2012, 409 ff.
147 Vgl. *Jakobs*, AT, 20/33; *Krey/Esser*, AT, Rn. 769; *Wessels/Beulke/Satzger*, AT, Rn. 448; eingehend zu diesem Problemkreis *Engländer*, JuS 2012, 408 ff.; siehe auch *Hecker*, JuS 2012, 465 ff.
148 Hier und im Folgenden *Roxin*, AT/I, § 22, Rn. 96; jetzt auch *Berster*, GA, 2016, 50 f.

2. Irrtum über das „Wie“ des gegenwärtigen rechtswidrigen Angriffs

221a **Beispiel:** A wird von B zunächst angerempelt. Als B ihn plötzlich anschreit und schnell auf ihn zuläuft, geht A irrtümlich davon aus, dass B ihn gleich gegen die hinter ihm befindliche Hauswand schleudern möchte und sticht ihn daher in seiner Angst nieder (Fall verkürzt und abgewandelt nach BGH NStZ 2011, 630 m. Anm. *Hecker*, JuS 2012, 465).

Lösung: Auch hier scheidet eine Bestrafung nach §§ 223, 224 I Nr. 2 und 5 StGB aus, da ein analog § 16 StGB zu behandelnder Erlaubnistatbestandsirrtum vorliegt. A wird hier angegriffen. Nur glaubt er fälschlich, dass der Angriff so stark sei, dass ein Messereinsatz nötig ist. Eine Strafbarkeit wegen fahrlässiger Körperverletzung nach § 229 StGB bleibt aber möglich, wenn A sorgfaltspflichtwidrig verkannt hat, dass B in Wahrheit überhaupt nicht vorhatte, ihn gegen die Hauswand zu schleudern. Fraglich bleibt aber, ob diese Fahrlässigkeitstat nach § 33 StGB entschuldigt werden kann. Im Ergebnis wird man dies auch hier verneinen müssen. Allerdings kann das Handeln in Angst gerade bei der Beurteilung der subjektiven Sorgfaltswidrigkeit im Rahmen des Fahrlässigkeitsdelikts ausschlaggebend sein.[149]

---

149 Vgl. Zum Ganzen *Engländer*, JuS 2012, 409 ff.

§ 6 Täterschaft und Teilnahme[1]

A. Täterschaft

I. Unmittelbare Täterschaft

Sie wirft in der Klausur üblicherweise keine größeren Probleme auf, da der Handelnde als unmittelbarer Täter leicht auszumachen ist. Handeln mehrere unmittelbare Täter nebeneinander (wenn auch nicht gemeinschaftlich), so spricht man von Nebentäterschaft. 222

II. Mittäterschaft (zugleich Aufbauschema für die Klausur)

1. Allgemeines zur Klausurprüfung und zum Aufbau der Mittäterschaft

Vorbemerkung, die in der Klausur allerdings nichts zu suchen hat, da der Aufbau für sich sprechen muss: Grundsätzlich darf man bei der Mittäterschaft nicht mehrere Personen zugleich abhandeln, es sei denn mehrere Personen werden im Sachverhalt wie eine einzige geschildert (z. B.: A, B, C und D schlagen mit Fäusten auf X ein und fliehen …).[2] *Hier lässt der Sachverhalt überhaupt nicht erkennen, welche konkrete Handlung wem subjektiv bzw. objektiv zuzurechnen ist, sodass ausnahmsweise eine einheitliche Prüfung gestattet ist.* 223

Daneben gibt es einen zweiten wichtigen Fall, in dem man ausnahmsweise die Mittäter gemeinsam prüfen muss, nämlich bei den sog. mehraktigen Delikten, bei denen jeder der Beteiligten einen anderen Teilakt verwirklicht.

Beispiel: A und B vergewaltigen die C in der Weise, dass A die C festhält und B den Beischlaf mit ihr vollzieht.

Hier muss der Kopfsatz lauten: „A und B könnten sich wegen mittäterschaftlicher Vergewaltigung gem. §§ 177, 25 II StGB strafbar gemacht haben, indem (…)". Würde man anders verfahren, käme man um Verweisungen nach oben und unten nicht herum, was unbedingt vermieden werden muss![3]

Insgesamt gilt danach folgendes grundsätzliches Aufbauschema: 224

A. Strafbarkeit des Tatnäheren

B. Strafbarkeit des Mittäters

I. Tatbestandsmäßigkeit

---

1 Vgl. zum Ganzen auch die umfassende Darstellung bei *Kühl*, JA 2014, 668 ff.

2 So jedenfalls der zutr. Aufbauhinweis bei *Otto*, AT, § 21, Rn. 138; siehe auch *Rengier*, JuS 2010, 281 ff.; und *Geppert*, Jura 2011, 30 ff.

3 A. A. *Wessels/Beulke/Satzger*, AT, Rn. 882 (sehr zweifelhaft); wie hier noch *Wessels*, AT, 27. Aufl.; *Kudlich*, JuS 2002, 27.

1. Objektiver Tatbestand

a) Eintritt des tatbestandlichen Erfolges

b) Mittäterschaftliche Zurechnung der Beiträge des Tatnäheren gem. § 25 II StGB?

Voraussetzungen:

aa) Gemeinsamer Tatplan

bb) Gemeinsame Ausführungshandlung[4]

(1) Tatherrschaftslehre (h. L.)

(2) Subjektive Theorie

(3) Normative Kombinationstheorie des BGH

2. Subjektiver Tatbestand

a) Tatbestandsvorsatz

b) Nach Tatherrschaftslehre: Tatherrschaftswille

3. Gegebenenfalls: Tatbestandsverschiebung nach § 28 II StGB

II. Rechtswidrigkeit

III. Schuld

Hinweis: *Bei gemeinsamem Aufbau fällt der Punkt A. weg und der Kopfsatz lautet in etwa:*

A und B könnten sich wegen mittäterschaftlichen Raubes gem. §§ 249, 25 II StGB strafbar gemacht haben.

Sodann ist im objektiven Tatbestand die gegenseitige Zurechnung der Handlungsbeiträge zu prüfen wie soeben!

2. Einzelheiten zum objektiven Tatbestand der Mittäterschaft[5]

a) Der gemeinsame Tatplan

aa) Allgemeines

224a **Achtung Klausur:** *Machen Sie sich zunächst noch einmal anhand des Aufbauschemas (Rn. 224) bewusst, dass Sie den – subjektiven – gemeinsamen Tatplan im objektiven Tatbestand prüfen müssen, weil er Voraussetzung für die objektive Zurechnung des anderen Tatbeitrages ist!*[6]

Ausreichen kann für den gemeinsamen Tatplan auch ein konkludentes Einvernehmen der Beteiligten.[7]

4 Entgegen der h. M. prüft *Marlie*, JA 2006, 614 die gemeinsame Ausführungshandlung vor dem gemeinsamen Tatplan. In der Klausur sollte man jedoch die herkömmliche Prüfungsreihenfolge wählen.

5 Grundfälle zur Mittäterschaft finden sich bei *Seher*, JuS 2009, 304 ff.

6 Zur Rolle des Tatplans als Zurechnungsgrundlage und dem damit zusammenhängenden Problem der vermeintlichen Mittäterschaft *Globke/Hettinger*, Kühl-FS, S. 213 ff.

7 BGH NStZ 1985, 70; BGHSt 37, 292; MüKo-*Joecks*, § 25, Rn. 199.

Eine ins Detail gehende Kenntnis der Handlungen der Beteiligten wird hierbei nicht verlangt.[8] So hat etwa das OLG Düsseldorf[9] wegen mittäterschaftlichen Raubes in einem Fall verurteilt, indem A und B den Tatplan gefasst hatten, „im Park Omas zu beklauen" und dem A dies sodann durch geschicktes Wegreißen einer Handtasche von der Schulter des Opfers gelang (nur § 242 StGB), während B zur Erlangung der Handtasche – weil er weniger geschickt war – Gewalt anwenden musste. Dem A wurde diese Gewaltanwendung als mittäterschaftlich zugerechnet, weil er keine in alle Einzelheiten gehende Vorstellung von der Begehungsweise haben müsse (vgl. auch u. den Scheinauto-Fall, Rn. 227b).

Jedenfalls folgt aus dem Erfordernis eines gemeinsamen Tatplans, dass der Exzess eines der Beteiligten den Übrigen nicht zugerechnet werden kann.[10] Haben die Beteiligten z. B. eine Körperverletzung oder einen Raub verabredet, und tötet einer der Beteiligten überraschend für die anderen das Opfer, so haftet dieser allein für die Tötung.

Gleiches gilt, wenn nach einer gemeinsamen gefährlichen Körperverletzung der Exzess eines Mittäters zum Tod des Opfers führt. In diesem Fall ist Letzterer wegen eines Tötungsdelikts und die übrigen Mitglieder ggf. wegen Körperverletzung mit Todesfolge strafbar, wenn das weitere gewaltsame Vorgehen gegen das Opfer von dem gemeinsamen Tatplan der gefährlichen Körperverletzung nach wie vor getragen war,[11] sofern man nicht sogar eine Tötung durch Unterlassen annehmen kann, weil trotz Garantenstellung aus Ingerenz und trotz realer Möglichkeit der Exzess des anderen Mittäters nicht verhindert wurde.

bb) Sonderproblem: Mittäterschaftlicher Mordversuch an sich selbst

Eine Besonderheit bildet hier folgender, in Klausuren bisweilen problematisierter und hier auch zur Veranschaulichung der Täterschaftsprüfung ausführlich gelöster

Fall 36: A und B wollen nachts in das Lebensmittelgeschäft des C eindringen, um dort zu stehlen. Jeder von ihnen trägt dabei eine geladene Pistole bei sich. Sie haben zuvor vereinbart, dass von der Schusswaffe Gebrauch gemacht werden solle, wenn die Festnahme für einen der beiden drohe. In diesem Fall solle auch auf Menschen geschossen werden, wobei A und B davon ausgehen, dass dies auch zum Tod des jeweiligen Verfolgers führen kann. Als B die Tür des Lebensmittelgeschäfts aufbrechen will, werden sie von C entdeckt. A und B ergreifen daraufhin die Flucht. A hört plötzlich unmittelbar hinter sich Schritte und glaubt, es handele sich dabei um den C, der die Verfolgung aufgenommen hat, um ihn zu stellen. A gibt daher einen Schuss auf den vermeintlichen Verfolger ab, wobei er damit rechnet, dass die Kugel den Verfolger tödlich treffen wird. In Wirklichkeit handelt es sich jedoch nicht um einen Verfolger, sondern um den Komplizen B, der durch den Schuss am **225**

---

8 Vgl. *Kühl*, AT, § 20, Rn. 117 f.

9 OLG Düsseldorf NJW 1987, 268 f.

10 Vgl. BGHSt 36, 234; *Otto*, AT, § 21, Rn. 59; LK-*Schünemann*, § 25, Rn. 176; zur Problematik der Zurechnung bei der sog. Scheinmittäterschaft, bei der einer der Beteiligten den gemeinsamen Tatplan während des Tatgeschehens aufkündigt vgl. *Renzikowski*, JuS 2013, 481 ff.; ausführlich zum Exzess beim erfolgsqualifizierten Delikt *Isfen*, Jura 2014, 1087 ff.

11 So BGH NStZ 2005, 93 m. lesenswerter Anm. von *M. Heinrich*, NStZ 2005, 93 ff.; *Kudlich*, JuS 2005, 568 ff.; BGH NStZ 2013, 280 m. Bspr. *Jäger*, JA 2013, 312 ff

Oberarm verletzt wird. Zu prüfen ist die Strafbarkeit von A und B, wobei die Untersuchung auf Tötungs- und Körperverletzungsdelikte zu beschränken ist. (**Verfolger-Fall** nach BGHSt 11, 268)

226 **Lösung:**

A. Strafbarkeit des A

I. Zu prüfen ist, ob A sich wegen **versuchten Mordes nach §§ 211, 212, 22, 23 StGB** strafbar gemacht hat.

1. In der Person des A müsste der **Tatentschluss** zur Verwirklichung eines Mordes zu bejahen sein. A ging bei der Abgabe des Schusses davon aus, dass der Verfolger tödlich getroffen würde und handelte damit vorsätzlich im Hinblick auf die Tötung eines Menschen. Die Tatsache, dass A der Auffassung war, auf einen Verfolger zu schießen, während es sich in Wirklichkeit um seinen Komplizen handelte, ist als error in persona einzuordnen, der wegen der tatbestandlichen Gleichwertigkeit der Tatobjekte unbeachtlich ist.
A hat den Schuss abgegeben, um die weitere Verfolgung zu unterbinden und damit unentdeckt zu entkommen. Er hat demnach mit der Absicht gehandelt, eine zuvor verwirklichte Straftat, nämlich einen versuchten Diebstahl mit Waffen in Mittäterschaft (§§ 242, 244, 25 II, 22, 23 StGB), zu verdecken. Das subjektive Mordmerkmal der Verdeckungsabsicht ist damit gegeben. Der subjektive Tatbestand ist erfüllt.

2. Durch die Abgabe des Schusses hat A **unmittelbar zur Tatbestandsverwirklichung angesetzt**, womit auch der objektive Tatbestand zu bejahen ist.

3. Da A auch **rechtswidrig** und **schuldhaft** gehandelt hat, ist eine Strafbarkeit des A wegen versuchten Mordes gegeben.

II. Die ebenfalls verwirklichte **vollendete gefährliche Körperverletzung nach §§ 223, 224 I Nr. 2 StGB** steht nach Rspr. und der h. M.[12] in der Lit. zu dem versuchten Mord in Tateinheit, um dem aufgrund der eingetretenen Verletzung erhöhten Unrechtsgehalt der Tat Rechnung zu tragen.

B. Strafbarkeit des B

I. B könnte wegen **versuchten Mordes in Mittäterschaft nach §§ 211, 212, 22, 23, 25 II StGB** strafbar sein.
Der subjektive Tatbestand setzt auch hier voraus, dass B **Tatentschluss** zur mittäterschaftlichen Verwirklichung eines versuchten Mordes hatte.

1. Zu untersuchen ist, ob hier die **Voraussetzungen der Mittäterschaft** erfüllt sind. Dies wäre dann der Fall, wenn B im Rahmen eines gemeinsamen Tatplans einen für die Deliktsbegehung förderlichen Tatbeitrag erbracht hat. Die Anforderungen, die dabei an einen mittäterschaftlichen Tatbeitrag zu stellen sind, werden unterschiedlich beurteilt.

a) Nach der sog. subjektiven Theorie kommt es für die Beurteilung, ob Mittäterschaft vorliegt oder nicht, auf die innere Willensrichtung des Beteiligten an. Soweit er die Tat als eigene will, ist er als Mittäter anzusehen, wohingegen er lediglich Teilnehmer ist, wenn er ein fremdes Tun fördern will. Auf der Grundlage dieser Theorie hat der BGH in der oben genannten Entscheidung im konkreten Fall die Mittäterschaft bejaht: Eine Bestrafung wegen eines in Mittäterschaft begangenen Delikts setze nicht voraus, dass der Beteiligte selbst ein Tatbestandsmerkmal verwirklicht habe, sondern es genüge „eine geistige Mitwirkung, auch eine Vorbereitungshandlung in der Weise, dass der Mittäter dem ausführenden Tatgenossen durch einen vor der Ausführung gegebenen Rat zur Seite steht oder in irgendeinem Zeitpunkt in sonstiger Weise dessen Tötungswillen stärkt," sofern er sich den tatbestandlichen

12 BGHSt 44, 196 m. Anm. *Martin*, JuS 1999, 298; *Satzger*, JR 1999, 203. Vgl. auch *Wessels/Hettinger*, BT/1, Rn. 320.

Erfolg, also hier die Erschießung des Verfolgers, zu eigen machen wollte. Die zuvor genannten Voraussetzungen seien hier durch den verabredeten Waffengebrauch zur Verhinderung drohender Festnahme und der auf dieser Abrede beruhenden Gefahrengemeinschaft der Mittäter gegeben.[13]

b) Nach der von der überwiegenden Lit. vertretenen Tatherrschaftslehre ist derjenige als Täter anzusehen, der als Zentralgestalt bzw. als Schlüsselfigur des Geschehens die planvoll lenkende oder mitgestaltende Tatherrschaft besitzt und daher die Tatbestandsverwirklichung nach seinem Willen ablaufen lassen oder hemmen will. Auch der BGH hat in der diesem Fall zugrunde liegenden Entscheidung Erwägungen zur Tatherrschaft angestellt. Die Beteiligung an der Tatherrschaft sei dadurch gegeben, dass B nicht von der bestehenden Möglichkeit Gebrauch gemacht habe, den A aufzufordern, dieses Mal entgegen der Abrede nicht auf Verfolger zu schießen. Diese Ausführungen sind zu Recht in der Lit. auf Kritik gestoßen. *Roxin* weist zutreffend darauf hin, dass die Bejahung der Tatherrschaft nicht davon abhängen kann, ob noch Zeit für Zwischenrufe verbleibt. Im vorliegenden Fall habe nach der Vorstellung des B ohnehin hierfür kein Anlass bestanden, da in Wirklichkeit kein Verfolger vorhanden war und B nicht damit rechnen konnte, dass A aufgrund einer Verwechslung auf ihn schießen werde.[14] Dennoch kann B nach der Tatherrschaftslehre als Mittäter angesehen werden. Die Tatherrschaft ergibt sich daraus, dass nach dem Tatplan jedem der Beteiligten die Aufgabe zugewiesen war, die Flucht beider Täter abzusichern und eine Festnahme durch Schusswaffengebrauch zu verhindern.[15] Wer von beiden den Schuss letztlich abgeben sollte, war nach dem Tatplan von dem jeweiligen Geschehensablauf und damit letztlich vom Zufall abhängig.
Somit hat B einen mittäterschaftlichen Tatbeitrag geleistet.

2. Zu prüfen ist weiter, ob B auch Tatentschluss hinsichtlich des tatsächlich eingetretenen Erfolges hatte. In diesem Zusammenhang stellt sich die Frage, wie sich der error in persona seitens des A, der für dessen Strafbarkeit unbeachtlich ist, auf die Strafbarkeit des B auswirkt.

a) Der BGH und die h. L. gehen davon aus, dass der error in persona eines Mittäters für den anderen Mittäter bei tatbestandlicher Gleichwertigkeit der Tatobjekte unbeachtlich sei. Der gemeinschaftliche Tatentschluss habe die Tötung eines Menschen umfasst und diese sei auch eingetreten. Daher müsse der Irrtum für den Mittäter ebenso wie für den Alleintäter unbeachtlich sein.[16]

b) Dagegen wird eingewandt, dass in Fällen wie dem vorliegenden eine mittäterschaftliche Tatbegehung ausscheide, da der herbeigeführte Erfolg außerhalb der dem A im Gesamtplan zufallenden Funktion lag.[17] Dies erscheint überzeugend. Die Beteiligten waren sich zwar darüber einig, dass im Falle einer drohenden Festnahme auch auf Menschen geschossen werden solle. Es sollte sich dabei allerdings um einen Verfolger und nicht etwa einen der beiden Komplizen handeln. Dass der A auf einen Komplizen geschossen hat, war demnach vom Tatentschluss nicht mehr gedeckt. Hätte im vorliegenden Fall einer der beiden Einbrecher absichtlich auf einen Unbeteiligten geschossen, so bestünde kein Zweifel daran, dass Mittäterschaft zu verneinen sei. Für den Fall eines fahrlässigen Exzesses kann – worauf *Roxin* zutreffend hingewiesen hat – nichts anderes gelten.

13 BGHSt 11, 268, 272.

14 *Roxin*, Täterschaft und Tatherrschaft, S. 312.

15 *Roxin*, Täterschaft und Tatherrschaft, S. 312. A. A. *Krey/Esser*, AT, Rn. 953, die hier vom Standpunkt einer völlig wertungsfreien Tatherrschaftslehre eine Mitbeherrschung ablehnen.

16 Vgl. dazu *Freund*, AT, 10/175 f.; *Kühl*, AT, § 20, Rn. 122 (wenn auch nicht ganz klar); *Küper*, Versuchsbeginn und Mittäterschaft, 1978, S. 40 ff. Siehe auch *Jakobs*, AT, 21/45; *Maurach/Gössel/Zipf/Renzikowski*, AT/II, § 49, Rn. 65 (zumindest bei überlassener Identifizierung); *Puppe*, Spinellis-FS, 2001, S. 938 ff.; *Scheffler*, JuS 1992, 922; *Streng*, JuS 1991, 916; *Toepel*, JA 1997, 250 f., 949; differenz. SK-*Hoyer*, § 25, Rn. 143.

17 Hier und im Folgenden *Roxin*, Täterschaft und Tatherrschaft, S. 287. Ebenso *Schreiber*, JuS 1985, 876; *Gropp*, AT, § 13, Rn. 164 und wohl auch *Lackner/Kühl*, § 25, Rn. 17.

3. B hat sich somit nicht wegen versuchten Mordes in Mittäterschaft strafbar gemacht.

Hinweis: *Folgt man dagegen der Auffassung des BGH und der h. L., so kommt man zu dem Ergebnis, dass B sich wegen versuchten Mordes in Mittäterschaft strafbar gemacht hat. Hieran ändert sich auch nichts dadurch, dass B selbst das Opfer der Tat ist, da sich die Tat des A, die dem B zugerechnet wird, auf einen „Menschen" i. S. d. § 212 StGB bezog.*

II. Eine Strafbarkeit wegen **vollendeter gefährlicher Körperverletzung in Mittäterschaft nach §§ 223, 224 I Nr. 2, 25 II StGB** scheidet bereits deshalb aus, weil der tatbestandliche Erfolg nicht an einer „anderen" Person eingetreten ist. Über die Tatsache, dass nach § 223 StGB eine „andere" Person betroffen sein muss, kann auch § 25 II StGB nicht hinweghelfen.

III. Nach der hier vertretenen Auffassung ist eine **versuchte gefährliche Körperverletzung in Mittäterschaft nach §§ 223, 224 I Nr. 2, 25 II, 22, 23 StGB**, ebenso wie der versuchte Mord in Mittäterschaft mangels Tatentschlusses zu verneinen.

Hinweis: *Nach der Gegenauffassung (BGH und h. L.) ist eine versuchte gefährliche Körperverletzung in Mittäterschaft gegeben, die jedoch dann hinter dem versuchten Mord in Mittäterschaft zurücktritt.*

IV. Nach der hier vertretenen Ansicht hat sich B nur wegen **Verbrechensverabredung gem. §§ 211, 212, 30 II StGB** strafbar gemacht.

b) Die gemeinsame Ausführungshandlung

aa) Allgemeines

227 Neben dem gemeinsamen Tatplan ist die gemeinsame Ausführungshandlung zweite Voraussetzung für die objektive Zurechnung des anderen Tatbeitrages, wobei nach h. M. vorausgesetzt wird, dass eine Mitwirkungshandlung erbracht wird, die den Tatablauf gemäß dem gemeinsamen Tatplan tatsächlich wesentlich mitgestaltet. Dies ist etwa bei einem Raub der Fall, wenn ein Täter das Opfer festhält und der andere Täter die Sachen wegnimmt.

Insgesamt ist anerkannt, dass der Täter einen wesentlichen funktionalen Tatbeitrag im Gesamtgeschehen erbringen muss. Umstritten ist jedoch, ob die Abgrenzung von Mittäterschaft und Gehilfenschaft eher subjektiv oder eher objektiv zu erfolgen hat.[18] Hierbei haben sich verschiedene Theorien herausgebildet:

(1) Tatherrschaftslehre (h. L.)

Nach ihr muss der Beitrag funktionelle Tatherrschaft begründen (der Mittäter muss das „Ob" und „Wie" der Tatbestandsverwirklichung mit in den Händen halten, während der Teilnehmer das „Ob" und „Wie" der Tatbestandsverwirklichung einem Dritten überlässt).[19]

18 Grundlagen zur Abgrenzung finden sich bei *Rönnau*, JuS 2007, 514 f.

19 Vgl. dazu LK-*Schünemann*, § 25, Rn. 7 ff.; *Roxin*, AT/II, § 25, Rn. 27 ff.; *ders.*, Täterschaft und Tatherrschaft, S. 34 ff.; MüKo-*Joecks*, § 25, Rn. 27 ff.; tendenziell auch *Jakobs*, AT, 21/35; *Jescheck/Weigend*, AT, § 68 V; *Maurach*, AT, 4. Aufl., § 49 II C 2; *Wessels/Beulke/Satzger*, AT, Rn. 512 ff. Krit. gegenüber der Tatherrschaftslehre *Haas*, ZStW 2007 (119), 519 ff.; *M. Heinrich*, Rechtsgutszugriff, 2002, S. 18 ff., 33 ff.; vgl. zu seiner Konzeption *Roxin*, AT/II, § 25, Rn. 183 ff.

(2) Subjektive Theorie

Danach reicht für Mittäterschaft jeder nicht ganz untergeordnete Verursachungsbeitrag aus, wenn er mit Täterwillen (animus auctoris) geleistet wird. Lediglich Teilnahme liegt hingegen vor, wenn der Verursachungsbeitrag mit Teilnehmerwillen (animus socii) erbracht wird.[20]

(3) Normative Kombinationstheorie des BGH

Obwohl die Rspr. im Ergebnis heute noch an der subjektiven Theorie festhält, ist eine Tendenz von der subjektiven Lehre zur Tatherrschaftslehre erkennbar, insofern sie jetzt eine normative Kombinationstheorie[21] vertritt. Danach können Anhaltspunkte für die Frage, ob ein Angeklagter die Tat als eigene gewollt hat und deshalb als Mittäter anzusehen ist, im Grad des eigenen Interesses am Erfolg der Tat, im Umfang der Tatbeteiligung und in der Tatherrschaft oder doch wenigstens in dem Willen zur Tatherrschaft gefunden werden.[22]

(4) Stellungnahme

Zu folgen ist der Tatherrschaftslehre, da nur sie hinreichend klare Abgrenzungen zwischen Täterschaft und Teilnahme ermöglicht.

Wann von einem wesentlichen Tatbeitrag gesprochen werden kann, bedarf im Übrigen **227a**
nach allen Theorien einer wertenden Würdigung des Sachverhalts, die besonders bei Tatbeiträgen wie „Fahren des Fluchtfahrzeugs" und „Tatortüberwachung (Schmiere stehen)" schwierig sein kann. Das zeigt folgender

Fall 37: A und C planten einen bewaffneten Überfall auf einen zur Barzahlung bereiten **227b**
Kaufinteressenten für einen tatsächlich nicht existierenden Pkw BMW Z 8. Zu diesem Zweck bestellten A und C den Kaufinteressenten K an einen entlegenen Ort und baten ihn, den Kaufpreis von 45 000 € für den BMW mitzubringen. Am Tatort bedrohten A und C den K mit einer Waffe und nahmen ihm den Koffer mit dem Geld weg. Der B, der von der genauen Ausführungsweise nichts wusste und nur erfuhr, dass man einen Käufer unter Waffeneinsatz um sein Geld bringen wolle, wirkte als Wache und Fahrer des Fluchtfahrzeugs mit und erhielt aus der Tatbeute 500 €. Strafbarkeit des B? (**Scheinauto-Fall** nach BGH NStZ 2006, 94)

Lösung: **227c**

I. B könnte sich wegen **gemeinschaftlichen schweren Raubes gem. §§ 249, 250 II Nr. 1, 25 II StGB** strafbar gemacht haben.

Tatbestandsmäßigkeit

a) Hier sind zunächst die Handlungsbeiträge von A und C festzustellen, denn die unmittelbaren Tathandlungen des Überfalls wurden von ihnen begangen.
Erfüllt ist ein einfacher Raub nach § 249 StGB.

20 Diese wurde zunächst von der Rspr. vertreten, vgl. dazu in ihrer extremen Form den sog. Badewannen-Fall (RGSt 74, 84) sowie den sog. Staschynskij-Fall (BGHSt 18, 87).

21 Der Begriff stammt soweit ersichtlich von *Roxin*, LK-*Roxin*, 11. Auflage, § 25, Rn. 20.

22 BGHSt 28, 348; BGH NJW 1999, 2449; BGH wistra 2012, 433 m. Bspr. *Hecker*, JuS 2013, 177 ff.

Darüber hinaus haben A und C auch mittäterschaftlich den Qualifikationstatbestand des § 250 II Nr. 1 StGB verwirklicht. Die Bedrohung mit einer Waffe stellt bereits ein Verwenden i. S. dieser Vorschrift dar.

Die ebenfalls verwirklichten §§ 240, 242, 250 I Nr. 1a StGB treten hinter §§ 249, 250 II Nr. 1 StGB zurück.

b) B hat den schweren Raub nicht selbst vorgenommen, sondern wirkte nur als Wache und Fahrer des Fluchtfahrzeugs mit. Fraglich ist jedoch, ob B sich die Tathandlungen der Tatnäheren A und C als mittäterschaftlich begangen zurechnen lassen muss (§ 25 II StGB). Problematisch ist hier bereits das Vorliegen des objektiven Tatbestandes der Mittäterschaft. Voraussetzung hierfür wäre zunächst, dass A, C und B aufgrund gemeinschaftlichen Tatplans gehandelt haben. Problematisch ist dies vorliegend deshalb, weil B in die Details der Tatbegehung zuvor nicht eingeweiht war. Jedoch ist anerkannt, dass eine ins Einzelne gehende Kenntnis eines Mittäters von der Tatbegehung des anderen Mittäters nicht erforderlich ist. Notwendig aber auch ausreichend ist vielmehr, dass der Beteiligte die wesentlichen Grundzüge der Tat kennt und über die Begehung Einvernehmen herrscht. Dies war vorliegend der Fall.
Fraglich ist jedoch, ob darüber hinaus auch eine für Mittäterschaft hinreichende gemeinsame Ausführungshandlung vorgelegen hat.

- Nach der Tatherrschaftslehre könnte dies vorliegend deshalb angenommen werden, weil B zumindest für das Gelingen der Tat wesentliche Beiträge (Überwachen des Tatorts und Steuern des Fluchtfahrzeugs) leisten sollte.
- Der BGH tritt einer solchen Sicht unter Heranziehung der in st. Rspr. vertretenen sog. normativen Kombinationstheorie entgegen: Ob ein Beteiligter danach das notwendige enge Verhältnis zur Tat hat, das eine Mittäterschaft begründet, ist nach dieser Auffassung unter Zugrundelegung der gesamten Umstände, die von seiner Vorstellung umfasst sind, in wertender Betrachtung zu beurteilen. Wesentliche Anhaltspunkte hierfür können gefunden werden im Grad des eigenen Interesses am Erfolg der Tat, im Umfang der Tatbeteiligung und in der Tatherrschaft oder wenigstens im Willen zur Tatherrschaft. Hieran gemessen verneint der BGH im vorliegenden Fall eine Mittäterschaft. Der von B geleistete Tatbeitrag, der Anhaltspunkt für den Grad seines Tatinteresses sein könnte, war im Vergleich zu den Beiträgen der anderen Beteiligten, wenn auch wichtig, so doch gering. Während A und C die Tat planten und die wesentlichen Tatvorbereitungen trafen sowie den Überfall später auch tatsächlich ausführten, beschränkte sich der Beitrag des B darauf, die Zufahrt zum Tatort zu überwachen und das Fluchtfahrzeug zu steuern. Er war weder in die Tatplanung eingebunden noch an der unmittelbaren Tatausführung beteiligt. Auch werde die untergeordnete Bedeutung seines Tatbeitrags nicht zuletzt durch den ihm versprochenen geringfügigen Beuteanteil belegt. Schließlich habe B auch keine eigentliche Tatherrschaft über die Ausführung des Delikts gehabt und sei über wesentliche Einzelheiten der Tat nicht informiert gewesen. All diese Gründe sprächen gegen die Annahme eines mittäterschaftlichen Tatbeitrags des B.

II. Denkbar ist daher nur eine Strafbarkeit **wegen Beihilfe zum schweren Raub nach §§ 249, 250 II Nr. 1, 27 StGB**.

1. Tatbestandsmäßigkeit

a) Objektiver Tatbestand

aa) Vorliegen einer vorsätzlichen, rechtswidrigen Haupttat ist gegeben (s. o.).

bb) Die Überwachung des Tatorts sowie die Steuerung des Fluchtfahrzeugs stellen auch eine Förderung dieser Haupttat i. S. v. § 27 StGB dar.

b) Subjektiver Tatbestand

aa) Dieser setzt zunächst Vorsatz hinsichtlich der Verwirklichung der Haupttat voraus. Dabei genügt die Kenntnis der wesentlichen Unrechtsdimension, sodass Einzelheiten der Haupttat für den Beteiligten nicht bekannt sein müssen (vgl. näher Rn. 272). Hinreichend ist daher, dass B wusste, K solle unter Einsatz von Waffengewalt um das mitgeführte Bargeld gebracht werden.

bb) Darüber hinaus hatte B auch Vorsatz hinsichtlich der Erbringung der eigenen Unterstützungshandlung.

2. Rechtfertigungs- und Schuldausschließungsgründe sind nicht ersichtlich.

III. Eine Strafbarkeit nach §§ **240, 242, 27 StGB** tritt dahinter zurück.

IV. Sofern die 500 € unmittelbar aus der Beute gezahlt wurden, kommt auch eine Strafbarkeit wegen **Hehlerei nach § 259 StGB** durch B in Betracht. Dagegen scheitert § 261 StGB wegen der Beteiligung an der Vortat (vgl. § 261 IX 2 StGB).

bb) Sonderproblem 1: Tatbeitrag im Vorbereitungsstadium

Am umstrittensten ist im Rahmen der gemeinsamen Ausführungshandlung die Frage, ob die Mitwirkung an der Deliktsverwirklichung einen objektiven **Tatbeitrag im Ausführungsstadium** verlangt oder ob ein **Tatbeitrag im Vorbereitungsstadium** genügt.[23] 228

- Nach der strikten Tatherrschaftslehre kann eine Mitwirkungshandlung im Vorbereitungsstadium keinesfalls genügen.[24]
- Die Rspr. vertritt dagegen vielfach die Auffassung, dass auch der Tatbeitrag im bloßen Vorbereitungsstadium mittäterschaftliche Zurechnung vermitteln kann.[25]
- Eine vermittelnde Lösung, mit der sich in der Klausur argumentativ gut arbeiten lässt, die aber zu praktisch schwierigen Abgrenzungen führt,[26] hält auch Tatbeiträge im Vorbereitungsstadium für ausreichend; allerdings muss der Beitrag „so bedeutsam sein, dass die fehlende Tatunmittelbarkeit durch das Gewicht des Tatbeitrages für die Verwirklichung der Tat und durch die Stellung des Täters innerhalb der Gesamtorganisation ausgeglichen wird".[27]

Welcher der verschiedenen Ansichten man auch immer folgt, so sollte jedenfalls eine bloße Verabredung im Vorbereitungsstadium und eine bloße Anwesenheit am Tatort nicht für eine Mittäterschaftsbegründung ausreichen.[28] Dies veranschaulicht besonders deutlich folgendes

Beispiel: Nach dem Ausbruch aus dem Gefängnis vereinbaren A und B, dass sie, falls sie gestellt würden, sich den Weg freischießen werden, auch wenn dabei Polizisten sterben müssten. Tatsächlich wurden sie wenig später von Polizisten auf der Straße angesprochen. B eröffnete sofort das Feuer und tötete dabei einen Polizisten. A hingegen ließ sich – ohne dass B dies zunächst realisierte – wie gelähmt an einen Zaun zurückfallen und glitt an diesem herunter, bis er starr vor Schreck auf dem Boden saß. Strafbarkeit von A und B?[29] 229

---

23 Vgl. zum Ganzen die Darstellung bei MüKo-*Joecks*, § 25, Rn. 169 ff.; *Sch/Sch/Heine/Weißer*, § 25, Rn. 67 m. zahlr. w. Nachw.

24 Vgl. *Roxin*, JuS 1979, 522 f.; ihm folgend etwa *Zieschang*, AT, S. 160 f.

25 So etwa BGHSt 14, 128 f.; 16, 12; 33, 53; 37, 289; BGH NStZ 1995, 285; BGH StV 2001, 462.

26 Vgl. *Roxin*, AT/II, § 25, Rn. 206.

27 *Otto*, AT, § 21, Rn. 61; ähnl. *Jakobs*, AT, 25/21, 48 unter Heranziehung des Kriteriums der fortdauernden „Gestaltungsherrschaft".

28 A. A. *M. Heinrich*, Rechtsgutszugriff, 2002, S. 293; dagegen *Roxin*, AT/II, § 25, Rn. 263 f.

29 Vgl. BGHSt 37, 289. Abl. dazu *Erb*, JuS 1992, 197 ff.; *Hauf*, NStZ 1994, 263 ff.; *Herzberg*, JZ 1991, 856; *Puppe*, NStZ 1991, 571 ff.; *Stein*, StV 1993, 411; *Roxin*, JR 1991, 206; *ders.*, Täterschaft und Tatherrschaft, S. 605 ff.; *ders.*, AT/II, § 25, Rn. 201 ff.

230 **Lösung:** Der BGH hat auch den A wegen mittäterschaftlichen Mordes für strafbar erklärt. Ausreichend dafür war nach seiner Auffassung, dass der B sich aufgrund der gemeinsamen Absprache bei der Tatausführung von A gedeckt fühlte.

Die Entscheidung, die in der Lit. auf einhellige Ablehnung gestoßen ist, lässt für psychische Beihilfe und Verbrechensverabredung keinen sinnvollen Raum mehr. Wer zur Tatausführung selbst nichts beiträgt und die Tat nur verabredet, hat keinerlei Tatherrschaft und kann – wie § 30 StGB zeigt – nicht als (Mit-)Täter bestraft werden.

Zusatzfrage: Liegt hier nicht zumindest ein Rücktritt des A nach § 24 II StGB vor, weil er sich ergeben hat?

Antwort: Nein! Denn der psychische Beitrag des A (den der BGH für Mittäterschaft ausreichen lässt) hat im Ausführungsstadium weitergewirkt, sodass von einem wirksamen Rücktritt nicht die Rede sein kann.

Die Grenze einer Strafbarkeit als Mittäter oder Teilnehmer ist aber jedenfalls auch für den BGH dort erreicht, wo sich die Tatausführung im Verhältnis zur ursprünglichen Planung als ganz andere Tat darstellt. Dies zeigt folgendes, aus der Rechtsprechung stammende

Beispiel: A, B und C verabredeten einen Raubüberfall auf den Leiter eines Supermarkts. Weil äußere Gegebenheiten die Tatausführung als ungünstig erscheinen ließen, trennten sich die Beteiligten wieder. Ohne Kenntnis des A führten B und C die Tat aber am nächsten Tag zusammen mit D aus, der in die Position des A einrückte.[30]

Lösung: Hier liegt bei den Haupttätern B und C – je nachdem, ob man eine Wegnahme durch sie oder eine Verfügung durch den Supermarktleiter annimmt – ein Raub bzw. eine räuberische Erpressung in Mittäterschaft vor. Fraglich ist, ob auch A wegen mittäterschaftlicher Begehung bestraft werden kann. Die Tatsache, dass A sich im Verhältnis zu dieser konkreten Tat nur als planendes Mitglied betätigt hat, schließt eine solche Mittäterschaft zumindest nach der Rspr. und einem starken Literaturteil nicht aus (s. dazu Rn. 227a ff.). Dennoch hat der BGH hier eine Mittäterschaft verneint, da die ausgeführte Tat wesentlich von der Vorstellung des A und vom gemeinsamen Tatplan abwich. Die Tat wurde abredewidrig zu einem anderen Zeitpunkt in einer anderen Besetzung mit anderer Verteilung der Rollen begangen. Aus diesem Grunde scheide eine Zurechnung der Tatbeiträge von B und C zur Person des A gemäß § 25 II StGB aus. Auch eine Anstiftung hat der BGH verneint, da nicht feststand, dass B und C von A dazu bewogen wurden, die Tat zu begehen; vielmehr war genauso gut möglich, dass diese bereits von vornherein fest zur Tat entschlossen waren und A lediglich bei der Tatplanung mithalf. Aus diesem Grunde prüft der BGH, ob eine Beihilfe zur Tat von B und C in Frage kommt. Diesbezüglich verneint der BGH jedoch ebenfalls eine Strafbarkeit, da es am notwendigen Gehilfenvorsatz fehle, weil die Tat erheblich vom ursprünglichen Plan abwich. Gegeben sei daher nur eine Verabredung zum Raub bzw. zur räuberischen Erpressung nach § 30 II StGB i. V. m. § 249 bzw. §§ 253, 255 StGB.

cc) Sonderproblem 2: Sukzessive Mittäterschaft

231 Ein mittäterschaftsbegründender Eintritt in eine bereits begonnene Tatausführung ist problemlos möglich.[31]

Fraglich ist jedoch, inwieweit einem nachträglich hinzukommenden Täter bereits verwirklichtes Tatunrecht (insbesondere ein vor seinem Eintritt verwirklichter Erschwerungsgrund) zugerechnet werden kann.

30 Vgl. dazu BGH NStZ 2009, 25 m. Bspr. *Roxin*, NStZ 2009, 7 ff.
31 Vgl. dazu etwa RGSt 8, 43; BGH GA 1986, 229; MüKo-*Joecks*, § 25, Rn. 177.

– Die Rspr. rechnet von ihrem subjektiven Standpunkt aus das vom Tatnäheren bereits begangene Unrecht (z. B. Raub des Tatnäheren, der schon vollendet ist) einschließlich der von ihm bereits verwirklichten Erschwerungsgründe (z. B. Qualifikation nach § 250 II Nr. 1 StGB beim Raub oder die Todesfolge beim Raub nach § 251 StGB,[32] selbst wenn der Waffeneinsatz schon beendet ist oder das Opfer ohnehin schon rettungslos im Sterben liegt und sich der Hinzukommende nur noch an der Wegnahme beteiligt) zu, sofern der nachträglich Hinzukommende „in Kenntnis und in Billigung des bisher Geschehenen eintritt". Eine so weitgehende Zurechnung sprengt jedoch die Grenzen des Schuldprinzips. Begrüßenswert ist daher ein Urteil des BGH zu § 227 StGB, in dem eine Zurechnung nach den Grundsätzen der Mittäterschaft abgelehnt wurde, weil für die Herbeiführung des tatbestandlichen Erfolgs schon alles getan war und das Handeln des Hinzutretenden ohne Einfluss auf den späteren Tod des Geschädigten war.[33]
– Die Tatherrschaftslehre lehnt dagegen eine derart weitgehende mittäterschaftliche Zurechnung ab (Tatherrschaft bedeutet eben Mitwirkung im Ausführungsstadium und zwar auch hinsichtlich der Qualifikationsmerkmale).[34] Danach kommt eine mittäterschaftliche Zurechnung nach formeller Vollendung der Tat durch den Tatnäheren (z. B. nach Vollendung des Raubes) nicht mehr in Betracht (möglich ist dann vielmehr nur noch eine Beihilfe zum Raub, z. B. durch Mitwirkung beim Abtransport des sperrigen Diebesguts, denn Beihilfe ist – als mittelbare Gefährdung des Rechtsguts – anders als Mittäterschaft noch bis zur Beendigung des Delikts möglich). Auch ist die Zurechnung von bereits verwirklichten und abgeschlossenen Straferschwerungsgründen (z. B. eine Raubqualifikation) nicht möglich. Der nachträglich Hinzukommende kann daher nur Mittäter eines Raubes (sofern er zumindest noch an einfacher Gewaltanwendung mitwirkt) oder Mittäter eines im Raub enthaltenen Diebstahls (sofern er wenigstens noch an der Vollendung der Wegnahme mitwirkt) sein.

Allerdings beschränkt der BGH den Anwendungsbereich auf Fälle, in denen noch keine Beendigung der fremden Tateinteile gegeben ist: **231a**

Beispiel 1: B, C und D verschafften sich nachts widerrechtlich Zugang zu einer Postfiliale und rissen dort einen Geldautomaten aus der Verankerung, den sie mit einem Lkw in den Wald brachten und dort aufschweißten. Nach Aufteilung der Beute fuhren sie mit einem gestohlenen Pkw weiter in eine Ortschaft. Dort stellten sie den Pkw ab und riefen den A an, der schon früher an ähnlichen Diebstählen beteiligt war, aus der Gruppe aber ausgestiegen war. Auf die Bitte von B, C und D brachte A diese nach Hause, obwohl er wegen des Geruchs der Kleidung nach Schweißarbeiten davon ausging, dass diese erneut einen Diebstahl nach dem üblichen Schema begangen hatten. Strafbarkeit der Beteiligten?[35]

Lösung: B, C und D haben sich hier wegen gemeinschaftlichen schweren Bandendiebstahls nach §§ 244a, 25 II StGB strafbar gemacht. Die gleichzeitig in Mittäterschaft verwirklichten §§ 244 I Nr. 2, 243 I S. 2 Nr. 1, 2 und 3 StGB sowie § 242 StGB treten dahinter zurück (Hinweis: Nach h. M. liegt § 243 I S. 2 Nr. 2 auch dann vor, wenn das Behältnis zunächst ungeöffnet mitgenommen wird, um es später aufzubrechen; nach a. A. fehlt es in solchen Fällen dagegen an der

32 Vgl. dazu BGH NStZ 2008, 280 m. lesenswerter Anm. *T. Walter*, NStZ 2008, 548.
33 BGH NStZ 2009, 631; siehe dazu sogleich Beispiel 2.
34 BGH NStZ 1985, 70; vgl. aber auch BGH GA 1994, 485; siehe ferner *Grabow/Pohl*, Jura 2009, 656 ff.
35 BGH NStZ 2008, 152.

Sicherung gegen Wegnahme).[36] A ist dagegen weder Mittäter noch Gehilfe am einfachen Bandendiebstahl bzw. am schweren Bandendiebstahl, da ihm das besondere persönliche Merkmal der Bandenmitgliedschaft nach seinem Ausstieg aus der Gruppe fehlte (vgl. § 28 II StGB). Denkbar wäre bei ihm daher nur eine Mittäterschaft am Diebstahl in einem besonders schweren Fall nach §§ 242, 243 I S. 2 Nr. 1, 2 und 3, 25 II StGB. In Frage käme hier allenfalls eine sukzessive Mittäterschaft, die nach der überwiegenden Literaturauffassung allerdings nur bis zur Vollendung der Tat möglich ist, da nur dann eine gemeinsame Tatausführung denkbar erscheint. Der BGH lässt dagegen auch bei einem Eintritt zwischen Vollendung und Beendigung der Tat noch eine sukzessive Mittäterschaft zu, sofern der Täter in Kenntnis und Billigung des bereits Geschehenen in den Tatablauf eintritt. Aber auch wenn man vorliegend bei A Kenntnis und Billigung des Geschehenen annimmt, so scheidet eine sukzessive Mittäterschaft aus, weil die Tat schon beendet war. Die Täter hatten längst die Beute unter sich aufgeteilt und bereits gesicherten Gewahrsam an der Diebesbeute erlangt. Eine sukzessive Mittäterschaft scheidet hier daher nach allen Ansichten aus. In gleicher Weise ist eine sukzessive Beihilfe zu §§ 242, 243 I S. 2 Nr. 1, 2 und 3 StGB zu verneinen, da auch diese nach Beendigung der Tat nach allen Auffassungen ausgeschlossen ist. In Betracht kommt daher nur eine Strafbarkeit wegen Begünstigung nach § 257 I StGB, sofern A – was anzunehmen ist – mit der entsprechenden Vorteilssicherungsabsicht gehandelt hat.

Beispiel 2: R versetzte dem M mehrere Faustschläge ins Gesicht. J, der dieses Geschehen beobachtet hatte, beschloss, sich dem Angriff auf M anzuschließen und schlug und trat ebenfalls mehrfach auf M ein. In der Zwischenzeit setzte auch R seine Attacke gegen M fort. M verstarb wenige Tage später an seinen Verletzungen. Es konnte nicht mehr geklärt werden, welche Schläge oder Tritte zu den tödlichen Verletzungen führten (nach BGH NStZ 2009, 631).

Lösung: R hat sich einer Körperverletzung mit Todesfolge, § 227 StGB, strafbar gemacht. Im Hinblick auf J hat der BGH allerdings eine Strafbarkeit nach § 227 StGB abgelehnt. Der Umstand, dass J die von ihm beobachtete vorangegangene Gewaltanwendung durch R billigte und sich zur Teilnahme an dessen weiterer Gewaltanwendung entschloss, führe nicht dazu, dass die ihm bereits vor seinem Tatentschluss durch R allein verwirklichten Tatumstände zuzurechnen wären. Könne der Hinzutretende die weitere Tatausführung nicht mehr fördern, weil für die Herbeiführung des tatbestandsmäßigen Erfolges schon alles getan ist und bleibt deshalb sein eigenes Handeln ohne Einfluss auf den späteren Tod des Geschädigten, komme eine Zurechnung nach den Grundsätzen der sukzessiven Mittäterschaft trotz Kenntnis und Ausnutzung der durch einen Anderen geschaffenen Lage nicht in Betracht. Da nicht festgestellt werden konnte, welche der von R und J ausgeübten Gewalteinwirkungen für den Tod ursächlich war, war in Anwendung des Zweifelssatzes davon auszugehen, dass dem M die zum Tode führende Verletzung schon vor dem Zeitpunkt zugefügt worden war, als J beschloss, bei den Körperverletzungshandlungen mitzuwirken. Für J verbleibt es daher bei einer Strafbarkeit nach § 223 und gegebenenfalls nach § 224 I Nr. 5 StGB.

Beispiel 3: Mehrere unbekannte Personen griffen O – unter Einsatz von Holzknüppeln – an und ließen vollständig von ihm ab, nachdem sie ihn zu Boden gebracht hatten. Der bislang unbeteiligte A, der sich ebenfalls an O rächen wollte, näherte sich daraufhin dem wehrlosen O und versetzte diesem Tritte und einen Faustschlag gegen den Oberkörper. Weder die Tritte noch der Faustschlag hinterließen sichtbare Verletzungsspuren.[37]

Lösung: A hat sich in dieser Konstellation lediglich einer einfachen Körperverletzung, nicht jedoch einer gefährlichen Körperverletzung schuldig gemacht. Die Tatsache, dass O außer von A im Vorfeld von anderen Personen angegriffen wurde, macht die Körperverletzung für den hinzutretenden A nicht zu einer gemeinschaftlich i. S. d § 224 I Nr. 4 StGB begangenen Tat.

36 Vgl. zur h. M. HKGS-*Duttge*, § 243, Rn. 31; BGHSt 24, 158 m. krit. Anm. *Krüger*, NJW 1972, 684 und *Schröder*, NJW 1972, 778 ff.

37 OLG Naumburg NJW-Spezial 2013, 570 mit Anm. *v. Heintschel-Heinegg*, JA 2013, 871.

Hierfür bedarf es eines zumindest konkludent gefassten gemeinsamen Willensentschlusses. Ebenso scheidet die Annahme einer mittäterschaftlichen Beteiligung des A an den vorherigen gefährlichen Körperverletzungshandlungen der Unbekannten aus. Der für die sukzessive Mittäterschaft erforderliche kommunikative Akt zwischen den zuerst agierenden Tätern und dem Hinzutretenden, mit dem letzterer vor seiner Mitwirkung die Kenntnis und Billigung des bisher Geschehenen signalisiert, kann nicht alleine in dem Umstand gesehen werden, dass dem Opfer neben der vom Täter begangenen Körperverletzung vorher noch eine andere Körperverletzung zugefügt wurde. Zum Zeitpunkt des Eingreifens des A waren die vorherigen Körperverletzungshandlungen bereits beendet, sodass für die Annahme einer sukzessiven Mittäterschaft kein Raum mehr verbleibt.

Achtung Klausur: *Hier kann es erforderlich sein, genau darauf zu achten, welche Delikte schon vor dem Eintritt endgültig beendet waren und welche nicht. Insoweit kann es zu einer Spaltung der Beteiligungsformen kommen. Das zeigt folgender aus der jüngsten Rechtsprechung stammender*

Fall 38: K und S drangen am Morgen in einen Bungalow ein, um Stehlenswertes zu entwenden. Dabei gingen sie davon aus, dass sich niemand in dem Haus befindet. Als einer der beiden die Tür eines Schlafzimmers öffnete, stellte er überrascht fest, dass darin die B schlief, die durch den Lichteinfall geweckt wurde. B war die dort nicht wohnhafte Tochter des Hauseigentümers. Der Täter, der die Tür geöffnet hatte, schloss diese wieder und hielt sie zu, während die B anfing zu schreien und gegen die Tür hämmerte. Entweder K oder S – wer von beiden, war später nicht mehr feststellbar – entschloss sich daraufhin, die B mit Gewalt einzuschüchtern, um ungestört die Wegnahme weiterer Gegenstände zu ermöglichen. Dazu öffnete dieser Täter die Tür einen Spalt breit und sprühte der B aus kurzer Distanz Pfefferspray mitten ins Gesicht. Anschließend schoben K und S eine schwere Couch vor die Schlafzimmertür und setzten ihre Suche fort. Sie wurden dabei jedoch von der Polizei gestört, die die B mittels ihres Handys herbeigerufen hatte. Strafbarkeit von K und S? (**Pfefferspray-Fall** nach BGH NStZ 2016, 524[38]) **231b**

Lösung: **231c**

I. K und S könnten sich wegen **gemeinschaftlichen besonders schweren Raubes nach §§ 249, 250 II Nr. 1, 25 II StGB** strafbar gemacht haben.

1. K und S haben auf der Grundlage eines gemeinsamen Tatplans die gemeinsame Ausführungshandlung der Wegnahme fremder beweglicher Sachen verwirklicht.

2. Fraglich ist allerdings, ob K und S auch mittäterschaftlich Gewalt als Mittel zur Wegnahme eingesetzt haben. Das Sprühen des Pfeffersprays in das Gesicht des Opfers B stellt unproblematisch eine Gewaltanwendung im Sinne von § 249 I StGB dar, da es sich um eine Einwirkung handelt, die eine körperliche Zwangswirkung verursachte, um den Widerstand des Opfers zu brechen. Hier ist jedoch zugunsten des jeweils in den Blick genommenen Täters (K bzw. S) nach dem Grundsatz in dubio reo zu unterstellen, dass dieser selbst das Pfefferspray nicht eingesetzt hat. Fraglich ist dann, ob dem jeweiligen Täter die Tathandlung des anderen im Wege der Mittäterschaft zugerechnet werden kann. Diese Entscheidung wäre hinsichtlich des Pfeffersprays nur dann nicht zu treffen, wenn man auf das eindeutig gemeinschaftliche Hinschieben des Sofas vor die Tür des Schlafzimmers abstellen könnte. Dies ist allerdings fraglich, da das Opfer dieses Hinschieben möglicherweise nicht einmal wahrgenommen hat, sodass daraus auch keine gemeinschaftliche Gewalteinwirkung abzuleiten wäre. Durch das Hinschieben des Sofas vor die Tür könnte allenfalls ein Versuch des

38 Mit Anm. *Kudlich*, JA 2016, 470 ff.

mittäterschaftlichen Raubes begangen worden sein, wenn die Täter davon ausgingen, dass B den Versuch unternehmen wird, das Schlafzimmer zu verlassen, und die Barriere daher als physisches Hindernis empfindet. Diese Frage kann aber wiederum offenbleiben, wenn eine vollendete mittäterschaftliche Raubverwirklichung aus anderen Gründen anzunehmen ist. Daher muss nun doch die Frage entschieden werden, ob der Einsatz des Pfeffersprays als gemeinschaftliche Gewaltanwendung begriffen werden kann.
Eine „einfache" Mittäterschaft kann dabei bezüglich dieses Einsatzes nicht angenommen werden, da eine auf einem gemeinsamen Tatplan beruhende Verwendung des Sprays gerade nicht feststeht.
Denkbar ist jedoch das Vorliegen einer sukzessiven Mittäterschaft. Tatsächlich bejaht der BGH eine solche sukzessive Mittäterschaft, da der nicht sprayende Täter in Kenntnis und mit Billigung der durch den anderen Mittäter geschaffenen Lage in die noch nicht abgeschlossene Raubverwirklichung eintrat. Dies sei spätestens geschehen, als er dem Mittäter half, die Couch vor die Tür zu schieben, und trotz Kenntnis der Gewaltanwendung mit den Wegnahmehandlungen fortfuhr. Insoweit liegt nach Auffassung des BGH ein nachträglicher mittäterschaftlicher Eintritt in die Raubverwirklichung durch Fortsetzung der Wegnahme vor.

3. Ebenfalls im Wege der sukzessiven Mittäterschaft müssen sich K und S den Einsatz des Pfeffersprays als besonders schweren Raub gemäß § 250 II Nr. 1 StGB zurechnen zu lassen. Dieser Einsatz ist als Verwendung eines gefährlichen Werkzeugs anzusehen, da das Spray nach seiner konkreten Beschaffenheit und nach dem konkreten Einsatz geeignet ist, erhebliche Verletzungen herbeizuführen.

4. K und S handelten auch vorsätzlich sowie in der Absicht rechtswidriger Zueignung.

5. Auch sind Rechtfertigungs- oder Entschuldigungsgründe nicht ersichtlich.

Ergebnis: K und S haben sich wegen gemeinschaftlichen besonders schweren Raubes nach §§ 249, 250 II Nr. 1, 25 II StGB strafbar gemacht.

II. Der gleichzeitig mit § 250 II Nr. 1 StGB verwirklichte **§ 250 I Nr. 1a StGB** (Mitsichführen eines gefährlichen Werkzeugs) tritt im Wege der Gesetzeskonkurrenz zurück.

III. Der im Rahmen des besonders schweren Raubs mitverwirklichte **Wohnungseinbruchsdiebstahl nach §§ 242, 244 I Nr. 3 StGB** tritt ebenfalls hinter § 250 II Nr. 1 StGB zurück. Gleiches gilt für **§§ 240, 25 II StGB**.

IV. Durch das Eindringen in die Wohnung haben die Täter auch mittäterschaftlich einen **Hausfriedensbruch nach §§ 123, 25 II StGB** begangen. Dieser tritt nach richtiger Auffassung nicht hinter §§ 249, 250 StGB zurück, da der Unrechtsgehalt des Hausfriedensbruchs (angesichts des Zurücktretens von § 244 StGB, s. soeben) anderenfalls nicht zum Ausdruck käme.

V. Zu prüfen ist darüber hinaus, ob sich K und S auch wegen **mittäterschaftlicher Freiheitsberaubung nach §§ 239, 25 II StGB** strafbar gemacht haben.
Da K und S zumindest aufgrund eines konkludenten Einverständnisses gemeinsam die Couch vor die Tür des Schlafzimmers gerückt haben, spielt hier die Problematik der sukzessiven Mittäterschaft keine Rolle. Vielmehr ist von einer „normalen" Mittäterschaft auszugehen. Da § 239 I StGB den Schutz der potenziellen Fortbewegungsfreiheit im Auge hat, ist es – anders als beim Raub – auch irrelevant, ob das Opfer das Versperren des Schlafzimmers durch die Couch tatsächlich erkannt hat. Entscheidend ist vielmehr, dass B ihrer potenziellen Fortbewegungsfreiheit durch das Heranrücken der Couch beraubt wurde (dazu näher *Jäger*, BT, Rn. 113 f.).

VI. Fraglich ist jedoch ob K und S auch eine **gemeinschaftliche gefährliche Körperverletzung nach §§ 224 I Nr. 2, 25 II StGB** verwirklicht haben.
Auch hier käme nur eine sukzessive Mittäterschaft in Betracht, da gerade nicht festgestellt werden kann, wer von beiden (K oder S) das Pfefferspray eingesetzt hat. Jedoch verneint

auch der BGH die Möglichkeit einer sukzessiven Mittäterschaft nach Beendigung der Tathandlung. Für die Annahme sukzessiver Mittäterschaft des jeweils nicht sprayenden Angeklagten ist in Bezug auf den Tatbestand der gefährlichen Körperverletzung kein Raum, sofern das Geschehen schon vollständig abgeschlossen ist. Insoweit kann auch das Einverständnis des später Hinzutretenden trotz Kenntnis, Billigung oder Ausnutzung der durch den anderen Mittäter geschaffenen Lage eine strafbare Verantwortung für das bereits abgeschlossene Geschehen nicht nach sich ziehen.[39]

Ergebnis: K und S haben sich nicht wegen gemeinschaftlicher gefährlicher Körperverletzung nach §§ 224 I Nr. 2, 25 II StGB strafbar gemacht.

VII. Gesamtergebnis und Konkurrenzen: K und S sind wegen gemeinschaftlichen besonders schweren Raubes nach §§ 249, 250 II Nr. 1 Alt. 2, 25 II StGB sowie wegen mittäterschaftlichen Hausfriedensbruchs nach §§ 123 I, 25 II StGB und mittäterschaftlicher Freiheitsberaubung nach §§ 239 I, 25 II StGB strafbar. Sämtliche Taten stehen zueinander in Tateinheit.

III. Versuchte Tat in Mittäterschaft

Siehe hierzu ausführl. zum Versuchsbeginn sowie zur Prüfung des Versuchs in Mittäterschaft u. Rn. 308 sowie Rn. 284. 232

IV. Mittelbare Täterschaft

1. Allgemeines zur Klausurprüfung und zum Aufbau der mittelbaren Täterschaft

Achtung Klausur: *Wichtig ist auch hier, dass zunächst der Tatnähere, d. h. derjenige, der die Tathandlung vornimmt, als Erster geprüft wird. Das hat im Übrigen auch den Vorteil, dass man später beim mittelbaren Täter, der die Tathandlung nicht selbst vorgenommen hat, nach oben verweisen kann.* 233

Insgesamt gilt hier folgendes grundsätzliches Aufbauschema: 234

A. Strafbarkeit des Tatnäheren

B. Strafbarkeit des Hintermanns als mittelbarer Täter

Achtung Klausur: *Zunächst ist zu prüfen, ob dem Täter erforderliche Absichten oder Tätereigenschaften fehlen, denn dann ist Täterschaft ohnehin ausgeschlossen und nur Anstiftung oder Beihilfe möglich (z. B. kann ein Nicht-Amtsträger nie mittelbarer Täter einer Falschbeurkundung im Amt sein, weil ihm die notwendige Amtsträgereigenschaft fehlt, und wer keine Zueignungsabsicht hat, kann nicht mittelbarer Täter eines Diebstahls sein).*

39 So BGH a.a.O.

I. Tatbestand

1. Objektiver Tatbestand

Hier ist zunächst zu schildern, dass der Hintermann die Tathandlung nicht selbst vorgenommen hat und dann zu fragen, ob ihm die fremde Handlung des Tatnäheren (s. o.) nach § 25 I Alt. 2 StGB zuzurechnen ist.[40]

- Nach der sog. materiell-objektiven Theorie ist die Tatherrschaft entscheidend (Tatherrschaftslehre), die durch einen Verursachungsbeitrag des Hintermanns vermittelt wird, der diesen aufgrund seiner Überlegenheit bzw. eines Defizits des Vordermanns als Herr des Geschehens kennzeichnet.[41]
- Nach der subjektiven Theorie genügt jeder Verursachungsbeitrag, wenn er mit Täterwillen geleistet wurde.[42]
- Zu folgen ist auch hier der Tatherrschaftslehre, da nur sie gestattet, denjenigen hinreichend klar zu kennzeichnen, der den tatbestandlichen Erfolg unter eigener Herrschaft herbeiführt. Selbst der BGH beurteilt die Frage der mittelbaren Täterschaft inzwischen – anders als bei der Mittäterschaft, bei der er normativ kombiniert (s. o.) – allein nach dem Kriterium der Tatherrschaft.[43] *Roxin* hat hierfür folgende Fallgruppen entwickelt:[44]

a) *Mittelbare Täterschaft kraft Nötigung (Nötigungsherrschaft), näher u. Rn. 236*
b) *Mittelbare Täterschaft kraft Irrtums (Irrtumsherrschaft), näher u. Rn. 237*
c) *Mittelbare Täterschaft kraft Benutzung von Unerwachsenen, Schuldunfähigen oder vermindert Schuldfähigen, näher u. Rn. 248*
d) *Mittelbare Täterschaft kraft organisatorischer Machtapparate (Organisationsherrschaft), näher u. Rn. 249*
e) *Mittelbare Täterschaft durch Einsatz eines sog. qualifikationslosen Werkzeugs, näher u. Rn. 250*
f) *Mittelbare Täterschaft durch Einsatz eines sog. absichtslosen dolosen Werkzeugs, näher u. Rn. 251*

2. Subjektiver Tatbestand

a) *Tatbestandsvorsatz*
b) *Tatherrschaftswille (sofern man – wie hier – der Tatherrschaftslehre gefolgt ist)*

3. Tatbestandsverschiebung nach § 28 II StGB

II. Rechtswidrigkeit

III. Schuld

40 *Köhler*, AT, S. 518; LK-*Schünemann*, § 25, Rn. 60 ff. jeweils m. w. N.
41 Vgl. dazu LK-*Schünemann*, § 25, Rn. 36.
42 Hierzu etwa BGHSt 19, 135.
43 Vgl. dazu BGH bei *Holtz*, MDR 1981, 631 f.; BGHSt 30, 363; 32, 38, 178 f.; BGH GA 1986, 508 f.; BGHSt 35, 347, 351 ff.; BGH NStZ 1989, 370. Vor allem seit BGHSt 32, 178 f. wird die vom BGH für die mittelbare Täterschaft vorausgesetzte Steuerung des Geschehens als „Tatherrschaft" gekennzeichnet.
44 *Roxin*, AT/II, § 25, Rn. 45 ff.; noch ausführl. *ders.*, Täterschaft und Tatherrschaft, S. 127 ff.

2. Einzelheiten zum objektiven Tatbestand der mittelbaren Täterschaft

In der Klausur ist hier ausschlaggebend, dass man diejenigen Fälle erkennt, in denen der Hintermann die Herrschaft über das Geschehen kraft der Ausnutzung eines Defizits beim Vordermann innehat.[45] Im Einzelnen gilt dabei zu den bereits oben genannten Fallgruppen Folgendes: **235**

a) Mittelbare Täterschaft kraft Nötigung (Nötigungsherrschaft)

Der Gesetzgeber hat in § 35 StGB deutlich gemacht, wo bei der Nötigung die Grenze eines frei verantwortlichen Handelns liegt.[46] **236**

b) Mittelbare Täterschaft kraft Irrtums (Irrtumsherrschaft)

Hier sind fünf Fallgruppen zu unterscheiden: **237**

(1) 1. Fallgruppe: Ausnutzung eines vorsatzausschließenden Irrtums des Vordermanns

Hier begründet der vorsatzausschließende Irrtum des Tatmittlers die Täterschaft des Hintermannes. **238**

Beispiel: Arzt A gibt der ahnungslosen Krankenschwester K eine vergiftete Spritze mit der Anordnung, diese dem Patienten P zu injizieren.[47]

Lösung: A ist strafbar wegen vorsätzlicher Tötung in mittelbarer Täterschaft.

Einen hochinteressanten Fall eines Tatbestandsirrtums hatte der BGH neuerdings bei dem zusammengesetzten Delikt des Raubes zu beurteilen. Dazu folgender

Fall 39: A veranlasste B und C, den O in dessen Wohnung zu überfallen, zu verletzen und im Badezimmer gefesselt abzulegen. Anschließend sollten sie in dessen Wohnung nach Betäubungsmitteln suchen und diese vernichten. O sollte dadurch eingeschüchtert und zur Räumung der Wohnung veranlasst werden. Nach der Fesselung betrat A absprachegemäß die Wohnung. Unter Ausnutzung der Situation nahm er in der Wohnung befindliche Wertgegenstände an sich, um sie dauerhaft für sich zu behalten. Dies hatte er auch von Anfang an so geplant, B und C gegenüber jedoch verheimlicht. Diesen blieb sein Tun auch bis zum gemeinsamen Verlassen der Wohnung verborgen. Strafbarkeit der Beteiligten? Auf § 123 StGB ist nicht einzugehen. (**Raubverheimlichungs-Fall** nach BGH NStZ 2013, 103[48]) **238a**

Lösung: **238b**

A. Strafbarkeit von B und C

I. In Betracht kommt eine Strafbarkeit wegen **gemeinschaftlicher gefährlicher Körperverletzung nach §§ 224 I Nr. 4, 25 II StGB** durch Verprügelung des O.

1. Der objektive Tatbestand des § 224 I Nr. 4 StGB ist hier ohne Weiteres erfüllt, da B und C die Körperverletzung auf der Grundlage eines bewussten mittäterschaftlichen Zusammenwirkens verwirklicht haben und beide Personen am Tatort in wirkungsverstärkender Weise anwesend waren. Der Strafgrund der erhöhten Gefährlichkeit von mehreren am Tatort anwesenden Tätern war vorliegend daher erfüllt.

---

45 Vgl. zu den Fallgruppen auch *Koch*, JuS 2008, 399 ff., 496 ff.; *Murmann*, JA 2008, 321 ff.
46 Zust. *Kindhäuser*, AT, § 39, Rn. 34 m. w. N.
47 Bsp. nach LK-*Schünemann*, § 25, Rn. 80.
48 M. Anm. *Jäger*, JA 2013, 71 ff.

2. Darüber hinaus hatten B und C auch Vorsatz hinsichtlich eines gemeinschaftlichen Vorgehens.

3. Rechtfertigungs- und Schuldausschließungsgründe sind nicht ersichtlich.

4. Ergebnis: B und C sind nach § 224 I Nr. 4 StGB strafbar.

II. In Betracht kommt auch eine **mittäterschaftliche Freiheitsberaubung nach §§ 239 I, 25 II StGB**.

1. Die Fesselung begründet ohne Weiteres eine Freiheitsberaubung in sonstiger Weise, da sie dem Opfer das Verlassen des Aufenthaltsortes unmöglich gemacht hat.

2. Auch diesbezüglich bestand Vorsatz der beteiligten B und C, gerade weil O durch dieses Vorgehen eingeschüchtert und zur Räumung der Wohnung veranlasst werden sollte. Es ist insoweit sogar dolus directus 1. Grades anzunehmen, da der Erfolg als Zwischenziel zur Erreichung der weitergehenden Absichten gewollt war.

3. Auch hier sind keine Rechtfertigungs- und Schuldausschließungsgründe ersichtlich.

4. Ergebnis: B und C sind auch wegen mittäterschaftlicher Freiheitsberaubung nach §§ 239 I, 25 II StGB strafbar.

III. Darüber hinaus könnte auch eine **mittäterschaftliche Sachbeschädigung nach §§ 303, 25 II StGB** durch Vernichtung der Drogen gegeben sein.

1. Die Vernichtung erfüllt ohne Weiteres das Merkmal der Zerstörung. Fraglich könnte allein sein, ob es sich bei den Drogen um fremde Gegenstände nach § 303 StGB gehandelt hat. Zum Teil wird dies in der Literatur verneint, weil der Verstoß gegen das Betäubungsmittelgesetz die rechtsgeschäftliche Begründung von Eigentum nach § 134 BGB hindern würde.[49] Der BGH hat dem jedoch zu Recht widersprochen, da § 134 BGB keine Auswirkung auf bestehende Eigentumsverhältnisse habe, sodass etwa der Produzent von Drogen das Eigentum nicht alleine dadurch verliere, dass der Anbau und der Besitz von Betäubungsmitteln ohne Erlaubnis verboten sei. Es genügt daher für eine Anwendung des § 303 StGB die Feststellung, dass fremdes Eigentum verletzt ist, gleichgültig, wessen Eigentum[50] (näher dazu *Jäger* BT, Rn. 188). Damit ist auch vorliegend Fremdheit der Drogen im Ergebnis zu bejahen.

2. Rechtfertigungs- und Schuldausschließungsgründe sind nicht ersichtlich.

3. Ergebnis: B und C sind auch strafbar wegen mittäterschaftlicher Sachbeschädigung nach §§ 303, 25 II StGB, sofern sie tatsächlich Drogen vernichtet haben.

IV. Verwirklicht ist schließlich noch eine **versuchte mittäterschaftliche Nötigung nach §§ 240, 22, 23, 25 II StGB**, da B und C das Opfer durch die Gewalthandlungen dazu bringen wollten, die Wohnung zu räumen.

V. Nicht gegeben ist dagegen eine Strafbarkeit wegen **mittäterschaftlichen schweren Raubes nach §§ 249, 250 I Nr. 1b, 25 II StGB**.

Zwar haben B und C gegen O körperliche Gewalt angewandt und durch Mitnahme des Fesselungswerkzeugs auch ein nicht gefährliches Werkzeug zur Brechung des Widerstands des O bei sich geführt. Jedoch fehlt es am für den Raub erforderlichen finalen Einsatz der Gewalt zum Zwecke der Wegnahme. Vorliegend wussten B und C nicht, dass das von ihnen eingesetzte qualifizierte Nötigungsmittel einer Wegnahme von Gegenständen diente.

B. Strafbarkeit des A

I. A könnte sich wegen eines **schweren Raubes in mittelbarer Täterschaft nach §§ 249, 250 I Nr. 1b, 25 I Alt. 2 StGB** strafbar gemacht haben. A hat jedoch die dafür erforderliche Gewalthandlung zum Zwecke der Wegnahme nicht selbst vorgenommen. Eine Zurechnung

49 Vgl. dazu etwa *Engel*, NStZ 1991, 520 ff.
50 BGH NStZ 2006, 170 ff. m. Anm. *Kudlich*, JA 2006, 335 f.

der Tathandlungen von B und C kommt aber im Wege der mittelbaren Täterschaft durch Willensherrschaft kraft Irrtums in Frage.
Insoweit ist die Ausnutzung eines Tatbestandsirrtums denkbar. Tatsächlich hat der BGH vorliegend die Ausnutzung eines Irrtums hinsichtlich der finalen Verknüpfung der Gewalt mit der Wegnahme angenommen. Diese Fehlvorstellung habe A bei B und C hervorgerufen und ihnen damit rechtlich relevante und für die Beurteilung der Tat ausschlaggebende Sachverhaltsumstände verheimlicht. Unproblematisch trägt die Annahme der Ausnutzung eines Tatbestandsirrtums, wenn man die finale Verknüpfung zwischen Gewalt und Wegnahme als objektives Tatbestandsmerkmal begreift, über das sich die handelnden B und C nicht im Klaren waren. Selbst wenn man die finale Verknüpfung aber nicht als objektives Merkmal begreifen würde, sondern als lediglich subjektive Verknüpfung von Raubmittel und Gewahrsamsbruch, so wäre vorliegend dennoch ein tatsbestandsbezogenes Vorsatzdefizit bei den Vordermännern B und C anzunehmen. Denn die unmittelbar handelnden Täter hatten weder Vorsatz hinsichtlich einer raubspezifischen Nötigung noch hatten sie Vorsatz hinsichtlich der Wegnahme. Die von ihnen verübte Gewalt diente zwar objektiv der Duldung einer Wegnahme, jedoch wussten sie nicht, dass die von ihnen gegen das Opfer ausgeübte Gewalt einen geleisteten oder erwarteten Widerstand gegen eine Wegnahme verhindern sollte. Insofern waren die Vordermänner vorsatzlos hinsichtlich beider Elemente des Raubes und dies erzeugt eine umfassende Tatherrschaft kraft Ausnutzung eines Tatbestandsirrtums. Damit ist A vorsätzlicher mittelbarer Täter eines schweren Raubes nach §§ 249, 250 I Nr. 1b, 25 I Alt. 2 StGB. Denn A ließ B und C auch darüber im Unklaren, dass sie angesichts der Fesselwerkzeuge ein ungefährliches Mittel bei sich führten, um den Widerstand einer anderen Person gegen Wegnahme durch Gewalt zu verhindern.

II. Die zumindest nach der Rechtsprechung gleichzeitig verwirklichte **schwere räuberische Erpressung in mittelbarer Täterschaft nach §§ 253, 255, 250 I Nr. 1b, 25 I Alt. 2 StGB** (A hat danach das Opfer in mittelbarer Täterschaft zur Duldung der Wegnahme genötigt) tritt hinter dem spezielleren schweren Raub in mittelbarer Täterschaft zurück. Nach der Lit. wäre dagegen eine räuberische Erpressung in mittelbarer Täterschaft schon tatbestandlich zu verneinen, da dieser eine Verfügung des Opfers verlangt, die hier jedoch nicht in mittelbarer Täterschaft herbeigeführt wurde.

III. Darüber hinaus kommt ein **erpresserischer Menschenraub in mittelbarer Täterschaft nach §§ 239a, 25 I Alt. 2 StGB** in Betracht.

Zwar könnte man diesbezüglich davon ausgehen, dass A sich durch B und C des O bemächtigte. Jedoch geschah dies nicht, um die Sorge des Opfers um sein Wohl zu einer Erpressung auszunutzen. Nach der Literaturauffassung läge hier bereits keine beabsichtigte Erpressung vor, da A die Gegenstände durch Wegnahme erlangen wollte. Selbst wenn man aber mit dem BGH in jedem Raub eine Erpressung enthalten sieht, würde eine Strafbarkeit nach § 239a StGB ausscheiden, da nicht ersichtlich ist, dass hier ein funktionaler Zusammenhang zwischen Bemächtigungs- und Nötigungsmittel gegeben war. Denn bei einer Fesselung, die nur der Wegnahme dienen soll, scheidet die Schaffung einer im Zweipersonenverhältnis erforderlichen eigenständigen Bemächtigungslage aus, weil gerade keine weitergehende Drucksituation auf das Opfer geschaffen werden soll.

Ergebnis: A ist nicht strafbar wegen erpresserischen Menschenraubes in mittelbarer Täterschaft.

IV. Gegeben ist jedoch eine **Anstiftung zur gemeinschaftlichen gefährlichen Körperverletzung nach §§ 224 I Nr. 4, 26 StGB** und eine **Anstiftung zur Freiheitsberaubung nach §§ 239, 26 StGB** sowie schließlich eine **Anstiftung zur Sachbeschädigung nach §§ 303, 26 StGB**. Bezüglich dieser Tatbestände fehlt es an der Ausnutzung eines Irrtums, sodass zumindest nach Tatherrschaftsgesichtspunkten eine mittelbare Täterschaft ausscheidet. Die Annahme einer mittelbaren Täterschaft wäre hier nur möglich, wenn A die Vordermänner B und C über quantifizierbare Unrechts- und Schuldmerkmale oder über die Verwirklichung eines Qualifikationstatbestandes getäuscht hätte. Beides ist vorliegend jedoch nicht anzunehmen. Die bloße Täuschung über einen weiterführenden Handlungssinn begründet nämlich jedenfalls für sich gesehen noch keine mittelbare Täterschaft. Auch eine Mittäterschaft des A ließe sich allenfalls über die subjektive Theorie der Rspr. (wegen seines hohen Tatinteresses), wohl aber nicht nach der Tatherrschaftslehre bejahen (da sie zumindest einen gewichtigen Vorfeldbeitrag verlangt).

V. Ob darüber hinaus auch eine **Anstiftung zur gemeinschaftlichen versuchten Nötigung nach §§ 240, 22, 23, 26 StGB** mit dem Ziel, den Geschädigten aus der Wohnung zu drängen, gegeben war, ist Tatfrage. Zwar liegt als Haupttat der Versuch von B und C vor. Jedoch ist hier nach dem Sachverhalt durchaus denkbar und sogar wahrscheinlich, dass es A auf diesen Nötigungserfolg überhaupt nicht ankam und er lediglich an die Wertsachen gelangen wollte. Es fehlte ihm dann – anders als den getäuschten B und C – am notwendigen Vorsatz hinsichtlich des Haupttaterfolgs.

(2) 2. Fallgruppe: Ausnutzung eines die Rechtswidrigkeit betreffenden Irrtums des Vordermanns

239 Zu beachten ist hier, dass in dieser Fallgruppe wiederum drei Konstellationen zu unterscheiden sind, und zwar:

– Der Vordermann irrt, handelt aber dennoch als rechtmäßiges Werkzeug.

Beispiel: A erreicht durch bewusst unwahre Anschuldigungen, dass B verhaftet wird.[51]

Lösung: Hier ist A mittelbarer Täter einer Freiheitsberaubung (§§ 239, 25 I Alt. 2 StGB), auch wenn die staatlichen Strafverfolgungsorgane gutgläubig-rechtmäßig handeln.

– Der Vordermann irrt über die sachlichen Voraussetzungen eines Rechtfertigungsgrundes.

Beispiel: A macht den B glauben, dass X gerade mit einem Gewehr auf ihn anlege. Der kurzsichtige B nimmt das für bare Münze und schießt in panischer Angst auf X.

Lösung: Hier nutzt A den von ihm geschaffenen Irrtum des B über das tatsächliche Vorliegen eines Rechtfertigungsgrundes aus. Das begründet seine Tatherrschaft und macht ihn zum mittelbaren Täter.

– Der Vordermann handelt im Verbotsirrtum, ist sich also der Rechtswidrigkeit seines Verhaltens nicht bewusst.

Hier stehen sich allerdings zwei große Meinungsblöcke gegenüber. Nach der sog. strengen Verantwortungstheorie soll nur die Ausnutzung eines unvermeidbaren Verbotsirrtums tatherrschaftsbegründend sein, während nach der herrschenden eingeschränkten Verantwortungstheorie auch die Ausnutzung eines vermeidbaren Verbotsirrtums mittelbare Täterschaft vermitteln kann. Die Frage ist so wichtig, dass sie hier kurz veranschaulicht werden soll an einem berühmt gewordenen

51 Nach LK-*Schünemann*, § 25, Rn. 85; das Bsp. findet sich aber auch bei *Otto*, AT, § 21, Rn. 80 und liegt auch den Entscheidungen BGHSt 3, 4 sowie BGHSt 10, 306 zugrunde.

Fall 40: C lebte mit A zusammen. Durch Vorspiegelungen und mystische Kulthandlungen brachte A den C dazu, an die Existenz des „Katzenkönigs" zu glauben, der die Welt bedrohe und der Millionen von Menschen töten werde, wenn ihm nicht ein Menschenopfer in Gestalt der X (deren Tod die A aus Hass und Eifersucht wollte) gebracht werde. C erstach deshalb die X von hinten, weil er glaubte, dass dies zur Rettung von Millionen geboten sei. Von der heimtückischen Begehung hatte A keine Kenntnis. Hinweis: Der BGH ging davon aus, dass C zurechnungsfähig war. Strafbarkeit der Beteiligten? (**Katzenkönig-Fall** verkürzt nach BGHSt 35, 347)[52] **240**

Lösung: **241**

A. Strafbarkeit des C

I. Totschlag, § 212 StGB

1. Tatbestandsmäßigkeit ist zu bejahen.

2. Rechtswidrigkeit

a) Notwehr/Nothilfe scheiden aus, da ein Angriff von Seiten eines Katzenkönigs tatsächlich nicht bevorstand.

b) Auch ein Notstand gem. § 34 StGB scheitert mangels tatsächlicher gegenwärtiger Gefahr.

3. Fraglich ist, wie sich die Annahme des C, es bestehe eine gegenwärtige Notstandslage für „Millionen von Menschen" und er dürfe diese durch „Opfern eines Menschen" lösen, rechtlich auswirkt. Insoweit ist davon auszugehen, dass C die rechtlichen Grenzen des § 34 StGB verkannte und infolgedessen in einem Verbotsirrtum (Erlaubnisgrenzirrtum) handelte. Dieser Verbotsirrtum war jedoch vermeidbar, weil C die Möglichkeit zur Einholung von Rechtsrat hatte; auch hätte ihm gehörige Gewissensanspannung zur richtigen Einsicht verhelfen müssen (C war im Originalfall Polizist!). C ist daher nicht entschuldigt (vgl. § 17 S. 2 StGB). Vgl. auch Rn. 219!

II. Mord, § 211 StGB, ist ebenfalls erfüllt, da C heimtückisch handelte (vgl. Sachverhalt).

B. Strafbarkeit der A

I. A könnte sich wegen **Totschlags in mittelbarer Täterschaft nach §§ 212, 25 I Alt. 2 StGB** strafbar gemacht haben. Eine Zurechnung der Tötungshandlung des C kommt dabei durch Willensherrschaft kraft Irrtums in Frage. Mittelbarer Täter ist nämlich derjenige, der mit Hilfe des von ihm bewusst hervorgerufenen Irrtums das Geschehen gewollt auslöst. Die Ausnutzung des bei C vorliegenden Verbotsirrtums könnte also täterschaftsbegründend gewirkt haben. Problematisch ist diesbezüglich jedoch, dass C in einem vermeidbaren Verbotsirrtum handelte.
Der BGH hat A dennoch als mittelbare Täterin des Mordes an X gesehen, da beim vermeidbaren Verbotsirrtum des Vordermannes die vom Täterwillen getragene Tatherrschaft des Hintermannes maßgeblich sei, wenngleich der Einzelfall den Ausschlag geben müsse.[53] In der Lit. ist dieses Ergebnis überwiegend befürwortet worden.[54] Allerdings gibt es auch Gegenstimmen, die nur die Ausnutzung eines unvermeidbaren Verbotsirrtums für tatherr-

52 Vgl. dazu die Anm. von *Schaffstein*, NStZ 1989, 153; *Schumann*, NStZ 1990, 32; *Küper*, JZ 1989, 617, 935. Siehe im Übrigen auch *Kudlich*, JZ 2004, 72 ff.

53 BGHSt 35, 353 f.

54 Vgl. nur *Baumann/Weber/Mitsch/Eisele*, AT, § 29, Rn. 139; *Freund*, AT, § 10, Rn. 89; *Gropp*, AT, § 10, Rn. 109; *M. Heinrich*, Rechtsgutszugriff, 2002, S. 219 ff.; *Herzberg*, TuT, 1977, § 3 III 3a; *Maurach/Gössel/Zipf/Renzikowski* AT/II, § 48, Rn. 36; *Otto*, AT, § 21, Rn. 82 ff.; *Roxin*, AT/II, § 25, Rn. 82; *F.-C. Schroeder*, Der Täter hinter dem Täter, 1965, S. 126 ff. m. w. N.

schaftsbegründend halten, da der im vermeidbaren Verbotsirrtum Handelnde keineswegs entschuldigt sei (vgl. dazu nur § 17 S. 2 StGB), sog. **strenge Verantwortungstheorie** (wo der Vordermann verantwortlicher Täter sei, könne es der Hintermann nicht auch sein).[55] Dem ist aber nicht zu folgen, da maßgeblich allein sein kann, welche Kenntnisse der unmittelbar Handelnde tatsächlich gehabt hat, nicht aber, welche er hätte haben können.[56] Tatherrschaftsbegründend ist eben die tatsächlich vorhandene ausgenutzte Unkenntnis des Werkzeugs über die materielle Rechtswidrigkeit seines Verhaltens. Mit der **eingeschränkten Verantwortungstheorie** ist daher davon auszugehen, dass das Verantwortungsprinzip nicht immer die richtigen Vorgaben für eine Täterschaftszuschreibung liefert.[57] So ist etwa auch bei den organisatorischen Machtapparaten anerkannt, dass der Hintermann – trotz deliktisch vollverantwortlich handelnden Vordermanns – mittelbarer Täter sein kann. Die Ausnutzung eines Verbotsirrtums kann daher auch bei Vermeidbarkeit die Annahme einer mittelbaren Täterschaft nicht ausschließen. Es liegt vielmehr in diesem Fall die Situation eines Täters hinter dem Täter vor.[58]

II. Darüber hinaus haftet A als **Mörderin in mittelbarer Täterschaft (§§ 211, 25 I Alt. 2 StGB)**, da sie aus niedrigen Beweggründen handelte. (Hinw.: Würde man Anstiftung annehmen, so könnte die A nach BGH-Auffassung wegen der Unanwendbarkeit von § 28 II StGB nicht zur Bestrafung wegen Anstiftung zum Mord, sondern nur zur Bestrafung wegen Anstiftung zum Totschlag kommen, weil A von der heimtückischen Vorgehensweise des C nichts wusste und § 28 I StGB nicht weiterhilft (bei A fehlt ja kein besonderes persönliches Merkmal, sondern es ist in Form von niedrigen Beweggründen vorhanden).

Ergebnis: A ist strafbar wegen Mordes in mittelbarer Täterschaft.

242 **Sonderproblem:** Kann jemand, der einen im (vermeidbaren) Verbotsirrtum Befindlichen zur Tat bewegt, auch dann mittelbarer Täter sein, wenn er sich selbst im (vermeidbaren) Verbotsirrtum befindet?

243 **Beispiel:** Arzt A weist den Pfleger X dazu an, die totkranke Patientin P durch eine tödlich wirkende Spritze von ihren Leiden zu erlösen. X geht dabei davon aus, dass dies erlaubt sei, zumal A darauf hingewiesen hat, dass ein solches Vorgehen – wie A auch glaubte – rechtlich abgesichert sei.

244 **Lösung:** Der BGH hält in Fällen der geschilderten Art tatsächlich eine mittelbare Täterschaft für möglich, wobei es nicht darauf ankäme, dass der Arzt selbst dem gleichen Irrtum unterlegen sei.[59] Dem ist jedoch in aller Entschiedenheit zu widersprechen, weil mittelbare Täterschaft jedenfalls einen Tatherrschaftswillen voraussetzt. Niemand kann aber einen Irrtum ausnutzen wollen, dem er selbst unterliegt. Der Fall unterscheidet sich also in diesem ganz wesentlichen Punkt vom Katzenkönigsfall, auf den der BGH rekurriert.

---

55 So u. a. etwa *Jakobs*, AT, 21/96; *Jescheck/Weigend*, AT, § 62 II 5; *Krey/Esser*, AT, Rn. 927; *Maiwald*, ZStW 88 (1976), 736.

56 So auch BGHSt 35, 353 f.

57 *Baumann/Weber/Mitsch/Eisele*, AT, § 29, Rn. 139; *Freund*, § 10, Rn. 89; *Gropp*, § 10, Rn. 151 m. Fn. 86; *Herzberg*, TuT, 1977, S. 23; *Otto*, AT, § 21, Rn. 82 ff.; MüKo-*Joecks*, § 25, Rn. 93; *Sch/Sch/Heine/Weißer*, § 25, Rn. 22; *F.-C. Schroeder*, Der Täter hinter dem Täter, 1965, S. 126.

58 Vgl. zur Figur des Täters hinter dem Täter *Kühl*, AT, § 20, Rn. 72 ff.; *F.- C. Schroeder*, Der Täter hinter dem Täter, 1965, S. 166; *Roxin*, JZ 1995, 49. Die Rechtsfigur des Täters hinter dem Täter grundsätzlich ablehnend allerdings *Krey/Esser*, AT, Rn. 923 ff. m. w. N.

59 So in der seit dem Patientenverfügungsgesetz überholten Entscheidung BGHSt 40, 257.

(3) 3. Fallgruppe: Ausnutzung eines Irrtums des Vordermanns über die Voraussetzungen eines Schuldausschließungsgrundes

§ 35 II StGB kennzeichnet auch hier die Grenzen eines Verantwortungsausschlusses **245**
im Rechtssinne.[60] Auch hier handelt es sich wie schon im Katzenkönig-Fall (s. soeben) um einen Fall des Täters hinter dem Täter, weil § 35 II StGB im Falle des Irrtums ja nur eine – anders als bei § 17 S. 2 StGB allerdings obligatorische – Strafmilderung des Vordermanns vorsieht.

Beispiel: A macht den B glauben, der C werde die Frau des B töten, wenn er nicht den C töte. Aus Angst um das Leben seiner Frau tötet B den C.

Lösung: Hier beherrscht A das Verhalten des B aufgrund des geschaffenen Irrtums über die Voraussetzungen eines entschuldigenden Notstandes.

(4) 4. Fallgruppe: Ausnutzung eines Irrtums des Vordermanns über den konkreten Handlungssinn

Hier liegen die Probleme am schwierigsten und sind im Ergebnis wie in der Begrün- **246**
dung am umstrittensten.

Im Grundsatz wird man hier davon ausgehen können, dass ein solcher Irrtum als bloßer Motivirrtum keine Tatherrschaft zu begründen vermag, sofern nicht rechtlich relevante und für die Beurteilung der Tat ausschlaggebende Sachverhaltsumstände betroffen sind. Letzteres ist in drei Konstellationen der Fall:

1. Konstellation: Täuschung des Tatmittlers über quantifizierbare Unrechts- und Schuldmerkmale

Beispiel: A veranlasst den B, einen Kandinsky des C zu beschädigen, indem er dem B vorspiegelt, es handele sich um ein wertloses Geschmiere.

Lösung: Hier überblickt allein A das gesamte Unrechts- und Schuldmaß. Diese überschießende Sachverhaltskenntnis macht ihn zum mittelbaren Täter hinter dem vorsätzlich handelnden unmittelbaren Täter B.[61]

2. Konstellation: Herbeiführung oder Ausnutzung eines Irrtums über gesetzliche Qualifikationsmerkmale

Beispiel: A erreichte die Erschießung des B, indem er den Alliierten vorspiegelte, B habe an der Vernichtung tausender Juden mitgewirkt.

Lösung: Die Alliierten waren hier unmittelbare Täter eines Totschlags (§ 212 StGB) und A richtigerweise mittelbarer Täter eines Mordes (§ 211 StGB). Der BGH[62] nahm freilich nur Anstiftung an, wodurch allerdings die Irrtumsherrschaft nicht ausreichend berücksichtigt wird. Diese Irrtumsherrschaft wird dadurch erzeugt, dass es sich in Wahrheit um einen Mord und nicht nur um einen Totschlag handelt („Mörder hinter dem Totschläger“).[63]

---

60 *Otto*, AT, § 21, Rn. 86; LK-*Schünemann*, § 25, Rn. 94 ff.

61 So auch *Herzberg*, TuT, 1977, § 3 III 3c, der dieses Bsp. ersonnen hat; ebenso *Roxin*, Lange-FS, S. 184 ff.; *ders.*, AT/II, § 25, 96 ff. Anders *Kindhäuser*, AT, § 39, Rn. 14 mit der Argumentation, dass der Vordermann voll verantwortlich handele und also kein Defizit aufweise.

62 BGHSt 1, 368.

63 Anders *Kindhäuser*, AT, § 39, Rn. 22 ff., der nur dann eine mittelbare Täterschaft annehmen möchte, wenn durch die Verwirklichung des qualifizierenden Tatumstandes ein gesondert strafbares Unrecht begangen wird, da andernfalls das Defizit beim Vordermann fehle.

3. Konstellation: Manipulierter error in persona

Beispiel: B will den C mit einem Gewehr aus großer Entfernung erschießen. A, der mit B im Versteck auf der Lauer liegt, redet dem B ein, dass es sich bei dem des Weges kommenden X (dem Todfeind des A) um C handele. B erschießt den X, ohne die Manipulation zu erkennen.

Lösung: Auch hier erzeugt der Irrtum eine andere Qualität des tatbestandlichen Unrechts und damit Tatherrschaft.

Hinweis: *Bei allen drei Konstellationen wird auch vertreten, dass der Hintermann lediglich Anstifter sei.*[64] *Aber: Wie soll z. B. in der letzten Konstellation der A Anstifter sein, wo doch der B die des Weges kommende Person (konkrete Person) töten wollte und daher im Hinblick auf die abstrakte Menschqualität des Opfers weder eine Tatveranlassung noch eine psychische Beihilfe bejaht werden kann?*[65]

(5) 5. Fallgruppe: Ausnutzung eines zur Selbstschädigung oder Selbsttötung führenden Irrtums des Vordermanns

247 Bei der Frage, unter welchen Voraussetzungen ein Irrtum des sich selbst Schädigenden die Tatherrschaft begründen kann, streiten sich zwei Lösungen, die später auch noch einmal beim Unterlassungsdelikt anzusprechen sind (Rn. 351):

Nach der sog. Rechtsguts- und Schuldlösung soll hier eine Herrschaft des Hintermannes nach den allgemeinen Irrtumsgrundsätzen, d. h. durch hinsichtlich der Selbstschädigung fehlendes Wissen des Vordermanns oder durch einen Defekt des Vordermanns nach den §§ 16, 19, 20, 35 StGB; § 3 JGG begründet werden (A spiegelt dem B vor, dass die Einnahme von Rattengift in geringen Mengen gesund sei und bringt B auf diese Weise zur tödlichen Einnahme oder A bringt B in eine dem § 20 bzw. § 35 StGB entsprechende Panik- oder Notsituation und veranlasst auf diese Weise seinen Selbstmord).[66] Bloße Motivirrtümer sollen dagegen nicht zu einem Tatherrschaft vermittelnden Autonomieausschluss des Vordermanns führen (Bsp.: A spiegelt dem B vor, er habe eine tödliche Krankheit, worauf sich dieser, wie von A gewollt, umbringt; A spiegelt ihrem Ehemann B vor, sie wolle mit ihm in den Tod gehen, woraufhin sie ihn den ersten tödlichen Schluck aus der Giftflasche nehmen lässt und danach – wie beabsichtigt – selbst die Einnahme verweigert[67]).

Bestritten wird dies von der sog. Einwilligungslösung, der zufolge der Rechtsgedanke des § 216 StGB auch auf Selbstschädigungen und -tötungen übertragen werden soll. So wie dort auch Motivirrtümer zu einem Ausschluss eines qualifizierten Einverständnis-

---

64 Vgl. etwa *Bloy*, Die Beteiligungsform, 1985, S. 358 ff.; *Bottke*, Täterschaft und Gestaltungsherrschaft, 1992, S. 71; *Jakobs*, AT, 21/101; *Jescheck/Weigend*, AT, § 62 II 2; *Otto*, AT, § 21, Rn. 88 ff.; *Renzikowski*, Restriktiver Täterbegriff, 1997, S. 82; *F.-C. Schroeder*, Der Täter hinter dem Täter, 1965, S. 147 ff., 162 ff.; *Stratenwerth/Kuhlen*, AT/1, § 12, Rn. 63; MüKo-*Joecks*, § 25, Rn. 106 will sogar nur Gehilfenschaft des Hintermanns annehmen (diese soll durch die Manipulation des Vordermanns begründet werden).

65 Vgl. dazu *Roxin*, Täterschaft und Tatherrschaft, S. 212. Für die Möglichkeit einer mittelbaren Täterschaft kraft Ausnutzung eines Irrtums über den Handlungssinn daher auch zu Recht *Kühl*, AT, § 20, Rn. 75; *Sch/Sch/Heine/Weißer*, § 25, Rn. 22 ff

66 Vgl. dazu LK-*Schünemann*, § 25, Rn. 119 ff.

67 So der Fall von BGH GA 1986, 508 f. m. Bspr. *Charalambakis*, GA 1986, 485 ff; *Brandts/Schlehofer*, JZ 1987, 442 ff.; *Neumann*, JA 1987, 244 ff.

ses führen, müsse dies auch bei Irrtumserregungen gelten, die zu einer Selbstbeeinträchtigung führen.[68] Die Irrtumsschwelle müsse hier also herabgesetzt werden, weil es bei Selbstschädigungen an einer Hemmschwelle durch die Aussicht auf Bestrafung fehle.

Vorzugswürdig erscheint aber doch die Rechtsguts- und Schuldlösung, weil die Furcht vor Beeinträchtigung eigener Interessen grundsätzlich eine noch stärkere hemmende Wirkung haben wird als die Furcht vor Bestrafung,[69] sodass die Herrschaftsverteilung bei der Selbstgefährdung nicht hinter die für die Tatbegehung entwickelten Grundsätze zurücktreten darf. § 216 StGB ist dabei mit der Situation der Selbsttötung deshalb nicht vergleichbar, weil die Tatherrschaft bei der Tötung auf Verlangen der Dritte innehat (deshalb mag es dort richtig sein, schon Motivirrtümer als einwilligungsausschließend zu betrachten), während der Suizid gerade in der Hand des Selbstmörders liegt (weshalb die Annahme angemessen erscheint, dass Motivirrtümer dem Dritten noch keine Herrschaft verleihen können).

Zu Recht hat der BGH jedenfalls im berühmten **Sirius-Fall** einen versuchten Mord in mittelbarer Täterschaft und nicht nur eine straflose Teilnahme am versuchten Selbstmord angenommen.[70] Dort hatte A der B, um in den Genuss einer auf ihn abgeschlossenen Lebensversicherungsprämie zu gelangen, vorgespiegelt, er stamme vom Stern Sirius und er könne gewährleisten, dass sie eine höhere Lebensstufe erreiche, wenn sie sich von ihrem alten Körper trenne. Zu diesem Zweck solle sie sich in die Badewanne setzen und einen eingeschalteten Fön ins Wasser fallen lassen. Sodann werde sie in einem roten Raum am Genfer See erwachen und ein neues Leben auf höherer Stufe führen. Tatsächlich glaubte die B dies, ohne dass ihr der Gedanke kam, sie könne sterben. Aufgrund einer Funktionsstörung des Föns überlebte die B jedoch unerwartet. Der BGH hat hier im Wege der entsprechenden Anwendung der §§ 20, 35 und 16 StGB eine mittelbare Täterschaft kraft überlegenen Wissens angenommen, weil A der B die Tatsache verschleiert habe, dass sie eine Ursache für ihren eigenen Tod setzt.[71] Freilich käme hier auch die Einwilligungslösung zum gleichen Ergebnis.

c) *Mittelbare Täterschaft kraft Benutzung von Unerwachsenen, Schuldunfähigen oder vermindert Schuldfähigen*

Auch hier gibt das Gesetz in den §§ 19, 20 StGB; § 3 JGG die Voraussetzungen vor, **248**
unter denen das Defizit beim Vordermann mittelbare Täterschaft des Hintermanns vermitteln kann. Jede andere Abgrenzung (z. B. inwieweit der Tatmittler einen eigenen Willen bilden konnte) ist als willkürlich abzulehnen.

Beispiel: A veranlasst den 10-jährigen B durch Versprechen eines Geschenks, den X zu bestehlen.

Lösung: Hier ist A mittelbarer Täter eines Diebstahls nach §§ 242, 25 I Alt. 2 StGB.

---

68 *Geilen*, JZ 1974, 151 f.; *Herzberg*, JuS 1974, 378 f.; JA 1985, 336 ff.
69 *Roxin*, Täterschaft und Tatherrschaft, S. 668 m. zahlr. w. Nachw.
70 BGHSt 32, 38.
71 Zust. *Roxin*, NStZ 1984, 73; *ders.*, Täterschaft und Tatherrschaft, S. 585 f.; *Schmidhäuser*, JZ 1984, 195; unklar *Geilen*, JK, § 25 I/1; *Hassemer*, JuS 1984, 148.

d) *Mittelbare Täterschaft kraft organisatorischer Machtapparate (Organisationsherrschaft)*

249 Hier begründet die Austauschbarkeit (Fungibilität) des einzelnen unmittelbar Handelnden und dessen Bewusstsein, er werde für seine Tat nicht zur Verantwortung gezogen, die Tatherrschaft des Hintermannes.[72] Eine andere Ansicht will hier dagegen Mittäterschaft annehmen,[73] wogegen jedoch spricht, dass es an einer gemeinsamen Ausführungshandlung fehlt, wenn der Mann in der Zentrale die Tatausführung dem Vordermann gänzlich überlässt.[74] Auch der BGH hat inzwischen eine mittelbare Täterschaft der DDR-Funktionäre hinsichtlich der Todesschüsse an der Mauer kraft deren Organisationsherrschaft bejaht und sich damit der h. M. angeschlossen.[75]

Hinweis: *Diese Konstruktion ist nach herrschender und richtiger Auffassung nur anzuwenden bei staatlichen oder staatsgleichen Organisationen (z. B. NS-Regime, SED-Machtapparat in der ehemaligen DDR, Mafia etc.), nicht aber bei bloßen Verbrecherbanden oder Wirtschaftsunternehmen. Denn Voraussetzung ist, dass sich der Apparat „als Ganzer von den Normen des Rechts gelöst hat" und sich gewissermaßen eine eigene Rechtsordnung gegeben hat.*[76] *Der BGH hält dagegen auch in Wirtschaftsunternehmen eine mittelbare Täterschaft kraft Organisationsherrschaft für möglich.*[77] *Allerdings sei hierfür ein erkennbares Über-Unterordnungsverhältnis in Form einer „räumlichen, zeitlichen und hierarchischen Distanz" erforderlich. Das Zusammenwirken eines Geschäftsführers mit einem Gesellschafter bei Betrugshandlungen erfülle diese Voraussetzungen nicht und müsse vielmehr als mittäterschaftsbegründend bewertet werden.*[78]

Zur möglichen Strafbarkeit von Mitgliedern des Politbüros des Zentralkomitees der SED wegen Totschlags in mittelbarer Unterlassungstäterschaft vgl. u. Rn. 366 a. E.

e) *Mittelbare Täterschaft bei sog. qualifikationslosem Werkzeug*

250 Ein Fall mittelbarer Täterschaft wird von der h. M. auch dann angenommen, „wenn bei Sonderdelikten ein qualifizierter Hintermann (Intraneus) einen Nichtqualifizierten (Extraneus) zur Durchführung der tatbestandsmäßigen Handlung veranlasst".[79] Die Tatherrschaft wird dabei z. T. auf die Pflichtenposition selbst gestützt *(Roxin)*, z. T. aber auch als normative Tatherrschaft bezeichnet.[80]

---

72 BGHSt 40, 236 f.; *Ambos*, GA 1998, 233 f.; *Bottke*, Täterschaft und Gestaltungsherrschaft, 1992, S. 71 ff.; *Ebert*, AT, S. 198; *Haft*, AT, S. 200; *Kühl*, AT, § 20, Rn. 73; *Küpper*, GA 1998, 523; *Merkel*, ZStW 107 (1995), 555; *Murmann*, GA 1996, 278 ff.; *Roxin*, Täterschaft und Tatherrschaft, S. 682 f.; *ders.*, AT/II, § 25, Rn. 105 ff.; *ders.*, Krey-FS, 2010, S. 449 ff. Im Erg. auch *M. Heinrich*, Rechtsgutszugriff, 2002, S. 271 ff., der den Gesichtspunkt der Fungibilität allerdings durch das Kriterium der organisationstypischen Tatgeneigtheit ersetzt. Zumindest krit. MüKo-*Joecks*, § 25, Rn. 129 f. Gänzlich abl. *Rotsch*, NStZ 2005, 13 ff; *Krey/Esser*, AT, Rn. 936, der Mittäterschaft oder Anstiftung annehmen will. Dagegen wiederum *Roxin*, AT/II, § 25, Rn. 120 ff.; siehe zum neuesten Stand der Diskussion um die Organistionsherrschaft *Roxin*, GA 2012, 395 ff

73 So etwa *Jescheck/Weigend*, AT, § 62 II 8; *Otto*, AT, § 21, Rn. 92; *ders.*, Jura, 1987, 255.

74 Richtig insoweit *Roxin*, AT/II, § 25, Rn. 120 ff.

75 BGHSt 40, 218.

76 LK-*Schünemann*, § 25, Rn. 123. Umfassend dazu auch *M. Heinrich*, Krey-FS, 2010, S. 147 ff.

77 BGHSt 40, 237. Vgl. aus kriminologischer Perspektive *Hefendehl*, GA 2004, 575 ff.

78 BGH NStZ 2008, 153 m. Anm. *Satzger*, JK 7/08, StGB § 25 I/9.

79 *Otto*, AT, § 21, Rn. 93.

80 Umfassende Nachw. bei *Roxin*, Täterschaft und Tatherrschaft, S. 695 ff.

Beispiel[81]**:** Ein Grundbuchbeamter G veranlasst einen Nichtbeamten N, eine falsche Eintragung im Grundbuch vorzunehmen.

Lösung: Hier ist G nach h. M. kraft seiner Pflichtenstellung bzw. kraft normativer Tatherrschaft Täter des § 348 StGB. Der handelnde N ist nur Gehilfe zu dieser Falschbeurkundung im Amt, da ihm die Pflichtenstellung aus § 348 StGB fehlt, Täterschaft also ausscheidet.

In der Lit. wird diese Auffassung teilweise bekämpft, weil die bloße Qualifikation des Hintermanns keine Herrschaft begründen könne. Nach dieser Meinung ist G freilich straflos, da es an einer rechtswidrigen Haupttat fehlt (N kann ja nicht wegen Falschbeurkundung im Amt bestraft werden, weil ihm die Amtsträgereigenschaft fehlt). Diese Literaturauffassung führt also zu der unerträglichen Konsequenz, dass sich der Amtsträger nur eines qualifikationslosen Werkzeugs bedienen muss, um zusammen mit diesem straflos davonzukommen.[82]

f) Mittelbare Täterschaft durch Einsatz eines sog. absichtslosen dolosen Werkzeugs

Mittelbare Täterschaft hat die h. M. auch bei der Benutzung eines sog. absichtslosen **251**
dolosen Werkzeugs anerkannt, d. h. eines unmittelbar Handelnden, der sich des Sachverhalts bewusst ist, dem aber eine vom Tatbestand vorausgesetzte Absicht fehlt.

Beispiel: A bietet B an, ihn von dem laut bellenden Hund seines Nachbarn zu befreien. B solle ihm das Tier in seine Tierarztpraxis bringen. B tut wie ihm geheißen und entwendet den Hund. Dabei geht er davon aus, dass A den Hund einschläfern werde; er hält es aber auch für möglich, dass A das Tier für seine Zucht verwendet. Letzteres geschieht.[83]

Lösung: B ist nicht gem. § 242 StGB strafbar, da er hinsichtlich der Drittzueignung lediglich mit dolus eventualis handelte. Bejaht man die Rechtsfigur des absichtslos-dolosen Werkzeugs, so ist A gem. §§ 242, 25 I Alt. 2 StGB und B gem. §§ 242, 27 StGB strafbar. Gegen die Anerkennung des absichtslos-dolosen Werkzeugs spricht jedoch, dass die fehlende Absicht des Handelnden beim Hintermann keine Herrschaft erzeugen kann.[84] B ist daher strafbar wegen Unterschlagung gem. § 246 StGB (sein für § 246 StGB ausreichender bedingter Drittzueignungswille manifestiert sich durch Überbringen des Hundes an A) und A gem. §§ 246, 26 StGB sowie wegen Hehlerei nach § 259 StGB (sofern man § 259 StGB für den Anstifter der Vortat zulässt, vgl. dazu *Jäger*, BT, Rn. 399).

Hinweis: *Die Rechtsfigur des absichtslos-dolosen Werkzeugs hat mit der Einführung der Drittzueignungsabsicht in §§ 242, 249 StGB durch das 6. StrRG erheblich an Bedeutung verloren (bis dahin war der in Drittzueignungsabsicht Handelnde absichtslos, da die §§ 242, 249 StGB vor Inkrafttreten des 6. StrRG nur die Selbstzueignungsabsicht kannten).*[85] *Im Rahmen von § 252 StGB bleibt sie jedoch von besonderer Relevanz (vgl. ausführl. Jäger, BT, Rn. 309, an dieser Stelle zwingend nachzulesen!).*

Die Konstruktion des absichtslos-dolosen Werkzeugs muss jedenfalls auch dann diskutiert werden, wenn der den Tatbestand eigenhändig Erfüllende zwar weiß, was er selbst tut, er aber vom Hintermann über dessen Zwecke getäuscht wurde:

Beispiel: A fordert B auf, die Gänse aus der Gänsebucht des Nachbarn in seine (As) Bucht zu treiben, um dem Nachbarn einen Schrecken einzujagen. Am Abend werde er (A) die Gänse selbstverständlich zurückbringen. B tut wie ihm geheißen. A lacht sich ins Fäustchen und behält – wie von Anfang an beabsichtigt – die Gänse.

---

81 Nach LK-*Schünemann*, § 25, Rn. 133; das gleiche Bsp. bringt auch *Otto*, AT, § 21, Rn. 93.
82 Vgl. LK-*Schünemann*, § 25, Rn. 138 ff.
83 Bsp. nach *M. Krämer*, Jura 2005, 831, 834.
84 Vgl. zum alten Streitstand *Roxin*, Täterschaft und Tatherrschaft, S. 252 ff.
85 Vgl. zur alten Rechtslage *Jäger*, AT, 1. Aufl., Rn. 251. Vgl. zum Vergleich von altem und neuem Recht auch *Dencker*, in: Dencker u. a., 6. StrRG, Rn. 38.

Lösung: Hier wusste B zwar, dass er eine Wegnahmehandlung vornahm. Er wusste jedoch nicht, dass diese Handlung aus Sicht des A in einen Diebstahl münden sollte; vielmehr ging er davon aus, dass A lediglich einen grundsätzlich straflosen furtum usus begehen wollte. Auf den ersten Blick scheint daher ein Fall des absichtslos-dolosen Werkzeugs vorzuliegen. Es stellt sich jedoch die Frage, welche Kenntnis der Handelnde haben muss, damit man ihn als „dolos" (vorsätzlich) bezeichnen kann. Zwar besteht Einigkeit darüber, dass der Täter alle Merkmale kennen muss, die das jeweilige Delikt charakterisieren. Regelmäßig finden sich diese Merkmale jedoch im objektiven Tatbestand, sodass der Vorsatz nach gängiger Definition auch nur auf die Verwirklichung dieser Merkmale bezogen sein muss. Bei den Absichtsdelikten ist der das einzelne Delikt kennzeichnende Zweck der Handlung allerdings nicht im objektiven Tatbestand, sondern im subjektiven Tatbestand verortet: So muss etwa die Zueignung bei § 242 StGB nicht verwirklicht worden sein, sondern es genügt, dass sie angestrebt wird. Diese Verlagerung in den subjektiven Tatbestand dient allein dazu, die Vollendungsstrafbarkeit vorzuverlegen. Die „Zueignung" ist also unabhängig von ihrer Verortung im subjektiven oder objektiven Tatbestand unrechtsrelevant und muss daher Bezugsgegenstand des Vorsatzes sein.[86] Da B die Zueignungsabsicht des A nicht kannte, war er undolos i. S. v. § 16 I S. 1 StGB. Daher liegt bereits mittelbare Täterschaft unter Einsatz eines unvorsätzlich handelnden Werkzeugs und nicht ein Fall des absichtslos-dolosen Werkzeugs vor.[87]

3. Einzelheiten zum subjektiven Tatbestand der mittelbaren Täterschaft

a) Allgemeines

251a Der subjektive Tatbestand der mittelbaren Täterschaft setzt neben dem Tatbestandsvorsatz – sofern man der Tatherrschaftslehre folgt – zusätzlich einen Tatherrschaftswillen voraus, d. h. der Vorsatz des Hintermanns muss sich auch auf die objektiv täterschaftsbegründenden Umstände beziehen.

b) Sonderproblem: Irrtümer des Hintermanns über tatherrschaftsbegründende Umstände[88]

251b Im Einzelnen sind hier folgende Konstellationen zu unterscheiden:

aa) Der Hintermann beherrscht den Vordermann objektiv, ohne dies subjektiv zu wissen

Hier ist weiter zu unterscheiden, ob der vom Hintermann nicht erkannte tatherrschaftsbegründende Umstand den Vorsatz des Vordermanns betrifft oder sonstige tatherrschaftserzeugende Gründe.

(1) Der Hintermann glaubt, dass der Vordermann mit Vorsatz handelt, während dies objektiv nicht der Fall ist

Beispiel: A gibt dem B ein Mittel mit, das dieser dem C zum Trinken geben soll mit dem Hinweis: „Damit können wir ihn schlafen legen". A geht dabei davon aus, B habe erkannt, dass es sich um ein tödliches Mittel handelt. B hingegen verabreicht dem C das Mittel in der Meinung, es handele sich um ein Schlafmittel.

---

86 Umfassende Erörterungen zu dieser Lösung bei *M. Krämer*, Jura 2005, 831, 835 f.

87 Meine noch in JuS 2000, 651, 652 für derartige Fälle vertretene Lösung über die mittelbare Täterschaft kraft Irrtums über den Handlungssinn gebe ich auf. Missverstanden hatte mich schon bisher *Fahl*, JA 2004, 287, 289, der hier i. Ü. eine mittelbare Täterschaft „kraft überlegenen Wollens" annimmt. Hiergegen spricht jedoch, dass der Hintermann vorliegend nicht mehr will, sondern mehr weiß.

88 Vgl. dazu auch *Zieschang*, AT, S. 171 f.

Lösung: Hinsichtlich der §§ 211, 212 StGB scheidet hier eine Strafbarkeit des A als mittelbarer Täter aus. Denn mangels Kenntnis des tatherrschaftsbegründenden Umstands (Vorsatzdefizit des Vordermanns) fehlt es dem A am Tatherrschaftswillen. Auch eine vollendete Anstiftung kann nicht angenommen werden, da es bzgl. der §§ 211, 212 StGB an einer vorsätzlichen rechtswidrigen Haupttat fehlt. Im Ergebnis ist A daher nur strafbar wegen versuchter Anstiftung zum Verbrechen nach § 30 I StGB i. V. m. § 212 StGB.

(2) Der Hintermann erkennt sonstige tatherrschaftsbegründende Umstände nicht

Beispiel: A fordert den unerkannt geisteskranken B auf, den C zu töten, was dieser auch tut.

Lösung: Auch hier scheitert eine Bestrafung aus mittelbarer Täterschaft wegen Fehlens des Tatherrschaftswillens. Jedoch ist eine Strafbarkeit wegen Anstiftung zum Mord nach §§ 211, 212, 26 StGB möglich, da eine vorsätzliche rechtswidrige Haupttat vorliegt.

bb) Der Hintermann beherrscht den Vordermann objektiv nicht, glaubt aber subjektiv, ihn zu beherrschen

Beispiel: Wie schon im vorletzten Fall gibt A dem B ein Mittel mit, das dieser dem C zum Trinken geben soll mit dem Hinweis: „Damit können wir ihn schlafen legen". A geht davon aus, dass B nicht erkennen werde, dass es sich bei dem Mittel um ein tödliches Gift handelt. B erkennt dies jedoch, da er am Fläschchen riecht und Quecksilbergeruch wahrnimmt. Dennoch verabreicht B das Mittel, sodass C stirbt.

Lösung: Eine Strafbarkeit des A wegen vollendeter mittelbarer Täterschaft scheidet hier aus, da es objektiv an einer Tatherrschaft fehlt. Zwar wird teilweise angenommen, dass eine mittelbare Täterschaft angenommen werden könne, weil es sich um eine unbeachtliche Kausalverlaufsabweichung handele.[89] Jedoch ist dies abzulehnen, da die Begründung von Herrschaft keine Frage des Kausalverlaufs ist. Richtig ist daher die Annahme einer lediglich versuchten mittelbaren Täterschaft, da A Tatentschluss hinsichtlich der Verwirklichung einer tatherrschaftlichen Tötung hat. Darüber hinaus liegt nach starker Literaturansicht in Tateinheit auch eine vollendete Anstiftung vor, da der Teilnahmevorsatz als Minus im Tatherrschaftswillen enthalten ist. Eine a. A. verneint dagegen das zusätzliche Vorliegen einer Anstiftung, da es nach der Vorstellung des A an einer vorsätzlichen Haupttat gerade fehle.[90]

V. Versuchte Tat in mittelbarer Täterschaft

Vgl. auch hierzu ausführl. zum Versuchsbeginn sowie zur Prüfung des Versuchs in mittelbarer Täterschaft u. Rn. 304 sowie Rn. 284. 252

B. Teilnahme

Der Strafgrund der Teilnahme ist umstritten, aber für die Klausur deshalb von Bedeutung, weil sich viele Sachprobleme durch einen Rückgriff auf den Strafgrund lösen lassen. Hierzu werden im Wesentlichen drei Meinungen vertreten: 253

- *Schuldteilnahmetheorie:* Strafgrund der Teilnahme ist danach die Verstrickung des Täters in Schuld.[91] Dem widersprechen aber die §§ 26, 27 und 29 StGB, die eine Teilnahme an schuldloser Tat zulassen.

---

89 *Blei*, Strafrecht I, § 72 II 3.
90 Vgl. näher zum Streitstand LK-*Schünemann*, § 25, Rn. 146; *Murmann*, JA 2008, 326 m. w. N.
91 *H. Mayer*, StuB, § 39 II 4.

- *Theorie vom selbstständigen Teilnehmerdelikt (reine Verursachungstheorie):* Danach ist Teilnahme wegen ihres eigenen tatbestandlichen Unrechts und nicht wegen Beteiligung an fremdem Unrecht strafbar.[92]
  Dem widerspricht aber, dass die Teilnahme von der Existenz einer Haupttat abhängt.
- *Akzessorietätsorientierte Verursachungstheorie (h. M.):* Nach ihr ist Strafgrund der Teilnahme die Förderung bzw. Mitverursachung der Haupttat; auch der Teilnehmer verletze zumindest mittelbar das tatbestandlich geschützte Rechtsgut.[93] Dies ändert allerdings nichts daran, dass nach überwiegend vertretener Ansicht innerhalb dieser Theorie neben der Verursachung des fremden Angriffs auch ein eigener Angriff des Anstifters auf das Rechtsgut vorliegt.[94]

I. Die Anstiftung

1. Allgemeines zur Klausurprüfung und zum Aufbau der Anstiftung

254 **Insgesamt gilt hier folgendes grundsätzliches Aufbauschema:**

A. Strafbarkeit des Haupttäters

B. Strafbarkeit des Beteiligten als Anstifter

I. Tatbestandsmäßigkeit

1. Objektiver Tatbestand

a) Objektiv und subjektiv tatbestandsmäßige und rechtswidrige fremde – mindestens versuchte – Haupttat

b) Teilnahmebeitrag

aa) Bestimmen zur Tat

bb) Sonderproblem: Omnimodo facturus

2. Subjektiver Tatbestand

a) Vorsatz des Anstifters bezüglich des Erfolgs der Haupttat

aa) Konkretisierung der Haupttat

bb) Sonderproblem: Der agent provocateur

cc) Sonderproblem: Die Auswirkungen des error in persona vel obiecto des Haupttäters auf den Anstifter

b) Vorsatz des Anstifters bezüglich eigener Anstiftung

92 *Schmidhäuser*, StuB AT, 14/98; vgl. aber auch *Lüderssen*, Zum Strafgrund der Teilnahme, 1967, S. 192. Wieder anders aber *Maurach/Gössel/Zipf/Renzikowski*, AT/II, § 50, Rn. 20, wonach die Verhaltensnormen, die die Teilnahme verbieten, normlogisch nur als Gefährdungsverbote verstanden werden können.

93 BGHSt 4, 335; *Jescheck/Weigend*, AT, § 64 I 2. Tendenziell auch LK-*Schünemann*, § 26, Rn. 15.

94 Dazu *F.-C. Schroder*, GA 2016, 70 ff.

3. Tatbestandsverschiebung nach § 28 II StGB[95]

Fehlt beim Teilnehmer ein besonderes persönliches Merkmal, das die Strafe des Haupttäters schärft, so ist der Anstifter nur aus dem nicht geschärften Tatbestand zu bestrafen (wenn etwa der A den B angestiftet hat, seinen (B's) Sohn auszusetzen, so ist B wegen der persönlichen Eltern-Kind-Beziehung nach § 221 II Nr. 1 StGB strafbar, A dagegen nur nach § 221 I StGB, da ihm das persönliche Merkmal fehlt).

Die Frage der Tatbestandsverschiebung nach § 28 II StGB wird in der Klausur häufig im Zusammenhang mit Teilnahmehandlungen beim Mord (§ 211 StGB) akut und ist daher im Zusammenhang mit §§ 211, 212 StGB im Rahmen des Besonderen Teils zu erörtern (vgl. ausführl. *Jäger*, BT, Rn. 6 ff.).

II. Rechtswidrigkeit

III. Schuld

IV. Strafmilderung nach § 28 I StGB

Achtung: Unter § 28 I StGB fallen nur solche persönlichen Merkmale, die die Strafe des Haupttäters begründen (z. B. die Treuepflicht nach § 266 StGB, denn diese begründet die Strafe nach § 266 StGB erst und schärft nicht die Strafe aus einem Grundtatbestand). Nicht dagegen fallen darunter persönliche Merkmale, die die Strafe schärfen (z. B. die Elternbeziehung nach § 221 II Nr. 1 StGB); fehlt ein solches persönliches Merkmal beim Anstifter, so kommt es bereits zu einer Tatbestandsverschiebung nach § 28 II StGB, die deshalb vor der Rechtswidrigkeit zu prüfen ist. Ob subjektive Mordmerkmale strafbegründende oder strafschärfende persönliche Merkmale sind, ist umstritten (vgl. dazu ausführl. *Jäger*, BT, Rn. 6 ff.).

2. Einzelheiten zum objektiven Tatbestand der Anstiftung[96]

a) Objektiv und subjektiv tatbestandsmäßige und rechtswidrige fremde – mindestens versuchte – Haupttat[97]

Daraus ergibt sich, dass es sich bei der Haupttat um eine vorsätzliche vollendete oder versuchte Tat handeln muss und eine Anstiftung zu einem fahrlässigen Delikt ausgeschlossen ist.[98] **255**

95 Ausführlich zu § 28 StGB *Valerius*, Jura 2013, 15 ff.

96 *Koch/Wirth*, JuS 2010, 203 ff.

97 *Baumann/Weber/Mitsch/Eisele*, AT, § 30, Rn. 10 ff.; *Jescheck/Weigend*, § 64 II 3; *Kühl*, AT, § 20, Rn. 137, 271.

98 Vgl. *Baumann/Weber/Mitsch/Eisele*, AT, § 30, Rn. 17 ff.; *Geppert*, Jura 1997, 299; *Kühl*, AT, § 20, Rn. 140; *Lackner/Kühl*, § 26, Rn. 1; *Otto*, AT, § 22, Rn. 27; *Wessels/Beulke/Satzger*, AT, Rn. 553.

b) *Teilnahmebeitrag*

aa) *Bestimmen zur Tat*

256 § 26 StGB verlangt ein Bestimmen, d. h. ein Hervorrufen des Tatentschlusses beim Haupttäter, wofür grundsätzlich jede Form der psychischen Beeinflussung in Frage kommt.[99]

Dabei begnügen sich die einen mit der bloßen Verursachung des Tatentschlusses,[100] während die wohl h. M. zumindest einen geistigen Kontakt verlangt, mit dem der Anstifter unmittelbar auf den Willen des Haupttäters beeinflussend einwirkt. Der h. M. dürfte dabei zuzustimmen sein, weil die bloße Verursachung, etwa durch Schaffung von Tatgelegenheiten, mit dem Wortsinn des Bestimmens nur schwer vereinbar ist und der Anstifter gleich einem Täter bestraft wird, sodass für ihn mehr zu verlangen ist als bloße Verursachung, wie sie für die Beihilfe genügt.[101] Richtig ist es daher, einen geistigen Kontakt zwischen Anstifter und Haupttäter zu verlangen, ohne dass es sich dabei um einen „Unrechtspakt" i. S. eines Über-/Unterordnungsverhältnisses handeln muss.[102]

Beispiel: Keine Anstiftung zum Diebstahl, wenn A für einen Versicherungsbetrug ein Fenster seines Hauses offen stehen lässt, in der Hoffnung, dass eingebrochen werde, was der zufällig auf die günstige Gelegenheit aufmerksam werdende B dann auch tatsächlich tut.[103]

Abgesehen davon hält der BGH jedoch alle Äußerungen für tatbestimmend, die geeignet sind, den Haupttäter tatbereit zu machen. Dies hat der BGH[104] etwa in einem Fall angenommen, in dem ein Ehemann gegenüber seiner heimlichen Freundin geäußert hatte: „Wenn meine Frau im Gebirge abstürzen würde, könntest du bei mir einziehen." Und später, als die Freundin erwähnte, dass sie der Ehefrau „am liebsten den Hals umdrehen" würde, antwortete: „Mach's doch! Vielleicht können wir dann zusammen kommen. Brauchst es nur zu machen." Tatsächlich wird man dem BGH darin zustimmen können, dass derartige Äußerungen tatbestimmend sein können. Bedenklich ist die Entscheidung aber deshalb, weil es möglicherweise mangels Ernsthaftigkeit am Vorsatz zur Hervorrufung eines Tatentschlusses fehlen kann (vgl. dazu u. Rn. 258 ff.). Der BGH hat hierzu nicht näher Stellung genommen. Vgl. im Übrigen zu diesem Fall auch die Frage der Konkretisierung der Haupttat (u. Rn. 258).

Durch Unterlassen kann eine Anstiftung jedenfalls grundsätzlich nicht begangen werden, weil ein Unterlassen keinen „Anstoß" geben kann.[105]

---

99 Vgl. dazu *Baumann/Weber/Mitsch/Eisele*, AT, § 30, Rn. 31 ff.; *Ebert*, AT, S. 210; *Jescheck/Weigend*, AT, § 64 II 1; *Köhler*, AT, S. 525 f.; *Lackner/Kühl*, § 26, Rn. 2; *Sch/Sch/Heine/Weißer*, § 26, Rn. 4; *Timpe*, GA 2013, 145 ff.; *Wessels/Beulke/Satzger*, AT, Rn. 568.

100 *Baumann/Weber/Mitsch/Eisele*, AT, § 30, Rn. 63; *Herzberg*, JuS 1976, 40, 41; *Lackner/Kühl*, § 26, Rn. 2.

101 Zutr. *Otto*, AT, § 22, Rn. 35; *Wessels/Beulke/Satzger*, AT, Rn. 568; wie hier auch LK-*Schünemann*, § 26, Rn. 2, der dieses Erg. aus dem Strafgrund der Teilnahme ableitet. Vgl. auch *Hilgendorf*, Jura 1996, 9; *Joecks*, JuS 1999, 1064.

102 So aber zu Unrecht *Puppe*, GA 1984, 101; *dies.*, NStZ 2006, 424 ff.

103 Bsp. nach LK-*Schünemann*, § 26, Rn. 2.

104 BGH NStZ 2000, 421 ff.

105 *Jescheck/Weigend*, AT, § 64 II 6; *Wessels/Beulke/Satzger*, AT, Rn. 568; *Sch/Sch/Heine/Weißer*, § 26, Rn. 4; LK-*Schünemann*, § 26, Rn. 54 f. (zur einzigen Ausnahme, vgl. a. a. O., Rn. 56).

Achtung Klausur: *Von der ausgeschlossenen Anstiftung durch Unterlassen ist die nach h. M. ohne Weiteres mögliche Anstiftung zum Unterlassen zu unterscheiden!*[106]

bb) Sonderproblem: Omnimodo facturus

- Ist der Täter bereits ohne jedes Schwanken und ohne jede Bedingung zur konkreten Tat entschlossen (sog. omnimodo facturus), so ist eine Anstiftung nicht mehr möglich, da der Täter nicht mehr zur Tat „bestimmt" werden kann. In Betracht kommt dann allein § 30 I S. 1 Alt. 1 StGB und psychische Beihilfe. **257**
- Umstritten ist in diesem Zusammenhang allerdings die Beurteilung des Falles, dass ein Täter, der zur Begehung eines Grunddelikts (z. B. § 249 StGB) entschlossen ist, zur Begehung in qualifizierter Form (z. B. § 250 II Nr. 1 StGB) bestimmt wird (sog. **Übersteigerung** oder **Aufstiftung**).
  Nach h. M. soll in solchem Fall Anstiftung zur qualifizierten Tat in deren vollem Umfang gegeben sein (hier §§ 249 I, 250 II Nr. 1, 26 StGB), da die qualifizierte Tat eine eigenständige, im Unrecht nicht teilbare Tat sei.[107] Eine andere Ansicht nimmt lediglich psychische Beihilfe zum Grundtatbestand und ggf. Anstiftung zum selbständig strafbaren erschwerenden Teil an (hier §§ 249, 27 StGB und §§ 223 I, 224, 26 StGB).[108] Diese Auffassung ist jedoch abzulehnen, weil durch die Kombination alter und neuer Deliktselemente ein ganzheitliches anderes Unrecht entsteht (deutliches Bsp.: Wer einen zu einer normalen Nötigung entschlossenen Täter zu einer Vergewaltigung bestimmt, bewirkt mehr als eine Körperverletzung und eine psychische Beihilfe zu einer Nötigung, vgl. *Roxin*, a. a. O.).
- Problematisch ist auch der umgekehrte Fall der sog. **Abstiftung**, in dem der Beteiligte den Täter zur Begehung eines geringeren Delikts bestimmt (z. B. Diebstahl statt Raub).[109]
  Grundsätzlich scheidet hier eine Bestrafung des Beeinflussenden aus, weil er das Risiko für das geschützte Rechtsgut verringert, sodass eine Zurechnung nicht in Frage kommt. Selbst Beihilfe scheitert aus diesem Grund, es sei denn, der Beeinflussende macht dem Täter die leichtere Begehungsweise noch reizvoller, z. B. unter Hinw. auf die geringere Aufklärungsrate etc. Dann ist psychische Beihilfe möglich.
- Weniger problematisch ist dagegen der Fall der sog. **Umstiftung**, bei der der Beteiligte den Täter zu einer ganz anderen Straftat überredet (z. B. zur Begehung eines Diebstahls statt eines Betruges). Sie ist als Anstiftung zur neuen und anderen Tat strafbar.

3. Einzelheiten zum subjektiven Tatbestand der Anstiftung

Der Vorsatz des Anstifters muss sich auf den Erfolg der Haupttat sowie auf das eigene Bestimmen zu dieser Tat richten (sog. Doppelvorsatz).[110]

---

106 Vgl. dazu BGHSt 14, 282; *Lackner/Kühl*, § 26, Rn. 3; vgl. zur vor allem früher geführten Diskussion *B. Heinrich*, AT, Rn. 879 f.
107 So z. B. BGHSt 19, 339; LK-*Schünemann*, § 26, Rn. 31 ff.
108 Vgl. etwa *B. Heinrich*, AT, Rn. 1302; *Stratenwerth/Kuhlen*, AT/1, § 12, Rn. 145 m. w. N.
109 Umfassend zur Abstiftung *Kudlich*, JuS 2005, 592 ff.
110 Näher *Satzger*, Jura 2008, 514 ff.

a) Vorsatz des Anstifters bezüglich des Erfolgs der Haupttat

aa) Konkretisierung der Haupttat

258 Die Anstiftung muss sich an eine bestimmte Person oder einen individuell bestimmten Personenkreis richten und auf eine konkrete Tat beziehen, sodass eine Haftung des Teilnehmers für einen Exzess des Haupttäters nicht in Frage kommt[111] (Bsp.: A bestimmt den B dazu, den X zu verprügeln; B tötet den X aber sogar).

Umstritten ist allerdings, wie genau die Haupttat konkretisiert sein muss.

Beispiel: Der A äußerte gegenüber seinem Freund, der ihm von seinen Geldnöten berichtet hatte: „Dann müsstest Du eine Tankstelle oder Bank machen" (BGHSt 34, 63).

Lösung: Nach Auffassung des BGH sind zwar der Deliktstatbestand (§§ 250, 255 StGB) und die Tatobjekte (Bank oder Tankstelle) festgelegt. Jedoch genügt dies für eine Individualisierung noch nicht, weil das konkrete Objekt, Ort, Tatzeit und sonstige Umstände unbestimmt geblieben sind.[112]

A. A. aber zu Recht *Roxin*,[113] der davon ausgeht, dass es genügen muss, wenn der Anstifter die wesentliche Dimension des Unrechts kenne. Das sei vorliegend der Fall gewesen. Auf Umstände wie Ort und Tatzeit habe der Anstifter ohnehin regelmäßig keinen Einfluss, sodass dies nicht der ausschlaggebende Gesichtspunkt sein könne.

Allerdings scheint auch der BGH die Anforderungen an die Konkretisierung der Haupttat einschränken zu wollen. So hat er eine Anstiftung in einem Fall angenommen, in dem ein Ehemann gegenüber seiner heimlichen Freundin F geäußert hatte, dass diese bei ihm einziehen könne, wenn die Ehefrau im Gebirge abstürzen würde, bzw. die F seiner Frau nur den Hals umdrehen müsse, da sie dann vielleicht zusammen kommen könnten. Tatsächlich tötete die Freundin schließlich die Frau durch einen Messerstich ins Herz (vgl. zum Sachverhalt auch schon o. Rn. 256). Der BGH hat hier für eine Anstiftung genügen lassen, dass die Aufforderungen zur Tatbegehung die Tat im Kern kennzeichneten und für den Tatentschluss mit ursächlich waren. Eines alle Einzelheiten der Tatausführung festlegenden Tatplans bedürfe es demgegenüber nicht.[114]

Hinweis: *Wenn der angesprochene Personenkreis nicht hinreichend bestimmbar ist (z. B. Aufforderung zu einer Straftat bei öffentlicher Versammlung oder im Festzelt) kommt Strafbarkeit gem. § 111 StGB in Betracht (lesen!).*

Interessant und noch wenig beleuchtet ist die Frage, inwieweit der Anstiftervorsatz auch bzgl. Handlungsmodalitäten bestimmt sein muss. Das Problem wird verdeutlicht durch folgenden, vom BGH entschiedenen

---

111 Vgl. nur RGSt 67, 343; BGHSt 2, 223; LK-*Schünemann*, § 26, Rn. 83.

112 BGHSt 34, 66; zust. *Jakobs*, AT, 22/27; *Jescheck/Weigend*, AT, § 64 III 2b; *Lackner/Kühl*, § 26, Rn. 5; *Wessels/Beulke/Satzger*, AT, Rn. 572.

113 Hier und im Folgenden LK-*Schünemann*, § 26, Rn. 39 ff., der im BGH-Fall a.E. aber doch eine Anstiftung ausschließt, weil die Bemerkung „Dann müsstest Du eine Bank machen" noch „keine zielgerichtete Tataufforderung" begründe (zw.).

114 Vgl. BGH NStZ 2000, 421 ff.

Fall 41: Der in Scheidung lebende A wollte seine Ehefrau töten lassen, um dem gemeinsamen Kind die Mutter zu nehmen und es für sich allein zu haben. Er veranlasste daher den B, einen bezahlten Mörder anzuheuern. B beauftragte den mit ihm befreundeten C, der die Frau überfallartig beim Öffnen der Haustür durch eine Serie von Messerstichen tötete. C erhielt absprachegemäß für die Tat eine Entlohnung, jedoch war Hauptbeweggrund der Tat, dem B einen Gefallen zu tun und ihm zu imponieren. A hatte bzgl. der Ausführung der Tat keine detaillierten Angaben gemacht. Vielmehr ließ er sich dahingehend ein, dass es ihm „schlichtweg" egal gewesen sei, wie die Tat durchgeführt werde. Strafbarkeit des A? (**Auftragsmord-Fall** nach BGH NStZ 2005, 382)[115] **258a**

Lösung: **258b**

I. In Betracht kommt Strafbarkeit wegen **Anstiftung zum Mord nach §§ 211, 212, 26 StGB**.

1. Voraussetzung wäre das Vorliegen einer **vorsätzlichen rechtswidrigen Haupttat**. In Frage kommt diesbezüglich die Verübung eines Mordes durch C.
C hat die Frau heimtückisch getötet, da er sie überfallartig beim Öffnen der Haustür niedergestochen hat. Die F war zu diesem Zeitpunkt arg- und wehrlos, da sie sich keines Angriffs versah und in ihrer Verteidigungsbereitschaft eingeschränkt war. Darüber hinaus kommt Habgier in Betracht. Jedoch war die Aussicht auf Erhalt einer Entlohnung bei C nicht tatbeherrschend und bewusstseinsdominant, sondern spielte nur eine untergeordnete Rolle. Man kann daher nicht von einem Gewinnstreben um jeden Preis sprechen, da andere Motive im Vordergrund gestanden haben. Eine Tötung aus Habgier ist daher zu verneinen. In Betracht kommt jedoch ein Handeln aus niedrigen Beweggründen. Dies hat der BGH vorliegend angenommen, da ein nachvollziehbarer Grund für die Tötung nicht vorlag. Das Motiv, jemandem durch die Tötung einen Gefallen zu tun und ihm zu imponieren, sei vielmehr sittlich auf tiefster Stufe stehend und in besonderer Weise verachtenswert.
Damit liegt als Haupttat ein Mord (Heimtücke und niedriger Beweggrund) vor. Gleichzeitig ist auch als Durchgangsstadium eine gefährliche Körperverletzung nach § 224 I Nr. 2, 5 StGB gegeben, die jedoch hinter § 211 StGB im Wege der Gesetzeskonkurrenz zurücktritt.

2. In der Aufforderung des A gegenüber B, einen Auftragskiller zur Tötung der Frau zu finden, könnte eine Anstiftung zur Haupttat gesehen werden, wenn A den Haupttäter zur Tat **bestimmt** hat. Die Tatsache, dass hier zunächst eine Aufforderung an B erging, der den eigentlichen Täter seinerseits auffordern sollte, ändert dabei an der Möglichkeit einer Anstiftung nichts. Insoweit liegt nämlich eine Anstiftung zur Anstiftung, d. h. eine sog. Kettenanstiftung vor, die in gleicher Weise nach den Regeln des § 26 StGB zu behandeln ist, da ausschlaggebend allein ist, dass der Bestimmende die Tat mittelbar verursacht.

3. Problematisch ist vorliegend jedoch der **Anstiftungsvorsatz**.

a) Voraussetzung hierfür ist zunächst, dass A einen hinreichenden **Vorsatz hinsichtlich der Haupttat** gehabt hat.

aa) Hinsichtlich der heimtückischen Tötung ist dies deshalb fraglich, weil es A gleichgültig war, wie die Tat ausgeführt wird. Der BGH geht diesbezüglich jedoch davon aus, dass für den Anstifter auch ein bedingter Vorsatz ausreicht. Hinsichtlich des tatbezogenen Umstands der Heimtücke genügt es daher, dass er vom Anstifter billigend in Kauf genommen wird. Bedingten Vorsatz in diesem Sinne habe der Straftäter aber auch dann, wenn er aus Gleichgültigkeit mit jeder eintretenden Möglichkeit einverstanden ist. Dies sei vorliegend der Fall gewesen, weil ihm die Tatausführung „schlichtweg egal" gewesen ist. Dies gelte vorliegend vor allem auch deshalb, weil es sich dem A aufdrängen musste, dass die Vor-

115 Mit Anm. *Jäger*, JR 2005, 477 ff.; *Kudlich*, JuS 2005, 1051 ff.; *Puppe*, JZ 2005, 900 ff.

gehensweise in irgendeiner Art heimtückisch vollzogen werde, da dies bei einer Auftragstötung in aller Regel so geschehe.[116] A hatte daher bedingten Vorsatz hinsichtlich einer heimtückischen Tötung.

bb) Darüber hinaus könnte man auch an einen Vorsatz hinsichtlich der beim Haupttäter vorliegenden niedrigen Beweggründe denken. Fraglich ist dies jedoch deshalb, weil es sich hierbei um ein sog. täterbezogenes Merkmal handelt. Allerdings geht der BGH davon aus, dass auch täterbezogene Merkmale grundsätzlich akzessorisch zu behandeln sind, sodass es allein darauf ankommt, dass der Anstifter den in der Person des Haupttäters vorliegenden niedrigen Beweggrund gekannt hat. Dies kann man vorliegend deshalb annehmen, da A davon ausgehen musste, dass der Auftragskiller ohne jeden persönlichen Beweggrund und ohne billigenswertes Motiv die Tötungshandlung vornehmen werde. Eine Strafrahmenverschiebung nach § 28 I StGB verneint der BGH[117] dabei, weil A zwar nicht die gleichen niedrigen Beweggründe hatte wie C, aber andere gleichartige niedrige Beweggründe aufwies (vgl. zu den sog. gekreuzten Mordmerkmalen *Jäger*, BT, Rn. 11).
Die Lit. dagegen hält nicht den Vorsatz des Anstifters für ausschlaggebend, da sie besondere persönliche Merkmale (täterbezogene Merkmale) nicht akzessorisch behandelt. Vielmehr wendet sie § 28 II StGB an und verurteilt den Teilnehmer und den Täter jeweils nach den bei ihnen vorliegenden persönlichen Merkmalen. Der Vorsatz des Anstifters muss sich daher nicht auf das täterbezogene Merkmal des Haupttäters richten. Entscheidend ist vielmehr, ob er selbst ein täterbezogenes Merkmal erfüllt. Vorliegend ist dies deshalb der Fall, weil das Tötungsmotiv des A darin bestand, seine Ehefrau töten zu lassen, um dem Kind die Mutter zu nehmen und es für sich allein zu haben.
Vorliegend ist daher nach beiden Auffassungen auch eine Anstiftung zum Mord in Bezug auf das Mordmerkmal „niedrige Beweggründe" zu bejahen.

b) Da A auch den Tatentschluss in der Person des Auftragstäters wecken wollte, ist auch der notwendige **Vorsatz hinsichtlich der Anstiftung** zu bejahen.

4. Rechtfertigungs- und Schuldausschließungsgründe sind nicht ersichtlich.

Ergebnis: A ist strafbar wegen Anstiftung zum Mord.

II. In Betracht kommt darüber hinaus auch eine **versuchte Anstiftung zum Mord bzgl. des Mordmerkmals der Habgier nach §§ 30 I, 211 StGB**.
A müsste dann Vorsatz bzgl. der Verwirklichung einer objektiv und subjektiv tatbestandsmäßigen rechtswidrigen Haupttat eines anderen gehabt haben. Dies ist dann der Fall, wenn A davon ausgegangen ist, C werde den Mord aus Habgier begehen, obwohl dies tatsächlich nicht der Fall war (s. o.). Vorliegend ist dies anzunehmen, da es sich um eine Auftragstötung handelte, für die A eine Belohnung ausgelobt hat (vgl. BGH NStZ 2005, 183).
Nach der Lit. kann dagegen unter dem Gesichtspunkt der Habgier keine versuchte Anstiftung zum Mord angenommen werden. Da es sich nämlich bei der Habgier um ein täterbezogenes Merkmal handelt, kommt es allein darauf an, ob der Anstifter dieses Merkmal in seiner Person erfüllt (vgl. § 28 II StGB). Denn da Totschlag und Mord nach Auffassung der h. L. im Verhältnis von Grundtatbestand und Qualifikation stehen, ist allein § 28 II StGB und nicht § 28 I StGB anzuwenden. Danach liegt hinsichtlich des Merkmals der Habgier keine zusätzliche versuchte Anstiftung zum Mord vor, weil A in seiner Person selbst dieses Mordmerkmal nicht verwirklicht.
Zuzustimmen ist der h. L., weil die Auffassung des BGH darauf hinaus läuft, dass ein besonderes persönliches Mordmerkmal (= zumindest auch Schuldmerkmal) versucht werden kann. Schuld kann jedoch nicht versucht werden, sodass allein § 28 II StGB bzgl. besonderer persönlicher Merkmale den Ausschlag für die Strafbarkeit geben sollte.[118]

116 Vgl. BGH NStZ 2005, 382 m. krit. Anm. *Jäger*, JR 2005, 477 ff.; *Puppe*, JZ 2005, 902 ff.
117 BGH NStZ 2005, 383.
118 Näher *Jäger*, JR 2005, 477 ff.

Ergebnis: A ist strafbar wegen Anstiftung zum Mord. Dagegen scheidet eine versuchte Anstiftung zum Mord aus. Demgegenüber würde der BGH zusätzlich zur Anstiftung zum Mord in Tateinheit auch eine versuchte Anstiftung zum Mord bejahen.

bb) Sonderproblem: Der agent provocateur

Der Vorsatz des Teilnehmers muss sich, wie schon soeben erwähnt, auf den Erfolg der Haupttat richten. Daraus ergibt sich aber, dass derjenige, der zwar einen anderen zu einer vorsätzlichen, rechtswidrigen Tat bestimmt, aber zumindest die Beendigung der Haupttat durch rechtzeitiges Eingreifen verhindern will (sog. agent provocateur), straflos bleibt.[119] Dies ist mit dem Strafgrund der Teilnahme zu erklären. Danach scheidet eine Teilnahmestrafbarkeit aus, weil in derartigen Fällen keine mittelbare Verletzung des geschützten Rechtsguts gewollt ist.[120] **259**

Beispiel: A stiftet B zu einem Diebstahl an, sorgt aber dafür, dass B nach Vollendung der Tat auf frischer Tat gefasst wird.

Lösung: A hat hier nicht den Vorsatz, die Rechtsgutsverletzung bis zur materiellen Beendigung der Tat eintreten zu lassen. Damit scheidet eine Bestrafung wegen Anstiftung aus.

cc) Sonderproblem: Die Auswirkungen des error in persona vel obiecto des Haupttäters auf den Anstifter

Dieses Sonderproblem spielt in Klausuren häufig eine besondere Rolle und soll daher noch einmal veranschaulicht werden durch ein schon beim error in persona[121] besprochenes **260**

Beispiel: Rosahl versprach dem Rose, ihn reichlich zu belohnen, wenn er den Schliebe erschösse. Rose legte sich auf die Lauer und erschoss einen Menschen in der Annahme, es sei Schliebe. In Wahrheit war es Harnisch. Ist Rosahl wegen Anstiftung zum Mord an Harnisch strafbar? (vgl. zur Strafbarkeit des Haupttäters Rose bereits o. den Rose-Rosahl-Fall I, Rn. 91 f.; **Rose-Rosahl-Fall II** nach Preussisches Obertribunal GA 7 [1859], 337; BGHSt 37, 214)[122] **261**

Lösung: Fraglich ist hier allein, ob der Erfolg (Tod des Harnisch) vom Anstiftungsvorsatz des Rosahl umfasst ist. **262**

Der BGH und die noch h. L.[123] sehen hier die Abweichung des Geschehensablaufs von der Vorstellung des Anstifters als nur unwesentlich an und behaupten, die Figur der „aberratio ictus“ sei auf „Fernwirkungsfälle“ nicht zugeschnitten. Dies habe zumindest dann zu gelten, wenn sich das Fehlgehen der Tat noch innerhalb des nach allgemeiner Lebenserfahrung Vorhersehbaren halte, was insbesondere dann der Fall sei, wenn der Anstifter dem Haupttäter die Individualisierung des Opfers überlassen hat.

Dagegen wendet eine starke Literaturauffassung ein, dass sich der error in persona des Haupttäters in Wahrheit als aberratio ictus des Anstifters darstelle und der tatsächlich eingetretene

---

119 Vgl. dazu *Geppert*, Jura 1997, 362; *Otto*, JuS 1982, 561 f.; *ders.*, AT, § 22, Rn. 42; SK-*Hoyer*, § 26, Rn. 28.

120 Zutr. LK-*Schünemann*, § 26, Rn. 60 ff. Im Ergebnis auch BGH StV 2007, 527 m. Anm. *Geppert*, JK 6/08, StGB § 26/8. Anders *Stratenwerth/Kuhlen*, AT/1, § 12, Rn. 150, der allein darauf abstellt, ob der Anstifter die formelle Vollendung der Tat in seinen Vorsatz aufgenommen hat. Ab dem Zeitpunkt der Vollendung sollen dann die Vorschriften über die Rechtswidrigkeit, also insbesondere § 34 StGB, die besseren Abwägungskriterien liefern.

121 Vgl. o. Rn. 91 f.

122 Abl. vor allem *Roxin*, JZ 1991, 680.

123 BGHSt 37, 214; *Bachmann*, JuS 1966, 314; *Geppert*, Jura 1992, 167; *Gropp*, AT, § 10, Rn. 283 f.; *Küpper*, JR 1992, 294; *Maurach/Gössel/Zipf/Renzikowski*, AT/II, § 51, Rn. 37; *Puppe*, NStZ 1991, 214; *Sch/Sch/Heine/Weißer*, § 26, Rn. 23; *Streng*, JuS 1991, 917; *Fischer*, § 26, Rn. 15.

Erfolg an der falschen Person daher nicht vom Anstiftungsvorsatz gedeckt sei. Der Anstifter kann daher – soweit strafbar – nur wegen versuchter (erfolgloser) Anstiftung gem. § 30 StGB und ggf. wegen eines Fahrlässigkeitsdelikts bestraft werden.

Für die Mindermeinung in der Lit. spricht nach wie vor die Blutbadtheorie von *Binding*: Wie nämlich soll man den Anstifter bestrafen, wenn der Angestiftete nach dem falschen Opfer auch noch das richtige ermordet oder gar noch dutzende von Falschen und dann erst das Richtige? Nach Auffassung des BGH[124] soll der Anstifter, wenn der Täter auch noch den Richtigen tötet, wegen einer Anstiftung zu zwei Tötungen strafbar sein. Logisch nachvollziehbar ist das freilich nicht, denn zwei Morde wollte der Anstifter gewiss nicht. Auch der Vorschlag von *Puppe*,[125] die dem BGH im Grundsatz folgt, zeigt nur die Hilflosigkeit dieser Meinung im Umgang mit dem angesprochenen Problemfall. Hiernach soll der Anstifter wegen Anstiftung zu einem Mord strafbar sein; offen bleiben müsse nur, zu welchem. Rosahl ist also richtiger nur wegen versuchter Anstiftung zum Mord nach §§ 211, 212, 30 I StGB und ggf. nach § 222 StGB strafbar, nicht dagegen wegen Anstiftung zum Versuch, weil es beim Rose gar keinen Versuch gibt, sondern nur die falsche Vollendung.

Wurde der Vorsatz hinsichtlich der Haupttat bejaht, so ist im Anstiftungsaufbau weiter zu prüfen:

b) Vorsatz des Anstifters bezüglich eigener Anstiftung

263 Neben dem Vorsatz hinsichtlich der Haupttat (vgl. soeben Rn. 258 ff.) muss der Anstifter auch den Willen haben, beim Haupttäter einen Tatentschluss hervorzurufen (Vorsatz bzgl. des Bestimmens).

II. Die Beihilfe

1. Allgemeines zur Klausurprüfung und zum Aufbau der Beihilfe

264 **Insgesamt gilt hier folgendes grundsätzliches Aufbauschema:**

A. Strafbarkeit des Haupttäters

B. Strafbarkeit des Beteiligten als Gehilfe

I. Tatbestandsmäßigkeit

1. Objektiver Tatbestand

a) Objektiv und subjektiv tatbestandsmäßige und rechtswidrige fremde – mindestens versuchte – Haupttat

b) Teilnahmebeitrag

aa) Hilfe leisten zur Haupttat

bb) Psychische Beihilfe

cc) Sonderproblem: Beihilfe durch neutrale Handlungen

2. Subjektiver Tatbestand

a) Vorsatz des Gehilfen bezüglich des Erfolgs der Haupttat

124 BGHSt 37, 214, 217.
125 *Puppe*, NStZ 1991, 214.

b) Vorsatz des Gehilfen bezüglich eigenen Gehilfenbeitrags (Vorsatz der Förderung)

3. Tatbestandsverschiebung nach § 28 II StGB
Siehe dazu oben bei der Anstiftung!

II. Rechtswidrigkeit

III. Schuld

IV. Strafmilderung nach § 28 I StGB, beim Gehilfen auch nach § 27 II S. 2 StGB
Siehe dazu ebenfalls oben bei der Anstiftung!

2. Einzelheiten zum objektiven Tatbestand der Beihilfe[126]

a) Objektiv und subjektiv tatbestandsmäßige und rechtswidrige fremde Haupttat

Daraus ergibt sich – wie schon bei der Anstiftung –, dass es sich bei der Haupttat um **265** eine vorsätzliche vollendete oder versuchte Tat handeln muss und eine Beihilfe zu einem fahrlässigen Delikt ausgeschlossen ist.

b) Teilnahmebeitrag

aa) Hilfeleisten zur Haupttat

Die Hilfeleistung erfordert ein Fördern der Haupttat, wobei allerdings umstritten ist, **266** ob der Gehilfenbeitrag für die Haupttat kausal geworden sein muss.

Während der BGH vielfach das Erfordernis der Kausalität verneint hat,[127] verlangt die h. L., dass die Beihilfe kausal für den Erfolg der Haupttat gewesen sein muss, wobei der Gehilfenbeitrag – anders als der Mittäterschaftsbeitrag – unproblematisch auch im Vorfeld geleistet werden kann. Auch genügt nach h. M. eine lediglich „verstärkende Kausalität", sofern sie eine chancenerhöhende Modifizierung des Tatplans bewirkt[128] (dahinter steht wieder das Risikoerhöhungsprinzip als zutreffender Gedanke). Richtigerweise wird man der h. L. folgen müssen, weil nur in diesem Fall – ausgehend vom Strafgrund der Teilnahme – von einer mittelbaren Rechtsgutsverletzung gesprochen werden kann.[129] Allerdings nimmt immerhin auch die Rspr. an, dass Alltagshandlungen, die „zum Gelingen der Tat an sich nicht erforderlich und auch nach Art der Tatausführung ohne Bedeutung" sind, keine rechtlich relevante Gefahr für das Rechtsgut schaffen und daher als Beihilfehandlungen ausscheiden. So hat das OLG Düsseldorf das bloße Öffnen der Autotür für einen nach dem Tankstellenüberfall flüchtenden Täter als nicht beihilfebegründend erachtet.[130]

---

126 *Seher*, JuS 2009, 793 ff.; eingehend zum Tatbestand der Beihilfe *Timpe*, JA 2012, 430 ff.
127 Vgl. nur BGHSt 8, 201; BGH VRS 8, 201; 23, 209.
128 Vgl. ausführl. *Maurach/Gössel/Zipf/Renzikowski*, AT/II, § 52, Rn. 15 ff.; LK-*Schünemann*, § 27, Rn. 2 ff.; S/S/W-*Murmann*, § 27, Rn. 3; *Stratenwerth/Kuhlen*, AT/1, § 12, Rn. 158 lässt dagegen unter Verzicht auf die Ursächlichkeit eine bloße Risikoerhöhung genügen. Vgl. i. Ü. allgemein zum Einfluss der Lehre der objektiven Zurechnung auf das Teilnahmeunrecht *Kretschmer*, Jura 2008, 265 ff.
129 So LK-*Schünemann*, § 27, Rn. 2.
130 Vgl. OLG Düsseldorf, NStZ-RR 2005, 336 m. Anm. *Geppert*, JK 4/06, StGB § 27/19.

Andererseits hat der BGH in einem aufsehenerregenden Fall noch einmal darauf hingewiesen, dass ein Gehilfenbeitrag nicht ursächlich für den Taterfolg sein muss. Es handelt sich dabei um folgenden

266a **Beispiel:** Der marokkanische Staatsangehörige M gehörte einer radikal-islamischen Vereinigung an, die in Hamburg eine Untergruppe gebildet hatte. Mitglieder dieser Vereinigung entführten am 11.9.2001 Passagierflugzeuge in den USA und steuerten diese in das World Trade Center und in das Pentagon. Gemeinsam mit anderen in Hamburg verbliebenen Mitgliedern unterstützte M die Attentäter bei der Vorbereitung der Anschläge, indem er ihren Aufenthalt verschleierte und an der Bereitstellung von Geldmitteln mitwirkte. Vermutlich wären die Anschläge auch ohne die Mitwirkung des M durchgeführt worden. Auch kann davon ausgegangen werden, dass M das bis dahin unvorstellbare Ausmaß der Anschläge und der Vernichtung von Menschenleben nicht erkannt hat und auch nicht erkennen konnte. Jedenfalls war M nur bekannt, dass Flugzeuge zum Absturz gebracht werden sollten. In den zum Absturz gebrachten Flugzeugen starben 246 Passagiere/Besatzungsmitglieder. Strafbarkeit des M? Auf §§ 129, 129a StGB ist nicht einzugehen. (**Motassadeq-Fall** nach BGH NStZ 2007, 230)[131]

266b **Lösung:** M ist strafbar wegen Beihilfe zum 246-fachen Mord nach §§ 211, 27 StGB. Das Mordmerkmal der Heimtücke scheitert nicht daran, dass die in den Flugzeugen befindlichen Passagiere und Besatzungsmitglieder zunächst als Geiseln genommen wurden, sodass davon auszugehen ist, dass im Zeitpunkt des späteren Todes jedenfalls keine Arglosigkeit mehr vorlag. Entscheidend ist das Vorliegen der Arg- und Wehrlosigkeit im Zeitpunkt des Versuchsbeginns. Die versuchte Tötung begann bereits in dem Zeitpunkt, als die Terroristen die Flugzeuge in ihre Gewalt brachten und damit die ersten gegen das Leben der Passagiere und Besatzungsmitglieder gerichteten Angriffshandlungen vornahmen. Dies gilt umso mehr, als die Passagiere danach keine realistische Möglichkeit mehr hatten, sich gegen die Attentäter erfolgreich zu verteidigen und ihr Leben zu retten. Auch lag eine Tötung mit gemeingefährlichen Mitteln vor, da die Täter die Auswirkungen der Tathandlung im Hinblick auf die Zahl der Opfer nicht in der Hand hatten. Darüber hinaus ist das subjektive Mordmerkmal der niedrigen Beweggründe erfüllt, weil die Vernichtung fremden Lebens zum Zwecke der Verfolgung eigener religiös-politischer Ziele sittlich auf tiefster Stufe steht und geradezu verachtenswert erscheint. Ein ausreichender Teilnehmerbeitrag des M zu der Haupttat nach § 27 I StGB ist gegeben. Dass die Haupttat möglicherweise auch ohne die Beiträge des M hätte begangen werden können, schadet nicht, gleich ob man die Auffassung der überwiegenden Lit. teilt, wonach Beihilfe eine – wenigstens verstärkende – Kausalität für den Erfolg der Haupttat oder zumindest eine erfolgsbezogene Risikosteigerung erfordert, oder sich wie die Rspr. damit begnügt, dass der Gehilfenbeitrag die Tat objektiv erleichtert. Insbesondere wird die Beihilfestrafbarkeit nicht dadurch ausgeschlossen, dass die Unterstützungsbeiträge von untergeordneter Bedeutung waren. Für den subjektiven Tatbestand lässt der BGH ausreichen, dass M zumindest die Anzahl von Opfern billigend in Kauf nahm, die nach den ihm bekannten Umständen der geplanten Anschläge in Betracht kamen. Für unnötig hält der BGH eine darüber hinausgehende Kenntnis der „Unrechtsdimension" der tatsächlich ausgeführten Anschläge. Dies gelte jedenfalls für Sachverhaltskonstellationen, in denen das höchstpersönliche Rechtsgut des menschlichen Lebens betroffen ist, da in diesen Fällen das Abstellen auf eine „Gesamtunrechtsdimension" der Bedeutung jedes einzelnen Menschenlebens nicht gerecht würde (vgl. näher zum Problem der Vorsatzkonkretisierung u. Rn. 272).

267 Ein geistiger Kontakt zwischen dem Gehilfen und dem Haupttäter ist jedenfalls – anders als bei der Anstiftung – nicht erforderlich (wenn etwa A – von dem unbeteiligten B beobachtet – in ein Haus einbricht, kann B dadurch strafbare Beihilfe leisten, dass

131 Vgl. dazu *Jahn*, JuS 2007, 382; ebenso die Bespr. von *Kudlich*, JA 2007, 309 ff.; *Satzger*, JK 12/07, StGB § 27 Abs. I/20; *Widmaier*, NStZ 2007, 234. Siehe zuvor schon BGHSt 49, 112 m. Anm. *Gaede*, StraFo 2004, 195; *Gössel*, Jura 2004, 696; *Mosbacher*, JR 2004, 523; *Müller*, JZ 2004, 926; vgl. zur verfahrensrechtlichen Seite auch *Geppert*, JK 1/06, StPO § 136a/13.

er einen herannahenden Polizisten vom Tatort ablenkt, selbst wenn A von dieser Hilfeleistung nie etwas erfährt). Auch folgt hieraus, dass eine Beihilfe durch Unterlassen möglich ist.

bb) Psychische Beihilfe

Diese kann bei technischem Rat ohne Weiteres strafbarkeitsbegründend wirken (Bsp.: **268**
A erklärt dem B, wie man einen bestimmten Tresor aufbricht).

Strittig ist aber, ob Beihilfe auch durch bloße Bestärkung des Tatentschlusses (etwa durch verbale Anfeuerung bei der Tat) verwirklicht werden kann. Zum Teil wird eine solche Möglichkeit verneint, weil die Kausalität psychischer Vorgänge niemals verifizierbar sei.[132] Die h. M. bejaht dies, wenn der Tatentschluss des Haupttäters durch die psychische Einwirkung nachweislich gestärkt wurde.

Keinesfalls reicht aber nach h. M. die bloße Anwesenheit am Tatort in Kenntnis einer Straftat – selbst bei deren Billigung – aus, um die Annahme von Beihilfe i. S. eines aktiven Tuns zu begründen.[133] Psychische Beihilfe kann nur dann angenommen werden, wenn die Billigung der Tat gegenüber dem Täter zum Ausdruck gebracht und dieser dadurch in seinem Tatentschluss oder in der Bereitschaft, ihn weiter zu verfolgen, bestärkt wird und die Tat in ihrer konkreten Gestalt gefördert oder erleichtert wird.

Achtung Klausur: *Denken Sie vor allem nach Ablehnung einer Anstiftung noch daran, zusätzlich eine psychische Beihilfe zu prüfen.*

cc) Sonderproblem: Beihilfe durch neutrale Handlungen

Die Frage, inwieweit sozial- oder berufstypische Handlungen beihilfebegründend sein **269**
können, gehört seit langem zu einem der umstrittensten und meist behandelten Strafrechtsprobleme. Es soll daher hier gesondert behandelt werden anhand von

Fall 42: Busfahrer B, der nicht nur den Hütchenspieler H sehr gut kennt, sondern auch **270**
dessen Tricks, um die am Spiel Teilnehmenden geschickt übers Ohr zu hauen, fährt den H entsprechend seines Fahrplans jeden Tag von dem 10 Kilometer entfernten Vorort der Stadt Frankfurt direkt zur Haltestelle vor dem Hauptbahnhof, weil H dort die meiste Kundschaft findet. Tourist T, der glaubt, unter den drei Hütchen die Kugel aufspüren zu können, wird dadurch bitter enttäuscht, dass H die Kugel in Wahrheit zuvor in seiner rechten Hand hat verschwinden lassen. Den Einsatz in Höhe von jeweils 10 € muss T immer mit einem Tipp auf ein Hütchen machen, unter dem er die Kugel vermutet. Er verliert auf diese Weise insgesamt 30 € an H. Strafbarkeit des B? **(Hütchenspieler-Fall)**

Lösung: **271**

In Betracht kommt **Beihilfe zum Betrug nach §§ 263 I, 27 StGB**, indem B den H zu seinem „Spielplatz" fuhr.

1. Objektiver Tatbestand

a) Zunächst müsste eine beteiligungsfähige vorsätzliche, rechtswidrige Haupttat gegeben sein.

132 Im Erg. ebenso *Hruschka*, JR 1983, 177 f.
133 BGH NStZ 1998, 622; 2002, 139; vgl. OLG Düsseldorf StV 2006, 695 ff.

Denkbar wäre zunächst eine **unerlaubte Veranstaltung eines Glücksspiels des H gem. § 284 I StGB**.
Hier wird man aber schon nicht von einem Glücksspiel ausgehen können, weil der Veranstalter die Gewinnchance gänzlich ausschaltet, indem er die Kugel unter den Hütchen beseitigt. Denn dort, wo der Zufall gänzlich ausgeschaltet wird, spielt auch das Glück keine Rolle mehr, sodass eine Einordnung unter § 284 I StGB dem Wortsinn des Glücksspiels widerspräche.[134]

Ein tatbestandlich und rechtswidrig erfüllter **Betrug nach § 263 I StGB** ist aber gegeben.

b) Problematisch könnte sein, ob B zu der Tat des H Hilfe geleistet (§ 27 StGB) hat. Hilfeleisten setzt nach einer gängigen Definition voraus, dass B einen Tatbeitrag geleistet hat, der die Haupttat ermöglicht, erleichtert oder die von dem Täter begangene Rechtsgutsverletzung verstärkt hat.
Die Handlung des B hielt sich als Personentransport im Grunde im Rahmen dessen, was seiner Aufgabe als Busfahrer entsprach. Sie stellt insofern eine „neutrale Handlung" dar.
In der Rspr. und Lit. ist die Einordnung solcher Verhaltensformen in den Bereich strafbarer Beihilfehandlungen als äußerst umstritten zu bezeichnen.[135] Allerdings soll nach einer breiten Ansicht der Bereich neutraler Handlungen aus dem Kreis strafbaren Verhaltens ausgeschlossen werden. Eine Grenzziehung ist nicht immer klar zu erkennen. Vielmehr werden zahlreiche Einzelauffassungen zur Lösung des vorliegenden Problems vorgeschlagen, die im Folgenden kurz vorgestellt werden sollen:

aa) Nach einer objektivierenden Literaturansicht[136] sollen sozial adäquate Verhaltensweisen generell als strafwürdiges Verhalten ausscheiden.

bb) Eine andere objektivierende Auffassung in der Lit. sowie ein Teil der Rspr. versucht, anhand des Kriteriums des erlaubten Risikos zu sachgerechten Ergebnissen zu kommen.[137] Danach soll der Bereich strafbaren Verhaltens nur betreten sein, wenn eben dieses erlaubte Risiko durch die Hilfeleistenden überschritten wird. Andernfalls sei die objektive Zurechnung abzulehnen.

cc) Ein anderer Teil der Rspr. und ein Teil der Lit. arbeiten subjektivierend mit dem Kriterium der „Förderung eines erkennbar Tatgeneigten"[138] und stellen darauf ab, dass der Hilfeleistende hinreichendes Wissen hinsichtlich der Tatbegehung durch den Vordermann haben musste.[139] Dabei ist es nach der Rspr. gleichgültig, ob er die Tat wollte oder nicht. Auch *Roxin* steht diesem Standpunkt nahe und nimmt jedenfalls grundsätzlich immer dann eine Beihilfe an, wenn der Teilnehmer die deliktische Natur der geförderten Tat kannte.[140] Jedoch schränkt er diesen Grundsatz dadurch ein, dass er zusätzlich einen deliktischen Sinnbezug verlangt, an dem es für ihn fehlt, wenn der Beitrag schon für sich gesehen sinnvoll und nützlich ist.

dd) Ebenso wie die Rspr. möchte auch *Esser*[141] eine Einschränkung auf subjektiver Ebene vornehmen, wobei er jedoch auch schon dolus eventualis bzgl. der Haupttat genügen lässt.

---

134 A. A. die h. M. BayObLG NJW 1993, 2820; *Sch/Sch/Heine/Hecker*, § 284, Rn. 5. Wie hier aber zu Recht *Belz*, Das Glücksspiel im Strafrecht, 1993, 78 f.

135 Vgl. dazu insbesondere *Hillenkamp*, 32 Probleme aus dem Strafrecht AT, S. 224; *Hartmann*, ZStW 116 (2004), 585 ff.; *Niedermair*, ZStW 107 (1995), 507 ff.; *Tag*, JR 1997, 49 ff.; *Meyer-Arndt*, wistra 1989, 281 ff.; *Rotsch*, Jura 2004, 14 ff. (m. Hinw. zur Fallbearbeitung); *H. Schneider*, NStZ 2004, 312 ff.; *Wohlleben*, Beihilfe durch neutrale Handlungen, 1996.

136 Vgl. etwa *Wessels/Beulke/Satzger*, AT, Rn. 582a.

137 Siehe dazu nur BGH NStZ-RR 1999, 84; *Kühl*, Strafrecht AT, 3. Aufl. 2000, S. 827 ff.; *Joecks*, § 27, Rn. 15 ff.

138 BGH NStZ 2000, 34.

139 Vgl. BGH wistra 2000, 340; 1999, 459; 1993, 23.

140 *Roxin*, AT/II, § 26, Rn. 222. Vgl. auch *Ransiek*, wistra 1997, 46. Tendenziell auch BGH NJW 2001, 2410.

141 *Krey/Esser*, AT, Rn. 1083 ff.

Allerdings verlangt er als objektives Korrektiv die Förderung der Haupttat in erheblicher Weise bzw. die erhebliche Erfolgschancenförderung.[142]

ee) Schließlich macht eine Ansicht in der Lit. die Bejahung einer Beihilfehandlung von den in Frage stehenden Delikten abhängig. Handele es sich bei den vom Vordermann begangenen Straftaten um Delikte, die dem Katalog des § 138 StGB entsprechen oder um eine Straftat, die eine unterlassene Hilfeleistung gem. § 323c StGB darstellt, so sei auch hier die Schwelle zum Strafbaren überschritten.[143]

ff) Stellungnahme: Eine herrschende Ansicht lässt sich unter den Dargestellten kaum ausmachen. Die objektivierenden Auffassungen liefern mit den Kriterien der Sozialadäquanz und der unerlaubten Gefahr gerade keine Anhaltspunkte dafür, wann die Grenze des Adäquaten bzw. des Erlaubten überschritten sein soll. Sie sehen sich daher ebenso wie die nach Delikten differenz. Ansicht dem Vorwurf der Willkür ausgesetzt. Auch die wohl überwiegende Auffassung in der Rspr. wirft Probleme auf. So ist das deliktische Wissen auch bei einer Person zu bejahen, die für ein illegales Bordell Getränke anliefert (§ 180a I Nr. 1 StGB),[144] was allerdings nach wohl einhelliger Meinung aus dem Bereich strafrechtlich relevanten Verhaltens ausscheiden soll. Die Einschränkung *Essers* über das Erheblichkeitsmoment hilft dabei deshalb nicht weiter, weil die Bedeutung der Förderung vielfach vom Zufall abhängen wird (man denke etwa im vorliegenden Fall, dass der Tatort 50 km entfernt liegt und dem T das Geld für ein Taxi fehlt, sodass die Busfahrt des B für ihn unabdingbare Mitwirkungshandlung ist; soll dann tatsächlich die von B pflichtgemäß durchzuführende Busfahrt allein kraft seiner Kenntnis zur verbotenen Beihilfehandlung werden?). Ausgehend hiervon scheint die Ansicht der Rspr. mit der Einschränkung des deliktischen Sinnbezugs vorzugswürdig.

Danach hatte B im vorliegenden Fall zwar sicheres Wissen, dass H sein Geld nur auf betrügerische Weise verdienen kann. Jedoch stellte sich sein Tatbeitrag, ihn dort vor den Bahnhof zu fahren, wo sich seine Kundschaft aufhält, dennoch als neutrale Handlung dar, weil sich die Fahrt selbst auf eine legale Handlung bezog, die für sich gesehen sinnvoll war, weil sie – unabhängig von der späteren Tat des H – der von B zu erbringenden Personenbeförderung diente (anders wäre es wohl dann, wenn B den H jeden Morgen durch Hupen geweckt und auf ihn gewartet hätte, damit dieser nicht die Gelegenheit verpasst, an den Tatort zu gelangen. Ebenso hat der Verkauf eines Messers in einem Messerladen einen ausschließlich deliktischen Sinnbezug und ist als Beihilfe strafbar, wenn der Verkäufer weiß, dass der Käufer damit seine Frau erstechen will[145]). Die Rspr. würde vorliegend dagegen bei alleinigem Abstellen auf das Wissen um die Tatbegehung wohl zu einer Beihilfehandlung kommen. Dies hätte freilich zur Folge, dass B nur aufgrund seiner Kenntnisse die Personenbeförderung einstellen müsste, obwohl diese für sich gesehen sicherlich nicht-deliktischen Zwecken dient.

2. Ergebnis: B ist nicht strafbar wegen Beihilfe zum Betrug.

Hinweis: *Auch in neueren Entscheidungen hält die Rspr. an ihrer subjektivierenden Auffassung fest. So hat das OLG Köln entschieden, dass, obwohl ein Steuerberater seine beratende Tätigkeit des Geschäftsführers einer insolvenzreifen GmbH fortgesetzt hat, keine strafbare Beihilfe zu einer Insolvenzverschleppung vorlag.[146] Der Steuerberater habe weder gewusst, dass seine Beratung zur Begehung einer Straftat genutzt werde, noch habe er erkannt, dass das Risiko des strafbaren Verhaltens des Geschäftsführers hoch sei. Seine Hilfeleistung sei somit nicht auf die Förderung eines erkennbar tatgeneigten Täters angelegt gewesen.*

---

142 Vgl. dazu auch *Otto*, AT, § 22, Rn. 68.
143 SK-*Hoyer*, § 27, Rn. 33.
144 Bsp. nach *Krey/Esser*, AT, Rn. 1082.
145 Vgl. *Roxin*, AT/II, § 26, Rn. 222.
146 OLG Köln DStR 2011, 1195 m. Anm. *Kudlich*, JA 2011, 472.

3. Einzelheiten zum subjektiven Tatbestand der Beihilfe

Wie schon beim Anstifter, so muss sich auch beim Gehilfen der Vorsatz auf den Erfolg der Haupttat sowie auf das eigene Hilfeleisten richten (Doppelvorsatz).

a) Vorsatz des Gehilfen bezüglich des Erfolgs der Haupttat

272 Zur Bestimmtheit des Gehilfenvorsatzes gilt das zur Anstiftung Gesagte im Wesentlichen entsprechend. D. h. der Täter muss nur die wesentliche Dimension des Unrechts erkennen (vgl. dazu auch schon o. den Fall Motassadeq, Rn. 266a f.). Da aber ein geistiger Kontakt zwischen Haupttäter und Gehilfen nicht erforderlich ist, wird man hier nicht einmal verlangen müssen, dass der Gehilfe „genauen Hergang, Ort, Zeit und Opfer … kennt.“[147]

Beispiel: Beihilfe zum Betrug kann schon begehen, wer dem Täter ein entscheidendes Tatmittel (hier: ein inhaltlich falsches Wertgutachten) willentlich an die Hand gibt und damit bewusst das Risiko erhöht, dass durch den Einsatz gerade dieses Mittels eine durch Täuschung gegen fremdes Vermögen gerichtete Haupttat verübt wird. Opfer, Tatzeit oder nähere Details der konkreten Begehungsweise müssen dem Gehilfen nicht bekannt sein.[148]

b) Vorsatz des Gehilfen bezüglich eigener Beihilfe

273 Neben dem Vorsatz hinsichtlich der Haupttat (vgl. soeben Rn. 272) muss der Gehilfe auch den Willen haben, die Tat des Haupttäters zu fördern (Vorsatz bzgl. der Hilfeleistung).

Ein besonders schwieriger Fall zu Täterschaft und Teilnahme soll hier abschließend noch einmal die Bearbeitung in der Klausur verdeutlichen. Er wurde schon oben im Rahmen der Darstellung von aberratio ictus und error in persona (Rn. 88 ff.) angesprochen und ist über diesen Problembereich hinaus beispielhaft für Täterschafts- und Teilnahmeprobleme, wie sie vor allem bei der Versuchsprüfung auftreten:

274 **Fall 43:** A bewog C und B dazu, den R gegen Zahlung von 50 000 € durch eine Sprengfalle an dessen Auto zu töten. In der Nacht fuhren C und B zu R’s Haus. C stand Schmiere, während B eine Handgranate unter dem Pkw VW-Passat anbrachte, der vor einer Garage neben R’s Haus geparkt war. Beide Täter nahmen an, dass es sich dabei um die Garage zum Haus des R und dessen Fahrzeug handele. Tatsächlich gehörte die Garage zum Anwesen von R’s Nachbarn S, der sein Fahrzeug dort geparkt hatte. B befestigte die Handgranate unter Verwendung einer Zugleitung im Radkasten des Autos derart, dass sie beim Losfahren hochgehen sollte. S benutzte sein Fahrzeug erst nach 10 Tagen wieder. Beim Verlassen der Garageneinfahrt riss die Zugleitung der Sprengfalle ab, ohne die Granate zu zünden. S hörte ein Geräusch. Kurz darauf erkannte er die Granate und konnte sie entfernen. Strafbarkeit der Beteiligten? (**Sprengfallen-Fall** nach BGH NStZ 1998, 295)

275 **Lösung:**

A. Strafbarkeit des B

I. Versuchter Mord an S in mittelbarer Täterschaft, §§ 211, 212, 22, 23, 25 I Alt. 2 StGB

147 LK-*Schünemann*, § 27, Rn. 57.

148 BGHSt 42, 135 m. Anm. *Roxin*, JZ 1997, 210 ff.; *Kindhäuser*, NStZ 1997, 273 ff.; *Loos*, JR 1997, 297 ff.; *Scheffler*, JuS 1997, 598 ff.; *Schlehofer*, StV 1997, 412 ff.

1. Der **Tatentschluss** des B war darauf gerichtet, sein Opfer aus Habgier, heimtückisch sowie mit gemeingefährlichen Mitteln (seine Vorstellung war auf die Verwendung eines Mittels gerichtet, dessen Auswirkungen für ihn nicht kontrollierbar waren) zu töten. (Hinw.: In der Klausur sollte man alle diese Merkmale zumindest kurz subsumieren!). Dabei hatte er auch den Tatentschluss, das Opfer gegen sich selbst als Werkzeug einzusetzen und dessen fehlende Kenntnis bezüglich der Vornahme der todbringenden Handlung auszunutzen (§ 16 StGB analog). Strukturell hatte B daher eine Tötung in mittelbarer Täterschaft in seinen Tatentschluss aufgenommen.
Fraglich ist, welche Auswirkungen es auf den Tatentschluss hat, dass R durch die Sprengfalle, entgegen dem Tatentschluss des B, – unabhängig von der Frage des Versuchsbeginns – niemals gefährdet war, weil der Wagen dem S gehörte und daher – wie später geschehen – nur von diesem bestiegen werden konnte.
Denkbar wäre die Annahme einer aberratio ictus, die zur Folge hätte, dass B nicht wegen Versuchs an S, sondern wegen Versuchs an R strafbar wäre (die zusätzlich anzunehmende Fahrlässigkeit hinsichtlich des S wäre hier, da es nur zum Versuch gekommen ist, nicht strafbar). Versteht man Vorsatz als Kausalverläufe steuernden Verwirklichungswillen, so streitet für diese Lösung, dass B den S nicht konkret als mögliches Opfer seiner Tötung in sein Bewusstsein aufgenommen hat.
Indessen ist anerkannt, dass eine Personenverwechslung unbeachtlich für den Vorsatz des Täters ist, wenn der Täter sein Opfer unmittelbar gesehen und angegriffen, sich jedoch über dessen Identität geirrt hatte. Im vorliegenden Fall haben die Täter das Opfer zwar nicht selbst optisch wahrgenommen, aber durch das zur Sprengfalle umfunktionierte Fahrzeug mittelbar individualisiert (man könnte von gegenständlich vermittelter Individualisierung sprechen). In einem solchen Falle gilt laut BGH im Ergebnis nichts anderes als bei optischer Wahrnehmung des Opfers selbst. Folgt man dem, so handelte es sich vorliegend um eine Verwechslung des angegriffenen Tatopfers (error in persona), die wegen tatbestandlicher Gleichwertigkeit der Rechtsgüter als Motivirrtum unbeachtlich ist.

2. B, der alles nach seiner Vorstellung von der Begehung der Tat Erforderliche getan hatte (beendeter Versuch), hat auch **unmittelbar zur Tat angesetzt**, indem er das Geschehen aus der Hand gab. Zwar nimmt der BGH (vgl. Bayerwaldbärwurz-Fall, s. dazu u. Rn. 306 f.) in zweifelhafter Weise an, dass dies nicht der Fall sei, wenn das Rechtsgut nicht unmittelbar gefährdet werde, weil etwa unklar sei, ob und wann sich das Opfer in den Wirkungskreis des Tatmittels begebe. Vorliegend bestand eine derartige Unklarheit aber gerade nicht, da sich B bewusst war, dass irgendwann ein Fahrzeugführer erscheinen würde. Sowohl die Rspr. als auch die Lit. gelangen vorliegend also zur Annahme eines Versuchsbeginns.

II. Neben dem Mordversuch an S liegt **nicht gleichzeitig ein Mordversuch an R** vor, da der Versuch am falschen Objekt nicht gleichzeitig ein Versuch am richtigen Tatobjekt sein kann. Wollte man anders entscheiden, würde man dem Täter einen doppelten Tötungsvorsatz unterstellen, den er hier gewiss nicht hatte (die Unbeachtlichkeit des error in persona hat gerade zur Konsequenz, dass der Vorsatz auf das konkret gefährdete Objekt bezogen wird).

III. Gegeben ist aber gleichzeitig eine versuchte **Herbeiführung einer Sprengstoffexplosion, §§ 308 I, 22, 23 StGB.**

B. Strafbarkeit des C

I. Mittäterschaftlicher versuchter Mord in mittelbarer Täterschaft (§ 25 I Alt. 2 StGB; dazu oben A. I. 1) an S, §§ 211, 212, 22, 23, 25 II StGB

1. C's **Tatentschluss** müsste auf die Verwirklichung von Umständen gerichtet gewesen sein, die eine Mittäterschaft begründen.
Nach der materiell-objektiven Theorie muss der Beitrag funktionelle Tatherrschaft verursachen. Schmiere stehen ist danach jedenfalls dann mittäterschaftsbegründend, wenn mit ihm das Gelingen der Tat stehen und fallen kann. Vorliegend stand das Fahrzeug, an dem B die

Sprengfalle zu installieren hatte, offen einsehbar vor der Garage, sodass der Erfolg der Tat auch nach der Vorstellung der Beteiligten wesentlich vom Beitrag des C abhing. Nach der Tatherrschaftslehre ist daher von Mittäterschaft auszugehen.
Auch nach der subjektiven Theorie, der zufolge jeder nicht ganz untergeordnete Verursachungsbeitrag ausreicht, sofern er mit Täterwillen geleistet wird, wäre hier Mittäterschaft anzunehmen, weil C wesentlich am Erfolg der Tat gelegen war, da auch er den von A erteilten und bereits entlohnten Auftrag erfüllen wollte.
Schließlich führt auch die seit längerem vom BGH vertretene normative Kombinationstheorie, die objektive und subjektive Elemente verbindet (in der Klausur etwas breiter ausführen!), zu keinem anderen Ergebnis.
C's Tatentschluss war daher auf die Verwirklichung eines versuchten Mordes in Mittäterschaft gerichtet.

2. C hat auch **unmittelbar zur Verwirklichung des mittäterschaftlichen Versuchs angesetzt**, da er bei der Tatausführung anwesend war und dort seinen Verursachungsbeitrag mit eingebracht hat. Sowohl Gesamt- als auch Einzellösung führen daher hier zum Versuchsbeginn in der Person des C, der sich die Tatbeiträge des B insoweit als mittäterschaftliche zurechnen lassen muss.

II. Ebenso verwirklicht ist ein **mittäterschaftlicher Versuch der Herbeiführung einer Sprengstoffexplosion nach §§ 308 I, 22, 23, 25 II StGB**.

C. Strafbarkeit des A

I. Anstiftung von B und C zum **mittäterschaftlichen in mittelbarer Täterschaft (§ 25 I Alt. 2 StGB) verwirklichten Mordversuch an S, §§ 211, 212, 22, 23, 25 II, 26 StGB**.

1. A hat B und C zu einem versuchten mittäterschaftlichen Mord als Durchgangsstadium zur gewollten Vollendung **bestimmt**.

2. Fraglich ist nur, ob er sie **vorsätzlich** zu der von ihnen begangenen Tat **bestimmt** hat. Dagegen könnte sprechen, dass er den Tod des S überhaupt nicht wollte.
Umstritten ist insoweit, wie sich der error in persona des Haupttäters auf den Anstifter auswirkt.
Nach Auffassung des BGH und der h. L. bedeutet der error in persona des Haupttäters für den Anstifter eine von seiner Vorstellung nur unerhebliche Abweichung des Geschehensablaufs, sofern sie sich nicht außerhalb des nach allgemeiner Lebenserfahrung Vorhersehbaren hält. Da der Anstifter nach § 26 StGB wie der Täter bestraft werde, müsse für ihn die Verwechslung ebenso unbeachtlich sein wie für den Haupttäter.
Dagegen spricht sich eine Mindermeinung in der Lit. aus: Während für den Täter das Opfer der bestimmte (hier zumindest mittelbar individualisierte) Mensch ist, bleibt das Opfer für den Anstifter (der naturgemäß nicht einmal eine mittelbare Individualisierung vornehmen kann) die konkrete Person, zu deren Tötung er den Täter bestimmt hat. Zumindest bei der Verletzung höchstpersönlicher Rechtsgüter stellt sich der error in persona des Haupttäters daher als aberratio ictus des Anstifters dar (der Angestiftete geht hier nämlich aus der Sicht des Anstifters in gleicher Weise fehl wie etwa die verirrte Kugel).
Für die letztgenannte Auffassung spricht vor allem das Blutbadargument von *Binding*. Wie nämlich soll man den Anstifter bestrafen, wenn der Angestiftete nach dem falschen Opfer auch noch das richtige ermordet oder gar noch dutzende von falschen und danach erst das richtige Opfer tötet? Der BGH ist hierauf in der sog. Hoferbenentscheidung (BGHSt 37, 214) eingegangen, der zufolge dann eine Anstiftung zu zwei Morden vorliegen soll. Das ist aber wenig einleuchtend, weil der Anstifter niemals zwei Tötungen in sein Bewusstsein aufgenommen hat.
Nach richtiger Auffassung scheidet daher eine vollendete Anstiftung zum Mord aus.

II. Verwirklicht ist aber eine **versuchte Anstiftung zum in mittelbarer Täterschaft verwirklichten Mord an R, §§ 211, 212, 25 I Alt. 2, 30 I StGB**.

1. A hatte sowohl Vorsatz bzgl. der Verwirklichung eines mittäterschaftlichen Mordes durch B und C an R als auch Vorsatz bzgl. seiner eigenen Anstiftungshandlung hierzu.

2. A hat auch zur Anstiftung unmittelbar angesetzt, indem er die Täter mit der Tötung des R beauftragte.

III. Nicht gegeben ist dagegen eine **Anstiftung zum mittäterschaftlichen Mordversuch an R**, da es diesbezüglich an der notwendigen vorsätzlichen rechtswidrigen Haupttat fehlt. Wie oben dargestellt ist der Mordversuch von B und C an S nicht gleichzeitig ein Mordversuch an R („der Versuch am Falschen ist nicht gleichzeitig ein Versuch am Richtigen").

IV. Anstiftung zum mittäterschaftlichen Versuch der Herbeiführung einer Sprengstoffexplosion, §§ 308 I, 22, 23, 25 II, 26 StGB.
Da es sich hierbei um ein gemeingefährliches Delikt zum Schutz der Allgemeinheit handelt, ist hier eine vollendete Anstiftung zum versuchten Delikt anzunehmen. Der Irrtum der Täter kann hier also keinerlei Bedeutung (auch für den Anstifter!) gewinnen.

C. Versuch der Beteiligung[149]

I. Versuchte Anstiftung zum Verbrechen, § 30 I StGB (zugleich Prüfungsschema für die Klausur)

1. Allgemeines zur Klausurprüfung und zum Aufbau

Hier gilt folgendes, grundsätzliches Aufbauschema: 276

Zunächst prüfen, ob gewollte Haupttat Verbrechen ist, dann:

I. Vorprüfung: Erfolglosigkeit der Anstiftung

Diese kann darauf beruhen, dass beim präsumtiven Täter kein Tatentschluss hervorgerufen wurde oder dass der beabsichtigte Haupttäter zwar einen Tatentschluss gefasst, jedoch nicht zum Versuch angesetzt hat oder dass der ins Auge gefasste Haupttäter – vom Anstifter unerkannt – bereits omnimodo facturus war.[150]

II. Tatbestand

1. Tatentschluss bezüglich Anstiftung (auch Kettenanstiftung[151])

a) Vorsatz bzgl. Verwirklichung einer objektiv und subjektiv tatbestandsmäßigen rechtswidrigen Haupttat (die ein Verbrechen sein muss) eines anderen

b) Vorsatz bzgl. eigener Anstiftungshandlung

2. Unmittelbares Ansetzen zur Anstiftung

III. Rechtswidrigkeit

IV. Schuld

V. Rücktritt nach § 31 I Nr. 1 oder II StGB

149 Vgl. zu den Handlungsmodalitäten des § 30 StGB allgemein *Dessecker*, JA 2005, 549 ff.; *Hinderer*, JuS 2011, 1072 ff.

150 Vgl. *Kudlich*, JA 2006, 92.

151 Siehe zur Kettenanstiftung *Krell*, Jura 2011, 499 ff.

2. Einzelheiten zum Tatentschluss bezüglich der Anstiftung

Dabei genügt nach Auffassung des BGH[152] bedingter Vorsatz, d. h. es reicht aus, wenn der Anstifter billigend in Kauf nimmt, dass der Adressat seiner Aufforderung Folge leistet; einer darüber hinausgehenden Ernstlichkeit bedarf es nicht. Dazu folgendes

277 **Beispiel:** Fußball-Hooligan A forderte seine Freunde B und C auf, gemeinsam mit ihm ein Ausländerwohnheim anzuzünden. B und C lehnten den Vorschlag unter Hinw. darauf, dass sich ja auch Kinder im Wohnheim befinden könnten, ab. A erwiderte, er fände es geil, wenn die kleinen „Embryos abfackelten". Die „Negerembryos" könnten ruhig mitbrennen, da sie auch einmal groß würden und ihnen dann genauso „auf den Sack gingen" wie die Großen jetzt. B und C lehnten weiter strikt ab. In der Folge unternahmen weder A noch B und C etwas. Strafbarkeit des A?[153]

278 **Lösung:** Der BGH hat hier eine versuchte Anstiftung zum Mord gem. §§ 211, 30 I StGB angenommen (der Plan war auf eine heimtückische und gemeingefährliche Begehungsweise sowie auf ein Handeln aus niedrigen Beweggründen – Ausländerhass – gerichtet). Dabei sei gleichgültig, ob A seine Aufforderung ernst gemeint habe, weil Strafgrund der versuchten Anstiftung die Vorstellung sei, dass es gefährlich ist, einen selbständig und unbeherrschbar weiter wirkenden Kausalverlauf in Gang zu setzen.[154] Neben der versuchten Anstiftung zum Mord ist in Tateinheit auch eine versuchte Anstiftung zur Brandstiftung mit Todesfolge gem. §§ 306c, 30 I StGB zu bejahen.

Achtung Klausur: *Wie bei der vollendeten Anstiftung muss auch bei der versuchten Anstiftung der Anstiftungsvorsatz hinreichend konkretisiert und vorbehaltlos sein. Dazu folgendes*

279 **Beispiel:** Der Strafgefangene A hatte den B durch Versprechen von 25 000 € dazu gedungen, die Staatsanwältin S in deren Dienstzimmer unter Ausnutzung ihrer Ahnungslosigkeit zu töten, wobei A dem B eine Skizze mit dem Lageort einer Waffe gab, mit deren Hilfe B die S dann töten sollte. Den Schalldämpfer dafür sollte B selbst besorgen. B ging auf das Ansinnen nur zum Schein ein und informierte die Polizei. Die Waffe war aufgrund des Lageplans nicht auffindbar. Strafbarkeit des A?[155]

280 **Lösung:** Fraglich ist hier im Rahmen des Tatentschlusses der Vorsatz des A bezüglich der Verwirklichung einer tatbestandlichen und rechtswidrigen fremden Haupttat. Die Bestimmungshandlung und der Vorsatz des Anstifters haben sich laut BGH auch auf eine hinreichend konkretisierte Tat gerichtet, weil Tatopfer, Tatort und Begehungsweise ausreichend bestimmt waren. A's Anstiftungsvorsatz war auch vorbehaltlos. Die Tatsache, dass die Waffe anhand des Plans nicht auffindbar war, ändert hieran nichts, solange der Anstifter von ihrer Auffindbarkeit ausging. Selbst wenn dies aber nicht der Fall gewesen sein sollte, ging A jedenfalls davon aus, dass sich B die notwendige Waffe auch selbst besorgen konnte, da B dies ja auch bzgl. des Schalldämpfers zugesagt hatte.

3. Einzelheiten zum unmittelbaren Ansetzen zur Anstiftung

281 Das unmittelbare Ansetzen wird regelmäßig mit der Aufforderung zur Deliktsbegehung, die dann aus bestimmten Gründen nicht verwirklicht wird, erfolgen. In Klausuren wirft dieses Tatbestandsmerkmal jedenfalls grundsätzlich keine größeren Probleme auf.

---

152 BGH NStZ 1998, 615.
153 Nach BGH NStZ 1998, 615.
154 Grundsätzlich zust. *Roxin*, NStZ 1998, 616.
155 Nach BGH NStZ 1998, 347.

4. Einzelheiten zum Rücktritt

Beim Anstiftungsversuch des § 30 I StGB genügt für einen strafbefreienden Rücktritt gem. § 31 I Nr. 1 StGB das Aufgeben der Einwirkung auf den anderen, solange dieser noch keinen Tatentschluss gefasst hat und auch noch keine Gefahr entstanden ist, dass er die Tat begeht. Dabei hängt es von den Umständen ab, ob der Rücktritt beide Voraussetzungen der Nr. 1 erfüllen muss oder ob bereits die Verwirklichung einer von beiden genügt.[156] Dagegen richtet sich der Rücktritt nach § 31 II StGB, wenn die Gefahr einer Tatbegehung entweder überhaupt nicht oder jedenfalls nicht auf der Grundlage der versuchten Anstiftung bestand. Die Problematik veranschaulicht folgender **281a**

Fall 44: A sah sich finanziellen Forderungen seiner geschiedenen Ehefrau ausgesetzt. Bei der Beauftragung eines Killers geriet er an den verdeckt ermittelnden Polizeibeamten N, der sich als Auftragsmörder ausgab. A beauftragte den N mit der „Vollentsorgung" des Lebensgefährten L seiner Exfrau, weil er davon ausging, dass dieser die treibende Kraft hinter den von seiner Exfrau gestellten Forderungen sei. Bei einem ersten Zusammentreffen händigte A dem N 4000 € als Anzahlung aus, weitere 8000 € sollte N nach dem Verschwinden des L erhalten. N täuschte vor, zur Tatausführung bereit zu sein, wofür er jedoch noch detaillierte Informationen zur Identifizierung des Hauses des L benötige. A traf sich daher wenige Tage später noch einmal mit N, um ihm das Haus zu zeigen. Bei dieser Gelegenheit erklärte A dem N, dass sich der Streit um die Forderungen möglicherweise auch so regeln lasse. Die Erledigung des Auftrages solle daher aufgeschoben werden. N solle jedoch die 4000 € zunächst behalten und A alle zwei Monate anrufen. A sage ihm dann, ob der Auftrag noch durchgeführt werden solle. A wurde mehrere Wochen später festgenommen und hatte sich bis dahin nicht mehr bei N gemeldet. Strafbarkeit des A? (**Vollentsorgungs-Fall** nach BGHSt 50, 142)[157] **281b**

Lösung: **281c**

In Betracht kommt eine Strafbarkeit des A wegen **versuchter Anstiftung zum Mord nach §§ 211, 30 I StGB**.

I. Die Anstiftung hatte keinen Erfolg, weil ein Tatentschluss bei N nicht hervorgerufen wurde.

II. Tatbestandsmäßigkeit

1. A müsste Tatentschluss bzgl. einer Anstiftung gehabt haben.

a) Sein Vorsatz müsste sich auf die Verwirklichung einer objektiv und subjektiv tatbestandsmäßigen rechtswidrigen Haupttat, die ein Verbrechen sein muss, gerichtet haben. Für den präsumtiven Täter N wäre die Tat, falls er sie ausgeführt hätte, ein Mord aus Habgier gewesen, weil der „Auftragsmörder" die Tötung zur Erlangung der Belohnung begangen hätte.

b) A hatte auch Vorsatz bzgl. der eigenen Anstiftungshandlung, da er den N zu der Tat bestimmen wollte.

2. Gegeben sein müsste auch ein unmittelbares Ansetzen zum Bestimmen des Haupttäters. Ein solches kann hier bereits beim ersten Treffen von A und N angenommen werden, da A

156 Vgl. *Lackner/Kühl*, § 31, Rn. 3.

157 Vgl. zu dieser Entscheidung die Bespr. von *Kudlich*, JA 2006, 91; *Kühl*, NStZ 2006, 94; *Kütterer-Lang*, JuS 2006, 206.

hier erstmals darauf aus war, den N, aus Sicht des A sogar erfolgreich, zur Tatausführung zu gewinnen.[158] Dass die Tatbegehung selbst erst später erfolgen sollte, spielt für das unmittelbare Ansetzen zum Anstiftungsversuch keine Rolle, da der Beginn des Bestimmens durch Einwirkung auf den präsumtiven Täter entscheidend ist.

3. Tatbestandsverschiebung nach § 28 II StGB

Fraglich ist, ob es vorliegend zu einer Tatbestandsverschiebung kommt, weil dem A als Täter der versuchten Anstiftung möglicherweise das Mordmerkmal des (scheinbar) beauftragten Mörders N gefehlt hat. Indessen wird man dies nicht annehmen können, weil A auch in seiner eigenen Person das Habgiermerkmal erfüllte (er wollte sich durch Tötung von Geldforderungen seiner Exfrau befreien, was nach h. M. ebenfalls unter das Merkmal der Habgier fällt). Über § 28 II StGB fehlt ihm dann zwar das konkrete Mordmerkmal des beauftragten N, er weist aber selbst ein Habgiermerkmal auf, was über eine erneute Anwendung des § 28 II StGB eine Tatbestandsverschiebung ausschließt. Der BGH, der von einem strafbegründenden Charakter der Mordmerkmale ausgeht, könnte allerdings vorliegend § 28 II StGB ohnehin nicht anwenden und würde allenfalls zu einer Strafmilderung über § 28 I StGB kommen können.[159] Allerdings scheidet eine solche auch nach Ansicht des BGH aus, wenn – wie hier – sog. gekreuzte Mordmerkmale bei unterschiedlich motivierter Habgier vorliegen.[160]

Die Frage kann daher an dieser Stelle offen bleiben, da jedenfalls eine Tatbestandsverschiebung auch nach § 28 II StGB nicht in Betracht kommt.

III. Rechtfertigungs- und Schuldausschließungsgründe sind nicht ersichtlich.

IV. Fraglich ist jedoch, ob dem A als persönlicher Strafaufhebungsgrund ein Rücktritt nach § 31 StGB zugute kommt.

Der BGH geht davon aus, dass sich im vorliegenden Fall der Rücktritt allein nach § 31 II Alt. 1 StGB beurteilt, da die Tat „ohne Zutun" des Angeklagten unterblieben ist. Eine Gefahr der Tatbegehung habe nämlich niemals bestanden, sodass sich A nur freiwillig und ernsthaft um Verhinderung der Tat bemühen konnte. Ein solches ernsthaftes Bemühen sieht der BGH jedoch nicht als gegeben an, da A beim zweiten Treffen die Entscheidung nur vorläufig zurückgestellt und seinen Tatentschluss nicht aufgegeben habe. Auch liege kein ernsthaftes Bemühen vor, da A nicht alles in seinen Kräften Stehende dafür getan hat, den Tatentschluss des N rückgängig zu machen und dadurch die aus seiner Sicht bestehende Gefahr der Tatbegehung zu beseitigen. Dies gelte umso mehr, als A dem N die Anzahlung belassen hat. Es sei angesichts der Gesamtumstände nicht ausgeschlossen gewesen, dass N nach wie vor an der Ausführung der Tat interessiert war, um sich die zweite Hälfte der Belohnung zu verdienen. In der Lit. ist diese strenge Rücktrittsauffassung des BGH auf Kritik gestoßen, weil A aus seiner Sicht den N erst bei einem erneuten Anruf beauftragen wollte und erst hierdurch aus seiner Sicht eine Gefahr der Tatverwirklichung entstehen konnte.[161] Jedoch ist dem BGH wohl darin zuzustimmen, dass aufgrund der ausgelobten zusätzlichen Belohnung eine Restgefahr im Hinblick auf die Tatbegehung verblieben war.

Ein Rücktritt nach § 31 StGB scheidet damit aus.

Ergebnis: A ist strafbar wegen versuchter Anstiftung zum Mord nach §§ 211, 30 I StGB.

---

158 So zu Recht *Kudlich*, JA 2006, 92.

159 Vgl. zu den persönlichen Mordmerkmalen bei Teilnehmern auch *Jäger*, BT, Rn. 6 ff.

160 Vgl. *Kühl*, NStZ 2006, 95 m. w. N.

161 Vgl. hierzu *Kühl*, NStZ 2006, 95; *Kütterer-Lang*, JuS 2006, 206.

II. Verbrechensverabredung und ähnliche Beteiligungsvorstufen, § 30 II StGB (zugleich Prüfungsschema für die Klausur)

Hier gilt folgendes, grundsätzliches Aufbauschema: 282

I. Tatbestand

1. Endgültig und konkret geplantes Verbrechen

2. Vorbereitungshandlungen in Form des Sichbereiterklärens, des Annehmens, des Erbietens oder der Verabredung, ein Verbrechen täterschaftlich (d. h. als Mittäter und nicht als Täter und Gehilfe)[162] zu begehen oder dazu anzustiften

3. Erfolgswille bzgl. der Tat (die nicht in allen Einzelheiten nach Zeit, Ort und Modalitäten geplant sein muss) sowie Wille zur Beteiligung

II. Rechtswidrigkeit

III. Schuld

IV. Rücktritt nach § 31 I Nr. 2, 3 oder II StGB

III. Versuchte Beihilfe

Achtung Klausur: *Versuchte Beihilfe ist in § 30 StGB nicht genannt und daher* ***straflos!*** *(Auch Examenskandidaten erklären die versuchte Beihilfe häufig für strafbar, was – zu Recht – bei der Benotung extrem negativ ins Gewicht fällt!)* 283

Möglich ist nur strafbare Beihilfe zum Versuch. Sie kann aber nur vorliegen, wenn die Haupttat wenigstens bis ins Versuchsstadium gelangt ist (s. o.).

162 BGH NStZ 2007, 697 m. Anm. *Kudlich*, JA 2008, 146 ff.; zur Vorfeldstrafbarkeit der „noch unausgeführten Bande" vgl. *Flemming/Reinbacher*, NStZ 2013, 136 ff.

§ 7 Der Versuch

Aufbauschema in der Klausur:

284 **I. Nichtvorliegen des vollendeten Delikts** (entweder ist der Erfolg überhaupt nicht eingetreten oder die Vollendung ist dem Täter nicht zurechenbar)

Achtung Klausur: *Sofern der Erfolg überhaupt nicht eingetreten ist, steigt man grundsätzlich sofort in die Versuchsprüfung ein; sofern der Erfolg nicht zugerechnet werden kann, ist grundsätzlich zuerst die Vollendung zu prüfen und mangels Zurechnung des Erfolges abzulehnen.*

II. Strafbarkeit des Versuchs, § 23 I i. V. m. § 12 StGB

III. Tatentschluss

Nach ganz h. M. versteht man unter Tatentschluss Vorsatz (bedingter genügt) sowie evtl. erforderliche Absichten (z. B. Zueignungsabsicht, § 242 StGB).

Die objektiven Tatbestandsmerkmale eines Delikts sind beim Versuch im Rahmen des Tatentschlusses abzuhandeln,[1] da sich der Tatentschluss auf die objektiven Tatbestandsmerkmale beziehen muss.

Beispiel: Fraglich ist, ob A's Tatentschluss auf eine Wegnahme gerichtet war. Wegnahme bedeutet (...). Vorliegend erkannte A die genannten Umstände, die eine Wegnahme begründen. A's Tatentschluss war daher vorliegend auf eine Wegnahme gerichtet.

Auch die Frage der Mittäterschaft oder mittelbaren Täterschaft ist beim versuchten Delikt im Tatentschluss zu prüfen.

Beispiel: Fraglich ist, ob sich A's Tatentschluss auf eine Erfüllung des Tatbestands in Mittäterschaft gerichtet hat. Nach dem Tatplan waren die Verrichtungen der Beteiligten in der Weise aufgeteilt, dass (...). Problematisch ist, ob dies für eine Bejahung der Mittäterschaft ausreichend ist. Jetzt sind die Täterschaftstheorien zu bringen und fortzufahren: Vorliegend war daher der Tatentschluss auf Umstände gerichtet/nicht auf Umstände gerichtet, die eine mittäterschaftliche Begehung begründen.

IV. Unmittelbares Ansetzen zur Verwirklichung des Tatbestandes nach der Vorstellung des Täters

V. Rechtswidrigkeit

VI. Schuld

VII. Rücktritt vom Versuch als persönlicher Strafaufhebungsgrund (h. M.; a. A. Teil der Lit., die in § 24 StGB einen Schuldausschließungsgrund sieht)

---

1 Vgl. auch *Zieschang*, AT, S. 119 f.

I. Allgemeines

Der Strafgrund des Versuchs besteht nach h. M. in der durch den Täter bewirkten Erschütterung des Rechtsfriedens in der Allgemeinheit (Eindruckstheorie).[2] **285**

Eine dualistische Konzeption vertritt *Roxin*: Strafgrund sei beim tauglichen Versuch die Gefährdung[3] des Rechtsguts, beim untauglichen Versuch der rechtserschütternde Eindruck.[4]

II. Der Versuchstatbestand im Einzelnen

1. Inhalt

Der Versuch setzt sich zusammen aus einem vorbehaltlosen Tatentschluss und der Umsetzung des Entschlusses durch unmittelbares Ansetzen (Vollständigkeit im subjektiven Bereich und Defizit im objektiven Bereich). **286**

2. Der Tatentschluss

a) Unbedingter Handlungswille (vorbehaltloser Tatentschluss)

Ein hinreichender Tatentschluss[5] ist nur dann gegeben, wenn der Täter einen unbedingten Handlungswillen hat, was angenommen werden kann, wenn der Täter keine inneren Vorbehalte mehr hinsichtlich der Tatausführung hat. *Otto* spricht hier daher anschaulich von der Notwendigkeit eines „vorbehaltlosen Tatentschlusses".[6] **287**

Nicht dagegen genügt es, wenn der Täter eines zusätzlichen Willensrucks bedarf, weil er noch subjektive Vorbehalte hat. *Otto* spricht in diesem Fall sinnfällig von einem nicht hinreichenden „Tatentschluss unter Vorbehalt".[7]

Ein unbedingter Handlungswille ist immer dann anzunehmen, wenn der Täter *subjektiv* endgültig entschlossen ist, mag die tatsächliche Ausführung auch noch vom Vorliegen bestimmter objektiver Bedingungen abhängen. Ein „Tatentschluss auf bewusst unsicherer Tatsachengrundlage"[8] genügt also.

Merke demnach: *Entscheidend ist, dass der Täter subjektiv will, nicht dagegen, ob der subjektive Wille noch an das Vorliegen objektiver, vom Willen des Täters unabhängiger Umstände geknüpft ist.*

Beispiel: A kratzt mit einer Feile an einer Figur, um herauszufinden, ob sie aus Gold oder nur aus Bronze ist. Für den Fall, dass sie sich als golden herausstellt, möchte er sie stehlen.

---

2 Vgl. etwa *Gropp*, AT, § 9, Rn. 88; *Sch/Sch/Eser/Bosch*, vor § 22, Rn. 17; *Schünemann*, GA 1986, 311; *Streng*, ZStW 109 (1997), 865; *Wessels/Beulke/Satzger*, AT, Rn. 594; siehe auch *Putzke*, JuS 2009, 894 ff., 985 ff.

3 Dazu auch *Steinberg*, GA 2008, 516 ff.

4 *Roxin*, AT/II, § 29, Rn. 13 ff.

5 Gegen ein Tatentschlussmerkmal im Versuch neuerdings MüKo-*Herzberg/Hoffmann-Holland*, § 22, Rn. 97 ff. entgegen der ganz h. M.

6 *Otto*, AT, § 18, Rn. 18.

7 *Otto*, AT, § 18, Rn. 18.

8 Dazu *Roxin*, Schröder-GS, 1978, S. 158 ff.; *Kühl*, JuS 1980, 275 f.; *Günther*, JZ 1987, 22.

Lösung: Hier liegt bereits ein hinreichender Tatentschluss vor, sodass eine Versuchsstrafbarkeit in Frage kommt.

Wie schwierig die Abgrenzung freilich im Einzelfall sein kann, zeigt folgendes

Beispiel: Der mit einem Messer bewaffnete A macht die Ausführung der Tötungshandlung davon abhängig, dass es zu Tätlichkeiten kommt.[9]

Abwandlung: Der in das Haus des B eingedrungene, mit einem Messer bewaffnete A will den B, falls es nötig ist, erstechen.[10]

Lösung: Laut BGH soll hier im Ausgangsfall ein hinreichender Tatentschluss gegeben sein, da es nur noch auf äußere Bedingungen ankam.

In der **Abwandlung** soll dagegen noch kein endgültiger Tatentschluss vorgelegen haben. Das scheint deshalb vertretbar, weil die Hemmschwelle vor einer Tötung besonders hoch ist und weil sich der Täter in der konkreten Situation noch Gedanken über den Eintritt des „Notfalls" machen muss.

Hinweis: *Der Annahme, dass ein Tatentschluss auf bewusst unsicherer Tatsachengrundlage ausreicht, könnte freilich entgegengehalten werden, dass sich niemals genau sagen lässt, ob der Täter bei Vorfeldhandlungen (z. B. Radrütteln o. ä., vgl. Rn. 299) schon vollständig entschlossen ist. Roxin verlangt daher mit der wohl überwiegenden Auffassung lediglich sog. „überwiegende Deliktsbegehungsgeneigtheit".*[11]

b) Strafbarkeit des untauglichen Versuchs im Falle des abergläubischen und grob unverständigen Versuchs

Nach h. M. sind auch der abergläubische und der grob unverständige Versuch im Tatentschluss zu prüfen, da die Vorstellung in diesem Fall auf die Verwirklichung eines Erfolges durch irreale und damit rechtlich irrelevante Kräfte gerichtet ist.[12]

aa) Grundsatz der Strafbarkeit des untauglichen Versuchs

288 Der untaugliche Versuch (mit untauglichen Mitteln, am untauglichen Objekt oder durch das untaugliche Subjekt[13]) unterliegt immer der Versuchsstrafbarkeit, es sei denn, § 23 III StGB greift ein. Die Strafbarkeit des untauglichen Versuchs ergibt sich aus § 22 StGB, der nur auf die Vorstellung des Täters abstellt und aus § 23 III StGB, der ja nur für den grob unverständigen Versuch Strafbefreiung ermöglicht (für den normalen untauglichen Versuch also nicht).[14]

---

9 BGH NStZ 1991, 233.

10 Ähnl. BGH bei *Holtz*, MDR 1980, 271; ihm folgend *Otto*, AT, § 18, Rn. 21.

11 *Roxin*, AT/II, § 29, Rn. 87 ff.; ebenso *Günther*, JZ 1987, 22; *Kühl*, AT, § 15, Rn. 36; *ders.*, JuS 1980, 275 f.; *Rath*, JuS 1998, 1012.

12 *Fischer*, § 23, Rn. 6; *Jescheck/Weigend*, § 14 III 1; möglicherweise a. A. *Maurach/Gössel/Zipf*, AT/II, § 40, Rn. 196, wo auf die Bedeutung des unmittelbaren Ansetzens verwiesen wird; ausdrücklich für den abergläubischen Versuch *Jakobs*, AT, 25/22; *Rath*, JuS 1998, 1113; *Wessels/Beulke/Satzger*, AT, Rn. 620; SK-*Rudolphi*, § 22, Rn. 35, die von einem fehlenden unmittelbaren Ansetzen ausgehen, weil es an den notwendigen realen Wirkungen noch fehle; wieder a. A. *Roxin*, AT/II, § 29, Rn. 369, 373, der schlicht den rechtserschütternden Eindruck derartiger Versuche verneint.

13 Näher *Zieschang*, AT, S. 117 f.; *Mitsch*, Jura 2014, 585 ff.

14 Allerdings wird die Strafwürdigkeit des untauglichen Versuchs teilweise auch als Ausdruck eines bloßen Gesinnungsstrafrechts kritisiert und eine (zumindest partielle) Änderung der gesetzlichen Lage gefordert. Näher *Jung*, ZStW 117 (2005), 937 ff. Vgl. auch *Bottke*, Hruschka-FS, 2005, S. 395 ff.

bb) Grenzen der Strafbarkeit des untauglichen Versuchs

Der sog. abergläubische Versuch[15] (religiös-weltanschaulicher Bereich) ist aus histori- **289**
schen Gründen straflos und fällt nach herrschender und zutreffender Auffassung nicht unter § 23 III StGB, weil er schon vor Inkrafttreten dieser Vorschrift straflos war (seit der Aufklärung[16]).

Beispiel: Die A versucht, ihren Ehemann mit einem Wodu-Kult tot zu zaubern.

Hinweis: Eine Mindermeinung will auch auf den abergläubischen Versuch § 23 III StGB anwenden, nimmt aber an, dass der Richter in seinem Ermessen insofern gebunden sei, als er zwingend Straffreiheit anzunehmen habe. Dagegen sprechen aber die soeben genannten historischen Gesichtspunkte.

Unter § 23 III StGB fällt daher nur der grob unsinnige Versuch, bei dem der Täter gemeinhin anerkannte Denkregeln außer Acht lässt (naturwissenschaftlicher Bereich).

Beispiel 1: A versucht, ihre Leibesfrucht mit Kamillentee abzutreiben.[17]

Lösung: Ein solcher Versuch ist als grob unverständig zu betrachten, da die Täterin hier gemeinhin bekannte Ursachenzusammenhänge verkennt.

Beispiel 2: A sprühte ihrem Ehemann E 605 aufs Marmeladenbrot. Der Sachverständige stellte später fest, dass die Dosis völlig ungeeignet war, den Tod zu bewirken.[18]

Lösung: Der BGH hat hier einen grob unverständigen Versuch verneint, weil die Frau nicht gemeinhin anerkannte Denkgesetze außer Acht gelassen habe: Ab welcher Dosis E 605 tödlich wirkt, ist für einen Laien nicht ohne Weiteres zu beantworten.

c) Abgrenzung untauglicher Versuch – Wahndelikt

Achtung Klausur: *Auch dieser Problembereich[19] ist beim Tatentschluss zu prüfen, weil die Frage dahin geht, ob die Vorstellung des Täters auf einen strafbaren untauglichen Versuch oder ein strafloses Wahndelikt gerichtet war.*

aa) Grundsatz

Untauglicher Versuch: Beim untauglichen Versuch nimmt der Täter irrig einen Sach- **290**
verhalt an, bei dem er, wenn er gegeben wäre, einen deliktischen Tatbestand verwirklichen würde (umgekehrter Tatbestandsirrtum).

Wahndelikt: Beim Wahndelikt kennt der Täter den Sachverhalt genau, er nimmt aber an, dieser Sachverhalt sei als Delikt unter Strafe gestellt (umgekehrter Verbotsirrtum).[20]

Beispiel 1:[21] A entwendet eine Rolex, um damit seiner Freundin F zu imponieren und die Uhr anschließend wieder zurückzugeben, wobei er sein Handeln für strafbar hält.

Lösung: Wahndelikt, da ein Rechtsirrtum vorliegt (Strafbarkeit der bloßen Gebrauchsanmaßung).

---

15 Ausführlich dazu *Satzger*, Jura 2013, 1017 ff.
16 Dazu *Otto*, AT, § 18, Rn. 60.
17 Es handelt sich hierbei um ein berühmtes Schulbeispiel, vgl. nur *Roxin*, AT/II, § 29, Rn. 375 sowie *Otto*, AT, § 18, Rn. 57; *Wessels/Beulke/Satzger*, AT, Rn. 619.
18 Nach BGHSt 41, 94.
19 Näher zur Abgrenzung *Timpe*, ZStW 125 (2013), 755 ff.
20 Vgl. dazu RGSt 42, 93; 64, 239; BGHSt 8, 268; *Baumann/Weber/Mitsch/Eisele*, AT, § 26, Rn. 38; *Ebert*, AT, S. 153 f.; *Foth*, JR 1965, 366; *Maurach*, NJW 1962, 716; *Maurach/Gössel/Zipf*, AT/II, Rn. 208; eingehend zur Abgrenzung *Valerius*, JA 2010, 113 ff.; siehe auch *Streng*, GA 2009, 529 ff.
21 Zu weiteren Bsp. *Maurach/Gössel/Zipf*, AT/II, § 40, Rn. 216 ff.

Beispiel 2: Die A will den B mit Gift umbringen, greift aber versehentlich zu Zuckerwasser.

Lösung: Untauglicher Versuch, da ein Sachverhaltsirrtum gegeben ist (Tatmittel Gift).

Auf dieser Grundlage lassen sich bereits die meisten Fälle in der Klausur gut lösen.[22] Dies zeigt auch folgendes

Beispiel 3: A und seine selbstmordgefährdete Ehefrau E befanden sich auf einem Rheinschiff. Bei Nacht sprang E plötzlich in den Rhein und wurde sofort von einer starken Unterströmung abgetrieben. Dem A war klar, dass eine Rettung wegen der gefährlichen Strudel völlig ausgeschlossen war (das bestätigte später auch ein Sachverständiger). A glaubte aber, aufgrund seiner „Ehepflichten" auch bei Unmöglichkeit der Rettung zum Nachspringen verpflichtet zu sein (nach BGH NJW 1994, 1357).

Lösung: Kein Tötungsversuch durch Unterlassen nach §§ 212, 22, 13 StGB, sondern strafloses Wahndelikt. Hier unterliegt A einem Rechtsirrtum, weil er den Sachverhalt (Unmöglichkeit der Rettung aufgrund der Strömungen) genau kennt.

bb) Abgrenzung bei normativen Tatbestandsmerkmalen

291 Gänzlich ungeklärt ist allerdings die Abgrenzung von untauglichem Versuch und Wahndelikt bei normativen Tatbestandsmerkmalen, insbesondere bei Irrtümern im Vorfeld des Straftatbestandes, wie etwa bei Zuständigkeitszuweisungen, Vorschriften des BGB über den Eigentumsübergang, Straftat i. S. d. § 258 StGB etc.

Eindeutig sind hier nur diejenigen Fälle als untauglicher Versuch einzustufen, in denen wiederum ein Sachverhaltsirrtum zur Fehlvorstellung über das Vorliegen des normativen Merkmals geführt hat:[23]

Beispiel: A glaubt, dass B einen Mord begangen habe und versteckt ihn daher vor der Polizei. In Wahrheit kann B keiner Fliege etwas zu Leide tun und ist selbst überrascht, als A ihn beim Erscheinen der Polizei im Keller einschließt.

Lösung: Hier liegt ein Versuch der Strafvereitelung nach §§ 258, 22, 23 StGB vor, weil die A tatsächliche Umstände annahm, die eine Straftat des B i. S. d. § 258 StGB begründen würden.

Im Übrigen geht die wohl h. M. davon aus, dass ein untauglicher Versuch dann anzunehmen ist, wenn das Vorstellungsbild des Täters mit Blick auf die rechtsgutsbezogene Komponente rechtliche Relevanz aufweist,[24] d. h. es ist danach zu fragen, ob die Vorstellung des Täters „sozialschädlich" (dann strafbarer untauglicher Versuch) oder „sozialunschädlich" (dann strafloses Wahndelikt) ist. Ähnl. entscheidet auch der BGH vielfach einzelfallbezogen.[25]

Beispiel 1: A wird bei einer Falschaussage von einem Richter der freiwilligen Gerichtsbarkeit bzw. von einem Polizisten vereidigt, obwohl diese nicht zur Eidesabnahme befugt sind.[26]

Lösung: Hier soll nach verbreiteter Ansicht lediglich ein Wahndelikt vorliegen, da die Rechtspflege hier in keiner rechtlich relevanten Weise angegriffen werde (so wie A sich die Rechtspflege vorstellt, existiert sie in Wahrheit nicht, sodass sie auch nicht einmal versuchsweise tangiert ist.[27] Denn der Täter zeigt nicht mehr, als dass er bereit ist, vor der Polizei bzw. vor Richtern der freiwilligen Gerichtsbarkeit falsch zu schwören. Dies aber ist von vornherein nicht strafbar).

---

22 Zum Prüfungsort des Wahndelikts vgl. *B. Heinrich*, AT, Rn. 684.
23 Zutr. *Kühl*, AT, § 15, Rn. 98.
24 *Schlüchter*, Der Irrtum über normative Tatbestandsmerkmale, 1983, S. 145 ff.
25 Vgl. die Zusammenstellung bei *Sch/Sch/Eser/Bosch*, § 22, Rn. 90.
26 Fall nach BGHSt 10, 272; vgl. dazu auch *Otto*, AT, § 18, Rn. 70; *Kühl*, AT, § 15, Rn. 100.
27 So auch *Otto*, AT, § 18, Rn. 70; *Kühl*, AT, § 15, Rn. 100.

Beispiel 2: A ist Alleinerbe des B geworden, glaubt aber, dass er das Eigentum nicht kraft Universalsukzession (§ 1922 BGB) erlangt, sondern dass zunächst noch alle Verwandten Eigentum an der Vase erlangen und dieses erst durch einen entsprechenden Zuteilungsakt durch das Nachlassgericht auf ihn übergehe. Obwohl er sich daher fälschlich nicht als Alleineigentümer betrachtet, veräußert er einen zum Nachlass gehörenden Gegenstand. Versuchte Unterschlagung?[28]

Lösung: Die h. M. bejaht hier eine versuchte Unterschlagung, da mit Blick auf die rechtsgutsbezogene Relevanz ein sozialschädlicher Eindruck entsteht. Denn der Täter zeigt, dass er bereit ist, in fremdem Eigentum stehende Gegenstände zu unterschlagen. Dies aber ist grundsätzlich strafbar.

Zum gleichen Ergebnis kommt in den genannten Beispielsfällen *Roxin*, der mit einem neuartigen Ansatz zwischen Vorfeldirrtümern bzgl. Sammelbegriffen und Vorfeldirrtümern bzgl. Einzelbegriffen unterscheidet.[29] Sammelbegriffe sollen dabei solche Merkmale sein, die in verschiedene Bereiche des Rechts verweisen,[30] wie z. B. Zuständigkeit in § 154 StGB, Straftatbestand in § 258 StGB oder Steueranspruch in § 370 AO; betrifft der Vorfeldirrtum derartige Begriffe, so ist grundsätzlich ein strafloses Wahndelikt anzunehmen. Einzelbegriffe sind dagegen solche, die durch eine Einzeldefinition ausgefüllt werden, wie etwa der Begriff der Fremdheit durch die Eigentumszuordnung;[31] betrifft der Vorfeldirrtum diese Begriffe, so ist ein untauglicher Versuch anzunehmen. Für die Einzelheiten dieses neuartigen und fruchtbaren, wenn auch in seinen Konsequenzen noch nicht vollständig überschaubaren, Ansatzes muss an dieser Stelle auf die Darstellung bei *Roxin* verwiesen werden.[32]

Die Behandlung der Abgrenzung von Wahndelikt und untauglichem Versuch in der Klausur soll abschließend noch veranschaulicht werden durch einen aus der Rspr. stammenden komplizierten

Fall 45: Urologe A hatte bei Patientin P eine Nierenzystenpunktion vorgenommen, ohne die Nierenfunktion vorher geprüft und ohne die P über das – wenn auch geringe – Risiko eines Organverlustes aufgeklärt zu haben. A fertigte keinen ausführlichen Operationsbericht. Etwa 5 Monate später ergab eine Nierenuntersuchung bei einem anderen Urologen, dass die rechte Niere der P schon länger geschädigt ist und daher operativ entfernt werden muss. P verklagte den A daraufhin auf Zahlung von Schmerzensgeld. Später stellte sich zwar heraus, dass der Organverlust nicht auf eine Fehldiagnose oder falsche Behandlung durch A zurückzuführen war; A hielt es jedoch für möglich, dass er sich durch die fehlende Aufklärung und mangelnde Berichterstattung schadensersatzpflichtig gemacht habe. Um auf jeden Fall eine Klageabweisung zu erzielen, veränderte er die Krankenakte der P, indem er sie nachträglich mit einem ausführlichen Operationsbericht und einem Vermerk über eine umfassende Aufklärung der P versah. Diese von ihm nachträglich veränderten Unterlagen ließ er durch seinen Rechtsanwalt beim Zivilgericht einreichen. Die Klage der P wurde abgewiesen. Strafbarkeit des A? (**Urologen-Fall**, leicht abgewandelt nach BGHSt 42, 268)[33] **292**

28 Vgl. zu einem ähnl. Fall auch *Roxin*, AT/II, § 29, Rn. 389.
29 *Roxin*, AT/II, § 29, Rn. 409 ff.
30 *Roxin*, AT/II, § 29, Rn. 409.
31 *Roxin*, AT/II, § 29, Rn. 411.
32 *Roxin*, AT/II, § 29, Rn. 409 ff.
33 Dazu *Kudlich*, NStZ 1997, 432.

293 **Lösung:**

A. Sachverhaltskomplex 1: Die Nierenzystenpunktion

I. A könnte sich durch die Vornahme der Nierenpunktion wegen **Körperverletzung nach § 223 StGB** strafbar gemacht haben.

1. Fraglich ist bereits, ob der ärztliche Heileingriff den **Tatbestand** der Körperverletzung erfüllt.

a) Nach wohl h. L. stellt der lege artis durchgeführte Heileingriff, der zu einer Verbesserung des körperlichen Gesamtzustandes führt, grundsätzlich keine Körperverletzung dar (sie stellt also nicht auf die Handlung, sondern auf den Erfolg ab).

b) Nach ständiger Rspr. stellt dagegen auch der erfolgreiche, zur Heilung führende ärztliche Heileingriff eine Körperverletzung dar, die in der Regel nur durch Einwilligung oder mutmaßliche Einwilligung des Patienten gerechtfertigt werden kann.

c) Stellungnahme: Solange es keine Strafvorschrift gegen eigenmächtige Heileingriffe gibt, wird man der Rspr. Recht geben müssen, da der Patient andernfalls eigenmächtigen, wenn auch lege artis durchgeführten, Eingriffen des Arztes schutzlos gegenüberstünde. Dafür spricht auch die durch das Patientenrechtegesetz eingeführte Vorschrift des § 630d BGB.

2. Nach der von der Rspr. vertretenen Auffassung ist zu prüfen, ob A **gerechtfertigt** war. Der Eingriff könnte durch **Einwilligung** gerechtfertigt gewesen sein (§ 630d BGB).

a) Die P war über ihr Rechtsgut verfügungsbefugt, da kein Fall des § 228 StGB vorlag.

b) Die P war auch einwilligungsfähig.

c) Fraglich ist aber, ob aufgrund der mangelhaften Aufklärung des Arztes ein wesentlicher Willensmangel vorlag.
Dabei ist laut BGH davon auszugehen, dass die Risikoaufklärung an Art, Schwere und Kalkulierbarkeit der mit der Operation verbundenen Gefahren zu messen ist (vgl. § 630e BGB), sodass auch über seltene Komplikationen, wie im vorliegenden Fall den möglichen Nierenverlust, aufzuklären ist, wenn die Folgen das Befinden des Patienten nachhaltig beeinträchtigen können und nicht davon ausgegangen werden kann, dass der Patient mit solchen Folgen rechnet.
Zum selben Ergebnis gelangt die von *Gunther Arzt* im Jahre 1970 entwickelte Lehre, derzufolge ein rechtsgutsbezogener Irrtum einen Willensmangel im Rahmen der Einwilligung begründet. Rechtsgutsbezogen war der vorliegende Irrtum deshalb, weil die P den möglichen Umfang des Eingriffs in ihre körperliche Integrität nicht kannte.
Wegen der unvollständigen Belehrung scheidet daher eine wirksame Einwilligung aus.

Ergebnis: A hat sich daher wegen Körperverletzung strafbar gemacht.

II. Durch Verwendung der Punktionsnadel könnte sich A sogar wegen **gefährlicher Körperverletzung nach § 224 I Nr. 2 StGB** strafbar gemacht haben.

Die Punktionsnadel kann aber (ebenso wie sonstiges Operationsbesteck) nicht als gefährliches Werkzeug betrachtet werden. Vielmehr kann von einem gefährlichen Werkzeug nur gesprochen werden, wenn dieses zu Angriffs- oder Verteidigungszwecken verwendet wird. Bei ärztlichen Heileingriffen ist dies gerade nicht der Fall, sodass eine Anwendung des § 224 StGB auf sie grundsätzlich ausscheidet.

B. Sachverhaltskomplex 2: Die Vorgänge um die Krankenakte

I. In Betracht kommt auch eine **Urkundenfälschung nach § 267 I Alt. 2 und 3 StGB** (Verfälschen einer echten Urkunde und Gebrauchmachen von dieser Urkunde durch Vorlage bei Gericht).
Strittig ist hier, ob A seine von ihm selbst erstellte Krankenakte gem. § 267 I Alt. 2 StGB verfälschen kann:

Ein Teil der Lit. sieht in der Verfälschungsalternative nur den begrifflichen Spezialfall des Herstellens einer unechten Urkunde. Daher müsse das Ergebnis einer Urkundenfälschung stets eine unechte Urkunde sein, d. h. eine Identitätstäuschung, was hier nicht der Fall sei.[34]
Dagegen nimmt die ganz h. M. zu Recht bei nachträglicher Veränderung durch den Aussteller selbst eine Urkundenfälschung jedenfalls dann an, wenn er die Beweisführungsbefugnis bzgl. der Urkunde verloren hat.[35] Von diesem Zeitpunkt an steht der Aussteller der Urkunde nämlich wie ein beliebiger Dritter gegenüber und durch seine nachträgliche Manipulation erweckt er verfälschungstypisch den Eindruck, als habe die Urkunde noch ihre ursprüngliche Gestalt. Laut OLG Koblenz[36] ist der Arzt aufgrund des Behandlungsvertrages und nach § 810 BGB verpflichtet, die Behandlungsmaßnahme in unmittelbarem zeitlichem Zusammenhang mit der Behandlung umfassend zu dokumentieren. Eine nachträgliche Veränderung der Aufzeichnungen verbiete sich daher, abgesehen von offensichtlichen Schreibfehlern oder sonstigen offensichtlichen Unrichtigkeiten. A hatte nach dieser Rspr. daher jede Abänderungsbefugnis an der Krankenakte bereits verloren.
A ist daher strafbar wegen Urkundenfälschung gem. § 267 I Alt. 2 StGB.
Der Gebrauch der verfälschten Urkunde gem. § 267 I Alt. 3 StGB hat keine eigenständige Bedeutung, sondern stellt nur die materielle Beendigung der Urkundenfälschung dar, sofern der Gebrauch bereits beim Fälschungsakt gewollt war.

II. Fälschung von Gesundheitszeugnissen gem. § 277 StGB liegt dagegen auch bei nachträglicher Änderung nicht vor, weil die Krankenakte kein Gesundheitszeugnis darstellt. Ein Gesundheitszeugnis gibt nämlich nur über einen gegenwärtigen oder vergangenen Krankheitszustand Auskunft, wohingegen in der Krankenakte sämtliche Behandlungsvorgänge dokumentiert sind.

III. Dadurch, dass A die Klageabweisung erreichte, könnte er noch eine **mittelbare Falschbeurkundung gem. § 271 I StGB** begangen haben.
Das Zivilurteil ist zwar eine öffentliche Urkunde (§ 415 ZPO), jedoch ist für § 271 StGB weiter erforderlich, dass die Urkunde Beweis für und gegen jedermann erbringt, weil durch diese Vorschrift die Beweiskraft öffentlicher Urkunden geschützt wird. Klageabweisende Urteile haben keine derartige Beweiskraft.

IV. A könnte sich jedoch wegen **Prozessbetrugs in mittelbarer Täterschaft nach §§ 263, 25 I Alt. 2 StGB** zum Nachteil der P strafbar gemacht haben.

Achtung Klausur: *Hier liegt der Schwerpunkt des Falles!*

1. A hat durch seinen Rechtsanwalt als vorsatzlosem Werkzeug unwahre Tatsachen in den Prozess einführen lassen und somit eine Täuschung „durch einen anderen" i. S. d. § 25 I Alt. 2 StGB begangen.

2. Fraglich ist aber bereits, ob A bei dem Zivilgericht einen Irrtum erregt hat, aufgrund dessen die Klage der P abgewiesen wurde. Der Sachverhalt ist hier nicht eindeutig. Die Frage kann aber offen bleiben, wenn Betrug aus anderen Gründen scheitert.

3. Selbst wenn man einen für die Klageabweisung ursächlichen Irrtum des Gerichts annimmt, so fehlt es jedenfalls an einer Rechtswidrigkeit des von A erstrebten Vermögensvorteils und an einem entsprechenden Schaden der P. Für die strafrechtliche Beurteilung muss vorliegend davon ausgegangen werden, dass Schadensersatz- und Schmerzensgeldan-

---

34 *Puppe*, Jura 1979, 639; *dies.*, JZ 1991, 550; *dies.*, JZ 1997, 491; *Armin Kaufmann*, ZStW 71 (1959), 411; *Krack*, JR 1998, 479; *Samson*, JuS 1970, 375; *Sch/Sch/Heine/Schuster*, § 267, Rn. 66; SK-*Hoyer*, § 267, Rn. 83.

35 BGHSt 13, 383; BGH GA 1963, 17; OLG Düsseldorf NJW 1998, 692; *Lackner/Kühl/Heger*, § 267, Rn. 21; *Maurach/Maiwald*, BT/II, S. 149; *Fischer*, § 267, Rn. 19a; LK-*Tröndle*, 10. Aufl., § 267, Rn. 153 ff.; *Welzel*, Deutsches Strafrecht, S. 410; *Wessels/Hettinger*, BT/1, Rn. 847 ff.

36 OLG Koblenz NJW 1995, 1625.

sprüche der P gegen A tatsächlich nicht bestanden. Objektiv erstrebte A daher die Abwehr eines unberechtigten Anspruchs, was keinen rechtswidrigen Vermögensvorteil darstellt. Allein der Umstand, dass A die Abwehr des gegen ihn geltend gemachten Anspruchs durch Täuschung erreichen wollte, macht den erstrebten Vorteil nicht unrechtmäßig. Wenn das verfolgte Ziel der Rechtsordnung entspricht, so wird es nicht dadurch, dass rechtswidrige Mittel zu seiner Verwirklichung eingesetzt werden, selbst rechtswidrig.

Zwischenergebnis: Eine Bestrafung wegen vollendeten Prozessbetrugs entfällt.

V. In Betracht kommt jedoch Strafbarkeit wegen **versuchten Prozessbetrugs in mittelbarer Täterschaft gem. §§ 263, 22, 23, 25 I Alt. 2 StGB**.

1. Nichtvollendung des Betrugs und Strafbarkeit des Versuchs (vgl. § 263 II StGB) liegen vor.

2. Fraglich ist, ob A's **Tatentschluss** auf die Verwirklichung von Umständen gerichtet war, die einen Prozessbetrug begründen.

a) A wollte durch die Vorlage der gefälschten Akten den zur Entscheidung berufenen Richter, entgegen der gem. § 138 I ZPO bestehenden Wahrheitspflicht, über aus seiner Sicht schadensersatzerhebliche Umstände täuschen und bei ihm einen entsprechenden Irrtum erregen.

b) Insbesondere wollte A, dass der Richter durch klageabweisendes Urteil einem mutmaßlichen Anspruch der P nicht stattgibt. Problematisch ist insoweit, dass nach der von A vorgestellten Sachlage Verfügender (Richter) und beabsichtigte Geschädigte (P) auseinander fallen. In einem solchen Fall ist nach der herrschenden Lagertheorie erforderlich, dass der Verfügende im Lager des Geschädigten steht bzw. nach der von einer Mindermeinung vertretenen Befugnistheorie, dass der Verfügende rechtlich befugt ist, über das Vermögen des Geschädigten zu verfügen.
Aber die Unterwerfung der Parteien unter das Gerichtsverfahren hat gleichsam die Einsetzung des Richters in deren Vermögenssphäre zur Folge.[37] Damit steht er zumindest auch im Lager des Unterlegenen und das Gesetz legt dessen Vermögen auch rechtlich in die Hand des Richters.

c) Problematisch ist des Weiteren, ob sich A – für einen Tatentschluss ausreichend – einen Vermögensschaden der P und einen entsprechenden rechtswidrigen Vermögensvorteil für sich selbst vorgestellt hat. Zu fragen ist insoweit, ob die fehlerhafte Beurteilung der Rechtslage durch A zur Annahme eines untauglichen Versuchs oder eines Wahndelikts führt.

– Denkbar wäre, bei jedem selbstbelastenden Rechtsirrtum im Vorfeld der Strafnorm davon auszugehen, dass der Täter die Strafnorm zu seinen Ungunsten überdehnt, sodass ein strafloses Wahndelikt anzunehmen wäre.

– Für die Annahme eines untauglichen Versuchs streitet dagegen ein von der überwiegenden Meinung ins Feld geführter Umkehrgedanke: Ist der erstrebte Vermögensvorteil – wie hier – tatsächlich rechtmäßig, hält der Täter ihn aber fälschlicherweise für rechtswidrig, so befindet er sich in einem sog. „umgekehrten Tatbestandsirrtum“, der die Annahme eines untauglichen Versuchs begründet.

– Der h. M. dürfte zuzustimmen sein, weil der Täter, trotz seines Irrtums im Vorfeld des Tatbestandes, die für sich gesehen richtig verstandene Strafnorm zu verwirklichen glaubt. So lag es insbesondere bei A. Er stellte sich nämlich einen nicht vorhandenen Umstand – die Rechtswidrigkeit des Vermögensvorteils – als gegeben vor und glaubte damit, „einen von ihm nach Inhalt und Tragweite richtig beurteilten Straftatbestand zu verwirklichen“.[38] Es lag daher kein „umgekehrter Verbotsirrtum“ im Sinne eines Wahndelikts, sondern ein „umgekehrter Tatbestandsirrtum“ im Sinne eines untauglichen Versuchs vor.

37 Zutr. *Otto*, BT, § 51, Rn. 140.

38 So BGHSt 42, 273. Im Erg. ebenso *Roxin*, Höchstrichterliche Rspr. zum AT, Fall 56, S. 190 f. allerdings mit krit. Beurteilung des Umkehrschlusses.

A's Tatentschluss war daher auf die Verwirklichung eines Betrugs zum Nachteil der P gerichtet.

3. Spätestens dadurch, dass er die zur Täuschung eingesetzten Akten durch seinen Rechtsanwalt bei Gericht einreichen ließ, hat er **unmittelbar zur Tat nach § 22 I StGB angesetzt**.

Ergebnis: A ist strafbar wegen Urkundenfälschung und wegen versuchten Prozessbetruges in mittelbarer Täterschaft. Beide Taten stehen zueinander in Tateinheit, weil sich der Betrug mit dem Gebrauch der Urkunde (der die Urkundenfälschung materiell beendet, s. o.) überschneidet.

3. Abgrenzung Vorbereitungshandlung[39] – Versuch

Zu prüfen beim unmittelbaren Ansetzen![40]

a) Zwischenaktstheorie: Nach ihr ist Versuchsbeginn dann gegeben, wenn nach der Vorstellung des Täters zwischen seinem Verhalten und der Tatbestandsverwirklichung kein wesentlicher (kein Zeitlupenstrafrecht!) Zwischenakt mehr liegt.[41] Ist ein solcher nicht mehr erforderlich, so ist vom Versuchsbeginn auszugehen. 294

Kritik: Die Abgrenzung bleibt undeutlich, da nach wie vor bestimmt werden muss, welche Zwischenakte als wesentlich bzw. unwesentlich zu betrachten sind.

b) Bockelmann'sche Formel: Sie stellt darauf ab, ob der Täter aus seiner Sicht bereits die Feuerprobe der krit. Situation bestanden hat.[42] 295

Kritik: Diese Formel bleibt noch unklarer als die Zwischenaktstheorie, da das Bestehen einer Feuerprobe weder objektiv noch subjektiv verifizierbar ist.

c) Jetzt geht's los-Formel: Der Versuch beginnt danach, wenn der Täter nach seiner Vorstellung die Schwelle zum „Jetzt-geht's-los!" überschritten hat.[43] 296

Kritik: Nach dieser Formel hinge es von der Einlassung des Täters ab, in welchem Zeitpunkt der Versuchsbeginn tatsächlich anzunehmen ist.[44]

d) Gefährdungstheorie: Danach beginnt der Versuch, wenn das Rechtsgut nach der Vorstellung des Täters unmittelbar gefährdet ist. 297

Kritik: Hierbei handelt es sich um eine bloße Umschreibung des Gesetzestextes (unmittelbares Ansetzen, § 22 StGB!) ohne Rechtssicherheitsgewinn.[45]

e) Sphärentheorie: Nach ihr ist ein Versuch gegeben, wenn der Täter in die Schutzsphäre des Opfers eingedrungen ist und nach seiner Vorstellung zwischen Handlung und erwartetem Erfolgseintritt ein enger zeitlich-räumlicher Zusammenhang be- 298

---

39 Ausführlich zu den Ausnahmen von der Straflosigkeit im Vorbereitungsstadium *Mitsch*, Jura 2013, 696 ff.; interessant zu den verschiedenen Phasen einer Straftat *Kühl*, JA 2014, 907 ff.

40 Lesenswert zum unmittelbaren Ansetzen *Bosch*, Jura 2011, 909 ff.; *Rönnau*, JuS 2013, 879 ff.

41 Als ihr Erfinder darf *Rudolphi* gelten. Vgl. SK-*Rudolph*i, § 22, Rn. 13; aber auch *Gropp*, AT, § 9, Rn. 54; *Fischer*, § 22, Rn. 10.

42 Nach *Bockelmann*, JZ 1954, 473.

43 Auf diese Formel greift vor allem der BGH häufig zurück, vgl. nur BGHSt 28, 163; BGH NStZ 1989, 473; 1996, 38.

44 Zu Recht krit. im hier genannten Sinne daher *Roxin*, AT/II, § 29, Rn. 130 ff.

45 Krit. auch *Roxin*, AT/II, § 29, Rn. 129, der den Begriff des „Ansetzens" sogar für passender hält.

steht.[46] Dabei kann ein Einbruch in die Schutzsphäre auch schon dadurch stattfinden, dass der Täter eine Schutzminderung vornimmt (etwa wenn A die Tür zu B's Appartement aufbricht, in der Absicht, den darin befindlichen B gleich im Anschluss zu töten oder wenn A ein Kind in den Wald lockt, um es dort unmittelbar zu missbrauchen, da der Täter die Schutzsphäre des Kindes auf diese Weise lockert, indem er es aus seiner gewohnten Umgebung reißt[47]).

Der BGH[48] geht bis heute nach wie vor dem Grunde nach von der Jetzt geht's los-Formel aus und versucht diese durch die Zwischenaktstheorie abzusichern. Tatsächlich enthält die Zwischenaktstheorie auch die zutreffende Erkenntnis, dass von einem Versuchsbeginn erst bei unmittelbarer (im Wesentlichen zwischenaktsfreier) Betroffenheit des Schutzgutes ausgegangen werden kann. Jedoch bedarf auch sie noch der Präzisierung, die durch die Sphärentheorie sinnvoll erfolgen kann. Die Sphärentheorie begründet so gesehen eine verbesserte Zwischenaktstheorie.[49] Das zeigt anschaulich folgendes, trotz seiner Kürze problemträchtiges

299 **Beispiel:** Der mit einem Dietrich ausgerüstete A will ein Auto stehlen, sofern das Lenkradschloss nicht eingerastet ist. Um das herauszufinden, rüttelt er an den Vorderrädern eines Wagens. Dabei wird er von einem Polizisten erwischt und festgenommen. Hat sich A wegen versuchten Diebstahls nach § 242 StGB strafbar gemacht? § 243 StGB bleibt außer Betracht. **(Radrüttel-Fall)**[50]

300 **Lösung:** A macht sich in diesem Beispiel eines versuchten Diebstahls gem. § 242 I, II StGB strafbar, da Tatentschluss vorlag und A auch unmittelbar zur Tat angesetzt hat. Das unmittelbare Ansetzten kann hier folgendermaßen begründet werden: Nach der weit verbreiteten Zwischenaktstheorie begründen auch solche Handlungen bereits den Beginn des Versuchs, die ohne wesentliche Zwischenakte in die Tatbestandserfüllung einmünden sollen. Danach ist hier wohl ein Versuchsbeginn anzunehmen, da der Stehlakt nach dem Rütteln unmittelbar eingeleitet werden sollte, wenn sich der Wagen als geeignetes Diebesgut entpuppen sollte. Der BGH unterstützt diese Theorie häufig zusätzlich mit der sog. Jetzt geht's los-Formel. Gerade diese Formel bestätigt vorliegend aber nicht das Ergebnis der Zwischenaktstheorie, da der Täter beim Rütteln gerade noch nicht davon ausgehen wird, dass der Diebstahl notwendig an diesem Wagen losgeht. Richtiger ist es daher, vielmehr eine Präzisierung der Zwischenaktstheorie über die sog. Sphärentheorie vorzunehmen, wonach entscheidend ist, dass der Täter die Sphäre des Berechtigten bereits berührt hat und in unmittelbarem zeitlich-räumlichem Zusammenhang zur Tat schreiten will. Gerade dies ist aber vorliegend zu bejahen, weil A durch das Rütteln bereits einen körperlichen Bezug zur Schutzsphäre des Opfers hergestellt hat und auch bereit war, im günstigen Falle unmittelbar zur Tat zu schreiten. Von diesem Versuch konnte er auch nicht gem. § 24 I StGB zurücktreten, da dieser fehlgeschlagen war.

301 **Achtung Klausur:** *Auch sonst liefert die Sphärentheorie grundsätzlich verfeinerte Abgrenzungsmöglichkeiten und ist daher den herkömmlichen Theorien vorzuziehen.*

---

46 Am nachdrücklichsten wird diese Theorie vertreten von *Roxin*, JuS 1979, 4 ff.; *ders.*, AT/II, § 29, Rn. 139, der sie nunmehr selbst als konkretisierte Teilaktstheorie bezeichnet. Ihm im Wesentlichen folgend *Kratzsch*, Jura 1983, 424 f.; *Lackner/Kühl*, § 22, Rn. 4; *Jakobs*, AT, 25/66 ff. Krit. MüKo-*Herzberg/Hoffmann-Holland*, § 22, Rn. 124 ff.

47 *Roxin*, AT/II, § 29, Rn. 162, 166 bildet hierfür eigene Fallgruppen: „Schutzminderungsfälle" und „Missbrauchsfälle".

48 Vgl. z.B. BGH NStZ 2014, 447 m. Anm. *Krehl*.

49 Siehe auch Fn. 44.

50 Eine Behandlung der Frage, ob § 243 StGB erfüllt ist, würde eine Problematisierung der Möglichkeit eines „Versuchs von Regelbeispielen" erfordern. Vgl. dazu ausführl. *Jäger*, BT, Rn. 259 ff.

Jedoch sollte man in Fällen, in denen der Versuchsbeginn problematisch ist, durchaus auch die „Jetzt geht's los-Formel" und die Zwischenaktstheorie zugrunde legen und diese – möglicherweise nach Hinw. auf die durch sie begründete Rechtsunsicherheit – anhand der Sphärentheorie konkretisieren. Dazu noch einige Bsp.:

Beispiel 1: A und B wollten den C berauben. Deshalb warteten sie an der S-Bahn-Haltestelle, wo C stets um 18.00 Uhr auszusteigen pflegte. Bei seiner Ankunft wollten sie ihm Pfeffer in die Augen streuen, den sie in Tüten bereithielten. C erschien nicht (sog. **Pfeffertüten-Fall**, leicht abgewandelt nach BGH NJW 1952, 514).

Lösung: Der BGH hat hier einen mittäterschaftlichen Raubversuch bejaht, da das Opfer nach der Tätervorstellung jederzeit eintreffen konnte und die Täter daher (ggf. bei jedem Herannahen der S-Bahn) davon ausgegangen seien, „Jetzt geht's los". Die Jetzt geht's los-Formel beweist aber gerade hier, dass der Täter nach ihr der Willkür des Richters ausgeliefert ist. Denn es lässt sich genauso gut vertreten, dass die Täter bei jeder ohne das Opfer eintreffenden S-Bahn gedacht haben: „Schade, jetzt geht's wieder nicht los!"

Richtiger wird man daher vorliegend sowohl mit der Sphären- als auch mit der Zwischenaktstheorie einen Versuchsbeginn ablehnen müssen, weil noch keinerlei Sphärenberührung stattgefunden hatte und noch ganz wesentliche Zwischenakte zu erfolgen hatten, wie z. B. das Herantreten an das Opfer und das Streuen des Pfeffers.[51]

Beispiel 2: A und B wollten den Tankwart T ausrauben. Zu diesem Zweck klingelten sie bei ihm zu Hause an der Wohnungstür (welche sich direkt neben der Tankstelle befand). Es erschien aber niemand (sog. **Tankwart-Fall** nach BGHSt 26, 201).

Lösung: Auch hier hat der BGH einen Versuchsbeginn angenommen, da die Täter mit dem unmittelbaren Erscheinen des Opfers gerechnet haben und daher nach ihrer Vorstellung zwischen dem Klingeln und der eigentlichen Tatbestandsverwirklichung keine wesentlichen Zwischenschritte mehr lagen. Sie befanden sich daher aus ihrer Sicht bereits an der Schwelle zum „Jetzt geht's los". Dem ist auch vom Standpunkt der Sphärentheorie zuzustimmen, weil mit dem Klingeln eine Sphärenberührung gegeben war und die Täter auch von der Öffnung der Tür im unmittelbaren Fortgang ausgingen.

Hinweis: *Diese Entscheidung hat der BGH in einem sehr ähnlich gelagerten Fall bestätigt.*[52] *Dort klingelte die Täterin an der Wohnungstür ihrer ehemaligen Freundin, um diese unter Ausnutzung eines Überraschungseffekts unmittelbar nach dem Öffnen der Tür mit einem Messer anzugreifen und zu töten. Das Gericht sah auch hier bereits im Läuten an der Tür ein unmittelbares Ansetzen zum versuchten Tötungsdelikt, obwohl nicht die ehemalige Freundin, sondern deren Lebensgefährte öffnete, der die Täterin ins Treppenhaus abdrängen und die Tür wieder verschließen konnte.*

Beispiel 3: D, G und S planten, den O zu überfallen. Bewaffnet und mit Sturmhauben ausgestattet, sollten sich D und S hinter einer Hecke in der Nähe des Hauses verstecken, während G, ebenfalls bewaffnet und maskiert, an der Haustür des O klingeln und diesen mit einem Messer bedrohen sollte, sobald dieser die Tür öffnen würde. Nachdem G an der Haustür klingelte, meinte er, ein Kind hinter der Türverglasung sehen zu können, weshalb er von der weiteren Tatausführung Abstand nahm. Es ist nicht auszuschließen, dass die Mittäter von vornherein vereinbart hatten, bei Anwesenheit eines Kindes nicht in das Haus einzudringen.[53]

---

51 Zutr. *Roxin*, Höchstrichterliche Rspr. zum AT, Fall 46, S. 184; *ders.*, AT/II, § 29, Rn. 155 unter der Rubrik „Auflauerungs- und Erwartungsfälle".
52 BGH NStZ 2012, 85 m. Anm. *Kudlich*, JA 2012, 310.
53 BGH NStZ 2013, 579 m. Anm. *Jäger*, JA 2013, 949.

Lösung: Im Gegensatz zum soeben besprochenen Tankwart-Fall wendet sich der BGH in dieser Konstellation gegen die Annahme einer versuchten besonders schweren räuberischen Erpressung. Ein unmittelbares Ansetzen könne in Fällen, in denen der Täter sein Vorhaben von bestimmten äußeren Bedingungen abhängig macht, erst dann bejaht werden, wenn der Täter vom Vorliegen der Bedingungen ausgeht und daraufhin zur Tatbegehung übergeht. Aufgrund des subjektiven Tatbegehungsvorbehalts (Anwesenheit von Kindern) sah der BGH die Schwelle zum Eintritt ins strafbare Versuchsstadium als noch nicht überschritten an. Es sei daher nur eine Verbrechensverabredung anzunehmen, von der die Täter aber nach § 31 StGB freiwillig zurückgetreten seien.

Überzeugender wäre es hier allerdings gewesen, den Tatentschluss nicht wie der BGH im unmittelbaren Ansetzen wieder zu relativieren, sondern den Tatbegehungsvorbehalt auf der Rücktrittsebene anzusiedeln. Für die innere Tatseite des Versuchs ist auch ein unter Rücktrittsvorbehalt geschlossener Tatentschluss ausreichend. Und auf Grundlage dieses Entschlusses haben die Täter durch das Klingeln an der Haustür auch in hinreichender Weise unmittelbar zum Versuch angesetzt, sofern sie mit dem Erscheinen des O in Abwesenheit von Kindern zumindest gerechnet hatten. Das Stadium strafloser Vorbereitungshandlungen war damit subjektiv wie objektiv überschritten. Dementsprechend wäre nunmehr zu prüfen, ob die Täter nach § 24 II StGB freiwillig vom Versuch zurückgetreten sind. Dies wird man bejahen müssen. Denn der Eintritt der Bedingung, unter der der Rücktritt vorbehalten ist, ändert nichts an der möglichen Freiwilligkeit des Rücktritts, solange das Motiv ein autonomes ist. Rücksichtnahme auf Kinder erfüllt diese Voraussetzung ohne Weiteres. Dabei war der Rücktrittsvorbehalt auch von allen Mittätern gemeinsam vereinbart und auf dieser Grundlage in die Tat umgesetzt worden, sodass beide nach §§ 22, 24 II StGB strafbefreiend zurückgetreten sind.

Beispiel 4: A wollte den B töten und ging daher mit einem Survival-Messer sowie einer Axt bewaffnet zu dessen Wohnung. Auf dem Weg dorthin rief er ihn mit einem Handy an und machte dem B klar, dass er unterwegs zu ihm war. Als A das Mietshaus des B erreicht hatte, forderte A die Ehefrau des B über die Haussprechanlage auf, ihm den B nach unten zu schicken, da er ihn töten wolle. B verblieb oben in der Wohnung. Anschließend gelangte A in das Treppenhaus und an die Tür des B. Dort klingelte er, schlug gegen die Tür und forderte B auf, herauszukommen, um ihn endlich umbringen zu können. B zog sich mit seiner Familie auf den Balkon zurück und verharrte dort. A entfernte sich daraufhin wieder und begab sich mit dem offen getragenen Beil zu einem Nachbarhaus. Dort wurde er von der Polizei festgenommen. A erklärte später vor dem Richter noch einmal, dass er den B getötet hätte, wenn die Polizei nicht eingegriffen hätte.[54]

Lösung: Der BGH hat hier bzgl. des unmittelbaren Ansetzens zum Versuch nach § 22 StGB Zweifel geäußert. Anders als im Bsp. 2 dargestellten sog. Tankwart-Fall sei das Opfer nämlich auch nach der Vorstellung des Täters nicht ahnungslos gewesen. Auch habe der Täter hier im Gegensatz zum Tankstellenfall nicht auf jede beliebige öffnende Person einwirken wollen, was vor allem deshalb eine andere Beurteilung rechtfertigen könne, weil A davon ausgehen musste, dass möglicherweise auch ein anderes Familienmitglied, das er nicht töten wollte, die Tür öffnen wird. Die Entscheidung ist fragwürdig und schränkt möglicherweise den Versuchsbeginn zu sehr ein. Wenn A Tatentschluss hatte – und sei es auch nur einen Tatentschluss auf der bewusst unsicheren Tatsachengrundlage eines Öffnens der Tür – so wird man ein unmittelbares Ansetzen auf der Grundlage dieses Tatentschlusses nicht verneinen können, wenn A zu Mitteln greift, die nach den Umständen geeignet sind, eine unmittelbar folgende Konfrontation mit dem Opfer zu ermöglichen (hier Klingeln an der Tür). In diesem Fall ist eine hinreichende Sphärenberührung gegeben und auch das Öffnen einer anderen Person würde zu keiner nennenswerten zeitlichen Streckung führen, die das Ergebnis eines Versuchsbeginns noch relativieren könnte. Richtiger wäre es daher wohl gewesen, ein unmittelbares Ansetzen zu bejahen. Die Lösung des Falles

54 BGH NStZ-RR 2004, 361 m. krit. Anm. *Kudlich*, JuS 2005, 186 ff. Vgl. auch BGH NStZ 1999, 395 m. Anm. *Jäger*, NStZ 2000, 415 ff.

konzentriert sich dann auf die Frage, ob A möglicherweise strafbefreiend von diesem Versuch zurückgetreten ist, indem er sich entfernt hat. Der BGH hat dies zumindest für möglich erachtet, da von einem Fehlschlag angesichts des Mitführens eines Beils, mit dem die Wohnungstür hätte aufgebrochen werden können, nicht ohne Weiteres ausgegangen werden dürfe (vgl. näher zur Frage des Fehlschlags u. Rn. 313).

Beispiel 5[55]: A und M haben sich darauf spezialisiert, mit Hilfe der „Wasserwerker-Methode", betagte Seniorinnen in ihren Wohnungen zu bestehlen. In dem hier relevanten Fall klingelten A und M zunächst an der Türe eines Mehrfamilienhauses und begaben sich nach Öffnen der Hauseingangstüre zur Wohnungseingangstüre. Während A sich wieder als Wasserwerker ausgab, versteckte sich M im Hintergrund, um A nach Betreten der Wohnung heimlich folgen zu können. Die Geschädigte erklärte jedoch, niemanden einzulassen und schloss die Wohnungstüre, sodass A und M ihr Vorhaben abbrechen mussten.

Lösung: Der BGH bejaht vorliegend eine mittäterschaftliche Versuchsstrafbarkeit da ein unmittelbares Ansetzen zum Diebstahl vorläge, wenn ein Diebstahl aus der Wohnung eines Opfers dadurch ermöglicht werden soll, dass sich ein Täter unter einem Vorwand Einlass verschafft, um das Tatopfer abzulenken und dann zu bestehlen. Der Angriff auf den fremden Gewahrsam beginne in diesen Fällen bereits mit dem Begehren um Einlass. Nach der zuvor bereits bei anderen Opfern vielfach erfolgreich praktizierten Vorgehensweise hätten die Angeklagten hier die Schwelle zum „Jetzt geht es los" mit dem nicht unter einem Rücktrittsvorbehalt stehenden unmittelbaren Einwirken auf das zuvor bereits ausgespähte Tatopfer an der Wohnungstür überschritten. Zu diesem Zeitpunkt wäre auch eine konkrete Gefährdung des Opfervermögens bereits eingetreten. Dass das Gelingen und damit die Vollendung der Tat letztlich noch von dem Erfolg der Täuschung und von dem Auffinden von Wertgegenständen innerhalb der Wohnung abhängig gewesen sei und der Diebstahl hier „ohne Zutun" der Angeklagten gescheitert ist, hindere nicht den Eintritt ins Versuchsstadium. Dem wird man zustimmen müssen, weil auch hier nach dem Vorstellungsbild der Täter vorausgesetzt wurde, dass sie Einlass erhalten würden und daher nach ihrem Vorstellungsbild, d.h. nach den von ihnen gesetzten Prämissen, keine wesentlichen Zwischenschritte mehr für eine Tatverwirklichung notwendig waren.

Beispiel 6[56]: A wollte die Diskothek des Pächters P in dessen Auftrag in Brand setzen. Zu diesem Zweck nahm er einen Schlüssel für die Außentüre der Diskothek sowie ein Stemmeisen und einen Brandbeschleuniger mit. So ausgerüstet öffnete er am Tatort mit dem Schlüssel die Außentüre und betrat das Gebäude. Noch bevor er mit dem Stemmeisen die Zwischentüre aufsprengen und das Benzin verschütten konnte, wurde er im Vorraum von der Polizei festgenommen.

Lösung: Der BGH hat hier ein unmittelbares Ansetzen bejaht, wobei er sein Ergebnis mit einer Kombination unterschiedlicher Kriterien begründet. Danach sei es nicht erforderlich, dass der Täter bereits ein Tatbestandsmerkmal verwirklicht. Das Versuchsstadium erstrecke sich auf Handlungen, die im ungestörten Fortgang unmittelbar zur Tatbestandserfüllung führen sollen oder in unmittelbarem räumlichen und zeitlichen Zusammenhang mit ihr stehen. Dies sei der Fall, wenn der Täter subjektiv die Schwelle zum „Jetzt geht es los" überschreitet und objektiv zur tatbestandsmäßigen Angriffshandlung ansetzt, sodass sein Tun ohne Zwischenakt in die Erfüllung des Tatbestandes übergeht. Daher seien auch vorgelagerte Handlungen in der Lage, einen Versuchsbeginn zu begründen, wenn sie bei ungestörtem Fortgang ohne Zwischenakte in die Tatbestandsverwirklichung unmittelbar eingemündet hätten. Vorliegend, so der BGH, kam dem Öffnen der Zwischentür angesichts der Planung und Ausrüstung nicht das Gewicht eines Zwischengeschehens zu, dessen Ausgang offen gewesen wäre oder das zu neuen Planungen oder Entschlussfassungen Anlass gegeben hätte.

---

55 BGHR StGB § 22 Ansetzen 39 m. Anm. *Bosch*, JK 2016, S. 326.
56 Verkürzt nach BGH NStZ 2006, 331 m. Anm. *Geppert*, JK 10/06, StGB § 22/24.

Beispiel 7: A und B hatten Diebesgut auf dem Außengelände eines Baumarkts, aus dem die Ware stammte, in Regentonnen versteckt. Nach Einbruch der Dunkelheit sollten die versteckten Gegenstände von dort weggeschafft werden.[57]

Lösung: Das LG Potsdam hat hier bereits einen Versuchsbeginn angenommen, obwohl man nachts auf das Gelände nur unter Überwindung eines Stacheldrahtzauns gelangen konnte. Die Entscheidung ist problematisch, jedenfalls handelt es sich hier aber um einen Grenzfall. Maßgeblich dürfte die Frage sein, ob man bereits von einer hinreichenden Schutzminderung sprechen kann, obwohl die Gegenstände auf dem Gelände des Baumarkts verblieben sind. Für einen Versuchsbeginn ließe sich hier anführen, dass ein Wiederauffinden der Ware in den Regentonnen von Seiten des Berechtigten – auch unter Zugrundelegung der Tätervorstellung – eher unwahrscheinlich war. Die Tatsache, dass bis zum endgültigen Abtransport noch mehrere Stunden vergehen sollten, spielt dann keine Rolle mehr, weil der unmittelbar zeitlich-räumliche Zusammenhang bereits durch die Gewahrsamslockerung als Beginn des Gewahrsamsbruchs vermittelt wird (man könnte hier auch von einer hinreichenden Teilverwirklichung sprechen, s. sogleich).

Hinweis: *Zur Problematik des unmittelbaren Ansetzens beim sog. Skimming siehe Jäger, BT, Rn. 541 a. E.*

Sonderproblem: Teilverwirklichungslehre

302 Nach der sog. Teilverwirklichungslehre ist ein Versuch jedenfalls immer schon dann gegeben, wenn ein Tatbestandsmerkmal eines Tatbestands erfüllt ist. Tatsächlich wird dies häufig der Fall sein:

Beispiel: A möchte den B durch 10 Dosen Gift töten, und zwar durch regelmäßige Gabe von 0,1 g täglich. Hat hier mit der ersten Dosis schon der Tötungsversuch begonnen?

Lösung: Nach ganz h. M. ist hier mit der ersten Giftgabe schon ein Tötungsversuch gegeben, da eine Sphärenberührung vorhanden ist und mit der ersten Giftgabe schon Tatbestandsnähe vorliegen soll.

Dass dies aber nicht immer der Fall sein muss, zeigt sich z. B. bei der Täuschung im Rahmen des Betruges.

Beispiel: Betrügerin A ging auf der Straße auf die ihr fremde Frau B zu und spiegelte ihr vor, sie seien alte Bekannte. A wollte auf diese Weise erreichen, dass B sie mit nach Hause nimmt und ihr dort ein Darlehen gibt, das sie nicht zurückzahlen wollte.[58]

Lösung: Nach Auffassung des OLG Karlsruhe hat hier der Betrugsversuch noch nicht begonnen, da die Täuschung noch keine Tatbestandsnähe/Schadensnähe aufweise. Versuchsbegründend sei erst die Täuschung, die unmittelbar zum Schaden führen könne und zwar nach der Vorstellung des Täters. Die maßgebliche Täuschung ist dann die über die Rückzahlungsbereitschaft. Die Täuschung über das Bekanntschaftsverhältnis ermögliche nur die spätere tatbestandsnahe Täuschung.

Hinweis: *In der Klausur wird die Teilverwirklichungslehre wohl meist nur beim versuchten Betrug problematisch sein.*[59]

---

57 Vgl. LG Potsdam NStZ 2007, 336 mit abl. Anm. *T. Walter*, NStZ 2008, 156.

58 OLG Karlsruhe NJW 1982, 59; dazu ausführl. *Roxin*, AT/II, § 29, Rn. 116.

59 Eine ausführl. und lesenswerte Auseinandersetzung mit der Teilverwirklichungslehre findet sich aber bei *Roxin*, AT/II, § 29, Rn. 110. Er liefert zahlreiche, über den Betrug hinausgehende Beispiele und Literaturnachweise.

4. Versuchsbeginn bei bestimmten Deliktsbegehungsweisen[60]

a) Versuchsbeginn beim Unterlassungsdelikt

Beispiel: Bahnwärter B sieht um 14 Uhr auf den Gleisen 10 spielende Kinder. Er weiß, dass um 15 Uhr der ICE kommt. Dennoch unternimmt er nichts. Wann beginnt hier der Versuch? **303**

1. Auffassung: Versuchsbeginn bereits, wenn der Täter die erste ihm mögliche Maßnahme zur Erfolgsvermeidung unterlässt (das wäre hier um 14 Uhr).

Kritik: Für eine so weite Vorverlagerung des Versuchs gibt es keinen vernünftigen Grund, weil nach der Vorstellung des Täters noch überhaupt keine Tatbestandsnähe gegeben ist.[61]

2. Auffassung: Versuchsbeginn erst, wenn der Täter die letzte Rettungschance verstreichen lässt (dies wäre hier, wenn der Bahnwärter nicht mehr eingreifen könnte).

Kritik: Für einen Rücktritt verbleibt hier kein Raum mehr.[62] Der Unterlassungsversuch wäre daher eine Versuchsart, bei der es ausnahmsweise keinen Rücktritt gäbe.[63]

3. Auffassung (h. M.): Versuchsbeginn, wenn der Täter die Herrschaft über das Geschehen aus der Hand gibt oder wenn das Rechtsgut unmittelbar gefährdet ist (im Beispielsfall also, wenn der Bahnwärter weggeht oder wenn der ICE herannaht).

Stellungnahme: Die herrschende differenzierende Theorie erscheint vorzugswürdig, da nur sie klare Kriterien für die Frage des Versuchsbeginns zu liefern vermag und gleichzeitig dem Rücktritt vom Versuch einen hinreichenden Spielraum lässt.

b) Versuchsbeginn bei mittelbarer Täterschaft

Beispiel: A gibt dem B ein Mittel mit, das dieser dem C zum Trinken geben soll mit dem Hinw.: „Damit können wir ihn schlafen legen." B meint, es handele sich um ein Schlafmittel, in Wahrheit ist es tödliche Merck-Flusssäure. **304**

1. Auffassung: Sie differenziert danach, ob der Tatmittler gutgläubig (→ Versuchsbeginn erst mit aus der Hand geben) oder bösgläubig (→ erst, wenn Tatmittler in die Opfersphäre eintritt) ist.[64]

Kritik: Gegen diese Lehre spricht bereits, dass es auf die Vorstellung des Täters (und dies ist der Hintermann) ankommen muss und nicht auf die des Tatmittlers, vgl. § 22 StGB.

---

60 Lesenswert zum Versuchsbeginn in Mehrpersonenverhältnissen und bei unechten Unterlassensdelikten *Rönnau*, JuS 2014, 109 ff.
61 Zutr. *Roxin*, AT/II, § 29, Rn. 280 ff.
62 So auch *Roxin*, AT/II, § 29, Rn. 284 f.
63 Gegen diese Kritik aber *Kudlich*, JA 2008, 603.
64 *Welzel*, Deutsches Strafrecht, S. 191; *Blei*, Strafrecht I, S. 261; siehe zum Versuchsbeginn bei der Mittäterschaft auch *Mylonopoulos*, GA 2011, 462 ff.

2. Auffassung (sog. Einzellösung): Der Versuch beginnt bereits mit dem Einwirken des Hintermanns auf den Tatmittler,[65] d. h. im Bsp., wenn A den B zur Tat auffordert.

Kritik: Im bloßen Einwirken des Hintermanns auf den Vordermann ist selbst nach der Vorstellung des mittelbaren Täters noch keine Gefährdung des Opfers zu sehen.

3. Auffassung (sog. Gesamtlösung): Versuchsbeginn erst, wenn beim Tatopfer nach der Vorstellung des Hintermanns eine unmittelbare Gefährdung einsetzt,[66] d. h. im Beispielsfall, wenn der Tatmittler B nach der Vorstellung des mittelbaren Täters A das Getränk an C übergibt.

Kritik: Der Hintermann wird vielfach überhaupt nicht wissen, wann der Vordermann zur Tat unmittelbar ansetzt.

4. Auffassung (h. M.): Versuchsbeginn, wenn der mittelbare Täter die Herrschaft über das Geschehen aus der Hand gibt,[67] d. h. im Beispielsfall, wenn sich B mit dem Mittel entfernt.

Stellungnahme: Auch hier ist der h. M. zuzustimmen, weil erst die Entlassung des Tatmittlers durch den Hintermann die eigentliche Gefahr des nicht mehr zu stoppenden Kausalprozesses auslöst.

c) Versuchsbeginn beim beendeten Versuch

305 **Beispiel:** Frau A hat ihrem Ehemann E eine Giftsuppe gekocht und diese auf einer Wärmeplatte auf den Tisch gestellt, damit E sie nach der Arbeit essen kann, wie er das immer zu tun pflegt. Danach schreibt sie auf einen Zettel: „Wohl bekomm's, Schatz!" und geht – wie jede Woche – auf ein Schwätzchen zu ihrer Nachbarin.

Hinweis: *Ein beendeter Versuch liegt immer dann vor, wenn der Täter nach seiner Vorstellung alles zur Erfolgsherbeiführung Erforderliche getan hat. So liegt es hier im Beispielsfall. Wann aber hier der Versuch genau beginnt, ist seit jeher umstritten:*

1. Auffassung: Versuchsbeginn immer erst, wenn sich das Opfer (unter Zugrundelegung der Vorstellung des Täters) in den Wirkungskreis des Tatmittels begibt[68] (im Bsp., wenn E zu essen beginnt).

Kritik: Stellt man nach § 22 StGB zutreffend auf die Vorstellung des Täters ab, so wird sich dieser vielfach überhaupt keinerlei Vorstellungen machen und im Übrigen meist auch gar nicht wissen können, wann sich das Opfer in den Wirkungskreis des Tatmittels begibt.

---

65 Vgl. etwa RGSt 53, 11; *Baumann*, JuS 1963, 92 f.; *Herzberg*, MDR 1973, 94 f.; *Schilling*, Der Verbrechensversuch des Mittäters und des mittelbaren Täters, 1975, S. 101.

66 Vgl. dazu *Frank*, StrafR, § 43 Anm. II 2 a; *Krack*, ZStW 110 (1998), 628; *Küper*, JZ 1983, 363; *Maurach/Gössel/Zipf/Renzikowski*, AT/II, § 48, Rn. 137 f.; *Otto*, AT, § 21, Rn. 127. Teilweise wird auch die Sicht des Vordermanns für ausschlaggebend erachtet, vgl. etwa *Küper*, JZ 1983, 363, was jedoch mit dem Wortlaut des § 22 StGB nicht zu vereinbaren ist (s. dazu schon o. zur Auffassung 1).

67 *Engländer*, JuS 2003, 335; *Jescheck*, ZStW 99 (1987), 130 f.; *Roxin*, Maurach-FS, 1972, S. 227 ff.

68 Vgl. dazu *Gössel*, JR 1976, 250; *Otto*, JA 1980, 644 ff.; LK-*Hillenkamp*, § 22, Rn. 132.

2. Auffassung: Versuchsbeginn immer schon dann, wenn alles Erforderliche getan ist (im Bsp. also spätestens, wenn A die Suppe auf den Tisch gestellt hat).

Kritik: Eine so weite Vorverlagerung des Versuchsbeginns erscheint nicht sachgerecht, da dann auch solche Fälle als begonnener Versuch erfasst würden, in denen der Täter von einer Gefährdung des Rechtsguts sicher noch nicht ausgegangen ist.

3. Auffassung (h. L.): Versuch liegt mit dem aus der Hand Geben des Geschehens vor (im Bsp., wenn A das Haus verlässt), andernfalls erst dann, wenn das Opfer nach der Vorstellung des Täters in den Wirkungskreis des Tatmittels tritt (also wenn E sich im Beisein der A anschickt, die Suppe zu essen).

Stellungnahme: Für diese differenzierende Auffassung spricht zunächst, dass der beendete Versuch der Sache nach einer Tatbegehung in mittelbarer Täterschaft entspricht und daher auch deren Regeln zu folgen hat. Im Übrigen gelingt es nur dieser Abgrenzungstheorie, den Versuchsbeginn auf der Grundlage der Tätervorstellung nach objektiven Kriterien zu bestimmen.

4. Auffassung (vom BGH vertreten[69]): Danach soll es darauf ankommen, ob der Täter sich sicher ist, dass das Opfer in den Wirkungskreis des Tatmittels eintreten wird (dann bereits Versuchsbeginn mit dem aus der Hand Geben des Geschehens) oder ob er ein Erscheinen des Opfers im Wirkungskreis des Tatmittels lediglich für möglich oder gar für unwahrscheinlich hält (dann Versuchsbeginn erst, wenn das Opfer tatsächlich erscheint).

Diese ebenfalls differenzierende Auffassung kann aber nicht überzeugen, weil sie das Unmittelbarkeitserfordernis wieder von einer objektiven Grundlegung entfernt. Dies zeigt das der Auffassung des BGH zugrunde liegende

Beispiel: Diebe hatten bei A eingebrochen und die Beute zwecks späteren Abtransports in Plastiksäcke verpackt. Während ihrer „Arbeit" hatten sie aus einer Steingutflasche einen „Bärwurz"-Kräuterschnaps getrunken. A vergiftete daraufhin den restlichen Inhalt der Steingutflasche mit hochgiftigem Tetrachlorkohlenstoff und stellte sie in der Nähe der Haustür sichtbar in den Flur. Er handelte in der Erwartung, jedenfalls einer der unbekannten Täter würde beim späteren Abtransport zu Tode kommen. Am gleichen Tag wies er drei Polizeibeamte gegen 19.30 Uhr zur Observierung in das Haus ein. Gegen 20.00 Uhr war A in einem Lokal und rief die Polizeidienststelle an, um auf das bereitgestellte Gift hinzuweisen. Gegen 21.00 Uhr ging er nach Hause, um sicherzustellen, dass die observierenden Beamten von dem Gift wussten. Am nächsten Morgen wurde die Giftflasche um 9.15 Uhr durch Polizeibeamte sichergestellt, nachdem A sich geweigert hatte, sie zu entfernen. Die Täter sind am Tatort nie mehr erschienen. Hat sich A wegen versuchten Mordes strafbar gemacht? **(Bayerwaldbärwurz-Fall)**[70] **306**

Lösung: Der BGH verneinte hier den Beginn eines versuchten Mordes (Heimtücke) und begründete dies damit, dass eine konkrete Gefahr für die Opfer des Giftanschlags auch aus der Sicht des Täters selbst nach Verlassen des Hauses noch nicht gegeben gewesen sei, da er sich **307**

---

69 BGHSt 43, 177 ff.

70 Vgl. OLG München NStZ-RR 1996, 71; BGHSt 43, 177. Vgl. zu diesem Beispiel auch *Baier*, JA 1999, 771; *Böse*, JA 1999, 342; *Gössel*, JR 1998, 293; *Herzberg*, Roxin-FS, 2001, S. 755; *Kudlich*, JuS 1998, 598; *Otto*, NStZ 1998, 243; *Murmann*, Versuchsunrecht und Rücktritt, 1999, S. 20 ff.; *Roxin*, JZ 1998, 211; *Streng*, Zipf-FS, 1999, S. 330; *Wolters*, NJW 1998, 578.

hinsichtlich des nochmaligen Erscheinens der Diebe nicht sicher sein konnte und dies aus der Sicht des A sogar eher unwahrscheinlich gewesen sei.

Was der BGH hier sagt, überzeugt jedoch schon deshalb nicht, weil die Vorsatzart (dolus directus oder dolus eventualis) hinsichtlich der Gefährdung nicht einmal aus der Sicht des Täters über die Frage der Unmittelbarkeit der Gefährdung entscheiden kann.[71] Entscheidend ist vielmehr, dass er das Tatgeschehen noch zu keinem Zeitpunkt aus der Hand gegeben hatte:[72] Er hatte die Giftflasche am Nachmittag hingestellt, als mit einem Einbruch nicht zu rechnen war. Um 19.30 Uhr war er am Tatort anwesend. Gegen 20.00 Uhr hat er über das Gift Meldung gemacht und gegen 21.00 Uhr ist er nochmals an den Tatort zurückgekehrt, um die Polizeibeamten zu warnen. Damit hat er bewirkt, dass für die Einbrecher kein gefährlicher Zustand mehr eintreten konnte, wobei es ohne Bedeutung ist, dass ihm an deren Schutz und Gesundheit nicht gelegen war.

Aus den gleichen Gründen entfällt der Versuch einer gefährlichen Körperverletzung (§§ 224 I Nr. 1, 2, 5; 22 StGB). Zu bejahen ist lediglich eine Strafbarkeit nach §§ 58 I Nr. 1; 5 II Nr. 1; 2 II des Lebensmittel- und Futtermittelgesetzbuchs sowie nach § 27 I Nr. 1 Chemikaliengesetz.

d) Versuchsbeginn bei Mittäterschaft

308 *1. Auffassung* (sog. Einzellösung): Danach beginnt für jeden Mittäter der Versuch erst dann, wenn er selbst zur Verwirklichung seines Tatbeitrags unmittelbar ansetzt.[73]

2. Auffassung (sog. Gesamtlösung; h. M.): Danach gilt der Grundsatz, dass alle Mittäter in das Versuchsstadium eintreten, sobald einer von ihnen zur Verwirklichung des Tatbestandes unmittelbar ansetzt.

Hinweis: *Nach BGHSt 39, 236[74] soll dieser Gesamtlösungs-Grundsatz allerdings nur gelten, wenn der zuerst eintretende Beteiligte dabei (noch) mit dem Willen handelt, die Tat zur Ausführung zu bringen. Sonst bleibt es – sofern ein Verbrechen verabredet war – bei § 30 II StGB. (Im zugrunde liegenden Fall hatten sich A und B verabredet, den C zu überfallen. B hatte es sich aber zwischenzeitlich anders überlegt und die Polizei an den Tatort [Haus des C] bestellt. Als B an der Tür des C klingelte, schlug die Polizei zu und verhaftete den in einiger Entfernung wartenden A.) Dem dürfte zuzustimmen sein, denn wo das subjektive Band der Mittäterschaft zerrissen ist, kann man entsprechende Handlungen nicht als Mittäterschaftsakte zurechnen.*

Noch weniger sollte es möglich sein, dass jemand wegen versuchter mittäterschaftlicher Tat verurteilt wird, wenn der andere Mittäter tatsächlich zu keinem Zeitpunkt unmittelbar angesetzt hat. Denn ein mittäterschaftlicher Versuch sollte auch nach der Gesamtlösung nur dann möglich sein, wenn zumindest einer der Beteiligten tatsächlich zum Versuch angesetzt hat. Anders gesehen hat dies zu Unrecht der BGH in folgendem berühmt gewordenen und deshalb kurz zu skizzierenden

71 Zutr. *Roxin*, JZ 1998, 212.
72 Richtig gesehen vom OLG München NStZ-RR 1996, 71; ebenso im Erg. *Roxin*, JZ 1998, 212; *ders.*, AT/II, § 29, Rn. 216 ff.
73 LK-*Schünemann*, § 25, Rn. 150 ff.
74 Lesenswert dazu die Kurzbesprechung von *Jung*, JuS 1994, 355.

Fall 46: Z hat den A veranlasst, einen Münzhändler, wie Z erklärte, „zum Schein" zu überfallen und zu berauben. Der Münzhändler – so behauptete der Z – wolle seine Versicherung betrügen. Für seine Mitwirkung sollte A 50 000,– € erhalten, davon 15 000,– € vorab von Z und 35 000,– € aus dem Tresor des Münzhändlers. A sollte dem Münzhändler sein Wissen um dessen Einverständnis mit dem Überfall nicht zu erkennen geben. In Wirklichkeit war der Münzhändler mit dem Überfall nicht einverstanden. A führte die Tat mit einer Scheinwaffe aus und fesselte den Münzhändler in grober Weise. Die Gesamtbeute hatte einen Wert von ca. 400 000,– €. Dem bei der Tat gefesselten Münzhändler gelang es, sich zu befreien und die Polizei zu alarmieren. Noch am Tattag meldete er den Schaden seiner Versicherung. Strafbarkeit des A? (**Münzhändler-Fall** nach BGHSt 40, 299)[75] **309**

Lösung: **310**

I. Fest steht in diesem Fall, dass A **nicht strafbar** ist **wegen schweren Raubes gem. §§ 249, 250 Nr. 1b StGB**, denn er hatte schon keinen Vorsatz zur Gewaltanwendung gegenüber M und zur Wegnahme der Münzen, da er von dessen tatbestandsausschließendem Einverständnis ausging (Gewalt setzt ebenso wie die Wegnahme ein Handeln gegen den Willen des Berechtigten voraus!).

II. Gleiches gilt für die Tatbestände der **Freiheitsberaubung, Nötigung und des Hausfriedensbruchs nach §§ 239, 240, 123 StGB**, die ebenfalls bereits tatbestandlich ein Verhalten gegen den Willen des Betroffenen verlangen, worauf sich der Vorsatz des A aber nicht bezog.

III. Bezüglich einer evtl. vorliegenden **Körperverletzung nach § 223 StGB** (grobe Fesselung[76]) befand sich A wegen der vermuteten Einwilligung des M im Erlaubnistatbestandsirrtum, sodass auch diesbezüglich nach h. M. analog § 16 I StGB der Vorsatz entfiel.

IV. Der BGH charakterisierte das Verhalten des A jedoch als **(ggf. fremdnützigen) versuchten mittäterschaftlichen Betrug nach §§ 263 II, 22, 23 I, 25 II StGB**. Dabei begründete er die Annahme von Mittäterschaft im Wesentlichen damit, dass A nach dessen Vorstellung im arbeitsteiligen Zusammenwirken von M und Z eine ganz wesentliche Stellung einnahm, wobei – wie der BGH in gefestigter Rspr. annimmt – auch das Tätigwerden des Z im Vorbereitungsstadium ausreicht (a. A. wäre hier etwa *Roxin*, der schon wegen des bloßen Tätigwerdens im Vorbereitungsstadium Mittäterschaft ablehnen würde[77]).
Ausgehend hiervon geht der BGH auf das Problem des untauglichen Versuchs ein, das sich dadurch ergibt, dass A nur glaubte, als Mittäter beim Betrug an der Versicherung mitzuwirken, während es objektiv niemals zu einem solchen Betrug kam, weil der M den Schaden berechtigterweise seiner Versicherung meldete. Der BGH konstruiert dabei wie folgt: „Bei der Mittäterschaft treten alle Mittäter einheitlich in das Versuchsstadium ein, sobald einer von ihnen zur Verwirklichung des Tatbestandes unmittelbar ansetzt … Diese Kriterien gelten auch für den untauglichen Versuch … Entscheidend ist hier die Vorstellung des Täters von der Tauglichkeit der Handlung, die als unmittelbares Ansetzen zur Tatbestandsverwirklichung i. S. d. § 22 StGB anzusehen ist." Die nach dem Überfall gemäß der Vorstellung des Täters erfolgende Schadensmeldung durch den vermeintlichen Mittäter müsse sich der

75 Dazu ablehn. *Erb*, NStZ 1995, 424 ff.; *Geppert*, JK 95, § 25 II/9a, b; *Joerden*, JZ 1995, 735 f.; zust. dagegen *Hauf*, NStZ 1994, 263 ff.; tendenziell auch *Heckler*, GA 1997, 76 ff.; *Rossmüller/Rohrer*, MDR 1996, 986 ff.; *Weber*, Lenckner-FS, 1998, S. 446 ff.

76 Für § 224 I Nr. 2, 5 StGB ist nichts ersichtlich, denn dann müsste A die Fesseln in einer Art und Weise eingesetzt haben, die geeignet ist, erhebliche Verletzungen herbeizuführen oder sogar lebensgefährdend zu wirken.

77 Dazu *Roxin*, AT/II, § 25, Rn. 198 ff.; näher Rn. 228.

A daher nach Auffassung des BGH als nach seiner Sicht mittäterschaftlich Handelnder zurechnen lassen, sodass für ihn die Grenze von der Vorbereitungshandlung zum Versuch überschritten worden sei.
Was der BGH hier sagt, ist jedoch abzulehnen. Denn das mindeste, was eine mittäterschaftliche Zurechnung verlangt, ist auch nach der Gesamtlösung ein tatsächlicher Eintritt des anderen Täters in das Versuchsstadium.[78] Nur vorgestellte Tatanteile können keine Zurechnung schaffen. Sonst könnte jemand als Mittäter eine Tat versuchen, obwohl niemals auch nur irgendetwas von irgendjemandem getan wurde, im Beispielsfall also der M etwa gar nicht an seine Versicherung geschrieben hätte.

V. Richtigerweise ist im vorliegenden Fall daher strukturell nur eine **straflose (arg. ex § 30 StGB!) versuchte Beihilfe** zum Betrug gegeben.

VI. Zu denken wäre noch an den Tatbestand des **Vortäuschens einer Straftat nach § 145d I StGB**.
Indessen wollte A den vermeintlichen Raub nicht einer zur Entgegennahme von Anzeigen zuständigen Stelle vortäuschen, sodass allenfalls an § 145d StGB in mittelbarer Täterschaft (vermittelt durch die Versicherung als Anzeigeerstatterin, von deren polizeilicher Meldung A ausgehen musste) zu denken ist. Jedoch ist der Versuch des Vortäuschens einer Straftat nach § 145d I StGB nicht strafbar und § 145d II StGB ist schon seinem Wortlaut nach nicht einschlägig.[79]

VII. Gegeben ist daher nur ein **Versicherungsmissbrauch nach § 265 StGB**, da A eine versicherte Sache beiseite geschafft hat, um einem Dritten Leistungen aus der Versicherung zu verschaffen (§ 265 StGB existiert freilich in der jetzigen Form erst seit dem 6. StrRG; nach alter Rechtslage wäre A entgegen der Auffassung des BGH freizusprechen gewesen).

78 Wie hier *Hillenkamp*, Roxin-FS, 2001, S. 709 f.; *Küpper/Mosbacher*, JuS 1995, 492; *Otto*, AT, § 21, Rn. 126; *Roxin*, AT/II, § 29, Rn. 313 f. (der letztlich aber mit der Einzellösung argumentiert).

79 Näher zum Ganzen *Joerden*, JZ 1995, 736.

§ 8 Rücktritt vom Versuch

A. Grund der Strafbefreiung und Stellung innerhalb des Deliktsaufbaus

I. Strafbefreiungsgrund

- Gnadentheorie, d. h. Gnade für verdienstliches Verhalten 311
  Kritik: Grund der Strafbefreiung bleibt offen.
- Schulderfüllungstheorie, d. h. durch Versuch hat der Täter eine Schuld geschaffen, die er durch den Rücktritt erfüllt.[1]
  Kritik: Auch hier wird der eigentliche Grund für die Strafbefreiung nicht genannt, sondern nur versucht, den Rücktritt zu umschreiben.
- Strafzwecktheorie, d. h. Bestrafung des Täters hat sich als nicht erforderlich erwiesen, da er von selbst in die Legalität zurückgekehrt ist und damit seine Ungefährlichkeit gezeigt hat (h. M.).[2]

Hinweis: *Auch die Strafzwecktheorie ist fragwürdig, da der Rücktritt vom Versuch nicht die Ungefährlichkeit des Täters für die Zukunft belegt. Ich selbst habe daher den Strafbefreiungsgrund schlicht in der durch den Rücktritt bewirkten konkreten Gefährdungsumkehr gesehen.[3] Die Frage des Strafbefreiungsgrundes wird allerdings ohnehin allenfalls in der mündlichen Prüfung eine Rolle spielen.*

II. Rechtsnatur und Stellung im Deliktssystem

H. M.: Persönlicher Strafaufhebungsgrund; daraus folgt: Rücktritt beseitigt weder Unrecht noch Schuld, sodass er auch **in der Klausur erst nach der Schuld zu prüfen** ist![4] 312

A. A.: Teil der Literatur, wonach der Rücktritt als Schuld- bzw. Verantwortungsausschluss zu begreifen ist.[5]

B. Der Rücktritt nach § 24 I StGB (zugleich Prüfungsschema)

I. Festlegung des Versuchsstadiums

Maßgeblich dafür ist der *Rücktrittshorizont des Täters nach der letzten Ausführungshandlung* (was denkt der Täter nach der letzten Ausführungshandlung?).

---

1 *Herzberg*, Lackner-FS, 1987, S. 325 ff.
2 Vgl. nur *Roxin*, Heinitz-FS, 1972, S. 270; *Schünemann*, GA 1986, 326.
3 Vgl. dazu *Jäger*, Rücktritt, 1996, S. 65, 128.
4 *Jescheck/Weigend*, AT, § 51 VI 1; *Krey/Esser*, AT, Rn. 1263; *Kühl*, AT, § 16, Rn. 8; *Sch/Sch/Eser/Bosch*, § 24, Rn. 4; *Fischer*, § 24, Rn. 2; *Wessels/Beulke/Satzger*, AT, Rn. 626; eingehend zum Rechtsgrund des Rücktritts *Haas*, ZStW 123 (2011), 226 ff.; vgl. auch die ausführliche Darstellung der Klausurschwerpunkte bei *Hoven*, JuS 2013, 305 ff., 403 ff.
5 *Roxin*, AT/II, § 30, Rn. 29 ff.; *ders.*, Kriminalpolitik und Strafrechtssystem, 2. Aufl. 1973, S. 36 ff.; *ders.*, Heinitz-FS, 1972, S. 273 ff.; *ders.*, AT/I, § 23, Rn. 17. Ihm im Wesentlichen folgend *Rudolphi*, ZStW 85 (1973), 212 f.; *ders.*, SK, § 24, Rn. 6; *Ulsenheimer*, Grundfragen des Rücktritts vom Versuch in Theorie und Praxis, 1976, S. 94 ff.

1. Fehlgeschlagener Versuch

313 Dieser liegt vor, wenn der Täter nach der letzten Ausführungshandlung davon ausgeht, noch nicht alles Erforderliche zur Erfolgsherbeiführung getan zu haben und für sich im unmittelbaren Fortgang des Geschehens auch keine Möglichkeiten mehr hierzu sieht. Begreift man den Rücktritt als Gefährdungsumkehr (soeben Rn. 311), so ergibt sich bereits hieraus die Existenz des nicht rücktrittsfähigen fehlgeschlagenen Versuchs. Denn wo dem Täter die Bewirkung des Erfolges ohnehin nicht mehr möglich ist, ist das Untätigbleiben kein Ausdruck einer Umkehr.[6]

Ein Fehlschlag kann dabei nach h. M. aus physischen (Bsp.: Der Täter ist dem Opfer unterlegen), psychischen (Bsp.: Der Täter erleidet einen Blutschock, der ihn geistig handlungsunfähig macht; der BGH nimmt bei psychischen Hemmnissen aber Unfreiwilligkeit an, vgl. Rn. 314, Beispiel 4) oder rechtlichen (Bsp.: Das Opfer einer Vergewaltigung willigt in den Geschlechtsverkehr ein, sodass Gewaltanwendung durch Bruch von Widerstand, wie es § 177 StGB voraussetzt, rechtlich nicht mehr möglich ist) Gründen gegeben sein. Ob ein Fehlschlag auch vorliegt, wenn das Tatobjekt entscheidend hinter den Erwartungen des Täters zurückbleibt (Bsp.: Der Täter möchte für einen Geschäftsbeginn 1000 € stehlen, findet aber nur 10 € vor, die für ihn wertlos sind und die er daher liegen lässt; Täter will einen Ball stehlen und merkt beim Hochheben, dass es sich um eine für ihn wertlose Holzkugel handelt, die er deshalb nicht mitnimmt) ist umstritten, wird aber überwiegend bejaht. Kein teilweiser Fehlschlag ist anzunehmen, wenn der Täter in ein Haus einbricht, um aus einem Tresor zu stehlen, diesen aber nicht öffnen kann und sich dann entfernt, obwohl er außerhalb des Tresors noch Gegenstände entwenden könnte. Dies ist zumindest dann kein Fehlschlag, wenn der Täter einen allgemeinen Stehlwillen hatte, d.h. sein Vorsatz nicht auf Gegenstände aus dem Tresor begrenzt war.[7]

Strittig ist auch, ob ein Fehlschlag wegen psychischer Unmöglichkeit anzunehmen ist, wenn der Vergewaltiger erkennt, dass das ausgewählte Opfer eine gute Bekannte ist, sodass er geistig nicht in der Lage ist, die Vergewaltigung weiter auszuführen.[8] Der BGH hat diesen Fall unter dem Gesichtspunkt der Freiwilligkeit des Rücktritts gelöst, wobei er Unfreiwilligkeit in Erwägung zieht, wenn für den Täter die Gewissheit ausschlaggebend war, bei weiterem Handeln angezeigt und bestraft zu werden, während er Freiwilligkeit des Rücktritts für möglich hält, wenn der ausschlaggebende Grund für die Abstandnahme darin lag, dass sich der Täter schämte.

Wird jedenfalls ein Fehlschlag bejaht, so ist der Versuch rücktrittsunfähig und die Rücktrittsprüfung damit grundsätzlich beendet.

---

6 Vgl. *Jäger*, Rücktritt, 1996, S. 73 ff.; ebenso *Roxin*, NStZ 2009, 319 unter Berufung auf das von mir entwickelte Kriterium der Gefährdungsumkehr; vgl. auch BGH NStZ 2014, 396 m. Bspr. *Kudlich*, JA 2014, 547 ff.; krit. zum fehlgeschlagenen Versuch dagegen *F.-C. Schroeder*, NStZ 2009, 9 ff. sowie *Gössel*, GA 2012, 65 ff.; *Fahl*, GA 2014, 453 ff.

7 Näher *Bürger*, NStZ 2016, 578 ff.

8 Vgl. dazu BGHSt 9, 48; für Fehlschlag etwa *Roxin*, Höchstrichterliche Rspr. zum AT, Fall 61, S. 193; dazu auch *Fahl*, JA 2003, 757 ff. m. w. N.

Sonderproblem: Wiederholte Tatausführung (iterative Tatbegehung) – auch bei außertatbestandlicher Zielerreichung anzusprechen! 314

a) Tatplantheorie: Nach ihr ist der Tatplan bei Beginn der Tat entscheidend. Hat der Täter seinen Tatplan von vornherein auf einen oder ganz bestimmte Tätigkeitsakte beschränkt, so ist der Versuch nach Vornahme dieser Akte fehlgeschlagen und ein Rücktritt ausgeschlossen, auch wenn der Täter von weiteren erfolgversprechenden Tätigkeitsakten Abstand nimmt. Hat der Täter dagegen seinen Tatplan nicht von vornherein beschränkt, bleibt der Rücktritt auch nach Vornahme weiterer Akte möglich, sofern der Täter davon ausgeht, dass die bisherigen Ausführungshandlungen zur Erfolgsherbeiführung noch nicht ausreichen.

Kritik: Die Tatplantheorie führt zu einer ganz unangemessenen Bevorzugung des skrupellosen Täters, der jedes erdenkliche Mittel in seinen Tatplan aufgenommen hat. Denn derjenige, der sich vorgenommen hat, sein Opfer mit einem Schuss zu töten, kann, wenn er mit dem ersten Schuss fehlt, nicht mehr zurücktreten, da der Tatplan fehlgeschlagen ist. Wer sich dagegen vorgenommen hat, so viele Schüsse wie nötig abzufeuern, kann noch bis zur letzten verbleibenden Kugel zurücktreten.

b) Einzelaktstheorie: Nach ihr ist jeder Versuchsakt getrennt zu betrachten, sodass bei Misslingen eines auf Erfolg zielenden Handlungsakts bereits ein rücktrittsunfähiger fehlgeschlagener Versuch vorliegt. Ein Rücktritt ist danach nur noch von den weiter durchführbaren und damit noch nicht fehlgeschlagenen Versuchshandlungen möglich.

Kritik: Die Einzelaktstheorie berücksichtigt nicht, dass der Täter trotz Vollendungsmöglichkeit in die Legalität zurückgekehrt ist und dass ihm auch aus Opferschutzgründen durch die Aussicht auf Straffreiheit ein Anreiz zum Rücktritt geschaffen werden muss. Sieht man im Übrigen das Wesen des Rücktritts in der (versuchten) Gefährdungsumkehr, so berücksichtigt die Einzelaktstheorie gerade nicht hinreichend, dass sich der Täter für die Rechtsgutserhaltung entschieden hat,[9] worauf es in einem funktionalen Strafrechtssystem gerade auch im Hinblick auf den Wortlaut des § 24 I S. 1 Alt. 1 StGB ankommen sollte.

c) Gesamtbetrachtungslehre (h. M.): Danach ist auch bei iterativer Tatbegehung der Rücktrittshorizont des Täters nach der letzten Ausführungshandlung entscheidend.[10] Geht der Täter zu diesem Zeitpunkt davon aus, dass seine bisherigen Handlungen noch nicht geeignet sind, den Erfolg herbeizuführen, dass er diesen aber mit den ihm in unmittelbarem Fortgang zur Verfügung stehenden Mitteln noch verwirklichen könne, so ist der Versuch insgesamt nach wie vor unbeendet, sodass der Täter durch bloße Aufgabe noch Straffreiheit erlangen kann. Der BGH und die h. L. verlangen dafür allerdings einen „einheitlichen Lebensvorgang"[11] bzw. eine „natürliche Versuchseinheit".[12]

9 Vgl. zu diesem Argument *Jäger*, Rücktritt, 1996, S. 122 f.

10 Ausführlich gegen Gesamtbetrachtungslehre und Rücktrittshorizont auch *Bosch*, Jura 2014, 395 ff.

11 Vgl. nur BGHSt 34, 57 m. zust. Anm. *Fahrenhorst*, NStZ 1987, 278 f.; *Kadel*, JR 1987, 117 ff.; BGHSt 35, 94; BGH NStZ 1986, 265; 1994, 535; 2006, 685; 2007, 91.

12 Vgl. *Lackner/Kühl*, § 24, Rn. 6 m. w. N. Siehe auch *Schlüchter*, Baumann-FS, 1992, S. 83 f. Zu eng dürfte es dagegen sein, wenn *Ranft*, Jura 1987, 527 die Gesamtbetrachtung auf „artgleiche Tatmittel" beschränkt.

Für sie spricht vor allem das Gesetz selbst, wonach der Täter nur die „weitere" Tatausführung aufgeben muss. § 24 StGB wirft den Blick insofern nach vorn und nicht zurück.[13] Es sind daher die vom Täter bewirkte bzw. beabsichtigte Gefährdungsumkehr sowie der mit § 24 StGB verfolgte Opferschutz, die für Straffreiheit sprechen.[14]

Ich selbst habe mich der Gesamtbetrachtungslehre grundsätzlich angeschlossen, glaube aber, dass sie einer Modifizierung bedarf. Danach muss der Täter eine objektiv oder subjektiv bestehende Gefährdung umkehren. Die bloße Berufung auf weitere mögliche Tatmittel, deren Anwendung im Tatgeschehen in keiner Weise angelegt ist, genügt daher grundsätzlich nicht, da § 24 StGB anderenfalls zum „Tummelplatz von Ausreden, Ausflüchten und Schutzbehauptungen des Angeklagten"[15] würde. Angeschlossen hat sich dieser von mir entwickelten sog. modifizierten Gesamtbetrachtungslehre *Roxin*.[16]

Auch der BGH steht seit der Entscheidung BGHSt 31, 170 ff. auf dem Standpunkt der Gesamtbetrachtungslehre:

Beispiel 1: M übergoss seine Frau mit Benzin, um sie anzuzünden. Bei seinem Bemühen, Streichhölzer zu entflammen, entstand eine Rangelei, in deren Verlauf die Frau in den Garten flüchten konnte. M holte sie ein, riss sie zu Boden und würgte sie, bis sie das Bewusstsein verlor. Dann ließ er jedoch von ihr ab und gab seine Tötungsabsicht auf. **(Benzinguss-Fall)**[17]

Lösung: Der BGH sah hier, anders als das LG, in den beiden Tathandlungen des M nicht zwei rechtlich selbstständige Tötungsversuche gegenüber der Frau, sondern lediglich zusammengehörige Teilakte eines einheitlichen Geschehens, das nach den vergeblichen Versuchen, die F anzuzünden, noch nicht endgültig gescheitert (fehlgeschlagen) war. M konnte daher für „die Tat insgesamt" (d. h. für die Tötung insgesamt) Straffreiheit erlangen, als er die Tötung durch Erwürgen aufgab, weil darin eine „honorierfähige Umkehrleistung" im Hinblick auf das geschützte Rechtsgut zu sehen sei. Auf die vollendeten §§ 223, 224 StGB kann sich dieser Rücktritt *vom Versuch* freilich nicht beziehen.

Beispiel 2: Ein Flugschüler griff seinen am Steuer sitzenden Pilotenausbilder in suizidaler Absicht an, um das Flugzeug zum Absturz zu bringen. Hierzu schlug er dem Piloten zunächst mit einem 1,1 kg schweren Stein auf den Kopf und ging – nachdem er bemerkt hatte, dass der Pilot nicht bewusstlos geworden war – dazu über, ihm mit den Daumen in die Augenhöhlen hineinzufahren. Während des nachfolgenden Gerangels drückte der Täter den Steuerhebel nach unten, um den schon eingesetzten Sturzflug zu beschleunigen. Das Flugzeug steuerte dadurch rasant nach unten. Schließlich gewann der Pilot aber doch wieder kurz vor dem Boden die Herrschaft über die Maschine und konnte sie gerade noch nach oben ziehen. Dabei saß der Täter nunmehr schweigend neben ihm. Bei der darauf folgenden Notlandung überschlug sich das Flugzeug und blieb auf dem Dach liegen.[18]

---

13 *Jäger*, Rücktritt, 1996, S. 123; diesem Argument angeschlossen hat sich auch *Roxin*, AT/II, § 30, Rn. 204 a. E.

14 Näher zum Ganzen *Jäger*, Rücktritt, 1996, S. 123; *ders.*, NStZ 1998, 161 ff. Vgl. zum Opferschutzgedanken auch *Roxin*, AT/II, § 30, Rn. 207. Das Argument, dass der Täter das Gesetz nicht kenne und sich daher auch von der Rücktrittsnorm nicht zum Schutz des Opfers motivieren lasse, überzeugt nicht, da sich das Gesetz selbstverständlich auch und gerade an den Kenner wenden sollte.

15 *Ulsenheimer*, Grundfragen des Rücktritts vom Versuch in Theorie und Praxis, 1976, S. 235, der jedoch aufgrund dieser Befürchtung zu Unrecht die Einzelaktstheorie befürwortet.

16 *Roxin*, AT/II, § 30, Rn. 197.

17 BGH NStZ 1986, 264.

18 BGH NStZ 2015, 26 m. Anm. *Hecker*, JuS 2015, 367 und *Puppe*, NStZ 2015, 332.

Lösung: Auch hier hielt der BGH einen strafbefreienden Rücktritt von wiederholter Ausführungshandlung für möglich (betreffend den versuchten Mord wegen Heimtücke), da die Einzelakte untereinander sowie mit der letzten Tathandlung verbunden und somit Teile eines - durch die subjektive Zielsetzung des Täters verbundenen - örtlich und zeitlich einheitlichen Geschehens seien.

Im Einzelfall kann allerdings die Feststellung schwierig sein, wie lange von einem „einheitlichen Lebensvorgang" bzw. von einer „natürlichen Versuchseinheit" ausgegangen werden kann. Entscheidend ist die Frage deshalb, weil ein Rücktritt auch nach der Gesamtbetrachtungslehre nur dann möglich ist, wenn von einem zusammenhängenden Versuchsgeschehen die Rede sein kann. Das Problem wird verdeutlicht durch folgendes, aus der Rechtsprechung stammendes

Beispiel 3: A fuhr mit B in ein Waldgebiet. Dort zog er eine Pistole und schoss auf seinen arg- und wehrlosen Beifahrer B in Tötungsabsicht. Er traf B allerdings lediglich oberhalb des Schlüsselbeins, sodass dieser aus dem Fahrzeug in ein angrenzendes Waldstück fliehen konnte. A schoss noch dreimal in Richtung des B, ohne diesen allerdings zu treffen. Daraufhin wendete A sein Fahrzeug und verblieb am Tatort. Als B nach kurzer Zeit wieder aus dem Wald herauskam und versuchte, den Fahrer eines 40 m voraus stehenden Fahrzeugs zu seiner Mitnahme zu bewegen, schoss A erneut auf B, ohne ihn allerdings zu treffen. Sodann folgte er dem wiederum flüchtenden B mit dem Auto und rief ihm zu: „Was habe ich getan? Was habe ich getan? Steig ein!" Tatsächlich stieg B bei A in das Fahrzeug ein, nachdem er diesen dazu bewogen hatte, die Waffe wegzuwerfen.[19]

Lösung: Anders als das LG hielt es der BGH hier für möglich, dass A sein Tötungsvorhaben in dem Moment, in dem B vor den Blicken des A in den Wald geflohen war, noch nicht als endgültig gescheitert erachtet hat. Vielmehr sei denkbar, dass A den B deshalb nicht verfolgte, weil er mit einer zeitnahen Rückkehr des B rechnete, die es ihm ermöglichen sollte, die Tat dann zu vollenden. In diesem Fall könnten die dann durch einen fortbestehenden Tötungsvorsatz verbundenen Einzelakte bis zum Wegwerfen der Pistole in einem derart unmittelbaren räumlichen und zeitlichen Zusammenhang stehen, dass das gesamte Handeln des A in diesem Handlungsabschnitt auch für einen Dritten als einheitliches, zusammengehörendes Tun in Erscheinung trete. Folge sei dann, dass der Versuch nicht fehlgeschlagen und daher noch rücktrittsfähig war.

Beispiel 4: A betrat ein Juweliergeschäft, aus dem er wertvolle Schmuckstücke entwenden wollte. Dabei hoffte er, diese in einem unbeobachteten Moment einstecken zu können; für den Fall, dass dies nicht gelingen würde, hatte er sich mit einem Elektroschockgerät und Pfefferspray ausgerüstet, um damit die Herausgabe der Schmuckstücke oder die Duldung ihrer Wegnahme notfalls mit Gewalt durchzusetzen. Da sich ein solch unbeobachteter Moment jedoch nicht ergab, entschloss sich A daher, das Elektroschockgerät einzusetzen und schaltete es ein, wobei er zunächst selbst einen Stromschlag erlitt. Sodann hielt er es der Mitarbeiterin M an den Kopf und löste mindestens vier weitere Stromschläge aus. M ging daraufhin fast zu Boden und begann, in Panik laut zu schreien. A verlor nunmehr die Kontrolle über die Situation und war nicht mehr in der Lage, noch einen klaren Gedanken zu fassen. Er verließ deshalb fluchtartig das Geschäft, ohne Teile des nunmehr offen in seinem Zugriffsbereich liegenden Schmucks mitzunehmen.[20]

Lösung: Der BGH entscheidet sich der Sache nach eindeutig dafür, jedenfalls die psychische Unmöglichkeit nicht unter die Rubrik des Fehlschlags zu fassen. Diese Verneinung eines fehlgeschlagenen Versuchs ergibt aus den Urteilsgründen, wonach innere Umstände nur das Merkmal der Freiwilligkeit betreffen können. Danach kann es, selbst wenn äußere Umstände einer Tatvollendung nicht entgegenstehen, gleichwohl an der Freiwilligkeit des Abbruchs der weiteren Tatausführung fehlen, wenn willensunabhängige Tatumstände das Weiterhandeln unmöglich

---

19 BGH StraFo 2009, 78 ff.; m. lesenswerter Anm. von *Bosch*, JA 2009, 392 ff.

20 BGH 3 StR 89/15 m. Anm. *Jäger*, JA 2016, 232 ff.

machen. Solche können gegeben sein, wenn der Täter an der weiteren Tatbegehung wegen unwiderstehlicher innerer Hemmungen, etwa in Folge Schocks oder seelischen Drucks, gehindert ist. Der BGH nahm daher hier einen unfreiwilligen Rücktritt an. Zwingend ist dies freilich nicht, da man auch einen Fehlschlag kraft psychischer Unmöglichkeit hätte annehmen können. Im Ergebnis führen allerdings beide Lösungen zu einer Strafbarkeit wegen versuchten besonders schweren Raubes nach §§ 249, 250 II Nr. 1, 22, 23 StGB. Daneben ist auch § 224 I Nr. 2 StGB erfüllt.

Wurde ein fehlgeschlagener Versuch verneint, so ist hinsichtlich der Versuchsstadien weiter zu prüfen:

2. Unbeendeter Versuch

315 Er ist gegeben, wenn der Täter nach der letzten Ausführungshandlung davon ausgeht, noch nicht alles Erforderliche zur Erfolgsherbeiführung getan zu haben, dies aber im unmittelbaren Fortgang noch für möglich hält.

3. Beendeter Versuch

316 Er liegt vor, wenn der Täter nach der letzten Ausführungshandlung davon ausgeht, bereits alles Erforderliche zur Erfolgsverwirklichung getan zu haben oder dies auch nur für möglich hält. Letzteres unterstellt der BGH dem Täter häufig, wenn er dem Opfer bereits erhebliche und damit mutmaßlich lebensgefährliche Verletzungen zugefügt hat,[21] so z. B. auch in einem Fall, in dem der Täter dem Opfer durch einen Schlag mit einem Barhocker einen Schädelbasisbruch zufügte und dieses mit Lähmungserscheinungen bewusstlos am Boden liegen blieb.[22] Schließlich ist nach Auffassung des BGH auch dann ein beendeter Versuch gegeben, wenn der Täter sich überhaupt keine Vorstellungen über die Folgen seines Handelns macht, weil ihm etwa der Tod des Opfers gleichgültig ist.[23]

317 **Sonderproblem: Korrektur des Rücktrittshorizonts in unmittelbarem zeitlich-räumlichem Zusammenhang**

Beispiel 1: A sticht in Tötungsabsicht auf B ein und sagt: „Jetzt bist Du erledigt", wobei er davon ausgeht, dass er B tödliche Verletzungen zugefügt habe. B erwidert jedoch: „Ich lebe noch, ich rufe die Polizei" und läuft davon. Obwohl A nunmehr erkennt, dass B nicht tödlich verletzt ist, dringt er auf B nicht weiter ein, obschon es ihm ein Leichtes gewesen wäre, den B zu verfolgen.[24]

Hier gilt nach Auffassung des BGH die in unmittelbarem zeitlichen Zusammenhang mit der letzten Ausführungshandlung korrigierte Sicht des Täters, weshalb in diesem Fall insgesamt nach wie vor ein unbeendeter Versuch vorgelegen habe, von dem A durch bloßes Aufgeben nach § 24 I S. 1 Alt. 1 StGB zurücktreten kann. Es bleiben freilich die §§ 223, 224 I Nr. 2 StGB.

Beispiel 2: A sticht auf B ein und glaubt, ihn nicht lebensgefährlich verletzt zu haben, weil B davonläuft. Nach 30 m bricht B jedoch zusammen, was A auch erkennt. Auch hier ist nach Meinung des BGH eine Korrektur des Rücktrittshorizonts in unmittelbarem zeitlich-räumlichem

---

21 Vgl. BGHSt 39, 227; BGH StV 2005, 386 f.; vgl. aber bei gedanklicher Indifferenz gegenüber dem möglichen Erfolg BGH NStZ 2014, 143 m. Anm. *Nestler*.
22 BGH NStZ 2011, 209 m. Anm. *v. Heintschel-Heinegg*, JA 2011, 551.
23 BGH NStZ 2014, 509; BGH Urt. v. 16.4.2015 – 3 StR 645/14.
24 BGHSt 36, 224; siehe zur Korrektur des Rücktrittshorizonts auch *Rengier*, AT, § 37, Rn. 34 ff., 49 ff.

Zusammenhang gegeben, sodass insgesamt ein beendeter Versuch anzunehmen ist, weshalb der Täter dann den Erfolgseintritt nach § 24 I S. 1 Alt. 2 StGB grundsätzlich verhindern muss.[25]

Beispiel 3:[26] A hatte seiner Frau elfmal in den Oberkörperbereich gestochen und war zunächst davon ausgegangen, dass sie versterben werde. Dann aber lief die Frau weg und konnte in einem der Hausflure des Etagenheims Unterschlupf bei einem Nachbarn finden. Der Täter folgte seiner Frau nicht, sondern schaute nur, ob die Frau unten die Haupttür des Etagenwohnheims verließ. Dies war nicht der Fall. Der Täter bekam nun Bedenken hinsichtlich der Folgen, die seine Tat für ihn haben könnte und fügte sich Selbstverletzungen zu, um das Ganze als Notwehr aussehen zu lassen. Auch hier hat der BGH eine Korrektur des Rücktrittshorizonts weg vom beendeten Versuch hin zum unbeendeten Versuch angenommen. Insbesondere hat er diese Korrektur deshalb zugelassen, weil sich das Opfer noch vom Tatort wegbewegt habe und der Täter daher davon ausgehen konnte, dass noch nicht alles Erforderliche zur Erfolgsbewirkung getan sei. Dementsprechend hat der BGH im gegebenen Fall einen Rücktritt allein durch Aufgabe nach § 24 I S. 1 Alt. 1 StGB für möglich gehalten. Die Entscheidung ist allerdings fragwürdig, weil A – insbesondere als er sah, dass das Opfer das Haus nicht verließ – davon ausgehen musste, dass die Verletzungen doch erheblich waren. A hätte daher den Erfolg verhindern (§ 24 I S. 1 Alt. 2 StGB) oder – sofern seine Frau bereits durch Dritte gerettet worden war – sich wenigstens um Verhinderung des Erfolges ernsthaft bemühen müssen (§ 24 I S. 2 StGB). Folgt man dagegen dem BGH, so ist A strafbefreiend vom Tötungsversuch zurückgetreten und hat sich lediglich wegen gefährlicher Körperverletzung strafbar gemacht.

In einem anderen Fall lehnte der BGH allerdings eine Korrektur des Rücktrittshorizonts mangels engen zeitlich-räumlichen Zusammenhangs ab. Dort lag zwischen der letzten Ausführungshandlung, nach der der Täter den Versuch für unbeendet hielt, und dem Erkennen der Möglichkeit des Erfolgseintritts ein Zeitraum von etwa 15 Minuten und das Opfer hatte sich zudem vom Hausflur, in dem die Tat geschehen war, in seine eigene Wohnung zurückgezogen.[27] Der BGH nahm deshalb an, dass der Täter durch bloßes Aufgeben vom unbeendeten Versuch zurückgetreten sei. Das Untätigbleiben nach Erkennen des Erfolgseintritts kann in einem solchen Fall aber eine Strafbarkeit wegen Tötung durch Unterlassen (Garantenstellung aus Ingerenz) begründen.

Problematisch sind im Hinblick auf die Korrektur des Rücktrittshorizonts insbesondere auch diejenigen Fälle, in denen der Täter nach der letzten Ausführungshandlung irrtümlich annimmt, die Tat bereits vollendet zu haben.[28] Dazu nachstehendes

Beispiel: A hatte seine Ehefrau durch mehrere Schläge mit einer Machete schwer verletzt. Er ging zunächst irrtümlich davon aus, sie dadurch getötet zu haben. Das berichtete er auch einem Nachbarn, der sodann ohne Wissen des A die Polizei informierte. Noch bevor der von der Polizei verständigte Rettungsdienst eintraf, rief auch A die Polizei an. Erst während des Gesprächs bemerkte er, dass seine Frau noch lebte und forderte die Polizei nun auf, alsbald ärztliche Hilfe zu schicken, da sie sonst verbluten würde. Tatsächlich konnte der eintreffende Notarzt das Leben der Frau retten (nach BGH NStZ 2011, 688).

---

25 Nach BGH NStZ 1998, 614 m. Anm. *Jäger*, NStZ 1999, 608 ff.; siehe dazu auch den sehr ähnlich gelagerten Fall BGH NStZ-RR 2012, 106, in dem der Angeklagte auch zunächst davon ausging, sein Opfer nicht lebensgefährlich verletzt zu haben, kurze Zeit später aber erkennen musste, dass dieses noch in der Wohnung zusammengebrochen und nicht mehr ansprechbar mit einer stark blutenden Wunde auf dem Boden lag.

26 BGH NStZ-RR 2015, 106 m. Anm. *Jäger*, JA 2015, 549 ff.

27 BGH NStZ 2010, 146.

28 Vgl. dazu auch BGH NStZ 2014, 569 m. Anm. *Nestler* und m. Bspr. *Hecker*, JuS 2014, 1041 ff.

Lösung: Der BGH verneint hier eine Korrektur des Rücktrittshorizontes. Wenn der Täter sein Opfer für tot hält, kann er – so der BGH – nach seiner letzten Ausführungshandlung keinen Rücktrittshorizont haben, weil aus seiner Sicht der tatbestandliche Erfolg eingetreten und somit ein Rücktritt ausgeschlossen ist. Ein Rücktrittshorizont sei vielmehr erstmals für A entstanden, als er bemerkte, dass seine Frau noch lebte. Da also nach der letzten Ausführungshandlung noch gar kein Rücktrittshorizont bestanden habe, könne dieser auch später nicht mehr korrigiert werden. Es liegt daher kein Rücktritt vom unbeendeten Versuch, sondern ein Rücktritt vom beendeten Versuch nach § 24 I S. 2 StGB vor. Diesbezüglich ist ein hinreichendes freiwilliges und ernsthaftes Bemühen um Erfolgsverhinderung zu bejahen.

Wurde in der Klausur ein beendeter oder unbeendeter Versuch bejaht, so ist in der Prüfung fortzufahren:

II. Festlegung der Rücktrittsanforderungen

1. Unbeendeter Versuch, § 24 I S. 1 Alt. 1 StGB

a) Objektive Rücktrittsvoraussetzung: Aufgabe

318 Es genügt also beim unbeendeten Versuch, dass der Täter einfach nicht weiterhandelt.

Sonderproblem der außertatbestandlichen Zielerreichung:

Beispiel: A will dem B einen Denkzettel verpassen und sticht mit bedingtem Tötungsvorsatz auf ihn ein; nach dem ersten Stich genügt ihm die Bestrafungsaktion und er entfernt sich daher. Rücktritt? (sog. **Denkzettel-Fall**)[29]

Der Große Senat des BGH, dem diese Frage nach einem Zickzackkurs der Rspr. vorgelegt wurde, stellt auf die Tat i. S. v. § 11 I Nr. 5 StGB ab.

Diese Tat (Tötung) befinde sich noch im Stadium des unbeendeten Versuchs, sodass der Täter durch bloßes Nichtweiterhandeln vom Totschlagsversuch zurückgetreten sei. Er begründet dies damit, dass Tat i. S. v. § 24 StGB nur die Tat im sachlich-rechtlichen Sinn sei, sodass weitergehende Beweggründe, Absichten oder Ziele unmaßgeblich seien. Außerdem dürfe der bedingt vorsätzlich Handelnde nicht schlechter gestellt werden als der mit dolus directus Handelnde. Im Übrigen gebiete der Opferschutz eine rücktrittsfreundliche Auslegung des § 24 StGB. Auch sei das Ergebnis nicht kriminalpolitisch unerträglich, weil häufig schon ein beendeter oder ein fehlgeschlagener Versuch gegeben seien. Letzteres z. B., wenn ein Ansetzen des Täters nur so erfolgen könne, dass kein einheitlicher Lebenssachverhalt mehr vorläge. Tatsächlich hat der 5. Senat dies in einem Fall angenommen, in dem der Angeklagte mit bedingtem Tötungsvorsatz auf seinen Verfolger geschossen und danach aufgehört hatte, weil der Verfolger den Rückzug antrat; hier, so der BGH, würde einem erneuten Ansetzen ein neuer Tatentschluss zugrunde liegen, weshalb nicht mehr von einem einheitlichen Geschehen gesprochen werden könne.[30] Fraglich bleibt freilich, worin der eigentliche Unterschied zum Denkzettelfall liegen soll; hier wie dort hat der Täter sein Ziel erreicht und müsste daher einen neuen Tatentschluss fassen.

---

29 BGHSt (GrS) 39, 221; *Bott*, Jura 2008, 753 ff.; zust. *Zieschang*, AT, S. 139.
30 BGH NStZ 1994, 493; a. A. *Roxin*, JZ 1993, 896; *Kudlich*, JuS 1999, 353 m. w. N.

Die Lit. stellt demgegenüber auf die außertatbestandliche Zielerreichung ab, die zur Folge habe, dass der Täter wegen der Zielerreichung seinen Versuch nicht mehr fortsetzen könne. Ein Rücktritt von der Tat scheide daher aus, weil der Täter nach der Zielerreichung (Denkzettel) ein neues Tötungsmotiv fassen müsste und dieses neue Tötungsmotiv eine neue Tat bilde. Ein Aufgeben der ursprünglichen Tat käme deshalb nicht mehr in Betracht,[31] denn einen Vorsatz, den der Täter nicht mehr hat, könne er auch nicht mehr aufgeben (alles sehr str. und ungeklärt, jedoch erscheint die Literaturauffassung vorzugswürdig, weil eine Strafbefreiung des Täters dem Zweck des § 24 StGB zuwiderliefe: Der Täter, der nicht weiterhandelt, weil er sein Ziel ohnehin erreicht hat, manifestiert damit keine Rückkehr in die Legalität, sondern passt sich nur den neuen Umständen an).

Achtung Klausur: *Man erkennt das Sonderproblem der außertatbestandlichen Zielerreichung im Fall meist daran, dass der Täter beim Versuch um eines anderen Zieles willen mit dolus eventualis hinsichtlich der Tatbestandsverwirklichung handelt und nach Erreichung des außerhalb des Tatbestands liegenden Zieles aufhört. Vorsicht also bei dolus eventualis-Versuchen!*

Allerdings kann das Problem der außertatbestandlichen Zielerreichung auch in Fällen auftauchen, in denen der Täter mit dolus directus 1. oder 2. Grades handelt. Dies ist etwa der Fall, wenn A den B töten will und zu diesem Zwecke auf ihn schießt, nach dem Schießen aber erkennt, dass B eine nicht lebensgefährliche Wunde davon getragen hat, die dem A als „Sanktionierungserfolg" für seine Zwecke genügt. Vgl. zu einem solchen Fall auch Jäger, BT, Rn. 299c.

b) Subjektive Rücktrittsvoraussetzung: Freiwilligkeit[32]

aa) Psychologische Theorie (BGH und Teil der Lit.): Danach ist Unfreiwilligkeit anzunehmen, wenn für den Täter ein „zwingender Grund bestand, die Durchführung seines Vorhabens aufzugeben", „er also durch eine äußere Zwangslage daran gehindert oder durch seelischen Druck unfähig wurde, die Tat zu vollbringen". Freiwillig soll der Rücktritt dagegen sein, wenn der Zurücktretende „Herr seiner Entschlüsse" blieb.[33] Dabei betont der BGH, dass das Gesetz zur Bejahung der Freiwilligkeit keinen billigenswerten Beweggrund und kein sittlich hochwertiges Motiv verlange.[34] Damit liegt der BGH auf der Linie der Lehre von den heteronomen und autonomen Rücktrittsmotiven,[35] wonach der Rücktritt unfreiwillig ist, wenn heteronome, d. h. vom Willen des Täters unabhängige Motive ein Aufgeben der Tat erzwingen, während er freiwillig ist, wenn autonome, d. h. selbstgesetzte Motive für die Rücktrittsentscheidung verantwortlich sind. Freiwilligkeit scheidet danach insbesondere dann aus, wenn der **319**

31 Vgl. *Roxin*, JZ 1993, 896; so letztlich auch *Ceffinato*, JR 2016, 622 f., der auf den fehlenden Gesinnungswandel abstellt.

32 Dazu auch *Amelung*, GA 2008, 205 ff.

33 BGHSt 7, 299; 20, 280; 35, 186; BGH NStZ 1993, 279 jeweils m. w. N.; vgl. auch BGH NStZ-RR 2014, 9 m. Bspr. *Hecker*, JuS 2014, 461 ff. und *v. Heintschel-Heinegg*, JA 2014, 70 f.

34 BGHSt 35, 187.

35 Vgl. dazu mit unterschiedlichen Nuancierungen *Sch/Sch/Eser/Bosch*, § 24, Rn. 43; *Fischer*, § 24, Rn. 6 ff.; *Wessels/Beulke/Satzger*, AT, Rn. 652; LK-*Lilie/Albrecht*, § 24, Rn. 220 ff. Siehe aber auch *Schröder*, JuS 1962, 83; *ders.*, MDR 1956, 323.

Täter nur deshalb zurücktritt, weil er das mit der Fortsetzung der Tat verbundene Wagnis einer Entdeckung und Ergreifung als unvertretbar hoch einschätzt.[36]

bb) Normative Theorie (Teil der Lit.): Hier ist vor allem die von *Roxin* begründete Lehre von der Verbrechervernunft anzusiedeln, wonach der Rücktritt unfreiwillig sein soll, wenn er aus der Sicht „eines hartgesottenen, Risiko und Chance des konkreten Tatplanes kalt abwägenden Delinquenten" vernünftig ist[37] (etwa Rücktritt, weil Täter sich entdeckt sieht und bei einer Fortsetzung mit Verhaftung zu rechnen hat). Freiwillig ist der Rücktritt dagegen, wenn er „nach den Maßstäben seines Gewerbes" unvernünftig ist[38] (etwa Rücktritt aus Mitleid oder allgemeiner Furcht vor Bestrafung).

cc) Stellungnahme: Der BGH hat eine Normativierung des Freiwilligkeitsbegriffs unter Hinw. auf den Bestimmtheitsgrundsatz des Art. 103 II GG stets abgelehnt. Daran ist so viel richtig, dass Regeln der Verbrechervernunft nicht nur schwer verifizierbar sind, sondern vielfach auch zu willkürlichen Ergebnissen führen. Ich selbst habe daher vorgeschlagen, bei der Freiwilligkeitsbestimmung auf die Regeln der täterschaftlichen Autonomiebestimmung zurückzugreifen.[39] Danach ist Unfreiwilligkeit möglich kraft Nötigung (entsprechend § 35 StGB), kraft Schuldunfähigkeit (entsprechend § 20 StGB), kraft Irrtums über die weitere Ausführbarkeit (die h. M. nimmt in diesem Fall freilich einen Fehlschlag an) sowie kraft Wegfalls des Handlungssinns.[40] Man kann dies als eine am Gesetz orientierte psychologisierende Betrachtungsweise bezeichnen, die dem Studenten zumindest als Gedankenstütze hilfreich sein kann.

2. Beendeter Versuch

a) *Objektive Rücktrittsvoraussetzung: Verhinderung der Vollendung (§ 24 I S. 1 Alt. 2 StGB) bzw. ernsthaftes Bemühen um Vollendungsverhinderung, sofern Erfolg unabhängig vom Zurücktretenden ausbleibt (§ 24 I S. 2 StGB)*

aa) Verhindern

320 **Problem:** Genügt bloße Kausalität oder ist vom Täter eine Bestleistung zu fordern?[41]

Die Rspr. schwankt hier. Teilweise hat der BGH bloße Verhinderungskausalität für ausreichend erklärt und teilweise hat er gefordert, dass der Täter dem Zufall keinen Raum lässt, wo er ihn vermeiden kann. Im Ergebnis wird man grundsätzlich keine Bestleistung fordern dürfen, sondern eine dem Zurücktretenden zurechenbare Erfolgsverhinderung als hinreichende Rücktrittsleistung betrachten müssen.[42] Dies bedeutet im Ergebnis mehr als Kausalität und weniger als Bestleistung. Eine hinreichen-

36 BGH NStZ 2007, 265.
37 *Roxin*, Heinitz-FS, 1972, S. 256.
38 *Roxin*, Heinitz-FS, 1972, S. 256.
39 Vgl. *Jäger*, ZStW 112 (2000), 783 ff.
40 Umfassend *Jäger*, ZStW 112 (2000), 783 ff.; *ders.*, Rücktritt, 1996, S. 98 ff.
41 Ausführlich zum Diskussionsstand *Jäger*, Rücktritt, 1996, S. 31 ff.; differenz. *Roxin*, AT/II, § 30, Rn. 243 ff.; *Engländer*, JuS 2003, 644 f., der meiner Auffassung sehr nahe steht.
42 So jetzt auch BGH NStZ 2003, 308 (sog. Gashahn-Fall vgl. u. Rn. 326a f.) m. Anm. *Puppe*. Vgl. auch allgemein *Neubacher*, NStZ 2003, 576 ff.; ausführl. zu den Rücktrittsanforderungen beim beendeten Versuch *Zieschang*, GA 2003, 353 ff.; *Zwiehoff*, StV 2003, 631 ff.

de Zurechnung der Erfolgsverhinderung wird man etwa bejahen müssen, wenn der Täter qualifizierte Rettungspersonen einschaltet, nicht aber, wenn er die Rettung vom zufälligen Tätigwerden Dritter oder des Opfers selbst abhängig macht. Ein hinreichendes Verhindern ist daher etwa zu verneinen, wenn der Täter das von ihm lebensgefährlich verletzte Opfer 50 m vom Eingang eines Krankenhauses entfernt absetzt, in der Hoffnung, dass es dort gefunden und ärztlicher Hilfe zugeführt werde. Gleiches gilt, wenn er dem lebensgefährlich verletzten Opfer nur das Telefon reicht und sich dann in der Hoffnung entfernt, dass der Verletzte sich durch Wahl der Notrufnummer selbst retten werde; dagegen kann im letztgenannten Fall das Reichen des Telefons genügen, wenn der Täter dabei bleibt und sich vergewissert, dass das Opfer die Notrufnummer wählt.[43]

bb) Ernsthaftes Verhinderungsbemühen

Problem: Ist hier eine Bestleistung zu fordern?

Anders als im Fall des Verhinderns wird man hier tatsächlich eine Bestleistung fordern müssen. Das Gesetz deutet dies bereits durch das Erfordernis der Ernsthaftigkeit an. Hinzu kommt, dass es beim Verhinderungsbemühen an einem vom Täter zurechenbar bewirkten Erfolgswert gerade fehlt, sodass im Ausgleich ein erhöhter Handlungswert zu verlangen ist.[44] Der Täter darf also aus seiner Sicht dem Zufall keinen Raum lassen, wo er ihn vermeiden kann.[45] Insbesondere dann, wenn ein Menschenleben auf dem Spiel steht, verlangt der BGH, dass sich der Täter um die bestmögliche Maßnahme bemühen müsse.[46] Dies hat der BGH nun auch bestätigt. Bei Rettung eines Menschenlebens gelten hohe Anforderungen. Danach reichen irgendwie geartete Rettungsaktivitäten nicht aus; vielmehr ist ein Bemühen zu verlangen, das sich in der Vorstellung des Täters als Abbruch des in Gang gesetzten Kausalverlaufs darstellt.[47]

b) Subjektive Rücktrittsvoraussetzung: Freiwilligkeit

Hier gelten dieselben Grundsätze wie oben, sodass der Streit zwischen psychologi- **321**
scher und normativer Theorie auch hier aufzuwerfen ist.

C. Problematische Fälle und besondere Rücktrittskonstellationen in der Klausurdarstellung

I. Rücktritt von wiederholter Ausführungshandlung

Der schon oben angesprochene Rücktritt von iterativer Tatbegehung wirft in der **322**
Klausur insofern Probleme auf, als man sich von Anfang an darüber klar werden muss, ob man der Einzelakts- oder der Gesamtbetrachtungslehre folgen will. Denn danach richtet sich der Aufbau. Das zeigt folgender aus der jüngsten Rechtsprechung stammender

---

43 Vgl. zum Ganzen *Jäger*, Rücktritt, 1996, S. 93 ff.
44 Auch dazu *Jäger*, Rücktritt, 1996, S. 96.
45 Vgl. etwa BGH JZ 1986, 303; zust. *Otto*, AT, § 19, Rn. 51.
46 BGH NStZ-RR 2010, 276, 277.
47 BGH NStZ 2012, 28.

322a **Fall 47:** A einigte sich mit B auf den Verkauf von 3kg Marihuana zu einem Preis von 18 000 €. Die Betäubungsmittelübergabe sollte zeitnah auf dem Parkplatz eines Baumarktes erfolgen. Dazu fuhr A mit einem Pkw zu dem vereinbarten Treffpunkt, wobei er neben dem zu übergebenden Marihuana auch ein Pfefferspray griffbereit mit sich führte. Bei der geplanten Übergabe waren neben A und B noch weitere Personen anwesend. Auf eine nicht mehr aufklärbare Weise gelangte B in den Besitz des in drei Tüten verpackten Marihuanas und flüchtete damit zu Fuß, ohne den Kaufpreis zu bezahlen. Um den B zu verfolgen und sich das Marihuana zurückzuholen, welches er nun zukünftig anderweitig gewinnbringend verkaufen wollte, stieg A in seinen Pkw und befuhr auf der Suche nach dem B mehrere öffentliche Straßen. Als A den B schließlich auf dem linksseitigen Gehweg entdeckte, beschleunigte er sein Fahrzeug, lenkte dieses plötzlich über die Gegenfahrbahn hinweg auf den linksseitigen Gehweg und fuhr dem B mit etwa 40 km/h hinterher. Nach seinem Tatplan wollte er den B durch ein An- oder Umfahren mit dem Pkw an der weiteren Flucht hindern, da ihm bewusst war, dass es aufgrund seiner adipösen Statur keine andere Möglichkeit für ihn gab, den B zu stoppen. Dabei stellte A sich vor, dass er den B auf diese Weise zu Fall bringen könne, um sodann auszusteigen und das Marihuana wieder in seinen Besitz zu bringen. In der Folge fuhr A gezielt auf den infolge seiner Lauf- und Blickrichtung in seinen Reaktionsmöglichkeiten stark eingeschränkten B zu und nahm dabei auch ein Überfahren und damit den Tod des B billigend in Kauf. B bemerkte erst im letzten Moment das hinter ihm fahrende Fahrzeug und sprang/stürzte nach rechts in Richtung der Fahrbahn. A lenkte seinen Pkw ebenfalls nach rechts, um den B zu erfassen, wobei er auch weiterhin dessen Tod in Kauf nahm. Das Fahrmanöver endete abrupt, indem A frontal mit seinem Pkw gegen einen Baum prallte. Dabei entstand an dem Pkw – wie A auch wahrnahm – ein Totalschaden. B hingegen konnte sich nach dem Sturz auf die Fahrbahn aufrappeln und rannte mit dem Marihuana davon. A stieg unmittelbar nach dem Aufprall aus seinem Fahrzeug aus und rannte dem B hinterher, um ihn nun zu würgen und das Pfefferspray einzusetzen. Noch immer hielt er es dabei für möglich, den B gegebenenfalls sogar töten zu können, um wieder an das Marihuana zu gelangen. Er schaffte es, B einzuholen und ihn in eine körperliche Auseinandersetzung zu verwickeln. Im Verlauf der Auseinandersetzung brachte A die drei Tüten mit dem Marihuana, indem er B würgte und das Pfefferspray einsetzte, wieder an sich, nachdem B unter diesem Gewalteinsatz die Drogen fallen gelassen hatte. Strafbarkeit des A? § 142 StGB ist nicht zu prüfen. (**Marihuana-Fall** leicht abgewandelt nach BGH NStZ 2015, 571 ff.[48])

322b **Lösung:**

I. A könnte sich wegen **versuchten Mordes gemäß §§ 211, 212, 22, 23 I StGB** an B strafbar gemacht haben, indem er ihn zunächst mit dem Auto zu überfahren trachtete und anschließend würgte.

Hinweis zum Klausuraufbau: *Hier zeigt sich in aller Deutlichkeit, dass man bei unmittelbar aufeinanderfolgenden Versuchsakten schon zu Beginn eine Entscheidung dahingehend treffen muss, ob man der ganz herrschenden Gesamtbetrachtungslehre folgen will. Ist dies der Fall, so müssen sämtliche Akte als Einheit geprüft werden. Dann verbietet es sich aber natürlich auch, hinsichtlich des versuchten Anfahrens und des Würgens separate Tatkomplexe zu bilden. Dies wird in der Klausur immer wieder übersehen. Vor allem liegt dies allerdings daran, dass das Problem der iterativen Tatbegehung einschließlich der Gesamtbetrachtungslehre in der Abgrenzung zur Einzelaktstheorie vielfach überhaupt nicht erkannt wird. Dies ist regelmäßig ein schwerwiegender Mangel, der in der Klausur zu hohen Punktabzügen führen kann.*

48 Mit Anm. *Jäger*, JA 2015, 874 sowie *Kudlich*, NJW 2015, 2901 und *Oğlakcioğlu*, NStZ 2015, 573 f.

1. Strafbarkeit des Versuchs und Nichteintritt des tatbestandlichen Erfolges sind zu bejahen.

2. Der Tatentschluss hinsichtlich der Tötung des B lag hier sowohl beim Zufahren auf B als auch bei dem Vorgang des Würgens in Form eines dolus eventualis vor, da A jeweils den Tod des B in Kauf genommen hat, um an das entwendete Marihuana zu gelangen.
Fraglich ist jedoch, ob A auch Tatentschluss im Hinblick auf einen Mord hatte. Insoweit könnte sich der Tatentschluss des A zunächst auf eine heimtückische Tötung bezogen haben. A müsste danach Umstände in seinen Willen aufgenommen haben, die die Ausnutzung einer auf Arglosigkeit des Opfers beruhenden Wehrlosigkeit zum Gegenstand hatten. Fraglich ist dies vorliegend deshalb, weil B das Marihuana zuvor unberechtigt in Besitz genommen hatte, sodass man wegen dieses vorausgehenden Verhaltens an seiner Arglosigkeit zweifeln könnte. Andererseits zeigt der Sachverhalt aber doch, dass sich der B angesichts seines Verhaltens offenbar in Sicherheit wähnte, sodass man hier eine auf Arglosigkeit beruhende Wehrlosigkeit sowie die diesbezügliche Ausnutzungsabsicht des A durchaus bejahen kann.
Fraglich ist auch, ob das subjektive Merkmal der Habgier vorliegend gegeben war. Problematisch ist dabei, dass sich A lediglich einen Gegenstand zurückholen wollte, den er bereits zuvor in Besitz hatte. Ob man diese Besitzerhaltungsabsicht als ein Gewinnstreben um jeden Preis, auch um den Preis eines Menschenlebens, bezeichnen kann, erscheint fragwürdig. Nach der hier vertretenen Auffassung ist aber jedenfalls eine Heimtücketötung und damit ein Tatentschluss bezüglich des Mordes zu bejahen. Schließlich kann man auch Ermöglichungsabsicht bejahen, da es A darum ging, an das Marihuana zu gelangen, und er daher jedenfalls die Inbesitznahme von Rauschgift (§§ 29 ff. BtMG) verwirklichen wollte.

3. A hat zu dieser Mordtat auch unmittelbar angesetzt.

4. Rechtswidrigkeit
Eine Rechtfertigung nach § 859 II BGB aus Besitzkehr kommt bezüglich des versuchten Mordes von vornherein nicht in Betracht, da Tötungshandlungen von diesem Rechtfertigungsgrund nicht gedeckt sind (s. zum Verhältnismäßigkeitsgrundsatz, der diesen Rechtfertigungsgrund beherrscht, sogleich bei III. 5.a).
Auch eine Notwehr nach § 32 StGB dürfte vorliegend ausscheiden. Das Zufahren auf B sowie das Würgen stellen potenziell tödliche Gewaltmittel dar, die grundsätzlich nicht als erforderlich bezeichnet werden können. Insbesondere verlangt der BGH beim Einsatz tödlicher Mittel zumindest eine vorherige Ankündigung, sofern nicht eine Eskalationsgefahr mit eigener schwerer Gefährdung zu erwarten ist.
Richtigerweise war B daher vorliegend nicht gerechtfertigt.

5. Auch Schuldausschließungsgründe sind nicht ersichtlich.

6. Fraglich ist, ob A als persönlicher Strafaufhebungsgrund ein Rücktritt vom Versuch nach § 24 StGB zugute kommt.

a) Maßgeblich für die Rücktrittsanforderungen ist dabei zunächst das Versuchsstadium, in dem sich die Tat befand, wobei der Rücktrittshorizont des Täters unterschiedlich beurteilt wird.

aa) Denkbar wäre hier die Annahme eines fehlgeschlagenen Versuches, weil immerhin der erste Handlungsakt des Überfahrens bereits endgültig gescheitert war.

(1) Nach der vor allem früher vertretenen Tatplantheorie kommt es bei mehraktigen Geschehensabläufen darauf an, ob der Täter von Anfang an verschiedene Tatverwirklichungen ins Auge gefasst hatte (dann ist ein Rücktritt bzgl. aller Teilakte noch möglich) oder ob er sich zu Beginn auf einen Tätigkeitsakt festgelegt hatte (dann ist der Versuch nach dessen Scheitern fehlgeschlagen). Die Tatplantheorie führt jedoch zu einer ganz unangemessenen Bevorzugung des skrupellosen Täters, der jedes erdenkliche Mittel in seinen Tatplan aufgenommen hat (näher dazu schon o. Rn. 314).

(2) Die Einzelaktstheorie geht daher grundsätzlich davon aus, dass stets ein fehlgeschlagener Versuch anzunehmen ist, wenn auch nur ein Handlungsakt aus Sicht des Täters end-

gültig gescheitert ist, da jeder Akt unter dem Gesichtspunkt des Versuchs gesondert zu betrachten sei. Danach wäre vorliegend schon mit dem misslungenen Überfahren des B ein fehlgeschlagener Versuch anzunehmen.

(3) Die Gesamtbetrachtungslehre stellt dagegen auf den Rücktrittshorizont des Täters nach der letzten Ausführungshandlung ab und betrachtet verschiedene Handlungsakte als Handlungseinheit, sofern sie bei natürlicher Betrachtung als zusammengehörig erscheinen (natürliche Versuchseinheit).

(4) Stellungnahme: Für die Gesamtbetrachtungslehre streiten nicht nur Gesichtspunkte des Opferschutzes, sondern auch das Gesetz selbst, das von „weiterer" Tatausführung spricht. Die Einzelaktstheorie führt hingegen zu einem Zeitlupenstrafrecht, das das Handlungsgeschehen unnatürlich zerreißt.

Zwischenergebnis: Der Versuch war daher insgesamt auch nach Scheitern des Überfahrens noch nicht fehlgeschlagen, da A jedenfalls wegen des ihm verbliebenen Pfeffersprays und des noch für möglich gehaltenen Würgens auch aus seiner Sicht nach der letzten Ausführungshandlung noch die Möglichkeiten zur Erfolgsherbeiführung hatte.

bb) Weiter ist daher zu fragen, ob unter Zugrundelegung des Rücktrittshorizonts des Täters ein unbeendeter oder ein beendeter Versuch anzunehmen ist.
Unbeendet ist der Versuch dabei nach h. M., wenn der Täter nach der letzten Ausführungshandlung davon ausgeht, noch nicht alles Erforderliche zur Erfolgsherbeiführung getan zu haben, dies aber im unmittelbaren Fortgang noch für möglich hält. Beendet ist der Versuch hingegen, wenn der Täter nach der letzten Ausführungshandlung davon ausgeht, bereits alles Erforderliche zur Erfolgsverwirklichung getan zu haben oder dies auch nur für möglich hält.
Ausgehend hiervon kann man hier einen unbeendeten Versuch bejahen, weil A auch nach dem letzten Würgen erkannte, dass er noch nicht alles Erforderliche getan hatte, um den Erfolg (Tod des B) herbeizuführen, dies aber sicher noch für möglich hielt.

b) Legt man daher das Stadium eines unbeendeten Versuchs zugrunde, so genügt als objektive Rücktrittsvoraussetzung grundsätzlich, dass der Täter aufgibt, d.h. nicht weiter handelt. Fraglich ist allerdings, ob eine solche Aufgabe auch dann noch möglich ist, wenn der Täter sein außertatbestandliches Ziel bereits erreicht hat. Eine solche Zielerreichung ist hier anzunehmen, da A sein Ziel, die Wiedererlangung des Marihuanas, auch ohne die endgültige Tötung des B bereits verwirklicht hatte. In der Literatur wird die Möglichkeit einer Aufgabe in diesem Fall mit dem Argument verneint, dass man einen Vorsatz bezüglich der Tatbegehung nicht mehr aufgeben könne, wenn dieser Vorsatz durch Zielerreichung bereits erloschen ist.[49] Zum Teil wird eine Rücktrittsmöglichkeit in diesen Fällen auch mangels Freiwilligkeit aufgrund Wegfalls des Handlungssinns verneint.[50] Insoweit ist hier zu bedenken, dass A sein Ziel der Wiederbeschaffung des Marihuanas bereits durch Einsatz des Pfeffersprays erreichen konnte und daher für noch weitergehende, auf Tötung gerichtete Handlungen kein Anlass mehr bestand.
Dagegen bejaht der BGH die Möglichkeit eines Rücktritts auch nach außertatbestandlicher Zielerreichung, da für die Frage der Aufgabe allein die Tat im sachlich-rechtlichen Sinne nach § 11 I Nr. 5 StGB ausschlaggebend sei und der bedingt vorsätzlich handelnde Täter im Übrigen nicht schlechter gestellt werden dürfe als derjenige, der mit Absicht handelt. Folgt man dem, so läge hier ein Rücktritt durch bloßes Aufgeben vor.

c) Dieser Rücktritt in Form der Tataufgabe wäre auch freiwillig im Sinne von § 24 I S. 1 Alt. 1 StGB erfolgt, da keine äußerlich zwingenden Gründe erkennbar sind, die den Täter zum Aufgeben veranlasst haben.

Ergebnis: A ist nicht strafbar wegen Mordversuchs an B.

---

49 Vgl. dazu *Roxin*, JZ 1993, 896.
50 Vgl. dazu *Jäger*, Der Rücktritt vom Versuch als zurechenbare Gefährdungsumkehr, 1996, 114 ff.

II. Gegeben sein könnte jedoch eine **gefährliche Körperverletzung nach §§ 223 I, 224 I Nr. 2 Alt. 2, Nr. 3 und Nr. 5 StGB durch das Zufahren auf B**

1 Der Grundtatbestand der Körperverletzung nach § 223 StGB ist hier ohne Weiteres erfüllt. Probleme ergeben sich allenfalls hinsichtlich der Qualifikationsmerkmale.

2. Bezüglich § 224 I Nr. 2 StGB geht der BGH hier davon aus, dass das Auto als gefährliches Werkzeug dann ausscheidet, wenn sich der Täter die eigentlichen Verletzungen nicht durch das Anfahren mit dem Fahrzeug, sondern bei einem anschließenden Sturz auf die Straße zuzieht. Allenfalls denkbar wäre vorliegend daher die Annahme eines Versuchs des § 224 I Nr. 2 Alt. 2 StGB[51] (vgl. näher zu dieser Problematik *Jäger*, BT, Rn. 78a f., Fall 7).

3. Auch eine Körperverletzung im Wege eines hinterlistigen Überfalls nach § 224 I Nr. 3 scheidet aus, da A seine Angriffsabsicht nicht planmäßig verdeckt hat. Dies wäre etwa der Fall, wenn der Täter zuvor Friedfertigkeit vorgetäuscht hätte. Hinterlist geht insoweit über Heimtücke hinaus und ist daher vorliegend zu verneinen.

4. Gegeben ist allerdings durch das Zufahren mit dem Auto auf B eine lebensgefährdende Behandlung nach § 224 I Nr. 5 StGB.
Eine Rechtfertigung nach § 859 II BGB bzw. nach § 32 StGB scheidet auch hier wegen Unverhältnismäßigkeit einerseits und andererseits mangels Erforderlichkeit (Lebensgefahr ohne Warnung!) aus (s. o. I. 4.).

Ergebnis: A ist strafbar nach §§ 223, 224 I Nr. 5 StGB.

III. In Betracht kommt auch eine Strafbarkeit wegen **besonders schweren Raubes nach §§ 249 I, 250 II Nr. 1 Alt. 2, Nr. 3b StGB**.

1. Das Zufahren auf B, das Würgen und der Einsatz des Pfeffersprays sind als Gewaltanwendung anzusehen. Bereits im Zufahren liegt auch ein Verwenden eines gefährlichen Werkzeugs. Die Tatsache, dass sich B die Verletzungen erst durch den Sturz beim Ausweichen auf die Straße zugezogen hat, spielt hier daher gerade keine Rolle, weil allein das Verwenden des gefährlichen Werkzeugs, das final zum Zwecke der Wegnahme eingesetzt wird, entscheidend ist.

2. Fraglich ist allerdings, ob A mit Gewalt eine fremde bewegliche Sache weggenommen hat. Problematisch ist dabei ausschließlich das Merkmal der Fremdheit. Insoweit könnte man mangels Verkehrsfähigkeit von Drogen an der Eigentumsfähigkeit zweifeln. Tatsächlich existiert in der Literatur eine Auffassung, die die Möglichkeit einer Fremdheit von Drogen verneint, da § 29 BtMG nicht nur jeden unerlaubten Erwerb verbiete, sondern auch jeden unerlaubten Besitz sowie die Herstellung von Betäubungsmitteln bestrafe, und § 29 BtMG all die Rechte, die § 903 BGB gewährt, im Falle unerlaubten Betäubungsmittelbesitzes wieder zurückziehe. Ohne Erlaubnis des Bundesgesundheitsamtes gebe es daher kein Eigentum an Betäubungsmitteln, sodass Diebstahl und Raub von Drogen ausgeschlossen seien. Nach dieser Auffassung könnte sich A vorliegend schon aus diesem Grunde nicht wegen besonders schweren Raubes strafbar gemacht haben. Der erste Senat bejahte dagegen trotz Verkehrsunfähigkeit die Fremdheit des Marihuanas. Denn zwar könne an Drogen nicht rechtsgeschäftlich Eigentum erworben werden, jedoch sei der Eigentumserwerb nach § 950 BGB insoweit originär und es könne daher jedenfalls dem Hersteller der Drogen Eigentum zustehen. Entscheidend sei daher allein, dass irgendwer, und sei es auch nur der Hersteller, Eigentum an dem Marihuana gehabt habe. Die Drogen waren daher tauglicher Gegenstand eines Raubes und sind von A gewaltsam weggenommen worden (a. A. nunmehr der 2. Senat, vgl. *Jäger*, BT, Rn. 377a f.).

3. Auch erfüllt das Zufahren mit dem PKW auf den B den den Qualifikationstatbestand des § 250 II Nr. 3b, hinter dem § 250 I Nr. 1c StGB zurücktritt.

51 OLG Hamm NStZ-RR 2014, 141 m. Anm. *Kudlich*, JA 2014, 474 ff. sowie noch weitergehend BGH StV 2013, 438 m. krit. Anm. *Jäger*, JA 2013, 472 ff.

4. A handelte auch vorsätzlich sowie in der Absicht rechtswidriger Zueignung.

5. Fraglich ist allerdings, ob der besonders schwere Raub nach §§ 249, 250 II Nr. 1 und Nr. 3b StGB gerechtfertigt ist.

a) Infrage kommt hier zunächst eine Rechtfertigung nach § 859 II BGB (Besitzkehr).
Der BGH hat ein Selbsthilferecht nach § 859 II BGB grundsätzlich verneint, wenn es um die Rückerlangung von Drogen geht.[52] Begründet hat der BGH dies damit, dass § 859 II darauf ziele, einen rechtmäßigen Besitzzustand wiederherzustellen. Ein solcher rechtmäßiger Besitzzustand scheide jedoch bei Drogen aus, da diese nicht verkehrsfähig seien.
Diese Begründung der Verneinung des § 859 II BGB ist allerdings sehr fragwürdig, da der durch diese Norm beabsichtigte Friedensschutz allein besitzbezogen und damit faktisch zu verstehen ist, sodass für Fragen der rechtlichen Befugnis innerhalb dieser Norm kein Raum ist. Auch ist gegen den BGH eingewandt worden, dass es einen Wertungswiderspruch darstelle, wenn einerseits ein Diebstahl bzw. ein Raub und damit ein faktischer Gewahrsamsbruch an Drogen zugelassen werde und andererseits einer Rechtfertigung der Wiederherstellung der bisher bestehenden tatsächlichen Herrschaftslage nach § 859 II BGB die Anerkennung versagt werde.[53]
Im Ergebnis wird man aber dennoch eine Rechtfertigung nach § 859 II BGB verneinen müssen. Denn bei der Gewaltanwendung durch den Versuch des Überfahrens, des Würgens und späteren Verwendens des Pfeffersprays handelt es sich um eine einheitliche Gewaltausübung, die von § 859 II BGB nicht mehr gedeckt ist. Insoweit ist anerkannt, dass etwa ein gezielter Schusswaffeneinsatz, aber auch ein gezielter Nackenschlag oder sogar Schnittwunden an der Hand und im Gesicht nicht von § 859 II BGB gedeckt sind.[54] Sieht man daher die gesamten Gewalthandlungen als ein einheitliches Geschehen, so muss auch hier wegen Unverhältnismäßigkeit eine Rechtfertigung nach § 859 II BGB ausscheiden.

b) Aus den gleichen Gründen würde dann auch eine Rechtfertigung des besonders schweren Raubes nach § 32 StGB ausscheiden, da die gezielte Anwendung potenziell tödlicher Gewalt zumindest zuvor hätte angedroht werden müssen.
Eine Rechtfertigung nach § 859 II BGB bzw. § 32 StGB scheidet daher nach BGH-Auffassung aus, da es sich um die Wiedererlangung von nicht verkehrsfähigen Drogen handelte. Nach der hier zugrunde gelegten Ansicht scheitern diese Rechtfertigungsgründe allerdings wegen des unverhältnismäßigen Ausmaßes der Gewaltanwendungen.

6. Auch Entschuldigungsgründe sind nicht ersichtlich.

Ergebnis: A hat sich wegen besonders schweren Raubes nach §§ 249, 250 II Nr. 1 Alt. 2 und Nr. 3b StGB strafbar gemacht.

IV. Da A auch den Tod des B beim Zufahren billigend in Kauf genommen hat, liegt auch ein **versuchter Raub mit Todesfolge nach §§ 251, 22, 23 StGB** vor. Allerdings ist B von dieser versuchten Erfolgsqualifikation zurückgetreten, indem er keine weiteren Anstrengungen unternommen hat, den B zu töten. Darin ist ein Teilrücktritt zu sehen.

V. Die nach der Rechtsprechung gleichzeitig mit § 249 I StGB verwirklichten **§§ 253 I, 255 StGB** treten im Wege der Spezialität zurück. Nach der Literatur sind diese Vorschriften dagegen wegen der notwendigen Voraussetzung einer Vermögensverfügung von vornherein nicht erfüllt.

VI. Die mitverwirklichte **Nötigung (§ 240 I StGB)** und der mitverwirklichte **Diebstahl (§ 242 I StGB)** treten hinter § 249 I StGB im Wege der Spezialität zurück.

VII. In Betracht kommt darüber hinaus eine Strafbarkeit wegen **vorsätzlichen gefährlichen Eingriffs in den Straßenverkehr nach § 315b I Nr. 3 StGB**.

---

52 Vgl. BGH 2015, 571 m. Anm. *Jäger*, JA 2015, 876 m. w. N.
53 *Kudlich*, NJW 2015, 2901; vgl. aber auch *Oğlakcioğlu*, NStZ 2015, 573.
54 Vgl. OLG Koblenz MDR 1978, 141.

Grundsätzlich erfasst diese Vorschrift nur verkehrsfremde Eingriffe von außen. Ausnahmsweise kommt § 315b StGB aber auch dann zur Anwendung, wenn der Täter sein Fahrzeug innerhalb des fließenden Verkehrs zweckentfremdend als Waffe einsetzt und damit eine sogenannte Pervertierung des Straßenverkehrs gegeben ist. Durch das Hinüberziehen des Fahrzeugs über die Straße hat A dabei auch die Sicherheit des Straßenverkehrs beeinträchtigt und darauf aufbauend einen Beinaheunfall bewirkt. Es ist daher auch zu einer konkreten Gefährdung im Sinne dieser Vorschrift gekommen.
Im Übrigen liegt wegen der Absicht des Täters, einen Unglücksfall herbeizuführen, und wegen Ermöglichungsabsicht auch der **Qualifikationstatbestand nach § 315b I S. 1 Nr. 3 i. V. m. § 315 III Nr. 1a und b StGB** vor.

VIII. Für eine Verwirklichung des § 315c **I Nr. 2e StGB** liefert der Sachverhalt keine hinreichenden Anhaltspunkte.

IX. Das Würgen und der Einsatz des Pfeffersprays begründen auch eine Strafbarkeit nach § **224 I Nr. 1 Alt. 2 und Nr. 5 StGB**, da das Pfefferspray geeignet ist, beim Einsatz erhebliche Verletzungen herbeizuführen und das Würgen eine lebensgefährdende Behandlung darstellt.

X. Gesamtergebnis und Konkurrenzen: A hat sich gemäß §§ 224 I Nr. 1 Alt. 2, Nr. 5; 315b I Nr. 3, III, 315 III Nr. 1a und b sowie 250 II Nr. 1 Alt. 2, Nr. 3b StGB strafbar gemacht. Sämtliche Delikte stehen zueinander in Tateinheit, da eine natürliche Handlungseinheit anzunehmen ist, § 52 StGB.

Fall 48: Der geschiedene A war nur gegen Zahlung von 50 000 € bereit zu dulden, dass seine Ex-Frau F Umgang mit ihrem neuen Freund B hat. Als die beiden nicht zahlten, beschloss er, sie so bald wie möglich zu töten. Er lauerte F nach Feierabend mit einem Fleischer- und einem Küchenmesser bewaffnet an einem Parkplatz vor deren Arbeitsplatz auf. Als deren Freund B auf den Parkplatz kam, ging A auf ihn zu und versetzte ihm aus Wut über die Nichtzahlung in Tötungsabsicht einen wuchtigen Stich mit dem Fleischermesser in den Bauch. B lief weg, wobei A versuchte, wieder auf ihn einzustechen. B gelang es schließlich, A das Messer zu entreißen und zu flüchten. A ging daraufhin zu seinem Auto und versuchte, B zu überfahren. Dieser konnte sich aber, einer Ohnmacht nahe, hinter eine 50 m entfernte Hecke flüchten. A versuchte deshalb, mit dem Auto die Hecke zu durchbrechen und B zu überrollen, wobei er jedoch mit seinem Fahrzeug in der Hecke stecken blieb. Sodann ließ er aber trotz des ihm verbliebenen Küchenmessers von B ab und ging zurück zum Bürogebäude, um seine Ex-Frau nicht zu verpassen, die gerade aus dem Büro kam und deren Tötung ihm vorrangig war. Er tötete sie mit 17 Messerstichen und unternahm schließlich nichts weiter gegen B. Strafbarkeit des A? (**Fleischermesser-Fall** nach BGHSt 35, 184; leicht abgewandelt) **323**

Lösung: **323a**

I. Gegeben ist jedenfalls eine Strafbarkeit wegen **Mordes gem. §§ 211, 212 StGB an F**. Es lag jedenfalls das Mordmerkmal der „niedrigen Beweggründe“ vor, weil A allein aus Wut über die nicht erfolgte Zahlung, die er im Gegenzug für die Duldung der Kontakte gefordert hatte, tötete. Dies ist als eigensüchtiger, auf niedrigster Stufe stehender Beweggrund zu betrachten. Dagegen ist Habgier abzulehnen, da A nicht tötete, um sich zu bereichern; vielmehr war ihm klar, dass eine Bereicherung endgültig gescheitert war.

II. Die im Durchgangsstadium verwirklichte **Körperverletzung nach §§ 223, 224 StGB** tritt dahinter als subsidiär zurück.

III. Zu prüfen ist darüber hinaus, ob A sich wegen **versuchten Mordes gem. §§ 211, 212, 22, 23 I StGB an B** strafbar gemacht hat, indem er ihm in den Unterleib stach und anschließend mit dem Auto zu überrollen trachtete.

Hinweis zum Klausuraufbau: *Sofern man beim später zu prüfenden Rücktritt der Gesamtbetrachtungslehre folgen will, muss der Versuch auch als Einheit geprüft werden, da der zweite Handlungsteil nur so in die Rücktrittsbetrachtungen mit einbezogen werden kann.*

1. Strafbarkeit des Versuchs und Nichteintritt des tatbestandlichen Erfolges sind zu bejahen.

2. Tatentschluss lag bzgl. aller objektiven Tatbestandsmerkmale vor. Darüber hinaus ist bei A auch das subjektive Mordmerkmal des niedrigen Beweggrundes erfüllt.

3. Auch hat A spätestens durch den Messerstich **unmittelbar zur Tat angesetzt**.

4. Rechtfertigungs- und Schuldausschließungsgründe sind nicht ersichtlich.

5. Fraglich ist, ob A als persönlicher Strafaufhebungsgrund ein Rücktritt vom Versuch nach § 24 StGB zugute kommt.

a) Maßgeblich für die Rücktrittsanforderungen ist dabei zunächst das **Versuchsstadium**, in dem sich die Tat befand, wobei der Rücktrittshorizont des Täters unterschiedlich beurteilt wird.

aa) Denkbar wäre hier die Annahme eines **fehlgeschlagenen Versuches**, weil immerhin der erste Handlungsakt des Zustechens bereits endgültig gescheitert war.

- Nach der vor allem früher vertretenen Tatplantheorie kommt es bei mehraktigen Geschehensabläufen darauf an, ob der Täter von Anfang an verschiedene Tatverwirklichungen ins Auge gefasst hatte (dann ist ein Rücktritt bzgl. aller Teilakte noch möglich) oder ob er sich zu Beginn auf einen Tätigkeitsakt festgelegt hatte (dann ist der Versuch nach dessen Scheitern fehlgeschlagen).
  Die Tatplantheorie führt jedoch zu einer ganz unangemessenen Bevorzugung des skrupellosen Täters, der jedes erdenkliche Mittel in seinen Tatplan aufgenommen hat (näher dazu schon o. Rn. 314).
- Die Einzelaktstheorie geht daher grundsätzlich davon aus, dass bereits dann ein fehlgeschlagener Versuch vorliegt, wenn auch nur ein Handlungsakt fehlgeschlagen ist, weil jeder Akt unter dem Gesichtspunkt des Versuchs gesondert zu betrachten sei. Danach wäre vorliegend schon mit dem gescheiterten Zustechen, spätestens aber mit dem misslungenen Überfahren des B ein fehlgeschlagener Versuch anzunehmen.
- Die Gesamtbetrachtungslehre stellt dagegen auf den Rücktrittshorizont des Täters nach der letzten Ausführungshandlung ab und betrachtet verschiedene Handlungsakte als Handlungseinheit, sofern sie bei natürlicher Betrachtung als zusammengehörig erscheinen (natürliche Versuchseinheit).
- Stellungnahme: Für die Gesamtbetrachtungslehre streiten nicht nur Gesichtspunkte des Opferschutzes, sondern auch das Gesetz selbst, das von „weiterer“ Tatausführung spricht. Die Einzelaktstheorie führt hingegen zu einem Zeitlupenstrafrecht.

Der Versuch war daher insgesamt auch nach Scheitern des Zustechens und des Überfahrens noch nicht fehlgeschlagen, da A jedenfalls wegen des ihm verbliebenen Messers auch aus seiner Sicht nach der letzten Ausführungshandlung noch die Möglichkeiten zur Erfolgsherbeiführung hatte.

bb) Weiter zu fragen ist daher, ob unter Zugrundelegung des Rücktrittshorizonts des Täters ein **unbeendeter oder ein beendeter Versuch** anzunehmen ist.
Unbeendet ist der Versuch dabei nach h. M., wenn der Täter nach der letzten Ausführungshandlung davon ausgeht, noch nicht alles Erforderliche zur Erfolgsherbeiführung getan zu haben, dies aber im unmittelbaren Fortgang noch für möglich hält. Beendet ist der Versuch hingegen, wenn der Täter nach der letzten Ausführungshandlung davon ausgeht, bereits alles Erforderliche zur Erfolgsverwirklichung getan zu haben oder dies auch nur für möglich hält.

Ausgehend hiervon kann man hier einen unbeendeten Versuch bejahen, weil A erkannte, dass er noch nicht alles Erforderliche getan hatte, um den Erfolg herbeizuführen, dies aber angesichts des ihm verbliebenen Küchenmessers sicher noch für möglich hielt.

b) Legt man daher das Stadium eines unbeendeten Versuchs zugrunde, so genügt als **objektive Rücktrittsvoraussetzung**, dass der Täter aufgibt, d. h. die aus seiner Sicht noch mögliche Tatverwirklichung schlicht nicht weiterverfolgt.

Als **subjektive Rücktrittsvoraussetzung** ist aber zusätzlich Freiwilligkeit der Tataufgabe erforderlich.

Der BGH vertritt dabei einen psychologischen Standpunkt, wonach maßgeblich ist, ob die Aufgabe autonom oder heteronom motiviert war. Freiwilligkeit liegt danach nur vor, wenn der Täter Herr seiner Entschlüsse geblieben ist, ohne dass es auf Hochwertigkeit der sittlichen Motive ankommt.[55] Danach ist A vorliegend wirksam vom Versuch zurückgetreten, auch wenn er sein Vorhaben – sittlich bedenklich – nur deshalb aufgab, weil ihm die Tötung seiner Ex-Frau vorrangig war.

Nach einer starken Literaturauffassung ist die Freiwilligkeit dagegen normativ zu bestimmen, sodass sich der Rücktritt als honorierungswürdige Umkehrleistung darstellen muss, wobei vielfach auf die Regeln der Verbrechervernunft abgestellt wird. Angesichts des niedrigen Rücktrittsmotivs (vorrangige Tötung der Frau) sei danach vorliegend keine honorierungswürdige Umkehrleistung anzunehmen.[56]

Problematisch erscheint freilich, ob man dem Wortsinn der „Freiwilligkeit" eine moralische Komponente beimessen kann, ohne gegen Art. 103 II GG zu verstoßen. Auch zeigt sich gerade bei Beziehungstaten wie der vorliegenden, dass eine „Verbrechervernunft" nur schwer verifizierbar ist.

Folgt man daher der rein psychologisierenden Auffassung, so ist ein strafbefreiender Rücktritt vom Mordversuch an B anzunehmen.

Ergebnis: A ist nicht strafbar wegen Mordversuchs an B.

IV. Gegeben ist aber jedenfalls eine Strafbarkeit wegen **gefährlicher Körperverletzung nach §§ 223, 224 I Nr. 2, 5 StGB**.[57]

V. Gesamtergebnis und Konkurrenzen: A ist strafbar wegen Mordes an F (§§ 212, 211 StGB) sowie wegen vollendeter gefährlicher Körperverletzung an B. Beide Taten stehen zueinander in Tatmehrheit, § 53 StGB.

Achtung Klausur: *Immer wieder zeigt sich auch, dass man im Sachverhalt auf mögliche Zäsuren achten sollte, die Anlass zu Rücktrittsprüfungen geben könnten. Allerdings ist dabei zu berücksichtigen, dass diese Zäsuren die Versuchseinheit nicht aufheben, wenn es sich nur um kurzzeitige Unterbrechungen handelt. Dies soll hier noch einmal verdeutlicht werden an folgendem aus der Rechtsprechung stammenden*

55 BGHSt 34, 185 f.; *Lackner*, NStZ 1988, 405; ebenso *Lampe*, JuS 1989, 610 ff. mit sehr differenz. Argumentation.

56 Auch *Jakobs*, JZ 1988, 519 f. verlangt eine solche Rückkehr in die Bahnen des Rechts; krit. *Jäger*, Rücktritt, 1996, S. 104. m. Fn. 471 sowie *Herzberg*, Lackner-FS, 1987, S. 353. Vgl. aber auch *Bloy*, JR 1989, 70.

57 Das Tötungsmotiv darf bei der verbleibenden vollendeten Tat nach §§ 223, 224 StGB nicht strafschärfend berücksichtigt werden, weil sich sonst der Versuchstatbestand nach §§ 211, 212, 22, 23 I StGB „sozusagen durch die Hintertür" auf Strafzumessungsebene wieder einschleichen würde (a. A. offenbar BGH StV 2003, 218 ff. m. abl. Anm. *Jäger*, StV 2003, 220 ff.).

323b **Fall 49:** Die S trennte sich von A, von dem sie schwanger war, und erklärte ihm in der Wohnung ihrer Mutter, dass sie nur noch eine freundschaftliche Beziehung wegen des gemeinsamen Kindes wolle. Der A stieß daraufhin S in Tötungsabsicht mit Wucht ein mitgeführtes Küchenmesser mit 12 cm Klingenlänge in die Brust. Er tat dies, weil er die S ganz für sich alleine wollte und sie keinem anderen Mann gönnte. Die S zog das Messer selbst aus der Brust und legte es auf dem Tisch ab. Daraufhin nahm A das Messer vom Tisch und versetzte der S in Tötungsabsicht mindestens sieben weitere Stiche in den Hals und die Brust, bevor er von dem im Nebenraum anwesenden W, einem Bekannten der S, weggezogen wurde. Obwohl es ihm aufgrund seiner körperlichen Überlegenheit möglich gewesen wäre, setzte er sodann den Angriff auf die S nicht fort, sondern ging auf den Balkon und warf das Tatmesser auf die Straße. Danach verständigte er, ohne seinen Namen zu nennen, den Notarzt, bevor er die Wohnung verließ. Er tat dies, da er die S nun doch noch retten wollte. Durch eine schwierige Notoperation, durch die S mehrere sehr auffällige Narben am Oberkörper davontrug, konnte sie gerettet werden. Zudem wurde sie durch einen Notfallkaiserschnitt von einer Tochter C entbunden, die auf die Frühgeborenenintensivstation verlegt wurde. Dort verstarb das Kind einige Tage später aufgrund eines im Mutterleib in Folge der Stiche erlittenen Herz-Kreislauf-Stillstandes. Ohne diesen Herz-Kreislauf-Stillstand hätte das Kind mit sehr hoher Wahrscheinlichkeit überlebt. Strafbarkeit des A? (**Doppelopfer-Fall** nach BGH NStZ 2008, 393 ff.[58])

323c **Lösung:**

A. Strafbarkeit bezüglich des Opfers S

I. A könnte sich durch die Messerstiche wegen **versuchten Mordes nach §§ 211, 212, 22, 23 I StGB** strafbar gemacht haben.

1. Da S durch die Notoperation gerettet werden konnte, ist die Tat nicht vollendet. Ferner ist die Strafbarkeit des Versuchs zu bejahen, vgl. §§ 23 I, 12 I StGB.

2. A müsste Tatentschluss im Hinblick auf die Verwirklichung eines Mordes gehabt haben. Die Messerstiche führte A mit Tötungsabsicht aus. A hatte das Messer heimlich mitgebracht. Es ist davon auszugehen, dass S bei Beginn der Attacke nicht mit einem Angriff auf ihr Leben rechnete, also arg- und wehrlos war und A dies für seine Tat ausnutzte. A hatte damit Tatentschluss zur heimtückischen Tötung. Einen Menschen nur deshalb umzubringen, weil man ihn für sich allein haben will und keinem anderen gönnt, steht auf sittlich tiefster Stufe. Diese Tatbegehung war daher durch eine gesteigerte Eigensucht geprägt, die zeigt, dass der Täter zur Durchsetzung selbstgesteckter, von der Rechtsordnung missbilligter Ziele Menschenleben für gering achtet. A handelte deshalb auch aus niedrigen Beweggründen. Der Tatentschluss hinsichtlich eines Mordes liegt vor.

3. Mit dem Einstechen auf die S hat A auch unmittelbar zur Tatbestandsverwirklichung angesetzt.

4. Rechtfertigungs- und Schuldausschließungsgründe sind nicht ersichtlich.

5. Zu prüfen ist jedoch, ob dem A als persönlicher Strafaufhebungsgrund ein Rücktritt nach § 24 StGB zugute kommt.

a) Ausschlaggebend für die Zulässigkeit eines strafbefreienden Rücktritts ist das Versuchsstadium, in dem sich die Tat befunden hat. Hier könnte ein fehlgeschlagener Versuch vorliegen. Problematisch ist die Bestimmung des Fehlschlags, wenn – wie im vorliegenden Fall – ein Fall der wiederholten Tatausführung (iterative Tatbegehung) gegeben ist. Zum einen ergab sich vor allem nach dem ersten Zustechen eine Zäsur dadurch, dass das Opfer das

58 Mit ausführlicherer Falllösung *Jäger*, Jura 2009, 53 ff.; lesenswert zur Entscheidung auch die Anm. von *F.-C. Schroeder*, JR 2008, 252 f.; vgl. auch *Jahn*, JuS 2008, 370 ff.; *Satzger*, JK 1/09, StGB § 24, 37.

Messer selbst aus dem Oberkörper zog und auf dem Tisch ablegte. Zum anderen könnte sich eine fehlschlagsbegründende Zäsur aus der Tatsache ableiten lassen, dass der Täter nach dem achten Stich durch W von dem Opfer weggezogen wurde (zur Bestimmung des Rücktrittshorizonts des Täters näher schon Rn. 323a).[59]

aa) Nach der in Rspr. und h. L. ganz überwiegend vertretenen Gesamtbetrachtungslehre ist im Hinblick auf den ersten Stich davon auszugehen, dass der Tötungsversuch auch aus der maßgeblichen Sicht des A nach dem Zustechen noch nicht endgültig misslungen war und er auch noch weitere Möglichkeiten zur Erfolgsbewirkung gesehen hat, nachdem die S das Messer wieder auf dem Tisch abgelegt hatte (dies wird schon dadurch bestätigt, dass A die sich ihm dadurch bietende Gelegenheit ergriffen hat, das Messer wieder aufzunehmen und erneut auf die S einzustechen). Danach wäre vorliegend der Tötungsversuch durch den ersten Stich nicht als fehlgeschlagen zu bezeichnen, sodass ein Rücktritt vom Gesamtversuch für A möglich war.

bb) Weiterhin ergab sich nach dem achten Stich eine Zäsur dadurch, dass A durch den im Raum anwesenden W von dem Opfer S weggezogen wurde. Jedoch liegt ein fehlgeschlagener Versuch nur dann vor, wenn der Erfolgseintritt nach der letzten Ausführungshandlung im unmittelbaren Handlungsfortgang und mit naheliegenden Mitteln objektiv nicht mehr möglich war und der Täter dies erkannt hat oder wenn der Erfolg zwar objektiv noch möglich war, der Täter dies aber subjektiv nicht erkannt hat.[60] Auch für die Feststellung eines Fehlschlags ist daher nicht in erster Linie auf den ursprünglichen Tatplan, sondern auf den Erkenntnishorizont des Täters nach Abschluss der letzten Ausführungshandlung abzustellen. Dem BGH zufolge könne der Tatplan nur insoweit eine Rolle spielen, als eine vom Täter nach dem Scheitern seiner bisherigen Bemühungen erkannte Notwendigkeit, Tathandlung und -ablauf grundlegend zu ändern oder ein ganz anderes als das bisher verwendete Mittel einzusetzen, weil derartige Umstände die Annahme eines Fehlschlags nahe legen könnten. A hielt die Erfolgsbewirkung jedoch weiterhin für möglich. Zudem war er dem W körperlich überlegen. Damit liegt auch nach dem achten Zustechen kein fehlgeschlagener Versuch vor.

b) War der Versuch nach dem Gesagten noch rücktrittsfähig, so entscheidet nach h. M. über die Anforderungen an diesen Rücktritt die Frage, ob es sich um einen unbeendeten oder beendeten Versuch handelte.
Unbeendet ist der Versuch dabei immer dann, wenn der Täter nach der letzten Ausführungshandlung davon ausgeht, noch nicht alles Erforderliche für die Erfolgsherbeiführung getan zu haben.[61] Beendet ist der Versuch dagegen, wenn der Täter nach der letzten Ausführungshandlung davon ausgeht, alles Erforderliche für die Erfolgsbewirkung bereits vorgenommen zu haben oder wenn der Täter dies zumindest für möglich hält.[62]
Zum Zeitpunkt der Vornahme der letzten Ausführungshandlung des A war der Eintritt des tatbestandsmäßigen Erfolgs, also der Tod von S, objektiv ohne Weiteres möglich, da die S ohne das Eingreifen des Notarztes in kurzer Zeit gestorben wäre. Diese Sachlage hat A offensichtlich auch für möglich gehalten, da er einen Notruf absetzte, um die Geschädigte noch zu retten. Daher liegt ein beendeter Versuch vor.

c) Beim beendeten Versuch fordert § 24 I S. 1 Alt. 2 StGB als objektive Rücktrittsvoraussetzung, dass der Täter die Vollendung der Tat verhindert. Dafür genügt es nach der in der Rspr. vertretenen Chancenerhöhungstheorie, dass A irgendeine Ursache gesetzt hat, aufgrund derer die Tatvollendung ausgeblieben ist. Hier ist S gerade durch den Notruf ge-

59 Interessant ist, dass der BGH die Frage eines möglichen Fehlschlags bereits nach dem ersten Stich überhaupt nicht aufgeworfen hat. In der Klausur sollte man diesen Gesichtspunkt aber nicht außer Acht lassen.
60 BGHSt 39, 228.
61 Vgl. dazu etwa BGHSt 31, 170 ff. sowie näher bei *Roxin*, AT/2, § 30, Rn. 163 ff. m. w. N.
62 BGHSt 31, 170 m. Anm. *Küper*, JZ 1983, 264; BGHSt 33, 295; 35, 90; BGH NStZ 1999, 299 ff.; 2002, 427; 2003, 369.

rettet worden, sodass der A nach Ansicht des BGH die Vollendung der Tat verhinderte. Es ist jedoch auch vertretbar, die Verhinderung der Tatvollendung durch A zu verneinen, da er in der Wohnung hätte bleiben müssen, um sicher zu sein, dass S wirklich gerettet würde. Diese erhöhten Anforderungen an die Verhinderung der Tatvollendung werden von Teilen der Lit. gefordert, die vom Täter das Bestmögliche zur Verhinderung der Tat verlangen, sog. Bestleistungstheorie, bzw. die eine dem Zurücktretenden zurechenbare Erfolgsverhinderung als hinreichende Rücktrittsleistung ansehen, sog. Differenzierungstheorie.[63] Eine bloße Kausalität für die Erfolgsverhinderung reicht hiernach nicht aus. Somit hätte der A die Vollendung der Tat nicht verhindert, da er das Rettungsgeschehen nur kausal ausgelöst hat, sich dann aber um das weitere Rettungsgeschehen nicht kümmerte (näher dazu o. Rn. 320).

d) In subjektiver Hinsicht lässt die Rspr. bei wirksamen, wenn auch halbherzigen, Rücktrittshandlungen genügen, dass der Täter den Vollendungsvorsatz vollständig aufgegeben hat, dass aus seiner Sicht die gewählte Rettungsmöglichkeit geeignet war, die Vollendung zu verhindern, und dass seine Motivation freiwillig war. Diese Voraussetzungen lagen bei A vor, da er den Anruf mit Rettungswillen und ausschließlich aus dem autonomen Motiv des Mitleids tätigte.

Ergebnis: Nach Ansicht des BGH ist A strafbefreiend vom versuchten Mord nach §§ 211, 212, 22, 23 I StGB zurückgetreten (zw.).

II. Jedoch hat sich A wegen **gefährlicher Körperverletzung nach §§ 223, 224 I Nr. 2 Alt. 2, 5 StGB** strafbar gemacht, da der A bei den Messerstichen als abstrakt und konkret lebensgefährliche Behandlung[64] der S ein Küchenmesser als gefährliches Werkzeug verwendete.

III. Zudem hat sich A wegen **schwerer Körperverletzung nach § 226 I Nr. 3 Alt. 1 StGB** strafbar gemacht. Die Erfolgsqualifikation des § 226 I Nr. 3 StGB ist zu bejahen, da die Narben der S als dauerhafte erhebliche Entstellung anzusehen sind, wobei es nach der Rspr. genügt, dass der betreffende Körperteil nur zeitweilig, etwa beim Baden,[65] sichtbar wird. Da diese schwere Folge hier fahrlässig bewirkt wurde (der Täter hätte in seine Überlegungen mit einbeziehen müssen, dass das Opfer überlebt und dauerhafte Vernarbungen davonträgt), ist der Tatbestand erfüllt. Keinesfalls gegeben ist dagegen eine absichtliche oder wissentliche schwere Körperverletzung nach § 226 II StGB. Denn eine dauerhafte Entstellung setzt ein Überleben des Opfers voraus. Da aber A beim Zustechen mit Tötungsvorsatz handelte, konnte er nicht gleichzeitig das Weiterleben des Opfers mit Entstellungen gewollt haben.

B. Strafbarkeit bezüglich des Opfers C

I. Eine **vorsätzliche Tötung des Kindes C nach § 212 StGB** scheidet hingegen aus, da der nach der Rspr. maßgebliche Zeitpunkt der Einwirkung auf die Leibesfrucht ausschließlich unter §§ 218 ff. StGB fällt, solange der Geburtsvorgang noch nicht eröffnet ist. § 212 StGB ist in diesem Stadium nach h. M. nicht anwendbar, selbst wenn die pränatale Einwirkung zu postnatalen Schädigungen bzw. zum Tod führt (vgl. dazu im Einzelnen *Jäger*, BT, Rn. 4).

II. Gegeben ist aber eine Strafbarkeit des A wegen **besonders schweren Schwangerschaftsabbruchs nach § 218 I, II S. 2 Nr. 2 StGB**, da A wenigstens leichtfertig (hier nämlich sogar vorsätzlich) den Tod der Schwangeren verursacht hat (vgl. *Fischer*, § 218 Rn. 18).

63 Vgl. zum Ganzen *Jäger*, Rücktritt, 1996, S. 93 ff.
64 Vgl. zum Streit zwischen konkreter und abstrakter Theorie *Jäger*, BT, Rn. 82 m. w. N.
65 Dazu BGHSt 17, 163.

II. Die Abgrenzung der Rücktrittsalternative des § 24 I S. 1 Alt. 2 StGB einerseits von § 24 I S. 2 StGB andererseits

Die Abgrenzung zwischen § 24 I S. 1 Alt. 2 StGB und § 24 I S. 2 StGB erfordert in der Klausur eine detaillierte Subsumtion und setzt voraus, dass Sachverhaltsangaben genau berücksichtigt werden. Dies zeigt folgender

Fall 50: A war von dem Gebrauchtwagenhändler K „abgelinkt" worden. Um den K dafür zu „bestrafen", dass er ihn um sein Geld bringen wollte, ging er in dessen Bürobaracke und hielt ihm einen selbst geladenen sechsschüssigen Revolver an die Schläfe. Gleich darauf drückte A ab. Das Projektil durchschlug die linke Hand des K, die dieser zwischen Schläfe und Mündung der Waffe gehalten hatte, um A abzuwehren, drang aber nicht in die Schädelhöhle ein, sondern durchlief die Weichteile oberhalb des rechten Augapfels und unterhalb der rechten Augenbraue und trat unterhalb des inneren Endes der rechten Augenbraue wieder aus. K sagte zu dem A, was dieser für eine „Scheiße" mache. A, der nur einen Schuss auf den K abgeben wollte, sah das Blut an dessen Kopf und stellte fest, dass er diesen entgegen seiner Erwartung nicht getötet hatte. Er sagte zu K, dieser solle ihn nicht verraten, man werde die Sache schon regeln. Sodann verließ er die Bürobaracke und sagte den Angestellten des Opfers – P und T, die den Schuss gehört hatten und sich eiligst auf den Weg zur Bürotür befanden – sie sollten nach ihrem Chef sehen, diesem sei etwas passiert. Sodann fuhr er davon. P und T fanden K in der Baracke heftig blutend vor und forderten einen Krankenwagen an. Die Verletzungen des K wurden später behandelt. Sein rechtes Auge wurde entfernt. Strafbarkeit des A? § 211 StGB ist nicht zu prüfen. (**Schläfenschuss-Fall** nach BGHSt 33, 295) 324

Lösung: 324a

I. A könnte sich wegen **versuchten Totschlags nach §§ 212, 22, 23 I StGB** strafbar gemacht haben.

1. Nichtvorliegen des vollendeten Delikts, Strafbarkeit des Versuchs sowie Tatentschluss (mindestens in Form des bedingten Vorsatzes) und unmittelbares Ansetzen (durch Abgabe des Schusses) liegen unproblematisch vor.

2. Rechtfertigungs- und Schuldausschließungsgründe sind nicht ersichtlich.

3. Zu prüfen ist, ob A als persönlicher Strafaufhebungsgrund ein Rücktritt vom Versuch zugute zu halten ist.

a) Bei der Bestimmung des Versuchsstadiums geht der BGH stets vom Rücktrittshorizont des Täters nach der letzten Ausführungshandlung aus. Danach lag hier jedenfalls kein fehlgeschlagener Versuch vor, da A nach dem ersten, nicht tödlichen Schuss noch weitere Schüsse hätte abgeben können (er hatte selbst den Revolver mit sechs Patronen geladen).
Nach der von der Rspr. favorisierten Gesamtbetrachtungslehre ist daher entscheidend, dass A auch nach seiner Vorstellung in unmittelbar räumlich-zeitlichem Zusammenhang davon ausging, den Erfolg durch die Abgabe weiterer Schüsse herbeiführen zu können (natürliche Versuchseinheit). Danach war der Totschlagsversuch hier nicht fehlgeschlagen.
Demgegenüber stellt die sog. Einzelaktstheorie auf die Vorstellung des Täters bei Tatbeginn ab und nimmt nach dem Scheitern auch nur eines vom Täter zunächst für geeignet gehaltenen Handlungsakts einen fehlgeschlagenen Versuch an.
Zu diesem Ergebnis käme hier auch die vor allem früher vertretene sog. Tatplantheorie, die einen Fehlschlag zumindest dann annimmt, wenn der Täter bei Tatbeginn nur den Vollzug eines Handlungsakts in seinen Willen aufgenommen hat und dieser sodann scheitert.

Vorzug ist der von der h. M. vertretenen Gesamtbetrachtungslehre zu geben, da sie den natürlichen Vorgängen gerecht wird und zusammengehörige Versuchshandlungen nicht i. S. eines Zeitlupenstrafrechts unnatürlich aufspaltet. Auch spricht der Gesetzestext („weitere" Ausführung der Tat) für die Richtigkeit dieser Ansicht. Gegen die Einzelaktstheorie spricht im Übrigen, dass sie dem Umstand der Rückkehr in die Legalität nicht hinreichend Rechnung trägt. Erst recht abzulehnen ist die Tatplantheorie, da sie den skrupelloseren Täter unangemessen bevorzugt (vgl. zum Ganzen näher o. Rn. 314).
Folgt man der Gesamtbetrachtungslehre, so kann nur fraglich sein, ob es sich um einen unbeendeten oder beendeten Versuch handelte. Der BGH geht von einem beendeten Versuch aus: „K war durch den auf ihn abgegebenen Kopfschuss schwer verletzt. Nach objektivem Urteil bestand die nahe Gefahr des Erfolgseintritts. Der Angeklagte hat auch erkannt, dass sein Opfer am Kopf getroffen war. Er sah das Blut am Kopf des Opfers und bei dieser Sachlage ist auszuschließen, A könne nicht gewusst haben, dass ein aus kürzester Entfernung abgegebener Schuss nahezu ausnahmslos mit Lebensgefahr verbunden ist." Der BGH nimmt hier also einen beendeten Versuch an, indem er, ohne den in dubio pro reo-Grundsatz auch nur zu erwähnen, unterstellt, dass der Täter nach der Art des gewählten Mittels und der damit verbundenen Verletzungsfolgen von einem möglichen tödlichen Ende ausgegangen sein musste. Fraglich ist dies freilich deshalb, weil A zu K gesagt hatte, er solle keine Aussage machen, man werde die Sache schon regeln.

b) Nimmt man dennoch einen beendeten Versuch an, so stellte sich die Frage, ob sich der Rücktritt nach § 24 I S. 1 Alt. 2 StGB oder nach § 24 I S. 2 StGB richtet. Der BGH zog hier § 24 I S. 2 StGB heran, da A für die Erfolgsverhinderung nicht kausal werden konnte. Hierfür fehle es schon an der Ursächlichkeit oder wenigstens Mitursächlichkeit des Verhaltens des A, da P und T sich bereits auf dem Weg zur Baracke befunden hätten. Infolgedessen hätte sich A ernsthaft um Verhinderung bemühen müssen. Eine solche ernsthafte Verhinderungsbemühung sei vorliegend jedoch zu verneinen, da A hierfür die aus seiner Sicht ausreichenden Verhinderungsmöglichkeiten hätte ausschöpfen müssen. Dies habe er hier nicht getan, sondern vielmehr mögliche Rettungsmaßnahmen den Angestellten des Opfers allein überlassen. A habe daher dem Zufall noch Raum gelassen, obwohl er ihn hätte vermeiden können.
Ein strafbefreiender Rücktritt vom Versuch ist daher zu verneinen.

Ergebnis: A ist strafbar wegen versuchter Tötung nach §§ 212, 22, 23 I StGB.

II. Gleichzeitig verwirklicht ist eine **gefährliche Körperverletzung nach §§ 223, 224 I Nr. 2, 5 StGB**. Diese tritt zur versuchten Tötung in Tateinheit, § 52 StGB.

III. Gegeben ist im Übrigen auch eine Strafbarkeit **wegen schwerer Körperverletzung nach § 226 I Nr. 1 StGB**, da A die Körperverletzung als Grundtatbestand vorsätzlich verwirklicht hat und mindestens fahrlässig die schwere Folge (Verlust des Sehvermögens auf einem Auge) verursacht hat. Nicht gegeben ist dagegen § 226 II StGB (absichtliche oder wissentliche Herbeiführung der schweren Folge), da insoweit die Gegensatztheorie eingreift: Wer mit dem Tod des Opfers rechnet oder diesen sogar will, der kann nicht gleichzeitig einen Verlust des Sehvermögens wollen, da dies ein Weiterleben voraussetzt (näher hierzu *Jäger*, BT, Rn. 23).

Ein interessantes Beispiel zu einem Fall des § 24 I S. 2 StGB bei nicht zurechenbarem Erfolgseintritt liefert ein neuer, aus der jüngsten Rechtsprechung des BGH stammender, extrem examensgefährlicher

Fall 51: Die zur Tatzeit 58-jährige A wurde im Alter von 16 Jahren mit dem zuletzt 67-jährigen B zwangsverheiratet. Die mehr als 40-jährige Ehe war geprägt von körperlichem und seelischem Missbrauch der A durch ihren Ehemann. Erst in den letzten Jahren hatten körperliche Übergriffe nicht mehr stattgefunden; psychische Erniedrigungen blieben aber an der Tagesordnung. Am 3. Januar 2013 saß B in seinem Rollstuhl im Wohnzimmer. Gegen 10 Uhr erlitt er einen Herzinfarkt, der dazu führte, dass er in hilflosem Zustand und in getrübter Bewusstseinslage auf dem Boden zum Liegen kam. Als A ihren zwischenzeitlich bewusstlos gewordenen Ehemann B auf dem Boden liegend antraf, fasste sie spontan den Entschluss, ihn zu töten. Hierzu nahm sie einen Schal, legte ihn dem auf dem Rücken liegenden B um den Hals und zog das Stoffteil vor seinem Kehlkopf fest zusammen. Nach einiger Zeit erschrak sie jedoch über ihr Tun und ließ von dem Geschädigten ab. Sie beseitigte das Strangulationswerkzeug und lief zu ihren Nachbarn, um Hilfe zu holen. Als A an der Wohnungstür der Nachbarn klingelte, war ihr Ehemann bereits gestorben. Davon, dass der Geschädigte noch zu Lebzeiten stranguliert wurde, ist aufgrund sicherer medizinischer Beweisanzeichen auszugehen. Der Sachverständige konnte später aber nicht feststellen, dass das Strangulieren tatsächlich (mit)ursächlich für den Tod war. Vielmehr kann es auch sein, dass nur der Herzinfarkt todesursächlich gewesen ist. Auch die Frage, ob B hätte gerettet werden können, wenn A nicht zunächst gewürgt, sondern sofort Hilfe geholt hätte, kann später nicht mehr geklärt werden (**Herzinfarkt-Fall** leicht abgewandelt nach BGH NStZ 2016, 664 f.[66]). **324b**

Lösung: **324c**

I. In Betracht kommt zunächst eine Strafbarkeit der A wegen **vollendeten Totschlags nach § 212 I StGB** durch das Strangulieren mit dem Schal.
Jedoch scheitert eine Strafbarkeit diesbezüglich, weil der Sachverständige nicht feststellen konnte, dass das Strangulieren für den Tod kausal im Sinne einer conditio sine qua non geworden ist. Denn wenn der Tod, wie der Sachverständige für möglich hält, allein auf den Herzinfarkt zurückzuführen ist, dann kann das Würgen hinweggedacht werden, ohne dass der Erfolg mit an Sicherheit grenzender Wahrscheinlichkeit entfiele. Nach der conditio sine qua non-Formel scheitert daher eine Strafbarkeit aus dem Tatbestand des vollendeten Totschlags.

II. Auch ein **vollendeter Totschlag durch Unterlassen nach § 212 I, 13 StGB** wegen zunächst nicht herbeigeholter Hilfe scheidet mangels (Quasi-)Kausalität aus, da nicht mehr geklärt werden kann, ob das Unterlassen der sofortigen Rettung für den Tod des B ursächlich geworden ist.

III. A könnte sich jedoch wegen **versuchten Totschlags nach §§ 212, 22, 23 ggfls. i. V. m. § 13 StGB** strafbar gemacht haben, indem sie eine Rettung unterließ und stattdessen ihren Ehemann strangulierte.

1. Ein vollendeter Totschlag ist nicht verwirklicht (siehe soeben I. und II.). Die Strafbarkeit des Versuchs ergibt sich aus §§ 12, 23 I StGB.

2. A hatte beim Unterlassen der Rettung bzw. beim Strangulieren auch Tatentschluss zu einer Tötung des B. Bezüglich der unterlassenen Rettung könnte allerdings fraglich sein, ob sich die Vorstellung der A auch auf Umstände erstreckte, die eine Garantenstellung nach § 13 StGB zur Verhinderung des Todes begründeten. Zweifel könnten hieran insbesondere deshalb bestehen, weil A zur Eingehung der Ehe mit B gezwungen worden und die gesamte Ehe durch physische und psychische Übergriffe von Seiten des B gekennzeichnet war. Ob man bei einer Ehe, die vollständig auf Zwang beruht, eine Garantenstellung annehmen

66 Krit. dazu *Jäger*, JA 2016, Heft 12.

kann, erscheint äußerst zweifelhaft. Allenfalls ließe sich dies damit begründen, dass die A ihren Ehemann trotz der dazu bestehenden Möglichkeiten nicht verlassen hat und die körperlichen Übergriffe in der jüngsten Vergangenheit abgenommen hatten. Jedoch kann diese Frage an dieser Stelle offenbleiben, weil jedenfalls auch ein Tatentschluss zu aktiver Tötung durch Strangulieren mit dem Schal bestand.

3. Schließlich hat A zu dieser Tötung auch unmittelbar angesetzt, da nach Vorstellung der A das anstatt einer Rettung des B erfolgende Würgen mit dem Schal unmittelbar in den Tod des B einmünden sollte.

4. Auch Rechtfertigungs und Entschuldigungsgründe sind nicht ersichtlich. Insbesondere teilt der Sachverhalt nichts dazu mit, dass eine gegenwärtige Gefahr für Rechtsgüter der A von Seiten des B drohte. Der Fall ist insoweit nicht mit Familientyrannen-Entscheidungen (dazu ausführlich *Jäger*, AT, Rn. 113) vergleichbar, in denen das Vorliegen der §§ 34 und 35 StGB zu diskutieren ist, da die körperlichen Übergriffe des B gegenüber A hier in der jüngsten Vergangenheit nicht mehr stattgefunden hatten.

5. Denkbar ist jedoch, dass die A strafbefreiend vom Versuch zurückgetreten ist.

a) Entscheidend dafür ist, welche Vorstellungen die Täterin nach der letzten Ausführungshandlung (d.h. nach dem Würgen) hatte:

aa) Ein fehlgeschlagener Versuch ist vorliegend zu verneinen, da A nach ihrer Vorstellung jedenfalls die Möglichkeit erkannte, durch Fortsetzung des Würgens den Tod des B herbeizuführen.

bb) Ging sie davon aus, noch nicht alles Erforderliche für die Tatbestandsverwirklichung getan zu haben, so ist dem 2. Senat darin Recht zu geben, dass dann aus ihrer Sicht nach dem Würgen ein unbeendeter Versuch vorlag, bei dem für einen Rücktritt ein bloßes Aufhören genügt hätte (§ 24 I S. 1 Alt. 1 StGB).

cc) Ging sie dagegen davon aus, bereits alles Erforderliche geleistet zu haben oder hielt sie dies auch nur für möglich, so war die Situation des beendeten Versuchs gegeben, wofür hier immerhin spricht, dass A keine Anhaltspunkte dafür haben konnte, dass sich ihr Würgen überhaupt nicht auf den Todeseintritt auswirken wird, auch wenn dies objektiv zu ihren Gunsten zu unterstellen ist.

b) Bei Bejahung eines beendeten Versuchs ist allerdings fraglich, ob sich die Rücktrittsanforderungen vorliegend nach § 24 I S. 1 Alt. 2 oder § 24 I S. 2 StGB richten. Insoweit ist zu berücksichtigen, dass § 24 I S. 2 StGB den untauglichen bzw. untauglich gewordenen Versuch kennzeichnet. Unterstellt man hier zugunsten der Täterin, dass allein der erlittene Herzinfarkt zum Tode führte, so liegt genau dieser untaugliche Versuch vor, weil ihr Handeln dann zwar subjektiv, nicht aber objektiv ursächlich für den Tod werden konnte. Denn zwar verstarb das Opfer später; jedoch war der Tod des Opfers dann aufgrund der zu unterstellenden fehlenden Kausalität des Würgens nicht der Erfolg der Tat der A. Der Erfolg war vielmehr ohne ihr Zutun nicht in einer ihr zurechenbaren Weise eingetreten, sodass ihre Tat (Erwürgen) ohne ihr Zutun nicht vollendet wurde und ein Rücktritt nach § 24 I S. 2 StGB durch ernsthaftes Bemühen noch möglich war.

c) Interessant ist allerdings, dass der 2. Senat für diesen Fall ein Wiederaufleben des Unterlassungsversuchs durch das anfängliche fehlende Entfalten von Rettungsbemühungen unmittelbar nach dem erlittenen Herzinfarkt annimmt.

aa) Unterstellt man aber, dass eine Garantenstellung entstanden war (s. beim Tatentschluss oben III. 2.), dann ist es sicherlich richtig, dass zugunsten der A angenommen werden muss, der Herzinfarkt habe objektiv unrettbar zum Tode geführt, während die A subjektiv zunächst davon ausgegangen sein muss, das Opfer sei trotz des erlittenen Herzinfarkts noch zu retten gewesen, da sonst nicht erklärlich ist, weshalb sie gewürgt hat. Sie hat daher durch das anfängliche Unterlassen zumindest versucht, das Opfer zu töten. Auch ist es richtig, dass das Opfer von diesem Unterlassungsversuch bei isolierter Betrachtung nicht zurückgetreten ist, weil sie, statt Hilfe herbeizuholen, zunächst gewürgt hat. Insoweit erläutert der 2. Senat den Ausschluss eines Rücktritts von diesem Unterlassungsversuch damit, dass der Unterlassungsversuch ein beendeter Versuch gewesen sei und die Täterin von Anfang an die Pflicht gehabt habe, tätig zu werden, dabei aber weder eine Verhinderung noch ein Verhinderungsbemühen in Frage kommt, wenn sie dieser Pflicht nicht nachgekommen ist, sondern stattdessen das Opfer gewürgt hat.

bb) Trotz dieser für sich gesehen zutreffenden Ausführungen ist dem 2. Senat jedoch im Ergebnis nicht zuzustimmen: Denn bei genauerer Betrachtung handelte es sich bei dem Versuch durch Unterlassen und dem Versuch durch aktives Tun (unterlassenes Herbeiholen von Hilfe mit Bezug auf den Herzinfarkt und anschließendes aktives Würgen) um eine wiederholte Tatbegehung, weil der Unterlassungsversuch in einen anschließenden aktiven Versuch überging. Zwischen den beiden Verwirklichungsstufen lag zumindest eine juristische Sekunde (wer diese juristische Sekunde nicht anerkennen will, müsste von einem kumulativen Versuch ausgehen, der nicht anders beurteilt werden kann als die iterative Tatbegehung). Entscheidend muss dann aber der Rücktrittshorizont der A nach der letzten Ausführungshandlung sein. Sofern A nach Abschluss von Unterlassungsversuch und aktivem Versuch davon ausgegangen ist, das Opfer sei noch zu retten, obgleich der Herzinfarkt in Wahrheit ohne Rettungschance unabhängig von ihrer Unterlassung und Handlung den Tod bewirkte, sollte nach § 24 I S. 2 StGB ein Rücktritt vom gesamten Versuch durch ernsthaftes Bemühen möglich sein. Denn die Frage, ob der Täter sich ernsthaft bemüht hat, kann nicht vom Beginn der Tathandlungen abhängig gemacht werden, wie der BGH dies offenbar meint. Vielmehr muss sich das erforderliche Rücktrittsverhalten nach der Vorstellung des Täters im Anschluss an die letzte Ausführungshandlung richten. In diesem Zeitpunkt war offenbar nach der Vorstellung der Täterin eine Rettung des Opfers noch möglich und sie hat durch Herbeirufen professioneller Hilfe das aus ihrer Sicht Mögliche und Notwendige getan, um eine solche Rettung noch zu bewirken. Dass die Täterin hier zusätzlich zu einem Unterlassen ein aktives Handeln an den Tag legte, kann insoweit nicht anders behandelt werden als zwei aufeinander aufbauende aktive Handlungen.

IV. Es bleibt dann nur eine Strafbarkeit wegen **vollendeter gefährlicher Körperverletzung nach §§ 223, 224 I Nr. 2, 5 StGB**, da A das Opfer mit dem Schal jedenfalls zu einem Zeitpunkt gewürgt hat, als es noch lebte.

III. Rücktritt vom Versuch des erfolgsqualifizierten Delikts nach Eintritt des Erfolges

Fall 52: A und B waren in das Haus des E eingedrungen, um zu stehlen. Mit einer Pistole, die A mitführte, sollten potentielle Störer bedroht und durch Warnschüsse eingeschüchtert werden. A und B wurden von E überrascht. A bedrohte den E nun mit der Pistole und zwang ihn, die Hände zu heben und sich umzudrehen. Von A nicht gewollt, löste sich dabei jedoch ein für E tödlicher Schuss. B machte dem A nun heftige Vorwürfe und sie verließen erschrocken den Tatort, ohne etwas mitzunehmen. Strafbarkeit von A und B? (**Warnschuss-Fall** nach BGH NJW 1996, 2663)[67] 325

Lösung: 326

I. A und B könnten sich wegen **versuchten Raubes mit Todesfolge strafbar gemacht haben (§§ 251, 22, 23 I, 25 II StGB).**

67 Krit. dazu *Jäger*, NStZ 1998, 161 ff.

Hinweis zum Klausuraufbau: *Ausnahmsweise empfiehlt es sich hier, § 251 StGB schon von Anfang an in die Prüfung mit aufzunehmen, da der Rücktritt (s. u.) gerade im Hinblick auf § 251 StGB problematisch ist. Würde man allein mit §§ 249, 22, 23 I StGB beginnen und diesbezüglich einen Rücktritt bejahen, so würde man dann nämlich ggf. nicht mehr zu § 251 StGB gelangen.*[68]

1. A und B hatten den **Entschluss** gefasst, den E durch Einsatz einer Schusswaffe gem. § 250 II Nr. 1 StGB mit einer gegenwärtigen Gefahr für das Leben zu bedrohen und dadurch die Wegnahme fremder beweglicher Sachen zu ermöglichen. Dabei war ihre Absicht auch auf rechtswidrige Zueignung gerichtet. Ihre Vorstellung ging also dahin, gemeinschaftlich einen schweren Raub nach §§ 249, 250 II Nr. 1, 25 II StGB zu begehen.

2. Indem A verabredungsgemäß dem E mit der Pistole drohte, haben beide Mittäter nach ihrer Vorstellung von der Tat **unmittelbar zum Raub angesetzt** (§ 22 StGB). Zu diesem Ergebnis gelangen hier sowohl die Gesamt- als auch die Einzellösung. Denn da B am Tatort bereits anwesend war, ist auch er – ausgehend vom Tatplan – Tatherr im Gesamtgeschehen (funktionelle Tatherrschaft).

3. Ein versuchter Raub mit Todesfolge (§§ 251, 22, 23 I StGB) ist gegeben, wenn A und B den Tod des E durch den Raub **leichtfertig verursacht** haben.

a) Die deliktsspezifische Lebensgefahr ergibt sich beim Raub aus der Nötigungshandlung und nicht aus dem Wegnahmeerfolg, weshalb ein versuchter Raub mit Todesfolge als erfolgsqualifizierter Versuch konstruktiv möglich ist (in der Klausur sollte man dies breiter diskutieren, vgl. Darstellung zum erfolgsqualifizierten Delikt, Rn. Rn. 381!).

b) A hat seine Sorgfaltspflicht bzgl. des Lebens des E in grobem Maße verletzt, indem er eine entsicherte Waffe auf diesen richtete. Der Tod des E ist daher von A leichtfertig verursacht. Da der Einsatz der Schusswaffe von B im Rahmen des gemeinsamen Tatplans gebilligt war, ist auch ihm die leichtfertige Todesverursachung zuzurechnen, §§ 18, 29 StGB.

Zwischenergebnis: Der subjektive und objektive Tatbestand des versuchten gemeinschaftlichen Raubes mit Todesfolge ist daher erfüllt.

4. Rechtfertigungs- und Schuldausschließungsgründe sind nicht ersichtlich.

5. Fraglich ist jedoch, ob A und B nicht als **persönlicher Strafaufhebungsgrund ein freiwilliger Rücktritt vom Versuch** zugute kommt. Dafür müssten sie die Tat freiwillig verhindert haben (§ 24 II S. 1 StGB).

a) Klärungsbedürftig ist insoweit, ob ein **Rücktritt vom Versuch eines Raubes noch möglich** ist, wenn bereits durch den Versuch die schwere Folge eingetreten ist.

aa) Gegen die Möglichkeit eines Rücktritts spricht, dass die deliktsspezifische Todesfolge trotz Nichtvollendung des Grundtatbestandes bereits bewirkt wurde und daher möglicherweise der Schutzzweck des erfolgsqualifizierten Delikts umgangen würde, wenn man dennoch Raum für einen Rücktritt ließe.[69]

bb) Der BGH hat sich dieser Auffassung nicht angeschlossen[70] und dies damit begründet, dass der Wortlaut des § 24 StGB eindeutig sei. Danach kann der Täter von einem

68 Vgl. zu dieser Aufbauempfehlung auch *Lettl*, JuS 1998, L 84 sowie *Rengier*, BT/I, § 9, Rn. 17.

69 So etwa *Jäger*, NStZ 1998, 161 ff.; LK-*Herdegen*, § 251, Rn. 16; *Roxin*, AT/II, § 30, Rn. 289 ff.; *Streng*, JZ 2007, 1093; *Ulsenheimer*, Bockelmann-FS, 1971, S. 415 ff.; *Wolter*, JuS 1981, 178; NK-*Zaczyk*, § 24, Rn. 81. Noch weitergehend tritt *Wolters*, GA 2007, 65 ff. sogar für eine Vollendungsstrafbarkeit nach § 251 StGB ein; hiergegen aber zu Recht *Herzberg*, JZ 2007, 615, 619 ff.

70 Er sieht sich hierin mit der h. M. einig. Vgl. nur: *Anders*, GA 2000, 72 ff.; *Beinecke*, JuS 1997, 1151; *Hardtung*, Versuch und Rücktritt bei den Teilvorsatzdelikten des § 11 II StGB, 2002, S. 256; *ders.*, MüKo, § 18, Rn. 78; *Jakobs*, AT, 26/49; *Kudlich*, JuS 1999, 355; *Küper*, JZ 1997, 229 ff.; *Kühl*, Jura 2003, 23; *Lackner/Kühl*, § 24, Rn. 22; *Rengier*, Erfolgsqualifizierte Delikte und verwandte Erscheinungsformen, 1986, S. 244 f.; *ders.*, BT/1, § 9, Rn. 14; *Sowada*, Jura 1995, 653; *Wessels/Beulke/Satzger*, AT, Rn. 653a.

nur versuchten Delikt zurücktreten. Tut er dies, so entfällt mit der Strafbarkeit wegen des versuchten Grunddelikts auch der erforderliche Anknüpfungspunkt für die Qualifikation. Außerdem wäre es mit Art. 103 II GG, § 1 StGB (Gesetzlichkeitsprinzip) unvereinbar, den Grundtatbestand des Raubes wegen des Eintritts der schweren Folge durch Auslegung des Gesetzes in ein Unternehmensdelikt[71] umzuwandeln. Die Annahme, für Fallgestaltungen wie die vorliegende sei aus den oben unter aa) genannten Gründen § 24 StGB nicht anwendbar, sei eine nicht zulässige tatbestandliche Reduktion dieser Vorschrift zum Nachteil des Angeklagten. Dass A und B den Tod des E weder verhindert noch sich um Verhinderung bemüht haben, sei daher ohne Bedeutung und schließe den Rücktritt vom versuchten erfolgsqualifizierten Delikt nicht aus, sofern A und B freiwillig die Vollendung des Raubes verhindert haben. Mit dem Rücktritt vom Versuch des Grunddelikts (durch Nichtvollendung der Wegnahme) entfalle somit der Anknüpfungspunkt für die schwere Folge (*Küper* nennt dies fehlende „grunddeliktische Versuchsakzessorietät“[72]).

b) A und B haben die **Vollendung des Raubes verhindert**, indem sie auf die Wegnahme des zu stehlenden Gutes verzichtet haben.

c) Dabei handelten sie auch **freiwillig**. Anders wäre es nur, wenn A und B infolge des Schusses psychisch unfähig gewesen wären, weiterzuhandeln. Der Sachverhalt gibt dafür jedoch nichts her (in der Klausur etwas breiter problematisieren!).

Ergebnis: Folgt man dem BGH, so sind A und B strafbefreiend vom versuchten Raub mit Todesfolge zurückgetreten, indem sie auf die Vollendung des Grunddelikts verzichteten.

II. Gegeben ist jedoch eine **mittäterschaftliche Nötigung gem. §§ 240, 25 II StGB**, indem A und B den E zwangen, sich mit erhobenen Händen umzudrehen.

III. Die enthaltene Bedrohung mit einem Tötungsverbrechen (§§ 241, 25 II StGB) tritt hinter der Nötigung zurück (str.).

IV. Wie oben dargestellt haben A und B den Tod des E fahrlässig verursacht. Sie sind insoweit wegen nebentäterschaftlicher **fahrlässiger Tötung gem. § 222 StGB** strafbar. Mittäterschaft schließt sich beim Fahrlässigkeitsdelikt nach richtiger Auffassung begrifflich aus, weil diese einen gemeinsamen Tatentschluss voraussetzt (§ 25 II StGB). Es bedarf dieser Rechtsfigur aber beim Fahrlässigkeitsdelikt auch nicht (str.), sofern nur sämtliche Beteiligte im Hinblick auf die Todesfolge fahrlässig gehandelt haben. Das ist vorliegend der Fall (s. o.).

V. Da A und B das Haus des E unbefugt betreten haben, ist darüber hinaus auch der Tatbestand des gemeinschaftlichen **Hausfriedensbruchs (§§ 123, 25 II StGB)** erfüllt.

VI. Konkurrenzen: Nötigung und fahrlässige Tötung stehen zueinander in Tateinheit, § 52 StGB. Der vorausgegangene Hausfriedensbruch steht zu ihnen im Verhältnis der Tatmehrheit, § 53 StGB.

Erklärung: Delikte, die nur bei Gelegenheit des Hausfriedensbruchs begangen werden, stehen zu diesem in Tatmehrheit (str., näher dazu u. Rn. 390).

Hinweis: *Ich halte die Entscheidung – obwohl sie noch der h. M. entspricht – für verfehlt, denn der Rücktritt beseitigt in Wahrheit kein Unrecht, sodass der Anknüpfungspunkt für die Strafbarkeit wegen des Eintritts des qualifizierten Erfolges grundsätzlich erhalten bleibt. Ein Rücktritt i. S. einer Gefährdungsumkehr[73] findet hier also im Hinblick auf die schwere Folge gerade nicht statt. Folgt man dem, so sind A und B strafbar gem. §§ 251, 22, 25 II; 123; 52 StGB. Die gleichzeitig verwirklichten §§ 222, 240 StGB treten dahinter zurück.*

---

71 Grundlegend zum Unternehmensdelikt *Mitsch*, Jura 2012, 526 ff.
72 *Küper*, JZ 1997, 232.
73 Dazu näher *Jäger*, Rücktritt, 1996, S. 65 ff.; *ders.*, NStZ 1998, 161.

IV. Rücktritt vom Unterlassungsversuch

Mehrfach hatte sich der BGH in der Vergangenheit mit dem Rücktritt vom Unterlassungsversuch zu beschäftigen. Besonders spektakulär waren dabei die beiden folgenden Fälle[74]:

326a **Fall 53:** A öffnete, um sich selbst zu töten, in seiner Wohnung die Gashähne. Während er auf das Einsetzen der tödlichen Wirkung des Gases wartete, fiel ihm ein, dass auch andere Hausbewohner durch eine ggf. erfolgende Explosion sterben könnten. Um sein Selbstmordvorhaben zu beenden, nahm er dies jedoch zunächst in Kauf. Dann jedoch entschloss er sich, über die Notrufnummer die Rettungsleitstelle zu informieren, wobei er seinen Namen sowie seine Anschrift nannte und um Rettung der Hausbewohner bat. Der Aufforderung der Rettungsleitstelle, das Gas abzudrehen, folgte er hingegen nicht, weil er seinen Entschluss zur Selbsttötung aufrecht erhielt. Wenig später wurde er bewusstlos. Die kurz danach eintreffende Feuerwehr evakuierte 50 Personen aus dem Haus und drehte die Gashähne wieder zu. A konnte wiederbelebt werden. Strafbarkeit des A? (**Gashahn-Fall** nach BGH NStZ 2003, 28)[75]

326b **Lösung:**

I. Eine Strafbarkeit wegen **versuchten Mordes durch aktives Tun nach §§ 211, 212, 22, 23 I StGB** scheidet aus, da sich A zum Zeitpunkt des Aufdrehens der Gashähne laut Sachverhalt nicht bewusst war, dass möglicherweise auch andere Hausbewohner getötet werden könnten.

II. In Betracht kommt jedoch eine Strafbarkeit wegen **versuchten Mordes durch Unterlassen nach §§ 211, 212, 22, 23 I, 13 I StGB**, da A die Gashähne später trotz Aufforderung der Rettungsleitstelle nicht wieder geschlossen hat.

1. Nichtvollendung und **Strafbarkeit des Versuchs** sind zu bejahen (vgl. §§ 23 I, 12 I StGB).

2. A müsste **Tatentschluss** hinsichtlich eines Mordes gehabt haben.
In Betracht kommt diesbezüglich ein bedingter Vorsatz hinsichtlich der Tötung mit gemeingefährlichen Mitteln nach § 211 II Alt. 6 StGB. A ist vorliegend davon ausgegangen, dass Hausbewohner durch eine ggf. ausgelöste Explosion getötet werden könnten. Ihm war daher bewusst, dass er die Auswirkungen des Tatmittels nicht beherrschen konnte und die Folgen seiner Tat nicht überschaubar waren.[76]

3. Ein **unmittelbares Ansetzen** zum Unterlassungsversuch liegt jedenfalls darin, dass A das Gas nicht abgedreht hat, nachdem er dazu von der Rettungsleitstelle aufgefordert worden war.

4. Rechtfertigungs- und Schuldausschließungsgründe sind nicht ersichtlich.

5. Fraglich ist jedoch, ob als persönlicher Strafaufhebungsgrund ein **Rücktritt** vom Unterlassungsversuch in Betracht kommt, weil A durch seinen Anruf immerhin bewirkt hat, dass die Rettungskräfte das Gas abstellen und die Bewohner dadurch retten konnten.

a) Lange Zeit hatte der BGH dabei vertreten, dass der Versuch eines unechten Unterlassungsdelikts stets ein beendeter Versuch sei, weil ein Unterlassungsversuch nur dann vor-

74 Ein weiteres Fallbeispiel findet sich auch bei *Abraham*, JuS 2013, 903 ff.

75 Mit Anm. *Puppe*, NStZ 2003, 309 f.; siehe auch *Exner*, Jura 2010, 276 ff. und *Stein*, GA 2010, 129 ff.

76 *Engländer*, JuS 2003, 642 hält einen Mord mit gemeingefährlichen Mitteln durch Unterlassen nicht für möglich. Vielmehr verlangt er den aktiven Einsatz solcher Mittel, sodass ein Mord mit gemeingefährlichen Mitteln durch Unterlassen bzw. ein Mordversuch mit gemeingefährlichen Mitteln durch Unterlassen für ihn ausgeschlossen ist.

liegen könne, wenn der Unterlassungstäter den Eintritt des Erfolges zumindest für möglich hält.[77]

Dagegen ist die Lit. überwiegend davon ausgegangen, dass auch beim Unterlassungsversuch zwischen unbeendetem und beendetem Versuch zu unterscheiden sei. Dabei sei von einem unbeendeten Versuch nach § 24 I S. 1 Alt. 1 StGB auszugehen, wenn der tatbestandliche Erfolg noch durch Nachholung der ursprünglich gebotenen Handlung verhindert werden kann. Von einem beendeten Versuch nach § 24 I S. 1 Alt. 2 StGB sei dagegen dann auszugehen, wenn der tatbestandliche Erfolg nach der Vorstellung des Täters nicht mehr durch Nachholung der ursprünglich gebotenen Handlung, sondern nur noch durch andere Erfolgsabwendungsmaßnahmen verhindert werden kann.

Auch nach dieser differenzierenden Auffassung dürfte vorliegend ein beendeter Unterlassungsversuch vorliegen, da ein bloßes Zudrehen der Gashähne auch nach der Vorstellung des Täters nicht mehr notwendig geeignet war, den tatbestandlichen Erfolg zu verhindern. Hierfür waren vielmehr bereits zusätzliche Maßnahmen erforderlich wie z. B. Öffnen der Fenster, Evakuieren von Personen etc.

Nach allen Auffassungen wird man daher vorliegend einen beendeten Unterlassungsversuch annehmen müssen.

b) Welche Rücktrittsanforderungen im Falle eines derartigen beendeten Versuchs nach § 24 I S. 1 Alt. 2 StGB zu stellen sind, ist umstritten (näher o. Rn. 320).

Nach der sog. Chanceneröffnungstheorie genügt es, wenn der Täter zur Verhinderung des Erfolges kausal beiträgt.

Nach der sog. Bestleistungstheorie darf sich der Täter dagegen nicht mit Maßnahmen begnügen, die, wie er erkennt, (möglicherweise) unzureichend sind, wenn ihm bessere Verhinderungsmöglichkeiten zur Verfügung stehen. Er muss demnach alle Möglichkeiten ausschöpfen und darf dem Zufall keinen Raum bieten.

Eine differenzierende Auffassung[78] will zwischen eigenhändiger Verhinderung und Zuziehung Dritter differenzieren: Bewirkt allein der Dritte die Erfolgsverhinderung, so bleibe dem Täter nur die Rücktrittsmöglichkeit nach § 24 I S. 2 StGB. Anders sei dies, wenn der Täter einen unerlässlichen Rettungsbeitrag zur Erfolgsabwendung durch den Dritten leistet.

Die besseren Gründe dürften allerdings für die sog. Chanceneröffnungstheorie sprechen, da der Wortlaut „verhindern“ lediglich für eine ursächliche Erfolgsverhinderung spricht und daher die Forderung darüber hinausgehender Bemühungen gegen das Analogieverbot nach Art. 103 II GG verstoßen würde. A ist daher, sofern man der Chanceneröffnungstheorie folgt, strafbefreiend vom Mordversuch durch Unterlassen zurückgetreten.[79]

III. Aus den gleichen Gründen liegt ein **strafbefreiender Rücktritt vom Unterlassungsversuch der Herbeiführung einer Sprengstoffexplosion nach §§ 308 I, III, 22, 23 I, 13 I StGB** vor.

Fall 54: B flüchtete gegen 19 Uhr vor ihrem gewalttätigen Ehemann A ins Badezimmer. Dort zwängte sie sich in eine Nische, in die sie A derart hinunterdrückte, dass sie hockend eingeklemmt war und mit einzelnen Körperpartien den Heizkörper berührte. A riss den Thermostaten der auf höchster Stufe laufenden Heizung (80 Grad!) ab. Gegen 22 Uhr versuchte er, die B aus ihrer Lage zu befreien, was jedoch misslang. A legte sich daraufhin zum Schlafen, ohne sich um die B weiter zu kümmern. Am nächsten Tag gegen 7 Uhr fand er die B in unveränderter Lage vor. Zu diesem Zeitpunkt war sie durch die Hitzeeinwir- **327**

77 Vgl. dazu BGH NStZ 1997, 485 u. Fall 56, Rn. 327.

78 *Roxin*, AT/II, § 30, Rn. 243. Gegen eine solche Differenzierung *Zieschang*, GA 2003, 353, der vom Täter „berechenbare Abwehrmaßnahmen“ verlangt.

79 So auch BGH NStZ 2003, 28 im konkreten Fall.

kung des Heizkörpers bereits tödlich verletzt, sodass eine Lebensrettung schon nicht mehr möglich war. A war sich erst jetzt des möglichen tödlichen Ausgangs bewusst. Ohne sich um B zu kümmern, verließ A die Wohnung. Gegen 10.30 Uhr konnte die B aus ihrer Lage befreit werden, nachdem ein Nachbar das Wimmern der B vernommen hatte und den A – der mittlerweile zurückgekehrt war – aufgefordert hatte, die Wohnung zu öffnen. Die B verstarb am übernächsten Tag. Strafbarkeit des A? (**Heizungstod-Fall** nach BGH NStZ 1997, 485)[80]

327a **Lösung:**

A. Das Geschehen am Abend

I. Totschlag durch aktives Tun nach § 212 StGB scheidet aus, da sich A zu diesem Zeitpunkt des möglichen tödlichen Ausgangs laut Sachverhalt nicht bewusst war, sodass ein diesbezüglicher Vorsatz ausscheidet.

II. Gegeben ist allerdings eine **gefährliche Körperverletzung gem. §§ 223, 224 I Nr. 5 StGB**, indem A die B an die Heizung hinunterdrückte und den lebensgefährlichen Temperaturen aussetzte. Dass A keinen Körperverletzungsvorsatz hatte, als er die B an die Heizung drückte und den Thermostaten entfernte (!), wäre eine lebensfremde Annahme, zumal es nach der Rspr. genügt, wenn der Täter die Umstände kennt, aus denen sich die Lebensgefährdung ergibt (str.). Dagegen ist § 224 I Nr. 2 StGB nach h. M. nicht erfüllt, weil der Heizkörper als unbeweglicher Gegenstand kein (gefährliches) Werkzeug in diesem Sinne ist (unter den Werkzeugbegriff fallen nur bewegliche Gegenstände, jedes andere Interpretationsergebnis würde die Wortlautgrenze überschreiten und wäre daher verbotene Analogie).

III. Ob auch eine **schwere Körperverletzung nach §§ 223, 226 I StGB** in Form der dauernden Entstellung gegeben war, ist Tatfrage, aber bei Brandwunden der vorliegenden Art wohl anzunehmen. Dabei handelte A hinsichtlich der Entstellung auch wenigstens fahrlässig (vgl. § 18 StGB).

IV. Erfüllt ist auch der Tatbestand der **Körperverletzung mit Todesfolge gem. § 227 StGB**, da der Todeseintritt zurechenbare und objektiv vorhersehbare Folge der Behandlung war (übrigens gleichgültig, ob man für § 227 StGB den Tod als Folge des Körperverletzungserfolges [hier vorsätzliches Aussetzen der Hitzeeinwirkung durch Abreißen des Thermostats] oder bloß als Folge der Körperverletzungshandlung verlangt). Der mitverwirklichte § 222 StGB tritt dahinter zurück.

V. Gegeben ist schließlich auch der Tatbestand der **Freiheitsberaubung mit Todesfolge gem. § 239 I, IV StGB**, für den auch genügt, dass der Tod durch eine während der Freiheitsentziehung begangene Handlung (hier: Abreißen des Thermostats) verursacht wurde (vgl. Gesetzestext!). Die gleichzeitig verwirklichte Nötigung (§ 240 StGB) wird von § 239 StGB verdrängt, da die Nötigung nur der Durchsetzung der Freiheitsberaubung diente.

VI. Strafbarkeit wegen **Beschädigung der Heizung (§ 303 I StGB)** hängt von den Eigentumsverhältnissen am Heizkörper ab.

VII. Aussetzung mit Todesfolge (§ 221 I Nr. 1, III StGB) durch Versetzen in eine hilflose Lage ist zwar tatbestandlich gegeben, tritt aber hinter § 227 StGB zurück.

VIII. Ergebnis und Konkurrenzen: §§ 224, 227, 239 I, IV StGB sind erfüllt und stehen zueinander in Tateinheit (str., ob § 224 StGB von § 227 StGB verdrängt wird; jedoch sollte man auch hier aus Klarstellungsgründen Tateinheit annehmen).

---

80 Vgl. dazu die Bespr. von *Brandt-Fett*, NStZ 1998, 507 f.; *Kudlich/Hannich*, StV 1998, 370; *Küper*, ZStW 112 (2000), 6 ff.; *Stuckenberg*, JA 1999, 273 f.

B. Das Geschehen am nächsten Morgen

I. Vollendete Tötung durch Unterlassen, §§ 212, 13 I StGB, scheidet aus, weil die B ohnehin schon nicht mehr zu retten war, sodass es nach der Vermeidbarkeitstheorie an der Quasi-Kausalität des Unterlassens fehlt.

II. Denkbar wäre aber eine **versuchte Tötung durch Unterlassen, §§ 212, 22, 23 I, 13 I StGB**.

1. Tatentschluss war zu diesem Zeitpunkt wenigstens in Form des bedingten Vorsatzes gegeben, wobei A auch die Umstände kannte, die seine Ingerenzgarantenstellung begründeten.

2. A hat nach allen Ansichten zu dem Unterlassungsversuch auch **unmittelbar angesetzt**, indem er die B verließ und das weitere Geschehen aus den Händen gab.

3. Rechtfertigungs- und Schuldausschließungsgründe sind nicht ersichtlich.

4. Fraglich ist jedoch, ob A der **persönliche Strafaufhebungsgrund des § 24 StGB** zugute kommt, indem er eine Bergung der B zuließ und sich damit um Erfolgsverhinderung bemühte, § 24 I S. 2 StGB.
Laut BGH muss der Täter eines Unterlassungsversuchs jedoch wie der eines beendeten Versuchs den Erfolg verhindern, was aus der Gleichwertigkeit beider Rechtsfiguren folge. Ein beendeter Versuch des Begehungsdelikts liege vor, wenn der Täter nach der letzten Ausführungshandlung den Eintritt des tatbestandsmäßigen Erfolges für möglich hält. Ebenso sei es beim Unterlassungsversuch, denn dieser könne überhaupt nur vorliegen, wenn der Unterlassungstäter den Eintritt des Erfolges zumindest für möglich hält. Da A den Erfolg vorliegend jedoch nicht mehr verhindern konnte, scheide ein Rücktritt mithin aus.
Dagegen wird in der Lit. eingewandt, dass es beim untauglichen Unterlassungsversuch genügen müsse, wenn sich der Täter ernsthaft um eine Erfolgsverhinderung bemüht, da der Erfolg ja nicht dem Täter zurechenbar eintrete (hier geht es nur um das Tötungsdelikt durch Unterlassen, nicht um die Körperverletzung mit Todesfolge vom Vortag!) und es daher ausreiche, dass der Täter bei seinem Rücktrittsbemühen davon ausgeht, er könne den Erfolg noch kausal verhindern.
Tatsächlich sprechen die besseren Gründe für die Lit., weil nicht einzusehen ist, weshalb in den normalen Fällen des untauglichen Versuchs ein Rücktrittsbemühen ausreichen soll, während beim untauglichen Unterlassungsversuch ein solches Bemühen nicht genügen soll. Die Frage kann aber offen bleiben, wenn ein Rücktritt aus anderen Gründen scheitert. Vorliegend ist dies der Fall, weil von einem ernsthaften Bemühen nicht gesprochen werden kann, wenn A nur auf die energische Aufforderung des Nachbarn hin die Tür geöffnet und die Frau aus ihrer Lage erst auf seine Veranlassung hin befreit wurde (bloßes Zulassen einer Rettung ist nicht ernsthaftes Bemühen um Rettung).
A ist daher letztlich sowohl nach Auffassung der Rspr. als auch nach Literaturauffassung strafbar wegen versuchten Totschlags durch Unterlassen. Dieser steht zu den Taten des ersten Sachverhaltskomplexes in Tatmehrheit.

III. Dagegen liegt keine **absichtliche oder wissentliche schwere Körperverletzung durch Unterlassen gem. §§ 226 II, 13 StGB** vor, weil der Tötungsvorsatz begrifflich einen gleichzeitig vorliegenden Vorsatz der dauerhaften Entstellung (diese würde ja voraussetzen, dass man will, dass das Opfer am Leben bleibt) ausschließt.[81]

IV. Die gleichzeitig verwirklichte **Aussetzung nach § 221 I Nr. 2, III StGB** tritt ebenso wie die **unterlassene Hilfeleistung gem. § 323c StGB** hinter dem versuchten Totschlag zurück.

V. Ergebnis und Konkurrenzen: A hat sich wegen versuchten Totschlags durch Unterlassen strafbar gemacht. Dieser steht zu den Delikten des ersten Tatkomplexes in Tatmehrheit.

81 Vgl. BGH NStZ 1997, 234.

328 Die Problematik des Rücktritts bei Unterlassensstrafbarkeit veranschaulicht auch noch einmal folgendes der Rechtsprechung des BGH entnommenes

Beispiel: A, K, V und L brachten S unter Gewaltandrohung in ein Waldstück. Dort angekommen zwangen sie ihn, sich auszuziehen und in eine Plane einzuwickeln. V und L übergossen S mit Benzin und legten eine Benzinspur auf dem Boden. Während A sich auf die Benzinspur stellte und zusammen mit K die anderen aufforderte, aufzuhören, reichte V dem L ein Feuerzeug, der damit das Benzin in Brand setzte. A wich vor der Brandspur zur Seite. S wurde daraufhin von den Flammen erfasst und lief brennend in den Wald. Durch Wälzen auf dem Boden konnte er selbst die meisten Flammen löschen. A und K halfen schließlich, auch noch die letzten Flammen zu ersticken. V sagte daraufhin zu S, er könne sich bei A und K bedanken, denn er selbst hätte ihn verbrennen lassen. Schließlich zog S sich wieder an. Gemeinsam fuhren alle wieder in die Stadt. Auf der Rückfahrt verlangte V nun von S, er solle 400 € Schutzgeld pro Woche zahlen (nach BGH JuS 2011, 78 m. Anm. *Jahn*). Strafbarkeit von A und K?

Lösung: Da das Tatgericht einen gemeinsamen Tatplan nicht nachweisen konnte, sah sich der BGH hier mit dem Problem des Rücktritts vom Unterlassungsdelikt bei Nebentäterschaft konfrontiert. Zunächst verneint der BGH hier einen Fehlschlag. Die Tatsache, dass die beiden nur noch „die letzten Flammen" löschten, ändere nichts daran, dass diese aktiv eingriffen und auch sei nichts dafür ersichtlich, dass sie den ursprünglich in Kauf genommenen Taterfolg zu diesem Zeitpunkt nicht mehr hätten herbeiführen können. Sodann weicht der BGH in dieser Entscheidung von seinem Grundsatz, dass der Versuch des Unterlassungsdelikts dem beendeten Versuch gleichstehe, ab und wendet § 24 I S. 1 Alt. 1 StGB an. Der BGH geht also hier von einem unbeendeten Versuch aus, denn es spreche der Umstand, dass S nach dem Löschen der Flammen aufstand, sich selbst anzog und mit den Tätern in die Stadt zurückfuhr, ersichtlich gegen die Annahme, er werde infolge der Verbrennungen alsbald sterben. Gegen das Vorliegen eines beendeten Versuchs sei auch einzuwenden, dass V den S während der Rückfahrt aufforderte, ein Schutzgeld zu zahlen. Es liege auf der Hand, dass die Annahme, S werde versterben, sich nur schwer mit der Absicht vereinbaren lasse, von ihm dauerhaft Schutzgeld zu erpressen. Schließlich sei auch die Tatsache, dass V von S verlangte, dieser solle sich bei A und K bedanken, denn er – V – hätte ihn nicht gerettet, ein gewichtiges Indiz dafür, dass die Beteiligten schon zu dem Zeitpunkt, als sie sich entschlossen, S in die Stadt zurück zu fahren, nicht mehr von der Möglichkeit seines Todes ausgingen.

D. Der Rücktritt vom Versuch nach § 24 II StGB (zugleich Prüfungsschema)[82]

Vorbemerkung: *Er spielt in der Klausur eine weniger bedeutende Rolle als § 24 I StGB, da die Abgrenzungsschwierigkeiten hier geringer sind. Jedoch ist an § 24 II StGB immer zu denken, wenn einer von mehreren Tatbeteiligten vom Versuch Abstand nimmt oder Abstand nehmen will:*

I. Hinweise zur Einordnung des § 24 II StGB innerhalb der Deliktsprüfung

329 1. Als persönlicher Strafaufhebungsgrund ist der Rücktritt vom Versuch innerhalb des Deliktsaufbaus nach der Schuld zu prüfen.

---

82 Lesenswert und grundlegend dazu *Ladiges*, JuS 2016, 19 ff.; *Lenckner*, Gallas-FS, 1973, S. 281 ff.; *Roxin*, AT/II, § 30, Rn. 301 ff.; eingehend *Kölbel/Selter*, JA 2012, 1 ff.

2. Problematisch ist der Prüfungsaufbau in den Fällen, in denen neben dem Haupttäter noch ein oder mehrere Teilnehmer an der Tat mitwirken, da hier zunächst eine isolierte Prüfung in Bezug auf den Hauptbeteiligten erfolgt, bei der noch nicht feststeht, ob eine Teilnahme überhaupt gegeben ist. Da ein Verweis auf die folgende Teilnahmeprüfung zu vermeiden ist und auch eine Inzidentprüfung nicht sinnvoll erscheint, sollte in einem solchen Fall bei der Rücktrittsprüfung des Hauptbeteiligten noch offen gelassen werden, ob I oder II des § 24 StGB zur Anwendung kommt. Dies ist deshalb möglich, weil die Rücktrittsvoraussetzungen nach I und II in diesen Fällen bzgl. des Hauptbeteiligten letztlich übereinstimmen. Nach § 24 II S. 1 StGB setzt der Rücktritt im Falle mehrerer Tatbeteiligter grundsätzlich voraus, dass der jeweilige Beteiligte die Vollendung der Tat verhindert hat. Soweit aus seiner Sicht noch nicht alles zum Eintritt des tatbestandlichen Erfolges Erforderliche getan ist und der Erfolgseintritt allein von dem Verhalten dieses Tatbeteiligten abhängt, reicht für einen strafbefreienden Rücktritt des Täters – ebenso wie in den Fällen des unbeendeten Versuchs im Rahmen des § 24 I StGB – ein bloßes Nichtweiterhandeln aus.

Bei der folgenden Prüfung des oder der Teilnehmer kann dann sofort im Zusammenhang mit dem Rücktritt auf die Regelung des § 24 II StGB abgestellt werden.

Das zuvor Gesagte gilt in solchen Fällen der Mittäterschaft entsprechend, in denen aufgrund der unterschiedlichen Nähe zum Tatgeschehen eine getrennte Prüfung der Strafbarkeit der Mittäter erfolgt. Soweit eine gemeinsame Strafbarkeitsprüfung der Mittäter stattfindet, ist sofort auf die Rücktrittsregelung des § 24 II StGB einzugehen.

II. Allgemeine Voraussetzungen eines strafbefreienden Rücktritts nach § 24 II StGB

1. Vorhandensein mehrerer Tatbeteiligter (mehrere Täter, Anstifter oder Gehilfen), **330**
wobei der Rücktritt für jeden Tatbeteiligten gesondert zu prüfen ist!

2. Eintreten ins Versuchsstadium.
Ein strafbefreiender Rücktritt nach § 24 II StGB setzt voraus, dass die Tat überhaupt das Versuchsstadium erreicht hat. Soweit die Tat lediglich im Vorbereitungsstadium bleibt, kommt nur ausnahmsweise eine Strafbarkeit in Betracht (Rücktrittsmöglichkeit nach § 31 StGB).

3. Keine Tatvollendung im Zeitpunkt der Rücktrittshandlung.

4. Kein fehlgeschlagener Versuch, da dieser einen strafbefreienden Rücktritt ausschließt.

III. Die einzelnen Fallgruppen des § 24 II StGB und ihre Voraussetzungen

1. Objektive Rücktrittsvoraussetzungen

Hier ist zu unterscheiden:

a) Die Vollendung der Tat ist nicht eingetreten

331 Rücktrittsvoraussetzung: Verhinderung der Tatvollendung durch den jeweiligen Tatbeteiligten (§ 24 II S. 1 StGB).

Da § 24 II StGB keine Unterscheidung zwischen beendetem und unbeendetem Versuch trifft, reicht bloßes Aufgeben der weiteren Tatverwirklichung aus, wenn die Tatvollendung hierdurch wirkungsvoll verhindert wird. Soweit jedoch nach dem Tatplan mehrere Mittäter an der unmittelbaren Ausführung der Tat beteiligt sind, muss jeder mit dem Aufgeben der weiteren Tatverwirklichung durch den jeweils anderen einverstanden sein.[83]

Der BGH hat nun entschieden, dass das die Tatvollendung verhindernde Verhalten nicht notwendig in einem auf die Erfolgsabwendung gerichteten aktiven Tun bestehen muss.[84] Zu dieser Entscheidung exemplarisch

Beispiel 1: Der in einem Bordell arbeitende A kam mit B und C überein, auf einen Konkurrenzbetrieb einen Brandanschlag zu verüben. In Ausführung dieses Planes begaben sich alle drei zu dem Gebäude, in dem der konkurrierende Bordellbetrieb untergebracht war, wobei jeder von ihnen zwei mit Benzin gefüllte Brandflaschen mit sich führte. Dort warfen B und C sodann jeweils ihre beiden, der A aber nur eine seiner Brandflaschen gezielt in Richtung des Gebäudes. Einige Flaschen zerbrachen beim Auftreffen auf die Außenwand und brannten außerhalb des Gebäudes nahezu folgenlos ab. Andere fielen unzerbrochen zu Boden. Die ihm verbliebene Brandflasche entsorgte der A im Weggehen auf einem Parkplatz. Wäre eine der Brandflaschen oder entzündetes Benzin in das Innere des Gebäudes gelangt, hätte dies mit hoher Wahrscheinlichkeit zu einem Brand und einer Gefährdung des Lebens der sich im Gebäude aufhaltenden Personen geführt. Beides nahmen A, B und C billigend in Kauf.

Lösung: Dem A stand noch eine Brandflasche zur Verfügung, die mit den bereits geworfenen Brandflaschen baugleich und deshalb wie diese geeignet war, das Gebäude in Brand zu setzen. Da seine Mittäter ihre Brandflaschen bereits geworfen hatten, ohne das Gebäude in Brand gesetzt zu haben, konnte der A allein durch einen Verzicht auf den Wurf dieser letzten Brandflasche eine noch mögliche Tatvollendung verhindern. A konnte damit von mehreren Beteiligten den noch möglichen Eintritt des Taterfolgs allein dadurch vereiteln, dass er seinen vorgesehenen Tatbeitrag nicht erbrachte oder nicht weiter fortführte. So verhinderte bereits seine Untätigkeit oder sein Nichtweiterhandeln die Tatvollendung. Ist dem Beteiligten dies im Zeitpunkt der Verweigerung oder des Abbruchs seiner Tatbeteiligung bekannt und handelt er dabei freiwillig, liegen die Voraussetzungen für einen strafbefreienden Rücktritt nach § 24 II S. 1 StGB vor. A konnte demnach strafbefreiend gem. § 24 II S. 1 StGB vom Versuch zurücktreten. Der Rücktritt des A wirkt sich hierbei nicht auf B und C aus, da es sich beim Rücktritt um einen persönlichen Strafaufhebungsgrund handelt.

Beispiel 2: A und B, Mitglieder der Gruppierung „Black Jackets", planten mit etwa 20 anderen Beteiligten einen umfassenden Vergeltungs- und Vernichtungsschlag gegen die konkurrierende Gruppe „La Fraternidad". Es wurde vereinbart, die Rivalen unter Einsatz von Schlagwerkzeugen zu überfallen, wobei keine detaillierteren Absprachen über Art und Maß der Gewaltanwendung getroffen wurden. Allen Beteiligten war aber bewusst, dass bei dieser Vorgehensweise ein oder mehrere Opfer zu Tode kommen könnten, was billigend in Kauf genommen wurde. Zunächst wurde der geschädigte C zu Boden gebracht und von mindestens vier Angreifern mit massiven Schlägen gegen den Kopf (u.a. mit einer Eisenstange) lebensgefährlich verletzt. Nachdem die Angreifer die dadurch entstandenen gravierenden Verletzungen wahrgenommen hatten, ließen sie von ihm ab. Irgendwelche Bemühungen, um das Leben des Nebenklägers

83 Zutr. *Rotsch/Sahan*, JZ 2005, 207 m. w. N.
84 BGH StV 2012, 16 m. Anm. *Kudlich*, JA 2011, 869.

zu retten, unternahmen sie nicht. Cs Leben konnte durch eine Notoperation gerettet werden. Im Anschluss wandten sich A und B dem ebenfalls gestürzten D zu, auf dessen Kopf sie mit Tötungsvorsatz unter Beteiligung der anderen Angeklagten und unter Verwendung von Schlagstöcken einschlugen. A und B sahen dann nach Misshandlung eines weiteren Opfers E durch andere Bandenmitglieder von weiteren Verletzungshandlungen ab, da sie ihr Ziel der Rache und Machtdemonstration aufgrund der zugefügten Verletzungen und Demütigungen bereits als erreicht ansahen.[85]

Lösung: Bzgl. des Totschlagsversuchs an C liegt, mangels vollendungsverhindernder Aktivitäten, kein Rücktritt vom (beendeten) Versuch vor. Anders ist dies jedoch beim versuchten Totschlag zu Lasten des D und des E. Obwohl die Tat als Ganzes nicht mehr verhindert werden konnte, darf das Nichtvorliegen der Rücktrittsvoraussetzungen im Fall des C nicht auch auf die Konstellation bei D oder E übertragen werden. Liegen im Rahmen eines mehraktigen Gesamtgeschehens verschiedene Versuchskonstellationen vor, die konkurrenzrechtlich als natürliche Handlungseinheit zu beurteilen sind, so sind die Voraussetzungen des Rücktritts vom Versuch gemäß § 24 StGB für alle Delikte gesondert zu prüfen. Während ein Rücktritt vom Versuch des Totschlags im Fall des C abzulehnen ist, liegen bezüglich D und E die Rücktrittsvoraussetzungen nach § 24 II StGB vor. Nach dem Wortlaut der genannten Vorschrift wird wegen eines von mehreren Beteiligten begangenen Versuchs nicht bestraft, wer die Vollendung der Tat verhindert. Dafür bedarf es grundsätzlich ebenso wie bei dem Rücktritt des Alleintäters vom beendeten Versuch einer Mitursächlichkeit des Zurücktretens für das Ausbleiben der Tatvollendung. Nach einhelliger Rechtsprechung des BGH erfasst der Rücktritt gemäß § 24 II S. 1 StGB aber auch solche Konstellationen, in denen die Tatbeteiligten den Rücktritt einvernehmlich durchführen, wobei es dafür genügt, dass die Tatbeteiligten einvernehmlich nicht weiterhandelten, obwohl sie dies hätten tun können. Da A und B nach dem Ende der Schläge und Tritte gegen D und E einvernehmlich von weiteren Verletzungshandlungen absahen, weil sie die von ihnen verfolgten Ziele, sich zu rächen und ihre Macht zu demonstrieren, bereits als erreicht werteten, sind sie von beiden Totschlagsversuchen gemäß § 24 II S. 1 StGB zurückgetreten. Freilich kann man zu diesem Ergebnis aber nur dann gelangen, wenn man einen Rücktritt nach außertatbestandlicher Zielerreichung mit dem BGH und entgegen einer starken Literaturauffassung überhaupt für möglich hält (näher zu diesem Streit oben Rn. 318).

Rücktrittsvoraussetzung im Falle *fehlender Verhinderungskausalität*: ernsthaftes Bemühen des jeweiligen Tatbeteiligten, die Vollendung der Tat zu verhindern (§ 24 II S. 2 Alt. 1 StGB).

Dies gilt etwa bei einem objektiv (jedoch nicht aus Sicht des Beteiligten) fehlgeschlagenen oder bei von Anfang an untauglichem Versuch.

b) Die Vollendung der Tat ist unabhängig von dem früheren Tatbeitrag des Beteiligten eingetreten

Rücktrittsvoraussetzung: ernsthaftes Bemühen des jeweiligen Tatbeteiligten, die Vollendung der Tat zu verhindern (§ 24 II S. 2 Alt. 2 StGB).

Voraussetzung ist hier also, dass der Beteiligte die Kausalität seines Tatbeitrages für die Tatvollendung völlig beseitigt und sich zusätzlich um die Verhinderung der Tat bemüht.

2. Subjektive Rücktrittsvoraussetzung

Freiwilligkeit, wobei hier das zu § 24 I StGB Gesagte gilt. **332**

85 Vgl. BGH StV 2014, 472 m. Anm. *Bosch*, JK 8/14, § 24 II/43.

§ 9 Das vorsätzliche Unterlassungsdelikt

A. Klausurprüfungsreihenfolge

333 **Vorprüfung: Positives Tun oder Unterlassen?**

1. Schwerpunktformel:
Abzustellen ist nach normativen Gesichtspunkten auf den Schwerpunkt der strafrechtlichen Vorwerfbarkeit.[1]

Kritik: Diese Lehre beschreitet einen Weg in die Rechtsunsicherheit, da sie die entscheidenden Kriterien für die Wertung gerade nicht benennt.

2. Lehre vom Energieeinsatz[2]:
Tun bedeutet danach das Aufwenden von Energie in eine bestimmte Richtung, während ein Unterlassen gerade im Nichtaufwenden von Energie besteht.

Kritik: Diese Lehre hilft bei der Bestimmung des Schwerpunkts nicht weiter und erweist sich daher gerade bei mehrdeutigen Verhaltensweisen als untauglich, d. h. bei Verhaltensweisen, bei denen sowohl Energie eingesetzt als auch ein Energieaufwand unterlassen wird (etwa wenn jemand ein Haus errichtet – Energieeinsatz – und dabei entgegen den gesetzlichen Bestimmungen keine feuerfesten Materialen einbaut – Nichteinsatz von Energie).[3]

3. Lehre vom „im Zweifel für die Handlung":
Danach ist bei Zweifeln grundsätzlich positives Tun anzunehmen.

Kritik: Dagegen spricht, dass das Unterlassen von ganz unbedeutenden Handlungen begleitet sein kann,[4] die sich im Erfolg überhaupt nicht niedergeschlagen haben, etwa wenn A es unterlässt, dem ertrinkenden B einen Rettungsring zuzuwerfen und stattdessen nach Hause geht. In diesem Fall handelt es sich zwar beim „Nachhausegehen" um ein aktives Tun, aber dieses hat für den Erfolg ersichtlich keine ausschlaggebende Bedeutung, da der Erfolg in gleicher Weise eingetreten wäre, wenn A untätig an Ort und Stelle geblieben wäre.

4. Lehre vom Primat des kausalen Tuns:
Wenn ein Tun für den Erfolg kausal geworden ist, so liegt das Schwergewicht grundsätzlich bei dieser Handlung.

5. Stellungnahme:
Letztgenannte Auffassung erscheint vorzugswürdig, weil sie nicht nur klare Vorgaben für eine Abgrenzung zu liefern vermag, sondern mit der Kausalität auch einen

1 Vgl. etwa BGHSt 6, 46, 59; 40, 257, 265 ff.; *Sch/Sch/Eisele*, vor § 13, Rn. 158a. Krit. MüKo-*Freund*, § 13, Rn. 5.
2 Sie geht zurück auf *Engisch*, Gallas-FS, 1973, S. 163; ihm folgend, wenngleich durch Kausalitätserwägungen erweiternd, *Otto*, AT, § 9, Rn. 2; *Otto/Brammsen*, Jura 1985, 530.
3 Krit. auch *Wessels/Beulke/Satzger*, AT, Rn. 700.
4 *Sch/Sch/Eisele*, vor § 13, Rn. 158a.

entscheidenden Gesichtspunkt benennt, der die Handlung über die Bedeutung der (nach h. M. ja nur quasi-kausalen!) Unterlassung zu heben vermag.[5]

Beispiel 1: Im sog. Ziegenhaar-Fall (RGSt 63, 211), in dem ein Arbeitgeber seinen Arbeitnehmern Ziegenhaare zur Bearbeitung ausreichte, ohne diese – wie vorgeschrieben – gegen tödliche Milzbrandviren desinfiziert zu haben, ist mit der h. M. ein positives Tun anzunehmen. Der Arbeitgeber ist daher wegen fahrlässiger Tötung durch positives Tun strafbar, wenn Arbeitnehmer durch die Milzbrandviren getötet werden.

Beispiel 2: Im sog. Hepatitis-Fall (BGH StV 2007, 76)[6], in dem ein Chirurg sich nicht – wie vorgeschrieben – auf das Hepatitis-B-Virus in regelmäßigen Abständen untersuchen ließ und im Laufe der Jahre zahlreiche Patienten bei Operationen mit dem Virus infizierte, ist ebenfalls ein positives Tun anzunehmen, da die Operation als Handlung die eigentliche Gefahr begründet. Der Arzt ist daher wegen vielfacher fahrlässiger Körperverletzung durch positives Tun strafbar.

I. Objektiver Tatbestand

1. Eintritt des gesetzlich missbilligten Erfolges

2. Unterlassen der Abwendung dieses Erfolges bei objektiver Möglichkeit zur Vornahme der gebotenen Handlung.

3. Kausalität, die beim Unterlassen aber nach h. M. nur eine Quasi-Kausalität sein kann (hypothetische Kausalität):

- *h. M.* (Vermeidbarkeitstheorie): Hätte das Eingreifen des Täters den Erfolg mit an Sicherheit grenzender Wahrscheinlichkeit vermieden, d. h. kann das Tun des Täters hinzugedacht werden, ohne dass der Erfolg mit an Sicherheit grenzender Wahrscheinlichkeit entfiele?
- *a. A.* (Risikoverminderungslehre): Nach ihr ist maßgeblich, dass sich im Erfolg eine Gefahr realisiert hat, die der Täter herabzumindern verpflichtet war. Dabei genügt schon die Möglichkeit, dass das Tun den Erfolg abgewendet haben könnte. *Begründung:* Der Täter hat durch sein Unterlassen zumindest ein Risiko geschaffen, sodass die Rechtsordnung von ihm verlangen kann, dass er tätig wird, sofern er eine Garantenstellung hat. *Kritik:* Das Unterlassen schafft gerade kein nachweisliches Risiko. Die Risikoerhöhungslehre bei den Fahrlässigkeitsdelikten verlangt, dass sicher ein Risiko erhöht oder geschaffen wurde. Das steht beim Unterlassen gerade nicht fest.[7]

Beispiel: Arzt A gibt dem schwer krebskranken K eine Chemotherapie nicht, obwohl er weiß, dass diese 50 % Erfolgsaussichten hätte. Strafbarkeit nach §§ 212, 13 I StGB?

Lösung: Hier wird die Gefahr nicht durch das Unterlassen geschaffen, sondern sie war bereits vorhanden und dass A sie durch Verabreichung der Chemotherapie hätte vermindern können, steht nicht fest. Der Arzt ist aber wegen versuchter Tötung strafbar, da er wegen Kenntnis der Erfolgschancen zumindest bedingten Vorsatz hatte. Die Möglichkeit einer Versuchsbestrafung bestreitet freilich *Otto*, weil sich der Vorsatz auch auf die Zurechnung

5 Vgl. statt vieler MüKo-*Freund*, § 13, Rn. 11.
6 M. Anm. *Ulsenheimer*, StV 2007, 77 ff.
7 Wie hier i. S. der Vermeidbarkeitstheorie: BGH NStZ 1985, 26; BGH StV 1985, 229 m. Anm. *Ranft*, JZ 1987, 862 f.; BGH NStZ 1987, 505 m. Anm. *Otto*, JK 88, § 13/14; *Schünemann*, StV 1985, 229 ff.; *Sch/Sch/Stree/Bosch*, § 13, Rn. 63; *Fischer*, § 13, Rn. 14.

beziehen müsse.[8] Nach a. A. soll für den bedingten Vorsatz genügen, dass der Täter eine Zurechnung (vergleichbar liegt die Problematik im Organspendeskandal; vgl. Rn. 335, Beispiel 4) für möglich hält.[9]

Aufbauhinweis für die Klausur: *Die Darstellung dieses Streits ist nicht ganz einfach zu gestalten, weil die Vermeidbarkeitstheorie auf Kausalitätsgrundsätzen aufbaut, während die Risikoverminderungslehre an Zurechnungsgrundsätzen anknüpft. Man sollte daher in der Klausur die Kausalität zunächst über die Vermeidbarkeitstheorie feststellen und gleich im Anschluss wie folgt fortfahren:*

„Eine weitergehende Auffassung (sog. Risikoverminderungslehre) stellt den Zusammenhang nach Zurechnungsgrundsätzen in der Weise her, dass ... Dies ist jedoch abzulehnen, weil ... Es ist daher der herrschenden Vermeidbarkeitstheorie zu folgen." Wenn ein weiteres Zurechnungsproblem im Sachverhalt steckt, ist ggf. fortzufahren: „Fraglich ist aber, ob die Zurechnung nicht ausgeschlossen ist, weil ..." (s. sogleich 4.)

4. Objektive Zurechnung (s. dazu Rn. 31 ff.)

5. Garantenstellung (zu den einzelnen Garantenstellungen vgl. u. Rn. 338 ff.!)

6. Entsprechensklausel (§ 13 I a. E. StGB, Unterlassen muss Tun entsprechen)

Herrschend ist hier die Lehre von der Modalitätenäquivalenz,[10] wonach das Unterlassen den Sinngehalt eines positiven Tuns aufweisen muss.[11] Klausurwichtig wird diese zur Garantenstellung hinzukommende zweite Gleichstellungskomponente nur bei sog. verhaltensgebundenen Delikten (wie es etwa der Betrug darstellt, weshalb dort das Unterlassen wertungsmäßig einer Täuschung durch aktives Tun gleichkommen muss). Auch der Raub ist ein verhaltensgebundenes Delikt, da er eine Gewaltanwendung voraussetzt. Sieht man den Raub als Aggressionsdelikt, so wird man hier eine Begehung durch Unterlassen grundsätzlich nicht als einem Tun entsprechend einordnen können.[12]

Dagegen spielt die Entsprechensklausel bei reinen Erfolgsdelikten keine Rolle, weil bei ihnen das Unterlassen stets dem Tun entspricht, wenn eine aus einer Garantenstellung resultierende Handlungspflicht besteht.

II. Subjektiver Tatbestand

Vorsatz bzgl. des Erfolges und Kenntnis bzgl. der Tatsachen, die die Garantenstellung begründen.

Beispiel: Der Vater erkennt nicht, dass sein eigenes Kind ertrinkt und unterlässt deshalb eine Rettung.

Lösung: Hier kommt allenfalls fahrlässige Tötung durch Unterlassen in Betracht sowie in Tateinheit § 323c StGB (er tritt nicht zurück, da das Vorsatzunrecht der Unterlassung anderenfalls im Urteilstenor nicht zum Ausdruck käme).

---

8 *Otto*, AT, § 9, Rn. 101.
9 Vgl. *Schünemann*, StV 1985, 232.
10 Zu anderen Auffassungen vgl. *Roxin*, AT/II, § 32, Rn. 223 ff.; vertiefend zur Entsprechensklausel *Satzger*, Jura 2011, 749 ff.; s. auch *Fahl*, JA 2013, 674 f.
11 Vgl. *Kühl*, AT, § 18, Rn. 123.
12 A. A. *Schünemann*, JA 1980, 352 f.

III. Rechtfertigungsgründe

IV. Schuld

Problem: Zumutbarkeit normgemäßen Verhaltens

Beispiel: Arzt A kommt zu einem Hausbesuch zur schwer kranken alten Dame D. Mit einem Zweitschlüssel, den ihm die D, weil ihr der Weg zur Tür zu beschwerlich war, für seine Hausbesuche gegeben hatte, verschafft sich A Zugang zur Wohnung. Dort sieht er, dass die D eine Überdosis Schlaftabletten genommen hat und offensichtlich ihrem Ehemann Peter, der schon vor Jahren gestorben war, nachfolgen will. Neben ihr liegt nämlich ein Patiententestament, in dem die schwer krebskranke Frau geschrieben hat: „Bitte keine Apparatemedizin! Ich will zu meinem Peterle!" A erkennt, dass eine Rettung allenfalls noch unter Inkaufnahme von schwersten Gehirnschädigungen möglich wäre und unterlässt daher eine Rettung (sog. **Fall Wittig** nach BGHSt 32, 367; leicht abgewandelt und verkürzt).

Lösung: Der BGH hat §§ 216, 13 StGB tatbestandlich angenommen, da spätestens mit Eintreten der Bewusstlosigkeit der D ein Tatherrschaftswechsel eintrete, der eine Garantenpflicht zum Tätigwerden des Arztes auslöse. Im Ergebnis hat der BGH den Arzt aber wegen der ärztlichen Gewissensentscheidung entschuldigt (normgemäßes Verhalten sei hier ausnahmsweise nicht zumutbar gewesen).

Die Lösung auf Schuldebene ist freilich fraglich, weil sich eine Entschuldigung angesichts des auf dem Spiel stehenden Höchstwertes „Leben" nur schwer begründen lässt.

Richtiger wäre es wohl gewesen eine Garantenstellung des Arztes zu verneinen, da die D den Entschluss zur Selbsttötung freiverantwortlich gefasst hatte und eine Garantenpflicht zur Bevormundung des Opfers nicht besteht (s. zu diesem Problem später Rn. 350 f.).

Problem: Gebotsirrtum

Beispiel: Vater V sieht, wie sein Sohn und der Nachbarsjunge ertrinken. Weil er den Nachbarsjungen lieber mag, rettet er diesen.

Lösung: Hier erkennt der Täter zwar die Tatsachen, die seine Garantenstellung begründen, glaubt aber, dass daraus keine Garantenpflicht resultiere. Dies stellt einen Gebotsirrtum nach § 17 StGB dar.

B. Einzelheiten[13]

I. Unterscheidung zwischen Tun und Unterlassen

Vgl. dazu zunächst oben beim Prüfungsaufbau (Übersicht). **334**

Wie schwierig die Abgrenzung zwischen Tun und Unterlassen im Einzelfall sein kann, zeigt folgender aus der höchstrichterlichen Rechtsprechung stammender

Fall 55: Der 17 Jahre alte Sohn des A hatte am 11.3.2009 in seiner ehemaligen Schule und deren weiterer Umgebung insgesamt 15 Personen erschossen und 14 Personen durch Schüsse verletzt. Am Ende hatte er auch sich selbst getötet. Die Tatwaffe und die Muni- **334a**

13 Eingehend zum unechten Unterlassensdelikt *Ransiek*, JuS 2010, 490 ff., 585 ff., 678 ff.; *Kühl*, JA 2014, 507 ff.

tion stammten aus dem Besitz des A, der die Munition an mehreren Orten in der Wohnung unverschlossen verwahrte und die Tatwaffe häufig in seinem Schlafzimmerschrank ablegte. Der Sohn war bereits vor dem Amoklauf psychisch auffällig. Bei einer ambulanten Behandlung berichtete der Sohn der Therapeutin von seinen Tötungsphantasien. Trotz Verschlechterung seines Zustandes kamen die Eltern der Empfehlung einer Weiterbehandlung nicht nach. Gleichwohl ermöglichte der Angeklagte seinem Sohn Schießübungen in einem Schützenverein. Wie hat sich A nach dem StGB strafbar gemacht? (**Fall Winnenden** stark gekürzt nach BGH StraFo 2012, 173 ff.[14])

334b **Lösung:**

I. In Betracht kommt eine Strafbarkeit des A wegen **fahrlässiger Tötung nach § 222 StGB**.

1. A verhielt sich sorgfaltspflichtwidrig, indem er die Waffe nicht wie vorgeschrieben im Tresor, sondern in seinem Schlafzimmerschrank verwahrte.

2. Fraglich ist, ob die Sorgfaltspflichtwidrigkeit in einem Tun (Ablegen der Waffe im Schlafzimmerschrank) oder in einem Unterlassen (Nichtverwahren im Tresor) liegt. Für das Strafrecht ist diese Unterscheidung bedeutsam, weil der Unterlassungstäter nicht nur nach § 13 II StGB milder bestraft werden kann, sondern weil das Unterlassen einer Erfolgsabwendung nur unter besonderen Voraussetzungen nach § 13 I StGB strafbar ist.
Die Vorinstanz, das Landgericht Stuttgart, war hier von einem Unterlassen ausgegangen. Der BGH scheint diese Auffassung zu teilen, auch wenn er zu diesem Problem in der konkreten Entscheidung nicht ausdrücklich Stellung genommen hat. Fraglich ist daher, ob im vorliegenden Fall tatsächlich von einem Unterlassen auszugehen ist oder ob in Wahrheit ein aktives Tun bejaht werden muss.

a) Die Rechtsprechung und ein Teil der Literatur stellen bei der Abgrenzung von Tun und Unterlassen darauf ab, wo nach dem sozialen Sinngehalt der Tat der Schwerpunkt der Vorwerfbarkeit liegt. Gerade der vorliegende Sachverhalt zeigt jedoch, dass nach diesen Kriterien im Einzelfall eine Entscheidung praktisch unmöglich ist. Denn das Ablegen im Schlafzimmerschrank hat gleichzeitig das Nichtverwahren im Tresor begründet, sodass sich die Gefahr aus beiden Gesichtspunkten ableiten lässt.

b) Richtiger erscheint es deswegen, immer dann auf das positive Tun abzustellen, wenn dieses objektiv tatbestandsmäßig war und den Erfolg verursacht hat (Kausalitätskriterium). Denn bei Fahrlässigkeitsdelikten ist die erfolgsverursachende Handlung verboten, weil sie sorgfaltspflichtwidrig, d.h. unerlaubt gefährlich ist.[15] Wer eine Waffe bewusst oder unbewusst am falschen Ort ablegt, verhält sich in diesem Sinne aktiv unerlaubt gefährlich und damit sorgfaltspflichtwidrig. Nur dort, wo das aktive Tun erlaubt ist, bleibt Raum für ein Unterlassen. Hätte der Vater daher die Waffe in den Tresor verbracht (erlaubtes Tun) und anschließend lediglich vergessen, diesen abzusperren (unerlaubtes Unterlassen), so ließe sich der Schwerpunkt im Unterlassen erblicken. Vorliegend aber war das Verbringen in den Schlafzimmerschrank bereits eine aktiv unerlaubte Gefahr, sodass der Schwerpunkt eindeutig in einem Tun liegt.

3. Das Ablegen im Schlafzimmerschrank war für den Tod der Opfer auch kausal, da ein Zugriff auf die Waffe hierdurch erst ermöglicht wurde und die Tötungen daher auf dieser Handlung beruhten. Die Tatsache, dass der Sohn möglicherweise auch durch Knacken der Tresorkombination an die Waffe hätte gelangen können, ist strafrechtlich irrelevant, da hypothetische Kausalverläufe grundsätzlich nicht berücksichtigungsfähig sind.

---

14 Mit Anm. *Jäger*, JA 2012, 634.
15 Vgl. dazu *Wessels/Beulke/Satzger*, AT, Rn. 663 ff.; *Otto*, AT, § 10, Rn. 17 f.

4. Darüber hinaus muss jedoch geprüft werden, ob der Tod der Opfer dem A auch objektiv zugerechnet werden kann. Fraglich ist insoweit, ob das vorsätzliche Zweitverhalten des Sohnes eine Erfolgszurechnung im Hinblick auf das fahrlässige Erstverhalten des Vaters ausschließt (dazu bereits oben Rn. 56 ff.).

a) Eine in der Literatur vielfach vertretene Auffassung geht diesbezüglich von einem grundsätzlichen Regressverbot aus, sodass wegen Unterbrechung des Zurechnungszusammenhangs eine Bestrafung des fahrlässig handelnden Ersttäters ausscheidet.[16] Ein Durchgriff auf die fahrlässig Ersthandelnden soll nach teilweise vertretener Auffassung in der Literatur ausnahmsweise nur dann möglich sein, wenn eine Tatgeneigtheit des Vorsatztäters für den fahrlässig Handelnden erkennbar war.[17]

b) Die herrschende Gegenauffassung verneint dagegen ein Regressverbot und hält einen Durchgriff auf den fahrlässig Ersthandelnden für möglich, wenn die verletzte Sorgfaltspflicht darauf gerichtet ist, auch Vorsatztaten Dritter zu verhindern.[18]

c) Unklar bleiben insoweit die Ausführungen des BGH im konkreten Fall: Einerseits soll danach der Verstoß gegen das Waffengesetz schon genügen können, andererseits war die Tat des Sohnes auch vorhersehbar, d. h. seine Tatgeneigtheit erkennbar.

d) Stellungnahme: Der h. M. dürfte zu folgen sein. Auf eine konkrete Vorhersehbarkeit bzw. konkret erkennbare Tatgeneigtheit kann es nicht ankommen, wenn das Gesetz das Überlassen von Waffen an Dritte durch ungesicherte Verwahrung unter einen abstrakten Gefährlichkeitsverdacht in Bezug auf Straftaten Dritter stellt. In einem solchen Fall muss für die Zurechnung des Erfolges genügen, wenn sich die abstrakte Gefahr später im konkreten Erfolg tatsächlich realisiert.[19]
Ein Streitentscheid ist vorliegend jedoch deshalb nicht erforderlich, weil der Sohn laut Sachverhalt bereits zuvor psychisch auffällig war, sodass wohl von einer erkennbaren Tatgeneigtheit auszugehen ist. In diesem Fall wäre nach allen Auffassungen eine Zurechnung zu bejahen.

Hinweis: *Der BGH hat die Frage unerörtert gelassen, ob der Vater unter Umständen auch wegen des Selbstmords seines Sohnes nach § 222 StGB strafbar ist. Sofern der Sohn wegen seiner Depressionen nicht freiverantwortlich handelte, ist ein derartiger Fahrlässigkeitsvorwurf nicht einfach von der Hand zu weisen. Jedoch ist dann bei der Strafzumessung § 60 S. 1 StGB zu berücksichtigen.*[20]

5. Ergebnis: A hat sich in Bezug auf die von seinem Sohn getöteten Opfer wegen fahrlässiger Tötung nach § 222 StGB strafbar gemacht.

II. In Bezug auf die von seinem Sohn lediglich verletzten Opfer ist eine Strafbarkeit wegen **fahrlässiger Körperverletzung nach § 229 StGB** verwirklicht.
Die Ausführungen zur fahrlässigen Tötung (vgl. soeben I) gelten hier entsprechend.

II. Die Rechtsfigur des Unterlassens durch Tun

Besondere Probleme bereitet die Rechtsfigur des Unterlassens durch Tun, die vor allem in drei Konstellationen klausurrelevant werden kann:

16 Vgl. etwa *Otto*, AT, § 6, Rn. 53 ff.; *Roxin*, AT I, Rn. 26 ff.
17 So *Roxin*, AT I, § 24, Rn. 26 ff.
18 So etwa *Rengier*, AT, § 13, Rn. 88; S/S/W-*Kudlich*, Vor § 13, Rn. 57; MüKo-*Duttge*, § 15, Rn. 147 ff.
19 Dazu bereits *Jäger*, JA 2012, 636.
20 Vgl. dazu *Mitsch*, ZJS 2011, 130 unter Hinw. auf BGHSt 24, 344.

Konstellation 1: Abbruch von Rettungsbemühungen

335 Diese Konstellation firmiert häufig auch unter der Rubrik des „abgebrochenen Gebotserfüllungsversuchs“[21] und bildet ein beliebtes Klausurthema.

Beispiel 1: Schiffsoffizier A möchte ein Schlauchboot zu Wasser lassen, um damit einen über Bord Gegangenen zu retten. Als er erkennt, dass es sich bei der im Wasser schwimmenden Person um seinen Kapitän handelt, dessen Platz er schon immer einnehmen wollte, zieht er das schon halb heruntergelassene Boot wieder hoch, hakt es am Mutterschiff ein und unternimmt nichts weiter. K ertrinkt.[22]

Lösung: Hier herrscht im Wesentlichen Einigkeit darüber, dass derjenige, der eine von ihm selbst begonnene Rettungshandlung schlicht abbricht weder eine neue Gefahr für das Opfer begründet, noch eine bereits bestehende erhöht, weshalb ein Unterlassen anzunehmen ist, sodass A nach §§ 212, 13 I StGB zu bestrafen ist, wenn man ihn als Garant betrachtet, andernfalls nach § 323c StGB.[23] Denn zwar liegt hier im Einhaken des Bootes ein aktives Tun. Aber der Täter macht damit seinen eigenen Rettungsversuch nur wieder rückgängig, mit dem Ergebnis, dass die Situation dieselbe ist, wie wenn er von Anfang an untätig geblieben wäre.[24] So gesehen kann man von einem Unterlassen durch Tun sprechen.

Beispiel 2: A zieht das bereits aufs Wasser herabgelassene und von selbst auf K zutreibende Schlauchboot an einer Leine zurück, weshalb dieser ertrinkt.[25]

Lösung: Hier wird vielfach vertreten, dass derjenige, der eine bereits realisierbare Rettungsmöglichkeit für einen anderen in der geschilderten Weise vernichtet, nicht nur einer bereits bestehenden Gefahrenlage ihren Lauf lässt, sondern die Gefahr für das Opfer durch aktiven Eingriff in den bereits laufenden Rettungsprozess steigert. Es sei daher gerechtfertigt, A wegen aktiver Tötung nach § 212 StGB zu bestrafen.[26]

Dagegen verlangt *Roxin* darüber hinausgehend, dass der rettende Kausalverlauf die Sphäre des Opfers bereits erreicht hat, weil die Gefahrsteigerung nur in der Aufhebung einer zuvor selbst ins Werk gesetzten Verbesserung bestehe und dem Täter dies nicht gegenüber dem von vornherein Untätigen zum Nachteil gereichen dürfe.[27] *Roxin* bringt hierfür zusätzlich das Bsp., in dem ein nach § 138 StGB Anzeigepflichtiger (A) einen Brief, der einen Totschlagsplan der Polizei meldet, in den Briefkasten wirft und sich dann eines Schlechteren besinnt und sich den Brief vor der Zustellung von der Post wieder herausgeben lässt. Hier, so *Roxin*, dürfe A nicht schlechter gestellt werden, als wenn er von vornherein untätig geblieben wäre, sodass nur eine Bestrafung nach § 138 StGB und nicht nach § 212 StGB in Frage komme. Anders sei es nur dann, wenn der Brief von einem Dritten abgesandt worden sei, weil dann ein Eingriff in einen fremden rettenden Kausalprozess stattfinde.

Die Diskussion leitet damit schon über zum

Beispiel 3: Matrose M ist dabei, seinem Kapitän im Schlauchboot zu Hilfe zu rudern. A erschießt den M, um den Rettungsvorgang zu vereiteln.

Lösung: Hier soll nach allen Auffassungen ein Begehungsdelikt nach § 212 StGB und damit eine vorsätzliche Tötung an K (zusätzlich zu der an M) anzunehmen sein.

---

21 Vgl. etwa *Roxin*, AT/II, § 31, Rn. 108 ff.

22 Bei dem Fall handelt es sich um ein beliebtes Lehrbuchbeispiel, vgl. nur *Otto*, AT, § 9, Rn. 10; *Roxin*, AT/II, § 31, Rn. 108; *Rengier*, AT, § 48, Rn. 21.

23 Vgl. zu dieser hier im Wortlaut wiedergegebenen überzeugenden Begründung *Otto*, AT, § 9, Rn. 7; ebenso *Roxin*, AT/II, § 31, Rn. 109; *R. Schmidt*, AT, Rn. 770.

24 *Roxin*, AT/II, § 31, Rn. 109.

25 Bsp. nach *Armin Kaufmann*, Die Dogmatik der Unterlassungsdelikte, 1959, S. 198.

26 Wie hier *Baumann/Weber/Mitsch/Eisele*, AT, § 15, Rn. 31.

27 Hier und im Folgenden *Roxin*, AT/II, § 31, Rn. 112.

Fraglich bleibt dann freilich, ob man zwischen dem Abbruch eines von einem Dritten in Gang gesetzten rettenden Kausalprozesses (Bsp. 3) und der Unterbrechung des eigenen (Bsp. 2) tatsächlich in der von *Roxin* vorgeschlagenen Weise unterscheiden darf. Denn die Opferwirkung (und auf diese sollte es in einem auf Rechtsgüterschutz ausgerichteten Strafrecht ankommen) ist doch jeweils die gleiche: Eine bei ungehindertem Geschehensablauf realisierbare Rettungschance wird vom Täter zunichte gemacht!

Beim Eingriff in rettende Kausalverläufe spielt nicht nur die Abgrenzung von Tun und Unterlassen eine Rolle, sondern auch die Kausalproblematik selbst. Insbesondere besteht eine Besonderheit darin, dass man hier – entgegen der allgemeinen Kausallehre – grundsätzlich hypothetische rettende Verläufe hinzudenken muss. Im Übrigen können sich hier zusätzlich schwierige Zurechnungsprobleme stellen. Dies zeigt etwa die Beurteilung der hochaktuellen Transplantationsskandale, die verdeutlicht werden sollen durch folgendes

Beispiel 4: Arzt A fälschte Laborwerte seines Patienten P, der dringend eine Lebertransplantation benötigte, indem er seine Dialyseprotokolle veränderte und dadurch Nierenschäden vortäuschte. Außerdem etikettierte er Blutproben um oder behandelte seinen Patienten vorübergehend nicht, damit sich seine Blutwerte weiter verschlechterten. Die so veränderten Werte meldete er der für die Organverteilung zuständigen Stelle EUROTRANSPLANT. Auf diese Weise rückte P tatsächlich auf der Warteliste auf Platz 1 und verdrängte den bislang dort platzierten Patienten X. Dieser erhielt kein Organ mehr und verstarb (**Organspendeskandal-Fall** vereinfacht nach OLG Braunschweig NStZ 2013, 593 ff.[28]).

Lösung: Hier ist fraglich, ob es sich bei dem Verhalten des A um ein Tun oder Unterlassen handelt. Entscheidend ist vorliegend, dass durch Aufstieg auf Listenplatz 1 eine objektivierte Rettungschance für X entstanden war, sofern der weitere Verlauf bestätigt, dass ein geeignetes Spenderorgan zur Verfügung gestanden hätte. A hat diese Rettungschance durch die Manipulation aktiv vernichtet, sodass von einem positiven Tun auszugehen ist.[29] Dennoch ist die Kausalität des Verhaltens des A für den Tod des X problematisch. Denn man muss dafür weiter unterstellen, dass P das Organ auch angenommen und es diesem auch zugeteilt und eingesetzt worden wäre. Davon wird man allerdings ausgehen können, weil X sich auf die Liste hat setzen lassen, um ein Organ zu erhalten; auch sind keine Gründe ersichtlich, weshalb eine Zuteilung und eine Transplantation in diesem Fall verweigert worden wären. Damit stünde eine Zurechenbarkeit des Erfolges aber immer noch nicht fest, da eine Organtransplantation wegen des schlechten Gesundheitszustandes der oben auf der Liste platzierten Personen nicht mit der nötigen Sicherheit lebensverlängernd wirkt. Im Gegenteil kann nicht ausgeschlossen werden, dass X bei der Operation oder kurze Zeit danach – etwa durch Abstoßung des Organs – sogar früher verstorben wäre. Da der Erfolg deshalb auch bei rechtmäßigem Alternativverhalten u. U. nicht vermieden worden wäre, scheitert eine Zurechnung. So im Ergebnis auch OLG Braunschweig,[30] das jedoch nicht die Zurechnung, sondern die Kausalität aus diesem Grunde verneint. Das freilich ist fraglich, da das Verhalten des A zum konkreten Tod des X geführt hat. Richtiger ist daher eine Verneinung der Strafbarkeit aus dem Erfolgsdelikt des § 212 StGB wegen Fehlens der Zurechenbarkeit.[31] Fraglich bleibt dann aber, ob man A wegen versuchter Tötung nach §§ 212, 22, 23 StGB bestrafen kann. Das OLG Braunschweig hat dies in seinem Beschluss über die Aufrechterhaltung von A's U-Haft für möglich gehalten. In der Literatur

---

28 Mit Anm. *Bülte*, StV 2013, 749 ff.; ausführlich zum Ganzen *Rissing-van Saan*, NStZ 2014, 233 ff., krit. dazu *Schroth/Hofmann*, NStZ 2014, 486 ff.; s. auch *Dannecker/Streng-Baunemann*, NStZ 2014, 673 ff.

29 *Rosenau*, Schünemann-FS, 2014, S. 694 f.

30 OLG Braunschweig NStZ 2013, 593; ebenso verneint *Rosenau*, Schünemann-FS, 2014, S. 688 ff. zu Unrecht schon die Kausalität.

31 Dazu auch *Kudlich*, NJW 2013, 917 f.

wird dies aber aus zwei Gründen heftig bestritten und darauf hingewiesen, dass A's Vorstellung nicht auf Umstände gerichtet war, die eine zurechenbare Tötung begründen: Zum einen habe A als Transplantationsfachmann gewusst, dass die oben auf der Liste platzierten Patienten wegen ihres schlechten Allgemeinzustandes auch mit Transplantation versterben konnten und zum anderen sei es nicht Schutzzweck des Transplantationsgesetzes und der darin enthaltenen Zuteilungsregeln, Leben zu schützen. Vielmehr dienten dessen Vorschriften nur der Einhaltung der Verteilungsgrechtigkeit. Es fehlte A daher am für den Versuch notwendigen Tatentschluss. Dagegen ist das OLG Braunschweig davon ausgegangen, dass A zumindest die Möglichkeit erkannt habe, ein höher platzierter Berechtigter könnte kein Organ erhalten und daher früher versterben, weil ihm bekannt war, dass bei rechtzeitiger Lebertransplantation gegenwärtig eine Einjahres-Überlebensrate von über 90 % besteht.[32] Daher hatte er nach Auffassung des OLG zumindest bedingten Tötungsvorsatz und damit hinreichenden Tatentschluss. Das LG Göttingen hat den Arzt entgegen der Auffassung des OLG Braunschweig zwischenzeitlich zu Recht vom versuchten Totschlag freigesprochen. Der Arzt habe als Experte gewusst, dass die vorrangigen Patienten selbst für den Fall, dass sie ein Organ erhalten hätten, ein durchaus ernst zu nehmendes Todesrisiko hatten, da gerade die Patienten der höchsten Dringlichkeitsstufe vielfach bei der Operation oder unmittelbar danach versterben. Damit hat der Arzt aber keine Umstände angenommen, bei denen der Tod der jeweils bevorrechtigten Patienten durch Erhalt eines Organs mit an Sicherheit grenzender Wahrscheinlichkeit vermieden worden wäre. Seine Vorstellung war daher nicht auf eine zurechenbare Tötung des X gerichtet. Beide Auffassungen (des OLG und des LG) sind in der Klausur aber gleichermaßen vertretbar!

Konstellation 2: Einstellung lebenserhaltender medizinischer Maßnahmen

335a Die Abgrenzung von Tun und Unterlassen spielt auch bei der Einstellung lebenserhaltender Maßnahmen eine ausschlaggebende Rolle. Im Jahre 2010 hat diese Frage den BGH beschäftigt. Zugrunde liegt dem folgender

335b **Fall 56:** Die unheilbar kranke Patientin P lag seit 2002 nach einer Hirnblutung im Wachkoma in einem Altenheim. Die Ernährung erfolgte künstlich durch eine sog. PEG-Sonde. Der Berufsbetreuerin B teilte die Tochter T der P mehrfach mit, dass sie und ihr Bruder L den Wunsch hätten, dass die Sonde entfernt werde, um ihrer Mutter einen würdevollen Tod zu ermöglichen. In einem früheren Gespräch hatte die Mutter für einen solchen Fall erklärt, dass sie keine künstliche Ernährung wünsche und nicht an „irgendwelche" Schläuche angeschlossen werden wolle. Dies wurde allerdings nicht schriftlich niedergelegt. B lehnte die Entfernung der Magensonde, die den Tod der P bedeutet hätte, jedoch ab, da ihr der Wille der P nicht bekannt war. 2007 wurde die T als Betreuerin bestellt. Der behandelnde Hausarzt H sah keine medizinische Indikation zur Fortsetzung der künstlichen Ernährung gegeben und war ebenfalls der Meinung, dass ein Behandlungsabbruch dem Willen der Patientin entspreche. Allerdings war die Heimleitung des Altenheims gegen ein solches Vorgehen. Als Kompromiss schlug die Heimleitung vor, dass die T selbst die Ernährung über die PEG-Sonde einstellen und daher keine neue Nahrungsampulle anschließen solle. Diesem Vorschlag folgte die T am 20.12.2010. Die Geschäftsleitung des Betreibers des Altenheims wies jedoch die Heimleitung am 21.12.2010 an, die künstliche Ernährung sofort wieder aufzunehmen. T wurde ein Hausverbot angedroht, für den Fall, dass sie damit nicht einverstanden sei. T durchtrennte daher an diesem Tag den Schlauch selbst mit Hilfe einer Schere. Gegen den Willen der T und des L wurde der P jedoch in

32 Vgl. *Ellbogen*, ArztR 2014, 203; ebenso *Rissing-van Saan*, NStZ 2014, 242; *dies.*, DÄBl. 2013, A 808 f.; neuerdings auch *Haas*, HRRS 2016, 386; a. A. *Schroth*, NStZ 2013, 442; krit. auch *Bülte*, StV 2013, 753; *Verrel*, MedR 2014, 466.

einem Krankenhaus eine neue Sonde gelegt und die künstliche Ernährung wieder aufgenommen. P starb mehrere Wochen später eines natürlichen Todes aufgrund ihrer Erkrankung. Strafbarkeit der T? (**Sterbehilfe-Fall** nach BGH NStZ 2010, 630[33], stark gekürzt)

Lösung: 336

A. Sachverhaltskomplex 1: Beendigung der Nahrungszufuhr und Reduktion der Flüssigkeitsversorgung am 20.12.2010.

I. In Betracht kommt zunächst ein **vollendeter Totschlag durch Unterlassen nach §§ 212, 13 StGB**. Dieser scheitert jedoch ersichtlich an der fehlenden (Quasi-)Kausalität, da die künstliche Ernährung laut Sachverhalt bereits am nächsten Tag wieder aufgenommen wurde und die M erst mehrere Wochen später an ihrer Grunderkrankung verstarb.

II. Denkbar ist daher nur eine Strafbarkeit **wegen versuchten Totschlags durch Unterlassen nach §§ 212, 22, 23, 13 StGB**.

1. Eine Vollendungsstrafbarkeit scheidet aus (siehe soeben).

2. Die Strafbarkeit des Versuchs ergibt sich aus §§ 212, 23 I, 12 I StGB.

3. Darüber hinaus müsste die T Tatentschluss hinsichtlich einer Tötung nach §§ 212, 13 StGB gehabt haben.

a) Dazu müsste ihre Vorstellung zunächst auf Umstände gerichtet sein, die ein Unterlassen begründen. Die Nichtversorgung mit Nahrung und Flüssigkeit stellt dabei eindeutig ein Unterlassen dar, da ein kausales, aktives Tun nicht erkennbar ist und auch nach der Schwerpunktformel eindeutig von Passivität auszugehen ist.

b) Darüber hinaus müsste der Tatentschluss auf eine Tatbestandsverwirklichung des § 212 StGB durch Unterlassen gerichtet gewesen sein. Als Tochter und Betreuerin hatte T eine Garantenstellung aus natürlicher Verbundenheit sowie aus Übernahme einer Schutzfunktion inne. Fraglich ist, ob diese im vorliegenden Zeitpunkt noch bestand.
Nach h.M. wird bereits der Tatbestand einer Tötung durch Unterlassen nicht verwirklicht, wenn lebenserhaltende Maßnahmen bei unmittelbarer Todesnähe eingestellt werden (sog. Hilfe im Sterben). Dabei wird dies beim Unterlassen mit der fehlenden Garantenstellung zur Weiterbehandlung begründet. Eine Lebenserhaltungspflicht besteht eben nicht mehr, wenn das Leben bereits unausweichlich verlischt. Gerade diese Situation war vorliegend jedoch nicht gegeben, da insbesondere der Tatentschluss der T nicht auf eine solche Situation gerichtet war. Die M lebte bereits seit langer Zeit aufgrund der Ernährung über die Sonde, sodass das Vorstellungsbild der T nicht auf eine Hilfe im Sterben, sondern auf eine Tötung durch Unterlassen nach §§ 212, 13 StGB gerichtet war.

Hinweis: *Der BGH prüft die Frage der Patientenverfügung nicht bei der Garantenstellung, sondern erst im Rahmen der Rechtswidrigkeit. Dies könnte man freilich auch anders sehen, indem man davon ausgeht, dass bei wirksamer Patientenverfügung schon keine Pflicht zur Weiterbehandlung besteht. Für den BGH könnte jedoch sprechen, dass er die Einwilligung in eine Behandlung stets als Rechtfertigungsgrund betrachtet, sodass folgerichtig auch die Einwilligung in einen Behandlungsabbruch rechtfertigende Wirkung entfalten sollte.*

4. Spätestens mit dem Absetzen der Ernährung lag auch ein unmittelbares Ansetzen zum Unterlassungsversuch vor, da dies – gleichgültig ob die T bei der Patientin verblieb oder das Geschehen durch Verlassen der Patientin aus der Hand gab – zu einer Verschlechterung der Lage der Patientin beitrug. Lediglich wenn man auf den Zeitpunkt der letzten

33 Mit Bspr. *Bosch*, JA 2010, 908; *Gaede*, NJW 2010, 2925; *Verrel*, NStZ 2010, 671 sowie Anm. *Leipold/Beukelmann*, NJW-Spezial 2010, 569; *Hecker*, JuS 2010, 1027; *Mandla*, NStZ 2010, 698; vgl. auch *Kubiciel/Wachter*, JA 2013, 112 ff.

Rettungschance abstellt, wäre hier ein Versuchsbeginn noch zu verneinen gewesen. Eine derartige Abgrenzung ist jedoch wenig plausibel, da es dann beim Unterlassungsversuch keinen Rücktritt vom Versuch gäbe. Vgl. im Einzelnen zu den unterschiedlichen Theorien beim Versuchsbeginn durch Unterlassen Rn. 303.

5. Fraglich ist jedoch, ob für T eine Rechtfertigung in Betracht kommt. Denkbar wäre eine Rechtfertigung des Behandlungsabbruchs durch Unterlassen im Wege der sog. passiven Sterbehilfe. Tatsächlich lässt die Rechtsprechung trotz grundsätzlich bestehender Lebenserhaltungspflicht unter Umständen schon vor Beginn des Sterbevorgangs[34] bei einverständlichem Behandlungsverzicht das Absehen von weiteren Lebensverlängerungsmaßnahmen zu, sofern dies im tatsächlichen oder mutmaßlichem Einverständnis des Patienten geschieht. Vorliegend, so meint der BGH, läge gerade ein solcher Fall vor. Dabei käme es hier nicht einmal auf den mutmaßlichen Willen der Betroffenen an, da ihr wirklicher, vor Eintritt ihrer Einwilligungsunfähigkeit ausdrücklich geäußerter Wille zweifelsfrei festgestellt war. Darüber hinaus habe zwischen T und dem behandelnden Arzt Einvernehmen dahingehend bestanden, dass der Abbruch der künstlichen Ernährung dem Willen der Patientin entsprach. Daher durfte die künstliche Ernährung eingestellt werden, ohne eine betreuungsgerichtliche Genehmigung einzuholen.

Hinweis: *Was der BGH hier sagt, ist insofern nicht unproblematisch, als bislang eher davon ausgegangen wurde, dass der Behandlungsabbruch überhaupt nur dann ein strafloses Unterlassen darstellen kann, wenn er durch den behandelnden Arzt selbst erfolgt, nicht aber durch Angehörige, da man in diesem Fall nicht von einem „Behandlungs“abbruch sprechen könne. Der BGH stellt mit dieser Entscheidung aber klar, dass der Behandlungsabbruch grundsätzlich auch durch den Betreuer, Bevollmächtigten oder durch Dritte, die vom Arzt bzw. Betreuer/Bevollmächtigten als Hilfspersonen eingeschaltet sind, erfolgen kann. Darüber hinaus ist auch fraglich, ob das im Jahre 2002 zwischen Tochter und Mutter geführte Gespräch tatsächlich so zweifelsfrei dazu führen kann, dass hier von einem ausdrücklich geäußerten Willen gesprochen werden kann. Denn dieser ausdrücklich geäußerte Wille müsste dann im Jahre 2007 zweifelsfrei noch Geltungskraft besessen haben. Dies ließe sich aber mit guten Gründen verneinen, sodass dann doch die Frage der mutmaßlichen Einwilligung aufzuwerfen wäre. Freilich müsste man dann bei der Erforschung des mutmaßlichen Willens die Äußerungen aus dem Jahre 2002 mit einbeziehen und käme mangels gegenteiliger Anhaltspunkte wohl dazu, dass jedenfalls eine mutmaßliche Einwilligung gegeben war, da für eine zwischenzeitliche Willensänderung nichts ersichtlich ist.*

Folgt man jedenfalls dem BGH, so hat sich die T nicht wegen Totschlagsversuchs durch Unterlassen strafbar gemacht, da ein Fall zulässiger – weil mit Willen der Betroffenen durchgeführter – passiver Sterbehilfe vorlag.

III. In gleicher Weise scheidet auch eine Strafbarkeit **wegen Aussetzung nach § 221 I Nr. 2 StGB oder wegen versuchter Aussetzung mit Todesfolge nach §§ 221 I Nr. 2, III, 22, 23 StGB** aus (sofern die Reduzierung der Nahrungsmittelzufuhr nicht bereits zu einer unmittelbaren Gefährdung des Lebens geführt hat, wird man nur auf einen Versuch rekurrieren können, der lediglich im Falle des Abs. 3 strafbar ist). Auch diesbezüglich fehlt es an der Rechtswidrigkeit des Verhaltens, da ein Fall zulässiger passiver Sterbehilfe gegeben war.

IV. Auch eine Strafbarkeit wegen **unterlassener Hilfeleistung nach § 323c StGB** scheidet aus. Da es dem Wunsch der P entsprach, unter diesen Umständen nicht weiter ernährt zu werden, war der T die Fortsetzung der Nahrungsmittelzufuhr nicht zumutbar. Es entfällt daher schon der Tatbestand des § 323c StGB.

34 BGHSt 40, 257.

B. Sachverhaltskomplex 2: Das Durchschneiden des Schlauchs der PEG-Sonde

I. Die T könnte sich diesbezüglich wegen **Totschlagsversuchs nach §§ 212, 22, 23 StGB** strafbar gemacht haben.

1. Nichtvollendung und Strafbarkeit des Versuchs (vgl. § 212 i.V.m. §§ 12 I, 23 I StGB) liegen vor.

2. Der Tatentschluss der T müsste auch auf eine Tötung nach § 212 StGB gerichtet gewesen sein. Fraglich ist hier insoweit, ob sich die Vorstellung der T tatsächlich auf Umstände richtete, die eine aktive Tötung begründen oder ob die Vorstellung auf eine Unterlassungstötung gerichtet war.
Die herrschende Ansicht versuchte bislang, die Zulässigkeit des Behandlungsabbruchs mit einem Unterlassungsansatz zu begründen, denn auch wenn das Abschalten eines Beatmungsgeräts oder – wie hier – das Durchtrennen des Schlauches vordergründig eine aktive Handlung bildet, wurde dennoch argumentiert, dass jedenfalls unter normativen Gesichtspunkten stets nur ein Unterlassen der Behandlung vorliege. So würde etwa niemand an einer Unterlassenstäterschaft zweifeln, wenn der Arzt dem Moribunden eines Tages die lebensnotwendigen Infusionen nicht mehr verabreicht. Dann aber dürfe das Abschalten der Herz-Lungen-Maschine nicht anders zu bewerten sein, weil auch hier dem Patienten in Wahrheit die lebenserhaltende Maschine nicht mehr zur Verfügung gestellt wird.[35] Man müsste sonst nur, worauf etwa *Roxin* hingewiesen hat, „Beatmungsgeräte so konstruieren, dass sie zum Weiterlaufen einen täglichen positiven Handlungsimpuls erfordern, dessen Unterbleiben das aktive Abstellen überflüssig machen würde".[36]
Der BGH folgt mit der vorliegenden Entscheidung dieser normativen Umbewertung eines aktiven Tuns in ein Unterlassen nicht und geht davon aus, dass die direkt auf die Lebensbeendigung abzielende Handlung der T – Durchtrennen des Schlauchs der PEG-Sonde – nach den allgemeinen Regeln nicht als Unterlassen, sondern nur als aktives Tun eingestuft werden könne.[37]
Folgt man dem, so hatte die T Tatentschluss zur Tötung der Patientin durch aktives Tun.

3. Das Durchtrennen des Schlauches stellt auch unproblematisch ein unmittelbares Ansetzen zur Tatbestandsverwirklichung der Tötung nach § 22 StGB dar.

4. Fraglich ist jedoch, ob eine Rechtfertigung der T in Frage kommt.

a) Denkbar wäre zunächst eine Rechtfertigung durch Nothilfe nach § 32 I, II Alt. 2 StGB. Aber auch wenn man in der von der Heimleitung beabsichtigten Wiederaufnahme der künstlichen Ernährung einen rechtswidrigen Angriff auf die körperliche Integrität und das Selbstbestimmungsrecht der Patientin sieht, so richtete sich die Verteidigungshandlung jedenfalls nicht allein gegen Rechtsgüter des Angreifers, sondern primär gegen das Rechtsgut der Angegriffenen selbst, nämlich gegen deren Leben.[38]

b) Auch eine Rechtfertigung durch Notstand nach § 34 StGB ist hier zu verneinen, da jedenfalls in der Abwägung nicht davon ausgegangen werden kann, dass die geschützten Interessen der körperlichen Unversehrtheit und des Selbstbestimmungsrechts einen eindeutigen Vorrang vor dem Lebensinteresse der Patientin genießen. Vielmehr stellt das Rechtsgut Leben einen absoluten Höchstwert dar, der keiner Relativierung zugänglich ist.

c) In Frage kommt daher nur eine Rechtfertigung durch Einwilligung.

---

35 So etwa *Englisch*, Dreher-FS, 1977, S. 325 ff.; *Herzberg*, JZ 1988, 186; *Jakobs*, AT, 7/64; *Küper*, JuS 1971, 476 f.; *Lackner/Kühl*, vor § 211, Rn. 8a; *Sch/Sch/Eser/Sternberg-Lieben*, vor § 211, Rn. 32; *Verrel*, JZ 1996, 227; *Wessels/Beulke/Satzger*, AT, Rn. 703 f.

36 Vgl. *Roxin*, AT/II, § 31, Rn. 116.

37 So etwa auch MüKo-*Freund*, § 13, Rn. 6 ff., 11; *Czerner*, JR 2005, 94; *Gössel/Dölling*, BT/1, § 2, Rn. 59; *Zieschang*, AT, S. 147 jeweils m. w. N.

38 A. A. zu Unrecht *Mandla*, NStZ 2010, 698. Denn bezüglich des Eingriffs in das Leben ist die Patientin Dritte. Daran ändert der von *Mandla* ins Feld geführte mögliche Angriff auf die körperliche Unversehrtheit durch unzulässige Weiterbehandlung nichts.

– Würde man mit der bislang vorherrschenden Auffassung davon ausgehen, dass auch aktive, auf Lebensbeendigung gerichtete Maßnahmen normativ in ein Unterlassen umbewertet werden können, so ließe sich die Zulässigkeit einer Behandlungseinstellung zumindest bei tatsächlichem oder mutmaßlichem Einverständnis des Patienten auch in solchen Fällen, in denen der Sterbevorgang noch nicht eingesetzt hat, in denen aber ein irreversibler Zustand mit infauster Prognose vorliegt, damit begründen, dass eine Pflicht zur Lebenserhaltung nicht bestehe, wenn der Patient in aussichtsloser Lage eine Behandlung tatsächlich oder mutmaßlich nicht wünscht. Denn bei der Wahl des Unterlassungsansatzes wird das Selbstbestimmungsrecht ohne Weiteres zum tragenden Gesichtspunkt für den Wegfall der Strafbarkeit, da eine Garantenpflicht zur Bevormundung des Patienten grundsätzlich abzulehnen ist. Ein Konflikt mit §§ 212, 216 StGB, in den man bei der Annahme einer aktiven Tötung gerät, besteht hier also von vornherein nicht.[39]

– Dennoch möchte der BGH an dieser Auffassung nicht festhalten. Denn eine derartige wertende Umdeutung aktiven Tuns in ein normatives Unterlassen werde den auftretenden Problemen nicht gerecht. Ein Behandlungsabbruch erschöpfe sich nämlich nach seinem natürlichen und sozialen Sinngehalt nicht in bloßer Untätigkeit, sondern er könne vielmehr eine Vielzahl von aktiven und passiven Handlungen umfassen. Daher sei es sinnvoll und notwendig, alle Handlungen, die mit einer solchen Beendigung einer ärztlichen Behandlung in Zusammenhang stehen, in einem normativ-wertenden Oberbegriff des Behandlungsabbruchs zusammenzufassen. Sterbehilfe durch „Behandlungsabbruch“ (der BGH nennt näher Behandlungsunterlassung, Behandlungsbegrenzung oder Behandlungsabbruch) setze allerdings voraus, dass die betroffene Person lebensbedrohlich erkrankt ist und die zu ihrer Versorgung eingesetzte Maßnahme medizinisch zur Erhaltung oder Verlängerung des Lebens geeignet ist. Der BGH geht also davon aus, dass nur bei einem lebensbedrohlichen Zustand § 216 StGB selbst bei aktivem Tun ausgeschlossen sein kann. Bei nicht lebensbedrohlichen Zuständen bleibt daher eine aktive Tötung strafbar, da man in die eigene Tötung grds. nicht einwilligen kann.[40] Nicht erfasst sind somit Fälle eines gezielten Eingriffs, der die Beendigung des Lebens vom Krankheitsprozess abkoppelt. Darüber hinaus verlangt der BGH für die Feststellung des Patientenwillens die Einhaltung der Verfahrensregeln der §§ 1901a ff. BGB (lesen!). Insbesondere sei ein Zusammenwirken von Betreuer oder Bevollmächtigtem und Arzt sowie ggf. die Mitwirkung des Betreuungsgerichts erforderlich. Da im vorliegenden Fall Einverständnis zwischen T als Betreuerin und dem Arzt bestand, war auch diese Voraussetzung gegeben. Überhaupt macht der BGH deutlich, dass die Rechtfertigung nicht nur für den Arzt, sondern auch für Betreuer und Bevollmächtigte sowie für Dritte, die für Arzt, Betreuer oder Bevollmächtigte handeln, eingreifen kann (s. bereits den Hinweis im ersten Sachverhaltskomplex).

Die Einstellung der Ernährung über die PEG-Sonde stellt daher aufgrund der Rechtfertigung keinen strafbaren versuchten Totschlag nach §§ 212, 22, 23 StGB dar.

II. Aus den gleichen Gründen scheidet auch eine Strafbarkeit **wegen versuchter gefährlicher Körperverletzung nach §§ 223, 224 I Nr. 5, 22, 23 StGB** aus.

III. Auch eine Strafbarkeit **wegen versuchter Aussetzung mit Todesfolge nach §§ 221 I Nr. 1, III, 22, 23 StGB** (Versetzen in hilflose Lage durch Steigern Hilflosigkeit kraft Durchtrennung des Schlauchs) ist wegen der genannten Rechtfertigung abzulehnen.

C. Gesamtergebnis: T hat sich nicht strafbar gemacht.

Hinweis: *In einer späteren Entscheidung (BGH NStZ 2011, 274 m. Anm. Jäger, JA 2011, 309) hat der BGH diese Grundsätze noch einmal präzisiert. Dort handelte es sich allerdings*

39 Näher zur Unterscheidung zwischen aktivem Tun und Unterlassen und zur Bedeutung dieser Differenz für das Unrechtsurteil *Jäger*, ZStW 115 (2003), 765 ff.

40 BT-Drucks. 16/13314 S. 4.

um einen Fall, in dem der Angeklagte – ohne Betreuer zu sein – seine Schwiegermutter von lebenserhaltenden Schläuchen getrennt hatte, wobei ihm bewusst war, dass die von der Schwiegermutter verfasste Patientenverfügung auf die konkrete Situation, in der sich die Schwiegermutter befand, überhaupt nicht zutraf, da die Lage nicht – wie in der Patientenverfügung beschrieben – hoffnungslos war. Die kurzfristige Unterbrechung der Versorgung über Schläuche führte jedoch nicht nachweisbar zum Tode, da das Krankenhauspersonal die Behandlung unverzüglich wieder aufnahm.

Der BGH verneinte hier eine versuchte Tötung auf Verlangen nach §§ 216 II, 22, 23 StGB, da ein Verlangen von Seiten der Schwiegermutter überhaupt nicht vorgelegen habe (richtiger wäre es wohl gewesen, darauf abzustellen, dass der Angeklagte von einem Verlangen nach Sachlage auch nicht ohne Weiteres ausgehen durfte). Deshalb prüfte der BGH das Vorliegen einer versuchten Tötung nach §§ 212, 22, 23 StGB. In diesem Rahmen verneinte der BGH einen Behandlungsabbruch durch rechtfertigende Einwilligung, da die Patientenverfügung auf die gegenwärtige Situation überhaupt nicht passte. Mangels Kenntnisnahme konnte sich der Angeklagte auch nicht auf einen Irrtum diesbezüglich berufen. Im Übrigen betont der BGH, dass ohnehin die Voraussetzungen der §§ 1901a, 1901b BGB beachtet werden müssten, wenn der Behandlungsabbruch gerechtfertigt sein soll (zw.). Da der Angeklagte aber weder als Betreuer noch als Bevollmächtigter zur Ermittlung und ggf. Durchsetzung des Patientenwillens befugt war und zudem ohne Kenntnis eine Zusammenarbeit mit den zuständigen Ärzten verweigerte, scheide eine Rechtfertigung aus. Der BGH hat daher im konkreten Fall eine Strafbarkeit wegen Totschlagsversuchs bejaht.[41]

(Verwiesen sei an dieser Stelle auf die Darstellung zur neuen Gesetzeslage hinsichtlich Patientenverfügungen in *Jäger*, BT, Rn. 62 f.)

Konstellation 3: Die durch aktives Handeln vorsätzlich herbeigeführte Handlungsunfähigkeit (sog. omissio libera in causa)

Beispiel: Weichenwärter (W) betrinkt sich aus Frust über seinen Beruf derart, dass er außerstande ist, die Weichen umzustellen. Bei einem daraufhin eintretenden Zugzusammenstoß kommen – wie von W vorhergesehen – zahlreiche Menschen ums Leben.[42] **336a**

Lösung: Nach h. M. scheidet eine Strafbarkeit wegen Tötung durch Unterlassen zu dem Zeitpunkt, in dem die Weichen hätten gestellt werden müssen, mangels Handlungsfähigkeit des Wärters aus. Da W die Handlungsunfähigkeit jedoch vorsätzlich herbeigeführt hat, soll die strafrechtliche Zurechnung bereits an das Sich-Betrinken anknüpfen können. *Faktisch* stellt dieses Vorverhalten zwar ein Tun dar; dieses Tun wird aber als Unterlassen *gewertet*, da der Täter gegen ein aus der Handlungspflicht abgeleitetes „Verbot, sich zur Erfüllung des Gebots unfähig zu machen" verstoßen habe (missverständlich omissio libera in causa, obwohl die Untätigkeit im Zustand der Trunkenheit kein rechtlich relevantes Unterlassen darstellt).[43] Der Verbotsverstoß wird also, weil er Derivat eines Gebots ist, unter den Unterlassungstatbestand subsumiert. Nach a. A. kann das Sich-Betrinken als positives Tun nur zu einer Strafbarkeit aus dem Begehungsdelikt führen, dessen Haftungsumfang dahingehend einzuschränken sei, dass für Handlungen im eigenen Organisationskreis nur Garanten sollen haften müssen.[44]

---

41 Vgl. näher zu dieser Entscheidung *Jäger*, JA 2011, 309 ff.

42 *Roxin*, AT/II, § 31, Rn. 103.

43 Diese Idee geht zurück auf *Bertel*, JZ 1965, 55.

44 *Jakobs*, AT, 7/68 f. Auf diese Weise gelingt es *Jakobs* zwar, Nichtgaranten, die (vorbehaltlich des § 323c StGB) ohnehin nicht zur Rettung verpflichtet gewesen wären, von der strafrechtlichen Haftung freizustellen; fraglich ist jedoch, ob diese Einschränkung der strafrechtlichen Haftung mit dem Gesetz vereinbar ist, da dieses die Garantenstellung nur in Bezug auf das Unterlassen (§ 13 StGB!) kennt; umfassend zur Rechtsfigur der o.l.i.c. *Satzger*, Jura 2006, 516 ff.

III. Kausalität des Unterlassens

336b Vgl. hier zunächst bei Rn. 333 unter I. 3., wonach für die Kausalität grundsätzlich ausschlaggebend ist, ob das Handeln des Täters hinzugedacht werden kann, ohne dass der Erfolg mit an Sicherheit grenzender Wahrscheinlichkeit entfiele (sog. Vermeidbarkeitstheorie; weiter die sog. Risikoverminderungslehre). Zu fragen ist also, ob der Erfolg bei einem Handeln des Täters mit an Sicherheit grenzender Wahrscheinlichkeit vermieden worden wäre. Wenig verständlich ist hier deshalb eine neue Entscheidung des BGH bezüglich einer polizeilichen Freiheitsberaubung durch Unterlassen (mit Todesfolge) durch Nichtherbeiführung der notwendigen richterlichen Entscheidung über die Aufrechterhaltung des Freiheitsentzugs. Die Entscheidung betrifft den Fall Oury Jalloh, dessen Schicksal bundesweites Aufsehen erregt hat. Sie soll verdeutlicht werden durch folgenden

336c **Fall 57:** Oury Jalloh (J) hatte mehrere Frauen massiv belästigt. Die gerufenen Polizeibeamten M und S legten dem sich zur Wehr setzenden J Handfesseln an. Während der Fahrt zum Polizeirevier versuchte J nach S zu treten, wehrte sich und beschädigte die Plastikverkleidung des Polizeifahrzeugs. Auf dem Polizeirevier schlug der weiterhin renitente J u. a. mit dem Kopf in Richtung Wand und Tisch, woraufhin M ihn von erheblichen Selbstverletzungen abhielt. Die vom Angeklagten angeordnete Blutentnahme ergab eine BAK von 2,98 Promille und den Nachweis von Cocain-Metaboliten. Nach ärztlicher Feststellung der Gewahrsamsfähigkeit wurde J gegen seinen Willen in die Gewahrsamszelle Nr. 5 gebracht und mit vier Hand- bzw. Fußfesseln auf einer Matratze fixiert. Der diensthabende vorgesetzte Polizeibeamte A ging davon aus, dass J ordnungsgemäß festgenommen worden war und bis etwa 14.00 Uhr in der Zelle bleiben müsse. Er nahm keine Zellenkontrolle vor und verständigte keinen Richter, da er fälschlich annahm, eine Ingewahrsamnahme dürfe ohne richterliche Anordnung bis zu 12 Stunden andauern. Nachdem J bei mehrmaliger Kontrolle durch Polizeibeamte der Gewahrsamsgrund nicht genannt worden war und er nicht mit einer alsbaldigen Lösung der Fixierung rechnete, setzte er gegen 12 Uhr das Füllmaterial der Matratze in Brand. Durch das entstehende Feuer atmete J Luft mit einer Temperatur von 180°C oder mehr ein und erlitt einen inhalativen, sofort tödlichen Hitzeschock. A hörte über die Wechselsprechanlage zu Beginn des Brandgeschehens vom Feuer verursachte Geräusche. Kurz darauf löste der in der Zelle angebrachte Rauchmelder Alarm aus, den A abschaltete, da er ihn für einen Fehlalarm hielt. Auch der etwa zehn Sekunden später erneut einsetzende Alarm wurde entweder von A oder von der Zeugin H. abgeschaltet. Erst als A im Anschluss die Zelle des J aufsuchte, erkannte dieser, was geschehen war. Zu untersuchen ist die Strafbarkeit des A. Dabei ist von Folgendem auszugehen: Nach § 46 Nr. 3 SOG LSA des Gesetzes über die öffentliche Sicherheit und Ordnung des Landes Sachsen-Anhalt (SOG LSA) darf eine Person in Schutzgewahrsam genommen werden, um Selbstverletzungen oder gar -tötungen zu verhindern. Nach §§ 37 I Nr. 1, 38 SOG LSA ist aber die unverzügliche Herbeiführung einer richterlichen Entscheidung über die Aufrechterhaltung des Schutzgewahrsams notwendig.
(**Verbrennungstod-Fall Oury Jalloh** nach BGH NJW 2015, 96[45])

45 M. Anm. *Jäger*, JA 2015, 72; *Jahn*, JuS 2015, 180. Vgl. auch *Rostalski*, JR 2015, 310 ff.

Lösung: **336d**

I. In Betracht kommt zunächst eine **Strafbarkeit des A wegen aktiver Freiheitsberaubung mit Todesfolge nach § 239 I, IV StGB** durch Fixierung und Einsperrung des J.

1. Die Fixierung und Einsperrung begründen objektiv den Tatbestand der Freiheitsberaubung, da durch diese Maßnahme die Fortbewegungsfreiheit des J aufgehoben wurde.

2. Jedoch war diese Freiheitsberaubung jedenfalls gerechtfertigt. Denn die Fixierung und Einsperrung waren nach § 46 Nr. 3 SOG LSA[46] (Schutz vor Selbstschädigung) zulässig. Nichts anderes ergibt sich aus der fehlenden Mitteilung des Grundes für die Ingewahrsamnahme, weil der Angeklagte weder die Festnahme vorgenommen hat, noch unmittelbar mit der Vernehmung von J befasst war und keine Kenntnis davon hatte, dass dieser weder vom Grund seiner Festnahme informiert, noch über seine Rechte belehrt worden war.

II. Denkbar wäre jedoch eine Strafbarkeit wegen **Freiheitsberaubung mit Todefolge durch Unterlassen nach §§ 239 I, IV, 13 StGB** durch Nichtherbeiführung einer richterlichen Entscheidung über die Fortdauer des Freiheitsentzugs.

1. Dafür müsste zunächst der Grundtatbestand der Freiheitsberaubung durch Unterlassen verwirklicht worden sein.

a) Fraglich ist hierbei zunächst, ob in der Aufrechterhaltung des Freiheitsentzugs ohne unverzügliches Einschalten des Richters ein Unterlassen oder ein Tun zu sehen ist. Zu Recht nimmt der BGH diesbezüglich ein Unterlassen an, da der Schwerpunkt im Aufrechterhalten des Gewahrsams von J ohne Einschalten eines Richters lag.

b) A oblag als „Beschützergarant" auch eine Erfolgsabwendungspflicht, d. h. die Pflicht, die unverzügliche Vorführung von J beim zuständigen Richter zu veranlassen bzw. unverzüglich dessen Entscheidung über die Fortdauer des Gewahrsams herbeizuführen. Denn alle im vorliegenden Fall in Betracht kommenden Rechtsvorschriften, hier §§ 128 I, 163c I StPO und § 38 I des Gesetzes über die öffentliche Sicherheit und Ordnung des Landes Sachsen-Anhalt (SOG LSA), setzen eine unverzügliche Vorführung und eine unverzügliche Herbeiführung einer richterlichen Entscheidung voraus. Wie bei Art. 104 II S. 2 GG ist unverzüglich dabei so auszulegen, dass eine richterliche Entscheidung ohne jede schuldhafte Verzögerung herbeigeführt werden muss. Im Moment des Todes des J (12 Uhr) war der Zeitpunkt, zu dem noch Unverzüglichkeit hätte angenommen werden können, längst überschritten.

c) Fraglich ist jedoch die Kausalität des Unterlassens des A für eine rechtswidrige Freiheitsberaubung unter entsprechender Anwendung der Äquivalenztheorie. Danach ist ein Unterlassen mit dem tatbestandsmäßigen Erfolg als ‚quasi-ursächlich' in Zurechnungsverbindung zu setzen und zu prüfen, ob dieser beim Hinzudenken der gebotenen Handlung entfiele, ob also die gebotene Handlung den Erfolg verhindert hätte.

aa) Für den vorliegenden Fall verneint der BGH die Kausalität: Da die gebotene Handlung des A bei Fortführung des Gewahrsams das Veranlassen der unverzüglichen Vorführung des J beim zuständigen Richter bzw. das unverzügliche Herbeiführen von dessen Entscheidung war, entfalle die Kausalität, wenn diese Handlung vorgenommen wäre und der Richter den Gewahrsam jedenfalls bis einschließlich zum Zeitpunkt des Todes von J mit an Sicherheit grenzender Wahrscheinlichkeit angeordnet hätte. Hierbei sei eine Recht und Gesetz entsprechende Entscheidung des Richters zugrunde zu legen. Soweit dem Richter dabei jedoch Beurteilungsspielräume eingeräumt seien, gebiete es der Grundsatz in dubio pro reo, diese zugunsten des Angeklagten auszuschöpfen. Danach sei hier eine Ursächlichkeit des Unterlassens des Angeklagten abzulehnen, da auch der zuständige Richter den „Schutzgewahrsam" des J gemäß § 37 I Nr. 1 SOG LSA über 12 Uhr hinaus angeordnet

46 Gesetz über die öffentliche Sicherheit und Ordnung des Landes Sachsen-Anhalt.

hätte, weil nach dieser Vorschrift die Ingewahrsamnahme und deren weiterer Vollzug zum Schutz der Person gegen eine Gefahr für Leib oder Leben zulässig war.[47] Damit war nach Ansicht des BGH schon der Grundtatbestand des § 239 I StGB nicht erfüllt und daher auch eine Freiheitsberaubung mit Todesfolge zu verneinen.

bb) Mit dieser Argumentation verlässt der BGH jedoch die übliche Kausalitätsbestimmung beim Unterlassungsdelikt. Denn der BGH nimmt an, dass das Unterlassen einer unverzüglichen Vorführung des J beim zuständigen Richter bzw. das Unterlassen des unverzüglichen Herbeiführens einer richterlichen Entscheidung nicht kausal war, wenn der Erfolg (Freiheitsentziehung) durch Einschaltung des Richters mit an Sicherheit grenzender Wahrscheinlichkeit ebenfalls eingetreten wäre. Dies ist bemerkenswert, weil die Kausalität eines Unterlassens üblicherweise in entgegengesetzter Weise festgestellt wird: Danach ist ein Unterlassen kausal, wenn der Erfolg (Freiheitsentziehung) durch Einschaltung des Richters mit an Sicherheit grenzender Wahrscheinlichkeit vermieden worden wäre. Die Frage geht daher nicht dahin, ob der Richter den J mit an Sicherheit grenzender Wahrscheinlichkeit in der Haft belassen hätte (also der Erfolg auch eingetreten wäre), sondern ob er ihn mit an Sicherheit grenzender Wahrscheinlichkeit freigelassen hätte (also der Erfolg vermieden worden wäre). Der Formulierung des BGH steht auch der Grundsatz entgegen, dass hypothetische Kausalverläufe (hier: dass auch der angerufene Richter den Freiheitsentzug angeordnet hätte und der Erfolg dadurch auch eingetreten wäre) für die Frage der Kausalität grundsätzlich keine Rolle spielen.[48] Entscheidend ist vielmehr nur, ob der Erfolg durch das Handeln mit an Sicherheit grenzender Wahrscheinlichkeit ausgeblieben wäre. Da eine solche Sicherheit hier keinesfalls bestand, weil es gute Gründe für den Verbleib im Gewahrsam gab, müsste nach herkömmlicher Auffassung bereits die Möglichkeit einer freiheitsentziehenden Entscheidung des Richters genügen, um Kausalität auszuschließen. Weshalb der 4. Senat eine mit an Sicherheit grenzende Wahrscheinlichkeit fordert, bleibt unklar.

cc) Selbst wenn man aber schon die Möglichkeit einer freiheitsentziehenden Entscheidung des Richters für den Ausschluss der Kausalität hinsichtlich der Freiheitsberaubung genügen lässt, ist fraglich, ob damit auch die Kausalität der rechtswidrigen Freiheitsentziehung entfällt. Denn der BGH bezieht seine Kausalüberlegungen allein auf die tatbestandliche Erfolgsverwirklichung. Das aber ist fragwürdig, weil sich im materiellen Strafrecht der Gesamtunrechtserfolg aus der Verwirklichung von Tatbestand und Rechtswidrigkeit zusammensetzt. Damit war die Freiheitsberaubung hier zum Zeitpunkt des Todeseintritts rechtswidrig und sie wäre nur durch die Einschaltung des Richters eine rechtmäßige geworden. In diesem Sinne hätte das Tun des Polizeibeamten (Herbeiführung einer richterlichen Entscheidung) sogar mit Sicherheit den Erfolg (rechtswidrige Freiheitsberaubung zum Zeitpunkt des Todes) verhindert. Man wird daher – entgegen dem BGH – an der durch das Unterlassen bewirkten rechtswidrigen Freiheitsberaubung nach § 239 StGB nicht zweifeln können. Denn A war eindeutig kausal dafür, dass die Freiheitsberaubung rechtswidrig war.

d) Auch kann sich A nicht auf einen entschuldigenden unvermeidbaren Verbotsirrtum berufen, da es bei einem erfahrenen Polizeibeamten, der mit dem Vollzug von grundrechtsbeschränkenden Gesetzen betraut ist, fern liegt, dass dieser bei Anspannung des Gewissens die Einsicht in das Unrechtmäßige seines Handelns nicht zu gewinnen vermag.

2. Eine andere Frage ist allerdings, ob durch die Verwirklichung des Grundtatbestandes auch die schwere Folge (Tod des J) herbeigeführt wurde. Jedenfalls hier muss man die Kausalität oder mindestens den spezifischen Zurechnungszusammenhang zwischen Frei-

47 Nicht erfüllt waren dagegen die Voraussetzungen der § 127 StPO (vorläufige Festnahme nach einer Straftat) bzw. § 37 I Nr. 2 SOG LSA (Gewahrsam zur Verhinderung einer unmittelbar bevorstehenden Straftat oder Ordnungswidrigkeit bzw. zur Verhinderung deren Fortsetzung) sowie des § 163b I S. 2 StPO (Identitätsfeststellung für Zwecke der Strafverfolgung) oder von § 20 IV SOG LSA (Identitätsfeststellung zur Gefahrenabwehr). Näher dazu Rn. 82 f. der Entscheidung.

48 *Wessels/Beulke/Satzger*, AT, Rn. 161; *Rengier*, AT, § 13 Rn. 15 ff.

heitsberaubung durch Unterlassen und Todesfolge nach § 239 IV StGB verneinen. Denn der Sinn der Einholung einer richterlichen Entscheidung besteht nur in der Rechtfertigung des Freiheitsentzugs und nicht in der Verhinderung von Todesfolgen, vor denen die formale richterliche Bestätigung als solche ohnehin nicht hätte schützen können.

3. Ergebnis: Folgt man dem BGH, so liegt schon der Grundtatbestand des § 239 I StGB mangels Kausalität des Unterlassens des A nicht vor. Bezieht man die Kausalität dagegen auch auf die Rechtswidrigkeit der Freiheitsberaubung, so war das Unterlassen des A kausal, sodass dieser durch das Unterlassen eine rechtwidrige Freiheitsberaubung und damit den Grundtatbestand nach § 239 StGB verwirklicht hat. Auch in diesem Fall würde aber eine Freiheitsberaubung mit Todesfolge mangels spezifischen Zurechnungszusammenhangs ausscheiden.

III. In Betracht kommt aber eine Strafbarkeit des A wegen **fahrlässiger Tötung durch Unterlassen nach § 222, 13 StGB**.

1. Die unterlassene dauerhafte optische Überwachung war für den Erfolg – Tod des J – quasi-kausal.

2. A müsste als Garant auch sorgfaltspflichtwidrig die gebotenen Handlungen unterlassen haben. Dies ist zu bejahen. Denn A hat seine Pflichten als Dienstgruppenleiter nach der Polizeigewahrsamsordnung (PGO) in mehrfacher Hinsicht verletzt. Als garantenpflichtigem Dienstleiter oblag es ihm danach, durch geeignete Maßnahmen der Gefahr eines gesundheitlichen Schadens für J entgegenzuwirken. Eine solche – erforderliche und geeignete – Maßnahme hätte in der ständigen optischen Überwachung des J bestanden. Denn dieser war nicht nur stark alkoholisiert, sodass schon nach Nummer 31.3. Polizeigewahrsamsordnung des Landes Sachsen-Anhalt (PGO LSA) eine Kontrolle in ‚höchstens' halbstündlichem Abstand zu erfolgen hatte. Vielmehr war J – wie der A wusste - an allen Gliedmaßen fixiert und daher allenfalls eingeschränkt in der Lage, den aufgrund seines (alkoholisierten) Zustandes bestehenden Gesundheitsgefahren zu begegnen. Hinzu kam, dass dem Angeklagten auch das zuvor von J gezeigte aggressive, insbesondere sein selbstverletzendes Verhalten bekannt war.

3. Auch ist ein Zurechnungszusammenhang zwischen Sorgfaltspflichtverletzung und Erfolg zu bejahen. Insbesondere ist nicht von einer freiverantwortlichen Selbstgefährdung oder Selbsttötung des J auszugehen. Denn J wollte sich gerade nicht selbst verletzen oder töten, sondern mittels der Brandlegung das Lösen der Fixierung und seine Freilassung ohne eigene Schädigung erreichen. Darüber hinaus fehlte es für eine freiverantwortliche Selbstgefährdung durch die hohe Alkoholisierung und durch die Drogenberauschung auch an der notwendigen Einsichtsfähigkeit.

4. Rechtfertigungs- und Schuldausschließungsgründe sind nicht ersichtlich. Insbesondere handelte A auch subjektiv sorgfaltswidrig und für ihn war der Erfolg auch subjektiv vorhersehbar, da er über das vorausgehende selbstverletzende Verhalten des J informiert worden war.

5. Ergebnis: A ist strafbar wegen **fahrlässiger Tötung durch Unterlassen nach §§ 222, 13 StGB**

IV. Gesamtergebnis und Konkurrenzen: A ist strafbar wegen Freiheitsberaubung durch Unterlassen nach §§ 239 I, 13 StGB (weil er die Rechtswidrigkeit der Freiheitsberaubung kausal bewirkt hat) und wegen fahrlässiger Tötung durch Unterlassen nach §§ 222, 13. Beide Taten stehen zueinander in Tateinheit. Folgt man dagegen dem BGH, so ist mangels Kausalität des Unterlassens für die Freiheitsberaubung nur eine Strafbarkeit wegen fahrlässiger Tötung durch Unterlassen nach §§ 222, 13 StGB anzunehmen. Auch nach der hier vertretenen Auffassung scheidet jedenfalls eine Freiheitsberaubung mit Todesfolge durch Unterlassen nach §§ 239 I, IV, 13 StGB aus.

Besondere Probleme wirft die Frage der Unterlassungskausalität bei psychischen Prozessen auf. Deutlich wird dies an folgendem, aus der Rechtsprechung stammenden

336e **Fall 58:** Der Fahrer F eines Speditionsunternehmens brachte seinen LKW in die firmeneigene Kfz-Werkstatt zu dem Mitarbeiter M und machte diesen darauf aufmerksam, dass die Bremsen nicht mehr ordentlich funktionierten. M unternahm eine Probefahrt mit dem LKW. Bereits bei leichtem Bremsen riss das Fahrzeug nach links aus. Nach der Fahrt war M bewusst, dass die Bremsen praktisch überhaupt nicht mehr funktionierten, wobei er davon ausging, dass nur die Vorderradbremsen kaputt seien. Eine – nicht vorgenommene – Sichtprüfung hätte dem M gezeigt, dass auch die Trommelbremsen an der Hinterachse völlig abgefahren waren. Er informierte den alleinigen Geschäftsführer G über das schlechte Funktionieren der Bremsen, der jedoch darauf drängte, dass F bis zur Reparatur in der nächsten Woche weiter mit dem Fahrzeug fahren solle, was G ihm wegen seiner Routine auch zutraute. M gab sich damit – ohne auf die selbst vorgenommene Probefahrt hinzuweisen – zufrieden und sah von weiteren Versuchen, den G umzustimmen, ab. Ob G sich hätte umstimmen lassen, wenn M über die Probefahrt sowie auch über den Bremsdefekt an der Hinterachse berichtet hätte, ist nicht aufklärbar. Bereits am nächsten Tag (eine Reparatur war bis dahin nicht möglich) unternahm F eine weitere Fahrt mit dem LKW, bei der wegen vollständigen Bremsversagens zwei Passanten sowie F selbst getötet wurden. Strafbarkeit von M und G? Straßenverkehrsdelikte sind nicht zu prüfen.
(**Lkw-Wartungs-Fall** nach BGHSt 52, 159[49])

336f **Lösung:**

A. Strafbarkeit des G

I. G könnte sich wegen **fahrlässiger Tötung gemäß § 222 StGB** in drei Fällen strafbar gemacht haben.

1. Tatbestandsmäßigkeit
Dadurch, dass G – trotz des Hinweises durch M – den F angewiesen hat, weiter mit dem LKW zu fahren, könnte er den Tatbestand durch aktives Tun verwirklicht haben. Als Arbeitgeber hat G die Berechtigung, dem F den Arbeitsplatz und das Arbeitsgerät zuzuweisen. Daher liegt der Schwerpunkt der strafrechtlichen Vorwerfbarkeit auf diesem aktiven Tun.
Das Verhalten des G wurde auf diese Weise kausal für den Unfall, der drei Menschen den Tod brachte. Da der Unfall mit seinen tödlichen Folgen sowohl objektiv vorhersehbar als auch vermeidbar war, ist auch eine Verletzung der objektiven Sorgfaltspflichten gegeben. Auch die objektive Zurechnung ist zu bejahen. Bei F kann nicht etwa von einer freiverantwortlichen Selbstgefährdung ausgegangen werden, da diesem der Umfang des Bremsdefekts nicht vollständig bekannt war.

2. Rechtswidrigkeit und Schuld
G handelte rechtswidrig und schuldhaft. Insbesondere ist auch vom Vorliegen einer subjektiven Sorgfaltspflichtverletzung bei subjektiver Vorhersehbarkeit des Erfolges auszugehen.

3. Ergebnis: G hat sich wegen fahrlässiger Tötung in drei Fällen (an F sowie zwei Passanten) strafbar gemacht.

II. Die gleichzeitig verwirklichte **fahrlässige Körperverletzung nach § 229 StGB** tritt im Wege der Gesetzeskonkurrenz zurück

49 M. Anm. *Kühl*, NJW 2008, 1898; *Satzger*, JK 11/08, StGB § 13 I/2.

B. Strafbarkeit des M

I. Bezüglich M kommt eine Strafbarkeit wegen **fahrlässiger Tötung durch Unterlassen nach §§ 222, 13 StGB** in drei Fällen in Betracht.

1. Der Schwerpunkt der Vorwerfbarkeit liegt hier nicht in einem aktiven Tun. Die Anweisung zur Weiterfahrt stammt von G und nicht von M. Der Pflichtverstoß des M könnte jedoch darin gesehen werden, dass er in seiner Eigenschaft als Werkstattmitarbeiter neben einer Probefahrt zumindest eine Sichtprüfung der Bremsen hätte durchführen müssen. Weiter hätte er G umfassend, also auch über die Probefahrt und die dramatische Verschlechterung der Bremswirkung, informieren müssen.

2. Eine eigenverantwortliche Selbstgefährdung hinsichtlich F ist auch hier aus den oben genannten Gründen zu verneinen.

3. Jedoch müsste M gem. § 13 StGB eine Garantenstellung innegehabt haben. In Betracht kommt eine Garantenstellung durch die (freiwillige) Übernahme einer entsprechenden Sicherungspflicht, die ihn zum Schutzgaranten machte. Die Garantenstellung des M erwuchs aus seiner Übernahme der Reparaturaufgabe im Rahmen seines Arbeitsverhältnisses mit der Spedition. Diese bezog sich auf die Wartung der Firmenfahrzeuge und die Beseitigung der durch diese bestehenden Gefahren. Die Übernahme der Wartungspflicht begründete nach Ansicht des BGH auch eine Schutzfunktion gegenüber allen Verkehrsteilnehmern, die in den Gefahrenbereich der Firmenfahrzeuge geraten.

4. Fraglich ist jedoch, ob der Pflichtverstoß kausal für den Tod der drei Personen wurde. Voraussetzung hierfür ist, dass der tatbestandliche Erfolg bei Vornahme der rechtlich gebotenen Handlung mit an Sicherheit grenzender Wahrscheinlichkeit vermieden worden wäre. Dies erscheint zweifelhaft. M hätte zwar durch die Sichtprüfung die defekten Trommelbremsen erkannt. Auch hätte er für diesen Austausch keine Erlaubnis des Geschäftsführers benötigt. Es ist jedoch nicht geklärt, ob der Unfall dadurch hätte vermieden werden können, zumal der Austausch bis zum nächsten vorgesehenen Einsatz des LKW nicht möglich war. Insofern hätte M seiner Pflicht grundsätzlich durch Unterrichtung der Firmenleitung genügt. Allerdings hätte M den Geschäftsführer umfassend informieren müssen (Probefahrt, defekte Trommelbremsen). Laut Sachverhalt kann jedoch nicht mit an Sicherheit grenzender Wahrscheinlichkeit festgestellt werden, ob eine umfassende Aufklärung den G überzeugt hätte. Insofern kann eine Kausalität des Unterlassens nicht mit der notwendigen Sicherheit festgestellt werden.[50] Zu einem anderen Ergebnis kommt man allerdings durch Anwendung der sog. Risikoverminderungslehre, da es nach ihr schon genügt, dass M die Pflicht hatte, das Risiko durch Information des G herabzumindern und dass G sich möglicherweise hätte überzeugen lassen. Gegen diese Ansicht spricht aber, dass sich vorliegend bereits eine Risikoerhöhung durch das Unterlassen nicht feststellen lässt und daher der Vermeidbarkeitstheorie der Vorzug zu geben ist (näher dazu und zu der Darstellung in der Klausur oben Rn. 333 unter Prüfungspunkt I. 3.).[51] Im Ergebnis ist daher im Verhältnis zur Risikoverminderungslehre der Vermeidbarkeitstheorie der Vorzug zu geben und danach eine Kausalität der Unterlassung zu verneinen. Überwinden ließe sich dieses Ergebnis nur, wenn man mit einer im Vordringen befindlichen und durchaus überzeugenden Auffassung ein rechtmäßiges Verhalten des G im Falle der vollständigen Informierung einfach unterstellt.[52]

5. Ergebnis: Eine Strafbarkeit des M wegen fahrlässiger Tötung durch Unterlassen gem. §§ 222, 13 StGB in drei Fällen scheidet nach Ansicht des BGH aus.

II. Folgt man dem BGH, so ist auch eine Strafbarkeit wegen **fahrlässiger Körperverletzung durch Unterlassen nach §§ 229, 13 StGB** zu verneinen.

---

50 Kritisch zur Vermeidbarkeitstheorie hier allerdings *Bosch*, JA 2008, 739.
51 Vgl. zu Kausalität und Garantenstellung auch *Roxin*, GA 2009, 73 ff.
52 Dazu *Bosch*, Puppe-FS, 2011, S. 373 ff.

Hinweis: *Im sog. Bad Reichenhaller Eissporthallen-Fall stellte sich eine vergleichbare Zurechnungsproblematik. Auch dort war fraglich, ob die unterlassene, sorgfältige Prüfung des Sachverständigen bei der Untersuchung der Dachkonstruktion kausal für den späteren Tod von 15 Personen wurde, weil die Stadt möglicherweise auch bei ordnungsgemäßer Prüfung nicht tätig geworden wäre. Dieser Fall soll allerdings aufgrund seines Zusammenhangs mit Problemen der Gremienentscheidung erst im Kontext der Lederspray-Entscheidung behandelt werden, vgl. daher unten Rn. 366b f.*

IV. Schutzgaranten und Überwachungsgaranten

337 **Schutzgaranten**

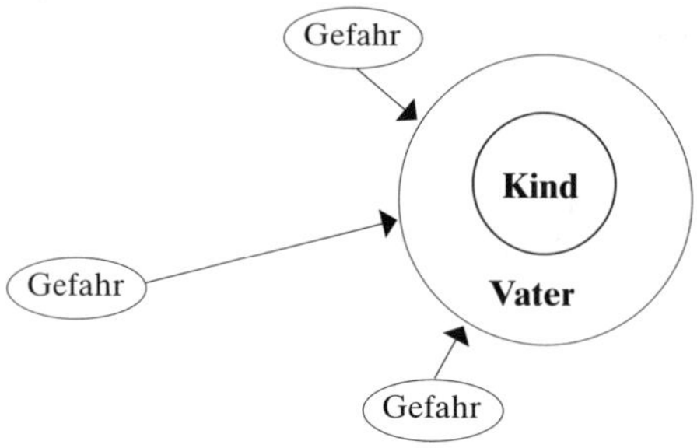

Der Schutzgarant hat sich vor den zu Beschützenden zu stellen und alle Gefahren von ihm abzuwehren.[53]

Überwachungsgaranten

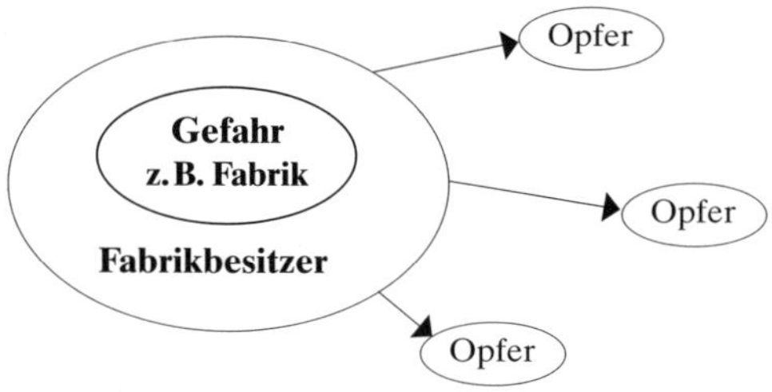

Der Überwachungsgarant hat sich vor die Gefahr zu stellen und nur die von ihr ausgehenden Risiken abzuwehren.[54]

V. Die einzelnen Garantenstellungen[55]

1. Schutzgarantenstellungen

a) Garantenstellung aufgrund enger persönlicher Verbundenheit[56]

338 Z. B. unter Ehegatten, Verlobten, Verwandten in gerader Linie (z. B. Eltern gegenüber ihrem Kind, wobei der BGH auch eine Garantenstellung des Vaters für das ungeborene Kind bejaht hat[57]), Geschwistern und Partnern einer eheähnlichen Gemeinschaft.

Beispiel: Die werdende Mutter M ist alkoholabhängig. Auch während der Schwangerschaft setzt sie ihren Alkoholkonsum fort. Als nachts die Wehen einsetzen, beschließt sie, das Kind allein in der Badewanne zur Welt zu bringen. Während der Wehen legt M sich in die mit heißem Wasser gefüllte Badewanne, wo sie infolge der hohen Wassertemperatur und ihrer Blutalkoholkonzentration von etwa 1‰ vorübergehend das Bewusstsein verliert. Nach der in der Badewanne erfolgten Geburt legt sie das Kind auf ihren Bauch, danach wird sie erneut bewusstlos. Als sie wieder erwacht, ist das Neugeborene verstorben (nach BGH NStZ 2010, 214).

---

53 Ebenso der Sache nach *Otto*, AT, § 9, Rn. 22; *Ebert*, AT, S. 177 mit ähnl. Skizze.
54 Ebenso der Sache nach *Otto*, AT, § 9, Rn. 22; *Ebert*, AT, S. 177.
55 Einen Überblick liefert auch *Kühl*, JuS 2007, 497 ff.
56 Umfassend dazu *Bülte*, GA 2013, 389 ff.; *Kretschmer*, Jura 2006, 898 ff.
57 BGH bei *Dallinger*, MDR 1973, 369.

Lösung: Der BGH bejaht hier eine Garantenstellung aus natürlicher Verbundenheit zwischen Kind und Mutter. Damit treffe die Mutter vom Einsetzen der Geburtswehen an die Verpflichtung, diejenigen Maßnahmen zu veranlassen, die erforderlich seien, um das Leben des Kindes zu erhalten. Zwar könne es dahinstehen, ob eine werdende Mutter stets verpflichtet sei, sich für die Geburt fremder Hilfe zu vergewissern. Eine solche Handlungspflicht werde aber immer dann anzunehmen sein, wenn es für die Schwangere im Hinblick auf bekannte Vorerkrankungen oder sonstiger Risiken (hier: starker Alkoholkonsum während der Schwangerschaft und unmittelbar vor der Geburt) absehbar sei, dass bei der Geburt Gefahren für Leib und Leben des Kindes entstehen könnten. Der BGH bejahte daher §§ 212, 13 StGB, da die Mutter angesichts der ihr bekannten Umstände bedingten Tötungsvorsatz gehabt habe.

Achtung Klausur: *Bisweilen kann man auch gesetzliche Bestimmungen des BGB als Stütze heranziehen (§§ 1353 ff., 1626, 1631 BGB). Etwa wie folgt: „Die Mutter M hatte für ihr Kind eine gesetzlich fundierte (§§ 1626, 1631 BGB) Garantenstellung aus natürlicher Verbundenheit inne." Dies heißt freilich nicht, dass die Garantenstellung auf dem Gesetz beruht.*[58] *Vielmehr wurzelt die Garantenstellung im engsten Familienbereich auf zwei Gründen: auf dem konkludent erklärten Beistandsversprechen im Innenverhältnis und auf der wegen des Respekts vor der familiären Sphäre reduzierten Schutzbereitschaft Dritter im Außenverhältnis.*[59]

Für nicht ausreichend hält die h. M. dagegen bloßes tatsächliches Zusammenwohnen in (sei es auch enger) häuslicher Gemeinschaft, da der Kreis der Garantenpflichtigen anderenfalls nicht mehr hinreichend bestimmbar wäre.[60]

Interessant ist in diesem Zusammenhang eine Entscheidung des LG Kiel[61], der zufolge weder die Geschwistereigenschaft allein noch der hinzutretende Umstand, dass beide Geschwister zusammen eine Wohnung bewohnen, deren Miete sie sich teilen und in der sie eigene Zimmer haben, unter ihnen eine Garantenstellung für die Unversehrtheit von Leib und Leben des jeweils anderen begründen soll. Entscheidend soll vielmehr sein, ob der zur Handlung aufgerufene Geschwisterteil den anderen in seine tatsächliche Obhut genommen hat. Der Entscheidung lag ein Sachverhalt zugrunde, in dem B zusammen mit seiner Schwester A in eine Dreizimmerwohnung gezogen war, wobei jeder ein eigenes Zimmer hatte und sich hälftig an den Mietkosten beteiligte. Eines Tages war B nach dem Genuss von Drogen für mehrere Tage in Bewusstlosigkeit gefallen und hatte sich in diesem Zustand eine schwere Lungenentzündung zugezogen, an deren Folgen er schließlich verstarb. Die A, die die Bewusstlosigkeit des B erkannt hatte, hatte keine ärztliche Hilfe hinzugezogen, obwohl B hierdurch sicherlich gerettet worden wäre. Bei der Beurteilung der Strafbarkeit der A ging das LG zunächst davon aus, dass für eine Tötung durch Unterlassen nach §§ 212, 13 StGB der notwendige bedingte Tötungsvorsatz nicht nachweisbar sei. Für eine danach in Betracht kommende Aussetzung mit Todesfolge nach § 221 I Nr. 2 i. V. m. III StGB fehlt es nach Auffassung des LG an einer Garantenstellung. Das Vorliegen eines engen Verwandtschaftsverhältnisses sei dafür entgegen einer in Rspr. und Lit. vertretenen

58 A. A. offenbar *Zieschang*, AT, S. 149.

59 So zutr. *Freund*, NJW 2003, 3384 ff.; *Ingelfinger*, NStZ 2004, 411 bzgl. der ehelichen Lebensgemeinschaft; ausführlich *Schramm*, JA 2013, 881 ff.

60 BGH NStZ 1983, 117; NJW 1987, 850.

61 LG Kiel NStZ 2004, 157.

Auffassung nicht ausreichend. Vielmehr sei mit einem Teil der Lit. allein auf das Bestehen eines tatsächlichen Obhutsverhältnisses abzustellen, da nur dadurch gewährleistet sei, dass das Risiko einer Bestrafung für den Normadressaten noch voraussehbar sei. Angesichts des Wandels des Familienbildes (frühzeitige Auflösung von Haushaltsgemeinschaften und Niedergang der Großfamilie) könne nicht mehr allein auf die Familienbande und das bloße tatsächliche Zusammenleben abgestellt werden; vielmehr müsse darüber hinausgehend ein tatsächliches Obhutsverhältnis vorliegen. Mangels Garantenstellung stand B daher nicht in der Obhut der A, sodass nach Auffassung des LG Kiel eine Bestrafung aus § 221 I Nr. 2 i. V. m. III StGB ausscheidet und auch eine fahrlässige Tötung durch Unterlassen nach §§ 222, 13 I StGB nicht gegeben ist. In Frage kommt nach Ansicht des Gerichts daher allein eine Bestrafung wegen unterlassener Hilfeleistung nach § 323c StGB.

Hinweis: *Die Konsequenzen der soeben genannten Entscheidung sind noch schwer absehbar. Für die Klausurbearbeitung bedeutet sie aber wohl, dass man bei verwandtschaftlichen Beziehungen ohne Obhutsstruktur (z. B. Ehegatten, Geschwister, Onkel-Neffe, Verhältnis Kind gegenüber den Eltern[62] etc.) die Frage diskutieren sollte, ob das reine Verwandtschaftsverhältnis für die Erzeugung einer Garantenstellung genügt oder ob hierfür ein zusätzliches Obhutsverhältnis erforderlich ist. Dabei lässt sich durchaus argumentieren, dass ein Verwandtschaftsverhältnis grundsätzlich schon genügen soll, sofern dem Gesetz eine Fürsorgepflicht zu entnehmen ist (wie z. B. § 1353 BGB bei Ehegatten sowie §§ 1601, 1626 II, 1631 BGB zwischen Eltern und Kindern). Bei sonstigen Verwandtschaftsverhältnissen lässt sich dagegen mit dem LG Kiel gut vertreten, dass ein darüber hinausgehendes Obhutsverhältnis erforderlich ist, um eine Garantenstellung zu erzeugen.*

Achtung Klausur: *Schutzgarantenstellungen begründen immer nur eine Schutzverpflichtung für den persönlich Verbundenen und nicht für Dritte. Es gibt also keine Schutzgarantenstellung zugunsten Dritter! Otto[63] bringt hier folgendes aus der Rspr. stammendes*

Beispiel: Im Strafverfahren gegen den A wurde der Sohn des A als Zeuge vernommen. Dieser machte zugunsten des A eine Falschaussage (KG JR 1969, 727).

Lösung: Das Kammergericht ist davon ausgegangen, dass der Vater verpflichtet sei, eine unwahre Aussage seines Sohnes zu verhindern. A sei daher aufgrund der Nichthinderung strafbar wegen Beihilfe zum Meineid durch Unterlassen.

Zu Recht hat *Lackner* dieses Ergebnis abgelehnt, da der Gesetzgeber in § 138 StGB abschließend geklärt habe, in welchen Fällen man einer „drohenden Straftat eines anderen in den Arm fallen muß“[64]. Im Übrigen liefe die Annahme einer derartigen Pflichtenposition auf eine nicht zu befürwortende Garantenstellung zugunsten Dritter (hier: Staat) hinaus und bedeutet im Ergebnis auch einen Verstoß gegen den nemo tenetur se ipsum accusare-Grundsatz.

Das OLG Hamm[65] hat Beihilfe zum Meineid durch Unterlassen aus Ingerenz in einem Fall angenommen, in dem der Angeklagte einen Zeugen benannt hatte, den er zu-

62 So lehnt etwa MüKo-*Freund*, § 13, Rn. 165 eine Garantenstellung der Kinder für ihre Eltern im Grundsatz ab, weil ihnen anderenfalls eine Sonderverantwortlichkeit „aufgedrängt“ würde.

63 *Otto*, AT, § 9, Rn. 56.

64 *Lackner*, JR 1969, 30. Ihm folgend *Otto*, AT, § 9, Rn. 56.

65 OLG Hamm NStZ 1993, 82 m. Anm. *Seebode*; vgl. auch *Brammsen*, StV 1994, 135.

vor zur einfachen Falschaussage angestiftet hatte. Laut BGHSt 17, 321 kann dies aber nicht gelten, wenn die Angeklagte lediglich durch lügnerische Einlassungen veranlasst hat, dass ein Zeuge aufgerufen wird, der für sie einen Meineid leistet (in einem Scheidungstermin bestritt die Ehefrau eine ehewidrige Beziehung und veranlasste dadurch, dass ihr Geliebter als Zeuge vernommen wurde, der für sie falsch aussagte); das solle selbst dann gelten, wenn sie erklärte, der Zeuge möge vernommen werden.

Sonderproblem 1: Zerrüttung

Nach h. M. soll zwischen Ehepartnern eine Garantenstellung nicht mehr bestehen, **339**
wenn die Ehe zerrüttet ist und dies zu einem Getrenntleben geführt hat. Denn dann sei das gegenseitige Vertrauensverhältnis zerstört. Der BGH hat in einem Fall, in dem eine von ihrem Mann getrennt lebende Frau, die diesen nicht davor gewarnt hatte, dass ein Dritter auf dem Weg zu ihrem Mann sei, um diesen körperlich zu misshandeln, eine Strafbarkeit wegen Beihilfe zur Körperverletzung durch Unterlassen für möglich erklärt. Dabei hat der BGH die Vorschrift des § 1565 I S. 2 BGB herangezogen und eine Garantenstellung nur für den Fall verneint, dass „die Lebensgemeinschaft der Ehegatten nicht mehr besteht und nicht erwartet werden kann, dass die Ehegatten sie wieder herstellen“. Nicht notwendig sei es dagegen, dass die Ehegatten bereits ein Jahr lang getrennt leben (§ 1566 I BGB stünde dem als „bloße Beweisregel für das Scheitern der Ehe“ nicht entgegen). Ausschlaggebend für den BGH ist demnach der Trennungswille, der vom Gericht durch entsprechende Tatsachen festgestellt werden müsse. Im konkreten Fall, so der BGH, sei ein Trennungswille fraglich. Dafür spreche zwar, dass sich die Frau schon einem anderen Mann zugewandt hatte, jedoch könne die Kürze der Trennungszeit auch ein Zeichen dafür sein, dass sie sich lediglich über die weitere Entwicklung der Ehe klar werden wollte.[66]

(A. A. ist *Jakobs*, der die Soll-Vorschrift des § 1353 I S. 2 BGB für eine Garantenstellung ausreichen lässt. Dies ist jedoch abzulehnen, weil die Garantenstellung aus enger persönlicher Verbundenheit nicht aus dem Gesetz allein folgt, sondern zumindest zusätzlich auf gegenseitigem Vertrauen gegründet sein muss, an dem es bei einem auf Zerrüttung beruhenden Getrenntleben gerade fehlt[67]).

Sonderproblem 2: Anzeigepflicht unter Ehegatten aufgrund natürlicher Verbundenheit mit dem Kind?

Frage: Muss die Ehefrau ihren Ehemann bei Polizei oder Jugendamt anzeigen, um **340**
zu verhindern, dass dieser ständig mit der 12-jährigen Tochter geschlechtlich verkehrt, anderenfalls sie wegen Beihilfe zum Kindesmissbrauch durch Unterlassen strafbar ist (§§ 176, 176a, 27, 13 I StGB)?

Der BGH bejaht eine derartige Verpflichtung, weil der Schutz des Kindes hier Vorrang vor dem Interesse aus Art. 6 GG genieße.[68]

---

66 Vgl. zum Ganzen zu Recht krit. *Ingelfinger*, NStZ 2004, 411.

67 Wie hier im Erg. (wenn auch z. T. auf den Einzelfall abstellend) *Gropp*, AT, § 11, Rn. 19; *Jescheck/Weigend*, AT, § 59 IV 4 c; *Kühl*, AT, § 18, Rn. 58; *Wessels/Beulke/Satzger*, AT, Rn. 718; a. A. *Jakobs*, AT, 29/64.

68 BGH NStZ 1984, 164.

In der Lit. wird dies Ergebnis mit der Begründung bestritten, dass § 52 I Nr. 2 StPO jede Zeugnisverweigerung zulasse und eine Anzeigepflicht dieses Recht in sein Gegenteil verkehren würde.

Für den BGH dürfte aber sprechen, dass die Verfahrensnorm des § 52 StPO nicht ohne Weiteres auf die Garantenstellungsproblematik des materiellen Strafrechts übertragen werden kann.

b) Garantenstellung aus Gefahrengemeinschaft

341 Es muss sich dabei um eine Gemeinschaft handeln, die ihrer Natur nach auf gegenseitige Unterstützung angelegt ist,[69] z. B. Seilschaft, Expeditionen, Soldaten im Ernstfall, Tauchergruppe, Segeltörn. Es muss sich daher um Zusammenschlüsse handeln, die gerade deshalb eingegangen werden, um dadurch die Chancen zum Bestehen der aus der Unternehmung resultierenden Gefahren zu erhöhen. Daher fallen hierunter etwa nicht Zufallsgemeinschaften von Zechkumpanen und auch nicht die zufällige Unglücksgemeinschaft von Schiffbrüchigen eines Vergnügungsdampfers[70] (kurz: die Gemeinschaft muss *typischerweise* auf Gefahr und gegenseitige Gefahrenabwehr angelegt sein!).

c) Garantenstellung aus tatsächlicher freiwilliger Übernahme von Schutz- und Beistandspflichten

342 Bsp. hierfür sind: Übernahme der ärztlichen Behandlung, des ärztlichen Notdienstes,[71] der Geburtshilfe, der Bergführung, der Badeaufsicht, der Kinderaufsicht etc.

Ausschlaggebend ist hier die faktische Übernahme der Schutz- oder Betreuungsfunktion ohne Rücksicht auf die Wirksamkeit eines etwaigen zivilrechtlichen Vertrages. Denn durch den tatsächlichen Übernahmeakt wird das Vertrauen des Schutzbefohlenen oder Dritter begründet, aufgrund dessen sie es unterlassen, andere Schutzmaßnahmen zu ergreifen.[72]

Beispiel: Auch die 17-jährige Babysitterin kann trotz der nach § 108 BGB anzunehmenden Unwirksamkeit des mit den Eltern eingegangenen Anstellungsverhältnisses Garant für das zu betreuende Kind sein, sofern sie den Dienst tatsächlich antritt.

Da die Übernahme der Schutzfunktion gerade der Gefahrenabwehr gilt, kann sie auch nicht einseitig vom Garantenpflichtigen in kritischer Lage beendet werden.[73]

Das schwierige Verhältnis von Beginn und Ende der Garantenstellung aus Übernahme einer Schutzfunktion illustriert dabei sehr anschaulich folgendes aus der Rspr. stammendes

343 **Beispiel:** A wohnte nach längerer Obdachlosigkeit bei seinem Freund B. Dessen Freundin F und deren Tochter T (aus früherer Beziehung) lebten auch in dieser Wohnung. A hatte vollen Familienanschluss. Plötzlich wurde B inhaftiert. A schrieb B daraufhin in die JVA, dass er sich um F und T kümmern werde. Als die F ihr Kind vernachlässigte, übernahm A zunächst die Pfle-

---

69 *Sch/Sch/Stree/Bosch*, § 13, Rn. 24 f.; *Otto*, AT, § 9, Rn. 62.
70 Vgl. *Kühl*, AT, § 18, Rn. 66 ff.; *Maurach/Gössel/Zipf*, AT/II, § 46, Rn. 82; *Roxin*, AT/II, § 32, Rn. 63.
71 BGHSt 7, 211; differenz. *Roxin*, AT/II, § 32, Rn. 75.
72 Vgl. auch *Jasch*, NStZ 2005, 12.
73 LK-*Weigend*, § 13, Rn. 35; *Maiwald*, JuS 1981, 481; *Otto*, AT, § 9, Rn. 64; *Roxin*, AT/II, § 32, Rn. 68.

ge des Kleinen, erklärte sich aber später gegenüber F dazu nicht mehr bereit. Schließlich wurde das Kind überhaupt nicht mehr gepflegt und verhungerte. Strafbarkeit des A? (**Pflegevater-Fall**, verkürzt nach BGH NStZ 1984, 163)

Lösung: Eine Bestrafung des A aus §§ 211, 212, 13 I StGB kommt vorliegend nicht in Betracht, **344**
da A keine Garantenstellung bzgl. des Kindes hatte. Eine Garantenstellung ist abzulehnen, da das tatsächliche Zusammenwohnen für sich gesehen noch keine Garantenstellung begründet. Hinzutreten muss vielmehr ein Vertrauenselement, das auch bei einer engen Wohngemeinschaft grundsätzlich nicht vorhanden ist. Auch die Annahme einer Garantenstellung kraft tatsächlicher Übernahme einer Schutzfunktion ist abzulehnen, da A die zunächst übernommene Schutzfunktion der Mutter gegenüber wirksam beendet hat, indem er sich der F gegenüber nicht mehr bereit erklärte, die Pflege des Kindes weiter zu übernehmen. Da dies zu einem Zeitpunkt geschah, als für das Kind noch keine akute Gefahrenlage bestand, ist mit der Erklärung eine Beendigung der zunächst übernommenen Schutzpflicht anzunehmen. A ist daher nur nach § 323c StGB zu bestrafen, da er vorliegend erkannte, dass die Mutter weiter untätig blieb und ihm zumindest eine Einschaltung des Jungendamtes ohne Weiteres zumutbar war.

Sonderproblem 1: Kann aus einem Beginn der Hilfeleistung eine Garantenstellung aus tatsächlicher Übernahme einer Schutzfunktion erwachsen?

Diese Frage veranschaulicht folgender

Fall 59: A sah gegen 1.00 Uhr nachts auf seiner Heimfahrt die ihm gut bekannte P nach **345**
Hause gehen. Als er anhielt sah er, dass sie stark berauscht war und beschloss, sie in seiner Wohnung übernachten zu lassen. Zu Hause angekommen gelang es ihm nicht, sie aufzuwecken. Er entschied sich daraufhin, das nur mit Jeans und T-Shirt bekleidete Mädchen bei mindestens –11,3°C Außentemperatur im Auto übernachten zu lassen und deckte es mit einer einfachen Wolldecke zu. Er erkannte, dass das Auto schnell auskühlen würde. Am nächsten Morgen gegen 9.30 Uhr konnte der Notarzt nur noch ihren Tod feststellen. Es blieb aber unklar, ob ihr Tod auf eine Überdosis Heroin zurückzuführen war oder ob die Unterkühlung zumindest mitursächlich war. Strafbarkeit des A? (**Kältetod-Fall**, verkürzt nach BGH NJW 1993, 2628)

Lösung: **346**

I. Eine Bestrafung wegen **vorsätzlicher Tötung durch Unterlassen nach §§ 212, 13 I StGB** scheitert an der Nachweisbarkeit der Kausalität: Beim Hinzudenken der gebotenen Handlung (Mitnahme in die Wohnung) wäre der Tod nicht mit an Sicherheit grenzender Wahrscheinlichkeit entfallen.

II. In gleicher Weise scheitert daher auch eine **fahrlässige Tötung durch Unterlassen nach §§ 222, 13 I StGB** an der Nachweisbarkeit der Kausalität. Dies gilt zumindest dann, wenn eine lebensgefährliche Rauschmittelintoxikation nicht auszuschließen war.

III. Fraglich ist jedoch, ob A wegen **versuchter Tötung durch Unterlassen nach §§ 212, 22, 23 I, 13 I StGB** zu bestrafen ist.
Problematisch ist diesbezüglich, ob A einen hinreichenden Tatentschluss hatte. Er müsste dann hinsichtlich der Herbeiführung des Todes durch Zurücklassen der P zumindest mit dolus eventualis gehandelt haben. Bedingter Vorsatz ist jedoch nach der Ernstnahmetheorie gegeben, wenn der Täter den tatbestandlichen Erfolg ernsthaft für möglich gehalten und sich mit ihm abgefunden hat. Vorliegend war jedoch aufgrund des Gefahrenbewusstseins allenfalls das kognitive Element erfüllt. Nicht dagegen steht fest, dass A sich

auch mit dem schließlich eingetretenen Taterfolg auseinandergesetzt und abgefunden hat. Zu seinen Gunsten ist vielmehr zu unterstellen, dass er fahrlässig – sei es auch grob fahrlässig – gehandelt hat, wofür wenigstens spricht, dass er der P eine Decke übergelegt hatte. Auch wenn diese Maßnahme objektiv sinnlos war, spricht sie subjektiv gegen die Annahme von Vorsatz.

IV. A könnte sich gem. §§ **223, 224 I Nr. 5, 13 I StGB wegen gefährlicher Körperverletzung durch Unterlassen** strafbar gemacht haben, indem er die P über Nacht im Wagen liegen ließ und nicht mit ins Haus nahm.

1. Objektiver Tatbestand

a) Taterfolg
Das Zurücklassen der A, durch das diese den extremen Kältegraden ausgesetzt wurde, stellt eine üble, unangemessene Behandlung dar, die das körperliche Wohlbefinden in nicht nur unerheblicher Weise beeinträchtigt; darüber hinaus ist bei der geschilderten Frosteinwirkung auch eine Gesundheitsschädigung im Sinne einer Herbeiführung eines pathologischen Zustands (Zittern, Absinken der Körpertemperatur) zu bejahen.
Des Weiteren barg das Zurücklassen der P im Freien angesichts des unzulänglichen Schutzes (T-Shirt, Wolldecke) auch die Gefahr einer lebensgefährlichen Unterkühlung. Es ist daher auch eine lebensgefährliche Behandlung nach § 224 I Nr. 5 StGB zu bejahen (sowohl nach konkreter als auch nach abstrakter Betrachtungsweise).[74]

b) Kausalität
Bei Hinzudenken der gebotenen Handlung (Mitnahme in die Wohnung) wäre der tatbestandsmäßige Erfolg – lebensgefährdende Kälteeinwirkung – mit an Sicherheit grenzender Wahrscheinlichkeit unterblieben. Hypothetische Kausalverläufe wie eine Lebensgefährdung durch Heroinkonsum müssen außer Betracht bleiben.

c) Objektive Zurechnung
Die für das Rechtsgut geschaffene unerlaubte Gefahr (Liegen im kalten Auto) müsste sich im tatbestandsmäßigen Erfolg (Frieren und Lebensgefahr) realisiert haben. Zwar bestand die Gefahr des Erfrierens, jedoch ist fraglich, ob sie gerade auf der vom Täter geschaffenen Gefahr basierte. Denn hätte A die P nicht mitgenommen, hätte sie auch an der Straße erfrieren können,[75] ohne dass dies freilich feststeht.
Indessen ist die Tatsache, dass sich die Todesursache nicht mehr klären lässt, für §§ 223, 224 I Nr. 5 StGB irrelevant. Pönalisiert wird die Schaffung von Gefahren für das Leben, ohne dass sich diese ihrerseits realisiert haben müssen.

Hinweis: *Wegen der Unaufklärbarkeit der Todesursache scheidet aber jedenfalls § 227 StGB aus.*

d) Garantenstellung
Denkbar ist vorliegend eine Garantenstellung aus tatsächlicher freiwilliger Übernahme einer Schutzfunktion, die nach h. M. keine rechtsgeschäftliche Begründung erfordert.[76]
Aus dem Beginn der Hilfe allein erwächst jedoch noch keine Garantenstellung, weil derjenige, der zunächst hilft nicht schlechter gestellt werden kann, als der gänzlich Untätige. Entscheidend für die Begründung einer Garantenpflicht ist vielmehr, dass der Helfer die Situation des Hilfsbedürftigen wesentlich,[77] d. h. genauer: nachteilig,[78] verändert. Dies führt einerseits dazu, dass sich andere präsente hilfsbereite Personen auf eine ausreichende Versorgung verlassen und bewirkt andererseits, dass das Opfer ihrem Einwirkungsbereich ent-

74 Vgl. zu §§ 223, 224, 13 StGB: *Mitsch*, JuS 1994, 555, 558.
75 *Hoyer*, NStZ 1994, 85, 86.
76 *Mitsch*, JuS 1994, 558.
77 So BGH NJW 1993, 2628.
78 Richtig *Hoyer*, NStZ 1994, 85; *Jung*, JuS 1994, 262; *Mitsch*, JuS 1994, 555.

zogen wird. Die nachteilige Veränderung schafft daher die objektiv begründete Erwartung eines bestimmten Folgeverhaltens.
Nach *Mitsch*[79] ist dabei eine Garantenstellung auch dann zu bejahen, wenn alternative Helfer noch nicht vor Ort sind, allerdings mit ihrem Erscheinen zu rechnen ist (auch dies führe zu einer Gefährdung des Opfers).[80]

2. Subjektiver Tatbestand
Sofern man eine Garantenstellung bejaht, ist zusätzlich fraglich, ob A Vorsatz hatte; dolus eventualis ist wahrscheinlich (A realisierte, dass das Auto schnell auskühlen würde; außerdem deckte er P mit einer Wolldecke zu). Ausreichend ist nämlich nach herrschender, wenn auch umstrittener, Ansicht für § 224 I Nr. 5 StGB – im Gegensatz zu § 212 StGB – dass der Täter die Umstände erkannt hat, aus denen sich die Gefährdung ergibt. Davon ist vorliegend auszugehen, da A den Kältegrad offensichtlich erkannt hat.

3. Rechtfertigungs- und Schuldausschließungsgründe sind nicht ersichtlich.

V. In Betracht kommt schließlich auch eine Bestrafung wegen **Aussetzung nach § 221 StGB**.

1. Tatbestandsmäßigkeit

a) In Betracht kommt hier zunächst die Tathandlung des Versetzens in eine hilflose Lage nach § 221 I Nr. 1 StGB. Jedoch muss der Täter hierfür das sich vorher in einer relativ gesicherten Lage befindliche Opfer in eine neue hilflose Lage verbringen, wobei das Abschneiden von der Hilfe Dritter mangels Zustandsveränderung nicht genügt.[81]

b) Denkbar ist aber auch die Tatbestandsalternative des § 221 I Nr. 2 StGB.

aa) Die danach erforderliche Obhuts- bzw. Beistandspflicht setzt eine Garantenstellung i. S. v. § 13 StGB voraus, deren Bejahung sich nach den oben erörterten Gesichtspunkten richtet.

bb) Bei der Tathandlung des Im-Stich-Lassens in hilfloser Lage wurde durch die Neufassung der Streit beigelegt, ob § 221 I Nr. 2 StGB nur ein räumliches Verlassen oder jegliches Untätigbleiben erfasst. § 221 I Nr. 2 StGB ist vorliegend aber in jedem Fall – auch im Sinne eines räumlichen Verlassens – verwirklicht.

c) Eintritt des konkreten Gefahrerfolgs
Die Neufassung schließt nunmehr eindeutig auch die konkrete Gefahr einer schweren Gesundheitsschädigung als tatbestandlichen Erfolg mit ein; vorher war str., ob die Gefahr einer schweren Gesundheitsschädigung ausreicht.
Bei dieser konkreten Gefahr wird ein Schadenseintritt nicht vorausgesetzt.[82] Allerdings muss weiterhin die Möglichkeit einer günstigen Beeinflussung bestehen.[83] Somit scheidet eine konkrete Todesgefahr aus: Es ließ sich nicht mehr feststellen, ob die Unterkühlung zumindest mitursächlich für den Tod der P war. Fraglich ist allerdings, ob dies auch für die konkrete Gefahr einer schweren Gesundheitsschädigung gelten kann.[84] Nach zutreffender

---

79 *Mitsch*, JuS 1994, 555, 556.

80 Ob A die Lage der P wirklich verschlechterte ist nach *Mitsch*, JuS 1994, 556, allerdings fraglich. Den noch längeren Heimweg hätte P allein wahrscheinlich nicht geschafft. A nahm der P zwar die Möglichkeit, von anderen Autofahrern gefunden und gerettet zu werden. Hätte er sie liegengelassen, hätte sie allerdings auch überfahren werden oder im Straßengraben erfrieren können. *Mitsch* will daher eine Garantenstellung nur bejahen, wenn festgestellt werden kann, ob P wirklich von einem anderen gerettet worden wäre; ein Nachweis, der allerdings in der Praxis kaum je zu führen sein wird. Ganz ähnl. wie *Mitsch* verlangt auch *Hoyer*, NStZ 1994, 85 die Feststellung einer Risikoerhöhung für die Annahme einer Garantenstellung.

81 *Lackner/Kühl/Heger*, § 221, Rn 3.

82 *Fischer*, § 221, Rn 10.

83 *Sch/Sch/Eser*, § 221, Rn 8.

84 Schwere Gesundheitsgefahr wurde vom BGH bejaht; dies ist nach *Mitsch*, JuS 1994, 555, 559 konsequent.

Auffassung[85] ist für § 221 StGB dann kein Platz, wenn dem Opfer keine weitere Verschlechterung der Lage droht, wenn also noch nicht einmal mehr irgendeine Hilfsmöglichkeit, z. B. Schmerzlinderung, besteht. Dies ist hier zu verneinen: Auch wenn P ausschließlich an der Überdosis Heroin gestorben ist, wäre es für sie angenehmer gewesen, im Warmen zu sterben (es genügt eben die bloße konkrete Gefahr einer Gesundheitsschädigung).

d) Auch Vorsatz ist zu bejahen, da A zumindest die Umstände kannte, aus denen sich die konkrete Gefahr ergab (s. o. bei § 224 StGB).

2. Rechtfertigungs- und Schuldausschließungsgründe sind ebenfalls nicht ersichtlich.

Ergebnis: A ist daher strafbar gem. § 221 I Nr. 2 StGB.

VI. § 221 II Nr. 2, III StGB scheidet dagegen aus, da sich nicht mehr klären lässt, ob die Unterkühlung wirklich zu einer **schweren Gesundheitsschädigung** bzw. zum Tod führte.

VII. Konkurrenzen
A hat §§ 223, 224 I Nr. 5, 13 I StGB und § 221 I Nr. 2 StGB verwirklicht. Da bei § 221 I Nr. 2 StGB eine Todesgefahr zu verneinen ist, schützen beide Vorschriften vorliegend das gleiche Rechtsgut, nämlich die körperliche Unversehrtheit. § 221 I Nr. 2 StGB tritt daher hinter § 224 StGB zurück, da das Unterlassungsunrecht des § 221 I Nr. 2 StGB in diesem Fall bereits hinreichend durch §§ 223, 224 I Nr. 5, 13 I StGB erfasst wird.

Sonderproblem 2: Übernahme von Schutzfunktionen im Rahmen bestehender Arbeitsteilung

Mit dieser Problematik hatte sich der BGH im sog. Wuppertaler Schwebebahn-Fall zu beschäftigen. Zugrunde liegt dem folgendes

347 **Beispiel:** U und I waren im Rahmen der Fertigstellung einer Schwebebahn damit betraut, Stahlkrallen von den Gleisen abzubauen. Als sie damit fast fertig waren, kamen Mitarbeiter L und S dazu. U und I gingen davon aus, Bauleiter B habe Hilfe geschickt. U/I und L/S teilten sich daher auf, um jeweils zwei verbliebene Krallen zu entfernen. L und S vergaßen jedoch die letzte Kralle abzubauen. Bei der ersten Fahrt des Zuges fuhr dieser auf die am Gleis verbliebene Kralle auf. Fünf Tote und 37 zum Teil schwer Verletzte waren die Folge. Können neben dem Bauleiter und neben L/S auch U und I nach §§ 222, 13 I StGB in fünf Fällen und nach §§ 229, 13 I StGB in 37 Fällen bestraft werden? (**Wuppertaler Schwebebahn-Fall**, extrem verkürzt nach BGH NJW 2002, 1887)[86]

348 **Lösung:** Der BGH hat hier eine faktische Übernahme einer Schutzfunktion durch die von U und I begonnene Auftragsdurchführung angenommen. Diese sei durch das Hinzutreten von L und S nicht erloschen, was selbst dann gelte, wenn diese von B geschickt worden wären, da B den konkreten Fortschritt der Arbeiten nicht kennen konnte. Von einer Beendigung der Schutzfunktion sei daher erst nach Abschluss der vollständigen Arbeit auszugehen, was im vorliegenden Fall bedeute, dass U und I sich hinsichtlich der vollständigen Beseitigung der Krallen hätten vergewissern müssen. Zur Begründung führt der BGH die Höhe der Gefahrenquelle sowie das Fehlen einer klaren Aufgabentrennung an, die die Berufung auf einen Vertrauensschutz, aus dem ein Wegfall oder eine Modifizierung der Garantenpflicht folgen könnte, ausschließen. Auch U und I sind daher strafbar nach §§ 222, 13 I StGB in fünf Fällen und nach §§ 229, 13 I StGB in 37 Fällen.

85 *Sch/Sch/Eser*, § 221, Rn. 8.
86 Vgl. zu dieser Entscheidung auch *Freund*, NStZ 2002, 424 f.

Sonderproblem 3: Begründen Amts- und Dienstpflichten zugleich eine Garantenstellung aus Übernahme einer Schutzfunktion?

Nach wohl h. M. sind Polizisten, Feuerwehrleute etc. Garanten zur Abwehr von Gefahren, die ihnen ihre Berufspflicht typischerweise auferlegt.[87] **349**

Nach einer Mindermeinung soll dagegen etwa der Polizist ebenfalls nur der allgemeinen Hilfspflicht nach § 323c StGB unterliegen.[88] Dagegen spricht jedoch, dass der Polizist mit erweiterten Befugnissen ausgestattet ist und die Gesellschaft und damit auch der Einzelne (als Teil dieser Gesellschaft) die begründete Erwartung haben darf, dass den Polizisten auch gesteigerte Hilfspflichten treffen.

Häufiges Klausurproblem: Schutzgarantenstellung und Pflicht zur Selbstmordhinderung

Für alle Schutzgarantenstellungen (v. a. aus persönlicher Verbundenheit und aus der Übernahme einer Schutzfunktion) stellt sich die Frage, ob aus ihnen auch eine Pflicht zur Hinderung eines Suizids erwächst. **350**

Die Nichthinderung einer Selbsttötung ist nach h. L. nur dann als Tötung durch Unterlassen strafbar, wenn kumulativ der Unterlassende eine Garantenstellung innehat (etwa Ehepartner, Eltern, Hausarzt, Bereitschaftsarzt) und das Opfer bei der Selbsttötung im Rechtssinne unfrei handelt. Denn eine Garantenstellung darf grundsätzlich niemals zur Bevormundung eines anderen führen.

In manchen Entscheidungen hat der BGH jedoch eine Verantwortungsverschiebung nach eingetretener Handlungsunfähigkeit des Selbstmörders angenommen und wegen Tötung durch Unterlassen verurteilt, da es in diesem Moment zu einem Tatherrschaftswechsel komme.[89]

Diese Auffassung ist jedoch abzulehnen, „denn diese Handlungsunfähigkeit liegt in der planmäßigen Realisierung des verantwortlich gefassten Tötungsentschlusses begründet."[90] Darüber hinaus ist auch nicht einzusehen, dass die aktive Beihilfe zur Selbsttötung (mangels rechtswidriger Haupttat) straflos ist, während ein bloßes Unterlassen täterschaftsbegründend wirken können soll. In einigen Entscheidungen hat dies auch der BGH anerkannt und den untätig Bleibenden jedoch aus § 323c StGB bestraft.[91] Problematisch ist sodann freilich, ob der Selbstmord einen Unglücksfall darstellt. Sieht man als Unglücksfall jede Situation, in der der andere auf die mitmenschliche Solidarität angewiesen ist, so ist dies zu bejahen. Sieht man darin mit BGH und h. L. ein plötzliches Ereignis, das erhebliche Gefahren hervorzurufen droht,[92] dürfte

87 Vgl. dazu nur BGHSt 38, 388 m. Anm. *Laubenthal*, JuS 1993, 907 ff. und *Mitsch*, NStZ 1993, 384; *Horn*, NJW 1981, 9; *Jakobs*, AT, 29/76; LK-*Weigend*, § 13, Rn. 30; *Kühl*, AT, § 18, Rn. 78 ff.; *Otto*, AT, § 9, Rn. 68; *Otto/Brammsen*, Jura, 1985, 596 f. Vgl. zur Garantenstellung des Betriebsbeauftragten *Böse*, NStZ 2003, 639.

88 *Herzberg*, Die Unterlassung im Strafrecht und das Garantenprinzip, 1972, S. 356; *Rudolphi*, JR 1987, 336 ff.; *Schünemann*, GA 1985, 379 f.

89 BGHSt 7, 268; 13, 166; BGH JR 1955, 104. Zumindest im Erg. zust. *Gössel/Dölling*, BT/1, § 2, Rn. 94 ff.

90 *Otto*, AT, § 9, Rn. 58.

91 BGHSt 6, 147; 7, 272 m. Anm. *Gallas*, JZ 1954, 641; BGHSt 32, 381; BGH JR 1956, 347.

92 RGSt DR 42, 1223; BGHSt 6, 147; *Sch/Sch/Sternberg-Lieben/Hecker*, § 323c, Rn. 5 m. w. N.

der Selbstmord als ein vom Opfer selbst bewirktes Ereignis zumindest dann nicht mehr darunter fallen, wenn die Entscheidung zum Suizid freiverantwortlich gefällt wurde.[93]

Hinweis: *Bemerkenswert ist in diesem Zusammenhang eine Verfügung der StA München I.*[94] *Dieser lag die Selbsttötung einer an Alzheimer erkrankten 87-jährigen Frau zugrunde. Die Verstorbene nahm in Gegenwart ihrer Angehörigen einen tödlichen Medikamentencocktail ein und begab sich anschließend in ihr Bett. Auch nachdem die Verstorbene tief und fest eingeschlafen war und die Angehörigen feststellten, dass ihre Atmung zunehmend verflachte und unregelmäßiger wurde, holten sie keine ärztliche Hilfe, sodass der Tod der 87-Jährigen eintrat.*

Die StA stellte hier das Verfahren ein, weil weder ein Totschlag durch Unterlassen noch eine unterlassene Hilfeleistung nachweisbar sei. Eine Rettungspflicht der Angehörigen nach §§ 212, 13 StGB bzw. § 323c StGB entstehe auch nicht nach der Handlungs- bzw. Bewusstlosigkeit des Suizidenten. Ein Übergehen der Tatherrschaft auf die Garanten nach diesem Zeitpunkt führe zu einem unauflösbaren Wertungswiderspruch zwischen strafloser Unterstützung des Suizidenten bei der Selbsttötung und strafbarer Nichtrettung nach Bewusstlosigkeit. Demnach könne einem Angehörigen kein strafrechtlicher Vorwurf gemacht werden, wenn er den ernsthaften Todeswillen respektiere und auch bei Verlust der Handlungsfähigkeit keine Rettungsmaßnahme einleite.

Achtung Klausur: *Der Student muss in Selbsttötungsfällen folgendes Gedächtnisprotokoll parat haben:*

351 **A. Mitwirkung am Tötungsdelikt**

I. §§ 212, 25 I Alt. 1 StGB (unmittelbare Täterschaft)

Problem: Lag Fremdtötung oder Selbsttötung vor?

→ Entscheidend ist, wer die tatsächliche Herrschaft über den sog. point of no return innehat.

Sofern das Opfer den Tötungsakt bis zum point of no return tatsächlich in Händen hielt, liegt keine unmittelbare Tötungstäterschaft vor, und es ist weiter zu prüfen:

II. §§ 212, 25 I Alt. 2 StGB (mittelbare Täterschaft)

Problem: Freiverantwortlichkeit der Selbsttötungshandlung? (vgl. auch Rn. 247)

(1) Rechtsguts- und Schuldlösung
→ §§ 35, 19, 20 StGB; § 3 JGG entsprechend: Fehlende Freiverantwortlichkeit bei rechtsgutsbezogenem Irrtum (Suizident weiß nicht, dass er sich selbst tötet) oder bei Schuld-/Verantwortungsdefizit im Rechtssinne der §§ 35, 19, 20 StGB; § 3 JGG, sodass bloße Motivirrtümer Freiverantwortlichkeit nicht ausschließen.

93 Wie hier *Sch/Sch/Sternberg-Lieben/Hecker*, § 323c, Rn. 8. Nach *Rengier*, BT/2, § 8, Rn. 20, fehlt es im Falle der Freiverantwortlichkeit des Suizids jedenfalls an der Zumutbarkeit der Hilfeleistung, weil niemand bei Strafe verpflichtet werden kann, freiverantwortliche Entscheidungen nicht zu respektieren (zw.).

94 StA München I NStZ 2011, 345.

(2) Einwilligungslösung
→ § 216 StGB entsprechend: Jeder Motivirrtum schließt Freiverantwortlichkeit aus, da § 216 StGB ein qualifiziertes Einverständnis voraussetzt, woran es nach h. M. schon bei einem bloßen Motivirrtum fehlt.

Sofern auch mittelbare Täterschaft wegen Freiverantwortlichkeit des Suizidenten ausscheidet, ist weiter zu prüfen:

III. §§ 212, 27 StGB (Beihilfe zur Selbsttötung)

Problem: Teilnahmefähigkeit des Suizids

(1) Ein kleiner Teil der Literatur[95] betrachtet Suizid als vorsätzliche rechtswidrige und damit teilnahmefähige Tat i. S. v. § 212 StGB und will nur den Suizidenten kraft Gewohnheitsrechts straflos stellen.

(2) Normtheoretisch und historisch ist diese Auffassung jedoch nicht haltbar.[96] Danach will § 212 StGB nur Fremdtötungen erfassen, sodass es an einer teilnahmefähigen Haupttat fehlt.

B. Unterlassene Rettung

I. §§ 212, 13 I StGB (Tötung durch Unterlassen)

Problem 1: Grundsätzliche Garantenstellung

→ Bei Schutzfunktion (Garantenstellung) und Freiverantwortlichkeit, wobei auch hier Freiverantwortlichkeit zu diskutieren ist:
(1) Rechtsguts- und Schuldlösung, wie oben bei mittelbarer Täterschaft
(2) Einwilligungslösung, wie oben bei mittelbarer Täterschaft

Problem 2: Tatherrschaftswechsel kraft Verfalls des Selbsttötungswillens mit Verlust des Bewusstseins
→ Nach BGH zu bejahen (s. soeben)
→ Nach zutreffender Lit. zu verneinen (s. soeben), da keine Garantenstellung zur Bevormundung des Schutzbefohlenen und Widerspruch mit Straflosigkeit der aktiven (!) Beihilfe vermieden werden muss.

II. § 221 I Nr. 2 StGB (Aussetzung durch „im Stich lassen")

Problem: Obhuts-/Beistandspflicht

→ Erfordert Garantenstellung, die jedenfalls nach der Lit. wie soeben zu verneinen ist

III. § 323c StGB (Unterlassene Hilfeleistung)

Problem: Suizid als Unglücksfall
→ Nach BGH zu bejahen
→ Nach Literaturansicht bei Freiverantwortlichkeit zu verneinen

95 *Bringewat*, ZStW 87 (1975), 623 ff.; *Schmidhäuser*, Welzel-FS, 1974, S. 810 ff.
96 Ebenso *Dreier*, JZ 2007, 318 f.

2. Überwachungsgarantenstellungen

a) Garantenstellung aus vorangegangenem gefährlichen Tun (= Ingerenz)

352 Nach h. M. ist derjenige, der durch ein Vorverhalten die Gefahr eines Schadenseintritts geschaffen hat, verpflichtet, diesen Schadenseintritt zu verhindern.[97] Als Grund für diese Garantenstellung wird der neminem laedere-Grundsatz angeführt, der dazu verpflichte, Folgeschäden aus selbst geschaffenen Gefahren abzuwenden.[98]

Umstritten ist allerdings, ob jedes Vorverhalten eine Garantenstellung aus Ingerenz begründen kann oder ob Einschränkungen zu machen sind:

aa) Nahe adäquate Gefahr zwischen vorangegangenem Tun und daraus resultierendem Folgeschaden

353 An einem derartigen Zusammenhang soll es insbesondere dann fehlen, wenn zwischen Vorverhalten und letztlich eingetretenem Erfolg ein vollverantwortliches Drittverhalten tritt.

Beispiel 1: A hat als Gastwirt dem B Alkohol ausgeschenkt. Sodann ließ A den B in trunkenem Zustand mit dem Auto nach Hause fahren. Auf der Heimfahrt überfuhr der B den C, der an den Folgen des Unfalls verstarb.[99]

Lösung: Hier liegt zunächst keine fahrlässige Tötung durch aktives Tun (Ausschenken des Alkohols) nach § 222 StGB vor, da der Alkoholausschank an Zurechnungsfähige nicht sorgfaltspflichtwidrig ist, solange der Gast sich nicht für den Gastwirt erkennbar im sicheren Bereich des § 20 StGB befindet (davon geht auch § 20 Nr. 2 des Gaststättengesetzes aus!).

Aber auch eine fahrlässige Tötung durch Unterlassen nach §§ 222, 13 I StGB wegen Nichthinderung der Unglücksfahrt scheidet aus. Denn A hat nach zutreffender Auffassung keine Garantenstellung aus Ingerenz, wenn der Alkoholausschank an Zurechnungsfähige nicht pflichtwidrig ist. Im Übrigen wurde die unmittelbare Gefahr von B noch vollverantwortlich selbst gesetzt (eine Garantenstellung darf niemals zur Bevormundung führen). Aus dem gleichen Grund scheitert auch eine Bestrafung nach § 221 StGB, da der Gastwirt den B – solange dieser vollverantwortlich bleibt – nicht in eine hilflose Lage versetzt (§ 221 I Nr. 1 StGB) und auch ein „Im-Stich-Lassen" (§ 221 I Nr. 1 StGB) mangels Garantenstellung ausscheidet.

Eine Garantenstellung ist erst bei einer für den Gastwirt erkennbaren Volltrunkenheit (sicherer Bereich des § 21 StGB!) des Gastes zu bejahen, wobei der BGH vom Gastwirt (ebenso wie von einem privaten Gastgeber[100]) dann verlangt, dass dieser auch tatsächlich alle zumutbaren Möglichkeiten zur Hinderung der Heimfahrt trifft.

Beispiel 2: A und B hatten den C schwer misshandelt. A gab dem B dabei zu verstehen, dass er sich nicht zurückhalten müsse. Im weiteren Verlauf verfiel B daher auf die Idee, den C zu töten. Obwohl A die Tötung hätte verhindern können, blieb er untätig.[101]

Lösung: Eine Strafbarkeit des A wegen mittäterschaftlicher Tötung scheidet hier aus, da es sich um einen Exzess des B handelt. Der BGH hat aber eine Tötung durch Unterlassen aus vor-

---

97 RGSt 10, 100; 46, 343; 58, 132, 246; 64, 276; 74, 283; BGHSt 4, 20; 25, 220; 26, 37; MüKo-*Freund*, § 13, Rn. 113 f.; *Rudolphi*, JR 1987, 162; *Stein*, JR 1999, 271; a. A. *Lampe*, ZStW 72 (1960), 106; *Schünemann*, GA 1974, 231 ff.

98 Umfassend zur Herleitung *Roxin*, AT/II, § 32, Rn. 150 ff. Vgl. im Übrigen auch *Stein*, JR 1999, 270; *Welp*, Vorausgegangenes Tun als Grundlage einer Handlungsäquivalenz der Unterlassung, 1968, S. 177 ff., 191 (der freilich selbst einer Garantenstellung aus Ingerenz krit. gegenüber steht).

99 BGHSt 19, 152; a. A. noch BGHSt 4, 20; siehe auch Rn. 377, Beispiel 2.

100 BGHSt 26, 35.

101 BGH NStZ 1992, 31.

angegangenem gefährlichen Tun angenommen, da sich der Tötungsentschluss des B unmittelbar aus dem Vorgeschehen entwickelt habe und so gesehen im Vorverhalten angelegt gewesen sei.

Achtung Klausur: *Sofern eine Unterlassungshaftung ausscheidet, etwa weil der Täter überhaupt keine Möglichkeiten mehr hatte, den anderen von der Tötung abzuhalten, prüft der BGH in derartigen Fällen weiter, ob gegebenenfalls eine Körperverletzung mit Todesfolge in Frage kommt. Dabei bejaht der BGH grundsätzlich einen spezifischen Gefahrzusammenhang, da schon den Gewalthandlungen die tatbestandsspezifische Gefahr eines tödlichen Ausgangs anhafte.*[102] *Dies zeigt auch ein aus der jüngeren Rechtsprechung stammender, hier nur kurz gelöster*

Fall 60: Die zur Tatzeit 15-jährigen H, Ö und K planten ihr Opfer, einen stark alkoholisierten obdachlosen Straßenmusiker, gemeinsam tätlich anzugreifen. Sie wollten ihr Opfer verletzen und zusammenschlagen, um damit ihre Überlegenheit zu demonstrieren und weil sie Freude daran hatten. Entsprechend ihrem Tatplan schlugen und traten sie jeweils für das Opfer überraschend – zuvor hatten sie mit ihm noch Zigaretten geraucht – nach einer im Voraus bestimmten Reihenfolge auf dieses ein. Zunächst begannen vereinbarungsgemäß Ö und K. nacheinander mit den Tritten gegen den Straßenmusiker. Nachdem dieser schon regungslos am Boden lag, trat der Angeklagte H dem bewusstlosen Opfer mit zwei Stampftritten in das Gesicht, wobei er den Tod des Opfers billigend in Kauf nahm. Ö zog den H von dem Geschädigten weg und fragte „Bist Du verrückt? Willst Du den etwa umbringen?" Gleichwohl trat H noch einmal kräftig von oben in das Gesicht des Opfers und äußerte: „Das fühlt sich an wie Knete". H hatte dabei Spaß und war von dem Gefühl der Macht über das Leben des Opfers fasziniert. Den Angeklagten, die alle Turnschuhe trugen, war klar, dass das Opfer schwer verletzt war und sterben könnte. Trotzdem unterließen sie das Herbeirufen von Hilfe und verließen den Tatort. Ob das Opfer sterben würde, war ihnen nunmehr gleichgültig. Sie nahmen aufgrund eines neuen Tatentschlusses noch 190 € aus der Tasche des Geschädigten. Das Opfer verstarb kurz danach an den Folgen der Verletzungen aufgrund der Tritte des H. Es konnte nicht mehr festgestellt werden, ob durch Herbeirufen eines Notarztes zum Zeitpunkt des Weggehens der Angeklagten das Opfer mit an Sicherheit grenzender Wahrscheinlichkeit hätte gerettet werden können. Strafbarkeit von H, Ö und K? (**Knete-Fall** nach BGH NStZ 2013, 280[103]). 353a

Lösung: 353b

A. Für die **Strafbarkeit des H** weist der BGH auf folgendes hin:

I. Es kommt ein **Heimtückemord** in Frage, weil schon die ersten durch Ö und K ausgeführten Tritte heimtückisch erfolgten und in unmittelbarem Fortgang des gemeinschaftlichen Handelns in die mit Tötungsvorsatz ausgeführten Tritte des H übergingen. Auch liegt bei H das Vorliegen von **Mordlust** nahe.
Nicht gegeben ist dagegen ein Mord aus **Habgier**, da der Entschluss, dem Opfer Geld zu entwenden, erst nach den Gewalthandlungen gefasst wurde.

II. Diese Gewalthandlungen verwirklichen aber auch den hinter dem Tötungsdelikt zurücktretenden Tatbestand des § 224 I Nr. 2, 3, 4 und 5 StGB.

B. Bezüglich der **Strafbarkeit von Ö und K** muss man angesichts der vom BGH nicht bezweifelten Annahme, dass es sich bei der Handlung des H um einen Exzess im Verhältnis

102 Vgl. hierzu BGH NStZ 2005, 93 m. Anm. *M. Heinrich* sowie BGH NStZ-RR 2007, 76 und *Geppert*, JK 7/07, StGB § 227/3.
103 M. Anm. *Jäger*, JA 2013, 312 ff.

zum verabredeten Vorgehen handelt, eine mittäterschaftliche vorsätzliche Tötung verneinen (dies zeigt im Übrigen auch das Nachtatverhalten des Ö, der den H vom Opfer weggezogen und erschrocken gefragt hat: „Willst Du den etwa umbringen?").

I. Zu Recht prüft der BGH daher die Möglichkeit einer Strafbarkeit von Ö und K wegen **Körperverletzung mit Todesfolge nach § 227 StGB**. Fraglich ist dabei, ob die schwere Folge bei § 227 StGB bereits aus der Körperverletzungshandlung resultieren kann (so die Lehre von der Handlungsgefahr) oder ob sie aus dem Körperverletzungserfolg resultieren muss (so die Letalitätstheorie). Der BGH folgt seit jeher der Theorie von der Handlungsgefahr und lässt eine Bestrafung aus § 227 StGB auch in Fällen zu, in denen sich lediglich die Gefahr der Körperverletzungshandlung im tödlichen Erfolg realisiert hat. Grundsätzlich genügte es danach, dass die schweren Misshandlungen die Möglichkeit eines tödlichen Ausgangs in sich bargen, sodass Ö und K bei entsprechender Vorhersehbarkeit für die tödliche Folge einzustehen haben. Allerdings ist damit die Verwirklichung des § 227 StGB noch nicht vollends entschieden. Notwendig ist vielmehr zusätzlich ein spezifischer Zurechnungszusammenhang zwischen der von Ö und K verwirklichten Körperverletzungshandlung sowie der daraufhin von H verursachten Todesfolge. Früher hat der BGH diesen spezifischen Zurechnungszusammenhang mit dem Kriterium der Unmittelbarkeit umschrieben. Der vorliegende Fall zeigt jedoch, dass sich der BGH von dieser Kennzeichnung mittlerweile endgültig verabschiedet hat und auch bei mittelbaren Verursachungsbeiträgen einen spezifischen Zurechnungszusammenhang für möglich hält. Letztlich begründet der BGH diesen vorliegend mit der aus der gemeinsamen Tatplanung resultierenden Vorhersehbarkeit des Exzesses, auch wenn dadurch in problematischer Weise das Kriterium des spezifischen Zurechnungszusammenhangs mit dem der einfachen Vorhersehbarkeit gleichgesetzt wird. Unter Zugrundelegung der Letalitätstheorie fällt die Bejahung einer Strafbarkeit nach § 227 StGB noch schwerer. Denn die qualifizierte Folge resultierte hier gerade nicht direkt aus dem von Ö und K vorsätzlich herbeigeführten Körperverletzungserfolg. Die strenge Letalitätstheorie müsste daher zu einer Verneinung des § 227 StGB gelangen. Andererseits wurden durch Ö und K tatsächlich Verletzungserfolge bewirkt, die mitverantwortlich dafür waren, dass H sich zur Anwendung tödlicher Gewalt herausgefordert sah. Der Tod ist daher zumindest mittelbar aus den von Ö und K bewirkten Verletzungserfolgen mit hervorgegangen. Daher kann auch nach der Letalitätstheorie eine Strafbarkeit nach § 227 StGB bejaht werden.

II. Darüber hinausgehend ist bei Ö und K eine **vollendete Tötung oder ein vollendeter Verdeckungsmord durch Unterlassen nach §§ 212, 211, 13** zu verneinen, da die Kausalität des Unterlassens für den Todeseintritt im vorliegenden Fall nicht nachweisbar war.

III. In Betracht kommt daher nur eine **versuchte Tötung durch Unterlassen** sowie nach BGH-Ansicht wegen Verdeckungsabsicht sogar ein **versuchter Mord durch Unterlassen**. In der Literatur wird dies freilich zum Teil bestritten, weil das Verdecken durch Unterlassen mit einem Verdecken durch aktives Tun nicht modalitätenäquivalent sei. Die für den Unterlassungsversuch notwendige Garantenstellung ließe sich hier jedenfalls – nach ebenfalls umstrittener Auffassung – aus Ingerenz (gefährliches vorangegangenes Tun durch die gemeinsamen Misshandlungen) ableiten.

C. Im Übrigen kommen auch noch **mittäterschaftlich verwirklichte Straftaten von H, Ö und K** in Betracht.

I. Nicht gegeben ist ein **besonders schwerer mittäterschaftlicher Raub nach §§ 249, 250 II Nr. 1, 25 II StGB**. Denn bei Wegnahme der 190 € wirkte die zuvor aus anderen Gründen geübte Gewalt nur noch fort, sodass es an der nötigen finalen Verknüpfung von Gewalt und Wegnahme fehlt. Auch kann man hier nicht einen Raub durch Unterlassen annehmen (durch Nichtaufhebung dieser Gewaltwirkungen; denn wie hätte dies hier angesichts der tödlichen Verletzungen überhaupt möglich sein sollen).

II. So bleibt nur eine Strafbarkeit wegen **Diebstahls in einem besonders schweren Fall nach §§ 242, 243 I Nr. 6 StGB**. Dass das Opfer vor seinem Tode nicht mehr zu Bewusstsein gekommen ist, ändert dabei nichts an dessen Gewahrsam zum Zeitpunkt der Wegnahme.

bb) Rechtliche Qualität des Vorverhaltens

Noch nicht abschließend geklärt ist die Frage der rechtlichen Qualität des Vorverhaltens. **354**

Während der BGH zunächst auch bei rechtmäßigem Vorverhalten eine Garantenstellung für möglich erachtet hat, ist er später dazu übergegangen, eine Garantenposition zu verneinen, wenn das Vorverhalten durch Notwehr gerechtfertigt war oder sich als sozialübliche Handlung darstellte. Das zeigt folgender der Rspr. entnommener

Fall 61: Autofahrer A fuhr verkehrsgerecht auf der Bundesstraße und wurde plötzlich durch ein Alleinverschulden des Mopedfahrers M in einen Verkehrsunfall verwickelt, bei dem A den M anfuhr und schwer verletzte. A dachte bei sich: „Selber schuld!" und fuhr weiter. M verblutete, womit A auch rechnete. Hätte A Hilfe herbeigeholt, wäre eine Rettung noch problemlos möglich gewesen, wovon A auch ausgegangen ist. Strafbarkeit des A? (**Verkehrsunfall-Fall I**, abgewandelt nach BGHSt 25, 218)[104] **355**

Lösung: **356**

A. Das Geschehen bis zum Unfall

Hinweis: *Fälle, in denen die Strafbarkeit im Rahmen eines Unfalls eine Rolle spielt, sind grundsätzlich mit „Bis zum Unfall" und „Nach dem Unfall" zu gliedern. Der Unfall markiert hier nämlich nicht nur die einzelnen Verhaltensabschnitte, sondern präjudiziert hier vielfach auch die Konkurrenzen (Delikte vor dem Unfall stehen mit denen nach dem Unfall grundsätzlich in Tatmehrheit)!*

I. A könnte sich dadurch, dass er den M anfuhr wegen **fahrlässiger Tötung nach § 222 StGB durch aktives Tun** strafbar gemacht haben. Es fehlt allerdings an der Voraussetzung einer Sorgfaltspflichtverletzung.

II. Gleiches gilt für die **fahrlässige Körperverletzung nach § 229 StGB**.

III. Für eine durch das Anfahren verwirklichte **Aussetzung nach § 221 I Nr. 1 StGB** im Wege des Versetzens in eine hilflose Lage fehlt es am notwendigen Vorsatz (A handelte nicht einmal fahrlässig).

B. Das Geschehen nach dem Unfall

I. In Betracht kommt eine **vorsätzliche Tötung durch Unterlassen gem. §§ 212, 13 I StGB**.

1. Fraglich könnte zunächst sein, ob es sich bei dem Verhalten des A nach dem Unfall um ein **Tun** (Davonfahren) **oder Unterlassen** (Nichtleisten von Hilfe) handelt.
Zu den einzelnen Abgrenzungen, vgl. o. Rn. 333. Danach ist vorliegend der Schwerpunkt im Unterlassen zu sehen, da das (aktive) Davonfahren für den Erfolg nicht kausal geworden ist: Der gleiche Erfolg wäre nämlich eingetreten, wenn A untätig vor Ort geblieben wäre.

2. Ein Unterlassen der Hilfe trotz **physisch-realer Möglichkeit** zur Vornahme der gebotenen Handlung ist zu bejahen.

104 Vgl. dazu auch die Anm. von *Rudolphi*, JR 1974, 160.

3. Fraglich ist jedoch, ob A auch eine **Garantenstellung** innehatte.
Der BGH hat hier mit der h. L. eine Garantenstellung des sich bis zum Unfall verkehrsgerecht verhaltenden A verneint, da dieser billigerweise nicht zum Hüter eines Verkehrsteilnehmers bestellt werden dürfe, der allein schuldhaft die Ursache für den Verkehrsunfall und damit für die eigentliche Gefahr gesetzt habe.[105]
Nach der zum Teil in der Lit. vertretenen Verursachungstheorie soll dagegen ausreichen, dass A für die Gefahrentstehung kausal geworden ist, da sich jedermann – unabhängig von der Pflichtwidrigkeit seines Verhaltens – für die Auswirkungen seines Tuns verantwortlich fühlt.[106]
Stellungnahme: Die besseren Gründe sprechen für die h. M. Denn im gegebenen Fall hat sich keine unerlaubte Gefahr des Autofahrens im Erfolg realisiert, sondern der Erfolg ist allein auf das Fehlverhalten des M zurückzuführen.[107] Da Kausalität allein keine Verantwortung im Rechtssinne schafft, sollte aus ihr auch nicht die rechtliche Verantwortung zum Tätigwerden gefolgert werden können. Es bleibt § 323c StGB.

Ergebnis: Mangels Garantenstellung scheitert daher eine Bestrafung nach §§ 212, 13 I StGB.

Hinweis: *Sollte eine Garantenstellung angenommen werden, so ist im Folgenden noch auf §§ 211, 13 StGB einzugehen. Im Ergebnis wird man wohl aber das Mordmerkmal „niedrige Beweggründe" ablehnen müssen, da ein nach allgemeiner sittlicher Wertung auf tiefster Stufe stehender und deshalb besonders verwerflicher Beweggrund des A nicht ersichtlich scheint.*

II. In Betracht kommt jedoch eine **Strafbarkeit wegen Aussetzung (ggf. sogar mit Todesfolge) nach § 221 I, III StGB**.

1. Denkbar wäre hier zunächst die Tatalternative des **Versetzens in eine hilflose Lage nach § 221 I Nr. 1 StGB**, wofür nach dem 6. StrRG keine Ortsveränderung des Opfers mehr erforderlich ist.
Fraglich ist freilich, ob das Versetzen überhaupt durch ein Unterlassen begangen werden kann. Versteht man unter Versetzen mit der zutreffenden h. M. jede Herbeiführung eines Zustands der Hilflosigkeit, so ist dies grundsätzlich zu bejahen, zumal auch der Wortlaut nicht gegen eine solche Auslegung spricht.[108]
Jedoch wird man einschränkend verlangen müssen, dass das pflichtwidrige Unterlassen erst die Hilflosigkeit bewirkt. Vorliegend war die hilflose Lage aber bereits vorher unvorsätzlich herbeigeführt worden, sodass eine Anwendung des § 221 I Nr. 1 StGB ausscheidet.[109]

2. In Betracht kommt daher nur die Tathandlung des **„Im-Stich-Lassens" nach § 221 I Nr. 2 StGB**. Die dafür erforderliche Obhuts- bzw. Beistandspflicht setzt jedoch eine Garantenstellung i. S. des § 13 StGB voraus, an der es nach dem oben Gesagten aber gerade fehlt.

III. Gegeben ist jedoch eine **Strafbarkeit wegen unterlassener Hilfeleistung nach § 323c StGB**.
Der Unfall stellt für das Opfer einen Unglücksfall dar, im Rahmen dessen A eine Hilfeleistung zumutbar war. Das Selbstverschulden beseitigt die Zumutbarkeit nicht, da es jedenfalls zur allgemeinen Solidaritätspflicht gehört, ungewollt in Not Geratene zu unterstützen.

---

105 Vgl. etwa *B. Heinrich*, AT, Rn. 960 m. w. N. sowie *Kindhäuser*, AT, § 36, Rn. 71, die darauf hinweisen, dass es wenig konsequent ist, die Gefahr, die man in der Prüfung der Begehungsstrafbarkeit als Haftgrund ausgeschieden hat, nun als ein auf denselben Erfolg bezogenes Unterlassen zu werten.
106 Vgl. zu dieser Begründung *Hillenkamp*, 29. Problem zum Strafrecht AT I, 1. Argument.
107 Richtig gesehen bei *Otto*, AT, § 9, Rn. 82.
108 Näher dazu *Jäger*, JuS 2000, 33: Schon dort habe ich darauf hingewiesen, dass man etwa eine Person durch unterlassene Sicherheitsvorkehrungen in Unruhe versetzen kann, sodass nach dem Wortsinn nichts dagegen spricht, dass eine Person auch durch eine Unterlassung in eine hilflose Lage versetzt wird.
109 Dazu und zum hier herrschenden Streit *Jäger*, JuS 2000, 31 f. m. zahlr. w. N.

IV. Darüber hinaus ist auch eine Strafbarkeit wegen **unerlaubten Entfernens vom Unfallort nach § 142 I Nr. 1 StGB** zu bejahen, da A sich als Unfallbeteiligter – die Unfallbeteiligung bestimmt sich nach h. M. allein nach dem äußeren Anschein möglicher Mitverursachung[110] – vorsätzlich vom Unfallort entfernt hat, ohne zuvor die nötigen Feststellungen zu ermöglichen.

V. Ergebnis und Konkurrenzen: A ist strafbar nach §§ 323c, 142 I Nr. 1 StGB. Die Taten stehen zueinander in Tateinheit gem. § 52 StGB (ein Zurücktreten im Wege der Gesetzeskonkurrenz kommt aufgrund der unterschiedlichen Schutzgüter [§ 323c StGB: Allgemeininteresse solidarischer Schadensabwehr; § 142 StGB: vorrangig Vermögensschutz des Einzelnen[111]] nicht in Betracht).

Darüber hinaus ist aber auch umstritten, ob die Pflichtwidrigkeit des Vorverhaltens schon für sich gesehen eine hinreichende Bedingung für eine Garantenstellung aus Ingerenz abgibt. Das veranschaulicht folgender, hier wegen seiner Ähnlichkeit zu **Fall 61** (Rn. 355) in Sachverhalt und Lösung nur noch knapp darzustellender

Fall 62: A fuhr auf der Bundesstraße mit 120 km/h, als plötzlich ein Mofafahrer M auf die Straße einschwenkte. A konnte nicht mehr ausweichen und fuhr M an. M starb. A fuhr weiter, weil er keine Scherereien haben wollte, obwohl er erkannte, dass M dringend Hilfe benötigte und auch noch zu retten war. Im Nachhinein wurde festgestellt, dass A auch bei Einhaltung der zulässigen Geschwindigkeit von 100 km/h den Unfall nicht hätte vermeiden können. Strafbarkeit des A? (**Verkehrsunfall-Fall II** nach BGHSt 34, 82; leicht abgewandelt). **357**

Lösung: **358**

A. Geschehen bis zum Unfall

I. Eine Bestrafung wegen **fahrlässiger Tötung nach § 222 StGB** scheidet hier mangels Pflichtwidrigkeitszusammenhangs aus.
Laut Sachverhalt hätte A den Unfall auch bei vorschriftsmäßiger Fahrweise sicher nicht vermeiden können. Damit fehlt es aber am erforderlichen Zurechnungszusammenhang „zwischen der zu bekämpfenden Gefahr und der pflichtwidrigen Vorhandlung."[112] Denn der Zweck der Geschwindigkeitsvorschriften kann nicht darin bestehen, unvermeidbare Unfälle zu verhindern.

II. Strafbarkeit wegen **fahrlässiger Körperverletzung nach § 229 StGB** scheitert ebenfalls am erforderlichen Pflichtwidrigkeitszusammenhang.

III. Für eine durch das Anfahren verwirklichte **Aussetzung nach § 221 I Nr. 1 StGB** im Wege des Versetzens in eine hilflose Lage fehlt es am notwendigen Vorsatz.

Ergebnis: A hat sich durch das Anfahren des M nicht strafbar gemacht.

B. Das Geschehen nach dem Unfall

I. In Betracht kommt **vorsätzliche Tötung durch Unterlassen nach §§ 212, 13 I StGB**.

110 BGHSt 12, 253; 15, 1; BGH NZV 1993, 157; BayObLG NStZ-RR 2000, 140; *Küper/Zopfs*, BT, S. 316; a. A. *Arloth*, GA 1985, 501.
111 Vgl. BGHSt 8, 263; 24, 382; *Dünnebier*, GA 1957, 33; siehe aber auch NK-*Schild*, § 142, Rn. 16 ff.
112 *Rudolphi*, JR 1987, 163.

Hier hat der BGH eine Garantenstellung des A bejaht, da A sich jedenfalls durch die zu hohe Geschwindigkeit pflichtwidrig verhalten habe und der Unfall in einem unmittelbaren Zusammenhang mit dem verkehrswidrigen Verhalten gestanden habe.
Damit stellt sich der BGH aber doch wieder auf die Seite der Verursachungstheorie, der mit der h. L. zu widersprechen ist. Denn nur wenn die Vorhandlung eine zurechenbare Gefahr für den späteren Erfolg schafft, hat der Unterlassende auch eine Rechtspflicht zur Verhinderung der Realisierung dieser Gefahr. Anderenfalls fehlt es nämlich gerade an der für § 13 StGB notwendigen Rechtszuständigkeit.[113] Wollte man anders urteilen, so könnte der Täter auf dem Umweg des Unterlassens für einen Erfolg zuständig gemacht werden, für dessen Eintritt sein Handeln im Rechtssinne nicht verantwortlich ist.

Hinweis: *Sollte man der Auffassung des BGH folgen, so ist eine Strafbarkeit wegen Mordes durch Unterlassen zu erörtern. Das Mordmerkmal „zur Verdeckung einer Straftat" scheidet schon deshalb aus, weil es an einer zu verdeckenden Straftat fehlt. Im Hinblick auf das Mordmerkmal „sonstige niedrige Beweggründe" scheinen beide Ansichten bei entsprechender Argumentation vertretbar.*

II. Aus den gleichen Gründen scheitert auch eine vorsätzliche **gefährliche Körperverletzung durch Unterlassen nach §§ 223, 224, 13 I StGB**.

III. Auch eine **Aussetzung (mit Todesfolge) nach § 221 StGB** scheidet aus. Ein Versetzen in hilflose Lage nach **Nr. 1** ist nicht gegeben, weil die hilflose Lage schon vorlag und nicht durch den Täter verursacht wurde und für ein „Im-Stich-Lassen" nach **Nr. 2** fehlt es an der nötigen Garantenstellung.

IV. Gegeben ist daher auch hier nur eine Strafbarkeit nach **§ 323c StGB sowie nach § 142 StGB**.

Besondere Probleme ergeben sich bei Rechtfertigungsgründen. In der Klausur sollte man hier eine differenzierende Ansicht vertreten, nach der es darauf ankommt, ob der Täter in Ausübung eines Abwehrrechts oder aufgrund einer sonstigen Befugnis eine erlaubte Risikohandlung vorgenommen hat. Nur im zweiten Fall besteht eine Garantenpflicht. Das soll anhand eines Ausgangssachverhalts (Fall 63) und einer Abwandlung (Fall 64) verdeutlicht werden:

359 **Fall 63:** Hüne H wird im Hamburger Hafen von Wichtel W angegriffen. H kann den W mit einem kräftigen Schlag gegen die Brust ins nahe gelegene Hafenbecken stoßen. W ruft um Hilfe, weil er Nichtschwimmer ist. H geht aber einfach nach Hause, obwohl ein Rettungsring greifbar gewesen wäre. W ertrinkt, wie von H durchaus erwartet. Strafbarkeit des H? **(Hamburger Hafen-Fall I)**

360 **Lösung:**

A. Handlungsabschnitt 1: Der Stoß ins Hafenbecken

I. Körperverletzung nach § 223 StGB ist tatbestandlich durch den kräftigen Schlag gegen die Brust wohl erfüllt, jedoch ist diese Körperverletzung durch Notwehr gerechtfertigt.

II. Für einen **Totschlag nach § 212 StGB** durch Hinweinwerfen ins Becken kann schon der erforderliche Vorsatz nicht festgestellt werden, da nicht ohne Weiteres davon ausgegangen

113 Wie hier auch *Roxin*, AT/II, § 32, Rn. 170 ff.

werden kann, dass H den W für einen Nichtschwimmer gehalten hat und daher zu diesem Zeitpunkt bereits einen möglichen tödlichen Ausgang ins Auge gefasst hatte.

III. Auch für eine **Aussetzung nach § 221 I Nr. 1 StGB** durch Versetzen in hilflose Lage im Wege des Hineinstoßens könnte zwar der Vorsatz zu bejahen sein, weil H möglicherweise wusste, dass W nicht ohne Weiteres aus dem Hafenbecken gelangen kann; jedoch ist auch § 221 StGB jedenfalls durch Notwehr gerechtfertigt.

IV. Eine **fahrlässige Tötung nach § 222 StGB** als Konsequenz des Hineinstoßens ist – wie schon die Körperverletzung – durch Notwehr gerechtfertigt, weil sie die Folge der erforderlichen Verteidigungshandlung und damit vom Notwehrrecht mit abgedeckt ist (näher zur Notwehrrechtfertigung von ungewollten Folgen einer erforderlichen Verteidigungshandlung o. Rn. 118).

B. Handlungsabschnitt 2: Die unterlassene Rettung aus dem Hafenbecken

I. In Betracht kommt diesbezüglich **vorsätzliche Tötung durch Unterlassen nach §§ 212, 13 I StGB**.

1. Abgrenzung Tun oder Unterlassen
Fraglich könnte zunächst sein, ob es sich bei dem Verhalten des A nach dem Stoß um ein Tun (nach Hause gehen) oder Unterlassen (Nichtleisten von Hilfe) handelt.
Zu den einzelnen Abgrenzungen, vgl. abermals o. Rn. 333. Danach ist vorliegend der Schwerpunkt im Unterlassen zu sehen, da das (aktive) Weggehen für den Erfolg nicht kausal geworden ist: Der gleiche Erfolg wäre eingetreten, wenn A untätig vor Ort geblieben wäre.

2. Auch eine **physisch-reale Möglichkeit** zur Vornahme der gebotenen Handlung (etwa durch Zuwerfen des greifbaren Rettungsrings) ist zu bejahen.

3. Zu prüfen ist jedoch, ob H als **Garant** zum Eingreifen verpflichtet war. Denkbar wäre hier die Annahme einer Garantenstellung aus Ingerenz, d. h. aus gefährlichem vorangegangenem Tun. Fraglich ist aber insoweit, ob ein durch Notwehr gerechtfertigtes Vorverhalten (Stoß ins Wasser, s. o.) eine Pflicht zur Rettung des Angreifers auslösen kann.
Eine Mindermeinung, der v. a. Vertreter der Verursachungstheorie anhängen, bejaht dies, weil der Angreifer nicht friedlos, d. h. außerhalb des Rechts gestellt werden dürfe und die Verteidigung anderenfalls über das Erforderliche hinausginge.
Dies ist aber abzulehnen. H hat seinen rechtlich eingeräumten Handlungsspielraum nicht überschritten, sodass ihm auch keine erhöhte Hilfspflicht erwachsen darf, da das Recht zur Abwehr andernfalls in sein Gegenteil, nämlich in eine gesteigerte Pflicht, verkehrt würde. Auch hätte die Bejahung einer Garantenstellung zur Folge, dass z. B. einem aktiv Nothelfenden (etwa wenn nicht H, sondern ein helfender Dritter den W im Wege der Nothilfe ins Becken gestoßen hätte) mehr Pflichten auferlegt würden, als einem gänzlich Untätigen.[114] Und schließlich würde der Angreifer im Falle der Bejahung einer Garantenstellung aus Ingerenz stärker geschützt, als ein ohne Verschulden in Notlage Geratener. Wenn die Mindermeinung dagegen einwendet, dass die Notwehr nicht über das Erforderliche hinausgehen darf, so ist dagegen zu erwidern, dass die Erforderlichkeit allein die Notwehrhandlung betrifft und nicht deren Folgen, die vielmehr grundsätzlich vom Notwehrrecht mit abgedeckt werden.[115]

II. Auch eine **Aussetzung (mit Todesfolge) nach § 221 I, III StGB** scheidet aus. Zwar ist für die Tatalternative des Versetzens nach § 221 I Nr. 1 StGB grundsätzlich auch ein Unterlassen hinreichend, jedoch muss die hilflose Lage durch das Unterlassungs-Versetzen erst herbeigeführt werden und darf nicht schon vorher – wie hier nach dem Hineinstoßen – vorgelegen haben. Und für ein Im-Stich-Lassen nach § 221 I Nr. 2 StGB fehlt es wie gesehen

114 Pointiert findet sich dieses Argument bei *Roxin*, AT/II, § 32, Rn. 183: „Warum sollte er für seinen tatkräftigen Einsatz, mit dem er die allseits geforderte Zivilcourage zeigt … mit einer Garantenstellung bestraft werden, die ein untätig bleibender Beobachter des Geschehens nicht einnimmt?".

115 Auch dazu näher *Roxin*, AT/II, § 32, Rn. 184; wie hier auch *Zieschang*, AT, S. 151.

an der notwendigen Obhuts- bzw. Beistandspflicht, die eine Garantenstellung voraussetzen würde (näher zu beiden Alternativen im vorhergehenden Fall).

III. Gegeben ist daher nur eine Strafbarkeit wegen **unterlassener Hilfeleistung nach § 323c StGB**.
Die Tatsache, dass W seine unglückliche Lage hier selbst verschuldet hat, beseitigt die Zumutbarkeit nicht, da es zur allgemeinen Solidaritätspflicht gehört, ungewollt in Not Geratene zu unterstützen. Dies muss jedenfalls dann gelten, wenn Hilfe gewährt werden kann, ohne weitere Angriffe von Seiten des Opfers erwarten zu müssen. Davon ist vorliegend auszugehen.

Hinweis: *Wenig diskutiert ist die Frage, ob der Täter eine Garantenstellung aus Ingerenz hat, wenn er sich der Notwehrlage, die objektiv tatsächlich vorlag, nicht bewusst war. (Beispiel:*[116] *Die A schlägt die Person, die nachts durch die Haustür hereinkommt, mit Verletzungsvorsatz mit dem Nudelholz nieder, in der Meinung, es sei der betrunkene Ehemann E. In Wahrheit war es der gefährliche Räuber R, der sie getötet hätte, wenn sie ihm nicht zuvorgekommen wäre. Die E hilft dem R nicht und lässt ihn verbluten). Richtig dürfte es auch hier sein, eine Ingerenzgarantenstellung zu verneinen. Hoven weist diesbezüglich zu Recht darauf hin, dass man den Täter, den man im Rahmen der Begehungsstrafbarkeit nicht für einen Verletzungserfolg verantwortlich macht (die h. M. nimmt hier nur Versuch an, vgl. oben Rn. 129c ff.), auch nicht als Garanten auf der Grundlage der Verursachung dieses Erfolgs heranziehen kann).*[117] *Eine Ingerenzgarantenstellung kann im Übrigen nur aus einem objektiv pflichtwidrigen Verhalten entstehen. Die Begründung einer Garantenstellung aus der bloß vorgestellten Rechtswidrigkeit der A, wäre dagegen unzulässiges Gesinnungsstrafrecht. Gegeben ist daher auch in diesem Fall nur § 323c und nicht §§ 212, 13 StGB bezüglich der unterlassenen Hilfestellung nach dem Schlag.*

361 **Fall 64:** Wieder steht H am Hamburger Hafen und sieht zu, wie die Schiffe entladen werden. Plötzlich löst sich an einem Kran über ihm ein tonnenschwerer Container und droht direkt auf ihn herabzustürzen. H kann im letzten Moment beiseite springen, muss dafür aber den bei ihm stehenden W mit einem schmerzhaften Bodycheck ins Wasser befördern. Anstatt W an einem am Kai liegenden Seil hochzuziehen (was leicht möglich gewesen wäre), begibt sich H nach Hause, sodass W im eiskalten Wasser ausharren muss, bis ihn 5 Min. später endlich ein Hafenarbeiter aus dem Wasser zieht. W erleidet dadurch eine heftige Unterkühlung, womit H auch gerechnet hatte. Strafbarkeit des H?
(Hamburger Hafen-Fall II)

362 **Lösung:**

A. Handlungsabschnitt 1: Der Stoß ins Hafenbecken

I. In Betracht kommt auch hier zunächst eine Strafbarkeit wegen **Körperverletzung nach § 223 StGB**.

1. Tatbestandlich ist die Körperverletzung nach § 223 StGB durch den Bodycheck verwirklicht worden.

2. Rechtswidrigkeit

a) Die Körperverletzung ist nicht durch Notwehr nach § 32 StGB gerechtfertigt, da es sich dabei nicht um eine Verteidigung gegen einen Angreifer, sondern einen unbeteiligten Dritten handelte.

---

116 Nach *Hoven*, GA 2016, 16 f.
117 *Hoven*, GA 2016, 35.

b) In Betracht kommt aber eine Rechtfertigung des H nach § 34 StGB aufgrund rechtfertigenden Notstands.
Die dem H drohende Gefahr war vorliegend nicht anders als durch einen Bodycheck abwendbar. Auch ergibt die Interessenabwägung ein wesentlich überwiegendes Interesse des H, da sein Leben als Höchstgut auf dem Spiel stand, während W nur eine vergleichsweise geringfügige Körperverletzung zu erwarten hatte.
Die Körperverletzung war deshalb, da auch keine Gründe ersichtlich sind, die die Unangemessenheit der Abwehr begründen könnten, jedenfalls nach § 34 StGB gerechtfertigt.

II. Für eine **Aussetzung nach § 221 I Nr. 1 StGB** durch Versetzen in eine hilflose Lage im Wege des Hineinstoßens dürfte vorliegend der notwendige Vorsatz – wie schon im Ausgangsfall – zu bejahen sein. Jedoch ist auch diese nach § 34 StGB gerechtfertigt.

B. Handlungsabschnitt 2: Die unterlassene Befreiung aus dem Hafenbecken

I. In Betracht kommt eine **Körperverletzung durch Unterlassen nach §§ 223, 13 I StGB**.

1. Zur Abgrenzung von Tun und Unterlassen, vgl. beim Ausgangsfall.

2. H hat durch das Nicht-Herausziehen des W auch bewirkt, dass dieser länger als notwendig der extremen Kälteeinwirkung ausgesetzt war. Dies stellt nicht nur eine üble unangemessene Behandlung dar, die zu einer mehr als geringfügigen Beeinträchtigung des Wohlbefindens im Sinne einer körperlichen Misshandlung führt, sondern es begründet wegen der zusätzlichen Unterkühlung auch einen pathologischen Zustand und damit eine Gesundheitsschädigung.

3. Auch eine **physisch-reale Möglichkeit** zur Vornahme der gebotenen Handlung (etwa durch Zuwerfen des greifbaren Rettungsrings) ist zu bejahen.

4. Zu prüfen ist jedoch, ob H hier als Garant zum Eingreifen verpflichtet war. Auch im gegebenen Fall kommt eine Garantenstellung aus Ingerenz, d. h. aus gefährlichem vorangegangenem Tun in Frage. Anders als im Ausgangsfall nimmt die h. M. jedoch im Falle des durch Notstand gerechtfertigten Vorverhaltens eine Garantenstellung zur Verhinderung weiterer Schäden an, weil dem Dritten gegenüber kein Abwehrrecht besteht, sondern vielmehr ein Unbeteiligter auf Kosten des Notstandstäters zu Schaden gebracht wird.

5. Das Unterlassen steht vorliegend auch einem Tun gleich.

6. Da A im Hinblick auf die Unterkühlung des B auch **vorsätzlich** handelte und **Rechtfertigungs- sowie Schuldausschließungsgründe** nicht erkennbar sind, ist er deshalb strafbar nach §§ 223, 13 I StGB.

II. Gegeben sein dürfte auch eine **Freiheitsberaubung durch Unterlassen, §§ 239, 13 I StGB** (Tatfrage).

III. Fraglich ist aber, ob auch der Tatbestand der **Aussetzung nach § 221 I StGB** erfüllt ist. Zwar liegt nicht die Tatalternative des Versetzens in eine hilflose Lage vor, weil das Unterlassen – sofern man ein solches mit der h. M. für § 221 I Nr. 1 StGB überhaupt für erfüllungstauglich betrachtet (dazu o. Fall 61, Rn. 355) – die hilflose Lage nicht erst geschaffen hat. Jedoch ist die Tathandlung des § 221 I Nr. 2 StGB zu bejahen, da A den B trotz Garantenstellung im Stich gelassen hat.
Unabhängig davon dürfte eine Anwendung des § 221 StGB vorliegend jedoch an der mindestens erforderlichen Gefahr einer schweren Gesundheitsschädigung scheitern. Denn eine solche setzt wenigstens die Gefahr einer einschneidenden oder nachhaltigen Beeinträchtigung der Gesundheit bzw. eine erhebliche nachteilige Beeinflussung der Arbeitskraft oder anderer körperlicher Fähigkeiten voraus,[118] wovon vorliegend nicht ohne Weiteres ausgegangen werden kann.

118 Vgl. dazu *Jäger*, JuS 2000, 33; *Lackner/Kühl*, § 250, Rn. 3; *Küper/Zopfs*, BT, S. 37 f.; *Schroth*, NJW 1998, 2865.

Hinweis: *Für den Studenten lohnt es sich, die Definition der „schweren Gesundheitsschädigung" auswendig zu lernen, da das 6. StrRG dieses Merkmal in zahlreichen Vorschriften eingeführt hat: Vgl. etwa §§ 113 II S. 2 Nr. 2, 177 III Nr. 3, 239 Nr. 2, 250 I Nr. 1c, 306b I, 315 III Nr. 2, 315b III StGB.*[119]

IV. Erfüllt ist aber jedenfalls der Tatbestand der **unterlassenen Hilfeleistung nach § 323c StGB** (vgl. dazu schon den Ausgangsfall 63, Rn. 359).

V. Ergebnis: A ist strafbar nach §§ 223, 13 I (und ggf. §§ 239, 13) StGB. § 323c StGB tritt hinter diesen Erfolgsdelikten als bloßes Gefährdungsdelikt zurück.

363 Umstritten ist schließlich auch, ob nur fahrlässig-pflichtwidriges Verhalten oder auch vorsätzlich-pflichtwidriges Verhalten eine Garantenstellung aus Ingerenz auszulösen vermag. Gemeint ist damit die Frage, ob ein Täter, der etwa eine Tötung vorsätzlich oder bedingt vorsätzlich durch einen Messerstich anstrebt bzw. in Kauf nimmt, nicht nur eine vorsätzliche aktive Tötung durch den Messerstich, sondern auch eine anschließende Tötung durch Unterlassen und eine Aussetzung nach § 221 I Nr. 2 StGB aufgrund einer Garantenstellung aus Ingerenz verwirklicht, wenn er das zunächst noch lebende Opfer nicht rettet.

Der BGH vertritt in diesem Zusammenhang den Standpunkt, dass schon keine Garantenstellung aus Ingerenz entstehen könne, weil der Täter, der einen Erfolg vorsätzlich anstrebt oder billigend in Kauf nimmt, nicht zugleich verpflichtet sein könne, ihn abzuwenden.[120]

Die Lit. geht demgegenüber überwiegend davon aus, dass eine Garantenstellung aus Ingerenz auch dann entstehe, wenn der Täter die Gefahr, um deren Abwendung es geht, zuvor selbst vorsätzlich-pflichtwidrig herbeigeführt hat, dass jedoch die anschließende Unterlassungstat (und Gleiches wird für § 221 StGB zu gelten haben) hinter der vorsätzlichen Begehungstat im Wege der Gesetzeskonkurrenz zurücktrete.[121]

In einer Entscheidung aus dem Jahr 2003 hat der BGH die Frage offen gelassen und jedenfalls einen Verdeckungsmord durch Unterlassen verneint, weil es hierfür an einer für das Mordmerkmal der Verdeckungsabsicht erforderlichen „anderen" Straftat fehle, wenn aktives Tun und Unterlassen ein und dieselbe Kausalkette betreffen.[122]

Sonderproblem: Strafrechtliche Produkthaftung

364 Ob auch eine strafrechtliche Produkthaftung aus Ingerenz hergeleitet werden kann, ist trotz einer Leitentscheidung des BGH aus dem Jahre 1991 umstritten geblieben. Das zeigt der folgende, dieser Entscheidung zugrunde liegende, äußerst problemträchtige

119 Dieser Ratschlag, den der *Verf.* bereits in JuS 2000, 33 gegeben hat, sei hier noch einmal nachdrücklich wiederholt.

120 So etwa BGH NStZ-RR 1996, 131.

121 Vgl. dazu *Stein*, JR 1999, 165, 267.

122 BGH NStZ 2003, 312 f.; vgl. allgemein zum Verdeckungsmord auch BGH NStZ-RR 2000, 367 sowie *Freund*, JuS 2002, 640.

Fall 65: A, B, C und D waren Geschäftsführer der X-GmbH, die seit Anfang 2000 ein Lederspray vertrieb. Schon bald gingen Meldungen von Verbrauchern ein, die über Hautreizungen und Atemnot nach Verwendung des Mittels klagten (teilweise war sogar eine Einlieferung auf die Intensivstation notwendig). Ungeachtet dessen wurde aufgrund einstimmigen Geschäftsführerbeschlusses weiter produziert und vertrieben, wodurch 20 Verbraucher geschädigt wurden. Am 12.5.2002 fand eine Sondersitzung der Geschäftsführung statt. Teilnehmer waren A, B, C und D sowie der Sachverständige Dr. X. Dieser wies darauf hin, dass die toxische Wirkung des Ledersprays zwar möglich, aber nicht mit Sicherheit festgestellt sei und riet zu weiteren Untersuchungen durch externe Institutionen sowie zu Warnhinweisen auf allen Spraydosen. Dem schloss sich die Geschäftsführung an und kam einstimmig (obwohl nach dem Gesellschaftsvertrag auch eine einfache Mehrheit genügt hätte) zu dem Ergebnis, dass die Anordnung eines Vertriebsstopps und einer Rückrufaktion nicht notwendig sei. Es kam in der Folge zu weiteren Schadensmeldungen, ohne dass es gelang, eine bestimmte Substanz des Ledersprays als schadensauslösend zu identifizieren. Erst nach Intervention des Gesundheitsamtes und des Bundesministeriums für Gesundheit wurde die Produktion und Verbreitung des Mittels eingestellt. Durch den nach dem 12.5.2002 nicht erfolgten Rückruf der bereits zu diesem Zeitpunkt im Handel lagernden Spraydosen wurden weitere 40 Verbraucher zum Teil so geschädigt, dass ein Aufenthalt auf der Intensivstation erforderlich war. Wie haben sich A, B, C und D strafbar gemacht? (**Lederspray-Fall** nach BGHSt 37, 106; veränderter und gekürzter Sachverhalt)[123] 365

Lösung: 366

A. Sachverhaltskomplex 1: Weitervertrieb des Sprays vor dem 12.5.2002

In Betracht kommt eine Strafbarkeit von A, B, C und D wegen **fahrlässiger Körperverletzung gem. § 229 StGB** in 20 Fällen aufgrund des Weitervertriebs des Ledersprays.

1. Abgrenzung von Tun und Unterlassen
Vorliegend liegt der Schwerpunkt der strafrechtlichen Verantwortlichkeit in einem aktiven Tun, da erst das Einbringen des Ledersprays in den öffentlichen Verkehrskreis die Gefahren für die Verbraucher eröffnete. Dabei evtl. unterlassene Vorsichtsmaßnahmen waren demgegenüber weder kausal noch zurechenbar für die aufgetretenen Beeinträchtigungen verantwortlich.

2. Der **tatbestandliche Erfolg der Körperverletzung** ist durch das Auftreten der Hautreizungen und der Atembeschwerden grundsätzlich erfüllt. Zum einen handelt es sich dabei um eine üble, unangemessene Behandlung, die das körperliche Wohlbefinden der Verbraucher nicht nur unerheblich beeinträchtigt hat, sodass die Voraussetzungen einer körperlichen Misshandlung nach § 223 I Alt. 1 StGB gegeben sind. Zum anderen ist in diesen Erscheinungen auch eine Gesundheitsbeschädigung nach § 223 I Alt. 2 StGB zu sehen, weil die genannten Beschwerden als pathologischer Zustand zu bezeichnen sind.

3. Kausalität zwischen Handlung und Erfolg

a) Fraglich ist zunächst, ob die einzelnen Geschäftsführer für den Vertrieb des Ledersprays überhaupt kausal geworden sind. Dies ist deshalb problematisch, weil jede der Stimmen der Geschäftsführer hinweggedacht werden könnte, ohne dass der Vertrieb ausgeblieben wäre, da eine einfache Mehrheit bei der Beschlussfassung genügt hätte.
Der BGH hat dennoch eine Kausalität jedes einzelnen Geschäftsführers bejaht. Zur Begründung hat er darauf hingewiesen, dass bei einer zur Schadensabwendung gebotenen Maßnahme, die nur durch das Zusammenwirken mehrerer Beteiligter zustande kommen

123 Dazu *Beulke/Bachmann*, JuS 1992, 737; siehe auch *Jähnke*, Jura 2010, 582 ff.

kann, grundsätzlich jeder, der es trotz seiner Mitwirkungskompetenz unterlässt, seinen Beitrag dazu zu leisten, eine Ursache für das Unterbleiben der Maßnahme setze.
Was hier beim BGH im Gewande einer bloßen Behauptung daherkommt, hat *Puppe* näher zu begründen versucht: Bei ihr heißt es: Kausalität ist jedenfalls dann zu bejahen, wenn „man jede der Stimmen mit so vielen der anderen zusammenzählt, wie mit ihr zusammen für die Mehrheit erforderlich sind. Dabei kann offen bleiben, wie die anderen Beteiligten gestimmt haben".[124] Man muss sich allerdings darüber im Klaren sein, dass *Puppes* Auffassung mit der conditio sine qua non-Formel im herkömmlichen Sinn nichts mehr zu tun hat. Sie führt damit bereits nahe an die im vorliegenden Fall wohl treffendste Kausalitätsbestimmung von *Rothenfußer* heran, der zu Recht darauf hinweist, dass alle gezählten Stimmen zu der Mehrheitsentscheidung beigetragen haben (es ist gerade der Sinn von Gremienentscheidungen dieser Art, dass alle gezählten Stimmen einfließen und damit wirksam werden).[125]
Es bedarf daher jedenfalls nicht der Rechtsfigur der fahrlässigen Mittäterschaft, die wegen der Voraussetzung eines gemeinsamen Tatplans ohnehin abzulehnen wäre.[126]

Hinweis: *Völlig ungelöst bleibt, wie Geschäftsführer strafrechtlich haften, die gegen einen schadensauslösenden Beschluss gestimmt haben. Der BGH scheint auch sie haften lassen zu wollen, wenn sie nicht alle zumutbaren Anstrengungen erbracht haben, einen Rückruf zu erreichen, was sie ggf. auch selbst tun könnten (zw.).*

b) Zu prüfen ist darüber hinaus, ob zwischen dem Vertrieb des Ledersprays als solchem und den oben beschriebenen Erfolgen ein kausaler Zusammenhang besteht. Dies ist deshalb zweifelhaft, weil nicht eindeutig ausgemacht werden konnte, welche konkreten Elementeverbindungen für die eingetretenen Schäden verantwortlich waren. Zu Recht verlangt aber der BGH diesbezüglich lediglich eine Feststellung, dass die inhaltliche Beschaffenheit des Produkts schadensursächlich war, ohne dass näher aufgeklärt werden müsste, welcher Inhaltsstoff konkret verantwortlich war. Dagegen wurde zwar eingewandt, dass die Ursächlichkeit nicht feststehen könne, wenn die relevanten Wirkfaktoren nicht vollständig und verlässlich bekannt seien. Jedoch widerspricht dem *Hassemer* zu Recht mit dem Argument, dass nicht aufzuklärende Wirkzusammenhänge auch sonst nicht notwendig gegen die Bejahung einer Kausalität sprechen, so etwa brauche nicht aufgeklärt zu werden, „welcher von vielen Messerstichen das Opfer getötet hat, wenn nur verlässlich ausgeschlossen werden kann, dass jemand anders als der Beschuldigte mit seinem Messer auf dem Plan war".[127]

4. Objektive Sorgfaltspflichtverletzung bei objektiver Vorhersehbarkeit des Erfolges
Der Weitervertrieb war angesichts der nicht ausschließbaren Gefährlichkeit des Sprays auch sorgfaltspflichtwidrig und es war absehbar, dass hieraus weitere Schädigungen von Verbrauchern resultieren konnten.

124 So *Puppe*, JR 1992, 32 ff; *dies.*, Strafrecht AT/1, S. 76 ff.; zust. *Roxin*, AT/I, § 11, Rn. 19, der darin einen Fall der kumulativen Kausalität sieht, was aber deshalb zweifelhaft ist, weil der Erfolg bei der kumulativen Kausalität erst durch das Zusammenwirken verwirklicht wird, während hier der Erfolg gerade auch ohne das Einwirken des jeweils in den Blick genommenen einzelnen Beitrags (d. h. der einzelnen Stimmabgabe) in der gleichen Weise bewirkt worden wäre.

125 *Rothenfußer*, Kausalität und Nachteil, 2003, S. 110, allerdings im Rahmen der Zurechnung, weil für ihn die Kausalität unproblematisch vorliegt.

126 So die ganz h. M., vgl. etwa *Baumann/Weber/Mitsch/Eisele*, AT, § 22, Rn. 74; § 29, Rn. 90; *Gropp*, GA 2009, 265 ff.; *Günther*, JuS 1988, 386, Fn. 3; *Jescheck/Weigend*, AT, § 63 I 3 a; *Kindhäuser*, vor §§ 25-31, Rn. 45 f.; *Puppe*, Spinellis-FS, 2001, S. 927; *dies.*, GA 2004, 119 ff. A. A. *Beulke/Bachmann*, JuS 1992, 743 (aber nicht ganz klar); *Bindokat*, JZ 1979, 434 ff.; *Brammsen*, Jura 1991, 537 f.; *Dencker*, Kausalität und Gesamttat, 1996, S. 177 ff.; *Hilgendorf*, NStZ 1994, 563; *ders.*, Fallsammlung zum Strafrecht, 3. Aufl. 1998, S. 38 (zum Lederspray-Fall); *Knauer*, 2001, S. 181 ff.; *Küpper*, GA 1998, 526 f.; *Otto*, AT, § 21, Rn. 114 ff.; *Pfeiffer*, Jura 2004, 519 ff.; *Roxin*, AT/II, § 25, Rn. 242 (anders noch LK-Roxin, 11. Aufl., § 25, Rn. 217); LK-*Schünemann*, § 25, Rn. 217.

127 Vgl. *Roxin*, AT/I, § 11, Rn. 17 im Anschluss an *Hassemer*, Produktverantwortung im modernen Strafrecht, 2. Aufl. 1996, S. 43.

5. Auch der **Pflichtwidrigkeitszusammenhang** zwischen der von den Geschäftsführern geschaffenen Gefahr und dem letztlich eingetretenen Erfolg ist unzweifelhaft zu bejahen.

6. **Rechtfertigungs- und Schuldausschließungsgründe** sind ebenfalls nicht erkennbar. Insbesondere war das Verhalten der Geschäftsführer auch subjektiv sorgfaltswidrig und der Erfolg für sie subjektiv vorhersehbar.

Ergebnis: A, B, C und D sind wegen fahrlässiger Körperverletzung durch positives Tun nach § 229 StGB strafbar.

B. Sachverhaltskomplex 2: Die unterlassene Rückrufaktion nach dem 12.5.2002

In Betracht kommt hier eine mittäterschaftliche **gefährliche Körperverletzung durch Unterlassen nach §§ 223, 224, 13 I, 25 II StGB**, indem die Geschäftsführer von einer Rückrufaktion absahen.

1. Die Nichtdurchführung der Rückrufaktion stellt ein Unterlassen dar.

2. Der Tatbestand der Körperverletzung ist hier, wie bereits im ersten Sachverhaltskomplex dargelegt, erfüllt.
Als Qualifizierung kommt zunächst § 224 I Nr. 1 StGB (Giftbeibringung) in Frage, wobei dies voraussetzt, dass es sich bei dem Spray um einen organischen oder anorganischen Stoff handelte, der geeignet ist, durch chemische oder chemisch-physikalische Wirkung die Gesundheit zu schädigen, wobei aufgrund des Vergleichs mit den übrigen Alternativen des § 224 StGB eine Eignung zur Herbeiführung erheblicher Gesundheitsschäden zu verlangen ist.[128] Vorliegend wird man dies zumindest dann annehmen können, wenn sich bei den Betroffenen sogar Lungenembolien eingestellt haben.[129]
Dagegen ist eine Qualifizierung nach § 224 I Nr. 4 StGB abzulehnen (gemeinschaftliche Begehung durch mehrere Beteiligte), da dies im Zusammenhang ein gefahrsteigerndes Verhalten durch Zusammenwirken voraussetzen würde, woran es aber beim vorliegenden Produktvertrieb fehlt.[130]
Zu bejahen ist aber auch eine lebensgefährdende Behandlung, § 224 I Nr. 5 StGB, da die Substanz nach dem Sachverhalt sogar Aufenthalte auf der Intensivstation notwendig machte und daher sowohl abstrakt als auch konkret zur Lebensgefährdung geeignet war.
Mittäterschaft ist dabei auch bei unechten Unterlassungsdelikten möglich, wenn mehrere Garanten, die eine ihnen gemeinsam obliegende Pflicht nur gemeinsam erfüllen können, gemeinschaftlich den Entschluss fassen, dies nicht zu tun, wie dies hier im Rahmen der Sondersitzung vom 12.5.2002 der Fall war.

3. Auch ist die (Quasi-)**Kausalität des Unterlassens** nach dem oben bei der fahrlässigen Körperverletzung Gesagten zu bejahen. Zweifel könnte man an der Kausalität nur deshalb haben, weil niemals sicher nachgewiesen werden kann, dass die geschädigten Kunden im Falle eines Rückrufs tatsächlich auf die Verwendung des Produkts verzichtet hätten (immerhin ist bekannt, dass bei Rückrufaktionen vielfach bis zu 30 % der Kunden nicht reagieren). Das Problem lässt sich nur dann einfach lösen, wenn man „sorgfaltsgemäßes" Handeln der Kunden unterstellt.[131] Vgl. zu ähnlichen Problemen oben Rn. 336b.

4. Fraglich ist allerdings, ob die Geschäftsführer auch eine **Garantenstellung** innehatten, aus der sich eine Pflicht zum Rückruf ergab.

---

128 *Jäger*, JuS 2000, 35; *Hilgendorf*, ZStW 112 (2000), 828; *Wessels/Hettinger*, BT/1, Rn. 267; *Küper/Zopfs*, BT, S. 68; *Joecks*, § 224, Rn. 11; LK-*Lilie*, § 224, Rn. 11; NK-*Paeffgen*, § 224, Rn. 7; *Rengier*, ZStW 111 (1999), 8; *ders.*, BT/II, § 14, Rn. 4; a. A. *Struensee*, 6. StrRG, Einf. 2/69; *Arzt/Weber*, BT, § 6, Rn. 52.

129 Unverständlich insoweit *Hilgendorf*, Fallsammlung zum Strafrecht, 3. Aufl. 1998, S. 39, der § 224 I Nr. 1 StGB mangels Eignung zur Gesundheits*zerstörung* ablehnt. Aber eine Eignung zur Gesundheitszerstörung war nur nach § 229 StGB a. F. verlangt und wurde vom Gesetzgeber durch das 6. StrRG bewusst gestrichen.

130 Näher dazu *Hilgendorf*, Fallsammlung zum Strafrecht, 3. Aufl. 1998, S. 39.

131 Vgl. weiterführend *Bosch*, Puppe-FS, 2011, S. 373 ff. sowie *Roxin*, Achenbach-FS, 2011, S. 409 ff.

Der BGH hat eine derartige Rechtspflicht unter Beiseitelassung der Frage, ob die zivilrechtliche Produkthaftung ins Strafrecht übertragbar ist, aus vorangegangenem gefährlichem Tun abgeleitet und darauf hingewiesen, dass derjenige, der fehlerhafte Produkte in den Verkehr bringt, pflichtwidrig eine Gefahr für deren Verbraucher herbeiführe, sodass er prinzipiell dafür einstehen müsse, dass sich diese Gefahr nicht in einem entsprechenden Schaden verwirkliche. Insbesondere sei die Pflichtwidrigkeit des Vorverhaltens hier nicht unter dem Gesichtspunkt des „erlaubten Risikos" entfallen, da es sich angesichts der Zahl der Schadensfälle nicht nur um sog. „Ausreißer" gehandelt habe.
Folgt man dem, so hatten A, B, C und D vorliegend eine Garantenstellung, aus der sie zum Rückruf der Produkte verpflichtet waren.

5. Die Geschäftsführer hatten im Rahmen ihres Unterlassens auch **bedingten Vorsatz** hinsichtlich der schädigenden Folgen, da sie spätestens auf der Geschäftsführersitzung vom 12.5.2002 von Dr. X über die mögliche Gefährlichkeit unterrichtet wurden.

Ergebnis: A, B, C und D sind daher wegen gemeinschaftlicher gefährlicher Körperverletzung in 40 Fällen strafbar.

Hinweis: *Die Frage der Kollektiventscheidung ist auch im Zusammenhang mit den Mauerschützenprozessen akut geworden. Der BGH nahm hier im Urteil v. 6.11.2002*[132] *bei mehreren Mitgliedern des Politbüros des Zentralkomitees der SED wegen der Tötung von vier „Grenzbrechern" eine Strafbarkeit wegen Totschlags in mittelbarer Unterlassungstäterschaft an. Auch hier hat der BGH den Einwand der Angeklagten, dass ihre Versuche, die bestehende Befehls- und Beschlusslage zu ändern, an der Mehrheit der übrigen Politbüromitglieder gescheitert wäre, nicht zugelassen und auf die „gleichrangige Verpflichtung der Garanten"*[133] *hingewiesen. Auch hat der BGH angeführt, dass die Kausalität normativ zu bestimmen sei, weshalb ein rechtmäßiges Verhalten der übrigen Politbüromitglieder zugrunde zu legen sei. Die Frage der Mittäterschaft sei in diesem Zusammenhang nicht ausschlaggebend, da jedenfalls Nebentäterschaft gegeben sei. Dabei käme dem Angeklagten Tatherrschaft in Form der sog. Organisationsherrschaft zu (s. dazu bereits o. Rn. 249), wobei auch eine mittelbare Unterlassungstäterschaft gegeben sei, da die Politbüromitglieder Herr über das Geschehen gewesen seien. Gegen eine solche Möglichkeit einer mittelbaren Unterlassungstäterschaft wird freilich in der Lit. vielfach eingewandt, dass eine steuernde Beherrschung des Geschehens durch Unterlassen begrifflich ausgeschlossen ist.*[134] *Tatsächlich spricht vieles dafür, im Unterlassungsbereich die Rechtsfigur der mittelbaren Täterschaft für überflüssig zu erklären, weil die Garantenstellung als solche bereits unmittelbare Täterschaft vermittelt.*[135] *Eine solche Garantenstellung war vorliegend nach Ansicht des BGH aus zweierlei Gründen gegeben: Zum einen waren die Mitglieder des Politbüros Überwachungsgaranten, da sie die Verantwortlichkeit für fremdes Verhalten trugen (vgl. hierzu auch Rn. 373; da es sich um „staatsbezogene" Delikte handelt, lässt sich eine Verantwortlichkeit der obersten Staatsorgane gut vertreten), und zum anderen waren sie auch Schutzgaranten, da sich aus der DDR-Verfassung die Pflicht zum Schutz von Leib und Leben der DDR-Bürger ergab.*

366a **Achtung Klausur:** *Zu beachten ist, dass der BGH die von ihm entwickelten Grundätze zur Gremienkausalität nur anwenden will, wenn Mitglieder von Kollektivorganen gleichzeitig handeln, nicht aber, wenn Unterlassungen nacheinander erfolgen. Dies veranschaulicht folgender*

132 Vgl. BGH NJW 2003, 522 m. Anm. *S. Dreher*, JuS 2004, 17 f.; *Knauer*, NJW 2003, 3101 f.
133 Siehe *S. Dreher*, JuS 2004, 17.
134 Vgl. dazu etwa *Kühl*, AT, § 20, Rn. 267; *Roxin*, Täterschaft und Tatherrschaft, 8. Aufl. 2006, S. 471 f.
135 LK-*Schünemann*, § 25, Rn. 214; *Stratenwerth/Kuhlen*, AT/1, § 14, Rn. 23; *Mitsch*, Jura 1989, 197; anders hingegen *B. Heinrich*, AT, Rn. 1214.

Fall 66: Die Stadt Bad Reichenhall errichtete im Jahr 1973 eine Schwimm- und Eissporthalle. Die Tragkonstruktion des Dachs mit über 40 Metern Spannweite wurde durch Hohlkastenträger aus verleimtem Holz gestützt. In den Jahren 2001 und 2003 untersuchte der Bauingenieur B die Schwimm- und Eissporthalle und wies in einem Kurzgutachten auf starke Beschädigungen des Dachs und auf die fehlende Tragfähigkeit der Holzleimbinder eines Vordachs im Eingangsbereich hin. Erst im Jahr 2005 ließ die Stadt das Vordach provisorisch abstützen, nachdem Bauteile heruntergefallen waren. Eine umfassende Untersuchung der Eissporthalle auf ihre Standsicherheit durch Spezialfachleute hätte 30 000 € gekostet. Statt eine solche Prüfung durchführen zu lassen, beauftragte die Stadt Bad Reichenhall den B mit einem „Gesamtgutachten", in dem auch die „Dachkonstruktion der Eislaufhalle" zu beurteilen war (Kosten: 3000 €). Im Rahmen seines Gutachtenauftrags nahm B den Gebäudekomplex bei mehreren Ortsterminen in Augenschein. Insbesondere untersuchte er einen Träger aufgrund auffälliger Wasserflecken genauer. Die übrigen Träger betrachtete er lediglich mit Teleobjektiv vom Boden aus. Bei handnaher Untersuchung hätte B offene Fugen in der Verleimung vorgefunden. Ein Holzsachverständiger hätte dabei auch die aufgelösten Leimverbindungen erkannt. In seinem Gutachten schrieb B: „Die Tragkonstruktion … befindet sich in einem allgemein als gut zu bezeichnenden Zustand … Fazit: Abschließend ist festzustellen, dass die Gesamtanlage aus tragwerksplanerischer Sicht einen guten Eindruck macht." Aufgrund starker Schneefälle lag auf dem Dach im Jahr 2006 eine erhebliche Schneelast. Das Betriebspersonal hielt eine Schließung der Halle allerdings nicht für notwendig, da es von einem höheren Schneelastgrenzwert ausging. Kurz vor Betriebsende brach das Dach der Eissporthalle ein. 15 Menschen wurden getötet. Strafbarkeit des B, wenn dieser sich darauf berufen kann, dass die Stadtverwaltung vermutlich ohnehin nicht reagiert hätte? (**Eissporthallen-Fall** verkürzt nach BGH NStZ 2011, 31 und BGH v. 25.9.2012/11.10.2012 – 1 StR 408/12) **366b**

Lösung: **366c**

A. Die fehlende handnahe Untersuchung

I. B könnte sich wegen **fahrlässiger Tötung durch Unterlassen nach §§ 222, 13 StGB** in 15 Fällen strafbar gemacht haben.

1. Stellt man zunächst allein auf die fehlende handnahe Prüfung ab, so ist hierin eindeutig ein Unterlassen zu sehen, gleichgültig, ob man dem Schwerpunktkriterium, dem Kriterium des Energieeinsatzes oder dem Aspekt der Kausalität folgt (vgl. näher oben Rn. 333).

2. Der Erfolg des § 222 StGB – Tod eines Menschen – ist hier in 15 Fällen eingetreten.

3. Darüber hinaus war es dem B auch möglich, die gebotene Handlung (handnahe Untersuchung) vorzunehmen.

4. Zu untersuchen ist allerdings, ob B auch eine Garantenstellung innehatte. Eine derartige Garantenstellung könnte sich vorliegend aus der Übernahme einer Schutzfunktion ergeben. Tatsächlich könnte dies durch den von der Stadt Bad Reichenhall erteilten Prüfungsauftrag zur Feststellung des Sanierungsbedarfs der Eishalle geschehen sein. Grundsätzlich trifft aber die Stadt eine Garantenstellung aus Überwachung einer Gefahrenquelle. Jedoch kann eine von der Stadt übernommene – abgeleitete – Garantenstellung gegenüber der Allgemeinheit durch einen Prüfungsauftrag ins Leben gerufen werden. Im Rahmen des Umfangs eines Prüfauftrags ist ein Sachverständiger daher durchaus dazu verpflichtet, alles zu tun, um mögliche Gefahren für Leib und Leben der Besucher einer Eissporthalle zu vermeiden.[136] Die Garantenstellung ergibt sich nicht aus der Übernahme einer Schutzfunktion, sondern aus abgeleiteter Pflicht zur Überwachung einer Gefahrenquelle.

136 So zutreffend BGH NStZ 2011, 31.

5. Das Unterlassen des B müsste auch objektiv sorgfaltspflichtwidrig bei objektiver Vorhersehbarkeit des Erfolges gewesen sein. Abzustellen ist hierbei auf den Durchschnittssachverständigen unter Einschluss der konkreten Kenntnisse und Fähigkeiten des B (näher hierzu bei der Fahrlässigkeit, unten Rn. 374). Da B vorliegend ein sachkundiger Bauingenieur war, musste er auch wissen, dass – selbst nur pauschale – Aussagen zum Sanierungsbedarf der Dachkonstruktion nicht verlässlich gemacht werden können, ohne die Leimbinder aus nächster Nähe auf Risse und Fugen hin zu überprüfen. Die möglichen Konsequenzen unzureichender Prüfung und damit weiterhin verborgen gebliebener Mängel waren für ihn deshalb auch vorhersehbar.[137]

6. Fraglich ist jedoch, ob das Unterlassen quasi-kausal für den Erfolg gewesen ist, da möglicherweise nicht sicher festgestellt werden kann, dass die Stadtverwaltung im Falle einer ordnungsgemäßen Prüfung tatsächlich tätig geworden wäre.

a) Überwinden ließe sich dieses Problem, wenn man der in der Literatur zum Teil vertretenen Risikoverringerungstheorie folgt (dazu schon oben Rn. 333). Hiergegen spricht jedoch der Grundsatz in dubio pro reo. Danach muss sich die anzunehmende Vermeidemöglichkeit des Erfolges aufgrund bestimmter Tatsachen so verdichtet haben, dass die Überzeugung vom Gegenteil mit an Sicherheit grenzender Wahrscheinlichkeit vernünftigerweise ausgeschlossen ist.[138]

b) Allerdings ist weiter zu fragen, ob eine Ursächlichkeit unter Heranziehung der Grundsätze zu den Gremienentscheidungen bejaht werden kann (s. soeben Lederspray-Fall, Rn. 365 f.). Denkbar wäre insoweit, die fehlerhafte Prüfungsentscheidung des Sachverständigen B und die anschließende mögliche Untätigkeit der Verantwortlichen der Stadt Bad Reichenhall als eine gemeinsame Gremienentscheidung zu begreifen, mit der Folge, dass sich B nicht auf das hypothetische mögliche Unterlassen der Stadtverwaltung berufen könnte.
Der BGH verneint jedoch diese Übertragung der aus der Lederspravententscheidung bekannten Grundsätze zu Kollegialentscheidungen. Die vorliegende Situation *nacheinander* erfolgter bzw. behaupteter Unterlassungen sei nicht vergleichbar mit der auf gleicher Ebene angesiedelten Entscheidung von Kollektivorganen, nichts zu veranlassen bzw. mit kollektivem Untätigbleiben der Mitglieder entsprechender Gremien. Im vorliegenden Fall sei daher die Frage, wie sich die Stadt hypothetisch verhalten hätte, durchaus ausschlaggebend.

c) Eine weitere, in der Literatur an Einfluss gewinnende Ansicht, geht davon aus, dass grundsätzlich von rechtspflichtgemäßem Verhalten auszugehen sei, sodass sich B nicht darauf berufen könne, die Stadt hätte auch bei sorgfältiger Prüfung des Daches nach Feststellung der Schäden nicht reagiert.[139] Der BGH scheint dem jedoch nicht folgen zu wollen, um die Zurechnung bei physisch und psychisch vermittelter Kausalität nicht unterschiedlich behandeln zu müssen.

d) Folgt man daher der zweifelhaften BGH-Auffassung, so ist entscheidend, wie sich die Stadtverwaltung verhalten hätte. Diesbezüglich gab es Anhaltspunkte, dass das Aufdecken konkreter, auf eine mögliche Gefahrenlage hindeutender Schäden an der Tragkonstruktion bei den Verantwortlichen der Stadt tatsächlich überhaupt keine Reaktion ausgelöst hätte, sei es auch nur in der Form einer Begrenzung des Betriebs bzw. in der Veranlassung einer früheren Räumung des Daches. Wenn man dies verneint, wäre eine Strafbarkeit wegen fahrlässiger Tötung durch Unterlassen abzulehnen.

Ergebnis: Eine Strafbarkeit wegen fahrlässiger Tötung durch Unterlassen nach §§ 222, 13 StGB scheidet dann aus.

II. In diesem Fall würde auch eine **fahrlässige Körperverletzung durch Unterlassen nach §§ 229, 13 StGB** scheitern.

---

137 Ebenfalls BGH NStZ 2011, 31.
138 So wiederum BGH NStZ 2011, 31.
139 Vgl. dazu *Bosch*, Puppe-FS, S. 373 ff.

B. Ausstellen des unrichtigen Gutachtens

I. In Betracht kommt jedoch auch eine Strafbarkeit **wegen fahrlässiger Tötung durch aktives Tun nach § 222 StGB** an den 15 Personen wegen Ausstellung des unrichtigen Gutachtens. Es stellt sich auch in diesem Fall in gleicher Weise das Problem der Kausalität. Der BGH hat daher auch eine Ursächlichkeit des aktiven Tuns verneint. Im konkreten Fall ist der BGH sogar davon ausgegangen, dass die Stadt mit an Sicherheit grenzender Wahrscheinlichkeit untätig geblieben wäre.

II. Auch läge unter Zugrundelegung eines aktiven Tuns keine als Durchgangsstadium zu betrachtende **fahrlässige Körperverletzung nach § 229 StGB** vor. Hinsichtlich der Kausalität kann hier auf das soeben Gesagte verwiesen werden.

III. Ergebnis: A hat sich auch nicht wegen fahrlässiger Tötung in 15 Fällen durch aktives Tun strafbar gemacht.

Hinweis: *Problematisch erscheint, dass der BGH bezüglich der Verhaltensweisen (Unterlassen der ordnungsgemäßen Untersuchung und späteres Abgeben des unzutreffenden Gutachtens) nicht von vornherein den Schwerpunkt der Handlung bestimmt. Um sich keine Probleme abzuschneiden (Garantenstellung, Nichtanwendbarkeit der Gremienkausalität etc.), sollte man aber in der Klausur ähnlich vorgehen und wie hier zunächst die Frage prüfen, wie sich die Rechtslage bei Abstellen auf die fehlende handnahe Untersuchung darstellt und wie sie sich bei Abstellen auf die Gutachtenerstattung verhält.*

b) Garantenstellung aus der Herrschaft über bestimmte Gefahrenquellen (= Verkehrssicherungspflicht)

Wer sich zum Herrscher über eine potentielle Gefahrenquelle macht, an den richtet **367** sich die begründete Erwartung, dass er diese kontrolliert und schädigende Folgen verhindert (Verkehrssicherungspflicht).

Bsp. für derartige Gefahrenquellen sind: Häuser (man denke an Baufälligkeit), Tiere, Kraftfahrzeuge, Fabriken, Atomkraftwerke etc.

So hat etwa der Hauseigentümer baufällige Teile des Hauses instand zu setzen, damit Dritte nicht zu Schaden kommen.[140] Auch hat der Kfz-Halter dafür Sorge zu tragen, dass sich sein Fahrzeug in einem verkehrssicheren Zustand befindet und der Wagen nicht durch Fahrunfähige oder Fahrunkundige benutzt wird. Dagegen dürfte eine Garantenstellung gegenüber Unbefugten grundsätzlich ausscheiden (z. B. Einbrecher, der durch herabstürzende Gebäudeteile verletzt wird oder der Dieb des Wagens, der wegen der defekten Bremsen zu Schaden kommt, zw.); Grund: Hier fehlt es am notwendigen Vertrauenselement, durch das die Garantenstellungen grundsätzlich mitkonstituiert werden.

In einer aktuellen Entscheidung hatte sich der BGH mit der Frage zu beschäftigen, ob eine freiverantwortliche Selbstgefährdung die Garantenstellung aus der Schaffung bzw. Unterhaltung einer Gefahrenquelle beseitigen kann. Die Problematik zeigt der daran angelehnte

140 Vgl. *Sch/Sch/Stree/Bosch*, § 13, Rn. 43.

367a **Fall 67:** Es hatten sich mehrere Personen, unter ihnen der A, bereits im Verlaufe des Nachmittags getroffen und gemeinsam Alkohol sowie verschiedene Betäubungsmittel konsumiert. Gegen Abend begab sich die Gruppe in die in einem größeren Gebäudekomplex gelegene Wohnung des A. Dort nahmen die Anwesenden weiterhin u. a. Alkohol, Amphetamin und Cannabis zu sich. Im Verlaufe des Abends bot A den übrigen Personen in der Wohnung an, Gammabutyrolacton (GBL) zu konsumieren. Dieser Stoff befand sich unverdünnt in einer im Besitz des A befindlichen Glasflasche. Nachdem A etwa zwei bis drei Milliliter GBL, verdünnt in einem halben Liter Wasser, konsumiert hatte, blieb die Flasche mit dem GBL frei zugänglich in der Wohnung des A stehen. Spätestens nach dem eigenen Konsum wies A seine Gäste darauf hin, dass GBL nicht unverdünnt zu sich genommen werden dürfe. Einige Zeit danach setzte B die Flasche mit dem unverdünnten GBL direkt an und trank eine nicht mehr näher feststellbare Menge der Substanz. A, der von der Aufnahme einer tödlich wirkenden Menge ausging, versuchte erfolglos, B zum Erbrechen zu veranlassen. Dieser verlor vielmehr das Bewusstsein. Nachdem B in eine stabile Seitenlage gebracht worden war, beschränkte sich A – wie auch die übrigen Anwesenden darauf – die Atemfrequenz des bewusstlosen Geschädigten zu kontrollieren. Spätestens als A wahrnahm, dass B lediglich noch alle sechs bis acht Sekunden atmete, nahm er billigend in Kauf, dass B ohne das unverzügliche Herbeirufen von ärztlicher Hilfe an den Folgen der Einnahme des unverdünnten GBL versterben werde. Dennoch blieb er untätig. Hätte er zu diesem Zeitpunkt medizinische Hilfe angefordert, wäre das Leben des Geschädigten mit an Sicherheit grenzender Wahrscheinlichkeit gerettet worden. Auch nachdem – von A wahrgenommen – die Atemfrequenz von B noch niedriger, die Atmung zudem unregelmäßig und geräuschintensiv wurde, leitete A zunächst weiterhin keine Rettungsmaßnahmen ein. Später wurde, nicht ausschließbar auf die Initiative des A, ein erster Rettungswagen verständigt. Als A beobachtete, dass dieser Rettungswagen abfuhr, ohne B aufgenommen zu haben, ließ er einen zweiten Rettungswagen herbeirufen. Dessen Besatzung unternahm Wiederbelebungsversuche. Diese führten jedoch nicht zum Erfolg. B verstarb an einem durch den Konsum von GBL ausgelösten Atemstillstand und der dadurch bewirkten Sauerstoffunterversorgung des Gehirns. Strafbarkeit des A? (**Gammabutyrolacton-Fall** nach BGH NStZ 2016, 406 ff.[141])

367b **Lösung:**

A. Erster Sachverhaltskomplex: Das Hinstellen des GBL

I. Schon dadurch, dass A seinen Gästen das GBL zugänglich gemacht hat, könnte er sich wegen **fahrlässiger aktiver Tötung nach § 222 StGB** strafbar gemacht haben.

1. Der Erfolg – Tod des B – ist eingetreten.

2. Das Anbieten des GBL war für diesen Tod unproblematisch kausal.

3. Fraglich ist bereits, ob das Hinstellen des GBL mit der damit verbundenen Warnung vor unverdünnter Einnahme pflichtwidrig war.
Die Frage der Pflichtwidrigkeit und Vorhersehbarkeit kann aber an dieser Stelle offenbleiben, wenn eine Fahrlässigkeitsstrafbarkeit aus anderen Gründen scheitert.

4. Problematisch ist insoweit selbst bei unterstellter Sorgfaltspflichtverletzung der Pflichtwidrigkeitszusammenhang zwischen Sorgfaltspflichtverletzung und Erfolg. Dieser könnte durch eigenverantwortliche Selbstgefährdung des Opfers unterbrochen worden sein. Tatsächlich bejaht der BGH eine solche freiverantwortliche Selbstgefährdung. Eine Bestrafung wegen fahrlässiger aktiver Tötung durch das Hinstellen des unverdünnten GBL komme nicht infrage, weil sowohl die vorsätzliche als auch die fahrlässige Veranlassung, Ermögli-

141 M. Anm. *Bosch*, JK 2016, S. 450, § 13 StGB; *Herbertz*, JR 2016, 548 ff.; *Jäger*, JA 2016, 362 ff.

chung oder Förderung einer eigenverantwortlich gewollten und verwirklichten Selbstgefährdung grundsätzlich nicht den Tatbestand eines Körperverletzungs- oder Tötungsdelikts erfüllt.

Ergebnis: Damit scheidet eine fahrlässige Tötung durch das Zurverfügungstellen des GBL nach § 222 StGB aus.

II. In gleicher Weise scheitert daher eine **fahrlässige Körperverletzung nach § 229 StGB** unter dem Gesichtspunkt der freiverantwortlichen Selbstgefährdung.

Zweiter Sachverhaltskomplex: Das Geschehen nach dem Zusammenbrechen des Opfers

I. In Betracht kommt eine Strafbarkeit wegen **Totschlags durch Unterlassen nach §§ 212, 13 StGB**.

1. Der rechtlich missbilligte Erfolg ist mit dem Tod des Opfers eingetreten.
Auch ist die Nichtvornahme der rechtlich gebotenen Handlung zu bejahen. A hätte unmittelbar nach Eintritt der Bewusstlosigkeit durch Herbeiholen professioneller Hilfe tätig werden müssen. Dadurch, dass er dies unterlassen hat, hat er die gebotene Handlung nicht vorgenommen.

2. Auch ist die Quasi-Kausalität zu bejahen, da der Sachverständige festgestellt hat, dass der Geschädigte im Falle sofortiger Herbeiholung von Hilfe mit an Sicherheit grenzender Wahrscheinlichkeit gerettet worden wäre.

3. Fraglich ist allerdings, ob auch eine Garantenpflicht zur Rettung bestand.

a) Insoweit kommt eine Garantenstellung aus Ingerenz in Betracht. Dies würde ein pflichtwidriges vorangegangenes Tun voraussetzen. Ein solches könnte allenfalls im Hinstellen des GBL gesehen werden. Allerdings erscheint dieser Anknüpfungspunkt für eine Garantenstellung aus Ingerenz fragwürdig, da die Garantenstellung aus gefährlichem vorangegangenem Tun verlangt, dass das Vorverhalten rechtswidrig war. Da es sich bei dem GBL um ein allgemein zugängliches Reinigungsmittel handelt, wird man von einem solchen pflichtwidrigen vorangegangenen Tun nicht sprechen können.

b) Denkbar wäre es zwar, konkret auf das Zugänglichmachen des GBL als Rauschmittel abzustellen. Allerdings lässt sich auch hieraus eine Pflichtwidrigkeit kaum begründen, da § 29 I BtMG die Pflichtwidrigkeit auf die Überlassung bestimmter Drogen beschränkt und gerade nicht auf die Weiterreichung frei erhältlicher Reinigungsmittel Bezug nimmt.

Insgesamt sprechen daher die besseren Gründe für eine Ablehnung einer Garantenstellung aus Ingerenz.

c) In Betracht kommt jedoch eine Garantenstellung aus der Herrschaft über eine Gefahrenquelle, bei der eine Pflichtwidrigkeit gerade nicht vorausgesetzt wird. Vielmehr unterscheiden sich Ingerenzgarantenstellung und Garantenstellung aus Herrschaft über eine Gefahrenquelle gerade durch die rechtswidrige Gefahreröffnung einerseits und die erlaubte Gefahreröffnung andererseits. Im Ergebnis lässt sich daher eine Garantenstellung aus der Herrschaft über eine Gefahrenquelle durchaus bejahen.

4. Fraglich ist allerdings, ob auch hier eine Unterbrechung des Zurechnungszusammenhangs kraft eigenverantwortlicher Selbstgefährdung anzunehmen ist. Der BGH verneint dies. Es unterfalle zwar nach der ständigen Rechtsprechung des BGH eine eigenverantwortlich gewollte und verwirklichte Selbstgefährdung grundsätzlich nicht den Tatbeständen eines Körperverletzungs- oder Tötungsdelikts, wenn sich das mit der Gefährdung vom Opfer bewusst eingegangene Risiko realisiert. Jedoch schließe dies die aus der Herrschaft über eine Gefahrenquelle resultierende Pflicht des A zur Abwendung des drohenden Todeserfolges gerade nicht aus, da sich nach der verdünnten Einnahme von GBL gerade das Gefahrenpotenzial für das Leben des Opfers zu realisieren begann, das der Angeklagte durch das Abstellen der Flasche eröffnet hatte. Denn anders als in den Selbsttötungsfällen erschöpfe sich im Fall der Selbstgefährdung die Preisgabe des eigenen Rechtsguts gerade darin, dieses in einem vom Betroffenen jedenfalls in seinem wesentlichen Grad zutreffend erkannten Umfang (Kenntnis sämtlicher rechtsgutsbezogener Risiken des fraglichen Verhaltens wird nicht gefordert) einem Risiko auszusetzen. Eine Hinnahme des als möglich erkannten Erfolgseintritts bei Realisierung des eingegangenen Risikos sei aber mit der Vornahme der Selbstgefährdung gerade nicht notwendig verbunden. Da also der sich Selbstgefährdende nur die Gefährdung, nicht aber den Erfolgseintritt in sein Bewusstsein aufnehme, bleibe eine Rechtspflicht in dem Zeitpunkt, in dem sich die Gefahr zu realisieren drohe, erhalten. Eine Unterbrechung des Zurechnungszusammenhangs kraft freiverantwortlicher Selbstgefährdung ist daher zu verneinen.

Hinweis: *Diese Auffassung des BGH ist fragwürdig.*[142] *Denn wenn das Hinstellen des GBL nach Auffassung des BGH wegen der freiverantwortlichen Selbstgefährdung nicht geeignet war, eine Haftung aus dem Erfolgsdelikt nach § 222 auszulösen, dann sollte sich dies auch in der Verneinung einer Zurechnung zum Unterlassen niederschlagen, da sich im Erfolg letztlich nicht die Eröffnung der Gefahrenquelle, sondern das vom Opfer selbst gesetzte Risiko niedergeschlagen hat.*

Ergebnis: Nur wenn man dem BGH folgt, liegt hier eine Tötung durch Unterlassen nach §§ 212, 13 StGB vor.

II. Auch eine **Aussetzung mit Todesfolge nach § 221 I Alt. 2, III StGB** wäre danach zu bejahen. Allerdings tritt dieser Tatbestand als konkretes Gefährdungsdelikt hinter §§ 212, 13 StGB zurück.

III. In gleicher Weise tritt der **gleichzeitig verwirklichte § 323c** hinter §§ 212, 13 StGB im Wege der Gesetzeskonkurrenz zurück.

367c Interessant ist im Übrigen, dass der BGH bereits zuvor in einem ganz ähnlich gelagerten Fall nicht die Frage aufgeworfen hat, ob eine freiverantwortliche Selbstgefährdung bei einer Garantenstellung aus der Herrschaft über eine Gefahrenquelle den Zurechnungszusammenhang zu unterbrechen vermag. Vielmehr hat der BGH dort schon eine solche freiverantwortliche Selbstgefährdung/-tötung verneint, sodass er sich mit der grundsätzlichen Möglichkeit einer Unterbrechung des Zurechnungszusammenhangs nicht mehr näher beschäftigen musste. Nachgebildet ist dem Fall folgendes

Beispiel: A konsumierte über mehrere Tage in der Wohnung seiner Geliebten G das Reinigungsmittel „Cleanmagic" als Drogenersatz. Das Reinigungsmittel verwahrte er dabei offen auf dem Wohnzimmertisch. Obwohl A der G mehrmals den Konsum von „Cleanmagic" angeboten hatte, verweigerte sie stets die Einnahme. Als A eines Abends der G mitteilte, dass er das Verlöbnis mit seiner Lebensgefährtin niemals auflösen werde, griff G in ihrer Verzweiflung aus einem spontanen Entschluss zur „Cleanmagic"-Flasche und trank eine tödlich wirkende Menge des Reinigungsmittels. Sie hatte niemals zuvor Selbstmordgedanken geäußert. A rief keine ärztliche Hilfe und nahm den Tod der G billigend in Kauf. G verstarb kurze Zeit später (**Cleanmagic-Fall**, stark verkürzt nach BGH NStZ 2012, 319[143]).

Lösung: Der BGH verneinte hier eine eigenverantwortliche Selbsttötung der G. Dem spontanen Trinken des Reinigungsmittels habe kein ernstlicher Selbsttötungsentschluss zugrunde gelegen. Da G in Anwesenheit des A aus der „Cleanmagic"-Flasche getrunken habe, sei davon auszugehen, dass sie dies getan habe, um auf sich aufmerksam zu machen. Die Einnahme des Drogenersatzes habe insoweit nur Appellcharakter im Hinblick auf den Wunsch nach Fortfüh-

---

142 Näher dazu *Jäger*, JA 2016, 394; schwankend *Bosch*, JK 2016, S. 450, § 13 StGB.
143 M. Anm. *Kudlich*, JA 2012, 470 und *Hecker*, JuS 2012, 755.

rung der Liebesbeziehung gehabt. Auf eine Garantenstellung des A aus Verantwortungsverschiebung nach eingetretener Handlungsunfähigkeit der G ist deshalb in diesem Fall nicht einzugehen. Die Garantenstellung des A ergibt sich auch vorliegend vielmehr aus der Herrschaft über eine Gefahrenquelle (dazu eingehend Rn. 367a f.). Zutreffend argumentiert der BGH, dass A durch das Abstellen der Flasche mit dem gefährlichen Mittel auf dem Wohnzimmertisch eine erhebliche Gefahrenquelle geschaffen habe. Er habe der G auch früher den Konsum angeboten, weshalb die Möglichkeit bestanden habe, dass sie davon trinke. Eine Handlungspflicht des A sei deshalb in dem Moment entstanden, in dem er bemerkt habe, dass G tatsächlich davon getrunken hatte. Demnach ist eine Strafbarkeit des A wegen Totschlags durch Unterlassen, §§ 212, 13 StGB, zu bejahen. Die ebenfalls verwirklichte unterlassene Hilfeleistung, § 323c StGB, tritt dahinter zurück. Der Tatbestand des § 221 I Nr. 2 StGB ist nicht erfüllt, da die konkrete Gefahr hier auf dem Trinken des „Cleanmagic" und nicht auf dem Imstichlassen in dieser Situation beruht.

c) Garantenstellung aus verantwortlicher Stellung in bestimmten Räumlichkeiten[144]

Umstritten ist, ob die Gewalt über einen bestimmten räumlichen Herrschaftsbereich dazu führt, den Gewaltinhaber als verpflichtet anzusehen, in dem von ihm beherrschten Raum die Begehung von Straftaten zu verhindern, anderenfalls er als Mittäter oder Gehilfe durch Unterlassen haftet. Das zeigt folgender **368**

Fall 68: A, B, C und D waren in der Gaststätte der Wirtin W zu Gast. Als sich eine junge Frau weigerte, zum zweiten Mal mit einem von ihnen zu tanzen, schnitten sie ihr mit einer Schere gewaltsam das Haupthaar und einen Teil der Schamhaare ab. W war belustigt über das Treiben und schritt nicht ein, weil sie meinte die junge Frau habe sich vorher anstößig verhalten. Erst als der Wirtin die Sache dann doch zu weit ging, forderte sie die Schere heraus. A, B, C und D folgten dieser Aufforderung und ließen von der Frau ab. Strafbarkeit der W? (**Haarschnitt-Fall** leicht abgewandelt nach BGH NJW 1966, 1763) **369**

Lösung: **370**

Strafbarkeit der W

I. W könnte sich strafbar gemacht wegen **mittäterschaftlicher Körperverletzung durch Unterlassen nach §§ 223 I, 13 I, 25 II StGB** haben.

1. W hatte die **physisch-reale Möglichkeit** zur Vornahme der gebotenen Hilfe, was sich schon darin zeigt, dass die Gäste nach deren Aufforderung die Schere unverzüglich und ohne Widerrede herausgaben.

2. Fraglich ist, ob die W auch eine **Garantenstellung** innehatte.
Vorliegend könnte sich diese aus der Innehabung von Räumlichkeiten ergeben.
Tatsächlich ist der BGH davon ausgegangen, dass die W als Betreiberin der Gaststätte verpflichtet war, „ihre Gäste vor … Ausschreitungen anderer Gäste … zu schützen."[145]
Jedoch ist diese Begründung für sich gesehen fraglich, weil die bloße Herrschaft über Räumlichkeiten kein besonderes Näheverhältnis zum Opfer begründet, aus der sich eine Pflicht zur Deliktsverhinderung ergeben könnte. Man wird daher nicht davon ausgehen können, dass aus dem Hausrecht und der Möglichkeit seiner Ausübung allein ohne Weiteres eine Garantenstellung zur Verhinderung aller im Herrschaftsbereich begangener Straftaten

144 Ausführlich dazu *Landscheidt*, Zur Problematik der Garantenpflichten aus verantwortlicher Stellung in bestimmten Räumlichkeiten, 1985; *Reus/Vogel*, MDR 1990, 869.
145 BGH NJW 1966, 1763.

entsteht. Ein derartiges Garantenstellung begründendes Näheverhältnis wird man vielmehr erst dann bejahen können, wenn der Hausrechtsinhaber zusätzlich zur tatsächlichen räumlichen Herrschaftsstellung ein besonderes Vertrauen für das Wohlergehen der in seinem Herrschaftsbereich befindlichen Personen geschaffen hat.[146] Gerade dies wird man aber bei einer Gastwirtin annehmen müssen, da sie durch die Eröffnung eines „Verkehrskreises" ein erhöhtes Vertrauen für sich in Anspruch nimmt.[147] W hatte damit eine Garantenstellung in Bezug auf ihre Gäste inne (vertrauenssetzende Herrschaft über Räumlichkeiten).

Hinweis: *Gleiches gilt, wenn ein privater Gastgeber nicht unterbindet, dass seine Gäste auf seiner Party eine Frau vergewaltigen (er wäre dann zumindest strafbar wegen Beihilfe zur Vergewaltigung durch Unterlassen).*

3. Das Unterlassen der W war im Sinne der h. M. auch **quasi-kausal** für den Erfolg, weil das Einschreiten, wie die späteren Ereignisse zeigten, zu einer sofortigen Beendigung der Gewalthandlungen führte.

4. Fraglich ist, ob das Unterlassen **Mittäterschaft oder bloße Beihilfe** (näher zu diesem Problem sogleich Rn. 367a f.) zur Körperverletzung begründet.

a) Nach der „Gehilfentheorie" hat der unmittelbar Ausführende Tatherrschaft, solange er selbst die Handlungsherrschaft ausübt. Hiernach wäre die W bloß Gehilfin der Männer.

b) Gleiches gilt für eine vermittelnde Auffassung, die nur den Schutzgaranten als Mittäter bewertet, während eine Überwachungsgarantenstellung lediglich Gehilfenschaft begründen soll.

c) Eine starke Literaturauffassung will demzufolge den Garanten schon kraft seiner Pflichtenstellung stets als Mittäter haften lassen (sog. Pflichtdeliktstheorie).

d) Der BGH indessen hat bei der Abgrenzung – ausgehend von seiner bei den Teilnahmeformen vertretenen subjektiven Theorie bzw. normativen Kombinationstheorie – stets auf die innere Haltung zur Tat und zum Taterfolg abgestellt: Willensrichtung, Tatherrschaft, Interesse am Taterfolg und Umfang der eigenen Tatbestandsverwirklichung seien ausschlaggebend. W habe das Treiben der vier Männer gebilligt und sich sogar mit ihnen identifiziert, was sie durch ihre Belustigung über deren Handeln zu erkennen gab. Auch kann man eine Tatherrschaft der W nicht ernstlich bestreiten. Denn sie ist – wenn auch erst spät – eingeschritten, indem sie die Schere zurückverlangt hat. Dadurch, dass die Männer ihrer Aufforderung nachgekommen sind, hat die W tatsächlich das Geschehen (mit-)beherrscht. Dieses Verhalten der W rechtfertigt nach Ansicht des BGH die Annahme von Mittäterschaft.
Der BGH ist daher im gegebenen Fall ebenso wie die Pflichtdeliktstheorie (oben c) zur Befürwortung von Mittäterschaft gelangt.

5. W hatte auch **Vorsatz**, was sich schon daraus ergibt, dass sie das Handeln der Männer mit Belustigung verfolgte.

6. Rechtfertigungs- und Schuldausschließungsgründe sind ebenfalls nicht ersichtlich.

Ergebnis: W ist wegen mittäterschaftlicher Körperverletzung durch Unterlassen zu bestrafen.

II. Nach dem Gesagten ist W auch strafbar wegen **mittäterschaftlicher Nötigung und Beleidigung durch Unterlassen (§§ 240, 13 I, 25 II; 185, 13 I, 25 II StGB).**

---

146 So auch *Otto*, AT, § 9, Rn. 89.

147 Dagegen *Sch/Sch/Stree/Bosch*, § 13, Rn. 54 mit dem Hinw., dass in einer Gaststätte ein angegriffener Gast eher Hilfe anderer erhalten kann als bei einem Überfall auf abgelegener Straße, weshalb die Gastwirtin keine erhöhte Pflicht zum Eingreifen habe (vgl. auch *Schünemann*, Grund und Grenzen der unechten Unterlassungsdelikte, 1971, S. 361). Das aber ist kein überzeugendes Argument, weil der Vertrauensaspekt übersehen wird und nicht von der Hilfsmöglichkeit anderer auf die fehlende Hilfspflicht des Einzelnen geschlossen werden kann (auch Eltern verlieren ihre Garantenstellung gegenüber ihren Kindern nicht, nur weil sich diese in Gesellschaft anderer hilfsfähiger Erwachsener befinden).

Hinweis: *Tatsächlich wird man den Gastwirt aber nicht als Garanten dafür sehen dürfen, dass dieser hehlerische Handlungen von Gästen unterbindet.*[148] *Denn das Vertrauen, das der Gastwirt setzt, betrifft nur das persönliche Wohlergehen seiner Gäste und dieses Wohlergehen wird durch Hehlereihandlungen grundsätzlich nicht berührt.*

Achtung Klausur: *Von der Beteiligung durch Unterlassen eines Garanten ist die Beteiligung eines Nichtgaranten an einem fremden Unterlassungsdelikt strikt zu unterscheiden.*[149]

Der BGH hat später das zur tatsächlichen Herrschaft über Räumlichkeiten notwendig hinzukommende besondere Vertrauenselement ebenfalls betont. Das zeigt folgendes

Beispiel: A, B und C schleppten die D in das offen zugängliche Dachgeschoss des Hauses des 371
E und vergewaltigten sie dort. E hörte die Schreie der D und ging nach oben, um zu erfahren, was dort vor sich ging. Als er sah, was geschah, entfernte er sich wieder wortlos und hielt es nicht einmal für nötig, die Polizei zu rufen. Strafbarkeit des E?[150]

Lösung: Hier hat der BGH eine Garantenstellung aus Innehabung von Räumlichkeiten zu Recht abgelehnt, weil es am zusätzlich erforderlichen Element der Schaffung eines besonderen Vertrauensverhältnisses fehlt. Es ist daher keine Beihilfe zur Vergewaltigung durch Unterlassen (§§ 177, 27, 13 StGB) anzunehmen. Gegeben ist aber § 323c StGB.

d) Garantenstellung aufgrund der Verantwortlichkeit für fremdes Verhalten

In gewissen Autoritäts- und Lebensverhältnissen kann eine derartige Pflichtenstellung 372
entstehen.

Beispiel: Mutter M schaut zu, wie ihr sechsjähriges Kind K mit Steinen die Fensterscheiben eines Hauses einwirft.

Lösung: Hier ist die Mutter garantenpflichtig kraft (gesetzlicher) Aufsichtspflicht. Letztlich ist dies nichts anderes als die Garantenstellung aus der Pflicht zur Überwachung einer Gefahrenquelle (aber es passt wohl nicht so recht, ein Kind als „Gefahrenquelle" zu bezeichnen).

Völlig ungeklärt ist dagegen, ob auch der Arbeitgeber eine Garantenstellung zur Verhinderung von Straftaten seiner Arbeitnehmer hat. Macht sich also der Arbeitgeber oder Vorarbeiter wegen Beihilfe zum Diebstahl durch Unterlassen (§§ 242, 27, 13 StGB) strafbar, wenn er trotz Kenntnis nicht verhindert, dass ein Arbeitnehmer oder ein Auszubildender den anderen bestiehlt?

Tatsächlich wird dies von einer starken Meinung aufgrund der „Befehlsgewalt der Leitungspersonen"[151] bejaht. Im Angesicht des Grundsatzes der Selbstverantwortung ist eine solche Ausweitung der Garantenstellung aber nur schwer verständlich.[152] Führt sie doch im Ergebnis zu einer „Allzuständigkeit" des Vorgesetzten für Straftaten Untergebener, die allein vom Befehlsrecht abgeleitet wäre. Aber ebenso wenig, wie das Hausrecht allein eine Garantenstellung zu begründen vermag (dazu o. Rn. 368 ff.), ist dies auch beim Befehlsrecht des Vorgesetzten der Fall. Hinzukommen muss vielmehr

148 *Jescheck/Weigend*, AT, § 59 IV 4 b.
149 Vgl. zur Diskussion *B. Heinrich*, AT, Rn. 878 ff., der die Möglichkeit der Teilnahme an fremdem Unterlassen nach den allgemein geltenden Regeln bejahen möchte.
150 Nach BGHSt 30, 391.
151 *Schünemann*, Unternehmenskriminalität und Strafrecht, 1979, S. 101 ff. m. w .N.
152 SK-*Rudolphi/Stein*, § 13, Rn. 35a m. w. N.

ein Vertrauenselement, das allenfalls bei einer Betriebsbezogenheit der Straftat in Frage kommt.[153]

Ein vom BGH entschiedener Fall, der das Problem des Mobbings am Arbeitsplatz betrifft, verleiht dieser Rechtsfrage eine besondere Klausurrelevanz:

373 **Fall 69:** A war als Vorarbeiter in einem Bauhof der Stadt H beschäftigt. Zu seiner Kolonne gehörten die Arbeiter S, K und B. Über mehrere Jahre hinweg kam es während der Arbeitszeit durch S, K und B zu körperlichen Übergriffen auf den in einer anderen Kolonne tätigen D. Hierfür verwendeten diese zum Teil Knüppel, Ketten oder andere Werkzeuge. Bei drei dieser Übergriffe war A anwesend, verhinderte die Taten jedoch nicht, obwohl er körperlich überlegen war. Strafbarkeit des A? (**Mobbing-Fall** nach BGHSt 57, 42 ff.[154])

373a **Lösung:**

I. A könnte sich dadurch, dass er die Übergriffe auf D tatenlos geschehen ließ, wegen **gefährlicher Körperverletzung durch Unterlassen nach §§ 223 I, 224 I Nr. 2 und 4, 13 StGB** strafbar gemacht haben.

Hinweis: *Beim Untätigbleiben gegenüber einer Tat eines anderen stellt sich grundsätzlich die Frage, ob es sich dabei um eine Täterschaft oder um eine bloße Beihilfe durch Unterlassen handelt. Diese Frage wird jedoch erst akut, wenn eine Garantenstellung bejaht werden kann. Wird sie verneint, so kann weder Täterschaft noch Teilnahme gegeben sein. Deshalb empfiehlt es sich hier nicht, auf dieses Problem einzugehen, bevor die Frage der Garantenstellung überhaupt geklärt ist. Erst wenn eine Garantenstellung bejaht wurde, ist im objektiven Tatbestand als zusätzliches Problem die Frage aufzuwerfen, ob das Untätigbleiben als Täterschaft oder Teilnahme gewertet werden kann. Es handelt sich dabei um ein Problem des Tatbestandes, weil es sich bei Täterschaft und Beihilfe um zwei unterschiedliche Zurechnungsformen handelt, die im objektiven Tatbestand zu verorten sind.*

1. Der tatbestandliche Erfolg des § 223 StGB in Form der körperlichen Misshandlung und Gesundheitsschädigung ist eingetreten. Dabei wurde auch der Qualifikationstatbestand des § 224 I Nr. 2 und 4 StGB erfüllt, da S, K und B die Verletzungen des D gemeinschaftlich teilweise mit Knüppeln, Ketten und ähnlichen Instrumenten herbeigeführt haben, sodass von einer Körperverletzung mittels eines gefährlichen Werkzeugs auszugehen ist.

2. Auf Seiten des A lag auch ein Unterlassen der Abwendung des Erfolges bei objektiver Möglichkeit zur Vornahme der gebotenen Handlung vor, da A den Tätern laut Sachverhalt körperlich überlegen war und daher ein Einschreiten durchaus im Rahmen seiner Möglichkeiten gelegen hätte.

3. Auch Kausalität ist zu bejahen, da das Tun des A nicht hinzugedacht werden kann, ohne dass der Erfolg mit an Sicherheit grenzender Wahrscheinlichkeit entfiele. Angesichts der Tatsache, dass A stärker als die Täter war und er darüber hinaus auch als Vorarbeiter weisungsbefugt war, ist davon auszugehen, dass der Erfolg mit an Sicherheit grenzender Wahrscheinlichkeit durch das Eingreifen vermieden worden wäre.

4. Fraglich ist jedoch, ob auch eine Garantenstellung des A gegeben war, die ihn zum Einschreiten verpflichtete.

a) Denkbar wäre zunächst die Annahme einer Schutzgarantenstellung aus einer dem Angeklagten von seiner Arbeitgeberin, der Stadt H, übertragenen Pflicht zum Schutz der

153 So auch *Roxin*, AT/II, § 32, Rn. 139 ff. sowie nunmehr BGHSt 57, 42 ff. (dazu sogleich).
154 Mit Anm. *Jäger*, JA 2012, 393 ff.; vgl. auch Anm. *Roxin*, JR 2012, 305 ff.

Rechtsgüter des Geschädigten vor Angriffen durch Dritte. In Betracht kommt dabei eine Schutzpflicht der Stadt H aus § 618 BGB, die sie arbeitsvertraglich auf den A übertragen haben könnte. Selbst wenn es aber zu einer derartigen Übernahme einer Schutzpflicht kraft Arbeitsvertrags durch A gekommen sein sollte, so würde sich diese Garantenstellung nicht auf den Geschädigten D erstrecken, da sich dieser nicht innerhalb des personellen Verantwortungsbereichs des A befand. Weder war A der planmäßige Vorgesetzte des D noch war der D dem A sowie der von ihm geführten Kolonne aus sonstigen Gründen, etwa vertretungsweise, zugeordnet.

b) Denkbar wäre daher allenfalls eine Überwachungsgarantenstellung aufgrund der Verantwortlichkeit für fremdes Verhalten. Auch diese wird jedoch vom BGH im vorliegenden Fall verneint. Zwar könne sich aus der Stellung als Betriebsinhaber bzw. Vorgesetzter je nach den Umständen des einzelnen Falles eine Garantenpflicht zur Verhinderung von Straftaten nachgeordneter Mitarbeiter ergeben. Diese beschränke sich jedoch auf die Verhinderung betriebsbezogener Straftaten und umfasse nicht solche Taten, die der Mitarbeiter lediglich bei Gelegenheit seiner Tätigkeit im Betrieb begeht. Betriebsbezogen sei eine Tat jedoch erst dann, wenn sie einen inneren Zusammenhang mit der betrieblichen Tätigkeit des Begehungstäters oder mit der Art des Betriebes aufweise. Dagegen fehle die Betriebsbezogenheit bei Straftaten, die lediglich bei Gelegenheit der betrieblichen Tätigkeit verwirklicht werden. Eine betriebsspezifisch anhaftende Gefahr der Verwirklichung von Körperverletzungen sei daher etwa erst dann anzunehmen, wenn Schikanierungen als Teil der Firmenpolitik – etwa zur Beseitigung unliebsamer Mitarbeiter – zu begreifen seien. Andernfalls bestehe die Gefahr auch wiederholter, unter Kollegen begangener Körperverletzungen in jedem Unternehmen mit mehr als einem Mitarbeiter, sodass gerade nicht von einer dem konkreten Betrieb innewohnenden Gefahr gesprochen werden könne.

5. Ergebnis: Eine gefährliche Körperverletzung durch Unterlassen nach § 223, 224 I Nr. 2 und 4, 13 StGB scheidet damit aus.

II. Denkbar wäre noch eine Strafbarkeit wegen **Verleitung eines Untergebenen zu einer Straftat nach § 357 StGB**.
Täterschaftliche Begehung ist hier auch durch ein Untätigbleiben möglich, wie sich aus dem Normtext ergibt. Auch mag A als Vorarbeiter im Städtischen Bauhof die Amtsträgereigenschaft innegehabt haben. Jedoch setzt § 357 I StGB eine im Amt begangene rechtswidrige Tat des Untergebenen voraus, wovon nur in Ausübung des Dienstes begangene Taten umfasst sind, nicht aber solche, die lediglich bei Gelegenheit der Amtsausübung verübt werden. Es gelten daher die Ausführungen zur Betriebsbezogenheit an dieser Stelle entsprechend.

III. Jedoch könnte sich A wegen **unterlassener Hilfeleistung nach § 323c StGB** strafbar gemacht haben, indem er trotz Kenntnis der durch S, K und B vorgenommenen Körperverletzungshandlungen untätig geblieben ist.

1. Dies setzt zunächst das Vorliegen eines Unglücksfalls voraus. Ein solcher ist gegeben, wenn es sich um ein plötzlich eintretendes Ereignis handelt, das erheblichen Schaden an Menschen oder Sachen anrichtet und weiteren Schaden zu verursachen droht. Dabei kommt auch eine Straftat Dritter sowie ein lediglich drohender Schaden in Betracht.

2. Selbst wenn man hier die Möglichkeit eines Eingreifens während der Verletzungshandlungen aufgrund der zeitlichen Kürze des Geschehensablaufs für eher fernliegend erachtet, kann eine unterlassene Hilfeleistung des A darin liegen, dass der Angeklagte als Vorgesetzter – ggf. unter Androhung arbeitsrechtlicher Maßnahmen – S, K und B zur Unterlassung bzw. Beendigung der Misshandlungen nicht bewogen oder dass er nach den begangenen Misshandlungen keine ärztliche Hilfe herbeigerufen hat.

3. Dabei war dem A eine Hilfeleistung auch zumutbar, da er den Tätern, nach den Sachverhaltsangaben, eindeutig überlegen war.

IV. Denkbar wäre noch eine Strafbarkeit **wegen gefährlicher Körperverletzung durch Unterlassen gem. §§ 223, 224 I Nr. 2 und 4, 13 StGB** zwar nicht bezüglich der ersten Körperverletzungshandlung, jedoch bezüglich aller weiteren Körperverletzungen.
Insofern ließe sich daran denken, eine Garantenstellung aus Ingerenz mit der Erwägung in Betracht zu ziehen, dass A durch sein erstmaliges Untätigbleiben nach § 323c StGB (s. die Ausführungen soeben unter III) pflichtwidrig die Gefahr weiterer Übergriffe geschaffen hat und daher zumindest bei der zweiten und den folgenden Körperverletzungen eine Garantenstellung zur Verhinderung weiterer Taten aus gefährlichem vorangegangenem Tun innehatte. Jedoch lässt sich auch aus dieser Überlegung eine Garantenstellung nicht begründen, da das vorangegangene Tun nach h. M. in einem Handeln oder zumindest in einem seinerseits garantenpflichtwidrigen Unterlassen bestehen muss.[155] Ein Unterlassen nach § 323c StGB genügt daher als pflichtwidriges Vorverhalten nicht, da anderenfalls aus der allgemeinen Solidarpflicht des § 323c StGB in unzulässiger Weise eine Individualpflicht erwachsen könnte.

V. Gesamtergebnis: A hat sich nur wegen unterlassener Hilfeleistung nach § 323c StGB strafbar gemacht. Die einzelnen unterlassenen Hilfeleistungen stehen zueinander in Tatmehrheit nach § 53 StGB.

Hinweis: *Mobbing ist kein rechtlich geprägter Terminus. Allerdings kann Mobbing insbesondere bei den Straftatbeständen der §§ 223 StGB, 238 StGB, 239 StGB, 240 StGB, 174 ff. und 185 ff. StGB eine Rolle spielen.*

C. Sonderproblem: Täterschaft und Teilnahme beim Unterlassungsdelikt[156]

373b Bis heute umstritten geblieben ist die Abgrenzung zwischen Mittäterschaft und Beihilfe durch Unterlassen zur Tat eines aktiv Handelnden. Der BGH hatte in einem aufsehenerregenden Fall über diese Frage zu befinden. Die Entscheidung sei daher vorliegend kurz nachgezeichnet durch folgendes

373c **Beispiel:** Die Insassen einer Justizvollzugsanstalt A, B und C hatten den Mithäftling D wochenlang brutal misshandelt. Als B eines Tages den D zwang, auf einen Stuhl zu steigen und den Kopf in eine Schlinge zu stecken und sodann begann, den Stuhl wegzuziehen, sodass D in Atemnot geriet, schritt der bis dahin bei dieser Aktion unbeteiligte und nur als Zuschauer anwesende A ein und brachte B dazu, von D abzulassen. Wie haben sich A und B bezüglich dieses Vorfalls strafbar gemacht? (Justizvollzugsanstalts-Fall nach BGH NStZ 2009, 321)

Lösung: B hat sich vorliegend wegen einer gefährlichen Körperverletzung nach §§ 223, 224 I Nr. 2 und 5 StGB strafbar gemacht (nicht aber nach § 224 I Nr. 4 StGB, da das Unterlassen des A nicht gefahrerhöhend wirkt, vgl. *Jäger*, BT, Rn. 81 a. E), sowie einer Nötigung nach § 240 StGB. Eine Strafbarkeit des A wegen mittäterschaftlicher gefährlicher Körperverletzung nach §§ 223, 224 I Nr. 2 und 5, 25 II StGB scheidet aus, weil A sich aktiv an den Körperverletzungshandlungen im konkreten Fall nicht beteiligt hat. Auch scheitert eine mittäterschaftliche gefährlicher Körperverletzung durch Unterlassen nach §§ 223, 224 I Nr. 2 und 5, 13 I, 25 II StGB. Zunächst bejaht der BGH vorliegend eine Garantenstellung aus Ingerenz aufgrund der gemeinsamen Gewalthandlungen im Vorfeld. Fraglich ist jedoch, ob das Unterlassen des A Mittäterschaft oder bloße Beihilfe zur gefährlichen Körperverletzung begründet:

155 Vgl. dazu RGSt 68, 104; *Sch/Sch/Stree/Bosch*, § 13 Rn. 32 m. w. N.
156 Grundlegend zur Täterschaft und Teilnahme beim Unterlassungsdelikt *Bachmann/Eichinger*, JA 2011, 105 ff., 509 ff. und *Satzger*, Jura 2015, 1061 ff.

- Nach der „Gehilfentheorie“ verstellt der die Tat unmittelbar Ausführende dem Unterlassenden die Tatbeherrschung, solange er selbst die Handlungsherrschaft ausübt. Hiernach wäre der A bloßer Gehilfe des B.
- Gleiches gilt für eine vermittelnde Auffassung, die nur den Schutzgaranten als Mittäter bewertet, während eine Überwachungsgarantenstellung lediglich Gehilfenschaft begründen soll. Jedoch überzeugt diese Auffassung schon deshalb nicht, weil beide Garantenstellungen in gleicher Weise handlungspflichtauslösend sind, sodass nicht einzusehen ist, weshalb aus ihnen unterschiedliche Teilnahmeformen zu folgern sind.
- Eine starke Literaturauffassung will demzufolge den Garanten schon kraft seiner Pflichtenstellung stets als Mittäter haften lassen (sog. Pflichtdeliktstheorie). Für Beihilfe bleibt nach dieser Auffassung daher nur dort Raum, wo dem Unterlassenden eine für die Täterschaft notwendige Sonderpflicht oder Absicht fehlt. Dafür spricht immerhin, dass die Täterschaft beim Unterlassungsdelikt grundsätzlich schon durch die besondere Pflichtenstellung begründet wird und daher nicht einzusehen ist, weshalb diese Täterschaftsbegründung davon abhängen soll, ob die Rechtsgutsgefahr etwa durch ein Naturereignis oder aktiv durch einen Dritten ausgelöst wurde. A wäre danach also Mittäter.
- Der BGH indessen hat bei der Abgrenzung – ausgehend von seiner bei den Teilnahmeformen vertretenen subjektiven Theorie bzw. normativen Kombinationstheorie – stets auf die innere Haltung zur Tat und zum Taterfolg abgestellt: Willensrichtung, Tatherrschaft, Interesse am Taterfolg und Umfang der eigenen Tatbestandsverwirklichung seien ausschlaggebend. Danach wird man vorliegend eher eine Gehilfenschaft des A annehmen müssen, da er dem Geschehen als bloßer Zuschauer seinen Lauf ließ, ohne dass eine innere Beteiligung bzw. ein inneres Interesse an der Tat in gesteigerter Form erkennbar war.

Somit bleibt eine Strafbarkeit wegen Beihilfe durch Unterlassen zur gefährlichen Körperverletzung nach §§ 223, 224 I Nr. 2 und 5, 27, 13 I StGB. Bezüglich der gleichzeitig verwirklichten Beihilfe durch Unterlassen zur Nötigung nach §§ 240, 27, 13 I StGB gelten die Ausführungen zur Abgrenzung von Mittäterschaft und Teilnahme entsprechend.

D. Exkurs: Ausgewählte echte Unterlassungsdelikte, §§ 138 und 323c StGB

Nicht selten spielen auch die echten Unterlassungsdelikte in der Klausur eine nicht unwesentliche Rolle. Dazu werden aber regelmäßig nur Grundkenntnisse erwartet. Die Grundstruktur und wichtigsten Problemkreise der beiden examensrelevantesten echten Unterlassungsdelikte, die Nichtanzeige geplanter Straftaten gem. § 138 StGB und die unterlassene Hilfeleistung gem. § 323c StGB, sollen im Folgenden kurz aufgezeigt werden.

I. Nichtanzeige geplanter Straftaten, § 138 StGB

1. Tauglicher Täter ist grundsätzlich jedermann. Der Bedrohte selbst ist allerdings nur **373c**
dann anzeigepflichtig, wenn sich die geplante Tat nicht gegen ihn allein richtet und es sich dabei um kein gemeingefährliches Delikt handelt (besonders klausurrelevant dürfte in diesem Zusammenhang deshalb § 138 I Nr. 8 i.V.m. § 306a StGB sein).[157] Keine Anzeigepflicht trifft nach h.M. die Beteiligten (Täter oder Teilnehmer) an der

157 *Sch/Sch/Sternberg-Lieben*, § 138, Rn. 19.

geplanten Tat.[158] Dies gilt sogar dann, wenn sich der Beteiligte hinsichtlich der Katalogtat noch nicht strafbar gemacht hat oder von dieser strafbefreiend zurückgetreten ist.[159] Im Hinblick auf die Anzeigepflicht von Zeugnisverweigerungsberechtigten (Geistliche und Angehörige) genügt die aufmerksame Lektüre des § 139 II, III StGB.

2. Der Katalog der tauglichen Vortaten in § 138 I, II StGB ist abschließend.[160] Erfasst werden auch die Teilnahme und der Versuch an einer Katalogtat, nicht aber der Versuch der Beteiligung an dieser, § 30 StGB.[161] Allerdings gilt hier eine wichtige Ausnahme: Es besteht keine Anzeigepflicht bei einem untauglichen Versuch, weil Zweck des § 138 StGB die Verhinderung verbrecherischer Erfolge ist, die bei einem untauglichen Versuch gerade nicht eintreten können.[162] Zur Frage, ob zwischen der späteren Katalogtat und ihrer früheren Nichtanzeige eine Wahlfeststellung möglich ist, siehe unten Rn. 397.

3. Von der Katalogtat muss der Täter glaubhaft erfahren haben. Erforderlich ist demnach, dass er subjektiv mit der Möglichkeit der Tatausführung rechnet und nicht von einem bloßen Gerücht ausgeht.[163]

4. Hat der Täter von der Begehung einer Katalogtat glaubhaft erfahren, so besteht grundsätzlich eine Anzeigepflicht bis zur Beendigung dieser Tat.[164] Diese entfällt nur, wenn der Bedrohte von der geplanten Tat weiß und diese sich dabei ausschließlich gegen seine Individualrechtsgüter richtet.[165] Nicht anzeigepflichtig sind auch solche Taten, bei denen die Ausführung oder der Erfolg nicht mehr abgewendet werden kann (vgl. Wortlaut *„…zu einer Zeit, zu der die Ausführung oder der Erfolg noch abgewendet werden kann…“*).[166]

5. Zu beachten ist schließlich die Inkriminierung der Strafbarkeit wegen Leichtfertigkeit in § 138 III StGB (lesen!).

II. Unterlassene Hilfeleistung, § 323c StGB

373d 1. Der Tatbestand des § 323c StGB setzt zunächst einen Unglücksfall oder eine gemeine Gefahr oder Not voraus. Ein Unglücksfall ist eine Situation, in der die unmittelbare Gefahr eines erheblichen Schadens für andere Menschen oder fremde Sachen von bedeutendem Wert begründet ist.[167] Nicht erforderlich ist, dass diese Gefahr in eine Schädigung umschlägt. Zum Problemkreis, ob auch ein Suizid unter das Tatbestandsmerkmal des Unglücksfalls subsumiert werden kann, siehe Rn. 350. Gemeine Gefahr oder Not erfassen die Fälle, in denen die Möglichkeit des Schadens an Leib

158 *Fischer*, § 138, Rn. 18 m. Hinw. auf BGHSt 19, 167; 39, 164; BGH NStZ 1982, 244; StV 1988, 202.
159 *Fischer*, § 138, Rn. 19; a. A. LK-*Hanack*, § 138, Rn. 48; siehe auch die umfassende Darstellung bei *Sch/Sch/Sternberg-Lieben*, § 138, Rn. 20/21.
160 MüKo-*Hohmann*, § 138, Rn. 6 unter Hinw. auf das Analogieverbot.
161 *v. Heintschel-Heinegg/Heuchemer*, § 138, Rn. 9; *Lackner/Kühl*, § 138, Rn. 2.
162 *Sch/Sch/Sternberg-Lieben*, § 138, Rn. 2.
163 *Fischer*, § 138, Rn. 9; *Lackner/Kühl*, § 138, Rn. 3.
164 *Lackner/Kühl*, § 138, Rn. 5.
165 MüKo-*Hohmann*, § 138, Rn. 2.
166 BGHSt 42, 88; *Fischer*, § 138, Rn. 13; *Lagodny*, JZ 1997, 48; *Loos/Westermann*, Jura 1998, 403.
167 *Wessels/Hettinger*, BT 1, Rn. 1044.

oder Leben oder an bedeutenden Sachwerten für eine unbestimmte Zahl von Menschen besteht, z.B. Brand und Überschwemmung.[168] Bei der Beurteilung der Notsituation kommt es nach h.M. auf eine objektive ex post Sicht an.[169]

2. Erforderlich ist die Hilfeleistung, wenn aus objektiver ex ante Sicht die Gefahr weiterer Schäden besteht.[170]

Merke: *Während das Vorliegen einer Notlage ex post zu beurteilen ist, ergibt sich die Erforderlichkeit des Hilfeleistens aus einer ex ante Betrachtung!*

Erforderlich i.S.d. § 323c StGB ist auch die bloße Linderung von Schmerzen des Verunglückten, sodass also auch dann eine Solidaritätspflicht besteht, wenn der Verletzte nicht mehr zu retten ist.[171]

3. Die Zumutbarkeit der Hilfeleistung ist nicht Element der Schuld, sondern bereits Tatbestandsmerkmal.[172] Ob eine Hilfeleistung zumutbar ist, richtet sich insbesondere nach dem Grad der eigenen Gefährdung, der Beziehung des Hilfeleistenden zum Geschehen und seinen persönlichen Fähigkeiten.[173] Examensrelevant ist hier insbesondere die Fallkonstellation, in der sich der Hilfeleistende durch die Erfüllung seiner Beistandspflicht der Gefahr der Strafverfolgung aussetzen würde.[174] Vorzugswürdig scheint hier eine differenzierende Betrachtungsweise, die auf den Zusammenhang zwischen Notlage und Straftat abstellt: Zumutbar ist demnach die Hilfeleistung nur, wenn sich die zur Verfolgung Anlass gebende Straftat in der Herbeiführung der Notlage erschöpft.[175]

4. Vollendet ist die Tat, sobald der Täter nach Entstehen der Hilfspflicht die Hilfsmöglichkeit erkennt und nicht sofort nutzt.[176] Aufgrund dieses frühen Zeitpunkts der tatbestandlichen Vollendung und aus Gründen des Opferschutzes wendet die h. M. die Vorschriften zur tätigen Reue (z. B. §§ 306e, 314a StGB) analog in den Fällen an, in denen der Täter die zunächst nicht erbrachte Hilfeleistung rechtzeitig nachholt (z. B. Rückkehr zum Unfallort, um nun die erforderliche Hilfe zu erbringen).[177]

168 *Otto*, BT, § 67, Rn. 8; *Wessels/Hettinger*, BT 1, Rn. 1043.

169 *Fischer*, § 323c, Rn. 2; *Lackner/Kühl*, § 323c, Rn. 2; *Wessels/Hettinger*, BT 1, Rn. 1044; NK-*Wohlers*, § 323c, Rn. 7; a. A. *Sch/Sch/Sternberg-Lieben/Hecker*, § 323c, Rn. 2.

170 *Krey/Hellmann/Heinrich*, BT 1, Rn. 1160; *Sch/Sch/Sternberg-Lieben/Hecker*, § 323c, Rn. 12.

171 *Krey/Hellmann/Heinrich*, BT 1, Rn. 1160.

172 *Eisele*, BT 1, Rn. 969; MüKo-*Freund*, § 323c, Rn. 90; *Lackner/Kühl*, § 323c, Rn. 7.

173 *Otto*, BT, § 67, Rn. 12.

174 Eingehend dazu MüKo-*Freund*, § 323c, Rn. 98.

175 MüKo-*Freund*, § 323c, Rn. 98; ebenso *Sch/Sch/Sternberg-Lieben/Hecker*, § 323c, Rn. 20; a. A. SK-*Rudolphi/Stein*, § 323c, Rn. 21 „grundsätzlich zumutbar".

176 *Lackner/Kühl*, § 323c, Rn. 10.

177 *Sch/Sch/Sternberg-Lieben/Hecker*, § 323c, Rn. 26; eingehend zum Streitstand LK-*Spendel*, § 323c, Rn. 103.

§ 10 Fahrlässiges und erfolgsqualifiziertes Delikt

I. Das Fahrlässigkeitsdelikt[1]

1. Das fahrlässige Begehungsdelikt (zugleich Klausurprüfungsreihenfolge)

374 **I. Tatbestandsmäßigkeit**

Hinweis *(der selbstverständlich in der Klausur nichts zu suchen hat!): Beim Fahrlässigkeitsdelikt empfiehlt es sich „Tatbestandsmäßigkeit" zu titulieren, da es die Unterscheidung zwischen „objektivem und subjektivem Tatbestand" hier nicht gibt.*

1. Eintritt des tatbestandlichen Erfolges

2. Kausalität zwischen Handlung und Erfolg

3. Objektive Sorgfaltspflichtverletzung

Maßstab: Art und Maß der anzuwendenden Sorgfalt bestimmen sich nach den Anforderungen, die bei objektiver Betrachtung einer Gefahrenlage ex ante an einen besonnenen und gewissenhaften Menschen in der konkreten Lage und sozialen Rolle des Handelnden zu stellen sind.[2] Da es auf den jeweiligen Verkehrskreis ankommt, können die Sorgfaltsanforderungen etwa bei einem Hausarzt anders zu beurteilen sein, als bei einem spezialisierten Internisten (beachte aber: Auch wenn eine Sorgfaltspflichtverletzung angesichts einer Fehldiagnose eines Hausarztes aufgrund der Fähigkeiten eines durchschnittlichen Hausarztes zu verneinen ist, kann ein Verschulden darin liegen, dass dieser keine weiteren Untersuchungen bei einem Spezialisten veranlasst hat). Zu berücksichtigen sind alle Umstände des Einzelfalles.

Beispiel:[3] Die A hatte eine Party mit mehreren Gästen gegeben und war mit einigen dieser Gäste anschließend noch zum Feiern außer Haus gegangen, ohne zu überprüfen, ob wegen der vorher gerauchten Zigaretten die Gefahr der Entstehung eines Brandes bestand. Während ihrer Abwesenheit kam es auf der Couch zu einem Schwelbrand. Als sie mit ihren Gästen zurückkehrte, fand sie die Kinder aufgrund des durch den Schwelbrand freigesetzten Kohlenmonoxyds und Zyanids tot vor. Der Schwelbrand war durch einen auf die Couch gefallenen glimmenden Zigarettenrest oder durch heruntergefallene Zigarettenglut entstanden. Der BGH hat hier aufgrund der konkreten Umstände – Rauchen der Gäste über Stunden hinweg, Vielzahl von Zigarettenstummeln im Bereich der Couch, leicht entzündbare Materialien auf der Couch, Kleinkindalter der Opfer – eine Sorgfaltspflichtverletzung und damit eine Strafbarkeit wegen fahrlässiger Tötung durch Unterlassen nach §§ 222, 13 I StGB und eine fahrlässige Brandstiftung durch Unterlassen nach §§ 306d I Alt. 1, 13 I i. V. m. § 306a I Nr. 1 StGB bejaht (Hinw.: Ein Unterlassen ist hier deshalb anzunehmen, weil der Schwerpunkt nicht im aus dem Haus gehen, sondern in der fehlenden Kontrolle

1 Eingehend zum Fahrlässigkeitsdelikt *Kaspar*, JuS 2012, 16 ff., 112 ff.
2 BGH NStZ 2003, 658; 2005, 446.
3 BGH NStZ 2005, 446 m. Anm. *Walther*, JZ 2005, 686 ff.; *Herzberg*, NStZ 2005, 602 ff.; *Kudlich*, JuS 2005, 848 ff.

und Beseitigung der Glutasche bestand; näher zur Abgrenzung von Tun und Unterlassen o. Rn. 334 ff.).

Obwohl es auf den Durchschnittsmenschen des jeweiligen Verkehrskreises ankommt, sind nach h. M. Sonderwissen und Sonderfähigkeiten des Täters bereits bei der Frage des objektiven Sorgfaltspflichtverstoßes zu berücksichtigen.

Beispiel: Weiß der Arzt, dass die Patientin eine tödliche Allergie gegen einen bestimmten Impfstoff hat und spritzt er ihn dennoch, weil er darauf vertraut, dass alles gut gehen werde, so handelt er sorgfaltspflichtwidrig, auch wenn ein Durchschnittsarzt die Allergie nicht erkannt hätte.

Das dagegen von einer Mindermeinung vorgebrachte Argument, dass Sonderwissen mit höheren Sorgfaltspflichten „bestraft" werde, kann nicht überzeugen, weil die Frage, ob eine unerlaubte Gefahr vorliegt, nicht unter Außerachtlassung des Täterwissens beurteilt werden kann, s. dazu schon o. Rn. 58 a. E.!

Hinweis: *Die Bestimmung der Fahrlässigkeit ist allerdings im Einzelnen umstritten. Interessant ist ein Ansatz von F.-C. Schroeder, der statt einer Sorgfaltspflichtverletzung die Erkennbarkeit der Tatbestandsverwirklichung verlangt, da es utopisch sei, alle gesellschaftlichen Bereiche durch konkrete Sorgfaltsvorschriften zu regeln.*[4] *In der Lit. wird dies mit dem Argument angegriffen, dass die den Sorgfaltspflichten zugrunde liegenden Sorgfaltsvorschriften nicht nur wichtige Bereiche wie den Straßenverkehr regeln, sondern auch das erlaubte Risiko berücksichtigen, in dessen Rahmen von einer Sorgfaltseinhaltung die Rede sein kann.*[5] *Jedoch ist F.-C. Schroeder zuzugeben, dass der Begriff der Sorgfaltspflichtverletzung letztlich auch das allgemeine Zurechnungskriterium der Erkennbarkeit umfasst und damit eine Konkretisierung des Fahrlässigkeitsbegriffs einhergeht.*

Bemerkenswert ist auch der Ansatz von Duttge, der eine Beschränkung der Fahrlässigkeitshaftung auf Fälle der Leichtfertigkeit unterhalb der groben Fahrlässigkeit befürwortet. Er verlangt, einen „triftigen Anlass", der ein Abstandnehmen von der riskanten Handlung nahegelegt hätte.[6] *Auch dieser Vorschlag ist um eine Konkretisierung bemüht, wenngleich fraglich bleibt, ob eine Abgrenzung von Fahrlässigkeit, grober Fahrlässigkeit und Leichtfertigkeit unterhalb der groben Fahrlässigkeit überhaupt möglich ist.*[7]

Für die Klausurbearbeitung empfiehlt es sich jedenfalls, bei der Sorgfaltspflichtbestimmung einstweilen von der h. M. auszugehen.

Hinzu kommt beim Fahrlässigkeitsdelikt aber auch der sog. Vertrauensgrundsatz, der zu einem Ausschluss der Zurechnung führen kann und vor allem im Straßenverkehrsrecht und in Fällen der Arbeitsteilung gilt: Danach kann derjenige, der sich im Straßenverkehr ordnungsgemäß bewegt, darauf vertrauen, dass andere sich ebenso sorgfaltsgemäß verhalten. Ebenso kann etwa der Chirurg auf eine

---

4 *F.-C. Schroeder*, JZ 1989, 776 ff.
5 Vgl. *Kühl*, AT, § 17, Rn. 16; *Stratenwerth/Kuhlen*, AT/1, § 15, Rn. 20 m. w. N.
6 *Duttge*, Zur Bestimmtheit des Handlungsunwerts von Fahrlässigkeitsdelikten, 2001, S. 127 ff.; *ders.*, MüKo, § 15, Rn. 121.
7 Krit. *Roxin*, AT/I, § 24, Rn. 47 ff. m. w. N.

sorgfältige Arbeit des Anästhesisten vertrauen und muss diesen selbst dann nicht kontrollieren, wenn er eigene Narkosekenntnisse besitzt. Gleiches gilt bei arbeitsteiligem Vorgehen von Bauunternehmen. Hier kann derjenige, der eine Wand einzieht, etwa darauf vertrauen, dass ein anderer Bauunternehmer, der dafür die erforderlichen Stützen eingebaut hat, ordnungsgemäß gearbeitet hat. Eine zusätzliche Kontrollpflicht ist hier also ebenfalls zu verneinen (vgl. näher zu diesem Fall das Beispiel in Rn. 375).

4. Objektive Vorhersehbarkeit des Erfolges

Maßstab: Durchschnittsmensch des jeweiligen Verkehrskreises, wie soeben.

5. Pflichtwidrigkeitszusammenhang zwischen Sorgfaltspflichtverletzung und Erfolgseintritt (= objektive Zurechnung)[8]

Hier sind also wieder die Stichworte Risikoverringerung, rechtliche Relevanz, Schutzzweck der Norm, rechtmäßiges Alternativverhalten zu bringen (vgl. Rn. 32 ff.).

II. Rechtswidrigkeit

Hinweis: *Adäquate Folgen einer erforderlichen Verteidigungshandlung sind vom Notwehrrecht mit abgedeckt, sodass keine Fahrlässigkeitsbestrafung erfolgen kann (vgl. Rn. 118).*

III. Schuld

Subjektive Sorgfaltspflichtverletzung bei subjektiver Vorhersehbarkeit des Erfolges. Hier wird der konkrete Täter betrachtet, sodass Sonderunwissen und Sonderunfähigkeit erst in der Schuld berücksichtigt werden.[9]

Beispiel 1: Fahrschüler A fährt in der 75. Stunde einen Passanten um, weil er es einfach immer noch nicht besser kann.

Beispiel 2: Der 65-jährige A ist altersbedingt plötzlich nicht mehr fahrtauglich, ohne dass er dies bemerken konnte. A fährt deshalb in eine Gruppe spielender Kinder.

Hier mag zwar in beiden Fällen objektiv eine Sorgfaltspflichtverletzung zu bejahen sein, weil ein durchschnittlicher 65-Jähriger und ein Fahrschüler in der 75. Fahrstunde die Verkehrssituation gemeistert hätten; jedoch waren die Protagonisten unserer Beispielsfälle nach ihren persönlichen Fähigkeiten dazu nicht in der Lage, sodass ihnen kein individueller Schuldvorwurf gemacht werden kann (im ersten Beispielsfall haftet aber ggf. der Fahrlehrer, sofern er nicht hinreichend aufmerksam war).

Aber Achtung: *Wenn jemand im Zeitpunkt der Tat weiß, dass er zu der konkreten Verrichtung nicht mehr in der Lage ist (etwa wenn A im zweiten Beispielsfall bei einem Arzt war, der ihn über seine Fahruntauglichkeit aufgeklärt hatte) und er leistet diese Verrichtung dennoch, dann liegt zum Zeitpunkt der Tätigkeit (also im zweiten Bsp. im Zeitpunkt des Anfahrens der Kinder) zwar keine subjektive Sorgfaltspflichtverletzung vor, aber es ist von einem sog. Übernahmeverschulden auszugehen.*[10]

---

8 Dazu auch *Magnus*, JuS 2015, 402 ff.

9 So auch *Kuhlen*, Fragen einer strafrechtlichen Produkthaftung, 1989, S. 85; *Roxin*, AT/I, § 24, Rn. 57 ff.

10 Vgl. dazu BGH VRS 7, 181; 14, 441; 38, 144; *Hirsch*, ZStW 94 (1982), 272; *Roxin*, AT/I, § 24, Rn. 36 ff.

In der Praxis kann bei einem derartigen Übernahmeverschulden die Voraussetzung der Vorhersehbarkeit im Rahmen der Sorgfaltspflichtverletzung äußerst problematisch sein. Das zeigt folgendes

Beispiel 3: Der schwer alkoholabhängige A trat im Zustand absoluter Fahruntüchtigkeit die Fahrt mit seinem Pkw auf der Autobahn an. Infolge eines Absinkens des Alkoholspiegels kam es zu einem Alkoholdelirium, das ihn in einen Verwirrungszustand mit nachfolgendem gravierendem falschen Verkehrsverhalten versetzte: A wendete auf der Autobahn und setzte seine Fahrt in der entgegengesetzten Fahrtrichtung fort. Dadurch kam es zu einem Zusammenstoß mit dem Pkw des B, der verstarb.[11]

Lösung: Das OLG Nürnberg sah hier neben einer mindestens gegebenen fahrlässigen Trunkenheit im Verkehr (§ 316 II StGB; da Schuldunfähigkeit nicht gegeben war, musste nicht auf § 323a StGB zurückgegriffen werden) auch eine fahrlässige Tötung nach § 222 StGB als gegeben an. Die Voraussehbarkeit scheiterte dabei nicht daran, dass nicht alle Details des Geschehensablaufs vorhersehbar waren, sofern nur der rechtswidrige Erfolg im Ergebnis vorauszusehen war. Da ein sog. Alkoholdelirium nicht außerhalb des nach allgemeiner Lebenserfahrung Vorhersehbaren liegt, wenn Alkoholmissbrauch im Spiel ist, bejahte das OLG Nürnberg diese Voraussetzung. Auch subjektiv sei der Erfolg für A vorhersehbar gewesen, da ähnliche Zustände bereits vor dem Unfall aufgetreten waren. Demzufolge hätte A von der Teilnahme am Straßenverkehr Abstand nehmen müssen. § 222 StGB ist daher objektiv wie subjektiv erfüllt, ohne dass es des Rückgriffs auf die Rechtsfigur der a.l.i.c. bedarf.[12]

2. Das fahrlässige unechte Unterlassungsdelikt (zugleich Klausurprüfungsreihenfolge)

375

I. Vorprüfung: Tun oder Unterlassen?

II. Objektiver Tatbestand

1. **Eintritt des tatbestandlichen Erfolges**
2. **(Hypothetische) Kausalität zwischen Untätigbleiben und Erfolgseintritt**
   Hier: Abgrenzung Vermeidbarkeitstheorie/Risikoverminderungstheorie, vgl. dazu o. Rn. 333.
3. **Objektive Sorgfaltspflichtverletzung bei objektiver Vorhersehbarkeit des Erfolges**
4. **Pflichtwidrigkeitszusammenhang zwischen Sorgfaltspflichtverletzung und Erfolgseintritt (= objektive Zurechnung)**
5. **Garantenstellung**
6. **Entsprechensklausel**

III. Rechtfertigungsgründe

IV. Schuld

Subjektive Sorgfaltspflichtverletzung bei subjektiver Vorhersehbarkeit des Erfolges

---

11 OLG Nürnberg NStZ-RR 2006, 248.

12 Näher dazu *Satzger*, JK 2/07, StGB § 222/6.

Das Zusammenspiel von Garantenstellung einerseits und Sorgfaltspflichten andererseits hat die Rechtsprechung vor allem bei arbeitsteiliger Ausführung von Bauleistungen eine Rolle gespielt. Veranschaulicht sei dies an folgendem

Beispiel: Bauunternehmer A war zuständig für Betonabbrucharbeiten in einer städtischen Schule. Er übertrug diese Betonabbrucharbeiten an den Subunternehmer B, in dessen Unternehmen der Niederlassungsleiter C sowie der Arbeitnehmer D tätig waren. Nachdem das Statikbüro S mehr als 300 Abstützungen für erforderlich gehalten hatte, war der Einsatz einer Betonschneidesäge unter diesen Umständen ausgeschlossen. Der Niederlassungsleiter C hatte den Bauunternehmer A vergeblich versucht, auf dieses Problem anzusprechen. Deshalb bat C den D, hierüber mit A zu sprechen. A versicherte dem D, er werde über das Problem mit einem Statiker sprechen. Dies tat er jedoch nicht, sondern ließ – weil er sich selbst für erfahren genug hielt – die Abstützung in geringerem Umfang vornehmen. Infolge des Herausschneidens der Wand durch D kam es zu einem Zusammenbruch der Decke, bei der fünf Arbeiter starben. Strafbarkeit von A, C und D?[13]

Lösung: Der BGH hat hier eine Strafbarkeit des A wegen fahrlässiger Tötung in fünf Fällen durch Unterlassen nach §§ 222, 13 I StGB angenommen. Es handele sich bei der Anordnung zu fehlerhafter Abstützung um ein Unterlassen und nicht um ein aktives Tun, da der Schwerpunkt in der unterlassenen Anordnung der richtigen Abstützung liege und nicht in der Anordnung der falschen. Denkt man nämlich die Anordnung der falschen hinweg, so bleibt überhaupt keine Anordnung mehr übrig. Die Anordnung ist also nicht kausal geworden, weil die Wand auch ohne Anordnung eingestürzt wäre. Nach allem ist ein Unterlassen im vorliegenden Fall gegeben. Dabei hatte A auch eine Garantenstellung aus Überwachung einer Gefahrenquelle (ob diese auch aus der Übernahme einer Schutzfunktion abzuleiten gewesen wäre, hat der BGH nicht ausgeführt). Darüber hinaus lag bei A auch eine objektive Sorgfaltspflichtverletzung bei objektiver Vorhersehbarkeit des Erfolges vor, sodass im Ergebnis eine fahrlässige Tötung in fünf Fällen anzunehmen ist.

Durch das Herausschneiden der Wand bei fehlerhafter Abstützung könnte sich auch D wegen aktiver fahrlässiger Tötung nach § 222 StGB in fünf Fällen strafbar gemacht haben. Diesbezüglich hat der BGH festgestellt, dass das Unternehmen B und damit auch deren Arbeitnehmer D verkehrssicherungspflichtig waren und eine interne Abstimmungs- und Informationspflicht im Verhältnis zu A bestand. Das Unternehmen B und der Arbeitnehmer D konnten sich daher grundsätzlich nicht ihrer Verantwortung bei arbeitsteiligem Vorgehen begeben. Jedoch habe bei D keine Sorgfaltspflichtverletzung vorgelegen, da D nach der Aussage des A darauf vertrauen durfte, dass dieser sich auch über die statischen Verhältnisse ordnungsgemäß erkundigt hatte (vgl. zum Vertrauensgrundsatz bereits oben Rn. 374). Aus diesem Grunde verneinte der BGH eine Strafbarkeit von D und C wegen fahrlässiger Tötung.

Achtung Klausur: *Das Beispiel zeigt, dass gerade bei arbeitsteiligem Verhalten zunächst immer genau darauf zu achten ist, ob in der jeweiligen Person ein aktives Tun oder ein Unterlassen vorliegt. Bereits hier können sich erhebliche Unterschiede ergeben. Bedeutsam ist dies, weil nur beim Unterlassungstäter eine Garantenstellung zu prüfen ist. Sodann ist bei Arbeitsteilung auch auf unterschiedliche Sorgfaltsanforderungen zu achten. Hier kann der Vertrauensgrundsatz bei arbeitsteiligem Verhalten zu Unterschieden in der Strafbarkeit führen.*

13 BGH NStZ 2009, 146 m. Anm. *Bußmann*, NStZ 2009, 386.

II. Das erfolgsqualifizierte Delikt

1. Das erfolgsqualifizierte Delikt im Klausurprüfungsaufbau

376

I. Grunddelikt, z. B. § 223 StGB *ganz durchprüfen* bis einschließlich Schuld!

II. Erfolgsqualifiziertes Delikt, z. B. §§ 221 III, 226, 227, 239 IV, 251, 306c StGB

1. **Unrechtstatbestand des Grunddelikts** (in der Klausur kann hier schlicht nach oben auf I. verwiesen werden)
2. **Besonderer Erfolg** des erfolgsqualifizierten Delikts
3. Hat sich im qualifizierten Erfolg die unmittelbare,[14] tatbestandsspezifische[15] **Gefahr des Grunddelikts verwirklicht**?
4. **Fahrlässigkeit**
   - **a) Objektive Vorhersehbarkeit des besonderen Erfolgs**
     Zur Sorgfaltspflichtwidrigkeit ist grundsätzlich nichts mehr zu sagen, denn diese liegt bereits in der Verwirklichung des Grunddelikts begründet.

     Aber Achtung: Eine Ausnahme gilt bei den erfolgsqualifizierten Delikten, die wenigstens Leichtfertigkeit verlangen, wie z. B. § 251 StGB. Bei ihnen ist zu prüfen, ob sich der Täter grob sorgfaltspflichtwidrig hinsichtlich des Erfolges verhalten hat. Er muss außer Acht gelassen haben, was jedem einsichtigen Menschen sofort einleuchtet (man muss sich im Angesicht von Tat und Folge – bildlich gesprochen – an den Kopf fassen und sagen: „Wie konnte er nur!“)
   - **b) Subjektive Vorhersehbarkeit des besonderen Erfolgs**
     Hinweis: Die Prüfungsstufen „Rechtswidrigkeit“ und „Schuld“ müssen hier nicht erneut geprüft werden, da diese schon beim Grunddelikt (s. unter I.) besprochen wurden. Dies führt jedoch dazu, dass das subjektive Fahrlässigkeitselement (Fahrlässigkeitsschuldvorwurf) direkt im Anschluss an die objektive Vorhersehbarkeit zu prüfen ist.

2. Einzelheiten zum erfolgsqualifizierten Delikt[16]

In der Klausur spielt bei den erfolgsqualifizierten Delikten fast ausschließlich der Zusammenhang zwischen Grundtatbestand und besonderem Erfolg eine Rolle,[17] wobei vor allem umstritten ist, ob sich in der schweren Folge die Grunddeliktshandlung oder der Grunddeliktserfolg realisieren muss (vgl. dazu sogleich bei der Darstellung des Versuchs). 377

Rspr. und Lit. haben im Übrigen bei der Bestimmung des Zusammenhangs zwischen Grundtatbestand und besonderem Erfolg zum Teil divergierende Auffassungen. Maß-

14 So häufig der BGH, vgl. nur BGH NJW 1971, 152; NStZ 1992, 335.
15 So präzisierend die Lit.: vgl. nur *Otto*, AT, § 11, Rn. 11; *Roxin*, AT/I, § 10, Rn. 115.
16 Ausführlich dazu *Kudlich*, JA 2009, 246 ff.
17 Näher *Engländer*, GA 2008, 669.

geblich ist nach der jetzigen Rspr. und herrschenden Lehre, dass ein spezifischer Zurechnungszusammenhang besteht,[18] d. h. es muss sich die typische Gefahr des Grunddelikts verwirklicht haben. Eine andere Ansicht verlangt „Unmittelbarkeit" zwischen Grunddelikt und besonderem Erfolg (früher auch der BGH). Dieses Kriterium wurde jedoch von der Rspr. als zu ungenau aufgegeben,[19] obgleich man sich fragen kann, ob das Moment des spezifischen Zusammenhangs nicht nur die Unmittelbarkeit konkretisiert. So formuliert der BGH neuerdings selbst, dass sich die dem Grunddelikt eigentümliche tatbestandsspezifische Gefahr gerade im tödlichen Ausgang unmittelbar niedergeschlagen haben muss. Dazu folgende aus der Rechtsprechung stammenden Beispiele:

Beispiel 1: A versetzte dem B mit der Spitze seines Schuhs einen Fußtritt in den Oberkörper. Ohne Tötungsvorsatz zu haben, nahm er Rippenbrüche und innere Verletzungen bei B in Kauf. Der Tritt traf aber den Solarplexus und führte – vermutlich wegen Vorschäden des Herzmuskels – zu einem tödlichen Herzstillstand.[20]

Lösung: Der BGH sah hier den spezifischen Gefahrzusammenhang als gegeben an, da es nicht außerhalb der Lebenswahrscheinlichkeit liege, dass ein kräftiger Fußtritt in den Oberkörper zum Tod führen könne, auch wenn die vermittelnden Vorgänge eine „medizinische Rarität" darstellten. Aus dem gleichen Grunde sei auch von einer Vorhersehbarkeit des Erfolges auszugehen. Eine Strafbarkeit wegen Körperverletzung mit Todesfolge – ggf. in einem minder schweren Fall – wurde daher vom BGH bejaht.

Beispiel 2: Der Gastwirt A vereinbarte mit dem 16-jährigen Schüler S ein Tequila-Wetttrinken. Bedingung dieses Wetttrinkens war, dass so lange Alkohol getrunken werde, bis einer der beiden bewusstlos werde. Allerdings ließ sich A – ohne Kenntnis des S – überwiegend Wasser servieren und dem S Tequila ausschenken. Letztlich trank S 48 Gläser Tequila. Dies führte zu einer Blutalkoholkonzentration von 4,4 ‰. Anschließend fiel S ins Koma und starb vier Wochen später an den Folgen dieses übermäßigen Alkoholkonsums.[21]

Lösung: Das LG Berlin verurteilte A wegen Körperverletzung mit Todesfolge (in einem minder schweren Fall), §§ 223, 227 StGB. S sei über das Risiko, welches er bei dem Wetttrinken eingehen würde, getäuscht worden. Aufgrund dieses Irrtums sei das Tequila-Trinken des S dem A als eigene Handlung zuzurechnen. Eine freiverantwortliche Selbstgefährdung scheide aufgrund der Täuschung durch A aus. Begründen lässt sich dies damit, dass der Zustand des Gastwirts bei dem Opfer gerade wegen der Täuschung nicht den Eindruck einer gesundheitsschädlichen Alkoholisierung vermittelte (zw.). Zusätzlich wird man hier aber auch den Rechtsgedanken des § 3 JGG ins Feld führen können: Es handelt sich hier um ein jugendtypisches Verhalten, bei dem nicht von einer Vollverantwortlichkeit im Hinblick auf die Folgen ausgegangen werden kann. Darüber hinaus, so das LG, sei auch der gefahrspezifische Zurechnungszusammenhang gegeben, da sich die unmittelbare, tatbestandsspezifische Gefahr des übermäßigen Alkoholkonsums im Tod des S verwirklicht habe. Der ebenfalls verwirklichte § 222 StGB trete im Wege der Gesetzeskonkurrenz hinter § 227 StGB zurück.

Das Erfordernis des spezifischen Zusammenhangs illustriert auch der berühmte Fall Rötzel, der hier kurz dargestellt werden soll an folgendem

378 **Beispiel:** A griff im Obergeschoss des mütterlichen Hauses die Hausgehilfin B tätlich an und brach ihr durch einen Schlag ins Gesicht das Nasenbein. Aus Angst versuchte sich B durch das

18 *Roxin*, AT/I, § 10, Rn. 115; vgl. auch *B. Heinrich/Reinbacher*, Jura 2005, 743 ff.
19 Vgl. zur Entwicklung näher *Otto*, AT, § 11, Rn. 4 ff.
20 Nach BGH NStZ 2008, 686 m. Anm. *Jahn*, JuS 2008, 273 f.; *Satzger*, JK, 3/09, StGB § 227 I/4.
21 LG Berlin ZJJ 2010, 78; siehe auch Rn. 353, Beispiel 1 und *Krawczyk/Neugebauer*, JA 2011, 264 ff.

Fenster ihres Zimmers auf einen Balkon zu flüchten. Dabei stürzte sie ab und verletzte sich tödlich. Strafbarkeit des A? (**Rötzel-Fall** nach BGH NJW 1971, 152)[22]

Lösung: Ursprünglich hatte die Rspr. unter der Körperverletzung nur die körperliche Schädigung als solche verstanden. Später hat der BGH die Anwendungsmöglichkeit des § 227 StGB auch auf Körperverletzungshandlungen, die zum Tode des Angegriffenen führen, erweitert. Selbst unter Zugrundelegung dieser weiten Auffassung fehlt es aber laut BGH an der Unmittelbarkeit. Diese sei nur zu bejahen, wenn sich im qualifizierenden Erfolg die der Körperverletzung spezifisch anhaftende Gefahr verwirkliche, was bei dazwischen tretenden selbstschädigenden Handlungen des Opfers nicht der Fall sei. § 227 scheidet daher aus. Der BGH bejahte aber eine fahrlässige Tötung, weil die gefährliche Flucht angesichts des schweren Schlages vorhersehbar und der Tod der B dem A aus diesem Grunde auch zuzurechnen sei. Zur durch den Schlag verursachten Körperverletzung steht diese fahrlässige Tötung in Tateinheit, § 52 StGB (Grund: Der Schlag hat die Verletzung im Gesicht und letztlich auch den Tod bewirkt). **379**

Man darf die soeben angesprochenen Grundsätze jedoch nicht schematisch anwenden, wie folgende weiteren Beispiele aus der Rspr. zeigen: **380**

Beispiel 1: A versetzte seiner Ehefrau E mit einem 20 cm langen Küchenmesser einen Stich in den Rücken. Dabei handelte A nur mit Körperverletzungsvorsatz. Die E flüchtete mit Schwung auf das Fensterbrett und stürzte, weil sie das Gleichgewicht verlor, mit tödlicher Wirkung mehrere Stockwerke in die Tiefe.[23]

Lösung: Hier hat der BGH nicht nur eine gefährliche Körperverletzung nach §§ 223, 224 I Nr. 2 Alt. 2 und Nr. 5 StGB angenommen, sondern auch den Tatbestand des § 227 StGB bejaht. Dabei hat der BGH noch einmal festgestellt, dass sich die tödliche Folge nicht aus dem Körperverletzungserfolg ergeben müsse, sondern es vielmehr genüge, dass sich die Todesfolge aus der Körperverletzungshandlung entwickle. Anders als im Fall Rötzel (vgl. oben Rn. 378 f.) sieht der BGH hier auch einen spezifischen Zurechnungszusammenhang zwischen Körperverletzungshandlung und späterem Todeserfolg als gegeben, indem er auf die lebensgefährdende Behandlung abstellt, die eine Panikreaktion als durchaus typische Folge bei dem Opfer E ausgelöst habe. Der Zurechnungszusammenhang zwischen Körperverletzungshandlung und Todesfolge sei daher nicht unterbrochen. Dabei hat der BGH zweierlei deutlich gemacht: Zum einen sei der Fall insofern etwas anders als der Fall Rötzel gelagert, als es sich hier durch den Messerstich doch um eine weitaus gefährlichere Vorgehensweise handelte und zum anderen sei auch zu überdenken, ob die Rspr. im Fall Rötzel nicht ohnehin zu restriktiv gewesen sei. Daraus wird deutlich, dass der BGH künftig zumindest bei schweren Körperverletzungen nicht mehr davon ausgehen wird, dass ein dazwischentretendes Opferverhalten ohne Weiteres die Zurechnung unterbricht.

Beispiel 2: A und B misshandelten den C so stark, dass dieser aus Mund, Nase und Ohren blutete und ihm zeitweise die Sinne schwanden. A und B beschlossen daher, den C ans Fenster zu stellen, damit dieser kurz verschnaufen könne. A und B wandten sich sodann kurz ab und mussten beim Wiederhinschauen feststellen, dass C nicht mehr am Fenster stand, sondern zehn Stockwerke nach unten auf die Straße gefallen war. Ob er gesprungen war, um weiteren Schlägen zu entgehen, konnte nicht mehr festgestellt werden, musste aber zugunsten von A und B angenommen werden.[24]

Lösung: Auch hier ist der BGH davon ausgegangen, dass der spezifische Zusammenhang nicht unterbrochen wurde, wenn das Opfer derart misshandelt wurde, dass es in eine die freie Willensbestimmung ausschließende Paniksituation geriet und deshalb aus dem Fenster gesprungen ist.

Beispiel 3: Im Zuge einer Auseinandersetzung mit seiner Frau setzte sich der 128 kg schwere A, der aufgrund von Alkoholeinwirkung in seiner Steuerungsfähigkeit erheblich gemindert war,

22 Hierzu auch *Puppe*, AT/1, S. 191.
23 Nach BGH NStZ 2008, 278 m. Anm. *Bosch*, JA 2008, 547 f.
24 Nach BGH NJW 1992, 1708.

mit Schwung auf den Brustkorb seiner Ehefrau E. Diese erlitt dadurch zahlreiche Frakturen der Rippen mit innerlichen Einspießungen. Da im Krankenhaus ein unerfahrener Assistenzarzt (auf dessen Urteil sich der leitende Stationsarzt verließ) aufgrund einer unsorgfältigen Röntgendiagnose lediglich Rippenbrüche feststellte und auch der Hausarzt lediglich Schmerztabletten verschrieb und häusliche Ruhe verordnete, verschlechterte sich ihr gesundheitlicher Zustand weiter. Bei späteren Arztbesuchen wies die E auch nicht mehr auf ihre anhaltenden Schmerzen hin. Sie verstarb schließlich in Folge einer Blutvergiftung im Körperinneren.[25]

Lösung: Der BGH hat hier jedenfalls eine vorsätzliche Körperverletzung nach § 223 I StGB bejaht, da A angesichts seines Gewichts und des „schwungvollen Setzens" auf E bewusst sein musste, dass es dabei zu Rippenfrakturen kommen konnte. Dagegen hat der BGH das Vorliegen einer gefährlichen Körperverletzung nach § 224 I Nr. 5 StGB vorsichtiger beurteilt. Insbesondere sei nicht ohne Weiteres von einem Vorsatz hinsichtlich einer Lebensgefährlichkeit der Handlung auszugehen, da A stark alkoholisiert und daher in seiner Steuerungsfähigkeit erheblich beeinträchtigt war. Im gegebenen Fall hat der BGH deshalb zur Vornahme weiterer Feststellungen an das LG zurückverwiesen. Eine Strafbarkeit wegen Körperverletzung mit Todesfolge nach § 227 StGB hat der BGH dagegen verneint. Auch wenn man genügen lässt, dass sich die tödliche Folge aus der Körperverletzungshandlung ergibt, sei hier der Schweregrad des ärztlichen Behandlungsfehlers zu berücksichtigen. Hinzu komme, dass die Frau selbst später bei der Konsultation des Hausarztes nicht mehr auf ihre Schmerzen im Brustbereich hingewiesen habe. Daher komme eine opferseitige Selbstgefährdung hinzu, die den Zurechnungszusammenhang unterbreche.

Folgt man dem, so ist A nicht nach § 227 StGB strafbar und es scheidet dann wegen der Schwere des Behandlungsfehlers sogar eine fahrlässige Tötung aus (diese wird von der h. M. zumindest dann wegen Unterbrechung des Zurechnungszusammenhangs abgelehnt, wenn es sich um einen groben ärztlichen Sorgfaltspflichtverstoß handelt, vgl. dazu näher oben Rn. 42 f.).

3. Der Versuch einer Erfolgsqualifikation

381 Der Versuch eines erfolgsqualifizierten Delikts ist strukturell auf drei[26] unterschiedliche Weisen möglich:

*a) Schon beim Versuch des Grunddelikts tritt die schwere Folge ein **(erfolgsqualifizierter Versuch)**.*

Beispiel 1: A will den B mit einer Pistole auf den Kopf schlagen. Er schlägt aber vorbei, wobei sich ein für B tödlicher Schuss löst.[27]

Beispiel 2: A geht in eine Bank, bedroht einen Kunden mit einer Pistole und verlangt vom Kassierer K Geld. Als dieser sich weigert, löst sich von A ungewollt ein tödlicher Schuss.

Umstritten ist hier, ob für das Gefahrurteil an die Grunddeliktshandlung oder an den Grunddeliktserfolg anzuknüpfen ist.[28]

- *Erste Auffassung (Mindermeinung[29]):*
  Der Versuch eines Grunddelikts genügt keinesfalls, um ein versuchtes erfolgsqualifiziertes Delikt anzunehmen. Denn der Sinn der Erfolgsqualifikation sei immer,

25 Nach BGH NStZ 2009, 92.
26 *Roxin*, AT/II, § 29, Rn. 318 ff. behandelt hier nur die ersten beiden Konstellationen; vgl. auch den lehrreichen Beitrag von *Kühl*, Jura 2003, 19 ff.
27 Bsp. nach BGHSt 14, 110. Vgl. aber auch *Otto*, AT, § 18, Rn. 83; *Stree*, GA 1960, 292; *Wolter*, JuS 1981, 178.
28 Umfassend hierzu auch *Puppe*, AT/1, S. 201 ff.
29 Vgl. etwa *Maurach/Gössel/Zipf*, AT/II, 7. Aufl., § 43, Rn. 117.

dass zunächst der Erfolg des Grunddelikts eintritt und sich daraus die Folge ergibt (sog. Letalitätstheorie).

- *Zweite Auffassung (teilweise vertreten durch den BGH*[30]*):*
  Ausreichend zur Bejahung eines versuchten erfolgsqualifizierten Delikts ist, dass sich die schwere Folge schon beim Versuch der Grunddeliktsverwirklichung eingestellt hat. Maßgeblich ist nämlich nicht die spezifische Gefahr des zugrunde liegenden Erfolges, sondern die der zugrunde liegenden Tathandlung.
- *Dritte, differenzierende Auffassung (h. L.*[31]*):*
  Ob der Versuch eines erfolgsqualifizierten Delikts möglich ist, hängt von der Struktur der jeweiligen Erfolgsqualifikation ab. Danach gibt es erfolgsqualifizierte Delikte, die die Erfolgsgefahr des Grunddelikts verlangen (z. B. §§ 227, 221 III StGB; dort trifft also die Letalitätstheorie zu), während Erfolgsqualifikationen wie § 251 StGB, § 306c StGB (str.) und § 178 StGB die Handlungsgefahr des Grunddelikts in den Vordergrund stellen. Bei letzteren Delikten ist daher ein Versuch der Erfolgsqualifikation in der geschilderten Form (nämlich dass schon beim Versuch des Grunddelikts die schwere Folge eintritt) möglich.

Interessant ist hier folgendes aus der Rspr. stammendes

Beispiel: Die Skinheads A und B verfolgten den Ausländer C, um ihn zu verprügeln. C floh in Panik und konnte die Verfolger abhängen. In seiner Todesangst wollte C sich aber in ein Haus flüchten und trat deshalb eine Glastür ein, wobei er sich so schwer verletzte, dass er in kurzer Zeit verblutete (BGH NStZ 2003, 149).

Lösung: Hier ist zunächst § 224 I Nr. 4 StGB (gemeinschaftliche Körperverletzung) abzulehnen, da der Vorsatz von A und B nicht auf die entstandenen Verletzungen gerichtet war. Neben Nötigung (§ 240 StGB) hat der BGH aber eine versuchte (gefährliche) Körperverletzung mit Todesfolge (§§ 227, 22, 23 I StGB) bejaht: Es genüge, dass sich die spezifische Gefahr der Grunddeliktshandlung verwirklicht habe, was hier zu bejahen sei, weil die auf den Angriff hin erfolgte Panikreaktion geradezu typisch gewesen sei. § 222 tritt hinter §§ 227, 22, 23 I StGB zurück. Die 1. und 3. Auffassung würden dagegen lediglich § 222 in Tateinheit mit §§ 224 I Nr. 4, 22, 23 I und § 240 StGB annehmen.

b) Ein erfolgsqualifiziertes Delikt kann aber auch in der Weise versucht werden, dass der Täter die schwere Folge versucht und das Grunddelikt vollendet[32] ***(versuchte Erfolgsqualifikation)***.

Beispiel: A will B ausrauben, indem er sie zunächst durch Kopfschuss niederstreckt und ihr dann ihren Schmuck wegnimmt. A geht vor wie geplant, die Kugel geht aber nur durch unwichtige Gehirnzentren, sodass B überlebt.

Lösung: Hier liegt auf jeden Fall versuchter Mord vor (Habgier und/oder Ermöglichungsabsicht). Vor dem 6. StrRG war streitig, ob daneben auch noch ein versuchter Raub mit Todesfolge in Tateinheit vorliegt. Der damalige Wortlaut „leichtfertig“ schien darauf hinzuweisen, dass ein

---

30 So etwa im Bsp. 1, vgl. BGHSt 14, 110; jetzt auch BGH NStZ 2003, 149 m. krit. Bspr. *Laue*, JuS 2003, 745; vgl. auch *Hardtung*, NStZ 2003, 261 ff.; vgl. zu diesem Fall auch *Heger*, JA 2003, 455 ff.

31 Vgl. statt vieler *Haft*, AT, S. 238 f.; *Jakobs*, AT, 25/26; *Kühl*, JuS 1981, 196; *Laubenthal*, JZ 1987, 1067; *Roxin*, AT/II, § 29, Rn. 328 ff.; *Stratenwerth/Kuhlen*, AT/1, § 15, Rn. 58 f.; *Wessels/Beulke/Satzger*, AT, Rn. 617; *Zieschang*, AT, S. 102 f.

32 Vgl. dazu auch *Roxin*, AT/II, § 29, Rn. 319 ff.

Versuch in dieser Form nicht möglich ist. Denn Versuch setzt Vorsatz voraus. Der BGH hat aber § 251 StGB dennoch angewandt, wenn der Täter bzgl. des Todes Vorsatz hatte. Begründung: § 18 StGB (Wortlaut: „wenigstens") sei in die Auslegung des § 251 StGB mit einzubeziehen, sodass Leichtfertigkeit und jede höhere subjektive Tateinstellung ausreichen, um den Tatbestand als erfüllt anzusehen.

Der Gesetzgeber hat mit dem 6. StrRG durch Aufnahme des Wortes „wenigstens" diese Rspr. u. a. für § 251 StGB bestätigt und damit die Streitfrage bei den erfolgsqualifizierten Delikten erledigt. §§ 211, 212 StGB und § 251 StGB können daher in Tateinheit erfüllt sein.

Daraus ergibt sich nun freilich aus dem Wortlaut „wenigstens" auch, dass strukturell der Versuch des erfolgsqualifizierten Delikts in der Weise möglich ist, dass nur die schwere Folge versucht und das Grunddelikt vollendet wird.

c) Ein erfolgsqualifiziertes Delikt kann schließlich auch in der Weise versucht werden, dass der Täter das Grunddelikt und die schwere Folge versucht.

Beispiel: A geht in eine Bank und verlangt 10 000,– € mit vorgehaltener Pistole. Als sich der Kassierer weigert, schießt er auf ihn mit Tötungsvorsatz, muss aber feststellen, dass das Glas schusssicher ist. Er flieht daher ohne Beute.

Lösung: Hier sind §§ 251, 22, 23 I StGB erfüllt, was sich anhand einer Gesamtschau aus a) und b) ergibt.

Achtung Klausur: *Die Konstellationen b) und c), d. h. Fälle, in denen der Täter den qualifizierten Erfolg herbeiführen will, diesen aber nicht erreicht, sind nicht zu prüfen bei § 227 StGB, sofern der Täter hier die Tötung will. Denn die versuchte Tötung verdrängt ersichtlich den Versuch des § 227 StGB (stärkeres Delikt!).*

4. Die Anstiftung zur Erfolgsqualifikation

381a Da es sich beim erfolgsqualifizierten Delikt um ein Vorsatzdelikt handelt (vgl. § 11 II StGB), ist auch eine Anstiftung ohne Weiteres möglich. Erforderlich ist nur, dass der Anstifter selbst bzgl. der schweren Folge mindestens fahrlässig (vgl. § 18 StGB!) bzw. – bei ausdrücklicher gesetzlicher Regelung – leichtfertig (vgl. z. B. § 251 StGB) handelt. Die Problematik veranschaulicht folgender

381b **Fall 70:** A stiftet den B an, mit einer geladenen Waffe den Juwelier J auszurauben. B folgt dem Rat und hält dem J eine Pistole vors Gesicht. Beim Einpacken der Juwelen löst sich ein für J tödlicher Schuss. B flieht mit der Beute. Strafbarkeit des A? **(Juwelenraub-Fall)**

381c **Lösung:**

I. A ist strafbar wegen **Anstiftung zu §§ 249, 250 II Nr. 1, 26 StGB**.

II. In Betracht kommt auch eine **Anstiftung zum Raub mit Todesfolge nach §§ 251, 26 StGB**.

1. Objektiver Tatbestand

a) Objektiv und subjektiv tatbestandsmäßige und rechtswidrige Haupttat
Diese liegt hier vor, da die erfolgsqualifizierte Tat des § 251 StGB nach der gesetzlichen Regelung des § 11 II StGB eine Vorsatztat darstellt. Das rechtswidrige Grunddelikt macht die Erfolgsqualifikation daher insgesamt zu einer teilnahmefähigen Vorsatztat.

b) Zu diesem vorsätzlichen Grunddelikt hat A den B auch objektiv bestimmt (s. bereits o. bei §§ 249, 250 II Nr. 1 StGB).

2. Subjektiver Tatbestand

a) Vorsatz des A bzgl. des Erfolgs der Haupttat
A hatte vorliegend hinsichtlich des Grunddelikts Vorsatz.

b) Vorsatz bzgl. der eigenen Anstiftung
Auch dieser war gegeben, da A mit dem Willen gehandelt hat, beim Haupttäter einen Tatentschluss hervorzurufen.

3. Kenntnis der die schwere Folge **verursachenden Umstände** sowie diesbezüglicher **Fahrlässigkeitsvorwurf**

a) Die Rspr. verlangt lediglich, dass der Teilnehmer die Umstände gekannt hat, die die schwere Folge besorgen ließen.[33] Vorliegend ist dies der Fall, da A wusste, dass B eine Waffe beim Raubüberfall mit sich führen wird.

b) Bezüglich der schweren Folge selbst muss den Anstifter dagegen derselbe Fahrlässigkeitsvorwurf wie den Täter selbst treffen. Vorliegend müsste A daher bzgl. der Todesfolge leichtfertig gehandelt haben. Dies dürfte der Fall sein, da bei einem Raubüberfall mit Waffen stets damit zu rechnen ist, dass Menschen zu Tode kommen. Ein Beiseiteschieben von Bedenken ist diesbezüglich als leichtfertig zu qualifizieren.

4. Rechtfertigungsgründe sind nicht ersichtlich.

5. Auch sind **Schuldausschließungsgründe** nicht gegeben. Insbesondere war die tödliche Folge für A auch subjektiv nach seinen persönlichen Kenntnissen vorhersehbar.

III. Die durch die Aufforderung bewirkte Todesverursachung ist auch als **fahrlässige Tötung nach § 222 StGB** erfassbar. Jedoch tritt § 222 StGB hinter §§ 251, 26 StGB zurück.

IV. Ergebnis und Konkurrenzen: A ist strafbar gem. §§ 249, 250 II Nr. 1, 251, 26, 52 StGB. Die Anstiftung zu § 250 II Nr. 1 StGB tritt nicht hinter der Anstiftung zu § 251 StGB zurück, da nur bei der Annahme von Tateinheit im Urteilstenor berücksichtigt werden kann, dass A den B zur Tatausführung mittels einer Waffe bestimmt hat.

Hinweis: *Die geforderte Fahrlässigkeit ist für jeden Täter oder Teilnehmer gesondert festzustellen (vgl. § 18 StGB: „ihm“).*[34] *Da es bei erfolgsqualifizierten Delikten für die Strafbarkeit des Anstifters nur darauf ankommt, ob diesem Fahrlässigkeit bzw. Leichtfertigkeit hinsichtlich des Erfolgs vorzuwerfen ist,*[35] *ist es deshalb auch unerheblich, ob der Haupttäter den Erfolg vorsätzlich, fahrlässig oder schuldlos verursacht hat. Der Anstifter zum Raub kann sich daher nach §§ 251, 26 StGB strafbar machen, wenn er den Eintritt der schweren Folge voraussehen kann, auch wenn der Haupttäter hinsichtlich der schweren Folge nicht fahrlässig handelt und daher nur das Grunddelikt des § 249 StGB verwirklicht. Konstruktiv beruht diese Lösung auf der Annahme, dass die Tat des Anstifters sich als Anstiftung zum Grunddelikt in Verbindung mit fahrlässiger (Neben-) Täterschaft hinsichtlich der schweren Folge darstellt.*[36]

33 Vgl. BGH NJW 1998, 3361.
34 Zutreffend *Esser/Krickl*, JA 2008, 793 f.
35 BGHSt 2, 223, 225; BGHSt 19, 339, 341.
36 Vgl. hierzu LK-*Schünemann*, § 26, Rn. 92 f.

§ 11 Konkurrenzen und Wahlfeststellung

A. Konkurrenzen

382 Der Student sollte sich ganz unabhängig von den Details für Klausuren folgende Grundsätze merken[1]:

- Wenn eine Handlung mehrere Tatbestände verwirklicht, ist grundsätzlich Tateinheit anzunehmen.
- Wenn mehrere Handlungen mehrere Tatbestände verwirklichen, ist grundsätzlich Tatmehrheit anzunehmen (Ausnahme: natürliche Handlungseinheit).
- Ein Tatbestand tritt hinter dem anderen zurück, wenn der Unrechtsgehalt bereits im anderen enthalten ist (Gesetzeskonkurrenz). Deshalb setzt die Behandlung der Konkurrenzen ein solides Wissen über die geschützten Rechtsgüter in den jeweiligen Tatbeständen des Besonderen Teils voraus; im Folgenden können daher nur allgemeine Grundlagen vermittelt werden.
- Verwirklicht eine Handlung mehrere Tatbestände gegenüber verschiedenen Personen (A verwirklicht durch eine Täuschung sowohl einen Betrug gegenüber B als auch einen Betrug gegenüber C), so kann keine der beiden Taten zurücktreten, da im Urteilstenor zum Ausdruck kommen muss, dass zwei unterschiedliche Opfer betroffen sind.

I. Grundsatz: Handlungseinheit löst Tateinheit aus

383 Handlungseinheit (eine Handlung verwirklicht mehrere Tatbestände) begründet Tateinheit (Idealkonkurrenz), vgl. § 52 StGB.

Beispiel 1: A tötet durch einen Schuss aus der Schrotflinte zwei Menschen (wegen zweifachen § 212 gleichartige Idealkonkurrenz).

Beispiel 2: A erschießt den B durch ein geschlossenes Fenster (wegen § 212 und § 303 StGB ungleichartige Idealkonkurrenz).

Hier gilt für die Bestrafung das sog. Absorptionsprinzip nach § 52 StGB (zwingend lesen!).

Neben der rechtlichen Handlungseinheit wird von der h. M.[2] auch eine sog. natürliche Handlungseinheit in Fällen angenommen, in denen mehrere gleichartige Tätigkeitsakte auf einem einheitlichen Willensentschluss beruhen und den gleichen Straftatbestand in unmittelbarer Aufeinanderfolge wiederholt oder fortlaufend verwirklichen.

Beispiel: A schlägt F's Kopf fünfmal hintereinander auf sein Knie, bis diesem ordentlich der Schädel brummt.

---

1 Vgl. zu den Konkurrenzen in der Klausur *Rückert*, JA 2014, 826 ff.

2 Vgl. aber zum Streitstand *Sch/Sch/Sternberg-Lieben/Bosch*, vor § 52, Rn. 22 f.; zu den Konkurrenzen in der Klausurbearbeitung *Steinberg/Bergmann*, Jura 2009, 905 ff.

Lösung: Hier liegt nur eine Körperverletzung im materiellen Sinn vor, wobei man in diesem Fall nicht von Idealkonkurrenz sprechen kann, sondern vielmehr nur eine Tat gegeben ist.[3]

Der BGH hat nun klargestellt, dass eine natürliche Handlungseinheit in den Fällen abzulehnen sei, in denen sich die Tathandlungen gegen höchstpersönliche Rechtsgüter mehrerer Personen richten.[4] Höchstpersönliche Rechtsgüter seien einer additiven Betrachtungsweise grundsätzlich nicht zugänglich, sodass die Handlungen prinzipiell auch nicht aufgrund einer engen zeitlich-räumlichen Aufeinanderfolge oder aufgrund eines einheitlichen Vorsatzes zusammengefasst werden können. Ausnahmen seien nur denkbar, wenn eine Aufspaltung willkürlich und gekünstelt erschiene, so z. B. bei Schüssen innerhalb weniger Sekunden. Dem ist zuzustimmen. Richtiger sollte man aber bei höchstpersönlichen Rechtsgütern sogar ausnahmslos auf eine Zusammenfassung der Ausführungsakte im Wege der natürlichen Handlungseinheit verzichten.[5]

Sonderproblem: Klammerwirkung, die zur Tateinheit führt

Zwischen verschiedenen an sich selbstständigen Straftaten kann auch Idealkonkurrenz durch Klammerwirkung eines dritten sich mit den Straftaten überschneidenden Tatbestandes erzeugt werden, sofern die verbindende Tat nicht leichter ist als die verbundenen.[6] **384**

Beispiel: Der Verstoß gegen das Waffengesetz verklammert Totschlag und Nötigung, selbst wenn sie selbständige Taten sind.

Lösung: Laut BGH ist eine Verklammerung sogar dann möglich, wenn eines der verklammerten Delikte schwerer wiegt als ihr vermittelndes Bindeglied.[7]

Vgl. zu einem Fall, in dem der BGH eine Klammerwirkung angenommen hat: *Jäger*, BT, Rn. 97c, betreffend den Tatbestand der Nachstellung, § 238 StGB.

II. Ausnahme: Keine Tateinheit bei Gesetzeskonkurrenz[8]

Bei Gesetzeskonkurrenz tritt ein Delikt hinter dem anderen zurück, weil der Unrechtsgehalt bereits im anderen enthalten ist.

Mögliche Formen:

1. Spezialität

Diese ist grundsätzlich dann gegeben, wenn ein Tatbestand *begriffsnotwendig* alle Merkmale eines anderen Tatbestandes enthält und darüber hinaus noch mindestens ein weiteres. **385**

---

3 Vgl. dazu auch *T. Walter*, JA 2004, 136.
4 BGH NStZ 2012, 525 m. Anm. *Kudlich*, JA 2012, 554 sowie *Wachter*, StV 2013, 384 f.
5 Vgl. dazu auch SK-*Jäger*, vor § 52, Rn. 53.
6 Vgl. dazu *Sch/Sch/Sternberg-Lieben/Bosch*, § 52, Rn. 16 f.; Matt/Renzikowski/*Bußmann*, § 52, Rn. 27.
7 BGHSt 31, 29; zust. *Sch/Sch/Sternberg-Lieben/Bosch*, § 52, Rn. 18; vgl. dazu am Beispiel der Urkundenfälschung auch BGH NStZ 2014, 272 m. Anm. *Becker*.
8 Allgemein zur Gesetzeskonkurrenz *Puppe*, JuS 2016, 961 ff.; *T. Walter*, JA 2005, 468 ff.

Beispiele:
- Raub und Nötigung (§§ 249, 240 StGB)
- Gefährliche Körperverletzung und Körperverletzung (§§ 224, 223 StGB)
- Mord und Totschlag (§§ 211, 212 StGB)
- Verhältnis zwischen Qualifizierung/Privilegierung zum Grundtatbestand (etwa § 250 zu § 249 StGB)
- beim zusammengesetzten Delikt gegenüber den Delikten, aus denen es zusammengesetzt ist (z. B. § 249 zu §§ 240, 242 StGB).

2. Subsidiarität

386 Sie ist gegeben, wenn von mehreren grundsätzlich anwendbaren Tatbeständen einer nur hilfsweise anwendbar ist. Dies kann etwa gesetzlich bestimmt sein (dann spricht man von formeller Subsidiarität, etwa im Verhältnis von § 316 zu § 315c StGB) oder sachgegeben bei verschieden intensiven Angriffsarten auf dasselbe Rechtsgut vorliegen (dann spricht man von materieller Subsidiarität, z. B. bei Durchgangsdelikten, weshalb etwa die Körperverletzung hinter dem Tötungsdelikt zurücktritt, sog. Einheitstheorie; nicht dagegen gilt dies bei der vollendeten Körperverletzung im Verhältnis zur versuchten Tötung, da das Versuchsunrecht der Tötung nicht deutlich macht, dass eine vollendete Körperverletzung tatsächlich bewirkt wurde[9]).

3. Konsumtion

387 Sie ist gegeben, wenn weder Spezialität noch Subsidiarität vorliegt, jedoch ein bestimmtes Strafgesetz *trotz unterschiedlicher Schutzrichtung* neben einem anderen *üblicherweise* (nicht notwendigerweise) mitverwirklicht ist (z. B. treten beim Einbruchsdiebstahl nach h. M. §§ 242, 243 StGB die §§ 303 StGB und 123 StGB zurück[10]).

III. Grundsatz: Handlungsmehrheit löst Tatmehrheit aus

388 Folgen mehrere Handlungen zeitlich voneinander getrennt, so liegt Tatmehrheit (Realkonkurrenz) vor, vgl. § 53 StGB.

Beispiel 1: A begeht am 1.4, am 1.5. und am 1.6. einen Betrug (sog. gleichartige Realkonkurrenz).

Beispiel 2: A begeht am 1.4. einen Betrug, am 1.5. einen Diebstahl und am 1.8. eine Umweltgefährdung (sog. ungleichartige Realkonkurrenz).

In derartigen Fällen ist eine Gesamtstrafe zu bilden, vgl. §§ 53, 54 (sog. Asperationsprinzip; Vorschriften zwingend lesen!). Zur nachträglichen Gesamtstrafenbildung, vgl. § 55 StGB.[11]

---

9 BGHSt 44, 196. So jetzt auch die ganz h. M.; vgl. nur *Sch/Sch/Eser/Sternberg-Lieben*, § 212, Rn. 23; *Lackner/Kühl*, § 212, Rn. 9; *Kudlich*, JA 1999, 452; *Otto*, BT, § 25, Rn. 9; *Satzger*, JR 1999, 204 ff.; *Wessels/Hettinger*, BT/1, Rn. 321. Schon vor dieser Entscheidung vertraten diesen Standpunkt etwa *Maatz*, NStZ 1995, 210 ff.; *Fischer*, § 211, Rn. 50; *Schröder*, JR 1969, 265; *Vogler*, Bockelmann-FS, S. 725; *Welzel*, Deutsches Strafrecht, S. 282.

10 Einschränkend BGH NStZ 2002, 202 (lesenswert!).

11 Eingehend zur Gesamtstrafenbildung *Klappstein/Kossmann*, JuS 2010, 785 ff.; *Nestler*, JA 2011, 248 ff.

IV. Ausnahme: Keine Tatmehrheit bei Gesetzeskonkurrenz

Auch hier bedeutet Gesetzeskonkurrenz, dass ein Delikt hinter dem anderen zurücktritt, weil der Unrechtsgehalt bereits im anderen enthalten ist. **389**

Mögliche Formen:

1. Mitbestrafte Vortat

Beispiel 1: Der Versuch tritt gegenüber einem später vollendeten Delikt zurück.[12]

Beispiel 2: K versuchte seinen Bekannten B dazu zu bestimmen, gegen eine Belohnung von 5000 € das von K in einem Wohn- und Geschäftshaus betriebene Ladengeschäft niederzubrennen. Nachdem B nicht tätig geworden war, legte K selbst in seinem Ladengeschäft Feuer. Die alsbald alarmierte Feuerwehr konnte das Übergreifen des Feuers auf wesentliche Gebäudeteile verhindern (nach BGH JA 2010, 664).

Lösung: K ist strafbar wegen versuchter besonders schwerer Brandstiftung. Die ebenfalls verwirklichte versuchte Anstiftung zur besonders schweren Brandstiftung, §§ 306a, 30 I StGB, tritt als mitbestrafte Vortat dahinter zurück. Durch § 30 StGB werden einzelne Vorbereitungshandlungen wegen ihrer besonderen Gefährlichkeit unter Strafe gestellt; für eine Verurteilung wegen versuchter Anstiftung zu einem Verbrechen ist also dann kein Raum mehr, wenn nach der versuchten Anstiftung der Auffordernde selbst das Verbrechen, zu dem er einen anderen vergeblich zu bestimmen versucht hat, begeht oder zu begehen versucht.

2. Mitbestrafte Nachtat

Beispiel: Der Sicherungsbetrug tritt hinter dem vorangegangenen Diebstahl zurück.[13]

V. Sonderproblem: Dauerdelikte

Hier ist nach h. M. zu differenzieren: **390**

Werden Handlungen nur gelegentlich des Dauerdelikts vorgenommen, so stehen sie mit dem Dauerdelikt in Realkonkurrenz (vgl. dazu den Warnschuss-Fall, Rn. 325 f.). Dient die Straftat dagegen der Aufrechterhaltung des Dauerdelikts, etwa bei der Einsperrung des Hausherren (§§ 239, 240 StGB), um sich weiter unbefugt in seinem Anwesen aufhalten zu können (§ 123 StGB) oder dient umgekehrt das Dauerdelikt der Begehung einer anderen Straftat, etwa unerlaubtes Betreten eines Grundstücks (§ 123 StGB), um zu stehlen (§ 242 StGB), so ist zumindest dann Idealkonkurrenz anzunehmen, wenn sich die Tathandlungen wenigstens teilweise decken.[14]

VI. Abschaffung des Rechtsinstituts des Fortsetzungszusammenhangs

Bis zum Jahre 1994 kannte die Praxis auch das Institut des Fortsetzungszusammenhangs, wonach es möglich war, selbstständige Handlungen zu einer Tat im materiellen Sinn zusammenzufassen. Voraussetzungen waren im Einzelnen: **391**

---

12 BGHSt 10, 230.
13 RGSt 49, 16; zur mitbestraften Nachtat siehe ferner *v. Heintschel-Heinegg*, JA 2008, 899 f.
14 Vgl. dazu *Jescheck/Weigend*, AT, § 67 III 2 m. w. N. (sehr str.).

1. Gleicher Grundtatbestand
2. Gleichartigkeit und zeitlich-räumlicher Zusammenhang der Einzelakte
3. Keine höchstpersönlichen Rechtsgüter unterschiedlicher Betroffener
4. Subjektiv:
   - H. M.: Gesamtvorsatz, d. h. ein alle Akte in den wesentlichen Zügen umfassender Vorsatz (spätestens bis zum Abschluss der einen Tat musste der Täter schon wieder an die andere „denken")
   - Teil der Lit.: Fortsetzungsvorsatz, d. h. ein an die vorangegangene Tat anknüpfender Vorsatz

Der große Senat des BGH hat dieses Rechtsinstitut im Jahre 1994 jedoch aufgegeben.[15] Zur Begründung führte der BGH an, dass dieses Rechtsinstitut mit zu vielen nicht lösbaren Widersprüchen behaftet sei, da es einmal zum Vorteil und ein andermal zum Nachteil des Täters gereichen könne.

So bestanden für den Täter z. B. Vorteile in der Rechtskraftwirkung: Wurden etwa von 263 in Fortsetzungszusammenhang begangenen Betrugstaten nur 7 rechtskräftig abgeurteilt, weil die anderen nicht entdeckt wurden, so konnten die anderen 256 Betrugstaten wegen des durch die Behandlung als eine Tat im materiellen Sinn eingetretenen Strafklageverbrauchs nicht mehr verfolgt werden.

Nachteile bestanden dagegen für den Täter z. B. beim Verjährungsbeginn: Da bei Fortsetzungszusammenhang alle einzelnen Taten zu einer Tat im materiellen Sinne zusammengefasst wurden, begann die Verjährung für alle Taten erst mit Beendigung der letzten Tat. Die Annahme von Tatmehrheit ist hier also für den Täter vorteilhafter.

Deshalb will der BGH das Rechtsinstitut der fortgesetzten Handlung nur noch bei den Tatbeständen anwenden, bei denen dies zur Erfassung des Gesamtunwerts der Tatserien zwingend geboten erscheint. Dies sei jedenfalls bei den Tatbeständen der §§ 173, 174, 176, 263 StGB und nach BGH NJW 1994, 2368 auch bei der Steuerhinterziehung nicht der Fall, sodass hier die Annahme von Fortsetzungszusammenhang verfehlt und Realkonkurrenz anzunehmen sei. Man wird sich daher darüber klar sein müssen, dass es im StGB keinen Tatbestand gibt, bei dem die Annahme von Fortsetzungszusammenhang noch geboten erscheint, sodass die Entscheidung trotz der einzeltatbestandsbezogenen Haltung des BGH wohl die umfassende Abschaffung des Rechtsinstituts der fortgesetzten Handlung bedeutet.

Hinweis: *In der Klausur jedenfalls sollte man dieses Rechtsinstitut nicht mehr verwenden. Allerdings kann seine historische Kenntnis im mündlichen Examen u. U. vorausgesetzt werden.*

15 BGH NJW 1994, 1663.

VII. Abschlussfall zu den Konkurrenzen

Zum Abschluss noch ein in Klausuren häufiger

Fall 71: A fährt fahrlässig mit 1,2 ‰ Auto und überfährt dabei den B, der stirbt. A hält kurz an, sieht, dass B tot ist und flieht dann. Konkurrenzen bzgl. der begangenen Taten? **(Unfallflucht-Fall)** 392

Hinweis: *Versuchen Sie die Lösung zunächst einmal selbst, indem Sie sich erst überlegen, welche Straftaten A erfüllt haben könnte und sodann die Konkurrenzprüfung vornehmen!*

Lösung: 393

§ 316 II wird durch § 315c I Nr. 1a, III Nr. 2 verdrängt (Gesetzeskonkurrenz; ausdrückliche Subsidiarität). In Tateinheit mit letzterem steht § 222 StGB. In Tatmehrheit (Unfall schafft Zäsur!) dazu steht § 142 I Nr. 2 StGB, der in Tateinheit mit § 316 I StGB steht (jetzt sogar § 316 I (!) StGB, da A nach seinem Unfall von seiner Fahruntauglichkeit weiß!).

B. Wahlfeststellung

I. Allgemeines zur Wahlfeststellung

Nach dem in dubio pro reo-Grundsatz (Ausfluss aus dem Schuldprinzip, Art. 6 II EMRK) muss der Richter für die Verurteilung wegen einer Tat von der Täterschaft des Angeklagten vollständig überzeugt sein (§ 261 StPO). 394

Ausnahmsweise ist allerdings eine Wahlfeststellung möglich, wenn eine eindeutige Tatfeststellung trotz Ausschöpfung aller Ermittlungsmöglichkeiten nicht gelingt und alle denkbaren Geschehensverläufe die Verletzung eines Strafgesetzes bedeuten.

Achtung Klausur: *Gerade bei § 259 StGB wird häufig die Frage der Wahlfeststellung relevant.*

II. Arten der Wahlfeststellung

1. Gleichartige Wahlfeststellung (= unechte Wahlfeststellung)

Diese ist bei Sachverhaltsalternativität möglich, also wenn der Täter in allen denkbaren Sachverhaltsverläufen denselben Straftatbestand erfüllt. 395

2. Ungleichartige Wahlfeststellung (= echte Wahlfeststellung)

Diese wurde in der Vergangenheit von der Rechtsprechung bei Tatbestandsalternativität angenommen, so etwa, wenn man nicht weiß, ob A bezüglich der bei ihm gefundenen Sachen Dieb oder Hehler ist. 396

Vorausgesetzt hat die Rechtsprechung allerdings für eine Bestrafung aus ungleichartiger Wahlfeststellung, dass die wahldeutigen Verhaltensweisen einen **rechtsethisch und rechtspsychologisch vergleichbaren** Straftatbestand betreffen (a. A. z. T. Lit., **die**

Identität des Unrechtskerns verlangt, was man in der Klausur als Zusatzargument bringen kann!).

Eine echte Wahlfeststellung wurde danach für möglich gehalten zwischen:
- Betrug/Diebstahl und Hehlerei
- Betrug/Diebstahl und Unterschlagung
- Betrug und Computerbetrug
- Diebstahl und Begünstigung
- Diebstahl und Pfandkehr
- Unterschlagung und Untreue
- Mord und Totschlag
- Raub und Unterschlagung auf der wahldeutigen Grundlage Diebstahl und Unterschlagung.

Hinweis: *Eine echte Wahlfeststellung wurde danach nicht nur bei zwei, sondern auch bei mehreren Delikten für möglich gehalten, beispielsweise zwischen:*
- Betrug, Hehlerei und (mittäterschaftlicher) Unterschlagung.[16]

Keine echte Wahlfeststellung wurde dagegen zugelassen zwischen:
- Urkundenfälschung und Betrug
- Beihilfe zum Raub und Strafvereitelung
- § 323a StGB und der Rauschtat.

Auch zwischen § 249 StGB und §§ 253, 255 StGB ist nach einer Entscheidung des BGH[17] keine Wahlfeststellung möglich, weil der Tatbestand der räuberischen Erpressung nach Ansicht der Rechtsprechung den engeren Tatbestand des Raubes mitumfasst und damit in jeder Sachverhaltsalternative eine Strafbarkeit nach §§ 253, 255 StGB zu bejahen ist.

Neuerdings hat eine Entscheidung des 2. Senats des BGH allerdings grundsätzliche Bewegung in die Diskussion um die Berechtigung der echten Wahlfeststellung gebracht. Der 2. Senat hat nämlich in zwei Anfragebeschlüssen vom 28.1.2014 und vom 2.11.2016 die Verfassungsmäßigkeit der echten Wahlfeststellung angezweifelt.[18]

Veranschaulicht werden soll dies an folgendem, den Entscheidungen zugrunde liegenden

396a **Fall 72:** Bei A wurden im Rahmen von Durchsuchungen jeweils Gegenstände sichergestellt, die entweder von A als Mittäter in dem für die Einzeltaten näher konkretisierten Tatzeitraum zwischen dem 26.3.2007 und dem 20.6.2009 gestohlen worden waren, oder die er vor Beginn der Durchsuchung durch Hehlerei erlangt hatte, wobei in jedem Fall Gewerbsmäßigkeit der Taten zu bejahen war. Strafbarkeit des A? § 261 ist nicht zu prüfen. (**Wahlfeststellungs-Fall** nach den Anfragebeschlüssen BGH NStZ 2014, 392 und BGH 2 StR 495/12)[19]

---

16 Zu einer entsprechenden Sachverhaltskonstellation siehe BGH NStZ 2012, 510.

17 BGH NStZ 2014, 640.

18 Vgl. zum Ganzen *Ceffinato*, Jura 2014, 655 ff.

19 M. Anm. *Bosch*, JK 10/2014, GG Art. 103 II/6; *Ceffinato*, JA 2014, 655; *v. Heintschel-Heinegg*, JA 2014, 710 ff.; *Jahn*, JuS 2014, 753 ff.; *Schuhr*, NStZ 2014, 437 ff.; *Wagner*, ZJS 2014, 436 ff.

Lösung: **396b**

A. Sachverhaltsalternative 1: A hat die Gegenstände selbst gestohlen.

I. A könnte sich wegen **mittäterschaftlichen gewerbsmäßigen Diebstahls nach** §§ **242, 25 II in Verbindung mit** § **243 I S. 2 Nr. 3 StGB** strafbar gemacht haben.

1. Sofern A gemeinsam mit anderen die Gegenstände entwendet hat, liegt der objektive Tatbestand des Diebstahls zweifellos vor, da dieser dann fremde bewegliche Sachen weggenommen hat. Sofern die Wegnahmehandlungen durch andere Mittäter (zum Teil) ausgeführt wurden, wären diese Tathandlungen aufgrund des gemeinsamen Tatplans dem A als mittäterschaftliche Begehungsweisen zurechenbar, § 25 II StGB.

2. Darüber hinaus wäre auch der subjektive Tatbestand des Diebstahls zu bejahen, da davon auszugehen ist, dass die Täter in der Absicht rechtswidriger Zueignung gehandelt haben.

3. Rechtfertigungs- und Schuldausschließungsgründe sind nicht ersichtlich, sodass der Tatbestand des Diebstahls rechtswidrig und schuldhaft erfüllt wäre.

4. Darüber hinaus wäre auch Gewerbsmäßigkeit des Diebstahls nach § 243 I S. 2 Nr. 3 StGB zu bejahen, da in jedem Fall davon auszugehen ist, dass A sich aus einer wiederholten Begehung eine Einnahmequelle von einer gewissen Dauer und Erheblichkeit schaffen wollte.[20] Damit ist auch das Regelbeispiel des § 243 I S. 2 Nr. 3 StGB erfüllt.

II. Der gleichzeitig verwirklichte Tatbestand der **Unterschlagung nach** § **246 StGB** tritt hinter den Diebstahl wegen formeller Subsidiarität zurück (vgl. § 246 I am Ende).

B. Sachverhaltsalternative 2: Eine andere Person hat die Gegenstände gestohlen und A hat sie in Kenntnis des Diebstahls von diesem erworben.

I. A könnte sich wegen **Hehlerei nach** § **259 I StGB** strafbar gemacht haben.
Nach den Sacherhaltsangaben ist davon auszugehen, dass sich A die Gegenstände in diesem Fall verschafft hat, d.h. in einvernehmlichem Zusammenwirken zwischen ihm und den Vortätern ein abgeleiteter (derivativer) Erwerb der Gegenstände stattfand.
Auch ist davon auszugehen, dass dieser Erwerb in Bereicherungsabsicht erfolgte.

II. Zudem liegt in dieser Sachverhaltsvariante eine **gewerbsmäßige Hehlerei nach** § **260 I Nr. 1 StGB** vor, da unbestritten ist, dass A handelte, um sich durch wiederholte Handlungen eine fortlaufende Einnahmequelle von einiger Dauer und einigem Umfang zu verschaffen.

III. Schließlich ist dann auch eine **Unterschlagung nach** § **246 StGB** erfüllt. Jedoch tritt diese hinter der gewerbsmäßigen Hehlerei nach §§ 259, 260 StGB zurück.

C. Auflösung der aus der Sachverhaltsungewissheit resultierenden unterschiedlichen Rechtsfolgen
Eine Anwendung des in dubio pro reo-Grundsatzes scheidet mangels logischen und normativen Stufenverhältnisses zwischen § 242 und § 259 StGB aus und die ausschließliche Anwendung des in jedem Fall gegebenen § 246 StGB würde dem Unrechtsgehalt nicht gerecht. Denkbar wäre jedoch bei rechtsethischer und rechtspsychologischer Vergleichbarkeit der Tatbestände die Annahme einer echten Wahlfeststellung zwischen §§ 242 und 259 StGB. Danach wäre A entweder wegen Diebstahls gemäß §§ 242 I, 243 I S. 2 Nr. 3 StGB oder gewerbsmäßiger Hehlerei nach §§ 259 I, 260 I Nr. 1 StGB zu verurteilen.

I. Fraglich ist jedoch die Zulässigkeit einer solchen echten bzw. ungleichartigen Wahlfeststellung. Der 2. Senat des BGH ist neuerdings in einem Anfragebeschluss von der Verfassungswidrigkeit dieses Rechtsinstituts ausgegangen. Danach sei die gesetzesalternative Wahlfeststellung nicht nur, wie etwa der Zweifelssatz, eine prozessuale Entscheidungsregel, weil die echte Wahlfeststellung die Entscheidung materiell durch die Vorgabe beeinflusse, dass bei einer exklusiven Sachverhaltsalternativität nicht nur eine bestimmte Verurtei-

20 BGHSt 49, 181; NJW 2009, 3798.

lung oder ein Freispruch in Frage kommen kann, sondern auch eine dritte Entscheidungsvariante. Da die Rechtsfigur strafbegründend wirke, verletze sie nach Ansicht des 2. Senats das Analogieverbot und verstoße gegen den Grundsatz der Bestimmtheit nach Art. 103 II GG. Denn zur Herbeiführung einer der Schuld des Täters angemessenen Strafe reiche nicht nur ein quantitativer Strafrahmenvergleich der alternativ in Frage kommenden Normen aus, sondern es müsse auch die Qualität der Strafe mit Blick auf eine bestimmte strafbare Handlung und diesbezügliche Schuld bewertet werden. Der Grund liege in der konkret begangenen Tat, die auch deshalb nicht durch eine gesetzesalternative Verurteilung offen gelassen werden dürfe. Lasse der Strafrichter dagegen offen, welcher Straftatbestand anzuwenden ist, und greife er nur auf den geringsten Strafrahmen aus den Alternativen zurück, begleiteten zwangsläufig Ungenauigkeiten den Strafzumessungsvorgang, was mit Art. 103 II GG unvereinbar sei. Denn bei der Wahlfeststellung erfolge die Bestrafung letztlich nur auf der Grundlage eines „Rumpftatbestands". Dies laufe auf eine „Entgrenzung" von Tatbeständen oder auf „Verschleifung" zweier Straftatbestände durch alternative Vereinigung der Einzelvoraussetzungen hinaus, die über die Verschleifung von verschiedenen Tatbestandsmerkmalen einer einzigen Strafnorm noch weit hinausgehe. Die Verurteilung beruhe nämlich praktisch auf einer ungeschriebenen dritten Norm. Die gesetzesalternative Wahlfeststellung verletze daher das Analogieverbot, da Art. 103 II GG gewährleiste, dass eine Tat nur bestraft werden kann, wenn die Strafbarkeit gesetzlich bestimmt war, bevor die Tat begangen wurde.

II. Auf den ersten Anfragebeschluss des Zweiten Senats haben zwischenzeitlich sämtliche übrigen Senate geantwortet. Diese wollen an ihrer ständigen Rechtsprechung festhalten. Dabei bezweifeln sie bereits, dass es sich bei der ungleichartigen Wahlfeststellung um eine Rechtsfigur des materiellen Rechts handle. Vielmehr wird von ihnen die Rechtsnatur einer prozessualen Entscheidungsregel hervorgehoben, auf die Art. 103 II GG keine Anwendung finde. Darüber hinaus wird aber selbst bei Unterstellung eines materiell-rechtlichen Gehalts dieser Rechtsfigur ein Verstoß gegen Art. 103 II GG abgelehnt. Die übrigen Senate begründen dies vor allem damit, dass durch die ungleichartige Wahlfeststellung weder gesetzliche Tatbestandsvoraussetzungen abgeschwächt noch ein neuer Tatbestand konstruiert würde, denn auch auf wahldeutiger Grundlage erfolge die Verurteilung nur nach den bei der Begehung der Tat bestehenden Straftatbeständen, den in ihnen enthaltenen Merkmalen und Strafdrohungen.

III. Da die unterschiedlichen Auffassungen zu unterschiedlichen Ergebnissen führen, ist eine Stellungnahme erforderlich. Überzeugender ist dabei die Annahme einer Verfassungsmäßigkeit der ungleichartigen Wahlfeststellung. Denn der 2. Senat tut letztendlich so, als würde bei einer echten Wahlfeststellung etwa zwischen Diebstahl und Hehlerei nur aus einer diffusen Vermögensverletzung bestraft. Dem ist aber zu widersprechen. Der Täter wird vielmehr bestraft, weil er ganz gewiss eine fremde bewegliche Sache in der Absicht rechtswidriger Zueignung weggenommen oder sich eine fremde bewegliche Sache, die aus einer gegen das Vermögen gerichteten rechtswidrigen Vortat stammt, verschafft hat. Wer bestraft wird, weil eine von zwei Strafnormen sicher verwirklicht wurde, wird nicht aus einer dritten Norm bestraft. Auch treffen die Bedenken des 2. Senats gegen eine schuldangemessene Bestrafung nicht zu, sofern man eine rechtsethische und psychologische Vergleichbarkeit bzw. eine Identität des Unrechtskerns fordert. Denn dann kann das Strafmaß aus einem vergleichbaren Schuldgehalt geschöpft werden.

IV. Ergebnis: Da zwischen §§ 242 und 259 eine rechtsethische und rechtspsychologische Vergleichbarkeit (beide Delikte richten sich gegen das Vermögen) besteht, ist eine wahlweise Verurteilung wegen Diebstahls oder Hehlerei möglich. Die Strafe wäre dann aus dem geringeren Strafrahmen der §§ 242, 243 I S. 2 Nr. 3 StGB zu bilden. Die gleichzeitig verwirklichte Unterschlagung tritt hinter der wahlweisen Verurteilung entweder wegen gewerbsmäßigen Diebstahls oder gewerbsmäßiger Hehlerei im Wege der Gesetzeskonkurrenz zurück.

Hinweis: *In seinem Anfragebeschluss hat der 2. Senat zusätzlich darauf hingewiesen, dass wegen des in jedem Fall vorliegenden gewerbsmäßigen Handelns ohnehin § 261 als Auffangtatbestand eingreife und es schon aus diesem Grunde keiner Wahlfeststellung bedürfe. Dieser Tatbestand war hier aber nicht zu prüfen.*

Achtung Klausur: *Wenn der Klausursachverhalt verschiedene unaufklärbare Sachverhaltsmöglichkeiten schildert, so ist in der Klausur – wie soeben gesehen – streng zunächst die Strafbarkeit nach der ersten möglichen Sachverhaltsalternative durchzuprüfen, sodann die Strafbarkeit nach der zweiten möglichen Sachverhaltsalternative und erst im dritten Schritt zu klären, wie die Sachverhaltsungewissheit aufgelöst werden kann.* **397**

Eine Wahlfeststellung ist aber nur möglich, wenn eine rechtsethische und psychlogische Vergleichbarkeit der Tatbestände zu verzeichnen ist.

Besteht dagegen keine Vergleichbarkeit, so ist in dubio pro reo freizusprechen oder bei einem Verhältnis „Plus-minus" i. S. e. logischen (z. B. Verhältnis zwischen Grund- und Qualifikationstatbestand) oder normativen (z. B. Verhältnis zwischen Täterschaft und Teilnahme bzw. zwischen Vorsatz- und Fahrlässigkeitsdelikt) Stufenverhältnisses in dubio pro reo aus dem milderen Tatbestand zu bestrafen. So wird der Täter z. B. nach § 229 StGB bestraft, wenn offen bleibt, ob der Täter die Körperverletzung vorsätzlich oder fahrlässig begangen hat.

Ein normatives Stufenverhältnis soll nach der Rechtsprechung auch zwischen der Nichtanzeige einer geplanten Straftat nach § 138 StGB und den in dieser Vorschrift genannten Katalogtaten anzunehmen sein.[21]

21 BGHSt 55, 148 ff.

Sachverzeichnis

Die Zahlen verweisen auf die Randnummern des Buches.
Kursiv gesetzte Zahlen verweisen auf Hauptfundstellen.